中国社会科学院创新工程学术出版资助项目

中国社会科学院文库 · 哲学宗教研究系列
The Selected Works of CASS · **Philosophy and Religion**

# 世界佛教通史

## A GENERAL HISTORY OF THE WORLD BUDDHISM

### 第三卷 中国汉传佛教（从佛教传入至公元6世纪）

魏道儒 主编
本卷 魏道儒 李利安 著

中国社会科学出版社

**图书在版编目（CIP）数据**

世界佛教通史. 第 3 卷, 中国汉传佛教：从佛教传入至公元 6 世纪／魏道儒，李利安著. —北京：中国社会科学出版社，2015.12

ISBN 978 - 7 - 5161 - 7025 - 0

Ⅰ . ①世…　Ⅱ . ①魏…②李…　Ⅲ . ①佛教史—世界 ②佛教史—中国　Ⅳ . ①B949. 1

中国版本图书馆 CIP 数据核字（2015）第 267543 号

| | | |
|---|---|---|
| 出 版 人 | 赵剑英 | |
| 责任编辑 | 黄燕生 | 喻　苗 |
| 责任校对 | 石春梅 | |
| 责任印制 | 戴　宽 | |

| | |
|---|---|
| 出　　　版 | 中国社会科学出版社 |
| 社　　　址 | 北京鼓楼西大街甲 158 号 |
| 邮　　　编 | 100720 |
| 网　　　址 | http://www.csspw.cn |
| 发 行 部 | 010 - 84083685 |
| 门 市 部 | 010 - 84029450 |
| 经　　　销 | 新华书店及其他书店 |

| | |
|---|---|
| 印刷装订 | 北京君升印刷有限公司 |
| 版　　　次 | 2015 年 12 月第 1 版 |
| 印　　　次 | 2015 年 12 月第 1 次印刷 |

| | |
|---|---|
| 开　　　本 | 710×1000　1/16 |
| 印　　　张 | 37.25 |
| 插　　　页 | 2 |
| 字　　　数 | 645 千字 |
| 定　　　价 | 136.00 元 |

# 《中国社会科学院文库》出版说明

　　《中国社会科学院文库》（全称为《中国社会科学院重点研究课题成果文库》）是中国社会科学院组织出版的系列学术丛书。组织出版《中国社会科学院文库》，是我院进一步加强课题成果管理和学术成果出版的规范化、制度化建设的重要举措。

　　建院以来，我院广大科研人员坚持以马克思主义为指导，在中国特色社会主义理论和实践的双重探索中做出了重要贡献，在推进马克思主义理论创新、为建设中国特色社会主义提供智力支持和各学科基础建设方面，推出了大量的研究成果，其中每年完成的专著类成果就有三四百种之多。从现在起，我们经过一定的鉴定、结项、评审程序，逐年从中选出一批通过各类别课题研究工作而完成的具有较高学术水平和一定代表性的著作，编入《中国社会科学院文库》集中出版。我们希望这能够从一个侧面展示我院整体科研状况和学术成就，同时为优秀学术成果的面世创造更好的条件。

　　《中国社会科学院文库》分设马克思主义研究、文学语言研究、历史考古研究、哲学宗教研究、经济研究、法学社会学研究、国际问题研究七个系列，选收范围包括专著、研究报告集、学术资料、古籍整理、译著、工具书等。

中国社会科学院科研局

2006 年 11 月

# 总　序

魏道儒

　　2006 年底，在制订世界宗教研究所佛教研究室科研项目规划的时候，我想到国内外学术界还没有编写出一部佛教的世界通史类著作，就与几位同事商量，确定申报中国社会科学院重大课题——《世界佛教通史》。该课题于 2007 年 8 月正式立项，2012 年 12 月结项，其后又列选为中国社会科学院创新工程项目进行修改完善。呈现在读者朋友面前的这部书，就是当年同名课题的最终成果。

　　在申报《世界佛教通史》课题的时候，我们按照要求规划设计了相关研究范围、指导思想、撰写原则、主要问题、研究思路、预期目标等。八年多来，我们就是按照这些既定方案开展研究工作的。

　　"佛教"最早被定义为释迦牟尼佛的"说教"，其内容包括被认为是属于释迦牟尼的所有理论和实践。这个古老的、来自佛教信仰群体内部的定义尽管有很大的局限性，但由于强调了佛教起源于古代印度的史实，突出了释迦牟尼作为创教者的权威地位，符合了广大信众的崇拜需求，不仅长期获得公认，而且影响到现代人们对佛教的认识和理解。我们认为，"佛教"是起源于古代印度，在不同国家和地区流行了 2500 多年的一种世界性宗教，包含着不同国家和地区信教群众共同创造的精神产品和物质产品。我们这样理解"佛教"既与古老的定义不矛盾，又更符合这种宗教的历史发展事实，同时，也自然确定了我们这部《世界佛教通史》的研究范围和对象。

　　我们的《世界佛教通史》是一部佛教的世界通史，主要论述佛教从起源到 20 世纪在世界范围内的兴衰演变的主要过程。我们希望以辩证唯物主义和历史唯物主义为指导，坚持历史与逻辑相统一的原则，以史学和哲学方法为主，同时借鉴考古学、文献学、宗教社会学、宗教人类学、宗教心理学、宗教比较学、文化传播学等相关学科的理论和方法，在收集、整理、辨析第一手资料（个别部分除外）的基础上，全方位、多角度对世界范围内的佛教历史进行深入研究。

在考虑具体撰写原则时，我们本着"原始察终，见盛观衰"的史学原则，对每一研究对象既进行梳理脉络的纵向贯通，又进行考察制约该对象变化的多种因素的横向贯通。我们在论述不同国家和地区的佛教时，希望始终联系制约佛教兴衰变化的政治、经济、民族、科学技术和思想文化等因素，始终将宏观把握和微观探索结合起来，系统阐述众多的佛教思潮、派系、典籍、人物、事件、制度等，并且兼及礼俗、典故、圣地、建筑、文学、艺术等。我们强调重视学术的继承和规范，并且力争在思想创新、观点创新和内容创新三方面都取得成果。我们以"叙述史实，说明原因，解决问题"为研究导向和撰写原则，对纷繁复杂的研究对象进行实事求是、客观公正的阐述和评价。

我们在确定本课题的主要研究问题时已经注意到，在不同的国家和地区，在不同的历史阶段，同是佛教，甚至同是佛教中的某一个宗派，往往具有截然不同的内在精神和外在风貌。佛教在不同国家和地区中的政治地位、经济地位、法律地位，在当地思想文化体系中的位置和发挥的作用，在社会民众心目中的形象和价值，都是千差万别的。当我们综观世界范围内的佛教时，看到的不是色调单一而是绚丽多彩，不是停滞僵化而是变动不居。我们在研究不同的国家、地区和民族中的佛教时，一定会遇到特殊的情况、独有的内容和需要侧重解决的问题。对于各卷作者在研究中捕捉到的特殊问题，建议他们独立制订解决方案，提出解决办法。从本部书各卷必定要涉及的一些共同研究内容方面考虑，我们当时要求相关各卷侧重研究如下四个方面的问题。

第一，佛教的和平传播问题。

佛教从地方宗教发展成为亚洲宗教，再发展成为世界宗教，始终以和平的方式传播，始终与政治干预、经济掠夺和文化殖民没有直接联系，始终没有因为传教引发战争。我们可以看到，无论在古代还是在近代，无论在中国还是在外国，成功的、有影响的佛教传教者都不是以武力胁迫人们信教，都是以其道德高尚、佛学精湛、善于劝导和感化人而赢得信众。佛教的和平传播在世界宗教史上是独一无二的，可以说，这为当今世界各种文明之间建立联系提供了可资学习、借鉴的样板。关于佛教的和平传播问题，学术界虽然已经涉及，但是还没有推出结合佛教在不同国家和地区的具体情况进行集中论述的论著。我们希望本部书的相关各卷结合佛教在不同国家和地区的具体情况，比较全面系统地研究佛教和平传播的方式、过程，研究佛教传播与社会、政治、经济、文化等因素以及与自身教义之间的关联，探索佛教和平传播的内在规律。我们当时设想，如果能够对佛教和平传播问题进行更全面、更系统的考察、分析和评论，就会为学术界以后专门探讨佛教在不同文化中传播的方式、途径、过程、特点和规律建立更广泛的参照系，提供更多的史实依据，确定更多的观察视角，列举更多的分析标本。我们认为，本部书有关各卷加强这方面的研究，对于加深认识今天全球范围内的宗教传播和文化传播具有重要现实意义。毫无疑问，这种研究也将会丰富文化传播学的内容。

第二，佛教的本土化问题。

佛教本土化是指佛教为适应所传地区的社会、民族、政治、经济和文化而发生的一切变化，既包括信仰、教义方面的变化，也包括组织、制度方面的变化。在有佛教流传的国家和地区，佛教本土化过程涉及社会的各个方面，从经济基础到上层建筑都会受到影响。从帝王到庶民的社会各阶层，包括信仰者和非信仰者、支持者和反对者、同情者和厌恶者都会不同程度地参与进来，对佛教本土化进程的深度、广度以及前进方向施加影响、发挥作用。正因为佛教本土化的出现，才使佛教在流传地有可能扎根、生长，才使当今世界各地区的佛教有了鲜明的民族特色。无论在任何国家和地区，佛教本土化的过程都是曲折反复、波谲云诡。如果只有温柔的相拥，没有无情的格斗；如果只有食洋不化的照搬照抄，没有别开生面的推陈出新，佛教要想在任何社会、民族和文化中扎根、生长都是不可想象的。学术界对佛教本土化问题虽有涉及，但研究还不够全面和深入，并且有许多研究空白。例如，对于19世纪到20世纪东方佛教的西方转型问题，就基本没有涉及。我们要求相关各卷把研究佛教的本土化问题作为一个重点，不同程度地探索各个国家和地区佛教形成本土特色的原因，描述佛教与当地社会、政治、经济和文化相互冲突、相互协调、相互适应的过程，分析导致佛教在特定区域、特定历史阶段或扎根生长、或蓬勃兴旺、或衰败落寞、或灭绝断根的诸多因素，以便准确描述佛教在世界各地呈现出的多种多样的姿态、色彩。我们相信，本书加强这方面的研究，一定会填补诸多学术空白，加深对各个国家和地区佛教的认识。

第三，佛教教义体系、礼仪制度和文化艺术的关系问题。

在世界各大宗教中，佛教以典籍最丰富、文化色彩最浓重、思想教义最庞杂著称。在以佛教典籍为载体的庞大佛教教义体系中，不胜枚举的各类系统的信仰学说、哲学思想、修行理论等，都是内容极为丰富、特点极为突出、理论极为精致、影响极为深远的。仅就佛教对生命现象的考察之系统全面，对人的精神活动分析之细致周密，为消除人生苦难设计的方案之数量众多，就是其他宗教望尘莫及的。无论在古代还是在近现代，诸如此类的佛教基本理论对不同阶层信仰者都有强大吸引力和持久影响力。各国家和地区的历代信仰者往往从佛教的教义体系中寻找到了人生智慧，汲取了精神营养，感受了心灵慰藉。相对来说，佛教的教义体系历来成为学术界关注的重点，研究得比较充分。但是，佛教是以共同信仰为纽带、遵守相同道德规范和生活制度的社会组织，所具有的并不仅仅是教义思想。除了教义体系之外，佛教赖以发挥宗教作用和社会影响的还有礼仪制度和文化艺术。相对来说，对于佛教的教义体系、礼仪制度、文化艺术三者之间的有机联系，各自具有的宗教功能和社会功能，三者在决定佛教兴衰变化中所起的不同作用等问题，学术界就涉及比较少了。我们希望本部书的相关各卷把研究佛教教义体系、礼仪制度和文化艺术三者有机结合起来，不仅重视研究三者各自具有的独特内容，而且重视研究三者之间错综复杂的相互关系，考察三者在决定佛教兴衰变化中所起的不同作用。这样一来，我们就有可能纠正只重视某一个方面而忽略其他方面的偏颇，有可能避免把丰富多彩的通史撰写成色调单一的专门史，从而使本部书对佛教的观察角度更多样，整体考察更全面，基本分析更客观。

第四，中国佛教在世界佛教中的地位问题。

中国人对佛教文化的贡献是长期的、巨大的和不可替代的。归纳起来，主要体现在三个方面。其一，中国人保存了佛教资料。从汉代到北宋末年，中国的佛经翻译事业持续了将近一千年，其间参与人数之多、延续时间之长、译出典籍之丰富、产生影响之巨大，在整个人类文化交流史上都是空前的、独一无二的。汉文译籍和中国人写的各类佛教著作保存了大量佛教历史信息。如果没有这些汗牛充栋的汉文资料，从公元前后大乘佛教兴起到公元 13 世纪古印度佛教湮灭的历史就根本无法复原，就会留下很多空白。其二，中国人弘扬了佛教。佛教起源于古印度，而传遍亚洲，走向世界，其策源地则是中国。中国人弘扬佛教的工作包括求法取经和弘法传经两个方面。所谓"求法取经"，指的是中国人把域外佛教文化传到中国。从三国的朱士行到明朝的官僧，中国人的求法取经历史延续了一千多年。历代西行者出于求取真经、解决佛学疑难问题、促进本国佛教健康发展、瞻仰圣地等不同目的，或者自发结伴，或者受官方派遣，怀着虔诚的宗教感情，勇敢踏上九死一生的险途，把域外佛教传播到中国。所谓"弘法传经"，指的是中国人把具有中国特色的佛教文化传到其他国家。从隋唐到明清的千余年间，中国人持续把佛教从中国传播到了日本、韩国、东南亚等地；近代以来，中国人又把佛教弘扬到亚洲之外的各大洲许多国家。中国人向国外弘法传经延续时间之长、参与人数之多、事迹之感人、成效之巨大，几乎可以与西行求法运动相提并论。中国人的弘法传经与求法取经一样，是整个世界佛教文化交流史上光辉灿烂的阶段，可以作为人类文明交流互鉴取得伟大成就的一个典范。其三，中国人直接参与佛教文化的丰富和发展进程。在两千多年的历史中，中国历代信众直接参与佛教思想文化建设，包括提出新思想、倡导新教义、撰写新典籍、建立新宗派、创造新艺术。可以说，没有中国固有文化对佛教文化的熏陶、滋养和丰富，当今世界佛教就不具备现在这样的风貌和精神。本部书旨在加强研究促成中国在唐宋时期成为世界佛教中心的历史背景、社会阶层、科技状况、国际局势等方面的问题，加强研究中国在促成佛教成为一种世界宗教过程中的作用和地位，加强研究中国在保存、丰富和发展佛教文化方面不可替代的作用。我们应该用世界的眼光审视中国佛教，从中国的立场考察世界佛教，对中国佛教在世界佛教中的地位、作用、价值有更全面、更深刻的认识。我们认为，加强这方面的研究，有利于为中国新文化走向世界提供重要的历史借鉴和思路，有利于我们树立对本民族文化的自觉、自信和自尊，有利于深刻认识佛教在当前中国对内构建和谐社会，对外构建和谐世界方面的重要性。

　　在收集、筛选、整理、辨析和运用史料方面，我们当时计划整部书切实做到把资料的权威性、可靠性和多样性结合起来，统一起来，从而为叙述、说明、分析和评论提供坚实的资料基础；计划整部书的所有叙述、所有议论以及所有观点都建立在经过考证、辨析可靠资料的基础上。对于能够运用什么样的第一手资料，我们根据当时课题组成员的研究方向、专业特长和发展潜力，确定本部书所采用的资料文本主要来自汉文、梵文、巴利文、藏文、西夏文、傣文、日文、英文、法文、越南文等语种，同时，也希望有些分卷在运用田野调查资料、实物资料方面做比较多的工作。

关于《世界佛教通史》的章节卷册结构，开始考虑并不成熟，仓促确定了一些基本原则。随着研究工作的深入，中间经过几次变动，最后确定本部书由十四卷十五册构成。第一卷和第二卷叙述佛教在印度的起源、发展、兴盛、衰亡乃至在近现代复兴的全过程。第三卷到第八卷是对中国汉传、藏传和南传佛教的全面论述，其中，作为中国佛教主体部分的汉传佛教分为四卷，藏传佛教为一卷两册，南传佛教独立成卷。第九卷到第十一卷依次是日本、朝鲜和越南的佛教通史。第十二卷是对斯里兰卡和东南亚佛教分国别阐述。第十三卷是对亚洲之外佛教，包括欧洲、北美洲、南美洲、大洋洲、非洲等五大洲主要国家佛教的全景式描述。第十四卷是世界佛教大事年表。对于各卷册的字数规模、所能达到的质量标准等，预先并没有具体规定，只是根据学术界的研究状况和我们课题组成员的具体情况确定了大致原则。当时我们清醒地认识到：本部书涉及范围广、时间跨度大，一方面，国内外学术界在研究不同时段、不同国家和地区佛教方面投入的力量、所取得的成果有很大差异，极不平衡。在这种情况下，有些部分的撰写者由于凭靠的学术研究基础比较薄弱，他们的最终成果难免受到这样或那样的制约和影响。另一方面，课题组主要成员对所负责部分的研究程度不同，有些成员已经在所负责方面出版多部专著，称得上是行家里手；有些成员则对所负责部分刚刚接触，可以说是初来乍到者。对于属于前者的作者，我们当然希望他们致力于捕捉新问题、提出新观点，得出新结论，拿出百尺竿头更进一步的著作；对于属于后者的年轻同事，自然希望他们经过刻苦努力，能够在某些方面有闪光突破，获得具有后来居上性质的成果。鉴于我们的研究工作是在继承、吸收、借鉴以往重要的、高质量的、有代表性的成果的基础上展开的，所以我们既要重视填补学术空白，重视充实薄弱环节，也要强调在重要的内容、问题方面有新发现和新突破。因此，我们要求各卷撰写者在不违背通史体例的情况下，对自己研究深入的内容适当多写一些，对自己研究不够、但作为史书又不能空缺的内容适当少写一些。总之，我们根据学术界的研究状况和课题组成员的能力，尽量争取做到整个《世界佛教通史》的各部分内容比例大体协调、详略基本得当。这里需要说明一下，本书各卷的定名并非完全意义上的现代国家概念，而是根据学术界的惯例来处理的。

当初在考虑《世界佛教通史》的学术价值、理论意义与现实意义方面，我们关注了社会需要、时代需要、理论发展需要、学科发展需要、培养人才需要等方面的问题，并且逐一按要求进行了论证。除此之外，我们也要求各位撰写者叙述尽量客观通俗，注意在可读性方面下些功夫，务使本部书让信教的和不信教的、专业的和非专业的绝大多数读者朋友都能接受，都能获益。

八年多来，课题组每一位成员都认真刻苦工作，为达到预期目标而不懈努力。可以说，每一位撰写者都尽了心、出了力、流了汗、吃了苦。但是，由于我们水平所限，时间所限，《世界佛教通史》不可避免地存在一些缺点、不足和错误，敬请读者朋友批评指正。我们将认真倾听、收集各方面的善意批评和纠错高见，争取本部书再版本错谬减少一些，质量提高一些。

# 目　　录

# 绪　言

汉至南北朝时期的佛教可以分为三个阶段，第一阶段是两汉时期，第二阶段是魏晋时期，第三阶段是南北朝时期。我们可以从域外佛教文化输入、中国佛教自身发展演变、以及社会各阶层对佛教的认识、理解和反应三个方面进行考察，以发现不同阶段佛教呈现出的特点。

## 一

汉代是域外佛教传入中国的第一阶段。从传说佛教传入我国今天的新疆某些地区算起，佛教在汉代大约流传了 300 多年；从佛教进入汉代政治中心的可靠历史记载算起，也大约有 220 年。

汉王朝建立了大一统的多民族国家，进一步完备了专制主义中央集权制度，调整了意识形态领域的基本结构，使中华民族在蓬勃发展的过程中出现了前所未有的新规模、新气象。两汉时期，制约、诱导和影响佛教发展演变的社会因素很多，各种因素对佛教发挥作用的强度和产生影响的力度并不完全相同。大体说来，汉武帝经略西域、董仲舒学说的提出和实施、"三玄"著作、方士之术以及中土固有的一些民间宗教信仰等，或者是影响佛教传入中国的重要事件，或者是持久影响中国佛教发展方向和态势的关键因素。

在佛教到来之前，中国社会还没有以共同信仰为纽带，具有共同生活方式、修行方式和传教方式的社会组织。佛教在汉代的初期传播和发展，为中华文化注入了新的宗教因素，彻底改变了中国宗教信仰格局和思想文化格局。

从汉代到隋唐五代，域外佛教的持续传入，始终是制约和诱导中国佛教发展演进的重要因素。汉译佛典的出现，也就是佛教思想中国化的开始。汉译佛教典籍中的思想已经是中国化了的佛教思想，已经不能完全等同于印度佛教思想。尤其是在佛经翻译的开始阶段，翻译工作被认为是两种文化的相互解释、相互沟通过程，汉译典籍已经加入了中华思想要素。

在汉代，安世高和支娄迦谶是最主要的译经家，是他们把小乘佛教的基本教义、小乘佛教禅法、大乘佛教的个别重要经典译介到汉地。当时人们还不能把大乘佛教和小乘佛教区分开，不能准确理解佛教整体面貌和主要精神。但是，当时人们对于佛教的业报轮回等基本教义，基础的戒律规定，小乘的禅修实践，尤其是与中国儒学、道学差别较大的一些教理内容，已经给予关注。在汉代传入的大小乘佛教思想中，以因果报应、生死轮回的社会影响最为广泛。在佛教的修行规定中，禅法修行最能引起人们的重视，安世高的禅法就形成了有师承传授的一派，并且持续流行。对佛像的崇拜也在汉代兴盛起来，大约到东汉末年，佛教造像已经为上至帝王、下至庶民的社会各阶层所接受。汉代佛教信徒规劝帝王和贵族最常用的说辞就是强调"好生恶杀""省欲去奢"等，认为只有接受佛教的这些伦理观念才能获得佛教神灵的佑护。这些说法成为以后历代佛教徒规劝帝王的共同话题。

中国社会各阶层在最初认识佛教过程中，总是把佛教与中国本土的思想、尤其是把佛教与道家思想挂上钩，找出其中的共同点。中国本土人士在佛与道之间建立最早联系时，采取了求同存异的思维方式，这种思维方式在以后的三教融通中一直采用。

东汉时楚王刘英的奉佛活动有着多方面的变革意义，他祭祀浮屠，标志着中土宗教文化格局开始出现巨变；他持守斋戒，标志着新的道德规范和生活准则获得认可和接受；他供养居士、僧人，标志着佛教在中土获得了不断增厚的扎根土壤。汉桓帝有着把祭祀老子、浮屠和孔子结合起来的倾向，实际上为后世三教圣人的并列及三教融合开辟了道路。

汉代是佛教初传时期，是佛教的基本特点最初显露时期，是佛教与中华文化最初交融时期。在这个时期，佛教与中国原有文化既有矛盾冲突又有相互融合，只不过在这种初期相遇阶段，彼此的冲突还不够激烈，融合还不够深入。初来乍到的佛教对中国社会、对中国原有文化从多方面做出了最初回应，可以说是以简单、朴素、直接的方式昭示了它以后发展的基本趋势和大致方向。

# 二

魏晋时期，是中国社会从长期分裂经短暂统一又陷入更长时间分裂的时期，这一阶段佛教最显著的特点，是初步融入中国社会各阶层，尤其是融入思想领域。

这个时期的佛教输入有四个里程碑式的变化。第一，佛教界已经不满足于来什么经典翻译什么经典，而是有意识地去求取需要的典籍，根据需要请求翻译某种经典。第二，从东晋开始，经典翻译不再仅仅是个人的事业，仅仅在民间自发进行，而是逐步得到官方的重视和支持，成为国家文化建设事业的一个组成部分。第三，竺法护几乎与西晋王朝共始终的译经事业，几乎把当时在西域流行的主要经典都翻译过来了，种类之全、数量之多远超前代，使中国人第一次对那个时期域外流行的佛典全貌有了比较清晰的认识。第四，鸠摩罗什在朝廷支持下，集中了国内的众多文化精英，开辟了中国佛经翻译事业的新阶段。他的翻译事业影响之广泛，成就之巨大，后世不可企及。在隋唐佛教各宗派奉为主要经典的典籍中，在迄今为止流传最广泛的汉译典籍中，比例最大、数量最多的，就是鸠摩罗什的译籍。

从三国时期开始，佛教界就逐渐较多关注般若类经典。到了两晋，在玄学的促动下，般若经典的学习、研究和弘扬成为佛学发展的主流。在鸠摩罗什及其弟子那里，随着般若学重要典籍的新译和重译，随着名僧畅谈般若义理成风，出现了流行广泛、影响深远的阐述般若思想的中国人著作，出现了奉般若学为佛法正宗的现象。以般若学为代表的佛学，第一次超出信仰领域，以独立、平等的身份在哲学层面与以儒道为主的中国本土思想进行对话和交流。

般若学成为显学，受到社会上层人士普遍关注，一定程度上引起了一些佛教界上层人物在生活方式、修行方式和传教方式上的变化。我们可以清楚地看到，在一些终日思考如何奔走于权贵之门、热衷于标新立异以获得丰厚供养的般若名僧身上，多了权宜方便，少了虔诚信仰；多了自我标榜，少了慈悲喜舍；多了摇唇鼓舌，少了济世情怀。

般若学的持久兴盛，为中国思想界实实在在地增添了新因素，促进了佛学思想融入中华思想文化的步伐。般若特有的思维方式，以及与这种思维方式紧密联系的世界观、人生观和方法论，不仅深深扎根在中国佛学中，也深深扎根在中国思想界。然而，般若学的一花独放、一枝独秀，使丰富多彩的佛学内容贫乏了、单调了。同时，般若学对现实世界的彻底否定也不利于树立佛教的信仰，也无法解决社会各阶层多方面的信仰需求。所以，在下一阶段，这种佛学单一发展的局面就逐渐被打破了。

从汉到西晋，历代王朝都曾禁止汉人出家，所以僧团规模始终无法有效扩大，僧团数量始终没有快速增加。进入东晋，首先从少数民族建立的政权开始，明确允许臣民可以出家。以这种禁令的彻底解除为契机，无论是南方还是北方，寺院数量、僧侣人数都进入了爆发性的大发展时期。"事佛者十室而九"，表明了佛教在社会上的普及程度。这么高的民众信佛比例，在中国历史上是首次出现，表明东晋北方社会在佛教普及方面达到了空前程度。十六国后秦时期，佛教已经成为各民族人民的共同信仰。

从汉代到西晋，历代王朝对佛教事务的管理不能说完全是空白，但至少可以说内容非常有限。从东晋时期开始，随着僧众人数的增多、社会影响的扩大，僧团管理也提上朝廷的议事日程，建立佛教管理组织、设立僧官等工作也在多个小国家进行。同时，给寺院制定规章制度，也成为大寺院领导人的重要职责。这一时期无论僧官制度还是寺院内部管理章程，并没有完全照搬域外佛教的现成经验，而是根据中国社会现实情况进行的创造。

"五胡十六国"时期，佛教以前所未有的速度普及到各民族中，成为国家用以争取民众认同和支持的重要信仰。在这个民族大冲突、大融合时期，佛教对于增进汉族与各少数民族人民的相互了解和联系，对于协调民族关系并形成各族人民的共同心理，对于促进社会稳定，都起到了比儒学更重要的作用。

与北方相比较，东晋南方出现了持续时间较长的统一局面，在这个时期佛教也相应呈现出显著的南北差别。总的来说，相对于同时期的一些北方少数民族政权统治者，东晋帝王对佛教的支持力度没有那么大、那么无所顾忌，因为他们没有像北方一些帝王那样把支持佛教作为获得统治合法性的重要手段。相反，一些帝王会不忘佛教的"夷狄"特点，注重用儒家伦理来对佛教进行一定程度的规范。这种做法，在中国社会长期产生影响，同时也直接影响着佛学的发展走向。

东晋朝野曾讨论沙门是否应该礼敬王者问题，延续时间之长、参与人数之多、意见分歧之大，是空前绝后的。这个辩论的本质，是探讨佛教如何适应中国封建社会的问题。倡导沙门可以"抗礼万乘"，无论是官吏的主张还是僧侣的主张，无论是出于对维护朝廷政治利益的考虑还是出于维护佛教宗教利益的考虑，都只能是那个时代的产物，在中国封建社会根本无法长期实行下去。东晋之后，这样的问题和论点，即便有人提起，也没有什么反响了。

## 三

南北朝是中国历史上一个典型的分裂时期，南北两地在政治局势、民族构成、经济发展、宗教文化格局等方面产生了很大差别，与之相适应，佛教在北朝和南朝也出现了不同发展态势，逐渐在不同社会条件制约下呈现出更为鲜明的地域特色。

南北朝时期，域外佛教持续输入，做出贡献者既有传法西来的外籍僧人，也有求经东归的汉地法师，相对而言，无论在北朝译场还是在南朝译场，起主导作用的翻译家仍然是外来僧人。这个时期翻译出的《方等大集经》《金光明经》《大方等无想经》《大涅槃经》《菩萨戒本》《摄大乘论》《楞伽经》《大乘起信论》《十地经论》等典籍，进一步丰富了中国佛教的思想内涵。尤其值得注意的是，北朝已经有人把汉文佛经或著述翻译成外国文字，传播到西域。这种佛教文化双向交流的现象以前是没有过的。

南北朝佛学出现了前所未有的新气象，般若学一统天下的局面宣告结束，佛学多途发展、多头开拓，波澜壮阔。这个时期佛学发展的突出表现，就是在注重研究佛教典籍风气下形成了诸多学派。在南北各地先后出现了涅槃学派、毗昙学、成实学、俱舍学、地论学、摄论学、三论学、律学、禅学等，或者流行于一地，或者蔓延于南北。从这些学派专奉的经典我们可以看到，当时佛学界已经不以域外佛教的某一宗派或某一经典为佛学正宗，而是出现了全面接受、全面认可、全面研究汉译经典的热潮。当时佛教界既重视大乘佛学，又不抛弃小乘佛学；既强调研究记录佛言佛语的"经"，又不排斥历代天竺祖师撰写的"论"；既看重以哲学思辨层面内容为主的"智慧"，又关注以实践层面内容为主的"戒律"和"禅定"。正是在全面研究佛教典籍的风气中，中国人自己撰写的佛学著作逐渐增多，以后这种发展趋势再也没有逆转过。

南北朝诸多学派代表人物都提出新观点，都有不同程度的学术建树，促进了中国佛学的发展。其最直接的价值和影响，就是为隋唐佛教宗派的建立，为中华佛学体系整体框架的形成提供了人才储备、知识储备和思想储备。

无论是北朝还是南朝，在处理夷夏和政教关系方面，在协调佛教与儒家、道家关系方面，都有了新的探索、新的开拓，既留下了许多至今可以借鉴的经验，又留下了不少至今可以吸取的教训。这种情况显示着佛教在中国化道路上的迈进，在适应中国社会方面的成熟。随着南北朝时期佛教的快速发展壮大、僧尼人数和寺院数量的急剧增加，官方对僧团各方面事务的管理，包括对僧团修行活动的干预，措施力度越来越大、涉及范围越来越广。

南北方的政治割据、军事对垒自然阻隔了两地的各方面交流，但是，民间的交往似乎比官方的交往要多一些，而往来南北的高僧似乎比一般俗人更有交往的优越条件，所以南北各派的学说随着高僧的游锡而得以传播。伴随着佛教义学的迅速发展，作为佛教主要崇拜对象的观音、弥勒、弥陀、药师佛等信仰，不仅在佛教界流传起来，也在社会各阶层，特别是底层社会民众中普及开来。佛教进入民间的途径是多种多样的，其表现形式是丰富多彩的，主要有烧香、忏悔、礼拜、供养、浴佛、造像、建塔寺、斋戒、读经、听经、诵经、写经、造经、刊经、念佛、放生、布施等，这些活动强调功德，常与福报、解脱、灵验联系在一起，形成了民间佛教的显著特点。

相对来说，北朝佛教经历的大起大落要比南方更为剧烈。北朝曾出现僧尼 200 万（也有说 300 万），这是在中国佛教两千年历史上空前绝后的数字，也是让人震惊的数字，反映了在特定社会环境中佛教信仰泛滥的规模和疯狂程度。两次灭佛与多次兴佛的交替，说明佛教要与中国封建社会相适应，要与以儒道为主的本土文化相融合，不仅需要经过友好的相互交流或唇枪舌战，还需要经过刀光剑影、血肉横飞的残酷洗礼。只有温柔的相拥，没有无情的格斗，佛教要实现自身的变革，要在中国社会土壤里扎根，是完全不可想象的。

在这个历史阶段，北朝寺院经济一度恶性膨胀，拥有了巨额财富以及大批劳动力。占有和支配寺院财富的部分上层僧侣，逐渐成为与世俗地主阶级差别不大的僧侣地主阶级。僧侣地主的残酷剥削、压迫，激起了下层僧侣和底层民众的暴力反抗，引发了农民的起义。北朝出现的这种情况，在南朝也有，只是程度稍微弱一些。由此可见，在特定社会环境中，佛教会产生加剧社会矛盾的负面效应。

佛教艺术从佛教创立的时候就产生了，而佛教艺术发达和繁荣起来，直接受到大乘佛教思潮的推动。汉魏两晋南北朝是中国佛教艺术发展的第一个大阶段。大体来说，两汉魏晋是佛教艺术的起步和初期发展阶段，南北朝则是佛教艺术走向全面繁荣阶段。

寺院和石窟是僧众的生活场所、修行场所和弘教传法场所，随着僧众的增多、佛教社会影响的扩大，寺院的兴建和石窟的开凿也越来越普遍。寺院和石窟天然融建筑、雕塑、绘画等艺术形式为一体，成为佛教艺术的主要构成部分。在中国，寺院建造早于石窟开凿，所以寺院艺术的起步早于石窟艺术。魏晋时期，中国的石窟艺术只是刚刚起步，到南北朝时期，则进入迅猛发展阶段，开启了建造一座座佛教文化宝库的漫长历史进程。

与信仰直接联系的佛教建筑、雕塑、绘画等，不是一般的生活用品、一般的艺术品，不仅仅要满足生活需要、欣赏需要，还要满足信仰者顶礼膜拜的需要和弘法传教的需要。因此，这些佛教物品寄托着信众们对获得福祉的期盼，对实现解脱的渴望，对得到拯救的追求。寺塔建筑也罢、佛菩萨像也罢、各类法器也罢，都是佛教义理的形象化展示，都是为了赢得社会各阶层民众对佛教的喜好、接受和信仰而制作，都是为了让佛法永驻世间而制作。当信众赋予佛教各类物品以神圣佛法载体功能的时候，那么每一件物品从开始设计到制作完毕再到最终展示的每一个环节上，捐助者和工匠们都会充分发挥自己的智慧，充分施展自己的技能。在宗教信仰力量的推动下，历代寺院建造和石窟开凿过程中往往集中了当时最好的建筑匠人和制作艺人，既有民间的能工巧匠，也有宫廷的旷世高手。所以，在佛教建筑、雕塑、绘画等多种形式的艺术品中，不乏能够代表那个时代最高工艺水平的上乘佳作。诸如此类的精品佳作历代都有，其数量之多寡，直接反映了佛教的兴盛程度和深入人心的程度。

本卷南北朝部分由李利安撰写，其余部分由魏道儒撰写，最后由魏道儒负责统稿工作。

# 第一章 汉代佛教

汉代包括西汉（前206—公元25）和东汉（25—220），是秦代大变革之后中国历史上出现的第一个历时比较长久的辉煌时期，也是中华民族引为自豪的重要历史阶段之一。汉王朝建立了大一统的多民族国家，进一步完备了专制主义中央集权制度，调整了意识形态领域的基本结构，使中华民族在蓬勃发展的过程中出现了前所未有的新规模、新气象。汉代形成的社会政治、经济、文化和宗教格局，长期影响着中国社会的发展演变，也长期制约和诱导着佛教的发展演变。

汉代是域外佛教传入中国的第一阶段。从传说佛教传入我国今天的新疆某些地区算起，佛教在汉代大约流传了300多年；从佛教进入汉代政治中心算起，也大约有220年。在这一历史阶段，初来乍到的佛教对中国社会、对中国固有文化从多方面做出了最初回应，以简单、朴素、直接的方式昭示出它以后发展的基本趋势和大致方向。佛教在汉代的初期传播和发展，为中华文化注入了新的宗教因素，彻底改变了此后中国的宗教信仰形态格局和思想文化形态格局。

## 第一节 汉代社会与佛教

两汉时期，制约、诱导和影响佛教发展演变的社会因素很多，各种因素对佛教发挥作用的强度和产生影响的力度并不完全相同。大体来说，从汉武帝开始的经略西域政策、董仲舒学说的提出和实施、"三玄"著作、方士之术以及中土固有的一些民间宗教信仰等，或者是影响佛教传入中国的重要事件，或者是持久影响中国佛教发展方向和态势的关键因素。

### 一 经略西域与佛教入华

从汉高祖刘邦（前206—前195年在位）至汉景帝刘启（前156—前141年在位），中央集权逐步战胜地方割据势力，社会经济也逐渐从凋敝开始恢复和发展，汉武帝（前140—前87年在位）采取了一系列改革措施，锐意进取，使得汉王朝的政治、经济、军事变得更为强大，从而为开拓疆域、巩固边防、扩大对外交流奠定了基础。从汉武帝开始，西汉王朝利用政治力量经营西域，对以后的佛教初传中国产生了极其重要的影响。

汉武帝为了联络大月氏（又称"月支"）夹攻匈奴，于建元三年（前138）、元狩四年（前119）两度派遣张骞率众出使西域。张骞的"凿空"之行，第一次代表官方疏通了汉朝远达西亚以外的交通。从此以后，汉王朝与西域的政治、经济、文化交流频繁起来。汉王朝派往西域的使臣每年多则十几批，少则五六批；每批多的几百人，少的百余人。这些使者队伍既负有政治使命，同时也进行商业经营。西域道路开通之后，天山南北地区第一次与内地连为一体。西汉中期以后，从长安出发，穿过河西走廊经塔里木盆地南北边缘通向中亚、西亚直到欧洲的道路成为繁忙的商道。沿着这条道路，从西域运来各种毛织物和其他西域特产，从中国输出大宗丝织物和各种土特产。由于中国的丝绸始终是一种主要贸易货物，近代西方学者把这条路线誉为"丝绸之路"。正是这条"丝绸之路"，既是汉王朝与中亚、西亚及其更西部地区政治交往、商业贸易和文化交流的通道，也是中国与古印度①宗教文化交流维系时间最长、来往人员最多的路线。

佛教开始向中国传播，尤其是向汉代政治中心传播的时候，古印度佛教已经在南亚、西亚和中亚的广大地区流传。仅就汉代而言，到内地传教弘法的信徒就有来自天竺、大月氏、安息、康居等不同的地区。在这些早期佛教传播者中，既有身为在家居士的官方使者、民间商人，也有出家僧侣。正是这些从事不同职业的在家和出家信众，共同构成了传播佛教的中坚力量。这些始发地不同、身份不同、目的不同的传教僧俗信众，都是沿着"丝绸之路"，辗转经过我国的新疆地区，走过河西走廊，最终到达汉朝的政治中心。从汉代到北宋末年的长达一千多年历史中，无论是古印度

---

① 起源于古印度的佛教在初传中国时，已经在广大地区流传。我们在这里讲的"古印度"包括今天的印度、尼泊尔、锡金、不丹、孟加拉国、巴基斯坦、阿富汗等国家。

僧人东来传教还是汉地僧人西去求法，都主要经过这条道路。这是佛教入华的第一条路线，也是最重要的一条路线。

由于在相同时间段来华的传教者不是来自同一国家、同一民族或同一地区，他们或者籍贯不同，或者始发地不同，或者所使用的语言不同，学术界曾有过印度佛教是"间接"传入中国还是"直接"传入中国的讨论。实际上，即便佛教最初传入我国的时候，佛教流传地区已经很广、兴盛地区已经很多，也并不能以某个地区的佛教为正宗，而以另外地区的佛教为旁支，由此去讨论印度佛教是"直接"传入中国还是"间接"传入中国的问题。那种认为只有出身于迦毗罗卫的传教者才是正宗的看法，是在古代佛教界就已经有的观点，并且是不占主流地位的观点。

古印度佛教入华的第二条路线，是经过东南亚一些国家从南方海路进入中国，也就是从"海上丝绸之路"进入中国。大约从三国时代开始，就有东来传法和西去取经的信徒走海路，但是人数很少，远不能和陆路的丝绸之路相提并论。也有僧人是既走陆路的"丝绸之路"，也走"海上丝绸之路"，东晋法显的求法返国就是一个突出的例子。总的来说，无论是古印度僧人还是中国僧人，通过水路往来的人数都是不多的。从一千多年的佛教输入中国的历史来看，这条"海上丝绸之路"的重要性远远不能和陆路"丝绸之路"相比。至于有学者认为佛教最早是从海路传入中国，海上的"丝绸之路"比陆地的"丝绸之路"更为重要，等等，似乎至今也没有找到可信的证据。

古印度佛教入华的第三条道路，大致是从印度辗转经过缅甸到云南再到四川的路线。根据《史记·西南夷列传》记载，张骞出使西域时，在大夏国看见四川出产的布和竹杖，询问之后知道是来自身毒国，即印度。这个记载说明，四川与印度的民间商业交往起源很早。到东汉时期，中印之间的西南官方交往道路开通，从四川途经云南、缅甸到达印度的道路上，既有官方使臣，也有民间商旅。东晋时期成书的《华阳国志》记载，东汉王朝的永昌郡（辖区大体包括今天云南省西部和缅甸部分地区）有印度移民居住。古印度佛教从这条路线进入中国，首先应该在今天的云南和四川地区一带流行，但是规模和影响应该是很小的。

## 二　独尊儒术与"三玄"

董仲舒（前 179—前 104）在吸收道家、法家等思想成分的基础上，对儒家思想进行了深入改造，提出了自己的新学说，其最重要的著作有《贤良三对策》与《春秋繁露》。在董仲舒的学说中，产生了久远社会影响的重要思想内容可以归纳为三个方面。

第一，在政治方面提出了"大一统"理论。这种理论强调"屈民而伸君"，损抑诸侯力量，削弱地方势力，维护皇帝的至上权威，维护中央集权制度，保证全国的政治、经济、军事、领土、思想、文化等各个方面的统一。这种地方统一于中央、全民统一于天子，并且使"四海"万国来朝的大国理想确立以后，在中国主流社会从来没有受到怀疑和否定，一直是历代有理想、有抱负的统治者的志向和追求。

第二，在哲学方面提出了"天人感应"理论。董仲舒通过强调天人之间的微妙关系，倡导"天人感应"，论证人君受命于天，替天行道。人君实行统治的过程，实际上就是顺应天道、效法天道的过程。由于"天道之大者在阴阳，阳为德，阴为刑"，所以人君的统治也必须是阴阳相兼、德刑并用。天道以阳为主、以阴为辅，所以君王的统治也是以德为主、以刑为辅。他所说的德，主要是仁义礼乐，人伦纲常。他以君臣、夫妻、父子为"王道之三纲"，认为这"三纲"就如同天地、阴阳、冬夏一样，永远不可改变。这种学说的积极价值在于强调"屈君而伸天"，一定程度上限制了人间至尊至上君王的权威，具有缓和、弱化君民之间的矛盾，平衡、调整统治阶级和被统治阶级之间关系的作用。另一方面，"天人感应"之说也神化了君王："道之大原出于天，天不变，道亦不变。"

第三，在选择统治理论基础方面提出了"罢黜百家，独尊儒术"的主张。从这个历史阶段开始，儒家在百家中处于独尊的地位，儒学逐渐成为中华民族的主流文化和主流意识形态，成为国家统治的理论基础。"独尊儒术"的提出和实施，意义重大。在此后两千多年的中国封建社会中，任何一种思想、一种宗教、一种文化，无论是本土生长的还是域外输入的，只要它与这个民族文化灵魂不妥协、不协调，或者处于对立、抗衡的地位，它就没有在意识形态领域长期生存的空间，没有进入主流社会的可能，没有成长的前途。

董仲舒思想是汉武帝时期强大帝国现实在意识形态领域里的反映，是与汉帝国社会相适应的崭新思想体系。董仲舒思想为汉武帝所肯定和采纳，并且为此后历代封建统治者所贯彻。"大一统"思想、"天人感应"观念，以及完全走上为封建专制政治服务轨道的儒学，在中国社会影响持久、广泛、普遍和强大。

董仲舒思想之所以逐渐成为统治阶级的意愿，成为社会的共识，就在于其思想的合理性深深根植于中国宗法制社会的土壤中。当佛教传入中国的时候，已经转化为现实力量的董仲舒思想成为始终制约和诱导佛教发展的重要因素，成为塑造中国佛教特有内在精神和外在风貌的关键要素。在佛教的长期发展过程中，儒家的伦理规范逐步渗透到佛教中，渗透到佛学的各个角落。在佛教传入中国后的整个中国封建社会，儒家著作和佛教著作并行于佛教界，一般的佛门领袖大都有良好的儒学修养。可以说，中国佛教有别于其他民族和地区佛教的最主要标志之一，就是全面吸收了儒家思想。

在佛教传入中国之后的漫长发展过程中，佛教持续从多方面接受儒家、道家思想。其中，有三部中国本土著作对中国佛学的演进，对中土人士从理论上接受、理解和改造佛学影响最大，这三部著作就是《周易》、《老子》和《庄子》。它们成书年代不同，内容各有差别，直到魏晋玄学家那里，才在共同谈"玄"的标准下被结合在一起，合称为"三玄"。这三部著作的性质差异是十分明显的，对佛教产生影响的方面也是不完全相同的。

《周易》不仅是中国最古老的一部占卜术原著，而且是中国许多根本思想的总源泉。从哲学角度考察，这部著作是建立在阴阳二元论基础上对天地万物的性状进行归类、归纳、总结，对一切事物和现象的运行规律进行论证、描述和说明，并且从多方面直接对事态的未来发展进行预测、判断和调整。本书被看作中国传统智慧与文化的结晶，被誉为"群经之首，大道之源"。《周易》是历代政治家、军事家、商家的必修之术，历代注解《周易》的思想家、学问家也不计其数。《周易》中包含的思维方式、重要思想乃至注解《周易》的方法，都对佛教产生了直接或间接的影响。尤其是在中国佛教学者通过重新诠释经典来发挥自己的见解，提出新的佛学思想的时候，《周易》注疏之学几乎是理解佛教注疏之学唯一不可或缺的钥匙。

《老子》作为中国历史上首部完整的哲学著作，论证如何认识世间万物，如何认识自然规律、社会规律和思维规律，如何把握和应对人世的利害祸福。只有五千言的《老子》被誉为"万经之王"，对中国古代政治、哲学、科学、宗教、文化艺术等产生了深刻影响，对中华民族性格的铸成发挥了重要作用。从佛教经典在汉代开始翻译成中文，直到人们理解佛学、改造佛学，都始终受到这部著作的影响。汉代佛教经典的翻译，在选择翻译佛学概念的对应汉语词时，首选的名词就是来自《老子》。《老子》中的重要思想，往往成为人们理解佛学时需要借鉴的第一本中国参考书。

相对说来，《庄子》对佛教思想的影响就要逊于前两部书。大体来说，《庄子》中关于为摆脱精神束缚而进行的精神修炼，对自由人生的追求，以及所宣扬的价值观、人生观等，对中国佛学发展产生了比较持久的影响。《庄子》中的一些名篇，比如《逍遥游》《齐物论》《大宗师》等论述的内容，对佛教思想的变革产生了重要影响。

除了"三玄"对佛学发展的长期持续影响之外，在佛教初入汉地政治中心之时，"方士"对于当时人们理解和接受佛教、对于当时佛教僧侣社会形象的形成也产生了重要影响。"方士"是掌握"方术"的人，这些人的出现不晚于周，至秦汉大盛，并逐渐形成了专门的方士集团，即所谓方仙道或神仙家。秦汉方术盛行，为帝王、达官显贵所喜好，在民间的一般民众中也比较流行。方术种类五花八门，或修习行气吐纳、服食仙药、祠灶炼金，或以延年益寿、羽化升天、遣神役鬼、预测吉凶祸福等为目的。"方士"中的"方"有"道"的意思，所以从东汉开始将方士称为"道士"，两晋以后，"方士"的称呼逐渐被"道士"取代。在当时社会上，有人把佛教僧人也看作一类方士，把佛教也看作一种"方术"。有研究者认为汉代佛教僧侣为了吸引信教群众，主动接受中国的"方术"。实际上，域外佛教有自己的一套与基本教义相联系，与修行实践相结合的神异传教方式、方法和手段，由于其中一些内容与中土方士掌握的方术类似，使人们误以为域外来华的传教者是效法中国的方士道术。神异传教始终是佛教传播的一个重要方面。相信神异，渴求神异现象，始终是许多社会民众接近佛教、接受佛教、信仰佛教的一个重要助动力。可以说，神异传教并不是佛教僧人弘扬佛教的唯一方式，也不是最重要的方式，但是，神异传教的确是佛教传播的一种颇有影响力的形式，在包括汉代在内的历代著名弘法僧人中，从来不乏重视神异传教的人士，有些外来僧人还因此获得巨大成功。

### 三　生死观念与轮回解脱

佛教进入中国之前，汉地人士始终认为生和死是不能相互转换的两种生命现象。有关死者不可复生的观念十分强烈，被认为是毋庸置疑的真理性认识，几乎从来没有受到挑战。无论是无神论者还是有神论者，都信守这种观念。例如，司马谈《论六家宗旨》中说："死者不可复生，离者不可复反"；王充《论衡·异虚》中说"人死命终，死不复生，亡不复存"。

但是，关于人死之后的存在形式，却有很多种说法，比如鬼、神、魂魄，等等。《礼记·祭法》中说："大凡生于天地之间者皆曰命，其万物死皆曰折，人死曰鬼。此五代之所不变也。"《礼记·祭义》中说："众生必死，死必归土，此之为鬼。"在中国本土思想中，把人的生死与万物生类的生死看成是本质相同的自然现象，其中的差别仅仅在于人死后的存在形式就像生前的形式一样，仍然是万类之长，从而形成所谓"命""折"和"鬼神"的不同。一个人死后或为"鬼"或为"神"，是由这个人的生前状况所决定的。一般人死后称为鬼，一些在各方面有过重大业绩、重大贡献的人，生前受到拥戴和尊崇，死后被尊为神。所以，"神"实际上是对"鬼"的尊称。

根据考古发现，中国的鬼神观念在氏族社会时期已经产生，甲骨文中就有"鬼"字。商周以后，鬼神崇拜之风相当浓厚。周代已经形成天神、人鬼、地祇三个系统。《礼记·郊特牲》中讲："魂气归于天，形魄归于地，故祭。求诸阴阳之义也。殷人先求诸阳，周人先求诸阴。"《论衡·死伪》说："人死世谓鬼，鬼象生人之形，见之与人无异。"综合这些并非来源于同一时期和同一地方的说法，可以看到，人死后便为鬼，鬼是死人的魂。人死后的世界，实际上就是鬼魂或鬼神存在的世界。这个鬼魂世界常用"冥界""黄泉""幽都"等来指代。

中土人士，尤其是社会精英阶层，对彼岸世界似乎从来就没有太大的探索兴趣，所以中国原有的鬼神世界图景一点都不复杂、神秘，本质上是现实世界的简单复制。这种"冥界"本质上是现实世界延续的认识，是为社会各阶层所承认和接受的。无论是帝王还是百姓，人们都是按照现实人间的状况来安排死后的世界，秦始皇的陵墓也是本着这样的思路建构的。鬼神作为阴间世界能够独立活动的生命实体，其容貌、性情、活动等是其生前状态合乎逻辑的简单延续，即便评判阴间的道德标准也是和人世间完全相同的。

在中国固有的鬼神观念中，人生世界与鬼魂世界在特殊情况下可以产生交流互动，这种交流的发生是不以现实世界参与者的意志为转移的，具有偶然性、不可重复性，并且往往以鬼神为主角。这种鬼神与人交流的参与者，一般都是在生前有血缘关系者或利益联系者之间发生。比如，《左传·宣公十五年》中有"结草还报"的故事，说的是魏武子生病时告诉儿子魏颗，自己死后把自己那位没有生育的爱妾嫁给别人。待到病危临终时，他又对儿子说，自己死后把该女杀死殉夫。魏武子死后，魏颗认为父亲临终时神志不清，应该按照他神志清醒时的嘱咐办事，于是就把父亲的那位爱妾嫁了出去。后来魏颗在与秦国军队作战时，见一老人用草绳把秦将杜回绊倒，他顺势将杜回俘获。晚上，魏颗梦见这位老人对他说：我是你嫁出去的那个女人的父亲，今天我的作为就是为了报答你当时不杀爱女之恩。

类似这种鬼神出现在现实世界上，对相关人士采取或感恩酬谢或报仇雪恨的行为，与《周易》中的"积善之家必有余庆，积不善之家必有余殃"是相应的。这可以说是中国固有的善恶报应学说。这种报应说的特点在于，报应的领受者并不固定，或者报应在行为人自己身上，或者影响到与其有关联的人，尤其是与其有血缘关系的人，并且以其后世子孙为主。

佛教传到中国，所带来的古印度人对生和死的理解，与中国本土生死观念大不一样。佛教把生和死理解为在时间上重合、在空间上分离的相互联系的生命现象。某个生命体在这一处的"死"，意味着在另外一个地方以另外一种形式的"生"。这样，在中国人承认的"生必有死"之后，又加上了"死必有生"。佛教有一整套系统、完整、复杂的业报轮回学说，因果报应学说，涅槃解脱学说，比中国固有的生死观念、鬼神观念、报应学说要复杂、精致得多，并且与其基本教义、修行实践密切联系。与佛教的业报轮回学说的主要内容相比较，在中国固有的鬼神信仰中，没有基于道德评判的转生去向观念，没有使用特定道德标准来衡量的业力支配观念，没有类似于"三界六道"的轮回世界观念，没有最终要达到的涅槃解脱观念。随着佛教不断深入中国社会，中国原有的生死观念和鬼神信仰开始发生改变，有些说法被整合到佛教的业报轮回、善恶报应学说当中，有些思想也与佛教的生死观念并存，在社会各阶层中共同发挥作用。

## 第二节　从西域到内地的初传

从公元前 3 世纪阿育王时代开始，佛教加快了向印度全境及其周边地区的传播速度。向西北方向传播的佛教，沿着丝绸之路逐渐传到安息、大夏、大月氏、康居，然后东逾葱岭，传到中国西北地区。大约公元前 2 世纪末叶，迦湿弥罗等地的佛教直接传播到我国的新疆某些地区，此后，来自古印度以及安息、大夏、大月氏、康居等佛教流行地区的信仰者分别到中国内地传教弘法。

在整个汉代，中国佛教的发展演变直接受到域外佛教输入的制约。根据当时佛教传入中国的实际情况，参考汉地人士对佛教的接受和回应，汉代佛教可以划分为两个阶段：第一个阶段从公元前 2 世纪末叶到东汉顺帝（126—144 年在位），是佛教在汉代的初传阶段；第二阶段从东汉桓帝（147—168 年在位）到东汉灭亡（220），是佛教在汉代的一个快速发展阶段。

关于公元前 2 世纪末到汉顺帝统治时期的佛教，无论正史著作还是佛教典籍，记载内容都是稀少、间接、模糊、片段的，并且大多与神话传说交织在一起。在这一阶段，汉地信仰者都是在家信徒，汉代的政治中心还没有出现汉族出家僧人，也没有组建僧团的迹象。从有关龟兹、于阗佛教的间接材料和神话传说，到有关汉地佛教一些没有系统记载的事件和人物，构成了这个阶段佛教历史的主要内容。

### 一　龟兹和于阗佛教

印度佛教传到中国的第一站是今天的新疆某些地区，根据一些后世记录的神话传说来推测，龟兹和于阗当为佛教沿着丝绸之路从中亚传入内地的两个必经地区，这里的佛教应该是中国佛教的开端。

西汉以来，传统上把玉门关和阳关以西、帕米尔以东的广大地区（即今新疆地区），称作西域[①]，汉宣帝时期（前 73—前 49），西汉王朝在西域设置西域都护，这是今天新疆地区正式归属中央统辖的开始。西域境

---

① 中亚以及更远的地方往往也被纳入西域的地理概念中，这里所讲的"西域"仅指新疆地区。

内以天山为界，分为南、北两个部分，南部为塔里木盆地，北部为准格尔盆地。西汉初年，西域共有 36 个小国，绝大多数分布在天山以南、塔里木盆地南北边缘的绿洲上。楼兰（鄯善）以西，在塔里木盆地的南缘，有且末、于阗、莎车等国，被称为南道诸国。在盆地的北缘，有焉耆、尉犁、龟兹、姑墨、疏勒等国，称为北道诸国。这些小国家基本上以城郭为中心，兼营农业和牧业，有的还能铸造兵器，只有少数国家民众逐水草而居，粮食依赖邻国供给。西域诸国语言不一，互不统属，由于自然条件的限制和其他原因，他们每一个国家的人口一般只有几千人到两三万人。人口最多的龟兹达到八万人，个别人数极少的国家大约只有几百人。

班固《汉书·西域传》记载："龟兹国，王治延城，去长安七千四百八十里，户六千九百七十，口八万一千三百一十七，胜兵二万一千七十六人。"自汉代到隋唐，尽管龟兹国势有起落波动，但大多数时间充当着塔里木盆地北道诸国实际统治者的角色。在西汉时期，龟兹时而归顺匈奴，时而隶属汉朝。佛教何时传入龟兹地区，以及关于龟兹早期的佛教情况，史书都没有明确的直接记载，只有《梁书》中的一个侧面记载，反映出龟兹可能在汉武帝时已经有佛教流传。

据《梁书·刘之遴传》记载，梁朝的刘之遴好古文物，曾在荆州收集数百种古代器皿，并将其中的四种献给东宫。其中有一种"为外国澡灌一口，铭云'元封二年，龟兹国献'"。元封二年是汉武帝年号，为公元前 109 年，"澡灌"是佛教僧侣所用器具。如果这个记载真实，那么龟兹在汉武帝时期就出现了佛教僧人。由此推断，龟兹最早应该在公元前 2 世纪末叶出现佛教。这应该是佛教进入中国的最早时间。

史书和各种佛教典籍所明确记述的龟兹佛教，是涉及公元 3 世纪前后的情况，当时那里的佛教已经很兴盛了。《晋书·四夷传》记载："龟兹国西去洛阳八千二百八十里，俗有城郭，其城三重，中有佛塔庙千所。"《出三藏记集·鸠摩罗什传》说当时"龟兹僧一万余人"。佛教寺塔达到千所，出家僧人一万多，对于面积不大、人口不多的龟兹而言，已经算得上是寺院林立、僧众云集了。这不仅反映了当地佛教信仰十分流行，并且昭示了这里的佛教有着悠久的历史。法显在《佛国记》中说，"此国人多小乘学"。小乘佛教一直是龟兹佛教的主流，长期没有改变。当时大乘佛教已经在内地发展壮大起来，龟兹佛教具有与内地佛教完全不同的气象。龟兹地处西域交通要道，无论是西行求法者还是东来传教者，很多人都从这里经过。龟兹不仅可以作为佛教传入中国的最早落脚点之一，而且长期在域外佛教向内地的传播中起到桥梁作用。

根据《史记》《汉书》记载，汉武帝时期于阗国已经存在，所以，于阗立国当在公元前 2 世纪之前。在后出的佛教典籍记载中，于阗立国和佛教传入有着神话传说联系，尽管其中一些内容比较离奇，甚至有荒诞的成分，但毕竟传达了不少关于佛教流传的信息。《大唐西域记》卷十二记载，相传印度阿育王太子遭到陷害，双目被人挖出，阿育王震怒，把身边相关大臣家族赶到雪山以北。这些人在于阗西界推举出领导人，尊立为王。与此同时，被流放的东土弟子居住于阗东界，也推举了国王。后来东西方发生战争，东方取胜，其王安抚西方民众，在于阗地方建城立国。后国王无子，向毗沙门天王像祈祷，神像额剖出婴孩，并于神像前涌出地乳汁，哺育婴孩。因此，于阗国王自称是毗沙门王的后代，并以"瞿萨旦那"（意为"地乳"，即于阗）为国号。在我国西藏文献中也有类似记载。这里讲的"毗沙门天"原来是婆罗门教中的北方保护神，佛教吸收了这个神，作为"四天王"之一的"多闻天"。这个传说表明，于阗立国是与佛教有关系的，佛教传入于阗应该不早于汉武帝时期。

关于于阗佛教从什么地方传来，《大唐西域记》卷十二有两个记载，都明确讲于阗佛教来自迦湿弥罗。第一个记载说："王城南十余里有大伽蓝，此国先王为毗卢折那（唐言遍照）阿罗汉建也。"这个阿罗汉来自迦湿弥罗国[1]，在于阗弘扬佛教。第二个记载是说："王城西行三百余里，至勃伽夷城，中有佛坐像，高七尺余，相好允备，威肃嶷然。首戴宝冠，光明时照。闻诸土俗曰：本在迦湿弥罗国，请移至此。"从这些神话传说可以看到，于阗的佛教是直接从迦湿弥罗输入，其传入时间可能稍晚于龟兹。从这些神话传说反映的内容推测，于阗和龟兹的佛教都是直接从印度本土传入，其传入时间要早于大月氏人向中国内地传播佛教，可以作为域外佛教传入中国的开端。

## 二　初传汉地的史实与意义

现在还没有资料表明最早传入汉地的佛教来自龟兹或于阗。最早记载佛教传入内地的资料是《三国志·魏书》卷三十裴松之（272—351）注

---

① 《洛阳伽蓝记》卷五载《宋云行记》有大致相同的记述。

中所引用的鱼豢撰《魏略·西戎传》的记载：

> 罽宾国、大夏国、高附国、天竺国皆并属大月氏。临儿国，《浮屠经》云：其国王生浮屠。浮屠，太子也。父曰屑头邪，母曰莫邪。浮屠身服色黄，发青如青丝，乳青毛蛉，赤如铜。始莫邪梦白象而孕。及生，从母左胁出。生而有结，堕地能行七步。此国在天竺城中。天竺又有神人名沙律。昔汉哀帝元寿元年（公元前2年），博士弟子景卢，受大月氏王使伊存口授《浮屠经》。曰复立者，其人也。《浮屠》所载临蒲赛、桑门、伯闻、疏问、白疏问、比丘、晨门，皆弟子号也。《浮屠》所载，与中国《老子经》相出入。盖以为老子西出关，过西域，之天竺，教胡。浮屠属弟子别号，合有二十九，不能详载，故略之如此。[①]

汤用彤《汉魏两晋南北朝佛教史》将记载过此事的多种早出和晚出典籍进行了系统考证和校释，并且就各书记载的差异以及可能引起的歧义进行了分析论述，从中可以看到，后出典籍与鱼豢的记载虽然有很多出入，但都没有否定这个记载的真实性和可靠性。由于鱼豢是三国时代人，其记载时间早，在新材料没有出现的情况下，很难利用某些后出典籍来鉴别或纠正鱼豢记录中可能出现的错谬。

从这个记载可以知道，佛教经典最早是以口授的方式传到中国内地。在以后很长时间内，许多来华传佛教的僧人，都是采用口授佛教经典的方式，没有带经本。这个记载也为后代史书所承认。

从鱼豢记载的行文来看，博士弟子景卢是在内地接受大月氏使者伊存口授佛经。有些后出典籍的记载叙述有变化，似乎成了景卢到大月氏得到口授佛经，这无疑不合情理。因为，不用说在这样早的时期，即便在后代，也极少有在域外把当地文本的佛经汉译之后带回国的例证。如果推测大月氏使者伊存在长安口授佛经给景卢，似乎更为合理一些。

在这段文字中，所用译名不规范，叙述重复混乱，许多句子不易理解，这正是基于早期佛教典籍翻译不成熟而产生的特点，正反映了该文出自三国时代人士，没有为后代人修饰的可靠性。这里记载的从"临蒲赛"

---

① （晋）陈寿：《三国志》卷三十，中华书局1959年版，第862页。

到"晨门"七个所谓"弟子号"名称中，"临蒲赛"后来比较普遍译为"优婆塞"，其余六种大约是"沙门""比丘"的不同译名。根据这里讲述的佛传故事行文推测，《浮屠经》的内容大约应该是讲述释迦牟尼事迹的单本短小经典。联系印度佛教发展的实况考察，早出经典也应该是这种情况。因为，公元前 1 世纪末期，大乘佛教正在酝酿形成过程中，其最初的经典即便已经形成，也没有可能这么快为大月氏使者所掌握，并且传到中国内地。所以，这个时期传来的佛经，只能是属于阿含类经典中的一些片段。其中的佛传故事，应该是以讲解释迦牟尼生平事迹、家庭和一般性神异故事为主。

在没有新资料出现的情况下，本段文字中有些内容应该是不可解的，强为之解往往会增加矛盾，并且与本段整体文意的通畅发生冲突。比如，有学者把本段文字中的"沙律"解释为"复立"之误，实际上与原文要表达的意思不符。按照原典的叙述语气，"沙律"是天竺国的"神人"，这是佛教经典上记载的，是佛教之外就存在的神人，而"复立"是另外一个"人"，也是《浮屠经》中记载的人物。至于更有学者把"复立"与"复豆"建立联系，认为是"浮屠"的异称，或者把"沙律"说成是佛的某个弟子，或者阿那律，或者舍利佛，等等。这些解释与疏通文意、理解整体含义，不仅没有关系，反而把原来贯通的文意弄支离了。

本段记载中一个值得重视的信息，是把佛陀与老子、佛经与道德经联系起来考察，在认识到他们之间存在巨大差异的情况下对双方进行相互联系、相互沟通，以便寻找其中的共同点。在介绍浮屠时，首先介绍的是浮屠与老子的不同点，比如讲述"浮屠身服色黄，发青如青丝，乳青毛蛉，赤如铜。始莫邪梦白象而孕。及生，从母左胁出。生而有结，堕地能行七步"。这里讲的佛的身体特征、出生神异、各种瑞相、各种神奇事迹，都是本土老子所没有的，区别是非常明显的。正是看到浮屠与老子、佛经与道经有如此大的差别，才开始在承认差别的前提下寻找他们之间的共同点。这表明，中国本土人士在佛与道之间建立最早关系时，采取了求同存异的思维方式，这种思维方式在以后的三教融通中一直采用。

无论从内容上还是形式上考察，佛经与道经的区别都特别显著，根本不是同类典籍。这里讲两者的"相出人"，不是基于对两类经典进行比较，不是为了强调两者的差别，而是为了证明佛经是老子到天竺教化胡人讲出的经典。老子为了教化本土汉人，讲了《道德经》；为了教化天竺的胡人，讲了《浮屠经》，两种经典无论表面上有多么大的差别、多么大的"出入"，本质上都是一样的，都是反映老子的思想、老子的学说。这种最初形态的"老子化胡说"，是协调外来宗教文化与本土固有文化的一种尝试、一种方法、一种手段。这种解决办法、协调策略，实际上没有褒贬任一方的意思，是中外人士都可以接受的。对于在中国传教的外籍僧人而言，是承认他们的合法性；对于信奉佛教的中土人士而言，学习和信仰佛教本质上是学习和信仰本民族的思想。以老子化胡来争优劣、论高低，与解决外来文化与本土文化的关系问题已经有所不同，主要是本土两个教派的思想斗争问题，并且往往是与政治、经济利益相联系的信仰领域中的斗争。把浮屠说成是老子的化身，自然消除了夷夏之隔，为接受和信仰佛教提供了条件。

总之，从这段记载可以看出，大月氏使者伊存口授《浮屠经》，虽然不能说是佛教传入中国的开端，但可以作为标志佛教传入汉代政治中心的开端。同时，这个记载也表明，大月氏人是最早向中国传播佛教的一支重要力量，到汉末三国时期，有更多大月氏人在中国传教。这里描述的老子化胡说法，明显已经不是人们初次接触佛教的情况，而是对佛教有了一定的认识，开始着手解决域外文化与本土文化关系时才可能出现的情况，这种情况最早可以出现在东汉末年。①

### 三 汉明帝时期的佛教

半个多世纪之后，到东汉汉明帝在位时期（58—75），有两个事件在佛教史上具有重要意义。其一是汉明帝遣使求法，其二是楚王英奉教。

从两晋开始，流传最广、影响最深远的佛教初入中国传说是"明帝感梦遣使求法"事件。南北朝以后，即便在官方的正式文件中，都把这个故事当作历史事实征引，以此作为佛教传入中国的开端。关于这个事件的认识，学者们的研究是与汉明帝求法的真实性和翻译出《四十二章经》的真实性联系起来考虑的，有肯定意见，也有否定意见。

《祐录》卷六所载《四十二章经·序》记载：

---

① "伊存授经"可以作为佛教传入汉朝政治中心的开端，在佛教兴盛之后的南北朝隋唐时期，又出现了汉代之前佛教就传入内地，或者中土人士在秦代之前就知道佛教的多种说法，都是不足凭信的。汤用彤《汉魏两晋南北朝佛教史》第一章对这些说法有详细考证。

昔汉孝明皇帝，夜梦见神人，身体有金色，项有日光，飞在殿前。意中欣然，甚悦之。明日问群臣："此为何神也？"有通人傅毅曰："臣闻天竺有得道者，号曰佛，轻举能飞，殆将其神也。"于是上悟，即遣使者张骞、羽林中郎将秦景、博士弟子王遵等十二人，至大月支国，写取佛经四十二章，在第十四石函中，登起立塔寺。于是道法流布，处处修立佛寺，远人伏化，愿为臣妾者不可称数。国内清宁，含识之类蒙恩受赖，于今不绝也。

在汉明帝时期，西域交通畅通，来中国的西域诸国使臣、商人等络绎不绝。同时，当时佛教已经在王室成员中流传。根据国内外交流和佛教发展态势来看，尽管有关记载疑点很多，但仍不足以完全否定汉明帝遣使求经的真实性。正如汤用彤所指出的："汉明求法之说，毋宁谓语多赠饰，不可即断其全属子虚乌有也。"[1] 在上述这段关于明帝遣使求法最有代表性的记载中，讲明帝求法以后就"道法流布，处处修立佛寺，远人伏化，愿为臣妾者不可称数"之类，不仅不应该是汉明帝时期的情况，即便到了西晋的时候，也不可能是这种情况。从这些描述可以判断，《四十二章经序》一定是后人的创作。

对《四十二章经》发表看法的学者很多，颇具代表性和影响力的观点有三家，即梁启超、汤用彤和吕澂。其中，汤用彤《汉魏两晋南北朝佛教史》中的第三章专门就《四十二章经》进行考证，主要观点是针对梁启超的考证提出的，吕澂《中国佛学源流略讲·附录》中有《四十二章经抄出年代》，主要针对汤用彤的观点发表意见。总的来说，三人的观点都有精当之处，也都有忽略的地方。相对说来，吕澂的研究忽略之处较少。这里根据上述三家的结论，对《四十二章经》提出三点基本看法。

第一，即便汉明帝遣使求法故事的内容都是真实的，使者确实带回印度僧人及其经典，摄摩腾与竺法兰的确翻译出了《四十二章经》，该经在汉代也从未流行过。该经翻译出来以后就被封存起来，任何局外人都没有见过。关于这一点，各处资料的记载是完全一致的。

逮孝明感梦，张骞远使，西于月支写经《四十二章》，韬藏兰

---

① 汤用彤：《汉魏两晋南北朝佛教史》（上册），中华书局 1983 年版，第 18 页。

台，帝王所印。①

四十二章经一卷（旧录云：孝明皇帝四十二章，安法师所撰录阙此经）

右一部凡一卷。汉孝明帝梦见金人，诏遣使者张骞，羽林中郎将秦景到西域，始于月支国遇沙门竺摩腾，译写此经还洛阳，藏在兰台石室第十四间中。其经今传于世。②

于是上（指汉明帝）悟，即遣使者张骞、羽林中郎将秦景、博士弟子王遵等十二人，至大月支国写取佛经四十二章，在第十四石函中，登起立塔寺。③

有记云：腾译《四十二章经》一卷，初缄在兰台石室第十四间中。④

愔于西域获经，即为翻译《十地断结》、《佛本生》、《法海藏》、《佛本行》、《四十二章》等五部。移都寇乱，四部失本，不传江左，惟《四十二章经》今见在。可二千余言。汉地见存诸经，惟此为始也。⑤

从上述资料可以看到，即便《四十二章经》于明帝时在官方参与下翻译出来，也是被珍藏在兰台石室中，秘不示人。其中的原因是什么，没有说明。所谓"韬藏"，可能是作为王室的供养品。不过，这也是一种推测。因此，认为该经在汉代十分盛行，襄楷的上疏中已经引用，是与多种记载相矛盾的。正因为该经在汉代乃至三国两晋都没有流通过，才能合理解释为什么道安等东晋以前的人没有提及该经。认为襄楷疏中有引用《四十二章经》内容的观点，是很难成立的，因为两者语言差别很大，没有一个直接的证据。总之，综合各种资料，可以断定，《四十二章经》在东晋之前没有流通过。

第二，《四十二章经》肯定没有第二次翻译或第三次翻译。《长房录》记载《四十二章经》有三译，是难以置信的。因为，第二译的是支谦。

① （梁）僧祐：《出三藏记集》卷二，《大正藏》第55册，第5页上。
② 同上书，第5页下。
③ （梁）僧祐：《出三藏记集》卷六，《大正藏》第55册，第42页下。
④ （梁）慧皎：《高僧传》卷一，《大正藏》第50册，322页下。
⑤ 同上书，第323页上。

如果有三国支谦的译本，僧祐和慧皎都不可能遗漏。因为如果是支谦再次翻译了《四十二章经》，其翻译地一定是在吴国，那里是僧祐和慧皎两人活动的地区，且时间相隔不是太远。因此，《四十二章经》不可能有第二译或第三译。如果有，不会在隋代才发现。僧祐和慧皎也没有理由把支谦的译本错认为是汉明帝时期的翻译作品。吕澂认为，所谓第二译，以及两种本子的对照等，"这些都是长房玩弄的玄虚"。① 这个结论是最值得参考的。

第三，僧祐和慧皎所看到的《四十二章经》，应该是中国不知名僧人集体的撰述，并且一定不是抄自《法句经》，而是阿含类经典众多抄本中的一个抄本。吕澂认为，《四十二章经》抄出的年限，"最早不能超过《化胡经》，最晚不能晚于《支愍度录》。惠帝末年是公元 306 年，成帝末年为公元 342 年，大约就产生于此三十年之间"②。这个观点是很有参考价值的。因此，把《四十二章经》作为说明汉代佛教的资料，是很不可靠的，但是，作为研究中国佛教思想的变迁史的资料，是比较有价值的。

《四十二章经》自从被认为是最早译籍之后，一直十分流行。这除了赋予该经的神圣性之外，与该经的特点也有密切关系。第一，对佛教的基本教义，包括重要名词、命题和思想进行了简明讲解，具有很好的普及佛教知识的作用。第二，该经对佛教的修行规定，包括出家僧人和在家信众的修行要求都在一定程度上进行了总结，言简意赅、内容充实。不但可以作为出家人学佛的基础读本，也适合作为向在家信众弘扬佛法的读本。第三，该经的内容有从小乘佛教到大乘佛教过渡的性质。从重点讲解追求四果到号召追求佛以便拯救众生等，这些内容适应性很广，是任何佛教宗派的信徒都可以接受的。第四，一些为在家人讲的重视孝道等内容，容易获得在家信众的感情共鸣，比如"凡人事天地鬼神，不如孝其亲矣，二亲最神也"。

把汉明帝遣使求法作为佛教传入之始，自然是不符合历史事实的。但是，把明帝求法作为佛教进入洛阳的开端，似乎也有一些道理。在明帝的时候，佛教已经在许多地方流行，并且已经得到王室成员信奉。楚王英就是一个重要代表。

---

① 吕澂：《中国佛学源流略讲》，中华书局 1979 年版，第 276 页。
② 同上书，第 21 页。

根据《后汉书》卷四十二记载，楚王刘英是汉明帝（58—75年在位）异母弟，于光武帝刘秀建武十五年（39）被封为楚公，十七年（41）晋爵为楚王，二十八年（52）到封地。他年轻时"好游侠，交通宾客"，到了晚年，"更喜黄老，学为浮屠，斋戒祭祀"。明帝永平八年（65），朝廷下诏，命令天下犯了死罪的人都可以通过缴纳缣（细绢）来赎罪。刘英派遣郎中令奉黄缣白纨三十匹送达国相（代表朝廷管理封国政务官员）处，并说："托在蕃辅，过恶累积，欢喜大恩，奉送缣帛，以赎愆罪。"国相把刘英的话转达给朝廷，明帝下诏说："楚王诵黄老之微言，尚浮屠之仁祠，洁斋三月，与神为誓，何嫌何疑，当有悔吝？其还赎，以助伊蒲塞、桑门之盛馔。"朝廷还把这个诏书下达各封国的国傅（代表朝廷教导封王的官员）。刘英一贯喜好结交方士、收罗宾客幕僚，朝廷的这些做法，实际上是对他的纵容。从此以后，刘英更是广泛结交方士，并且制作"金龟玉鹤，刻文字为符瑞"。到明帝永平十三年（70），男子燕广告发刘英与渔阳王平等造作图书，图谋不轨。经朝廷派人查实，负责案件的部门上奏，认为刘英"招聚奸猾，造作图谶，擅相官秩，置诸侯王公二千石，大逆不道，请诛之"。①汉明帝遂废掉刘英楚王封号，派人把他遣送丹阳（今安徽宣城）泾县，第二年，刘英在丹阳自杀。

《后汉书》关于楚王刘英"学为浮屠"的记述，反映了东汉汉明帝时期王室成员以及社会上层人士奉佛的实际状况、接受佛教的程度，以及东汉朝廷对信仰佛教的基本态度。刘英既喜好黄老道术，又信奉佛教，并且把两者结合起来。他的奉佛活动主要有三项基本内容。

第一，按照佛教的要求持守"斋戒"。刘英作为在家信徒，遵守居士的修行规定。当时的斋戒内容现在无法考察，仅从"洁斋三月"的说法来看，类似于持守佛教的"三长斋月"。按照规定，在一年的正月、五月、九月这三个月的初一到十五，居士要严守五戒或八戒。五戒是出家和在家信徒都必须遵守的基本戒条，包括不杀生、不偷盗、不邪淫、不妄语、不饮酒。八戒是在五戒的基础上增加不佩戴香花、不视听歌舞、过午不食等生活规定。刘英持守斋戒，是对佛教生活规范、修行方式的接受。

第二，把佛作为能够祈求佑护的神灵进行祭祀。祭祀是儒教礼仪中最重要的部分之一，历来受到社会各阶层的重视，相应的规定也十分严格、

---

① （南朝宋）范晔：《后汉书》卷四十二《楚王英传》，中华书局1965年版，第1429页。

烦琐、庄严，不同的社会阶层有不同的祭祀礼法。从祭祀对象上来划分，有天神、地祇、人鬼三类，从祭品上来划分，有活祭用品、牲祭用品和其他祭品。汉代从帝王到庶民，对祭祀都十分重视。王充《论衡·论死篇》说：“世信祭祀，以为祭祀者必有福，不祭祀者必有祸。”

刘英祭祀浮屠，自然是把浮屠作为神看待，这从“与神为誓”的记述中可以看到。但是，所用的祭品是否遵守佛教的规定，就不清楚了。刘英虽然“诵黄老之微言”，但是并没有把黄老与浮屠并行祭祀，而是单独祭祀浮屠，这是与后来汉桓帝不同的地方。在当时佛教初传时期，祭祀浮屠是完全按照佛教的规定进行，严格遵守佛教的戒律，还是借鉴了儒家礼法进行佛教祭祀，现在还是不清楚的。当然，无论具体做法如何，刘英的“尚浮屠之仁祠”，就是承认浮屠作为佑护神的地位，是对佛教最高崇拜对象的接受和信仰，是佛教信仰流传最直接的表现。佛教传入，增加了中土祭祀的内容，浮屠从刘英开始成为祭祀的对象。但是，如果说“佛教在汉代纯为一种祭祀”，① 则是太偏颇、极端的说法。

第三，刘英常年供养居士和僧人，以大施主的形象出现，是佛教的积极支持者，不同于以往供养方士的地方王侯。从朝廷返还刘英用以赎罪的黄缣白纨“以助伊蒲塞、桑门之盛馔”来看，刘英供养居士和僧人的数量不会太少。另外，刘英门下也供养了很多方士，这里把“伊蒲塞、桑门”单独提出来，说明当时人们并没有把佛教居士、僧人与方士混淆起来。那种认为汉代人把浮屠作为道教一部分看待的观点，实际上是不符合事实的。汉代沟通佛与道的关系，提出了许多说法，实际上是他们真正看到了两者的区别，才把浮屠说成是老子的门徒。

从这段记载中可以看到，朝廷对刘英奉佛的各种做法不仅没有反对，而且采取了支持的态度。很显然，在汉明帝时期，朝廷是认可王侯信奉和扶植佛教的。五年之后，刘英被废，并最后被赐死，其大逆不道的罪名中，也没有任何与供养居士、沙门有关联的线索。

楚王英的奉佛活动意义重大。他祭祀浮屠，标志着中土宗教文化格局开始出现巨变；他持守斋戒，标志着新的道德规范和生活准则获得认可和接受；他供养居士、僧人，标志着佛教在中土获得了不断成长的肥沃土壤。从长远来看，楚王英奉佛活动是整个华夏文化产生巨变的先导。佛教

---

①　汤用彤：《汉魏两晋南北朝佛教史》，中华书局 1983 年版，第 37—38 页。

逐渐渗透到中华文化中，是从许多方面展开的，刘英开展的几项奉佛活动，无疑是很重要的方面。

佛教初传时期，人们首先看到佛教不同于中土道术的特点，在承认这些特点的前提下来寻找佛教与中土民间信仰的共性。不能把人们寻找两者共性的言论理解成人们没有看到它们的差别。如果说当时人们把佛教看成一种方术，看成是道教的一部分，仅仅是从他们的一些共性上来看问题，这只是问题的一方面。总的说来，佛教在汉代初传时，主要以其特殊性引起人们的注意，获得人们的信奉。

## 第三节　汉末佛教的快速发展

从东汉桓帝开始的汉末七十余年（147—220），是汉代佛教快速发展阶段。这一时期，对浮屠的祭祀已经进入宫廷，南北各地已经建立起规模较大的寺院，出现了汉族出家僧人，也可能已经出现了僧团。随着来华传教僧人不断增加，译经质量不断提高，佛教在社会上的影响也达到前所未有的程度。

### 一　汉桓帝与信仰格局的演变

从现存资料来看，汉桓帝是中国历史上第一位信奉佛教的帝王。他有着把祭祀老子、浮屠和孔子结合起来的倾向，实际上为后世三教圣人的并列、为后世的三教融合开辟了道路。

《后汉书·桓帝记》记载，延熹二年（159），汉桓帝依靠宦官的力量清除了梁冀家族的势力，掌握了朝廷的权力。延熹九年（166），汉桓帝亲自定李膺、范滂等六百余人为"党人"，下狱治罪，随着宦官专权造成的朝政腐败逐步加重，随着自然灾害频繁，许多地方已经发生小规模的农民起义。在这种情况下，汉桓帝依然没有任何发愤图强的努力，继续沉溺在极端奢侈的生活中。同时，他出于"存神养性，意在凌云"的目的，多次派人到苦县（今河南省鹿邑县东）祭祀老子。《后汉书集解》引《孔氏谱》说明了延熹八年十一月中常侍管霸到苦县祭祀老子时的现场布置情况："桓帝位老子庙于苦县之赖乡，画孔子像于壁，孔畴为陈相，立孔子碑于像前。"这种安排说明，桓帝把祭祀老子与祭祀孔子是结合在一起的。不仅如此，桓帝把祭祀老子与祭祀浮屠也结合在一起。《后汉书》中的两段记载很明确：

> 前史（指《东观汉纪》）称桓帝好音乐，善琴笙。饰芳林而考濯龙之宫，设华盖以祠浮图、老子，斯将所谓"听于神"乎！及诛梁冀，奋威怒，天下犹企其休息。而五邪嗣虐，流衍四方。自非忠贤力争，屡折奸锋，虽原依斟流嚣，亦不可得已。①

> 又闻宫中立黄老、浮屠之祠，此道清虚，贵尚无为，好生恶杀，省欲去奢。今陛下嗜欲不去，杀罚过理，既乖其道，岂获其祚哉！或言老子入夷狄为浮屠。浮屠不三宿桑下，不欲久生恩爱，精之至也。天神遗以好女，浮屠曰：此但革囊盛血。遂不眄之。其守一如此，乃能成道。今陛下淫女艳妇，极天下之丽，甘肥饮美，单天下之味，奈何欲如黄老乎？②

从《后汉书》所记载的汉桓帝祭祀活动中，我们可以看到以下几个特点。

第一，汉桓帝在派人到苦县祭祀老子的时候，把祭祀老子与祭祀孔子联系起来；在宫中祭祀老子的时候，又与浮屠并列祭祀，表明了对三者的同样重视。现在没有资料表明桓帝把老子、浮屠和孔子放在一起祭祀，但是，把桓帝在延熹年间的几次祭祀活动放在一起观察，桓帝的做法已经昭示出中国宗教信仰格局上将要发生的巨变，已经为日后三教圣人的并列开辟了通道。

第二，祭祀与斋戒。楚王刘英在祭祀浮屠时，并没有与祭祀老子联系起来，桓帝进了一步，把浮屠与老子并祀。但是，楚王刘英与桓帝祭祀的目的一致，都是为了求得福祥，获得神灵佑护。另外，刘英祭祀浮屠是与斋戒结合起来的，这就是把接受佛教的崇拜对象、礼仪与信守佛教的道德规范、生活准则联系了起来。然而，汉桓帝不是这样。从襄楷的奏议中可以看到，汉桓帝祭祀浮屠并没有联系佛教斋戒，没有把承认、接受和实践佛教的道德信条、戒律规定、生活准则等与举行祭祀活动相联系。《东观汉记》记载："桓帝设祭器，用三牲祀祠老子，以求祥也。"那么，桓帝

---

① （南朝宋）范晔：《后汉书》卷七《桓帝纪》，中华书局 1965 年版，第 320 页。
② （南朝宋）范晔：《后汉书》卷三十下《襄楷传》，中华书局 1965 年版，第 1082 页。

把老子和浮屠并行祭祀，自然也是使用中国的祭器、遵循中国的礼法。这样一来，在祭祀礼仪上，桓帝就不可能贯彻不杀生的佛教戒律。

楚王英祭祀浮屠与汉桓帝老子浮屠并行祭祀的确有重要区别，但是，无论祭祀与斋戒是否联系，祭祀本身往往也并不被后人看作是对佛教教理真正理解后采取的行动，是最正确的奉佛形式。《后汉书》卷八十八《西域传论》说："汉自楚英始盛斋戒之祀，桓帝又修华盖之饰，将微义未译，而但神明之邪？"在范晔（398—445）看来，无论刘英的斋戒祭祀还是桓帝的修华盖之饰，都属于在没有理解佛教的深刻道理之前对浮屠的盲目崇拜。

第三，"好生恶杀"。与中国本土相关思想比较，在杀罚问题上，佛教有两个鲜明特点。首先特别强调"不杀"，把杀生列为众恶之首，列在戒律的第一条，是绝对要禁止的。在汉代的方士中，没有如此强调戒杀的。其次，佛教讲的"不杀生"，并不是特指不杀人，而是指不杀害一切众生，一切有情识的生命体。这种不杀生的观念在中国本土是没有的，完全是舶来品。它比中国固有的仁义之说要来得更彻底，从而也引起更多人的响应和接受，所谓"好仁恶杀，蠲敝崇善，所以贤达君子多爱其法焉"[1]。

把"好生恶杀"贯彻在帝王的治国理政方面，当然不能要求帝王绝对不杀戮，这是任何帝王都做不到的。但是，最基本的要求可以是不能滥杀无辜，不要杀罚太重。在襄楷看来，桓帝并没有按佛教"好生恶杀"的要求办事，而是"杀罚过理"，违背了佛道，这样怎么能获得神灵的佑护呢。只有按照佛教的道德观念处理一切事情，信守佛教的戒律，接受佛教的伦理观念，才能获得佛教神灵的佑护。这种说法，在以后佛教徒规劝历代帝王时，在人们对帝王进行道德判断时，成为共同的话题、相同的内容和基本一致的标准。

第四，"省欲去奢"。古代帝王的穷奢极欲是一个普遍的现象，是一个不可能根除的现象。在佛教传入中国之后，"省欲去奢"几乎成了佛教信徒规劝帝王的一个普遍话题。

在儒家和道家典籍中，列举嗜欲危害的内容很多，神仙家对这方面的问题更为重视。汉桓帝追求"存神养性，意在凌云"，而存神养性与节制

---

[1]　（南朝宋）范晔：《后汉书》卷八十八《西域传论》，中华书局1965年版，第1932页。

欲望，与消除奢侈是联系在一起的。道家讲清虚、无为，讲节制嗜欲，儒家也讲这样的精神修养。但是比较起来，佛教"欲"就不是要节制的问题，而是要禁绝的问题。佛教戒律是从生活各个方面进行规定，以便达到克制情欲的目的。在佛教倡导的禅法中，最基本的禅法，总是与克制欲望联系在一起。

在众多欲望中，佛教最强调克制的，就是淫欲，甚至把它列为众恶之首。佛教对克制淫欲提出的解决方案之多，远远超过当时的道家和儒家。在东汉时期流行的道术中，没有像佛教那样把淫欲作为万恶之首看待的，最多只是要求不要过度纵欲。而有些行房中术的方士，已经把性活动纳入修行成道的领域，对男女之欲不是禁止而是提倡。而对于帝王而言，"省欲"之中首先要讲"省"男女之欲。在这方面，道术几乎没有什么有力的说辞。正因为如此，在桓帝之前，佛教戒色欲的特点大概就普遍为社会各阶层注意到了。张衡（78—139）所作《西京赋》中有"展季桑门，谁能不营"一句，很能说明问题。把僧人（桑门）与道德表率柳下惠（展季）并列，不仅反映了当时人们了解僧侣戒色欲极端严格的特点，而且表明人们对这种佛家伦理是接受的、认可的，甚至是赞扬的。

汉桓帝极度荒淫，置宫女五六千人，的确是"淫女艳妇，极天下之丽"。为了规劝这样的帝王，佛教信徒为他们树立的禁欲榜样就是浮屠，为他们讲述的道理就是佛教的禁欲理论。在大乘佛教刚刚兴起时的教义中，能否获得解脱，与能否禁欲是直接联系的，这与黄老道术中一些派别的理论是完全相反的。正因为如此，规劝类似汉桓帝的最好说辞就是佛家教义。襄楷在这里讲的禁欲理论，在以后也成为历代佛教徒规劝帝王的一个重要讲话内容。

总之，汉桓帝在延熹年间的祭祀活动，本质上已经拉开了中国宗教崇拜格局发生巨变的序幕。然而，桓帝进行的祭祀浮屠活动又与中国传统祭天仪礼相联系，与接受佛教的戒律，接受佛教特有的道德规范、生活准则没有必然联系。在汉桓帝时期，佛教已经在社会上产生了相当的影响。对于佛教独有的理论、独有的修行特点，人们已经有所认识。对于规劝汉桓帝这样的帝王，主要是从"好生恶杀"和"省欲去奢"两方面来进行，这也是以后佛教徒规劝帝王的共同话题，并且是一般民众对帝王进行道德评判的重要标准。

### 二 寺院与佛教社会普及

据《高僧传》卷一记载，汉明帝"遣郎中蔡愔、博士弟子秦景等，使往天竺，寻访佛法。愔等于彼遇见摩腾，乃要还汉地。腾誓志弘通，不惮疲苦，冒涉流沙，至乎雒邑。明帝甚加赏接，于城西门外立精舍以处之，汉地有沙门之始也"。"腾所住处，今洛阳城西雍门外白马寺是也。"①当时随同摄摩腾一起到达洛阳的还有竺法兰。至迟从晋宋时期开始，中天竺僧人摄摩腾和竺法兰被认为是最早来到中土的外籍僧人。为他们建立的寺院也就自然成了汉地第一座寺院。尽管他们不可能是到达中国的最早僧人，但是，汉明帝时期两京有外籍僧人是可以肯定的。

有学者根据《说文》中"寺"字没有佛寺的意思，认为许慎（约58—约147）生活的时代并没有佛教寺院，没有佛塔。实际上，即便在信息如此发达的今天，编辑词典在收词和释义方面的滞后性也是十分明显的，何况古代。《说文》中"寺"字没有佛寺释义，完全不能作为不存在佛寺或佛塔的论据，因为这是与大量典籍的记载相矛盾、抵牾的。

关于汉代寺院的记载，除了汉明帝时期之外，主要集中在汉桓帝时期及其以后。寺院建造者既有僧人，也有地方官僚，还有一般社会民众。东汉末年的译经僧人安世高，由于社会名望大，获得供养丰厚，也利用社会捐助兴建寺院。安世高在译经和避乱南游过程中曾住寺或造寺。"便达豫章（治在今江西南昌），即以庙物，造立东寺。"②时间大约在汉灵帝末年之后。

汉代建立寺院的目的，主要是为了供僧人居住、修行和翻译经典。但是，也有出于其他目的建立的寺塔。豫州（今河南及山东西南）有佛寺，建于东汉末年。北魏郦道元《水经注》卷二十三《汳》条："《续述征记》曰：西去夏侯坞二十里，东一里，即襄乡浮屠也。（汳）水径其南。汉熹平（172—178）中，某君所立，死因葬之。其弟刻石树碑，以旌其德。隧前有狮子、天鹿，累砖作百达柱八所，荒芜颓毁，凋落略尽矣。"此寺用途是葬人，是某君生前给自己修的墓地。（汳）水发源于今河南陈

---

① （梁）慧皎：《高僧传》卷一《摄摩腾传》，《大正藏》第 50 册，第 322 页下。

② （梁）僧祐：《出三藏记集》卷十三《安世高传》，《大正藏》第 55 册，第 95 页上。《高僧传》卷一本传记载相同。

留附近，东流入下邳（治在今江苏宿迁西北）东南部的泗水。这里西通洛阳，东接徐州，应该是在佛教传播路线上。这种寺院的建立，与佛教信仰在民间的传播有很大的关系。可能在东汉末年，为安葬死者而建造寺塔已经在不少地区出现。

正史中关于建造大型寺院的记载也在东汉末年，是笮融建造大浮屠：

> 笮融者，丹阳（治在今安徽宣城）人，初聚众数百，往依徐州牧陶谦。谦使督广陵、丹阳运漕。遂放纵擅杀，坐断三郡委输以自入，乃大起浮屠祠，以铜为人，黄金涂身，衣以锦采。垂铜槃九重，下为重楼，阁道可容三千人。悉读佛经，令界内及旁郡人有好佛者听受道，复其他役以招致之。由此远近前后至者五千余人户。每浴佛，多设酒饭，布席于路，经数十里，民人来观及就食且万人，费以巨亿计。①

在中国历史上，笮融建“浮屠祠”是地方官吏建造寺院的第一例。陶谦约于汉灵帝中平五年（188）为徐州刺史，献帝初平四年（193）升为徐州牧。笮融是其同乡，聚众数百人投靠。陶谦任命笮融管理广陵（治在今江苏扬州）、下邳（治在今江苏宿迁西北）、彭城（治在今江苏徐州）三郡的粮食运输。笮融信仰佛教，利用职权侵吞国有资产，把三郡的钱粮用来修建佛寺。从这个记载中，我们可以看到当时佛教发展的一些特点。

当时兴建的寺院规模很大，“阁道可容三千人”，而且十分豪华。这个时候修建寺院的目的，已经不仅仅是为了安置僧人或者翻译佛经，而是为了建立一个弘教基地，吸引该地区及其相邻郡的民众到这里听讲佛经，参与法事活动，从而让人们树立佛教信仰，扩大佛教信众队伍。笮融以信佛为条件免除人们的杂役，招来的民户达到五千户，可见比他投奔陶谦时的数百人要增加了将近十倍。在当时社会动乱、地方势力相互争斗的情况下，笮融利用佛教扩大了自己的力量，也有着把佛教进一步向社会推广的作用。

笮融还举办浴佛法会，并且施舍酒饭。法会上可以饮酒，说明当时并

---

① （晋）陈寿：《三国志·吴志·刘繇传》，中华书局1959年版，第1185页。

不把戒酒作为信仰佛教的条件之一，对佛教的戒律似乎并不重视。笮融举办的法会能吸引上万人来观看和就食，规模已经是很大了。这样规模的法会不可能全部由在家信徒来承担工作，大约有一定数量的僧人。如此规模的寺院和寺院法会，产生的社会影响也是很大的，自然需要不少僧人参加工作。当时的僧人大约也是以外籍僧人为主。

兴平元年（194），陶谦兵败于曹操，逃到丹阳后不久病死。笮融率领男女万人、马三千匹逃到广陵，杀死太守赵昱，并纵兵大掠。兴平二年（195），他南渡长江，杀死豫章太守朱皓，占据其地，不久被扬州刺史刘繇所败，逃入山中，被山民杀死。

汉代僧人以外籍为主，本地僧人很少，且汉人出家受到限制。据《高僧传·佛图澄传》记载，王度曾上疏石勒说："往昔汉明感梦，初传其道，唯听西域人得立寺都邑，以奉其身。其汉人皆不得出家。魏承汉制，亦循前轨。"从本段的叙述语气揣摩，似乎在汉明帝的时候就已经有了不许汉人出家的禁令。一般来说，应该在已经有汉人出家的事情发生后，才能相应地颁布这样的禁令，而有了这样的禁令，汉族出家人一定会减少。由此推测，不排除在汉明帝时已经有汉地人出家。宋代赞宁《僧史略》卷上《东夏出家》条记载："汉明帝听阳城侯刘峻等出家，僧之始也；洛阳妇女阿潘等出家，尼之始也。"一般认为这是来自《汉法本内传》的记载，但不足凭信。但是，考虑到当时佛教的盛行情况，出现汉人出家应是有可能的。

桓帝时严佛调出家，这是目前所知的当时唯一一位汉地僧人。据《祐录》记载，严佛调是临淮人，"绮年颖悟，敏而好学，信慧自然，遂出家修道。通译经典，见重于时"①。但是，后出的佛教史籍，比如《释氏稽古略》则认为朱士行是汉地第一位出家者。这种记载的出入，可能与当时佛教相关戒律没有传译出来，出家人往往只是以剪除须发作区别，而没有严格正规的相关手续和仪式有关系。由于衡量是否出家的标准不明确，有时会把出家人当成在家信徒，比如《历代三宝纪》就把严佛调称为清信士，不认为他是出家僧人。总之，汉代在出家信徒和在家信徒的区分上界限并不十分明确，尤其是对待汉族佛教信仰者，是僧是俗有时会混淆。

---

① （梁）僧祐：《出三藏记集》卷十三《安玄传》，《大正藏》第55册，第96页上。

汉代是否有僧团组织，史籍乏载。有学者认为，大约 1924 年或早些时候在洛阳发现的井栏石条上有佉卢文题记，该题记首次以实物证明，东汉京都洛阳有佛教僧团和寺院，年代约在灵、献（179—190）之时。① 如果这个材料确实，那么在东汉末年，洛阳地区已经有僧团存在。在当时的僧团中，僧众应该多是外籍僧人，他们是以什么样的形式组织起来，并不清楚。

### 三 汉代译经综览

汉文佛教经典翻译开始于汉代，此后持续千余年，创造了人类文化交流史、世界翻译史上的奇迹。

依据现存资料，很难解决佛经翻译开始于什么时候的问题。南朝梁僧祐认为：“法宝所被远矣。夫神理本寂，感而后通，缘应中夏，始自汉代。昔刘向校书，已见佛经。故知成帝之前，法典久至矣。”② 他认为，在西汉成帝（前 32—前 7 年在位）时就有佛经传来。但是，对于翻译的什么经典、译经人是谁、译经地点在哪里等都说不清楚。在僧祐时代，认为最早翻译的经典就是汉明帝时期译出的《四十二章经》。现代大多数学者认为，能够确定译人、译时的最早汉译经典是大月氏使者伊存口授的《浮屠经》，该经早已不存。

实际上，在梁代僧祐整理佛教经典时，对于安世高之前出现的许多经典，基本上无法考证，其原因是多方面的。僧祐指出：

> 原夫经出西域，运流东方，提挈万里，翻传胡汉。国音各殊，故文有同异；前后重来，故题有新旧。而后之学者，鲜克研核，遂乃书写继踵，而不知经出之岁；诵说比肩，而莫测传法之人。授受之道，亦已阙矣。夫一时圣集，犹五事证经，况千载交译，宁可昧其人世哉。③

① 林梅村：《西域文明——考古、民族、语言和宗教新论》，东方出版社 1995 年版，第 394 页。
② （梁）僧祐：《出三藏记集》卷二，《大正藏》第 55 册，第 5 页上。
③ （梁）僧祐：《出三藏记集》卷一，《大正藏》第 55 册，第 1 页上。

僧祐的这段论述，说明了造成梳理佛经翻译历史特殊困难的几个重要原因。

第一，从不同国家、地区和民族传来的经典经历了漫长的时间和过程，造成了众多经典的混乱，使早期经典无法考证。

当佛教经典始传中国的时候，佛教已经有数百年的历史，并且在许多国家、地区和民族中流传。从不同国家、地区、民族传到中国的众多经典，其文字自然不同（国音各殊，故文有同异）；而同一经典也由于传来的时间不一样，造成题目的不同（前后重来，故题有新旧）。从西汉末年到东汉末年，传说中翻译经典的使者、居士、僧人，就来自完全不同的地区，并且属于不同的民族，使用不同的语言。东汉时期来中国翻译经典的僧人分别来自天竺、中天竺、安息、大月氏、康居等地，他们带来的经典当属于不同文字的典籍。近现代学者对于传到中国的早期佛教经典使用的语言问题已经进行了许多研究，也证明早期传来的经典是有多种文字的。这也证明僧祐在这里的叙述是客观的。

第二，佛教经典的难以考察也与当事人注重经典、不注重经典传播历史有关。按照僧祐的介绍，后来学佛的人，基本上只是抄写经典，并不关心经典的传译者是谁、什么时间翻译出来等问题；学习某部佛教经典，也没有严格的师生传授。所以，年深月久，这些问题也就逐渐不能解决了。这样一来，由于无法考察一部经典的确切翻译人、翻译时间、翻译地点等情况，也就无法考察该部经典的真伪了。因此，梳理汉魏之前的经典翻译史、流传史，缺乏最必要的条件。总的来说，在西晋之前，中国学问僧并不重视经典的整理工作，不重视对一部经典译人、译时、具体内容等方面的考证工作。这种情况僧祐是完全注意到了："自汉暨晋，经来稍多，而传经之人名字弗记。后人追寻，莫测年代。"① 学习经典的人只关注经典的义理，不关注经典自身的历史。中国佛教界历史意识的增强，应该说是从东晋道安作经典目录开始。

根据《祐录》的记载可以知道，在西晋竺法护之前，没有经典目录。在道安开始整理经典、编撰经录的时候，有很多经典因为不知道译人姓名而不能确定，成为失译经典。这部分典籍的数量很大，并且经文本身残缺或题目不一等情况是很普遍的。

---

① （梁）僧祐：《出三藏记集》卷十五《道安传》，《大正藏》第55册，第108页上。

祐总集众经，遍阅群录，新撰失译，犹多卷部，声实纷糅，尤难铨品。或一本数名，或一名数本，或妄加游字，以辞繁致殊；或撮半立题，以文省成异。至于书误益惑，乱甚棼丝，故知必也正名，于斯为急矣。

僧祐经过多年的校订，发现失译经典"多出四铨、六度、地道、大集、出曜、贤愚及譬喻、生经，并割品截偈，撮略取义，强制名号，仍成卷轴。至有题目浅拙，名与实乖，虽欲启学，实芜正典，其为愆谬，良足深诫"。

这里所讲的失译经特点很重要。失译经典数量之多，几乎超过能够确认的经典。僧祐列举的失译经典有本子的"八百四十六部，凡八百九十五卷，新集所得，今并有本，悉在经藏"。没有本子的失译经典"合四百六十部，凡六百七十五卷，祥挍群录名数已定，并未见其本，今缺此经"。两者加到一起，"右二都件凡一千三百六部，合一千五百七十卷"①。

到了汉桓帝时期，以安世高为代表的多位僧人来华传教，以洛阳为中心从事译经，使汉代译经出现第一个高潮，译经历史事实也随之明朗了，所谓"至汉末安高，宣译转明"。② 据《祐录》统计，汉代翻译佛经有 54 部 74 卷，基本完成在桓帝、灵帝时期。

汉代末年翻译经典者，以安世高和支娄迦谶的贡献最大。此外还有竺佛朔、支曜、安玄、严佛调、康孟祥等。其中，来自安息国的安世高、安玄，以及来自康居的康孟祥等以传译小乘典籍为主，来自大月氏的支谶、支曜，以及来自天竺的竺佛朔等，以传译大乘典籍为主。

竺朔佛又称竺佛朔，天竺人，生平事迹不详。汉桓帝时，他带《般若道行品经》到达洛阳，与支谶共同译出。由于"译人时滞，虽有失旨，然弃文存质，深得经意"。竺佛朔又在灵帝光和二年（179）于洛阳译出《般舟三昧经》，当时是支谶"为传言，河南洛阳孟福（字元

---

① （梁）僧祐：《出三藏记集》卷四《新集续撰失译杂经录第一》，《大正藏》第 55 册，第 32 页上，第 37 页中。

② （梁）僧祐：《出三藏记集》卷一，《大正藏》第 55 册，第 1 页上。

士）、张莲（字少安）笔受"①。《祐录》卷七所载《般舟三昧经记》又记载，此经"在建安十三年（208）于佛寺校定悉具足"，"又言建安三年（198）……于许昌寺校定"。

支曜可能是大月氏（月支）人，他翻译了《成具光明经》一卷，与支谶所译的《光明三昧经》是同本异译。该经说："佛言，有定意法，名成具光明，其有人闻之者，若能履行一日至七日，其功德不可比喻。"该经是一部大乘禅经。

僧祐把支谶、竺佛朔、支曜三人放在一个传中，表明了三位翻译者的关系。竺佛朔可能不通汉文，只能是口授，支谶为其传言。而支曜大约与支谶来自同一地区，所译经典也是相同的，都是大乘经典。当时传译大乘经典者既有大月氏人，又有天竺人。可见当时大乘经典传播之广泛。

根据《祐录》记载，安玄是安息国人，"为优婆塞，秉持法戒，毫厘弗亏"。虽为在家信徒，但安玄博诵群经。在汉灵帝末年，安玄因为经商到达洛阳。因为"有功，号骑都尉"。安玄"常以法事为己务"，逐渐通晓汉语以后，便立志弘扬佛教经典。他经常"与沙门讲论道义"，探讨佛法，世称"都尉玄"。安玄和僧人严佛调共同翻译出《法镜经》一卷，采用安玄口译梵文、佛调笔受的方式。此经是大乘经典，与《大宝积经·郁伽长者会》属于同本异译，主要讲述对在家居士的修行规定，劝信大乘。《祐录·安玄传》评论安玄的翻译是"理得音正，尽经微旨，郢匠之美，见述后代"。这是给予安玄很高的评价。

严佛调是临淮（下邳，治在今安徽宿迁西北）人，早年出家，除了与安玄翻译《法镜经》之外，还独立撰写《沙弥十慧章句》，成为汉代第一位撰写佛教著作的学问僧。从序言中"创奥博尚之贤，不足留意；未升堂室者，可以启蒙焉"② 等话语来看，此书大约是解释佛教基本理论的著作，以在家信徒或出家初学者为对象。他的译经很受重视，当时把安世高、安玄、佛调三人的传译"号为难继"。道安说："佛调出经，省而不烦，全本妙巧。"严佛调并没有独立翻译经典，把他与安世高、安玄并列，可能与他是第一位汉地学问僧有关。

康孟详祖籍康居，可能出生于中国，与严佛调一样，是以汉语为母语

① （梁）僧祐：《出三藏记集》卷十三《支谶传》，《大正藏》第55册，第95页下。
② （梁）僧祐：《出三藏记集》卷十，《大正藏》第55册，第69页下。

的。他与竺大力合作译出《中本起经》两卷、《修行本起经》两卷，是介绍释迦牟尼生平事迹的经典。据说这些经典是昙果从迦毗罗卫带来。道安称："孟详出经，奕奕流便，足腾玄趣。"① 另有康巨，当是康居人，译出《问地狱事经》一卷，已不存。《高僧传》称其译经"言直理旨（诣），不加润饰"。

东汉末年是汉译佛经的第一个重要阶段，当时译经在民间自发进行，即便最知名的译经僧人也没有得到朝廷或相当级别的地方官吏支持。译经以外籍僧人或居士为主，中国本土僧人和居士起助手作用。翻译者的来源地较确切者有安息、大月氏和康居三国。所译经典的本子有的是译者自带的，有的是其他僧人或居士带来的，有的译籍可能没有外文本。东汉末时的出经地只有洛阳。当时的译经形式多种多样，以口授、口头讲解、执本传文等多种形式进行。在汉末所有的外来译经者中，贡献最大的是安世高和支娄迦谶。

# 第四节　安世高的传教与译经

在整个汉代佛教中，安世高是外来僧人传教和译经两个方面的集中代表者。在他身上，可以比较全面地观察到佛教初传时期成功的外来僧人的基本风貌。就其传教而言，他在华活动时间长，可能有四十年左右；他活动范围广，从北方的洛阳到南方的广州。他所具有的传教素质，所采用的传教方法、手段和内容，集中体现了此后大多数外来成功传教者的特点。就其译经而言，他是中国佛教翻译史上第一位事迹明确的译经家，往往被作为佛经汉译的创始人看待。他首次把小乘佛教的基本教义介绍到中国，其译经风格及其所译典籍都影响久远。

## 一　传教事迹与意义

关于安世高的生平事迹，《祐录》本传与《高僧传》本传的内容基本相同。根据《祐录》卷十三本传记载，安世高，名安清，原是安息国太子。由于他在外国名声很大，"所以西方宾旅犹呼安侯"，这个称号也被中土人士沿用下来。

---

① （梁）僧祐：《出三藏记集》卷十三《安玄传》，《大正藏》第 55 册，第 96 页上。

安世高自幼"志业聪敏,刻意好学。外国典籍,莫不该贯,七曜五行之象,风角云物之占,推步盈缩,悉穷其变。兼洞晓医术,妙善针脉,睹色知病,投药必济。乃至鸟兽鸣呼,闻声知心。"安世高通晓天文、风角、占卜、医学等技能,这些是此后一些成功传教者大多具备的能力。也正因为具有这些能力,使他"俊异之名,被于西域。远近邻国,咸敬而伟之"。安世高所具有的这些技能的具体内容不能确切知道,但是,其基本的方面与当时汉代社会上流行的一些方术有类似之处应该是没有问题的。佛教僧人以传播佛教义理为专业,而有些人具备一些神异功能,也有助于吸引、感召信徒。并不是每一位成功的传教者都是依靠神异灵迹吸引信众,获得信任和拥戴,但是神异灵迹的确是很多传教者热衷于运用、宣扬和炫耀的。

出家之前,安世高就已经是虔诚的佛教信徒,"虽在居家,而奉戒精峻,讲集法施,与时相续"。他持戒严谨,并且有弘法传教的热情和积极性。在其父王死后,他由于"深悟苦空,厌离名器",把王位让给其叔,自己出家修道。安世高"博综经藏,尤精阿毗昙学(说一切有部论书学问);讽持禅经,略尽其妙"。"阿毗昙学"和"禅学"这两个部分,以后就成为安世高在中国译介、推广的最重要的佛学内容,也是在社会上影响最广泛的两部分佛学内容。

安世高离开故土,游历诸国传教,于东汉桓帝初年(147)① 到达洛阳。他很快通习汉语,从事翻译,前后持续二十余年。灵帝末年,他避战乱到南方传教,"世高游化中国,宣经事毕。值灵帝之末,关洛扰乱。乃杖锡江南"。从传记的神话记载来分析,安世高到过庐山、豫章、广州,最后死于会稽(今浙江绍兴)。他曾在豫章建造东寺。他在中国的活动时间,前后加起来大约有四十年。

综观安世高的传教过程,有一个鲜明特点,就是充分利用与佛教某些教义相联系的神异手段弘法传教。他用于吸引信众的主要教义,是佛教的业报轮回学说。这些是他的一贯做法,并不是根据某个特定事件、特定对象采取的临时应对策略。佛教善恶报应、轮回转生学说在促使人们信奉佛教方面发挥了重要作用。

按照僧祐的记载,安世高在刚到中国传教的时候,就告诉人们两个前

---

① 《高僧传》本传谓桓帝建和二年(148)。

世的因缘，而且在翻译完经典以后，顺应因果报应规律来了结因缘。他所实践的这两个业报轮回过程，既是他"穷理尽性，自识宿缘，多有神迹，世莫能量"的证据，也是贯穿他在中国传教活动始终的主线。

第一个是救度同学的因缘。他自谓前世就是安息国王子，后与国中一位长者的儿子同时出家，成为同学。他这位同学"分卫之时，施主不称，同学辄怒。世高屡加呵责，同学悔谢，而犹不悛改。如此二十余年"。他告诉这位同学："卿明经精进不在吾后，而性多恚怒，命过当受恶形。我若得道必当相度。"安世高在中国翻译经典完毕之后，告诉人们自己要南下，"我当过庐山度昔同学"。原来浔阳的䢼亭湖神就是他昔日的同学，是一条大蟒蛇。这个神告诉安世高："吾昔在外国，与子俱出家学道，好行布施，而性多瞋怒，今为䢼亭湖神，周回千里并吾所统，以布施故，珍玩无数；以瞋恚故，堕此神中。今见同学，悲欣可言。寿尽旦夕，而丑形长大。若于此舍命，秽污江湖，当度山西空泽中也，此身灭恐堕地狱。吾有绢千匹并杂宝物，可为我立塔营法使生善处也。"于是，安世高运用神异手段，使同学脱离蛇身，化为一少年。这样就了结了自己与同学的这段因缘，兑现了自己前世的诺言。

第二个是他自己的宿命因缘。他讲说自己前一世也是安息王子，后出家为僧。由于他自知宿缘，就来到中国广州，了断一段宿世之缘。当时正"值寇贼大乱。行路逢一少年，唾手拔刀曰：真得汝矣。世高笑曰：我宿命负卿，故远来相偿。卿之忿怒，故是前世时意也。遂申颈受刃，容无惧色。贼遂杀之。观者填路，莫不骇其奇异。既而神识还为安息王太子，即名世高时身也"。

安世高译经完毕后，南下到广州，"寻其前世害己少年。时少年尚在，年已六十余。世高径投其家，共说昔日偿对时事，并叙宿缘，欢善相向"。安世高讲完因缘以后，又说："吾犹有余报，今当往会稽毕对。广州客深悟世高非凡，豁然意解，追悔前愆，厚相资供，乃随世高东行。遂达会稽，至便入市。正值市有斗者，乱相殴击，误中世高，应时命终。广州客频验二报，遂精勤佛法。具说事缘，远近闻知，莫不悲叹。明三世之有征也。"①

安世高通过讲述这两个因缘果报故事，并且亲身应验生死轮回果报，

---

① （梁）僧祐：《出三藏记集》卷十三《安世高传》，《大正藏》第 55 册，第 95 页上。

来让人们接受佛教善恶报应和生死轮回的基本教义。这两个故事反映了当时外来传教者的几个重要思想。

第一，佛教讲的生死转生范围是在众生三界六道之间，不仅突破了人类的界限，也突破了国家、种族的界限。安息人可以转生到中国，北方人可以转生为南方人。这样一来，在信仰佛教的人群中就消除了夷夏之别，增强了作为共同信仰群体的认同感。这是轮回转生所起到的超出宗教信仰、有利于民族融合的社会作用。佛教作为异国的宗教，讲的真理是超越国界、超越种族的，使人们有了同为众生的认同感。佛教以轮回转生打通了国家与国家的关系，沟通了国内外的关系；安世高通过讲轮回转生的故事，使人们接受三世轮回的教义，从而接受佛教、信仰佛教。这种善恶报应学说成为人们信仰佛教的理论基石。广州客正是听了安世高讲的三世因缘，看到安世高实践了因果轮回，才都信仰了佛教。

第二，轮回转生的主体是"神识"。在安世高所宣传的业报轮回故事中，轮回的主体、受报的主体是"神识"，这一点是不变的，而身体则可以是外国人，也可以是中国人，可以是善形，也可以是恶形。形是不重要的，重要的是"神识"。这个"神识"相当于灵魂，相当于"我"，无论外国人还是中国人，无论是人类还是畜类，都一样。显然，在佛教业报轮回学说流行中国之初，"无我"之说就受到了挑战。即便汉代以后，佛教的"无我"之说也始终不能原汁原味地为中国人接受，中国人总是在理解受报主体方面产生疑问。

第三，宣传善恶报应，善行有善报，恶行有恶报，特定的因产生相应的果，不会产生改变，也不能混淆。安世高的同学因为好施舍而拥有财富，因为瞋恚而受恶形。这种善恶报应说直接产生的作用就是劝导人们从善去恶，达到有利于社会稳定、和谐的目的。把杀生看作是一切恶行之首，强调戒杀。在佛教传来之前，中国没有类似于佛教的"戒杀生"观念。

第四，重视布施，强调布施的功德。在中国历史上，也有乐于散财求福的个别例证，但是没有像佛教那样强调布施功德，把布施作为修行解脱的重要途径和手段。佛教到来之后，布施才逐渐成为佛教争取经济上援助的手段，成为社会上普遍流行的功德善事，成为社会各阶层共同接受的信仰和社会实践活动。

安世高传教地区广泛，追随他的信众也很多，在社会上形成很大影响。谢敷《安般守意经序》谓，安世高“演道教以发蒙，表神变以谅之。于时俊乂归宗，释华崇实者，若禽兽之从麟凤，鳞介之赴虬蔡矣”。尤其是安世高所传的禅法，更是承袭不断绝。

从安世高的传教事迹中，我们可以看到他所重视和侧重弘扬的佛教教义，而这些内容一定程度上昭示了以后对中国社会各阶层影响最深广的佛教思想是什么。

## 二　译经概述

安世高在汉桓帝建和元年（147）到达洛阳，很快学会汉语，此后直到灵帝建宁年间（168—172）的二十余年，他一直从事佛经翻译。当时所有翻译工作都是在民间自发进行，没有官方的支持和帮助。当时进行翻译工作也没有组织一个团队，全凭主要翻译者自己的努力。这是初期经典翻译的一个特点。从《祐录》的叙述口气来看，安世高翻译经典都是在洛阳一个地区进行。避乱南下之后，就没有再进行译经工作。

安世高译出经典的数量，《祐录》卷二根据《道安录》记载为 34 部40 卷，到《大唐内典录》增补为 170 余部 190 余卷，后经《开元释教录》删定为 95 部 115 卷。后出经录所增加的经典大多是一些缺本，自然真假难辨，有些存本也没有确切的出处证据，很难凭信。相对来说，《祐录》中保存的道安《众经目录》，都是道安见到本子后才著录的，并且从译文风格等方面进行了比较细致的考证，所以更为准确和可靠。

根据《祐录》记载，安世高翻译的经典有《安般守意经》一卷、《阴持入经》一卷、《大十二门经》一卷、《小十二门经》一卷、《大道地经》二卷、《人本欲生经》一卷、《阿毗昙五法经》一卷、《十报经》二卷、《普法义经》一卷、《漏分布经》一卷、《四谛经》一卷、《七处三观经》一卷、《九横经》一卷、《八正道经》一卷、《五十校计经》二卷、《五阴喻经》一卷、《转法轮经》一卷、《流摄经》一卷、《是法非法经》一卷、《法受尘经》一卷、《本相猗致经》一卷、《阿含口解》一卷、《禅行法想经》一卷等。

安世高所译经典，大多来自部派佛教时期产生的四部阿含经。东晋道安在整理佛经目录时，已经考证出安世高一些译经具体出自某部阿含。由于安世高翻译多采用口述讲解，由别人代笔形成文字，所以许多经典很难在阿含经中找到明显对应的经文，大多是糅合性质的内容。安世高所译介经典的内容，主要是小乘佛教的基本教义和修行方法。

对于安世高的佛学专长和所译介经典的主要内容，道安曾经在不同的经序中多次总结概括："其所敷宣，专务禅观"①；"博学稽古，特专阿毗昙学，其所出经，禅数最悉"②；"安世高善开禅数"③。因此，"禅数"既是安世高所精通和擅长的，又是他翻译经典的重点。"禅数"与"定慧"、"止观"是同类名词，含义大体相同。在安世高那里，"禅"指包括在《安般守意经》、大小《十二门经》等经典中讲的禅法；"数"指用数字概括、分类的教义，比如四谛、五蕴、八正道等。安世高弘扬的阿毗昙教义，具体指说一切有部对阿含经的论述。

作为第一位有确定译籍流传至今的译者，安世高的翻译风格、翻译方式，不仅反映了初期汉译经典的一些主要特点，而且影响了后来的一些译经者和传教者。与他同时的严佛调在《沙弥十慧章句序》中说，安世高"凡所译出，数百万言，或以口解，或以文传"。④ 安世高在整个译经过程中，采用了文字翻译和口头讲解两种方式，因此，他一般不是对原经文进行十分严格的逐字逐句翻译，而是有自己的讲解夹杂其中。《祐录》从内容到形式两个方面对安世高的译籍进行评价，认为他的译经"义理明析，文字允正。辩而不华，质而不野。凡在读者，皆亹亹而不惓焉"。这是说，安世高翻译的经典文意贯通畅达，用词比较贴切，既不用华丽的辞藻论证、装饰和堆砌，同时又朴素、清纯而不流于粗俗，使经典文字保持应有的凝重和庄严。

在安世高时代，尽管佛经汉译已经有了至少百年以上的历史，但是人们对两种文字的互释、对新教义的理解都还处于初级阶段，都还有待于提高，所以，一般来说，安世高的经典翻译自然也不会是很成熟的。然而，到了南朝宋时，佛教研究者依然认为安世高的译文是最好的。"天竺国自称书为天书，语为天语，音训诡蹇，与汉殊异。先后传译，多致谬滥。唯世高出经，为群译之首。安公（指道安）以为，若及面禀，不异见圣。列代明德，咸赞而思焉。"⑤

---

① （梁）僧祐：《出三藏记集》卷六《阴持入经序》，《大正藏》第 55 册，第 44 页下。
② （梁）僧祐：《出三藏记集》卷六《安般注序》，《大正藏》第 55 册，第 43 页下。
③ （梁）僧祐：《出三藏记集》卷六《十二门经序》，《大正藏》第 55 册，第 45 页中。
④ （梁）僧祐：《出三藏记集》卷十，《大正藏》第 55 册，第 69 页下。
⑤ （梁）僧祐：《出三藏记集》卷十，《大正藏》第 55 册，第 95 页上。

综观安世高译介的全部经典，有两个重要的学说内容影响大、流传广，其一是关于小乘佛教的基本教义，其二是小乘佛教的禅法实践。

### 三 　《阴持入经》与小乘教义

大乘佛教兴起之前的部派佛教学说，是以后佛教发展演变的基础。安世高译出的小乘佛教典籍，系统地叙述了早期佛教的几乎所有基本概念、命题和学说，既是第一次比较全面地把小乘佛教教义展现在当时人们面前，也为以后人们认识和理解大乘佛教典籍提供了基础，为人们理解大乘佛教提供了佛学阶梯。汉代以后，大乘思想逐渐成为中国佛学的主流，但是，对佛教理论和实践的认识、接受和运用，始终不能脱离小乘佛教。这是安世高译经的重要性所在。

在安世高介绍小乘教义的诸多译籍中，内容有重复，详略有不同。总的来说，比较系统地介绍佛教名相、基本教理的经典，以《阴持入经》最有代表性。仅粗略介绍这一部经，就可以看到安世高所译经典内容的丰富程度。该经属于阿毗昙小乘体系，比较系统地解说了五阴、十二入、十八界、十二因缘、三十七道品等小乘佛教的最基本概念、范畴和学说。

"五阴"（以后通行作"五蕴"），指的是构成人和世界万物的物质要素和精神要素，具体是"一为色，二为痛，三为想，四为行，五为识"（以后通行作色、受、想、行、识）。所谓"色阴"，指的是"十现色入：一眼，二色，三耳，四声，五鼻，六香，七舌，八味，九身，十乐"。"色阴"分为十项，两两相对，指的是五种感觉器官（眼、耳、鼻、舌、身）分别所能感知和认识的对象，也就是人的感觉器官及其所能认识的一切事物和现象。所以，色阴可以理解为组成人体及其外在世界的一切物质现象。从这个角度来看，色阴与后四阴的对举，前者相当于物质现象，后者相当于精神现象。在后四阴中，"痛"，指身心感觉器官感受外界以后引起的痛、痒、苦、乐等属于情感方面的精神活动；"想"也译为"思想"，指能够或兴恶或生善、能够辨别是非的"心"；"行"，指促使心产生活动的思维活动，相当于动机、意志、意向等；"识"是身心感官对外界事物或现象的识别能力。佛教五阴学说有两个鲜明特点：第一，分析物质要素比较粗糙，分析精神要素比较细致。第二，否定灵魂的存在。由于人由五阴组成，除去五种物质和精神要素之外一无所有，自然就排除了灵魂存在的可能。

"十二入"（以后通行作"十二处"），是对构成人和世界万物的物质要素和精神要素的更细致一些的分类，具体是"眼耳鼻舌身意"这六种身心感觉器官（称为"六根"）与各自的感知和认识对象，即"色声香味触法"（称为"六尘"或"六境"）。

"十八界"，也是对构成人和世界万物的物质要素和精神要素的一种分类，具体内容是在"十二处"的基础上再加上"眼耳鼻舌身意"六"识"。无论是十二入还是十八界，本质上和五阴是一样的，都是对构成人和世界万物的物质要素和精神要素的不同分类。建立这样的学说，就是让人们从不同角度认识人和世界。这两种学说的理论特色与五阴一样。在以后的佛学发展中，许多重要经典和派别都对这三种学说进行了重新论述和诠释。

"十二因缘"是从理论上讲众生生死流转的学说，分为十二支，也就是十二个阶段，各支之间存在着因果联系。在安世高的各种涉及十二因缘的经典中，对十二支的名目以及解释都是不完全相同的。《阴持入经》所列的十二支是痴、行、识、名字、六入、致、痛痒、爱、受、有、生、老死、忧、悲、苦。以下介绍各支的含义和因果联系。

"从痴因缘令有行"。"痴"（以后通行作"无明"）是引起生死轮回的总根源，指的是不懂四谛、不理解四谛并且不按照四谛的要求去实践。这种主观上的原因造成了生死轮回的展开。"行"是"六根"对"六境"的向往和追求，当主体在错误观念（痴）的指导下开始有接触外界的欲望时，生命活动就开始了，这种精神活动首先是精神领域的活动。生死轮回活动的起步是由精神活动引起的。

"从行令有识"。由于作为主体的"六根"追求作为客体的"六境"，其结果就是产生了认识活动，即"识"。这种认识活动的内容，是"知好恶而有憎爱之心"。

"从识令有名字"。从痴到识，都是精神活动，而从"名字"开始，则是精神活动与物质活动的统一。这里的"名字"指"五阴"，其中"字"指色阴，"名"指其余四阴。有了"名字"就是有了人，这是胚胎阶段的人，感觉和思维器官还没有发育完备。

"从名字令有六入"。这是指胚胎开始发育，身心两方面的器官已经成形。

"从六入令有致"。"致"以后通行译为"触"，指感觉器官可以与外界发生接触。这是人出生以后逐渐产生的功能。

"从致令有痛痒"。"痛痒"是感受，指感觉器官不仅能够接触外界，而且能够产生相应的感受。这是人的少年时代。

"从痛痒令有爱"。有了感受能力之后，感官分别对所感知和认识的对象产生了贪爱的欲望。"爱"经常被认为是万恶之渊薮。

"从爱令有受"。在贪爱欲望的支配下求取所贪爱的东西，这里的"受"后来通行作"取"，是更确切的表述。

"彼受因缘有"。由于人们在贪爱的驱使下不断求取，做出各种业来，产生相应的果报，就在三界（指欲界、色界、无色界）中无始无终的轮回。"有"是指整个轮回世界的存在。

"彼有因缘生"。在实际存在的整个轮回世界（三界）中，轮回中的人也就有了"生"，即他出现在应该生的相应世界中。

"从生令有老死忧悲苦"。由于有"生"，所以有"老死"。到了老死，一个生命体就完成了一个阶段的生命轮回过程。但是，佛教的"死"是与"生"直接联系的，所以，这个阶段的完成，同时又是下个阶段的开始。"十二因缘"描述的生死轮回过程是一个封闭的循环系统，人们是永远不能离开这个受苦受难、生死相连的轮回系统的。只有按照佛教的教义修行，才能最终不受生死轮回的支配。十二因缘与四谛、五蕴、十二处、十八界一样，是佛教的基本学说，为所有的佛教派别所承认和坚持，并在以后不断得到重新诠释。

"三十七道品"是小乘佛教对修行规定的一种总结，认为通过三十七种修行，就可以达到解脱，正如《阴持入经》所说，"三十七品者，度世之明法也"。三十七道品分为七类，即"四意止""四意断""四神足""五根""五力""七觉意""八种道行"。

第一，"四意止"（以后通行作"四念处""四念注"）要求认识和考虑四个方面的问题，即认识到身体不洁净，苦乐等感受都是苦，心念是处于生灭变化之中的，人生和世界只不过是贪念的产物。

第二，"四意断"（后译为"四正断""四正勤"）指要消除错误思想、行为和言论对修行的破坏、干扰。即"未生弊恶"的时候采取适当方法"令不生"，"已生弊恶"的时候要采取适当方法令其"断"除；"未生清净法"的时候采取办法让其"生"，"已生清净法"时令"不忘""不减""行足"。这里的"弊恶"指一切不符合佛教的行为、言论和思想，"清净法"是一切符合佛教的行为、言论和思想。

第三，"四神足"（后译为"四如意足"），从四个方面修习能够超脱生死轮回的禅定，即"欲定断生死"，坚信禅定有超脱生死的功能；"精进定断生死"，不断努力修习禅定就可以超脱生死；"意定断生死"，在意念上符合禅定要求就可以超脱生死；"戒定断生死"，在修习禅定过程中能严谨持戒就可以超脱生死。

第四，"五根"，能够产生和增长佛教真理性活动的潜在能力，即信根（信仰佛教的潜在能力）、精进根（勤于修行的潜在能力）、念根（不忘正法的潜在能力）、定根（心不散乱的潜在能力）和慧根（明了诸法的潜在能力）。

第五，"五力"，在"五根"基础上产生的符合佛教教义规定的五种现实力量，分别与五根相对应，即信力、精进力、念力、定力、慧力。

第六，"七觉意"，后来译作"七觉支"，逐步达到佛教理想精神境界的七种正确的状态。即念觉意、法分别觉意、精进觉意、爱可觉意、猗觉意、定觉意、护觉意。这七项以后通行作念觉支、择法觉支、精进觉支、喜觉支、轻安觉支、定觉支、舍觉支。

第七，"八种道行"，以后通行作"八正道""八圣道"，即八种达到解脱的正确道路。《阴持入经》的列举是直见、直行、直语、直业、直利、直方便、直意、直定。[①] 以后通行作正见、正思维、正语、正业、正命、正精进、正念、正定。

佛教对其基本教义和基本理论有多种不同的总结、概括和归纳。就"三十七道品"而言，其内容比较复杂、烦琐，但是，它又和其他相对简单的修行规定学说相互联系。所以，该经的注者认为，"三十七道品总为八道行，合为戒定慧"。这种总结是有道理的。

## 四　《安般守意经》及其影响

在安世高翻译的小乘禅法典籍中，影响最大的是《安般守意经》。现存两卷本的《佛说安般守意经》比较杂乱，文体不统一，其中一些句子意思不连贯，有的甚至相互矛盾，前后重复的地方也很多，很像是多家注释杂糅成书。

---

① 上引均见《阴持入经》。

　　根据《安般守意经》的叙述，"安般守意"是佛所行的禅定，而且是佛一次就坐禅"九十日"之后，"欲度脱十方人及蜎飞蠕动之类"要宣讲的内容。对于"安般守意"的意思，经文进行了多种繁琐的解释，有些解释是引申发挥，有些解释很难理解，有些解释基本与原文已经没有什么联系。对于"安般守意"四个字的字面解释，有三种解释最能反映安世高译籍的特点。

　　第一，通过解释"安般守意"四字的字面含义来提示这种禅法最基本的要点。经中说："安为定，般为莫使动摇，守意莫乱意也。"这就是说，"安般守意"的基本含义是控制意念：要把重点放在"止"的方面，使心绪安定、注意力集中，情绪不波动，精神专注，排除任何杂念。

　　第二，直接运用《老子》中的术语、概念来解释"安般守意"四字的字面含义，论述佛教的义理。经中说："安为清，般为净，守为无，意名为，是清净无为也。"把"安般守意"四字与"清静无为"四字搭配起来，认为前四个字和后四个字分别是完全一致的、意义完全相同，当然是没有任何根据、没有任何道理的，可以说是胡乱解释。但是，就是这种在名词释义上的无根据解释和错误搭配，却又是在佛教与道家的沟通方面架起了不可或缺的桥梁，使人们能够借助道家思想来理解佛教道理。该经在论述安般守意禅法的修行目的时，就是这样来处理的。该经认为："安般守意名为御意，至得无为也。"这就是说，修安般禅法的目的，就是通过控制意识的精神修炼，最终达到"无为"境界。这样，就用道家的术语把佛教的修行目的表达出来了。这样做似乎是讲清楚了佛教教义，但实际上对于人们正确理解佛教是一种障碍、阻隔甚至误导，但是，在佛教传入的初期阶段，这是不可避免的过程。以后"无为"改为"涅槃"，不仅仅是翻译名词的意译和音译的区别，而是反映人们对佛教理解进步了，能够不借助本土思想来理解外来佛教思想了。在安世高的译籍中，许多名词后来都改变了。

　　第三，通过解释"安般守意"四字的字面含义，讲述这种禅法的具体内容，叙述修行这种禅法所要达到的目的：

　　　　安名为入息，般名为出息，念息不离，是名为安般。守意者，欲得止意。守意者，无所著为守意，有所著不为守意。何以故？意起复灭故。意不复起为道，是为守意。守意莫令意生，生因有死，为不守意。莫令意死。有死因有生，意亦不死，是为道也。

问：佛何以教人数息守意？报：有四因缘：一者用不欲痛故，二者用避乱意故，三者用闭因缘，不欲与生死会故，四者用欲得泥洹道故也。

"安般守意"是指通过调整呼吸达到消除散乱之心，按照佛教规定来进行禅定修行。数息修行可以直接与佛教的最终解脱结合起来。通过数息，可以解除"痛"（受），可以避免意乱，可以解脱生死，可以达到最终的解脱——泥洹境地。这是修习安般守意禅法的真正目的，并不能只用"清静无为"来说明和概括。

作为早期佛教禅法经典，《安般守意经》是以静心守意为重点，也就是以消除散乱之心、消除杂念为重点。修习安般守意禅法有六项内容，即数息、相随、止、观、还、净。这六个部分又分为内外，"数随止是为外，观还净是为内"。所谓"外"是消除来自外界的干扰，所谓"内"是消除来自内心的干扰。为什么要安排六项内容呢？在于"用人不能制意，故行此六事耳"。所以，修习安般禅法的核心内容就是为了"守意"。在讲止观两个方面的内容时，"止"是第一位的，观是第二位的。

"数息"的内容，就是从一到十数出息和入息。这是该经的重点内容，"数息"既是这种禅法的开端和基础，也是决定是否能够贯彻其他佛教修行教义、达到修行成功的关键。

对于为什么要"数息"、怎样"数息"以及"数息"的功能和注意事项等问题，该经都有详细叙述。

首先，要求"数息"的原因，就是为了消除杂念，所谓"何以故数息，用意乱故"。如果"意"不乱了，心定下来了，数息的目的也就达到了。在数息的过程中，要注意三个方面的问题。"数息有三事，一者当坐行，二者见色当念非常不净，三者当晓瞋恚疑嫉念过去也。"首先，"数息"要有适当的身体姿势，就是要按照一定的要求采取"坐"姿。其次，"数息"时要注意排除来自外界的干扰，看见外界诱人的"色"，就要想到那不是永恒存在的（非常），是"不净"的，不值得去关注、去追求，这样就不会使自己分神乱意、杂念丛生了。最后，"数息"是要注意排除来自内心的干扰，即不能有"瞋恚疑嫉"等不良情绪和不良精神状态。因此，"数息"的过程就是一个除恶扬善的过程。同时，"数息为至诚，息不乱为忍辱"。所以，数息的过程本质上是按照佛教教义修行实践的过程，具有重要的信仰意义，而不是一般的调整呼吸。

那么，"数息"为什么要从一数到十呢？这与佛教教义密切联系：

> 数终于十，至十为竟，故言十数为福。复有罪者，用不能坏息故为罪。亦谓意生死不灭，堕世间已，不断世间事为罪也。六情为六事，痛痒思想生死识，合为十事，应内十息。杀盗淫两舌恶口妄言绮语嫉妒瞋恚痴，应外十息。谓止不行也。

"十"被认为是最大的数字，具有兴福灭罪的功能，同时，为了消除主观精神方面的"十事"，消除身口意方面的"十恶"，这些都构成要从一到十数息的原因。这样一来，数息就与佛教的整体教义结合起来。如果说，数息是这种禅法的第一步，其直接目的不过就是使纷乱的心意安定下来，那么这一步同时又是与佛教的整个修行结合起来的，是与能够最终修行成功结合起来的。该经在论述以后的五项内容时，也是同样的思路。

从第一项"数息"到最后一项"净"，逐渐行进的步骤、过程、条件和节奏是：

> 意乱当数息，意定当相随，意断当行止，得道意当观，不向五阴当还，无所有当为净也。

如果通过从十到一的"数息"达到"意定"，就可以进入"相随"，然后在"意断"时进入"止"，具体过程和原因是：

> 数息为不守意，念息乃为守意，息从外入，息未尽，息在入，意在尽，识在数也。十息有十意为十绊，相随有二意为二绊，止为一意为一绊。

人们在数"息"过程中，"意"还是散乱的，因为人们要数十个数，就如同有十个杂念一样。然而，尽管有十个杂念，但比起数息之前的无穷无尽的杂念来说，已经是非常大的进步了。当"意"只专注在十个数字上时，就达到了"数息"的目的，就可以进入"相随"阶段了。所谓

"相随"，指的是"息与意相随也"，即注意力只关注"出息"和"入息"，也就是注意力从关注"数"到关注"息"。这样一来，就实现了一个大进步，杂念从十个减少到两个，注意力进一步集中了。达到这样的"意断"，就可以进入第三步，即进入"止"。所谓"止"，就是"止在鼻头"，只注意鼻端。因为，数出息和入息，相当于有两个杂念，只关注鼻端，就相当于只有一个杂念了。到了这个程度，表明精神进一步集中，定力更好了。

到了止，实际上就完成了安般守意禅法的第一步的任务，达到了注意力高度集中，下一步就要开始运用这种注意力来思考特定的教义了，即第四"观"。所谓"观"，就是思考佛教教义的阶段。该经所讲"观"的内容很多，比如："行息已得定，不复觉气出入，便可观，一当观五十五事，二当观身中十二因缘也。"① 总的来说，是根据个人的不同情况，选择特定的教义来观想：

> 道人行道未得观，当校计得观。在所观意不复转为得观，止恶一法，为坐禅观二法，有时观身，有时观意，有时观喘息，有时观有，有时观无。在所因缘当分别观也。……止观者为观道，恶未尽不见道，恶已尽乃得观道也。②

这里的论述有两个要点：其一，"观"是对正确的佛教教义的思考、冥想，是接受佛教教义，消除错误思想、观念的过程。这是观"道"（正确教义）的表现，是消除"恶"的过程；其二，观想的内容可以很多，但是无论有多少，都是佛教教义。人们观什么，要根据实际情况来决定，所谓"在所因缘当分别观也"。

"观"想之后是进入"还"这个阶段："还者为意不复起恶，恶者是为不还也。"③ 达到"还"就是思想上没有任何不符合佛教教义的念头、思想，没有"恶"的存在。最后一个阶段是"净"，也就是达到解脱的表现："当复作净者，识苦弃习，知尽行道，如日出时，净转出十二门，故

---

① （东汉）安世高：《佛说大安般守意经》卷上，《大正藏》第15册，第165页下。
② （东汉）安世高：《佛说大安般守意经》卷下，《大正藏》第15册，第168页下。
③ （东汉）安世高：《佛说大安般守意经》卷上，《大正藏》第15册，第167页上。

经言:从道得脱也。"① 这是修习安般守意禅法的目的。

该经在论述安般守意禅法时,主要是按照这六项内容进行的,同时,还有从整体论述修习安般禅法所应注意的问题,比如:

> 安般守意有十八恼,令人不随道:一为爱欲,二为瞋恚,三为痴,四为戏乐,五为慢,六为疑,七为不受行相,八为受他人相,九为不念,十为他念,十一为不满念,十二为过精进,十三为不及精进,十四为惊怖,十五为强制意,十六为忧,十七为忽忽,十八为不度意行爱,是为十八恼。②

经过对全部经文的考察,诸如此类的内容在论述安般禅法六阶段过程时已经分别提到,这些总结也是一些重复的内容。另外,该经在论述安般禅法的过程中,往往与四禅、四意断、四意止、四神足、四谛、七觉知、八正道、三十七道品等结合起来论述,使其整个论述显得杂乱无序、重复烦琐。不过,这样做的用意是十分清楚的,就是要用"安般守意"禅法把整个小乘教义统摄起来、概括起来,组成一套内容丰富的禅法体系。

《安般守意经》译出来之后,一直比较流行,成为一套有传承、影响范围极广的禅法。第一位为该经作序的是康僧会,他是安世高的再传弟子。他在序言中介绍了该经的内容和传承。在他看来,"夫安般者,诸佛之大乘,以济众生之漂流也"。显然,他对安般禅法的评价很高,认为这种禅法是诸佛拯救众生的主要方式和手段。康僧会侧重概括了该经三个方面的重要内容。

第一,修习安般禅法能够得到不可思议的神通:

> 得安般行者,厥心即明,举眼所观,无幽不睹。往无数劫方来之事,人物所更,现在诸刹,其中所有世尊法化,弟子诵习,无退不见,无声不闻,恍惚髣髴,存亡自由。大弥八极,细贯毛牦,制天地,住寿命。猛神德,坏天兵。动三千,移诸刹,八不思议,非梵所

---

① (东汉)安世高:《佛说大安般守意经》卷下,《大正藏》第15册,第168页下。
② 同上书,第169页中。

测，神德无限，六行之由也。①

宣传修习禅法可以获得不可思议的多种神通功能，是促进该禅法流行的一个重要手段，无论是小乘禅法还是大乘禅法，都有这样的内容。尤其是用《老子》《庄子》的语言来描述，自然对中土的信奉者有更强的吸引力。

第二，强调安般守意禅法在古印度佛教界很盛行：

> 世尊初欲说斯经时，大千震动，人天易色，三日安般，无能质者。于是世尊化为两身，一曰何等，一曰尊主，演于斯义出矣。大士、上人、六双、十二辈，靡不执行。②

从康僧会的论述我们可以体会到，由于安般守意是比较基础性的禅法，适合出家和在家人修行，具有适应范围广、可操作性强、不走极端、神秘色彩淡薄的特点。这大约也是该禅法在中土最流行的原因之一。

第三，讲述了安般守意禅法的盛行。他说，在安世高翻译出《安般守意经》之后，"学者尘兴，靡不去秽浊之操，就清白之德者也"③。安世高翻译出这部有代表性的禅经后，很快吸引了许多人关注，该经迅速在社会上流行开来，康僧会的一位老师陈慧就曾为该经作注。尤其值得注意的是，康僧会特别强调修习这种禅法的人都收到了提高道德操守的效果，这是进一步肯定修习禅法有着弃恶从善的功能。

在康僧会之后，东晋道安也曾为该经作序，进一步用《老子》、《庄子》来解释该经的内容。东汉以后，尽管传来的禅法种类越来越多，但是，在小乘禅法中，安世高所传的安般守意禅法始终是最流行的一种。

## 第五节　支娄迦谶的大乘译籍

### 一　译经概述

在汉代佛经翻译界，支娄迦谶（简称支谶）与安世高堪称"双璧"。

---

① 康僧会：《安般守意经序》，《出三藏记集》卷六，《大正藏》第 53 册，第 43 页上。
② 同上。
③ 同上。

稍早于支谶的安世高，是以翻译小乘典籍为主，第一次比较系统地把小乘佛教基本理论和修行方法介绍到汉地，尤其是第一次把小乘禅法成功地译介到汉地，并且形成了广泛影响，使汉地有了禅法传授系统。支谶翻译的经典种类更多，大小乘典籍都有；但以大乘经典为主，他是把大乘佛教典籍译介到汉地的第一人。他首次把当时大乘般若学的重要经典翻译出来，直接对后世思想界产生了广泛影响。安世高的影响主要在禅法修行方面，支谶的影响主要在般若学说方面。可以说，支谶的翻译事业继安世高之后，进一步开阔了当时中土人士理解、认识佛教典籍的视野，并且为般若学进入中国思想界提供了资料储备。

根据《出三藏记集》卷十三《支谶传第二》的记载，支谶是月支国人，"操行淳深，性度开敏，禀持法戒，以精勤著称"，东汉桓帝末年从月支到达洛阳，通晓汉语，在灵帝光和、中平年间（178—189）从事经典翻译。① 以后不知所终。

根据《出三藏记集》卷二《新集经论录第一》，支谶译出的经典有十四部二十七卷。在十四部经典中，道安时代能看到写本并知道确切翻译时间的有三部，即《般若道行品经》（也称《道行般若经》、《摩诃般若波罗经》）十卷（或记为八卷），光和二年（179）十月八日译出；《首楞严经》二卷，中平二年（185）十二月八日译出；在僧祐时期已经不存文本的有《般舟三昧经》一卷，光和二年（179）十月八日出。另有《方等部古品曰遗日说般若经》一卷、《阿阇世王经》二卷、《宝积经》一卷、《问署经》一卷、《胡般泥洹经》一卷（不存）、《兜沙经》一卷、《阿闳佛国经》一卷、《孛本经》二卷（不存）、《内藏百宝经》一卷共九部经典，因为"岁久无录"，经过道安从译文体裁、风格等方面考证，认为"似谶所出"。又有《忯真陀罗经》二卷，是道安没有记录的。另外，有学者认为，《出三藏记集》中所列的《光明三昧经》一卷（不存）是把支曜译本误记为支谶所译。

支谶的翻译水平也得到后世的称赞。《出三藏记集》认为，支谶所翻译的经典，"皆审得本旨，了不加饰，可谓善宣法要，弘道之士也"②。所谓"审得本旨"，是说他对经典原文理解深刻，并且能够不走样地表达出

① 《历代三宝纪》卷二记载支谶到达洛阳的时间是桓帝建和元年（147）。
② （梁）僧祐：《出三藏记集》卷十三《支谶传》，《大正藏》第 55 册，第 95 页下。

来；所谓"了不加饰"，是说他的译文能够尽量保持经典的本来面目，没有因为遣词造句的不当让人感觉到与原典拉开了距离。

大乘佛教兴起的标志，是多种类典籍的不断出现，其中，最早出现的大乘典籍依次有"般若""华严""宝积""方等"诸类。支谶所翻译的大乘经典种类多样，涉及多类典籍，基本反映了早期印度大乘佛教兴起时期的实际情况。他所翻译的经典部类之广，不仅超过同时代的安世高，而且直到西晋竺法护时才被超越，此间时间大约有两百年了。在支谶的译籍中，属于文殊般若类的经典有《般若道行品经》（简称《道行经》）、《内藏百宝经》《首楞严经》《阿阇世王经》① 等；属于华严类的有《兜沙经》；属于宝积类的有《摩尼宝经》《阿閦佛国经》《宝积经》《般舟三昧经》；属于方等类的有《问署经》等。诸多类别的大乘经典在当时和以后相当长的时间内人们还难以区分，但是无疑开阔了人们的视野。以下介绍三部学说特点鲜明的经籍：《道行经》《般舟三昧经》和《兜沙经》。

## 二　《道行经》与大乘佛教的共性

支谶译出的几部文殊般若类经典，中心思想都是叙述般若学基本理论和修行规定。相对来说，其中的《道行经》是最重要的代表，它不仅是大部《般若》中的骨干内容，而且对以后的中国佛教义学发展影响很大。根据《出三藏记集》卷七未详作者的《道行经后记第二》记载：

> 光和二年十月八日，河南洛阳孟元士，口授天竺菩萨竺朔佛，时传言译者月支菩萨支谶，时侍者南阳张少安，南海子碧，劝助者孙和、周提立。正光二年九月十五日，洛阳城西菩萨寺中沙门佛大写之。②

从这个后记的简单介绍可以看到，当时参加该经翻译的人是比较多的，既有外籍僧人，也有中土在家信徒，翻译工作是在寺院里进行的。

---

① 中国佛教协会编：《中国佛教》（二），知识出版社 1982 年版，第 7 页，"支谶译出的《阿阇世王经》（异译本题名《文殊普超三昧经》，道安经录说它出于《长阿含》不确）"，本书认为它属于文殊般若类经典，是有根据的。

② （梁）僧祐：《出三藏记集》卷七《道行经后记第二》，《大正藏》第 55 册，第 47 页下。

支谶的《道行经》后来被称为《小品般若》，是首译。该经的第二译是三国支谦译出的《大明度无极经》，第三译是东晋鸠摩罗什的译本。与该经相对的《大品般若》，指的是《放光》和《光赞》，是在西晋太康七年（286）和元康元年（291）才分别翻译出来的，比《小品》晚出一百多年。《道行经》与《般舟三昧》同年翻译出来，曾引起不少猜测。看来，支谶翻译经典的习惯，并不是翻译完一部再翻译一部，而是齐头并进同时开始翻译多部经典。所以，可以出现两部经典同时翻译完成的现象。

大乘佛教教义在汉代以后中国佛教界、思想界以及民间信仰中影响最为广泛，中国以后被称为大乘佛教的故乡，就是因为大乘思想比小乘思想更加深入人心，流传得更加广泛。从其具备的思维方式、宣扬的基本理论、倡导的修行方式、塑造的信仰对象等各个方面考察，大乘佛教对中国社会各阶层都远远比小乘佛教更有吸引力、更有影响力。大乘佛教典籍中最早出现的是般若类经典，这类经典不仅提出了不同于小乘佛教的新思想、新学说，更为重要的是，般若学奠定了整个大乘佛教的理论基础，提供了在整个佛学中占有核心地位的思维方式。

在支谶译介大乘佛教之前，尽管佛教已经在汉地流行了一个多世纪，尽管已经有安世高对小乘佛教基本理论的成功译介和弘扬，但是，对于哲学思辨性更强、神话色彩更浓的大乘佛教，中国人士还没有接触到。在支谶译出的《道行经》中，就包括了不仅所有大乘经典共有的学说，也包括了以后大乘多类经典所共同继承的学说。

唐代玄奘编译了般若类经典的总集《大般若经》，有六百卷，列为十六个部分，前五个部分被称为"根本般若"，按各部分的详略程度分为大、中、小三类，其中分量较小的部分就是最早出现的内容，《道行经》就在其中。因此，《道行经》不仅是翻译最早的一部般若经典，同时也是印度般若类经典中出现最早的一部经典，其学说也构成了整个般若学的基础，带有从小乘佛教向大乘佛教过渡的性质。

作为最早出现的大乘佛教典籍，《道行经》中包含了对以后大乘佛教各类经典、各个派别都有影响的重要内容，而这些内容又是此前部派佛教所没有的，是新思想、新教义。以下简述几个方面的重要内容。

第一，倡导新的修行理论和实践，即一种大乘菩萨修行体系。从般若类经典开始，各类大乘经典都毫无例外地讲说菩萨修行的内容，包括修行理论，修行方式、过程和目标等，所以大乘又被称为菩萨乘。所谓菩萨修行，实际上是在小乘佛教修行理论和实践基础上发展起来的新教义，是新的修行体系。就般若类经典而言，一般把修行归结分为六项内容，所谓六度波罗蜜，即布施、持戒、忍辱、精进、禅定和般若。在这六种解脱道路中，最重要的是般若，即"智慧"解脱。菩萨就是要通过掌握般若智慧来达到解脱成佛的目标。《道行经》从多方面赞颂、推崇乃至神化般若。首先，在六度中，般若最尊贵，《道行经·功德品》说："布施、持戒、忍辱、精进、一心分布诸经教人，不及菩萨大士行般若波罗蜜。"因为其他五种都从属于般若，并且只有在般若的指导下才能生起和发挥作用。其次，成佛必须学习般若波罗蜜，因为它是诸佛之母，正如《道行经·累教品》所说："过去当来今现在佛，皆从般若出。"强调智慧解脱，在小乘佛教中是不强烈的，而在大乘般若典籍中，这就成为最重视的内容。原因何在呢？所谓"般若"，就是般若经典提出的新教义、新理论、新思想，强调般若、抬高般若、神化般若，实际上就是强调、抬高、神化新经典、新教义、新思想、新理论。六度波罗蜜就是一种新的佛教修行体系，就是一种达到成佛的途径。这些是从般若类经典开始有的，并且一直影响着以后各类大乘佛教经典。以后出现的重要经典或重要派别，无论对这些理论是赞成还是反对，都无法回避地要做出回应。

第二，倡导多佛崇拜。从佛教创立到大乘佛教兴起的五六百年间，佛教各派普遍承认过去的六佛和未来的弥勒佛，但释迦牟尼始终被认为是唯一现存的佛。这种信仰本质上是与教主崇拜相联系的一佛信仰。大乘佛教兴起之初，在崇拜对象上的一个显著变化，就是在神化释迦牟尼基础上建立多佛同时并存的新的佛信仰体系。这不仅是所有大乘典籍和教派的共同主张，也是大乘区别于此前佛教的一个重要标志。大乘佛教在崇拜对象方面的变化，并不是一个孤立的现象，而是与其基本教理、修行方式和整个学说体系发展演变密切相关的。

在小乘佛教中，修行者的最高修行果位是阿罗汉，任何人都不能在释迦牟尼在世的时候成佛。大乘佛教般若经典则倡导，只要按照般若教义修行，理论上人人都可能成佛。般若经典之后的各类大乘经典，都毫无例外地倡导多佛信仰。《道行经》当然也是倡导多佛崇拜的。该经中常用的句子就是"过去当来今现在佛"，现在佛多得不能计数。但是，成佛的过程是十分漫长的，要经过累劫修行，没有快速成佛的好办法。这是早期大乘佛教经典的共同主张。大乘佛教的多佛信仰后来在中国最流行，相应的，菩萨信仰也超过了阿罗汉信仰。在安世高、支谶译经时期，那些外国来的译经僧人都被称为"菩萨"，表明他们都是以成佛为目的的修行者。

第三，倡导外在事物和现象是虚幻不真实的，宣扬"诸法悉空""诸法如幻""缘起性空"。这是后来所有般若经典的共同主张，差别只在于对"空"的规定性有不同而已。《道行经·随品》说，"诸经法但有字耳，无有处所"，佛在诸经中讲的一切法，并不是实有其事，都是如梦如幻，一切事物也和佛说的一切法是一样的。"如梦如幻"是说明事物和现象虚妄不实的最常用的词语。所谓"虚妄不实"，不是讲事物或现象不存在，而是说事物或现象都是处于变动之中，不是永恒不变的。大体说来，《道行经》作为早期翻译的般若经典，许多行文晦涩难懂，讲"诸法皆空"的内容比较容易理解，讲"缘起性空"的文字就不容易理解，有些地方的论述让人有摸不着头脑的感觉。该经认为，由于外在一切皆空，人们对于外在的一切事物和现象，要采取的正确态度、正确认识、正确行为和正确做法，就是"心无所住"，就是人们的认识、人们的思想和行为，不要受到外在因素的干扰、束缚和影响。这种"心无所住"为后来各类般若经所强调，对中国佛教各宗派都有影响。同时，在不同经典中，对"心无所住"的定义、理解和诠释也不完全相同。

第四，强调"本无"思想。《道行经》也与安世高翻译的小乘经典一样，受《老子》影响很深，习惯于用《老子》中的术语、概念来对译佛经中的名词概念和范畴。在支谶的译文中，"道行"（后世所译"波罗蜜行"）"本无"（后世所译"真如"），都是借用道家的名词来传达般若的思想。在当时，借用词语和借用思想还是很难区别开来的，只有到了唐代，才有"用其词而不师其意"的说法。《道行经》成为研究般若理论最好的入门书。同时，随着人们对佛学理解的深入，一些看法和思想也在改变。由于《道行经》的翻译是般若经翻译的开始阶段，翻译者沟通两种文字的能力有限，很多义理很难表达清楚，经文的意思也有不连贯的地方，所以，三国时代的朱士行才立志到西域求取新经典。

《道行经》中讲的"本无"，并不是作为一切事物和现象的本源来讲的，而是从一切事物和现象的本质规定性方面来讲的，是说一切事物或现象的本质是"无"。"本无"不是讲"以无为本"，而是没有一个可以执着的"本"，应该对一切都不要执着，都不要在意，因为一切说到底都是空。这是当体即空的意思，即一切本来就是"无"，就是"空"。我们所认识的一切事物和现象，本质上是空无所有的"本无"，所以在思想上不能执着，这就是"无所住"，做任何事最终没有收获，即"无所得"。"本无"是在对一切现实世界的否定中才能体现出来。在认识论上贯彻"本无"思想，就是要倡导"无住"，即思维不能僵化、停滞，对一切都不执着，思想随着外在事物和现象的变化而变化。倡导"无得"，是要认识到追求一切的最终结果是没有获得（无所得）；倡导"无相"，是要认识到一切可为感官把握的"事相"都是虚幻不实的，本质上没有任何形相。倡导"无生"，是要认识到一切事物和现象本质上没有生灭变化。《道行经》强调"本无"，就是强调现实世界的一切在本质上是虚幻不真实的，是不永恒的。《道行经》讲的"本无"，后来也被译成"性空"。

### 三 《般舟三昧经》与西方净土信仰

在《大正藏》中，有三个《般舟三昧经》译本，即《佛说般舟三昧经》一卷、《般舟三昧经》三卷、《拔陀菩萨经》一卷，都题支娄迦谶（亦简称"支谶"）译。据学者研究，三卷本是竺法护译，一卷本是支谶译，题名《拔陀菩萨经》的本子译者不明。三个译本详略不同，内容大同小异。该经是支谶译介的大乘禅观著作，与安世高译介的小乘禅观著作有显著不同点，是讲述在大乘思想指导下进行禅修实践。"般舟三昧"意为"佛现前定"，据说进入这种三昧就能够看见"十方诸佛"。

按照该经的说法，要得到般舟三昧，首先要树立"信"念，对这种三昧坚定的信念，不能有任何怀疑，所谓："菩萨欲疾得是定者，常立大信，如法行之则可得也。勿有疑想如毛发许。"为了进入这种三昧，首先要在日常生活中遵守与佛教基本戒律相联系的一系列规定，作为修禅定的准备，包括"避乡里，远亲族，弃爱欲，履清净，行无为，断诸欲……绝淫色，离众受，勿贪财，多蓄积，食知足，勿贪味"。诸如此类的禁欲规定，与修习小乘禅法的规定大同小异。可以说，大乘禅法是在小乘禅法的基础上发展起来的。在具体操作上，二者相同之处或相似之处很多，最主要的差别是在观想方面。观想的内容是与基本教义相联系的，大乘禅法所观想的主要内容就是不同于小乘观念的大乘理论。如果要见到阿弥陀佛，就要进行聚精会神的观想：

独一处止，念西方阿弥陀佛今现在。随所闻当念，去此千亿万佛

刹，其国名须摩提，一心念之，一日一夜，若七日七夜，过七日已后
见之。

所谓"一心"，就是没有任何杂念，聚精会神；所谓"念之"，就是
忆念、观想阿弥陀佛及其国土，用七天七夜的时间，就能见到佛和佛土，
即佛和整个佛国世界就呈现在面前。在这里，支谶首次把阿弥陀佛的信仰
介绍到了汉地。

对于念佛人来说，这种"见"佛就和在梦中所"见"的情景一样。
这不是神通功能，而是自然而然见到。那么，通过这种念佛三昧，想见到
哪一位佛都能见到，是什么原因呢？凭的是什么呢？该经指出："持佛
力，三昧力，本功德力，用是三事故得见。"所谓"佛力"，指的是佛的
加持，佛赋予的力量，属于外在的力量；所谓"三昧力"，指的是修习禅
定后所产生的力量；所谓"本功德力"，是指个人日常按佛教规定所做的
一切善事产生的力量。所谓"见"佛，也就是具备了到达西方净土世界
的能力，具备了死后往生极乐世界的可能性。

尽管佛的出现是"心念"的结果，归根结底，佛和佛土是心的产物，
但是佛的出现必然产生作用，见到佛是往生佛国的前提。佛的形象是虚幻
的，但是，产生的功能却是实实在在的。这样一来，这种念佛而见到佛，
最终往生佛国的说教，实际上是把佛国客体化、实在化，包括阿弥陀佛在
内的"十方诸佛"都是真实的存在。

通过虔诚念佛而"见"到佛，进而往生西方阿弥陀佛的佛国净土，
后来是在中国社会最流行的一种信仰，在社会各阶层都有影响，《般舟三
昧经》还不是专门的西方净土经典，而是大乘禅法著作，由于阿弥陀佛
信仰是这部经典中的一部分内容，因此该经的译出标志着阿弥陀佛净土信
仰开始传入汉地。

### 四　《兜沙经》华严学说的基本特点

支谶所传译的《佛说兜沙经》（简称《兜沙经》），是第一部被传译
来的华严类经典，也是现存最古老的华严类经典。这部只有 2500 字左右
的短篇幅经典，主要内容是叙述释迦牟尼在摩揭陀国初成佛，十方世界菩
萨聚集佛前，提出各种问题，列举菩萨修行名目。该经学说的重要特点，
是突出华严学承自般若学又不同于般若学的鲜明理论个性。

《兜沙经》和般若经一样，明确列举"今现在"诸佛，宣扬多佛崇拜。由于同为支谶翻译，《兜沙经》叙述多佛的用语也和《道行经》一样。但是，该经宣扬的多佛信仰学说却与般若经典完全不同。它是以释迦牟尼的"分身"来论证多佛存在，并且以此把释迦崇拜和多佛崇拜结合起来。在该经的末尾部分，描述了佛的世界和多佛并存的状态：

> 释迦文佛（释迦牟尼佛），都所典主十方国，一一方各有一亿小国土，皆有一大海，一须弥山，上至三十三天。一小国土，如是所部，凡有十亿小国土，合为一佛刹，名为蔡呵祇。佛分身，悉遍至十亿小国土。一一小国土，皆有一佛。凡有十亿佛，皆与诸菩萨共坐十亿小国土。诸天人民，皆悉见佛。①

这里描述的释迦牟尼佛教化的整个世界，即"一佛刹"，是最早的华严世界构造，后来发展为莲华藏世界海。在"一佛刹"中，无数同时存在的佛都是释迦牟尼的"分身"。对于这种"分身"，该经没有进一步界说，但突出强调释迦牟尼佛身超越时空的遍在性，以此作为多佛并存的根据。这样，"释迦分身"说成为《兜沙经》把释迦教主崇拜与多佛崇拜结合起来的理论纽带。

从这种论述中可以看到，早期华严典籍倡导多佛崇拜的思路明显与般若类经典不同。同为东汉末年支谶翻译的《般若道行品经》，就把多佛并存的根据放置在"般若"上：

> 过去当来今现在佛，皆从般若波罗蜜出生。
>
> 六波罗蜜者，佛不可尽经法之藏，过去当来今现在佛，皆从六波罗蜜出生。
>
> 十方今现在不可复计佛，悉从般若波罗蜜成就得佛。②

把多佛并存的原因归结为"般若"，使其具有成为诸佛之母的地位，凌驾于诸佛之上，自然贬抑了教主释迦牟尼的地位。般若类经典所要神化

---

① （东汉）支娄迦谶：《兜沙经》，《大正藏》第 10 册，第 499 页中。

② （东汉）支娄迦谶：《道行般若经》，《大正藏》第 8 册，第 469 页中。

和抬高的是新兴教义"般若"或"经法之藏"，而不是某个人格化的大神。这样，般若类经典就不是用神话，而是用抬高佛教教义的办法解决多佛的来源问题。这种思路不仅具有强烈的批判偶像崇拜的精神，而且在树立新的信仰对象的同时，解决了修行者如何成佛的问题。这是释迦分身说所不具备的。

在大乘佛教之前，所有修行者无论怎样修行，无论修行多长时间，最高修行果位都是所谓阿罗汉，而不是成佛。佛只有释迦牟尼。既然承认多佛同时并存，就从理论上为信仰佛教的芸芸众生打开了成佛的通道。但是，要解决众生如何成佛的问题，首先要解决多佛从何而来的问题，在这方面，早期大乘经典纷纷提出了不同的方案。《道行般若经》的论述，不仅解决了多佛并存的问题，也为众生成佛提供了可能的道路。因为，既然一切佛都是从般若波罗蜜中产生，那么，无论任何人，只要按照经典的记载修行六波罗蜜，就都有成佛的可能。换言之，凡按照佛教的新教义修行者，都理所当然的能够成佛。在早期的各类大乘佛教经典中，还没有这样明确的说明，但是，般若类经典已经有了这种趋势。

与般若类经典相比较，《兜沙经》着重树立释迦的权威，其多佛信仰的神话色彩更浓重，思辨色彩更淡薄，这不仅仅是两者在论证多佛并存方面的差别，也是两类经典在整体学说上的不同。《兜沙经》把倡导多佛与神化释迦牟尼联系起来，呈现出多佛崇拜与教主崇拜的天然联系，可以说是最早期的多佛信仰形态之一。同时，在这里的释迦佛已经不同于早期的"世间人"的形象，而是已经被神化者。很明显，华严系统中的多佛信仰是在神化释迦的基础上起步的，并且没有否定释迦作为教主和至上佛的地位。因此，仅就华严类典籍的范围而言，大乘佛教的多佛信仰学说一开始并没有对以前的佛教信仰予以全盘否定，而是依据基本教义的要求对崇拜对象进行了重新塑造。但是，与般若经典的同类思想相比，释迦分身说只解决了树立多佛信仰问题，并没有涉及众生如何经过修行而成佛的问题。所以，释迦分身说在后出的经典中被修正，论证多佛信仰的新理论也随之出现了。

《兜沙经》重视"十"这个数字，并且多方面创用，从该经开始，"十"逐渐被赋予多种超出计数范围的宗教象征意义，构成华严典籍乃至华严宗教义的一个显著特点。该经对"十"的创用集中体现在两个方面。

其一，严格以"十"为计量单位组织经文、论述教义和表达思想。

《兜沙经》的行文多采用十句排比，论述问题多从十个方面或分十个小节。后出华严典籍由此发展，往往是每个问题包括十个方面，每个方面又各分十个部分，每个部分又各有十个段落，严格采用类似十进制的方式表达思想。"十"不仅是经文的组织形式，也成为教义内容的特色。

其二，严格以"十"为计量单位列举菩萨修行名目，使菩萨行有了新的框架。随着大乘佛教的兴起，菩萨的地位空前提高，有关菩萨修行的理论和实践，成为大乘经典论述的中心内容。《兜沙经》没有对菩萨修行内容的详细说明，而是用提纲形式列举名目，共有十项，即十法住、十法所行、十法悔过经、十道地、十镇、十居处所愿、十黠、十三昧、十飞法、十印。与后出华严典籍的相关内容相比较，这里的译名不规范，排列次序稍有差别，但它毕竟勾勒出菩萨行的大体框架，直接影响着后出的多种华严典籍。

《兜沙经》列举的十位大菩萨以文殊为首，文殊"持佛神力"，提出问题，讲述教义，使华严菩萨有了代佛宣言的身份。所出现的各种华严类单行本，绝大多数都有一位作为主角的菩萨，习惯上以主角菩萨名称其经，《兜沙经》即属华严典籍中的文殊类经典。该经概说菩萨行，在文殊类典籍中有序说概论的性质。

# 第二章　三国时期佛教

公元 3 世纪 30 年代初，在东汉末年长期军阀混战中壮大起来的三大割据集团首领，相继建立起三个独立国家。曹丕于东汉建安二十五年（220）废汉建魏国，以洛阳为都城，实际控制江北广大地区。刘备于公元 221 年建立蜀国，定都成都，有效统治益州（今四川）、汉中一带地区。孙权于公元 222 年建立吴国，建都武昌，后迁都建业（229），占据江南广大地区。在不到半个世纪的三国时期，魏国和吴国佛教直接承袭汉末而来，都有不同程度的发展。由于资料缺乏，蜀国佛教的情况不清楚。

## 第一节　魏国佛教

### 一　魏国社会与佛教

魏王朝（220—265）建都洛阳，接续东汉，势力胜过吴蜀，是三国中最强大的国家。魏国占据长江以北的广大中原地区，人口稠密，经济发达。在整个三国时期，洛阳是全国的政治、经济、文化和交通中心，是成都和建业不能相比的。魏王朝在政治制度方面的某些变革、在宗教方面采取的若干措施，以及在哲学领域发生的巨变，或者直接影响两晋社会，或者对佛教的长期发展有重要导向作用。

魏王朝在用人制度上的改革影响深远。从曹操开始，就在用人方面制定"唯才是举"的原则。魏文帝即位之前，建立了九品中正制，用人重视社会舆论评价，不拘爵位和世族高卑。无论与东汉末年外戚或宦官操纵仕途相比，还是与单纯以封建道德为标准的"举孝廉"相比，这种制度都是一个大进步，有利于才干之士被任用。

魏王朝的宗教政策，包括对道教、儒家和民间信仰的政策，大多从曹操开始就制定和实行。魏初崇尚名法之治，尊奉儒家为正统的政策并没有改变。魏文帝黄初二年（221），封孔子后裔为侯，令修孔子庙。从曹操开始，对东汉以来广泛流行的黄老神仙道术采取严格限制，这个政策一直为曹魏诸帝所继承。曹操鉴于张角曾利用太平道组织起义，对民间方士进行集中管理。曹植《辩道论》为曹操的这种做法进行了说明：

> 世有方士，吾王悉所招致。甘陵有甘始，庐江有左慈，阳城有郤俭。始能行气导引，慈晓房中之术，俭善辟谷，悉号三百岁。本所以集之于魏国者，诚恐斯人之徒，接奸诡以欺众，行妖慝以惑人，故聚而禁之……①

在汉代的方士中，宣扬行气导引、房中之术、辟谷这三种方术的人不少。此类方术容易吸引各阶层的民众，聚集信徒，在一个地区形成不受官方控制的势力集团，给社会治安带来危害，所以地方和中央统治者对其中的领导者会时刻密切关注。为了限制他们的活动，防止他们无限制扩大势力，引起社会不稳定，把其中的代表人物集中起来管理，是一种有效的措施。在汉末三国佛教中，无论是外来僧人还是本地僧人，几乎没有以房中术、辟谷来吸引信仰者的例子。即便是"行气导引"之类，其与安世高所传的安般守意禅法差别也还是比较大的。因此，在魏王朝对黄老道术进行限制的过程中，佛教受到的负面影响应该是不大的。

魏王朝明令禁止不符合儒家规定的各种祭祀活动，也是继承曹操的做法。早在东汉灵帝光和末年（184），曹操任济南相时，就下令把不符合儒家规范的祠宇一律毁坏，严令官吏"不得祠祀"。曹操以汉丞相的名义实际控制朝政之后，出现了"遂除奸邪鬼神之事，世之淫祀遂绝"②的局面，可见其采取的措施相当严厉，收到的效果也十分显著。魏国的历代帝王都继承了这种政策。魏文帝黄初五年（224），文帝下诏："先王制礼，所以昭孝事祖，大则郊社，其次宗庙。三辰五行，名山大川，非此族也，不在祀典。叔世衰乱，崇信巫史，至乃宫殿之内，户牖之间，无不沃酹。

① （唐）道宣：《广弘明集》卷五，《大正藏》第 52 册，第 118 页下。
② （晋）陈寿：《三国志·魏书·武帝纪》，中华书局 1959 年版，第 4 页。

甚矣其惑也！自今，其敢设非祀之祭，巫祝之言，皆以执左道论，著于令典。"① 青龙元年（233），魏明帝"诏诸郡国，山川不在祠典者，勿祠"②。

魏国统治者以儒家的礼制作为判断各种祭祀活动邪正的标准，限制不符合礼制的祭祀，禁止巫祝之类的人妄言祸福，蛊惑人心，限制方士的活动，对他们中有影响的人物进行集中管理。这些政策和措施是一贯的，并不是权宜之计。这些政策的制定和措施的实施，似乎对佛教没有什么显著的影响。同时，从现存的直接资料和传说来看，魏王朝的最高统治者并没有出台直接限制佛教的政策和措施，这与吴国的一些统治者并不完全一样。同时，在曹魏统治集团内部，也不乏对佛教有好感者。传说陈思王曹植喜欢读佛经，并且创作"梵呗"（佛教的赞美歌），被后世尊奉为中国佛教音乐的创始者。

曹魏统治者支持建造佛教寺院，并且一般不得毁坏。魏明帝迁移道西的佛图到道东就是一个例子。根据《魏书·释老志》记载：

> 魏明帝（227—239 年在位）曾欲坏宫西佛图。外国沙门乃金盘盛水，置于殿前，以佛舍利投之于水，乃有五色光起，于是帝叹曰：自非灵异，安得尔乎？遂徙于道东，为作周阁百间。佛图故处，凿为濛汜池，种芙蓉于中。

魏明帝要毁坏浮屠，也是有原因的，并不是为了禁毁佛教而拆除佛寺、佛塔。根据唐道宣《集神州三宝感应通录》卷上和道世《法苑珠林》卷四十所引《汉法本内传》记载："洛城中，本有三寺，其一在宫之西，每系幡刹头，辄斥见宫内，帝患之，将毁除坏。"可见当时寺塔建立在城内，并且离王宫很近，高耸入云，影响皇宫的安全，所以魏明帝才想拆除。外国僧人通过施展灵异手段，规劝魏明帝把道西佛寺迁到道东，并且建造得规模更大。

魏齐王正始年间玄学的兴起，是中国哲学史上的大事，也是以后长期影响佛教发展方向的大事。东汉以来，经学日益谶纬化、国教化、神秘

---

① （晋）陈寿：《三国志·魏书·文帝纪》，中华书局 1959 年版，第 84 页。
② （晋）陈寿：《三国志·魏书·明帝纪》，中华书局 1959 年版，第 99 页。

化，推动儒学思想观念走向荒诞，章句训诂呈现支离，社会影响趋向负面。再加上汉末政治的腐败、社会的动荡、人民的苦难，构成了促动意识形态发生巨变的重要社会原因。汉末能够决定人物进退升降的清议之风、魏初正始年间的改制运动，直接诱发了魏晋玄学的兴起。魏晋玄学成为一个时代的思想标志，构成中国思想史发展中上接两汉经学、下牵隋唐佛学的一个重要历史阶段。

从魏晋玄学发展的整体脉络看，从以何晏、王弼为代表的正始时期，经过以阮籍、嵇康为代表的竹林时期，再到以向秀、郭象为代表的元康时期，玄学家们大体借助讲究修辞与技巧的谈说论辩方式，把《周易》《老子》《庄子》作为主要经典依据，以究极宇宙人生的哲理为理论目标，以协调儒道为现实追求。历代玄学家们所讨论的问题，遍及本体论、知识论、语言哲学、伦理学、美学等各个领域，其中很多问题是前人没有涉及，或者没有系统、全面、深入探讨的。他们具体讨论的内容有本末有无的关系问题、自然与名教的关系问题、言与意的关系问题、圣人有情无情的问题、才与性的关系问题、声无哀乐的关系问题等。许多问题实际上可以逐渐与佛学问题直接发生联系。

东晋是清谈后期阶段，清谈逐渐与现实政治拉开了距离，然而与佛教的关系则更为密切。当时参与玄学清谈僧人表现如何、是否被士大夫们接受、是否为佛教界认可，在一定程度上关系到他们在佛教界的名望和地位，直接影响他们在信徒心目中的形象，以及他们的经济来源。可以说，玄学清谈越到后期，儒、道、佛三者的关系也就越加密切。总之，从曹魏到东晋的两百多年间，魏晋玄学始终是影响佛教发展的重要意识形态力量，同时，佛教也成为影响玄学的一种宗教力量，并且越到后期影响也越大，范围也越来越广。

从三国开始，般若学开始成为一门独立的佛教学问。这是佛教以纯理论形式进入中国思想界的标志。三国时期，佛教传播的范围不断扩大，出现了洛阳、徐州、广州、建业四个佛教流传的中心。

**二　佛经翻译概述**

魏王朝掌握着对西域的控制权，魏国与西域各国的官方和民间交往一直没有中断，这就为域外僧人来内地译经传法提供了便利条件。见于记载的魏国译经僧人有四位，即昙柯迦罗、昙帝、帛延和康僧铠。魏国在佛经

翻译方面的主要成就，是昙柯迦罗、昙帝译出了戒律经典，康僧铠译出
《无量寿经》，为中土输入了新的佛教思想和学说。

昙柯迦罗也意译作“法时”，中天竺人，出身于富裕家庭，青少年时
代学习婆罗门教经典《四围陀论》，对于“风云星宿，图谶运变，莫不该
综”。25 岁时，由于读不懂佛教经典，认识到“佛教宏旷，俗书所不能
及”，于是出家，诵习大小乘经及诸部《毗尼》。

他常贵游化，不乐专守，于魏嘉平（249—254）年中到达洛阳。当
时“魏境虽有佛法，而道风讹替，亦有众僧未禀归戒，正以剪落殊俗耳。
设复斋忏，事法祠祀”。佛教从汉代传入中土，始终没有佛教戒律典籍翻
译出来。戒律是对僧团成员生活方式、修行方式和传教方式的规定，是僧
团的规章制度。由于佛教戒律还没有传来，汉地僧众的修行和生活都没有
制度化、规范化。当然，说当时“道风讹替”也不准确，因为当时僧人
并非不愿意遵守戒律，而是不知道相关的规定是什么。从信众出家这第一
步开始，就没有按佛教规定举行三皈五戒法事仪式，没有履行相应的手
续，只是把头发、胡须剪掉以显示与未出家人不同。僧人举行斋戒、忏悔
活动，都不是按照佛教规定进行，而是仿照中土祭祀礼节进行。在佛教刚
刚传入、僧人数量很少、以汉地僧人为主体的僧团尚未出现的情况下，对
戒律典籍的需求还不迫切。魏国时期，僧人数量已经有明显增加，人们也
就逐步认识到了戒律的必要性和重要性：

> 诸僧共请迦罗译出戒律，迦罗以律部曲制，文言繁广，佛教未
> 昌，必不承用。乃译出《僧祇戒心》，止备朝夕。更请梵僧立羯磨法
> 授戒。中夏戒律，始自于此。迦罗后不知所终。①

昙柯迦罗精通戒律，他在应请翻译戒律经典时，考虑到了当时汉地佛
教发展情况。佛教戒律经典部头大、内容繁琐，三国时期还没有规模较大
的僧团，翻译整部律典的确没有必要。同时，根据当时翻译水平和条件，
翻译大部头戒律典籍也很困难。所以，最初翻译戒律经典只能是选取汉地
佛教僧人最需要的内容，进行节译摘编。昙柯迦罗所译的《僧祇戒心》
一卷，属于大众部戒律的节选本，其内容大约主要为早晚功课使用。当时

---

① （梁）慧皎：《高僧传》卷一《昙柯迦罗》，《大正藏》第 50 册，第 324 页下。

又邀请外籍僧人担任戒师举行传戒仪式，使出家仪式相对规范化和制度化。这是中国内地按照戒律受戒的开端，以后佛教界把昙柯迦罗奉为中国律宗始祖。

安息国沙门昙帝也精通戒律，于魏正元年间（254—256）到达洛阳，译出《昙无德（法藏部）羯磨》一卷，属于《四分律》的节译本。在三国时期之前，译出的佛教经典只有经和论，戒律经典的出现，不仅使人们见到新的经典类型，也为僧团生活走向规范提供了必备条件。

沙门帛延大约是龟兹人，于魏甘露年间（256—260）到洛阳，译出《首楞严经》二卷、《须赖经》一卷、《除灾息经》一卷、《无量清净平等觉经》二卷等。关于他们的生平经历、译经事迹等，史书都没有详细记载。

康居沙门康僧铠于嘉平（249—254）末年到达洛阳，译出关于在家居士修行的《郁伽长者经》一卷。此经也称为《在家出家菩萨戒经》，是东汉安玄所译《法镜经》的异译。他还译出《无量寿经》二卷。

康僧铠所译的《无量寿经》二卷，在佛教历史上和社会上影响很大，后来成为净土宗的根本经典之一。

相传此经前后有汉译十二种，除康僧铠译本外，现存的异译本有：东汉支娄迦谶译《无量清净平等觉经》二卷；三国吴支谦译《阿弥陀三耶三佛萨楼佛檀过度人道经》二卷；唐菩提流支译《无量寿经如来会》（《大宝积经》第五会）二卷；北宋法贤译《大乘无量寿庄严经》三卷。有经录记载而现已缺本的有：东汉安世高译《无量寿经》二卷；三国魏帛延译《无量清净平等觉经》二卷；西晋竺法护译《无量寿经》二卷；东晋竺法力译《无量寿至尊等正觉经》一卷；南朝宋佛陀跋陀罗译《新无量寿经》二卷，宝云译《新无量寿经》二卷，昙摩蜜多译《新无量寿经》二卷。《开元释教录》卷十四称："此经前后经十一译，四本在藏、七本缺。"加上后出的法贤译本，即所谓五存七缺的十二种译本。但后人对此存疑颇多，认为是误将一经分属多位译者所致。因此，有人认为此经前后仅五译，最多不过七译，其他纯系经录之误题。

根据《无量寿经》记载，释迦牟尼佛在王舍城耆阇崛山中，在阿难提问下，向一万二千大比丘说法，"过去久远无量不可思议无央数劫"，曾先后存在从"锭光如来"到"世自在王"等五十三位佛。他们先后"兴出于世，教化度脱无量众生，皆令得道，乃取灭度"。在世自在王佛时期，有一位"国王，闻佛说法，心怀悦豫，寻发无上正真道意，弃国捐王，行作沙门，号曰法藏，高才勇哲，与世超异。诣世自在王如来所，稽首佛足，右绕三匝，长跪合掌"，请求世自在王佛给他"广为敷演诸佛如来净土之行"。世自在王佛知道这位法藏比丘"志愿深广"，就为他"广说二百一十亿诸佛刹土，天人之善恶、国土之粗妙，应其心愿，悉现与之"。法藏比丘发了四十八个大愿，并且"具足修满如是大愿，诚谛不虚"。这位法藏菩萨终于成佛，就是阿弥陀佛，也就是无量寿佛。他的佛国世界"现在西方，去此十万亿刹"，称为"安乐"世界。

　　无量寿佛的西方安乐世界可以说尽善尽美，人们在现实世界能够想到的豪华、庄严、清净和无尽福报，都在西方安乐世界那里成为现实。

　　首先，西方佛国世界的国土庄严是不可思议的：

　　　　其佛国土，自然七宝，金、银、琉璃、珊瑚、琥珀、砗磲、玛瑙合成为地，恢廓旷荡，不可限极，悉相杂厕，转相间人。光赫煜烁，微妙奇丽，清净庄严，超踰十方一切世界众宝中精，其宝犹如第六天宝。又其国土，无须弥山，及金刚围一切诸山，亦无大海、小海、溪渠、井谷。佛神力故，欲见则见。亦无地狱、饿鬼、畜生诸难之趣。亦无四时春夏秋冬，不寒不热，常和调适。[1]

　　往生到佛国的众生，过着不劳而获、随心所欲的生活，都是现实世界所没有的：

　　　　彼佛国土，诸往生者，具足如是清净色身，诸妙音声，神通功德。所处官殿，衣服饮食，众妙华香，庄严之具，犹第六天自然之物。若欲食时，七宝应器，自然在前。金、银、琉璃、砗磲、玛瑙、珊瑚、琥珀、明月、真珠，如是众钵，随意而至。百味饮食，自然盈满。虽有此食，实无食者，但见色闻香，意以为食，自然饱足。身心柔软，无所味著，事已化去，时至复现。[2]

　　无量寿国，其诸天人，衣服、饮食、华香、璎珞、缯盖幢幡、微

---

[1]　（曹魏）康僧铠：《佛说无量寿经》卷七，《大正藏》第 12 册，第 270 页上。
[2]　同上书，第 271 页中。

妙音声、所居舍宅宫殿楼阁，称其形色，高下大小，或一宝二宝，乃至无量众宝，随意所欲，应念即至。①

能够往生到西方世界的众生分为三个等级（三辈）。第一等（上辈）是沙门，出家信徒。"其上辈者，舍家弃欲，而作沙门，发菩提心，一向专念无量寿佛，修诸功德，愿生彼国。此等众生，临寿终时，无量寿佛，与诸大众，现其人前，即随彼佛，往生其国。"② 第二等（中辈），是虽然没有出家，但是按照佛教的规定在家修行，广做善事，为佛教做出贡献者。"其中辈者，十方世界诸天人民，其有至心，愿生彼国，虽不能行作沙门，大修功德，当发无上菩提之心，一向专念无量寿佛，多少修善，奉持斋戒，起立塔像，饭食沙门，悬缯然灯，散华烧香，以此回向，愿生彼国。其人临终，无量寿佛，化现其身，光明相好，具如真佛，与诸大众，现其人前。即随化佛往生其国。"③ 第三等（下辈），是那些没有出家，没有广做善事，也没有为佛教做出什么贡献，只是信仰西方净土法门者。"其下辈者，十方世界，诸天人民，其有至心，欲生彼国，假使不能作诸功德，当发无上菩提之心，一向专意，乃至十念，念无量寿佛，愿生其国。若闻深法，欢喜信乐，不生疑惑，乃至一念，念于彼佛，以至诚心，愿生其国。此人临终，梦见彼佛，亦得往生。"④

很显然，往生净土不但不是很困难的事情，而且可以说非常容易。就最低一等往生西方的人来说，不需要什么艰苦修行，甚至不需要做什么善事，只要不是那些犯了五逆罪，诽谤佛教的人，都可以通过一心念无量寿佛这种简单易行的方式往生西方佛国。净土类经典传到中土以后，很快引起人们的注意，并且逐渐向社会各阶层传播。魏晋之后，在中国流行的各种佛信仰中，西方阿弥陀佛信仰是中国社会各阶层中流行最广泛的一种佛信仰，直到现在也没有改变。

### 三　朱士行西行求经

根据《出三藏记集》卷十三本传，朱士行是颍川（郡治在今河南禹

---

① （曹魏）康僧铠：《佛说无量寿经》卷七，《大正藏》第12册，第272页上。
② 同上书，第272页中。
③ 同上。
④ 同上。

县)人。他"出家以后,便以大法为己任"。朱士行经常说,修道要凭借智慧,要把掌握佛教的义理作为入道的根本,所谓"入道资慧",所以他把研究学习佛教经典放在重要位置。当时佛教界迎合玄学兴起,对般若类经典十分重视,朱士行也在研究和宣讲《般若经》上颇为用功。

东汉灵帝时期竺朔佛与支谶合作译出的《般若道行品经》十卷,由于口传的人对许多内容理解不了,便予以省略删节,造成经文不连贯,文意有滞碍。朱士行经常在洛阳一带讲《小品》①,往往遇到讲不通的地方。他"每叹此经大乘之要,而译理不尽,誓志捐身,远迎《大品》"。当时人们重视般若类经典,把《小品》作为记载大乘佛教要义的典籍,在认为《小品》翻译质量太差的同时,也推测有比《小品》内容更全面的般若类经典即《大品》存在。朱士行发誓愿求经,标志着佛教界已经不满足于传来什么经翻译什么经,而是按照中土佛教发展的现实需要去求经。以后历代西行求法的僧人,大都带着明确的求法目的出国。

朱士行于魏甘露五年(260)从雍州(治今陕西西安)出发,西渡流沙,到达于阗,见到篇幅更大的般若经典。他抄写了"正品梵书胡本九十章,六十万余言。遣弟子弗如檀,晋言法饶,凡十人,送经胡本还洛阳"②。但是——

      未发之间,于阗小乘学众遂以白王云:"汉地沙门欲以婆罗门书惑乱正典,王为地主,若不禁之,将断大法,聋盲汉地,王之咎也。"王即不听赍经。士行愤慨,乃求烧经为证。王欲试验,乃积薪殿庭,以火焚之。士行临阶而誓曰:"若大法应流汉地者,经当不烧;若其无应,命也如何!言已投经,火即为灭,不损一字,皮牒如故。大众骇服,称其神感,遂得送至陈留仓恒水南寺,河南居士竺叔兰,善解方言,译出为《放光经》二十卷。士行年八十而卒。

这段带有神话色彩的叙述,在强调般若经传到汉地不容易的同时,也反映了当时于阗地区小乘佛教与大乘佛教斗争的激烈。于阗地区大小乘佛

---

① 《道行经》与西晋译出的《放光般若经》、《光赞般若经》相对而言,称为《小品》,后两者称为《大品》。

② (梁)僧祐:《出三藏记集》卷十三,《朱士行》,《大正藏》第53册,第97页上。

教并行，小乘势力比较兴盛。小乘僧众把大乘经典排除在佛教之外，认为是"婆罗门书"，视为异端邪说。在他们看来，大乘经典的流行就是惑乱传统的佛教教义，就会导致佛教正法的断灭，就会危害汉地。当地佛教徒把小乘与大乘看作相互对立的教派，类似观点在后来汉地佛教界并不流行，相反，汉地佛教界始终认为大乘是在小乘基础上的发展，中国以大乘佛教兴盛而自豪。

朱士行于魏甘露五年（260）到达于阗，西晋太康三年（282）派弟子把所抄经典送回洛阳，前后达二十多年。朱士行所抄的经典西晋时由竺叔兰译为《放光般若经》二十卷，此经与竺法护等人所译的《光赞般若经》十卷（残本）在东晋十分流行。朱士行虽然没有越过葱岭，但被后世奉为中国佛教史上西行求法第一人。

## 第二节 吴国佛教

吴国占据长江中下游地区，南面的交州（现在的广东、广西和越南北部地区）也在其版图之内。这里的佛教发展既受到东汉末年中原地区僧人为躲避战乱而南下传教的直接影响，也与从海路而来的域外僧人北上传教有关。吴国佛教发展的最主要内容，是在经典翻译方面。

吴国译经开始于武昌，大盛于建业。翻译者有维祇难、竺律炎、支（疆）梁接、支谦、康僧会五人，其中，以支谦和康僧会的影响最大，是吴国译经的代表者。

吴国经典翻译有几个显著的变化。第一，主要翻译者支谦和康僧会祖籍是西域，但是他们出生在汉地，受汉文化熏陶滋养长大，母语是汉语，这为用汉语准确表达提供了条件。第二，在翻译过程中，由于受到译者学术背景影响，翻译出的佛典已经出现了道家、儒家和佛家思想融合的现象。第三，由于有了一定程度的翻译工作经验积累，此时的翻译者已经自觉注意到翻译标准问题，讨论此类问题，是翻译工作进步的一个显著标志。

### 一 《法句经》与翻译理论

维祇难是天竺人，原来"世奉异道，以火祠为正"。因为看到一位"习学小乘，多行道术"的佛教僧人"神力胜己"，就对佛法产生了信仰，于是"舍本所事，出家为道"。维祇难拜这位精通"道术"的沙门为师，学习三藏经典，对四部《阿含经》很精通。在印度佛教中，许多僧人也是以"道术"来赢得信众，许多人也是从迷恋"道术"而走向完全信仰佛教的道路。这里的"道术"，也就是佛教的神异灵迹之类。

吴黄武三年（224），维祇难与同伴竺律（也作"将"）炎来到武昌，带来《昙钵经》（《法句经》）的梵本。应当地人之请，他们译出《法句经》二卷。由于他们两人都不精通汉语，所以译本"颇有不尽，志存义本，辞近朴质"。到西晋惠帝（290—306 年在位）末年，沙门法立重新译为五卷本，由沙门法巨著笔，译本"其辞小华"。①

《出三藏记集》卷七所收《法句经序》原注为"未详作者"，《贞元新定释教目录》卷三在维祇难《法句经》下注为"谦制序"，从序言行文口气可以确定为支谦作序。这个序言所记录的《法句经》的翻译情况与《高僧传》所记载有不同。该经是先由维祇难和竺律炎翻译出来以后，又由支谦重新润色加工的。根据序言的记载，关于此经的翻译，还引起了翻译原则的争论。

序言首先介绍该经的重要性：

> 昙钵偈者，众经之要义，昙之言法，钵者句也。而《法句经》别有数部，有九百偈，或七百偈及五百偈。偈者结语，犹诗颂也，是佛见事而作，非一时言。各有本末，布在众经。佛一切智，厥性大仁，愍伤天下。出兴于世，开现道义，所以解人。凡十二部经，总括其要。别有四部《阿含》。至去世后，阿难所传，卷无大小，皆称闻如是处，佛所究畅其说。是后五部沙门，各自抄采经中四句六句之偈，比次其义，条别为品。于十二部经，靡不斟酌，无所适名，故曰法句。

《法句经》是"众经之要义"，该经并不是佛一时一处讲说的，而是从佛所讲的经典中抄录出来的。在印度部派佛教时代，五部沙门都抄录有《法句经》。这既是介绍该经的由来，也是说明该经在当时佛教界流行很广，受到众多出家僧人的重视。

---

① （梁）慧皎：《高僧传》卷一《维祇难》，《大正藏》第 50 册，第 326 页中。

《法句经》有不同的版本，有九百偈、七百偈、五百偈三种版本。由于这本经是从四部阿含经中抄录出来的，所以，在印度既是初学者必须要了解的，也是深入钻研的人可以利用的。所谓"其在天竺始进业者，不学《法句》，谓之越叙。此乃始进者之鸿渐，深入者之奥藏也。可以启蒙辩惑，诱人自立，学之功微而所苞者广，实可谓妙要者哉"！这部经首先是初学者的入门书，在学习该经之前不能学习其他经典，同时，对于已经有基础的深入研究者，也是进一步钻研的必备典籍。

由于该经有篇幅不等的三种版本，所以翻译就有了好几次。"始者维祇难出自天竺，以黄武三年来适武昌，仆从受此五百偈本，请其同道竺将炎为译。……昔传此时，有所不出，会将炎来，更从咨问，受此偈等，重得十三品。并挍往故，有所增定。第其品目，合为一部。三十九篇，大凡偈七百五十二章。庶有补益，共广闻焉。"所以，支谦先从维祇难学习五百偈的本子，后来又有竺律炎的七百偈子的本子。现存的本子是经过支谦修订增补的。

由于《法句经》在印度佛教界有很重要的地位，所以也被中国佛教界普遍重视，为了高质量翻译出来，在翻译过程中出现了讨论翻译质量的问题：

> 将炎虽善天竺语，未备晓汉，其所传言，或得胡语，或以义出音，近于质直。仆初嫌其辞不雅，维祇难曰：佛言，依其义不用饰，取其法不以严，其传经者，当令易晓，勿失厥义，是则为善。座中咸曰：老氏称，美言不信，信言不美。仲尼亦云：书不尽言，言不尽意，明圣人意深邃无极。今传胡义，实宜经达。[①]

这里提出了关于衡量翻译经典优劣的标准问题。涉及质和文的问题、信达雅的问题。在确定标准中，有两个问题值得注意。第一，关于对两种语言的熟练程度。由于译者对汉语不熟悉，所以，虽然理解原本是正确的，但是在译成汉语时，就需要"以义出音，近于质直"。这里的"质直"是针对竺律炎不太通晓汉语讲的，"质直"也就是"不雅"。第二，

---

① （梁）僧祐：《出三藏记集》，《法句经·序》，《大正藏》第 55 册，第 49 页上。

关于"信"与"美"的取舍。维祇难是用佛家的道理来解释，他认为，翻译经典的用语，主要目的是让读者容易理解，所以要使用通俗易懂的语言，并且不能违背经典原意。当时的讨论者分别引用老子、孔子的话语来迎合，本质上都是主张"质直"。实际上，这是把老子和孔子的话极端化理解了。美言不一定就和不信实画等号。不能把"信"与"美"、"言"和"意"、"质"和"雅"完全对立起来。这里是追求"信"、"意"和"质"的观点占了上风。三国时期是佛经翻译的初级阶段，在"信"与"美"、"言"和"意"、"质"和"雅"不能兼顾的时候，自然应该追求前者，因为追求了前者，自然有利于表达经典的意义，有利于达到"达"。经典含义的深邃、圣人思想的深邃，首先要求准确表达。但是，没有语言的"美"，表达也是不会充分的，竺律炎的"质直"，就是因为他不精通汉文造成的。没有支谦的修改润色，就不能被汉文阅读者理解和接受。

在从汉到三国的佛经翻译历史上，这是最早对翻译质量问题进行的比较多的议论。追求翻译要信实的译者，运用佛教经典、《老子》和《周易》等经典来论证自己的观点，尤其是玄学"言不尽意"的命题也在这里提出来讨论。这里讨论的"言不尽意"是初步的，并没有展开，但是就其重要命题而言，支谦写这个序言应该在孙权黄龙元年（229）前后，距离魏正始初年（240）还有一段时间，所以，在王弼、何晏活动之前，在江南已经有玄风的鼓动。这里的言意之辨是从讨论翻译理论角度提出的。玄学的言意之辨自然与此有别，但是两者之间的相互关联应该予以关注。

### 二 支谦传教与译经

（一）生平事迹与译经概览

据《祐录》卷十三《支谦传》记载，支谦一名越，字恭明，祖籍月支。其祖父名法度，在汉灵帝时期率数百国人归附东汉，被任命为"率善中郎将"。支谦从小学习中国典籍，到 13 岁开始学习"胡书，备通六国语"。支谦曾受业于支谶的弟子支亮（字纪明），"博览经籍，莫不究练。世间艺术，多所综习"。大约是因为他足智多谋，被当时人称为"智囊"。在汉末的时候，支谶、支亮、支谦被认为是最有学问的人，"世称天下博知，不出三支"。① 东汉献帝末年，为了躲避战乱，支谦与数十名乡人南下到吴国。

不久，吴主孙权听说支谦博学有才慧，立即召见。孙权在询问"经中深隐之义"过程中，支谦"应机释难，无疑不析"。孙权十分满意支谦的对答，就拜支谦为博士，让他辅导太子孙登学习。当时，支谦看到佛教虽然已经流行，但是佛教经典大多是胡文，一般人无法看懂，于是"收集众本，译为汉言"，开始了翻译工作。支谦以居士身份与吴国统治者建立了特殊联系，为他从事经典翻译创造了优越条件。他于黄武元年至建兴年间（222—254）从事译经，所出经典数量各书记载有别，其中，《祐录》卷二记为 36 部 48 卷，同书卷十三《支谦传》记为 27 部，《高僧传·康僧会》作 49 部。

支谦除了翻译经典之外，还撰文注解《了本生死经》，这可能是中土注解佛经的开始。支谦多才多艺，曾依《无量寿》《中本起经》制赞菩萨连句，梵呗三契，推动了佛教艺术的发展，对佛教的社会传播有促进作用。

吴赤乌四年（241），太子登死后，支谦隐居穹窿山，"不交事务"。他从僧人竺法兰"更练五戒"，"凡所游从，皆沙门而已"。后卒于山中，春秋六十。吴主孙亮在给众僧书信中赞扬支谦是"业履冲素，始终可高"②。表明他始终无欲无争、淡泊名利、孜孜于事业。

支谦所翻译经典大小乘都有，以大乘经典为主。比较重要的经典有：①《大明度无极经》四卷（或作六卷），简称《明度经》，是支谶译《道行品经》的改译本。②《首楞严经》二卷，是支谶译《首楞严经》的改订本。③《慧印三昧经》一卷，简称《慧印经》，是大乘禅经。慧印是一种禅定，修习慧印三昧（禅定）可以得到无上智慧，能够见到十方世界诸佛，消除自己的一切罪业，最终可以实现自己后世成佛。通过修习慧印三昧，也能够往生阿弥陀佛"极乐"净土。这是从禅定方面宣传大乘成佛思想的经典。④《老女人经》一卷，是传扬大乘般若思想的经典，异译本有南朝宋求那跋陀罗译《老母女六英经》。⑤《阿弥陀三耶三佛萨楼檀过度人道经》二卷，又称《大阿弥陀经》，异译本有曹魏康僧铠译《无

① （隋）费长房：《历代三宝纪》卷五，《大正藏》第 49 册，第 58 页下。
② （梁）僧祐：《出三藏记集》卷十三《支谦》，《大正藏》第 55 册，第 97 页中。

量寿经》、西晋竺法护译《无量清净平等觉经》。⑥《瑞应本起经》二卷，是康孟祥、竺大力所译《修行本起经》的异译。⑦改定维祇难、竺律炎所译《法句经》二卷。⑧把自译的《微密持经》与《陀邻尼经》、《总持经》合为一本，这是会译的开端。

支谦所译经典中，《佛说菩萨本业经》（以下简称《本业经》）直到东晋时期都比较流行。《佛说维摩诘经》在东晋以后盛行于佛教界和知识精英中，影响广泛。

（二）《本业经》的内容与特点

《本业经》是华严类经典，分为相互独立的三个部分，第一部分与《兜沙经》的内容一致，相当于"序品"。其后依次是《愿行品第二》，相当于晋译《华严经·净行品》的部分内容；《十地品第三》，相当于晋译《华严经·十住品》的部分内容。这种编排形式，不仅表明《本业经》承自《兜沙经》，而且确定了《兜沙经》在华严类典籍中叙说概论的地位，透露出华严经典形成过程的一点信息。

与《兜沙经》相比较，《本业经》的第一部分在翻译风格上有两个显著特点：其一，文字简练通畅，整篇行文上下贯通，浑然一体，不似《兜沙经》有些句子含义不清，有些行文上下不衔接。这部分的字数虽然只占《兜沙经》的 2/5 左右，但内容并没有减少，这也与中间一大段用偈颂体替代原来的散文体有关。其二，将大量音译词改为意译，而且采用汉文习用的名词术语，宜于汉地人士接受。例如，把"蔡诃祇"改译为"忍世界"，把佛的十个名号全改为意译词。东晋道安贬其译文不忠实原著，南朝梁慧皎则赞其译文"曲得圣义，辞旨文雅"①。仅从《本业经》来看，支谦所用的译语更多地为后代译者所沿用，且译文也无节译摘编的迹象。从该经与《兜沙经》相关内容的对照来看，支谦的经典翻译水平比支谶有十分明显的提高，显得更为成熟。

从内容上看，《本业经》第一部分列举的菩萨修行名目也与《兜沙经》不完全相同，而且与后出经典的相关内容更接近，叙述更清晰，含义更明确。"佛之本业：十地、十智、十行、十授、十藏、十愿、十明、十定、十现、十印，断我瑕疵，及诸疑妄想。"上述十种名目不仅绝大多数为后出华严类经典所沿用，有些还成为经文的品名。可见，菩萨修行的

———————

① 《高僧传·康僧会》，同于《祐录·支谦传》。

内容绝大多数是依据这个提纲扩充形成的，华严菩萨修行内容铺展开来的线索由此更清晰了。

《行愿品第二》以回答菩萨在家或出家"本何修行，成佛圣道"的问题展开，答案是"奉戒行愿，以立德本"。经文的主体部分是偈颂形式，分135节，详细叙述从在家到出家修行的各个方面和各个环节，要求把自我约束的"奉戒"和施惠他人的"行愿"贯彻到一言一行、一事一法中去。该经文容纳了许多儒家伦理规范，特别引起僧俗人士的重视。所以，《行愿品》的异译本《华严经·净行品》，成为华严类经典中在社会上最流行的部分之一。

《十地品第三》讲从"发意"（树立佛教信仰）到"补处"（获得诸佛功德）的十个修行阶段，称"十住"或"十地住"。这十个阶段的名称是"第一发意，第二治地，第三应行，第四生贵，第五修成，第六行登，第七不退，第八童真，第九了生，第十补处"。这是继《行愿品》之后对菩萨修行的第二种展开形式，有两个特点：第一，十个阶位并不是平行排列的十个方面，而是由低到高，由浅入深，直至获得佛功德的次第阶位。第二，前五个阶位各包括十项内容，后五个阶位各包括二十项内容，经中称为"从十十法成"。这样，《十地品第三》就把以十数列举菩萨修行名目的旧框架，初步充实为从低到高的类似十进制的新体系。

与《兜沙经》比较，《十地品》更多吸收了般若学的内容，其中有两点值得注意。

第一，把佛法抬高到诸佛之上的倾向。该经在总结"十住"时指出："一切十方去来现在佛，皆由此兴。""十住"乃是佛的教法，说过去、未来和现在的佛由"十住"而兴，与把"般若"作为诸佛之母的思路一致，而与《兜沙经》的"分身"说背道而驰，此后在竺法护所译的华严普贤类经典中，开始有意识地消除这种矛盾。由此可见，华严类典籍一开始就在突出理论个性的同时，不断杂糅各种流派的思想，这种情况越到后期越明显突出。

第二，定中见佛的描述。《十地品第三》有言："莲花上法意菩萨，即如其像，正坐定意，入于无量会见三昧，悉见十方无数诸佛。"这是与般若类经典共有的学说，此后各经不断充实，构成华严学说的一个重要方面。

（三）《维摩诘经》的内容与特点

支谦翻译的《佛说维摩诘经》（简称《维摩诘经》），是大乘佛教的早期经典之一，以该经中的主人公维摩诘居士而得名。从支谦译出《维摩诘经》，西晋竺法护、竺叔兰，东晋鸠摩罗什等各有译本。在东晋以后，鸠摩罗什的三卷本译本更为流行，历代注解该经的人也不少。该经是在中国历史上影响较大的几部经典之一，受到历代各阶层僧俗信众的接受和欢迎。该经所刻画的主人公维摩诘居士所宣传的处世理念和思想，在佛教整体佛学中持续发挥作用。

《维摩诘经》属于大乘般若系统典籍，弘扬般若思想。该经不是从纯理论方面论证如何从世间走向出世间，不是一般意义上的弹偏斥小、叹大褒圆，该经的突出特点在于：运用般若学的理论，活灵活现、有血有肉地塑造了一位把世间当成出世间行事，不脱离世俗生活而觉悟成佛的居士形象，即维摩诘居士的形象。在后来的中国封建社会中，维摩诘居士成为上层在家信徒的修行样板、处世楷模和精神偶像。

维摩诘是一位连诸佛都赞叹、帝释天都尊敬的觉悟者。他最突出的事迹，是作为富可敌国的长者居住在古印度的维耶离城，用"善权方便"（灵活措施）之道来度化众生。这种"善权方便"活动的具体内容是什么呢？有一大段经文来描述：

> 佛圣善行，皆已得立，觉意如海，而皆已入。诸佛咨嗟，弟子释梵世主所敬。欲度人故居维耶离矜行权道，资财无量，救摄贫民，以善方便，摄诸恶戒；以忍调行，摄诸恚怒；白衣精进，摄懈怠者；禅定正受，摄迷惑意；得智慧律，摄诸邪智；虽为白衣，奉持沙门；至贤之行，居家为行；不止无色，有妻子妇，自随所乐，常修梵行。虽有家属，常如闲居。视严身被服饮食，内常如禅。若在博弈戏乐，辄以度人；受诸异道，导以佛教。
>
> 入诸淫种，除其欲怒；入诸酒会，能立其志；入长者种，正长者意，能使乐法；入居士种，正居士意，能除其贪；入君子种，正君子意，能使忍和；入梵志种，正梵志意，使行高远；入人臣中，正群臣意，为作端首，使入正道；入帝王子，能正其意，以孝宽仁，率化薄俗；入贵人中，能为雅乐，化正宫女；入庶人中，软意愍伤，为兴福力；入帝释中，正帝释意，为自在者，示现无常；入梵天中，正梵天

意，能现梵殊胜之慧；入四天王，正天王意，能使拥护一切天下。如
是长者维摩诘，不可称说善权方便，无所不入。

这是大乘佛教塑造的一位修行样板，是理想人格的体现。维摩诘居士
已经完成佛的修行过程，所达到觉悟境界连佛也赞叹，他居住在维耶离城
的唯一目的，就是为了拯救众生（度人）。也就是说，他在维耶离的所有
作为，一言一行、一举一动，都毫无例外体现佛的真理性活动，只能信奉
学习，不得怀疑。从经文的描述可以看到，无论他处于多么尊贵的地位，
都有慈悲度人的信念。无论他做什么事情，抛开事情本身，仅从其主观意
识上或行事动机上考察，都是无比高尚，因为他的一切活动都是以救度众
生为目的，在思想观念上没有任何瑕疵，是纯粹的真善美。

维摩诘居士这种形象的本质，就是一种出淤泥而不染的典型形象，就
是一种化腐朽为神奇的形象。他所做的任何表面看来是卑鄙无耻的事情，
都因为他怀有崇高的理想和目标（度人）而成为菩萨大慈大悲的表现。
他"入诸淫种""入诸酒会"，统统不是腐败、堕落的表现，而是具有自
我牺牲精神的度人实践。凭借才能和智慧，凭借精通佛法，就能行这种化
腐朽为神奇的"善权方便"。

在现实生活中落实佛教的教义原则，维摩诘居士的所作所为应该说是
一种大胆创新，一种革命性突破。让佛教服务于社会各个阶层，或者说在
社会的各个层面落实佛教慈悲教义，把普度众生的责任放到社会各阶层人
的身上，这应该说是一种有利于净化社会、净化人心的理论和实践。然
而，塑造出这种类型的弘教传法样板，可以理解为要教化富贵者多关注下
层民众，不要骄奢淫逸，要从假恶丑中开发真善美。另外，塑造出这种佛
教精神领袖形象也可以理解为给世俗贵族的腐朽生活提供合理论证，给一
切伪君子的所有丑行提供自我辩护、自我美化的根据。当把"善权方便"
推到极致的时候，当允许"善权方便"活动可以"无所不入"的时候，
当"善权方便"不遵守任何原则、没有任何条件限制的时候，一种善良
的理论被卑劣者运用就是必然出现的现象。然而，即便如此，有这样一位
思想观念上总是想着下层人民，想着苦难众生的心地善良的大菩萨、大富
商，总比没有好。这也是历史上许多人士推崇维摩诘、效仿维摩诘、赞扬
维摩诘的一个重要原因。

《维摩诘经》在着力刻画维摩诘居士伟大光辉形象的过程中，提出了

几种思想，在中国佛学史上占有重要地位，在社会上形成很大影响。"以意净故得佛国净"以及"不二入法门"就是其中两个重要思想。

在《维摩诘经》的第一品《佛国品》中，提出了一个重要命题："以意净故得佛国净"。世界的净与不净，是以心意的转移为转移，完全依靠精神因素、观念因素。一切改变，包括世界的转变，归根结底都是以心念的改变为先导，以思想观念的改变为先导。

"佛国""净土"是大乘佛教树立的解脱境界，是大乘佛教设计的精神王国。几乎每一部大的经典都会讲述自己的佛国世界，内容包括佛国的由来、构成、性质、状况、特色以及如何进入，等等。信仰佛教的目的，修行的归宿，就是进入这样的解脱境界、精神王国，与小乘佛教讲的涅槃解脱境界比起来，大乘佛教的佛国世界更丰富多彩，与现实世界的距离更接近。《维摩诘经》讲的佛国世界，侧重讲如何把秽恶之土改造为佛国乐园：

> 蚑行喘息人物之土，则是菩萨佛国，所以者何？菩萨欲教化众生，是故摄取佛国。欲使佛国人民尽奉法律，故取佛国。欲使佛国人民入佛上智，故取佛国。欲使佛国人民见圣典之事而以发意，故取佛国。所以者何？欲导利一切人民令生佛国。譬如有人欲度空中造立宫室，终不能成。

所谓佛国，原本就是芸芸众生生活的地方，就是现实世界，就是五浊世界。其所以又把这个世界称为"佛国"，原因在于有菩萨修行，正因为菩萨修行，才使这个世界变成佛国净土。因此，这个佛国不同于西方极乐世界，不同于兜率天宫之类，那些佛国世界都是存在于远离娑婆世界的另一个地方。这个佛国是现实世界改变面貌之后的世界，并不是存在于现实世界之外的另一个地方。当菩萨在这个世界上教化人们，使人们遵守法律，使人们获得佛的智慧，使人们看见佛典而发愿信奉的时候，这个本来是"蚑行喘息人物之土"就变成了佛国。是否佛国，取决于这个世界是否有菩萨修行。当菩萨修行完成的时候，这个佛国就建成了，就达到了"佛国净"，现实世界就变成了理想世界，秽恶世界就变成了清净世界。

那么，现实世界如何变成佛国世界呢？这就要靠这个世界上所有人物的努力，靠菩萨度化众生的实践才能获得。菩萨要诱导人们在这个佛国中得道，建立佛国的清净，要经过无穷尽的修行实践才能完成。该经最后总结：

> 菩萨以应此行便有名誉，已有名誉便生善处，已生善处便受其福，已受其福便能分德，已能分德便行善权，已行善权则佛国净，已佛国净则人物净，已人物净则有净智，已有净智则有净教，已有净教则受清净。如是童子。菩萨欲使佛国清净，当以净意作如应行。所以者何？菩萨以意净故得佛国净。

要建立起来佛国，即达到"佛国净"，就要进行这样的修行，最终建成佛国。当人们的思想清净了以后，修行才能取得功效，佛国才能建立。《维摩诘经》的这种思想包含了两个重点：第一，佛国不在遥远的另一个地方，佛国就是净化了的现实世界，人们成佛只能在现实社会中实现，不能离开这个世界去寻找另外一个世界。现实世界与理想世界、秽恶世界与清净世界、轮回世界与解脱世界，本质上是合一的。第二，思想的转变，观念的转变，是一切转变的最终决定条件，没有思想观念的转变，没有意念清净，就不能建成佛国，成佛就是一句空话。这两种思想在中国佛教史上有重要影响。佛国的实现依赖清净的意识，依赖好思想。这个佛国既是人们的思想境界，又是实实在在的净化了的国土。

《维摩诘经·不二入品》提出的"不二入法门"，也称"不二法门"。此经认为，人们产生一切烦恼的总根源，也就是产生一切不利于修行的思想、言论和行为的总根源，是所谓"虚妄分别"，即错误地把世界万有分为相互对立的两极，比如在伦理道德方面划分出了善与恶等，在认识方面划分出了知与无知、相与无相等，在宗教解脱方面划分出了漏与无漏、生死与涅槃等。这样的分别就是"二"，是错误的认识。真正正确的认识，就是把这对立的两极差别、矛盾、对抗等完全予以消除，认识到他们本质上是一致的，没有区别的，此即为"不二入"。有了这样的认识，就是进入了"不二入法门"。人们基于"虚妄分别"而产生的种种分别当然是无穷无尽，不胜枚举的，该经总共列出了三十一对"不二入法门"，实际上是一种举例说明，不可能列举全面。

《维摩诘经》中"不二入"的原则就是消除一切差别，泯灭一切对立，最终化解一切矛盾的原则。把这种思维方式贯彻到认识世界、人生以及修行的各个方面，就形成了佛教特有的世界观、人生观和方法论。用"不二入"的原则分析问题和认识问题，就会引起教义方面的很大变革。进入"不二入法门"，可以根据"虚妄分别"的种类而相应产生相应数量的"不二入法门"。其中，在经中强调的有两种"不二入法门"。

第一是开头的"起分为二，不起不生则无有二，得不起法忍者，是不二入"。从思想上就不产生"生"和"不生"的分别，自然就没有"二"，也就无所谓"不二入"，本来就是处于"不二入"之中，就是得到"不起法忍"。所以，"不二入"的思想，本质上就是"无生"的思想。

"不二入法门"可以在多方面产生复杂的影响。超越对待，超越分别，可以给受挫折、受苦难的心灵以慰藉，可以产生不同于旧思想、旧观念的革新性思想、颠覆性认识，同时也会滋长无是非意识，成为无操守者的辩护词。

第二是文殊菩萨的总结性解释："于一切法如无所取，无度无得，无思无知，无见无闻，是谓不二入。"对于一切事物和现象都不执着自然有一定道理，但是，像这种极端的表述，等于是让人对一切都不理会，对一切都不关心，对一切都漠然处之，完全成了一种麻木状态，已经是不健康的病态。

然而这种对一切都"无所取"的态度，《维摩诘经》在许多方面都有了发挥和引申，从而得出一些有影响的思想。《观人物品》在文殊询问维摩诘寻找"善不善"的"本"的问答过程中，就在贯彻"不二入法门"原则的过程中，得出"不住为本"的命题：

> 又问：善不善孰为本？曰：善不善身为本。又问：身孰为本？曰：欲贪为本。又问：欲贪孰为本？曰：不诚之杂为本。又问：不诚之杂孰为本？曰：不住为本。如是仁者，不住之本，无所为本，从不住本立一切法。①

这是寻找一切事物和现象决定性原因的问答过程，是寻找具有最终真理性认识的问答过程。具有最高智慧的维摩诘最后答案是"从不住本立

---

① （吴）支谦：《佛说维摩诘经》，《大正藏》第 14 册，第 528 页中。

一切法"，这就是说，认识、考察一切现象，具体从事一切修行，为了获取一切结果，都要从"不住"出发，因为这是建立"一切法"的根本基础。这里把"不住"的"本"解释成"无所为本"，也就是说，能够成为"本"的，能够表达出来的"本"就是"不住"，离开"不住"，或者再寻找"不住"后面的"本"，是不可能的了。对于"从不住本立一切法"，后来有多种多样的解释，一定程度上反映了思想差异、认识分野。"不住"的意义在于，在认识方面，要破除一切成见，不预设任何具有不可改变性质的前提，一切都是可以改变的。在实践方面，可以采取任何灵活的方式，采用任何善权方便，并不把任何事情看成是一成不变的，只有变化是一成不变的。这里的"不住"就是终极性的没有前提的"善权方便"。对于什么是"不住"，为什么要"不住"等问题，后来在佛教史上都有讨论。

关于讨论"不二入法门"，支谦所译的《维摩诘经·不二入品》到这里就结束了，而在鸠摩罗什翻译的《维摩诘所说经·入不二法门品》中，文殊菩萨的表述略有差别，同时又增加了一些内容：

> 文殊师利曰：如我意者，于一切法无言无说，无示无识，离诸问答，是为入不二法门。于是文殊师利问维摩诘：我等各自说已，仁者当说，何等是菩萨入不二法门？时维摩诘默然无言。文殊师利叹曰：善哉善哉。乃至无有文字语言，是真入不二法门。

"入不二法门"的核心就是从思想上不生起分别，语言表述本身也是一种"生"，也是一种分别，而维摩诘最后的"默然无言"，就是对什么是"入不二法门"的最终正确答案。这就表明，在有言与无言的关系上，充分注意到了语言在表述真理性认识上的局限性。关于语默动静的关系问题，在佛教史上也在不同阶段结合不同的问题展开过讨论。

### 三　康僧会传教与译经

#### （一）康僧会传教

康僧会一生的活动，可以分为两个阶段，第一阶段是在交趾生活时期，从出生到孙权赤乌十年（248）；第二阶段是在建业弘教时期，一直到西晋武帝太康元年（280）逝世。他是一位成功的佛教传播者，承袭安世高而又有新发展、新开拓。如果说，安世高是利用业报轮回在下层民众中传教获得成功，那么，康僧会则是利用业报轮回的教义争取了上层信奉者，从而使佛教发展有了更大的社会推动力量。

康僧会先祖是康居国人，也曾几代居住天竺。他的父亲因为经商，举家迁居交趾，康僧会出生于交趾。十几岁时父母双亡，对他震动很大，成为促使他出家的直接原因。从他日后的回忆，"始能负薪，考妣殂落"①的叙述来看，当时其家庭并不是很富裕。出家之后，他"砺行甚峻。为人弘雅有识量，笃志好学，明练三藏，博览六典。天文图纬，多所贯涉。辩于枢机，颇属文翰"②。可见他在交趾学习的时候，既学习佛教典籍，也学习儒家著作，而且对天文图纬也有涉及。

吴赤乌十年（248），康僧会抱着弘教传法的目的，北上到建业。在建业期间，他的主要事迹有两个方面。

第一，从学于安世高一系的弟子。这是他原来的三位师傅去世之后他在建业的进一步学习。他自述："三师凋丧，仰瞻云日，悲无质受，眷言顾之，潸然出涕。宿祚未没，会见南阳韩林、颍川皮业、会稽陈慧，此三贤者，信道笃密，执德弘正，忞忞进进，志道不倦。余从之请问，规同矩合，义无乖异，陈慧注义，余助斟酌。非师不传，不敢自由也。"③ 康僧会向这三位安世高的俗家弟子请教，对安世高一系所传的小乘禅法可谓研究精深。他帮助陈慧注解《安般守意经》，就说明他们已经是亦师亦友的关系。《出三藏记集》和《高僧传》中都没有明确介绍康僧会与这三位老师见面的具体时间，但从叙述口气和行文上推断，应该是康僧会到达建业传教的时候。

第二，先后争取吴国两代帝王的支持，为进一步传教打开了局面。据《出三藏记集》记载，康僧会为了说服孙权支持他传播佛教，利用了佛舍利崇拜中的一些神异事迹。康僧会经过 21 天行法祈祷，得到了舍利，第二天呈给孙权时：

① （梁）僧祐：《出三藏记集》卷六，《安般守意经序第二》，《大正藏》第 55 册，第 43 页上。

② （梁）僧祐：《出三藏记集》卷十三，《康僧会传》，《大正藏》第 55 册，第 96 页中。

③ （梁）僧祐：《出三藏记集》卷六，《安般守意经序第二》，《大正藏》第 55 册，第 43 页上。

举朝集观，五色光焰，照耀瓶上。权手自执瓶，泻于铜盘，舍利所冲，盘即破碎。权肃然惊起曰："希有之瑞也！"会进而言曰："舍利威神，岂直光相而已。乃劫烧之火不能燔，金刚之杵不能坏矣。"权命取铁槌砧，使力士击之。砧槌并陷，而舍利无异。权大嗟服，即为建塔。以始有佛寺，故曰建初寺。因名其地为佛陀里。由是江左大法遂兴。

康僧会获得孙权支持之后，建立了佛寺，被后世认为是吴国第一所寺院。由于有了最高统治者的支持，吴国的佛教有了进一步发展。

在中国佛教史书中，孙皓被认为是第一位反对佛教的帝王。在《出三藏记集》和《高僧传》的康僧会本传记载中，孙皓不仅昏庸暴虐，而且对佛教极端仇视、百般侮辱。康僧会传记中列举孙皓的恶行有数件：他先是要焚烧建立不久的佛教塔庙，被群臣劝阻；他派才辩出众的张昱到寺中与康僧会辩论，结果张昱自愧不如返回；他怀疑佛教的善恶报应教义，结果被康僧会说服；他在四月八日对着佛像小便，并说"灌佛讫"，与大臣们"共笑为乐"，结果得到"阴囊肿痛""求死不得"的报应。经过这几次事件之后，孙皓最后不得不对着香汤洗干净的佛像，"于枕上叩头，自陈罪逆"。至此孙皓完全信服了佛教。这些记述自然有夸张成分。从下面的记载中可以看到，康僧会主要是用佛教的业报轮回教义说服孙皓支持佛教。在孙皓把康僧会请到朝堂上询问时，两人有一段对话，很有代表性：

> 皓大集朝贤，以马车迎会。会就坐。皓问曰："佛教所明善恶报应，何者是耶？"会对曰："夫明主以孝慈训世，则赤乌翔面老人星见；仁德育物，则醴泉涌而嘉禾出。善既有瑞，恶亦如之。故为恶于隐，鬼得而诛之；为恶于显，人得而诛之。《易》称积恶余殃，《诗》咏求福不回，虽儒典之格言，即佛教之明训也。"皓曰："若然，则周孔已明之矣，何用佛教？"会曰："周孔虽言，略示显近，至于释教，则备极幽远。故行恶则有地狱长苦，修善则有天宫永乐。举兹以明劝沮，不亦大哉！"皓当时无以折其言。[1]

---

[1] （梁）僧祐：《出三藏记集》卷十三《康僧会传》，《大正藏》第55册，第96页中。

出生在交趾的康僧会，从小在汉文化的熏陶滋养中成长起来，所以能够把中国的"儒典之格言"与外来的"佛教之明训"结合起来规劝帝王。在康僧会看来，儒家的天人感应、善恶报应等思想，与佛教业报轮回思想本质上是没有区别的，可以作为同等重要的教条看待，两者是同样不能违背的。因为，两者在主旨上是完全一致的，没有相互矛盾和相互抵牾之处。不同之处在于，佛教的教义"备极幽远"，佛教不仅讲现实世界还讲未来世界，对民众的教化作用更大，影响力更强。康僧会的这些言论，几乎是以后历代进行儒、释较量时释家都要讲的内容。孙皓所不能回答的问题，也正是后来历代帝王都不能回答的问题。如果说，安世高是在民间宣传佛教业报轮回教义的成功者，那么，康僧会则是在上层社会弘扬业报轮回教义的成功者。僧祐在康僧会本传中说，康僧会"在吴朝，亟说正法，以皓性凶粗，不及妙义，唯叙报应近验，以开讽其心焉"①。实际上，对于说服统治者而言，正是这种善恶报应说比佛教中的任何"妙义"都更有作用。

康僧会劝导孙皓信奉佛教的内容，并不是要求他去遵守佛教的戒律，而是让他信奉支谦所翻译的《本业经》：

> 皓问罪福之因，会具为敷析，辞甚精辩。皓先有才解，欣然大悦。因求看沙门戒。会以戒文秘禁，不可轻宣，乃取《本业》百三十五愿，分作二百五十事，行步坐起，皆愿众生。皓见慈愿致深，世书所不及，益增善意，即就会受五戒。旬日疾瘳，乃修治会所住寺，号为天子寺。

沙门戒是为出家僧人制定的，并不适合在家人，所以康僧会没有给孙皓讲那些繁琐的戒律。支谦所译的《本业经》适合在家居士发愿奉行，康僧会推荐了这部属于华严系统的小经。这是历史上《本业经》首次被帝王赞为"世书所不及"。

康僧会所住的建初寺，后改名为天子寺。康僧会传教对后世影响深远，直到东晋还流传着他的神奇故事：

---

① （梁）僧祐：《出三藏记集》卷十三，《康僧会传》，《大正藏》第 55 册，第 96 页中。

至晋成咸和（326—335）中，苏峻作乱，焚会所建塔，司空何充复更修造。平西将军赵诱，世不奉法，傲慢三宝，入此寺，谓诸道人曰："久闻此塔屡放光明，虚诞不经，所未能信，若必自睹，所不论耳。"言竟，塔即出五色光，照曜堂刹，诱肃然毛竖，由此信敬。于寺东更立小塔。远由大圣神感，近亦康会之力，故图写厥像，传之于今。孙绰为之赞曰：会公萧瑟，寔惟令质，心无近累，情有余逸。属此幽夜，振彼尤黜，超然远诣，卓矣高出。①

（二）康僧会译经

根据《出三藏记集》记载，康僧会既翻译经典也注解经典：

> 会于建初寺译出经法，《阿难念弥经》《镜面王经》《察微王经》《梵皇王经》《道品》及《六度集》，并妙得经体，文义允正。又注《安般守意》《法镜》《道树》三经，并制经序，辞趣雅赡，义旨微密，并见重后世。②

康僧会主要是继承安世高一系的禅法思想，以小乘佛教为主。这里列举了康僧会翻译的多部经典，但是，在《出三藏记集》卷二《新集经论录》中，康僧会的译著只有两部十四卷，其中现存《六度集经》九卷，另有《道品》五卷，到南朝梁时已不存。学者多推测僧传中讲的《阿难念弥经》《镜面王经》《察微王经》《梵皇王经》可能都是短小的单行经典，后来并入《六度集经》之中。

在他编译的《六度集经》中，有的经典就是采用了支谦的译文，所以他的译经和注经深受支谦影响。也有学者推测，《道品》或许就是支谦《大明度无极经》。在康僧会的译籍中，影响最大的就是《六度集经》。

该经收录多种本生经及各种本生故事，按照六度波罗蜜的次序分类排列，与其他本生经之杂然列举不同。该经内容分六章，即第一布施度无极章，第二戒度无极章，第三忍辱度无极章，第四精进度无极章，第五禅度

---

① （梁）慧皎：《高僧传》卷一，《大正藏》第50册，第325页上。
② （梁）僧祐：《出三藏记集》卷十三《康僧会传》，《大正藏》第55册，第96页中。

无极章，第六明度无极章。在前五章的前面，分别有序言，概论佛教教义。

据说释迦牟尼成佛以前无数劫，都是菩萨修行的典范，《六度集经》将佛陀前世修菩萨行的故事和寓言组织到了"六度"这一大乘公认的修习体系中，从而使该经成为大乘佛教的重要经典之一，成为领会"自度度他"菩萨精神、了解"六度"菩萨行根本内容不可缺少的经典。该经采用通俗、生动的寓言和故事形式，将六度内容具体化、形象化，使经义深入浅出，符合向一般社会民众传教的需要，从而拥有较多读者。该经在中国早期大乘佛教的传播、发展中，起了相当大的作用。该经收集的 91 则寓言和故事，大多情节生动、感人，也是佛典文学中的精品。

前五度的序言分别讲述各度的核心内容，是康僧会撰写的，反映了他的佛学思想和他对大乘教义的理解，可以说是这部经的核心内容所在。他在布施度的序言中指出：

> 布施度无极者，厥则云何？慈育人物，悲愍群邪，喜贤成度，护济众生。跨天裔地，润弘河海。布施众生，饥者食之，渴者饮之，寒衣热凉，疾济以药。车马舟舆，众宝名珍，妻子国土，索即惠之。犹太子须大拿，布施贫乏，若亲育子，父王屏逐，愍而不怨。①

布施的重要性有两个方面：第一，布施是大乘佛教最强调的一项教义，被列为六度之首，可见其重要性。布施不仅反映佛教救度众生的精神，也有维护佛教经济来源的要求。在《六度集经》中，布施度的内容就占了三卷，是篇幅最长的。第二，在佛教传入中国的时候，在中土没有专门讲布施的教派，没有类似于佛教布施的思想，所以，布施教义也就引起了中土人士更多的关注。从这个意义上讲，康僧会对布施的理解，就反映了在汉文化环境中成长起来的移民后代的思想，也更集中反映了中土人士的思想，反映当时人们对佛教基本教义的理解。

首先，在康僧会看来，布施是四无量心——慈悲喜舍的具体实践过程，是拯救众生的过程，也是自我修行的过程，所谓"慈育人物，悲愍

---

① （吴）康僧会：《六度集经·布施度无极章》，《大正藏》第 3 册，第 1 页上。

群邪，喜贤成度，护济众生"。既然修行四无量心的过程就是布施的过程，那么就是要求把布施贯彻到一切修行活动之中。

其次，拯救众生的范围是无穷无尽的，所谓"跨天霤地，润弘河海"，不仅仅是指某个特定种类的众生，或者某个特定的群体。但是，康僧会在这里强调的布施对象是弱势群体，是最需要救济的人，强调的是雪中送炭，而不是锦上添花。所谓"布施众生，饥者食之，渴者饮之，寒衣热凉，疾济以药"。康僧会强调的布施者，则是指一切有能力布施的人，布施的种类则是一切东西，比如"车马舟舆，众宝名珍，妻子国土，索即惠之"。布施的榜样就是修菩萨行的佛。可以看到，康僧会把大乘佛教的布施教义进行了比较全面的总结：

> 戒度无极者，厥则云何？狂愚凶虐，好残生命，贪余盗窃，淫妷秽浊，两舌恶骂，妄言绮语，嫉恚痴心，危亲戮圣，谤佛乱贤，取宗庙物，怀凶逆，毁三尊，如斯尤恶。宁就脯割，俎醢市朝，终而不为。信佛三宝，四恩普济矣。①

康僧会总结的戒度，内容是比较广泛的，其中的"四恩"就要包括父母、众生、国王和三宝，对这四项的报恩，就包括了修行各个方面的要求。但是总结起来，主要强调的内容还是让人们皈依佛、法、僧三宝，严格遵守五戒十善这些佛教最基本的戒律。

> 忍辱度无极者，厥则云何？菩萨深惟，众生识神，以痴自壅，贡高自大，常欲胜彼。官爵国土，六情之好，己欲专焉。若睹彼有，愚即贪嫉。贪嫉处内，瞋恚处外，施不觉止，其为狂醉，长处盲冥矣。辗转五道，太山烧煮，饿鬼畜生，积苦无量。菩萨睹之即觉，怅然而叹："众生所以有亡国、破家、危身、灭族，生有斯患，死有三涂之辜，皆由不能怀忍行慈，使其然矣。"②

众生的一切不良心态、情绪和欲望，包括最终导致丧心病狂，等等；

---

① （吴）康僧会：《六度集经·戒度无极章》，《大正藏》第3册，第16页下。
② （吴）康僧会：《六度集经·忍辱度无极章》，《大正藏》第3册，第24页上。

众生今生遭受的一切苦难，包括由于自然原因、社会原因造成的"亡国、破家、危身、灭族"，等等；众生来生得到的一切恶报，"辗转五道，太山烧煮，饿鬼畜生，积苦无量"，等等，都是因为不能"忍"造成的。所以，"忍"就成了消弭一切天灾人祸的根本方法。在以后的佛教界，突出宣传"忍不可忍"，"忍不能忍"，成为超越派系的共识。

> 精进度无极者，厥则云何？精存道奥，进之无怠。卧坐行步，喘息不替。其目仿佛，恒睹诸佛灵像变化立己前矣，厥耳听声，恒闻正真垂诲德音。鼻为道香，口为道言，手供道事，足蹈道堂，不替斯志呼吸之间矣。忧憨众生长夜沸海，洄流轮转，毒加无救。菩萨忧之，犹至孝之丧亲矣。若夫济众生之路，前有汤火之难，刃毒之害，投躬危命，喜济众难，志逾六冥之徒，获荣华矣。①

按照康僧会的总结，所谓精进包括的内容很多：聚精会神地思考那深奥的道理，坚持修行，永不懈怠。行走坐卧，片刻不息。眼睛总好像见到诸佛的灵像在自己面前变化，耳朵一直聆听到佛的正真教诲德音。鼻闻的是道香，口说的是道言，双手所做，都是道事，双脚所踏，总在道堂，奋进追求，刹那不停。憨哀芸芸众生在漫漫长夜、茫茫沸海中挣扎，得不到救助。菩萨为之深深忧伤，犹如至孝之子遭逢双亲之丧。纵使济度众生之路前有刀山火海，千难万险，也不惜生命，赴汤蹈火，帮助六道众生摆脱苦难，获得荣华富贵。总的来说，精进就是要从身口意三个方面按照佛教的规定去努力修行，不惧危难，不怕牺牲，把拯救一切众生的活动贯彻到每时每刻。

> 禅度无极者云何？端其心，壹其意。合会众善，内著心中。意诸秽恶，以善消之。②

康僧会对禅度无极的总结最长，主要内容是详述获得四禅的方法、过程和功德，其内容总体没有超出安世高一系所翻译的禅经内容。上面的这

---

① （吴）康僧会：《六度集经·精进度无极章》，《大正藏》第 3 册，第 32 页上。
② （吴）康僧会：《六度集经·禅度无极章》，《大正藏》第 3 册，第 39 页上。

句话可谓开宗明义的总纲，禅定说到底就是培养善心，消除一切杂念的过程，是弃恶从善的过程。康僧会的解释一方面是对当时佛教主要修行规定的总结，同时也反映了佛教思想发展的一个方向。

# 第三章  西晋佛教

公元 265 年，司马炎效法曹丕代汉故事，也通过"禅让"方式结束了曹魏统治，成为晋朝的开国皇帝。到公元 280 年晋灭吴，西晋实现了国家的统一。公元 317 年，匈奴人刘曜攻破长安，愍帝出降，西晋灭亡。在这 52 年中，佛教在向社会各阶层多途径普及方面、在般若学的研究和弘扬方面、在新经典的译介方面，较之前代都有了很大发展。

## 第一节  西晋社会与佛教

### 一　佛教多途径社会普及

以司马氏家族为首的西晋统治核心集团在曹魏后期发展壮大起来，并且通过"禅让"形式取得统治。晋朝建立之初，这个庞大集团从整体上来说就没有多少开国的朝气，相反，他们一开始就以贪婪、奢侈、腐败、残暴著称。官僚名士大多世家出身，过着奢侈生活，不以国事为重，其中很多人醉心于清谈，在所谓的玄学理论中，不乏为自己卑鄙行为辩护的说辞，许多信奉佛教的官僚也是以贪婪著称。

与汉魏时期相比较，西晋宗室封王和高官显宦家庭信佛更为普遍，这是佛教进一步拓宽发展渠道的表现，也是佛教具有更强生命力的表现。社会上层信奉佛教活动形式多样，既有个人供奉经典、僧人、舍利的活动，也有以整个大家族为单位皈依佛教的事件。

中山王司马缉是一位供养般若经典的代表人物。元康元年（291）五月，无罗叉执胡本，竺叔兰译语，翻译完《放光般若经》。此经一出，"大行华京，息心（僧人）居士，翕然传焉。中山支和上遣人于仓垣，断绢写之，持还中山。中山王及众僧，城南四十里幢幡迎经。其行世如是"①。中山王司马缉②率领众僧离城四十里迎接新到来的经典，幢幡招展，浩浩荡荡。这样隆重庄严的供养经典场面，对般若经典如此虔诚恭敬，以前还没有出现过，这是大乘佛教教义进一步深入人心的表现。在印度佛教发展历史上，只有从大乘佛教兴起开始，才出现了对经典的神化、崇拜，在此之前，佛教并没有特别倡导对经典本身的崇拜，也没有大肆宣传供奉经典的各种功德、效用。

河间王司马颙是一位供养、敬重名僧的王室代表。元康九年（299），他任征西将军，镇守长安，永兴元年（304）受诏为太宰。不久，他派遣部将张方劫持惠帝入长安，以所居征西府为宫，后为东海王司马越所败，于光熙元年（306）被杀。在镇守长安期间，司马颙与帛远关系密切。据记载，帛远当时在长安，"晋惠之末，太宰河间王颙镇关中，虚心敬重，待以师友之敬。每至闲辰靖夜，辄谈讲道德。于时西府初建，后又甚盛，能言之士，咸服其远达"③。受到司马颙敬重的帛远既知名于上层社会，也在一般民众中享有盛誉。他曾"于长安造筑精舍，以讲习为业，白黑宗禀，几且千人"④。当时长安是佛教的中心地，帛远讲经，正是推动佛教信仰向社会各阶层普及的重要途径。当时跟随他学习佛教经典的在家（白）和出家（黑）信徒将近千人，应该说规模不小了。在一位高僧身边集中的信徒将近千人，这样的信众规模在汉魏时期似乎没有，这从一个侧面表明了佛教在当时社会上的普及程度。

西晋时期，许多富豪皈依名僧，提供钱财，成为支持佛教事业发展的有力外护。竺法护在长安时，已经是"道被关中，且资财殷富"。在这种情况下，仍有长安"甲族，欲奉大法"。当看到竺法护道德高尚之后，这个家族长"率其一宗百余口，诣护请受戒具"⑤，集体成为竺法护的弟子。西晋时期，这种以一宗或一家为单位皈依高僧、信仰佛教的事件并不是罕

---

① （梁）僧祐：《出三藏记集》卷七《合放光光赞略解序第四》，《大正藏》第 55 册，第 48 页上。

② 由于迎接经典的时间不明确，此处的中山王是司马耽还是司马缉，都有可能。见任继愈《中国佛教史》第二卷，中国社会科学出版社 1985 年版，第 13—14 页。

③ （梁）慧皎：《高僧传》卷一《晋长安帛远》，《大正藏》第 50 册，第 327 页上。

④ 同上。

⑤ （梁）慧皎：《高僧传》卷四《竺法乘传》，《大正藏》第 50 册，第 347 页中。

见的孤例。

有些富豪还在朝廷下令禁止"晋人作沙门"的时候为僧尼提供庇护所，在自己家中建造小寺院，供养僧尼，这被认为是"奉法精进"的表现，是虔诚的表现：

> 晋抵世常，中山人也，家道殷富。太康（280—290）中，禁晋人作沙门。世常奉法精进，潜于宅中起立精舍，供养沙门。于法兰亦在焉。僧众来者，无所辞却。①

太康年中的禁令如何颁布、起到了什么效果，并不清楚，但从有人为僧尼提供庇护所来分析，可以肯定当时晋人为僧者数量已经相当可观。

《法苑珠林》引《冥祥记》中的一则故事，反映了西晋社会佛教流行的情况，内容十分丰富：

> 晋阙公则，赵人也，恬放萧然，唯勤法事。晋武之世，死于洛阳。道俗同志为设会于白马寺中，其夕转经，宵分闻空中有唱赞声，仰见一人，形器壮伟，仪服整丽，乃言曰："我是阙公则，今生西方安乐世界，与诸菩萨共来听经。"合堂惊跃，皆得睹见。时复有汲郡卫士度，亦苦行居士也。师于则公。其母又甚信向，诵经长斋，常饭僧。时日将中，母出斋堂，与诸尼僧逍遥眺望，忽见空中有一物下，正落母前，乃则钵也，有饭盈焉，馨气充勃。阖堂萧然，一时礼敬。母自分行，斋人食之，皆七日不饥。此钵犹云尚存北土。度善有文辞，作《八关忏文》。晋末斋者尚用之。晋永昌中死，亦见灵异。有造像者，作圣贤传具载其事。云度亦生西方。吴兴王该曰：烛日阙叟登宵，卫度继轨。咸恬泊于无生，俱蜕骸以不死者也。②

这一段资料反映了西晋社会佛教流行的几个重要内容。

---

① （唐）道世：《法苑珠林》卷二十八《神异篇·感应缘》，《大正藏》第 53 册，第 492 页上。

② （唐）道世：《法苑珠林》卷四十二《受请篇·感应缘》，《大正藏》第 53 册，第 616 页中。

第一，在西晋社会，洛阳地区的在家信徒已经为死者举办超度亡灵的法事，法事在著名的寺院举办，参加法事的是"道俗同志"，意味着不仅仅是死者家人参加，而且有僧有俗，是共同信仰佛教的死者家属和生前友好。这种法事有一定的仪轨，并且朝夕进行。

第二，西方净土信仰已经在社会上流行。关于阿弥陀佛信仰的典籍汉代支谶的译籍中已经有涉及，三国时期翻译了专门的西方净土经典。到西晋时期，西方净土已经在社会各阶层中流传。当时祈求往生西方是在死后。从"咸恬泊于无生，俱蜕骸以不死者也"的说法来看，人们认为往生西方安乐世界实际上是获得了新生，是灵魂不灭的表现。

第三，两晋时期，在家的男女居士接受了佛教的生活准则和道德信条，严谨持斋。卫士度的《八关忏文》在西晋末年已经盛行，在持斋日信守八戒，比五戒更为严格，实际上是在家信徒于斋日过一天和出家信徒相似的生活。

在东晋郗超《奉法要》中，对斋戒的各项规定叙述得比较详细，这些内容大约已经在西晋一些在家信徒中流行：

> 已行五戒，便修岁三月六斋。岁三斋者，正月一日至十五日，五月一日至十五日，九月一日至十五日。月六斋者，月八日、十四日、十五日、二十三日、二十九日、三十日。凡斋日，皆当鱼肉不御，迎中而食，既中之后，甘香美味一不得尝，洗心念道，归命三尊（指佛法僧），悔过自责，行四等心（四无量心），远离房室，不著六欲，不得鞭挞骂詈，乘驾牛马，带持兵仗。妇人则兼去香花脂粉之饰，端心正意，务存柔顺。斋者普为先亡、见在知识、亲属并及一切众生，皆当因此至诚，各相发心。心既感发，则终免罪苦。是以忠孝之士，务加勉励，以兼拯之功，非徒在己故也。斋日唯得专惟玄观，讲颂法言。若不能行空，当习六思念。六思念者，念佛、念经、念僧、念施、念戒、念天。何谓念天。十善四等为应天行，又要当称力所及，勉济众生。①

斋戒日为持斋者在生活行为、语言、思想等方面都做了规定。首先，

---

① （梁）僧祐：《弘明集》卷十三《奉法要》，《大正藏》第 52 册，第 86 页上。

在生活方面，斋戒日有饮食方面的规定，不能吃鱼肉，而且过了中午之后，所有"甘香美味"都不能吃。这实际上要比一些寺院出家僧人的饮食规定还要严格。同时，在斋日还要求不要过在家人的夫妻生活（远离房室），善待一切人（不得鞭挞骂詈），停止一些行业的工作（乘驾牛马，带持兵仗）。其次，持斋者要把自度与度人结合起来，所谓要发挥"兼拯之功，非徒在己"，贯彻了大乘佛教的思想。具体表现为要为已经死亡和依然健在的所有众生祈福，发愿免除他们的"罪苦"。在斋戒日还要坐禅观想（专惟玄观），读诵佛教典籍（讲颂法言）。所思念的内容是佛、经、僧、施、戒、天六项。之所以要念"天"，在于诸天神要实践（十善），比五戒、八戒更为严格，并且要实践（行）慈悲喜舍（四无量心），这是常人不容易做到的。这也是为持斋者提出的比较高的要求。

上述内容是对在家信众在斋戒日的要求，目的是要把佛教理论和实践贯彻到每天的日常生活中去，让佛教理念扎根到人们思想中，把佛教教义变为人们的自觉行为。佛教的功能就是在这种生活中体现出来，佛教的生命力也就是在这样的人们日常生活中表现出来。当信仰者斋戒日的行为、语言和思想成为生活习惯的时候，佛教也就在社会中真正扎根了。西晋佛教多途径向社会普及的过程，也就是佛教扎根中国社会的过程。

佛教在西晋时期的发展，还表现在寺院和僧尼数量的增加等方面。当时洛阳、长安"二京合寺一百八十所"，"僧尼三千七百人"[①]。在一些著名的僧人，比如竺法护、帛（白）法祖等人身边，经常聚集僧俗信徒上千人。这些表明了在一些政治中心佛教发达的程度。

## 二　关于因果报应的讨论

因果报应是佛教最基本的教义，社会影响最大。这个教义也成为人们最早观察佛教时看到的新奇内容。《后汉书》卷八十八《西域传论》说："又精灵起灭，因报相寻，若晓而昧者，故通人多惑焉。"是否相信因果报应，几乎是衡量是否信仰佛教的最重要标准。从东汉安世高开始，弘教传法者就把善恶报应、生死轮回教义作为传教的重要内容，作为弘扬深奥义理的先导内容。在后世的传教僧人中，几乎没有不讲因果报应教义的，

①　（唐）释道世：《法苑珠林》卷一二〇《传记篇·兴福部》，《大正藏》第 53 册，第1025 页中。

无论是劝诱当政者还是开导庶民百姓，都少不了善恶报应内容。

然而，随着佛教向社会各阶层广泛普及，人们用因果报应解释一些现象时遇到困难。从远处说，历史上记录的最有名的奉佛者，比如东汉第一位信仰佛教的王室成员楚王英、最早信佛的士大夫笮融，甚至第一位最有名的翻译家安世高等，都不得善终；从近处讲，在西晋信仰佛教的王室成员中，不少人不但没有得到善报，反而遭到恶报，或者个人不得善终，或者惨遭灭族。于是自然产生了因果报应是否存在、信奉佛教是否能够得到护佑之类的问题。对诸如此类问题展开讨论，也是很有吸引力的话题。《弘明集》卷一所收《正诬论》（作者不详，当作于东晋）围绕周嵩事件对此类问题进行了讨论。实际上，这类问题受到关注，并且专门进行讨论，也是佛教深入社会、影响广泛的一个表现。

周嵩字仲智，其妻胡母氏信奉佛教，在渡江之前，曾供养安慧则写的《大品》（《放光般若经》）一部：

> 周嵩妇胡母氏有素书《大品》（《放光般若经》），素广五寸，而《大品》一部尽在焉，又并有舍利，银罂贮之，并缄于深箧。永嘉之乱，胡母将避兵南奔，经及舍利自出箧外，因取怀之，以渡江东。又尝遇火，不暇取经，及屋尽火灭，得之于灰烬之下，俨然如故。会稽王道子就嵩曾云：求以供养。后尝暂在新渚寺。刘敬叔云：曾亲见此经。字如麻大，巧密分明。新渚寺今天安是也，此经盖得道僧释慧则所写也。或云：尝在简靖寺，靖首尼读诵之。[①]

周嵩妇胡母氏信仰佛教，供养《大品般若》，有灵异瑞祥出现。供养经典自然是善行，按照佛教典籍的说法，这是有功德的。供养舍利自然更是善行，同样有功德。周嵩渡江后，在东晋历任新安太守、庐陵太守、御史中丞。被王敦所害时，"精于事佛"的周嵩直到"临刑犹于市诵经"[②]，可谓对佛教非常虔诚。但是，一家人虔诚奉佛，为什么没有得到善报？《正诬论》针对设问进行讨论：

---

① 《法苑珠林》卷十八《感应缘》引南朝齐王琰《冥祥记》。《高僧传》卷十《安慧则传》有相似的关于《大品》抄本的记载，但没有关于舍利的记载。

② （唐）房玄龄：《晋书》卷六十一，中华书局 1974 年版，第 1662 页。

又诬云：周仲智（周嵩）奉佛亦精进，而竟复不蒙其福云云。正曰：寻斯言似乎幸人之灾，非通言也。仲智虽有好道之意，然意未受戒为弟子也。论其率情亮直见涉俊上，自是可才，而有强梁之累，未合道家婴儿之旨矣。以此而遇忌胜之雄，丧败理耳。纵如难者云，精进而遭害者有矣，此何异颜、项凤夭，夷、叔馁死，比干尽忠而陷剖心之祸，申生笃孝而致雉经之痛。若此之比不可胜言。孔子云：仁者寿，义者昌。而复或有不免，固知宿命之证，至矣信矣。[1]

在"正方"看来，周嵩奉佛精进而得不到佑护的说法，有两点值得商榷。首先，这是幸灾乐祸的说法，不是通达的言论。因为，周嵩虽然有向佛之心，有好佛之意，但他并没有严守佛教戒律、成为真正的佛弟子。所以，不能说他最后的灾祸是因为精进奉佛招致的。如果说到他的"率情亮直"，自然是有才的，但是他残暴凶狠，不符合道家崇尚天然纯真、保持良好德行的"婴儿之旨"，遇到那些嫉恨才德名望超过自己的奸雄，其丧败厄运不可避免。其次，就算问难方说得对，周嵩是精进奉佛而遭恶报，那么这与项橐和颜回、伯夷和叔齐、比干、申生这些贤者或短寿、或饿死、或被挖心、或受虐待的事又有什么两样？这是前生因果造成的，是轮回宿命实际存在的证据，并不能说明奉佛遭遇灾祸。

这样的解释使人们知道，在现实社会中，有些信奉者没有得到善报，有些恶行得到善果，不仅不是信佛得不到护佑的表现，反而是佛教生死轮回、因果报应教义绝对正确的证据。在讨论此类问题过程中，维护业报轮回教义的一方总是认为不能孤立地就某些事件在小范围来看问题，而要联系这个人的全面作为，联系前生后世来看问题。《正诬论》最强调的，还是从个人行为上来看问题。关于石崇就是一个典型的例子。

石崇字季伦，渤海南皮（今河北南皮东北）人，晋初大司马石苞之子。初为修武令，累迁至侍中，在任荆州刺史时，以劫掠商贾致富，曾与王恺斗富。在"八王之乱"中石崇被赵王司马伦所杀。相传他也是有佛教信仰的人。

又诬云：石崇奉佛亦至，而不免族诛，云云。正曰：石崇之为

---

① （梁）僧祐：《弘明集》卷一《正诬论》，《大正藏》第 52 册，第 9 页上。

人，余所悉也。骄盈耽酒，放惛无度，多藏厚敛，不恤茕独。论才则
有一割之利，计德则尽无取焉。虽托名事佛，而了无禁戒。即如世人
狠清心秽，色厉内荏，口咏禹汤，而行偶桀跖。自贻伊祸，又谁之
咎乎！①

石崇打着信佛的旗号，实际上干着不守戒律的勾当，属于好话说尽、
坏事做绝的人。如果说到他的"才"，还是有一些，但是说到他的德，就
一无可取了。他最后被灭族，是自取其祸，与佛教根本没有任何关系。
《正诬论》的这种说法，为以后讨论此类事件定下了基调。

佛教是否具有保佑信仰者的功能，信仰佛教是否能获得福报、免受灾
祸，这是佛教在社会上普之后人们必然提到的问题，是历代都会有人提
到的问题。无论在和平时期还是在战争年代，人们都会因为各种原因、出
于各种目的祈求佛教神灵的佑护，这是大多数在家信徒之所以信奉佛教的
直接目标。《正诬论》以宾主问答的形式，联系众所周知的实例为人们释
疑解惑，坚定人们对善恶报应、生死轮回教义的信仰，进而坚定对整个佛
教的信仰。这些讨论之所以能展开，之所以受到人们的关注，也是佛教深
入社会、深入人心的表现。

### 三　传教弘法名僧诸相

从西晋开始，般若学进一步受到佛教僧人的重视，除了般若经典翻译
者之外，专门研究和弘扬般若学的名僧也不断增加。这些般若学僧除了精
通佛学之外，大多有良好的文化修养，善于言谈讲说，善于交际，与豪门
权贵过从甚密，形成了颇类名士风度的名僧风度。这些名僧的出现，是佛
教发生巨大变革的重要标志之一，这是以前没有过的现象。

佛门名僧在关注问题、为人处世，乃至弘教传法等方面，都开始有了
名士做派、名士风度、名士气质。这种名僧群体始起于西晋，盛行于东
晋。在西晋时期，受到当代和后世名士推崇和关注的名僧，除了专门从事
翻译的竺法护、帛法祖之外，还有支孝龙等人。

支孝龙，淮阳人，少以风姿见重，并且"神采卓荦"，高论适时，常
研读《小品》（《道行般若经》），"以为心要"。与陈留的阮瞻（阮咸之

---

① （梁）僧祐：《弘明集》卷一《正诬论》，《大正藏》第 52 册，第 9 页上。

子）、颍川庾凯并结知音之交。当时人把支孝龙结交的阮瞻等七位权贵合称为"八达"。也有人嘲笑说："大晋龙兴，天下为家，沙门何不全发肤，去袈裟，释胡服，被绫罗？"这些言论不是针对支孝龙一个人，而是针对当时社会上相当一批僧人。这些僧人除了有出家人的装扮之外，其他方面都与权贵名士没有本质区别了。对这种嘲笑，支孝龙的回答是："抱一以逍遥，唯寂以致诚。剪发毁容，改服变形，彼谓我辱，我弃彼荣。故无心于贵而愈贵，无心于足而愈足矣。"

支孝龙有风采，能够高谈阔论，这是结交名士的条件、本钱。对于为什么要出家，支孝龙的解释是有代表性的。他的"无心"之说，可以说是在对般若的理解基础上得出的。般若的流行是与老庄结合起来的。"抱一以逍遥，唯寂以致诚"，这两句很重要。这个"一"应该是佛道，这个"寂"应该是禅寂，意思是要排除世俗的干扰，不与世俗同流合污，保持出家人的本分。正因为有了这样的不同，才是"一"，才是"寂"。抛弃世俗的富贵就是逍遥，不为世俗所累就是逍遥。但是，支孝龙并没有这样思考问题。他认为"无心于贵而愈贵，无心于足而愈足矣"，出家的目的是"愈贵"、"愈足"，这等于是说，"剪发毁容，改服变形"出家，成了追求"愈贵""愈足"的手段、方式。这是典型的迎合玄学家的机辩之词，不应是一种解嘲，此类语言反映了当时的现实，反映了名僧的实际状况。僧人与名士意气相投，相互支持，名僧才增强了适应社会的能力。

竺叔兰译出《放光般若经》不久，支孝龙就认真阅读，"旬有余日"，就能够开讲。支孝龙后来不知所终。东晋孙绰为之赞曰："小方易拟，大器难像，桓桓孝龙，克迈高广。物竞宗归，人思効仰。云泉弥漫，兰风肜向。"①

西晋时期的名僧竺僧敷、竺法深、康僧渊、支愍度等人，都知名于两晋之际，其活动主要在东晋时期。

西晋时期来华的外籍僧人进一步增加，其中有些人既没有从事译经，也没有奔走权贵之门，而是分散在都市郊外或远离政治经济中心的地区从事传教活动。他们或建立寺院，或游动传教，对于佛教向一般民众传播起到了重要作用。

洛阳盘鸱山的犍陀勒就是一位在下层社会传教的僧人。他原来是西域

---

① （梁）慧皎：《高僧传》卷四《支孝龙传》，《大正藏》第 50 册，第 346 页下。

人，到洛阳居住多年，其"风操"受到当地民众敬重。他带领僧众在洛阳东南百余里盘鸦山古寺原址上修建了寺院，并被推为寺主。他是一位神异僧人，从他到洛阳诸寺"乞油"来点燃寺内灯的介绍看，他大约是通过化缘来供养寺僧。他后来"不知所终"①，可见他一直是生活在下层民众中。

耆域是西晋一位有影响的僧人，其传教事迹很有代表性，能够反映外来僧人在传教方面的共性。耆域是天竺人，一直居无常处，在游动中弘法。他是途经中南亚，从海路来到中国，"自发天竺，至于扶南，经诸海滨，爰及交广"。他经过交趾、广州，到达襄阳，一路北上，沿途都留下神异事迹，所以追随者很多。

晋惠帝末年，耆域到达洛阳，与众多僧人相处，能够说出别人的前世因缘，"谓支法渊从牛中来，竺法兴从人中来"。他"又讥诸众僧，谓衣服华丽，不应素法"。认为洛阳僧人衣着太华丽，可见当时僧人生活安逸，衣食富足。他曾赞叹洛阳宫城的建筑巧夺天工，"髣髴似忉利天宫，但自然之与人事不同耳"。耆域也善医术，当时衡阳太守南阳滕永文在洛阳，"寄住满水寺，得病经年不差"，耆域为他治好了病。

西晋末年，洛阳战乱，耆域准备返回天竺。他的高足弟子沙门竺法行请求："上人既得道之僧，愿留一言，以为永诫。"耆域让他把众人都集合起来，然后升高座宣讲："守口摄身意，慎莫犯众恶。修行一切善，如是得度世。"言讫便禅默。竺法行再次请求："愿上人当授所未闻，如斯偈义，八岁童子亦已谙诵，非所望于得道人也。"耆域笑着说："八岁虽诵，百岁不行，诵之何益？人皆知敬得道者，不知行之自得道。悲夫！吾言虽少，行者益多也。"于是辞去。

耆域留给大众最重要的话，就是从身、口、意三个方面行一切善，止一切恶。让众生止恶行善，看起来很简单，行起来很困难。佛教不仅要求"诵"读经典，讲说佛理，更要求"行"，这才是最重要的、起关键作用的。是否能够得道，不在于"诵"，而在于"行"。以后，这种重践"行"、轻讲说成为佛教各宗派的主导潮流，尤其在禅宗中得到特殊强调。耆域后来从北路度流沙经西域返国，不知所终。

西晋时期，僧人的游化范围更为扩大，有些僧人在汉族和西北少数民

①　（梁）慧皎：《高僧传》卷十，《大正藏》第50册，第388页下。

族中传教，使佛教成为促进民族融合的力量。竺法乘就是其中一个代表。

竺法乘出身不详，少年出家，依竺法护为沙弥，深得器重，随竺法护到长安传教。竺法乘后来西行回到敦煌，"立寺延学，忘身为道，诲而不倦。使夫豺狼革心，戎狄知礼，大化西行，乘之力也。后终于所住"。竺法乘能够使"豺狼革心，戎狄知礼"①，可见在西北地区影响之大。竺法乘的同学有竺法行、竺法存，也知名于当世。

## 第二节　西晋译经概述

在中国整个佛经翻译史上，西晋是一个承上启下的特殊时代，也是一个成就辉煌的时代。短短 52 年中，译经数量之大、所出部类之全、参与人数之多、典籍影响之广，远远超过汉魏时期，从而使人们对佛教经典第一次有了比较全面的了解和认识。西晋的佛经译者已经不是以古印度僧俗学问家为主，而是以从小受到汉文化熏陶的移民后代、汉民族知识分子为主体。他们翻译的经典更适合中国本土人士理解。

西晋译出经典的总数量，现存经录的记载有出入，南朝梁僧祐《出三藏记集》卷二记为 167 部 366 卷（失译经除外），隋费长房《历代三宝纪》卷六载为 451 部 717 卷。唐开元十八年（730）智昇对以往经录进行审定，把一些节选略抄及错讹者从译经总数中剔除，所著《开元录》卷二记载为 333 部 590 卷。

综合《出三藏记集》、《开元录》等经录的记载，西晋著名的译者有12 人。主要在洛阳译经的有安法钦、法力、法炬，在陈留（河南陈留）译经的有竺叔兰、无罗叉，在广州的有彊梁娄至，在长安的有竺法护、白法祖、聂承远、聂道真、支法度、若罗严。其中，成就最大、影响最深远的，首推竺法护，他是西晋佛经翻译的突出代表。除了竺法护之外，其余译者的译经事迹分地区介绍如下。

### 一　洛阳的安法钦、法力、法炬

安法钦是安息国人，"学瞻众经，幽鉴无滞"。从晋武帝太康二年（281）到惠帝光熙元年（306），安法钦在洛阳译出经典两部，第一部是

---

① （梁）慧皎：《高僧传》卷四《晋敦煌竺法乘》，《大正藏》第 50 册，第 347 页中。

《道神足无极变化经》四卷，与竺法护所译的《佛升忉利天为母说法经》属同本异译；第二部是《阿育王传》七卷，该经讲述古印度孔雀王朝阿育王的弘扬佛教事迹，以及佛陀弟子摩诃迦叶至优波毱多的传说事迹。

根据《祐录·竺法护传》《高僧传·维祇难》等记载，法力和法炬于晋惠帝和怀帝之际在洛阳译经，合作译出《法句本末经》四卷、《福田经》一卷、《大楼炭经》六卷、《大方等如来藏经》一卷。在法立去世后，法炬还译出《优填王经》《恒水经》等四十部五十卷。这些经大多为阿含类经典的单品异译本。

### 二　陈留的竺叔兰、无罗叉

根据《出三藏记集》卷十三记载，竺叔兰祖籍天竺，其父因避国内动乱，与两位出家的妻兄迁到于河南。竺叔兰出生河南，从小与两位出家舅舅"咨受经法，一闻而悟。善胡汉语及书，亦兼诸文史"。由于他生长在移民家庭，从小供养两位僧人，学兼胡汉，所以，他翻译经典"译义精允"①。在石勒起兵时，寇贼纵横，他避乱奔荆州，后无疾而终。无罗叉（也作无叉罗），是于阗人，生平事迹缺载。

根据《开元录》卷二的记载，竺叔兰与无罗叉在惠帝元康元年（291）共同翻译出《放光般若经》三十卷。他自己翻译了《首楞严经》二卷，元康六年（296）译出《异毗摩诘经》三卷。

根据《放光经记》记载，朱士行于魏甘露五年（260）到于阗，写得《般若经》正品梵文九十章六十余万言，西晋太康三年（282）派弟子弗如檀（法饶）送到洛阳，三年后送到许昌，又三年送到陈留郡仓（垣）（今河南开封北）的水南寺，元康元年（291）五月十五日，无叉罗手执梵本，竺叔兰口传，祝太玄、周玄明笔受，凡九十品，二十万七千六百二十一字。同年十二月二十四日抄写完毕，太安二年（303）十一月十五日，沙门竺法寂到仓（垣）水北寺，求经抄写，时检取现品五部并胡本，与竺叔兰更校书写，于永安元年（304）四月二日写毕。

### 三　广州的彊梁娄至

《开元录》卷二记载，彊梁娄至（意译"真喜"），西域人，"志情旷

---

① （梁）僧祐：《出三藏记集》卷十三，《大正藏》第 55 册，第 98 页中。

放，弘化在怀"，晋武帝太康二年（281）在广州译出《十二游经》一卷，不存。

### 四　长安的帛法祖、支法度、若罗严、聂承远、聂道真

帛（也作白）远字法祖，俗姓万，河内（治在今河南沁阳）人。他少年出家，才思俊彻，敏朗绝伦，每日诵经八九千言。钻研大乘典籍，能够妙入幽微，并且广泛研读世俗经典。他在长安造筑精舍，以讲习为业，僧俗弟子将近千人。在晋惠帝元康九年（299），为镇守关中的河间王司马颙所敬重，"每至闲辰靖夜，辄谈讲道德"。帛法祖看到"群雄交争，干戈方始，志欲潜遁陇右（今甘肃陇山、六盘山以西，黄河以东地区），以保雅操"。大约永安元年（304），张辅为秦州（治今甘肃天水）刺史镇守陇右，帛法祖便去投奔。张辅看到帛法祖"名德显著，众望所归"，打算让帛法祖还俗作自己的僚佐。法祖固志不移，二人由此结怨。后因有人挑拨离间，为张辅所杀。

帛法祖乐于结交权贵，但又不善于和权贵周旋，最终为权贵所害。帛法祖生前在关陇地区很有名望，被汉族和少数民族信徒"奉之若神"。在他被害之后，他们都很"愤激"，斩杀张辅，为他"雪怨耻"，并"共分祖尸，各起塔庙"① 供养。东晋孙绰著《道贤论》，把帛法祖比作"竹林七贤"中的嵇康，可见其在东晋玄学名士心目中的地位。

帛法祖的兄弟法祚也遭遇了同样的命运。法祚年 25 岁出家，"深洞佛理，关陇知名"。梁州（治今陕西汉中）刺史张光逼令法祚还俗，法祚誓死不从，为张光所害，时年 57 岁。他曾注《放光般若经》《显宗论》等。这种为道忘身，不愿还俗而被害的例子，在佛教史上也是不多见的。

帛法祖博闻强记，兼通梵汉语，曾注解《首楞严经》，并翻译了一些小部经典。《开元录》载其译经十六部十八卷，尚存五部六卷。①《菩萨逝经》一卷，与西晋支法度译出的《逝童子经》为同本异译。该经重视布施，讲善心供养佛，可以在千万亿劫后成佛。②《菩萨修行经》一卷，又名《威施长者问观身行经》，与《大宝积经·勤授长者会》为同本异译。该经是一部禅经，用不净观来观想身体，以便消除一切贪爱情欲，纠正不符合佛教教义的所有错误认识和见解。③《佛般泥洹经》一卷、《大

---

①　（梁）慧皎：《高僧传》卷一《晋长安帛远》，《大正藏》第 50 册，第 327 页上。

爱道般泥洹经》一卷、《贤者五福经》一卷，均为阿含类经典中的摘译。

支法度和若罗严的身世均不详，据《开元录》卷二，支法度于西晋惠帝永宁元年（301）译出《逝童子经》一卷、《善生经》一卷等四部五卷经。若罗严译出《时非时经》一卷。

聂承远和聂道真是父子，在竺法护生前，两人主要工作是协助竺法护译经，担任笔受工作，并且在文字润色方面贡献不少。据《开元录》卷二，在竺法护逝世后，聂承远译出《越难经》一卷，聂道真译出二十四部三十六卷，有《文殊师利般涅槃经》一卷、《异出菩萨本起经》一卷、《菩萨受斋经》一卷等。《历代三宝纪》卷六载，他撰有《众经录目》一卷，大约主要是记载竺法护所译经典的目录。

西晋时期，译经在民间进行，能够投入的人力和物力有限，所翻译的经典是篇幅短的多、篇幅长的少。从西晋开始，住持译经者既有外籍僧人，也有汉地出生的僧人和居士。在译经过程中，参与翻译工作各个环节的助译人增加了，这也从一个方面表明佛教在社会上更为普及。

## 第三节 竺法护的译经事业

### 一 生平事迹与译经概述

根据《祐录》卷十三本传记载，竺法护祖籍大月氏，世居敦煌，"年八岁出家，事外国沙门竺高座为师。诵经日万言，过目则能"。他"笃志好学，万里寻师，是以博览六经，涉猎百家之言"。当时正值晋武帝时期（265—290），鉴于"寺庙图像虽崇京邑，而方等深经蕴在西域"的状况，竺法护"乃慨然发愤，志弘大道，遂随师至西域，游历诸国。外国异言，三十有六，书亦如之。护皆遍学，贯综古训音义字体，无不备晓。遂大赍胡本，还归中夏"。从此以后他开始翻译经典。

竺法护从事佛经翻译时间很长，从泰始二年（266）译出《须真太子经》二卷，到建兴元年（313）译出《大净法门经》一卷，前后约47年，几乎与西晋王朝共始终；他译经活动范围广，从敦煌、酒泉经长安到洛阳，足迹遍及当时北方佛教的兴盛地和政治文化中心。竺法护一生从事经典翻译，"孜孜所务，唯以弘通为业，终身译写，劳不告惓"。在千年译经史上，有成就的译经家都有这种忘我为道的精神。

他译经数量很多，超出西晋总译经数量的一半。其译经数量，东晋道安《综理众经目录》著录为 150 部；《出三藏记集》著录为 154 部，尚存 95 部；《历代三宝纪》卷六记为 210 部 394 卷；《开元录》卷二考订为 175 部 354 卷，其中 91 部尚存。由于时间久远，竺法护译出经典的确切数目已经很难考证。

永安元年（304），河间王司马颙挟持惠帝到长安，此时"关中萧条，百姓流移"①，竺法护与门徒"避东下，至渑池（在今河南）"，因病去世，时年七十八岁。

竺法护的译籍包括大、小乘经典，品类空前齐全，既有属于阿含部类中的小本单行经，也有大乘经典中般若、华严、宝积、大集、涅槃、法华、大乘戒律类、本生经类、西方撰述类等多部类中的单行经和根本经。竺法护的译籍，基本上能够展示当时西域流行佛经的基本面貌。所谓"经法所以广流中华者，护之力也"。

竺法护翻译的般若类经典有多部，其中最主要的是《光赞般若经》十卷，太康七年（286）于长安译出。此经译出后长期留存于凉州，至东晋孝武帝宁康元年（373）慧常、慧辩等路经凉州发现此经全文，抄出托人于太元元年（376）五月送达襄阳道安处，由此行于世。② 此经与西晋竺叔兰、无罗叉译《放光般若经》、后秦鸠摩罗什译《摩诃般若经》为同本异译。

竺法护译出的宝积类经典有《普门经》（或称《普门品经》）一卷，太康八年（287）一月十一日译出，与唐代菩提流志所译的《大宝积经·文殊师利普门会》是同本异译。《密迹经》（或称《密迹金刚力士经》）七卷，太康九年（288）十月八日译出，相当于《大宝积经·密迹金刚力士会》。《离垢施女经》一卷，太康十年（289）十二月二日译出，相当于《大宝积经·无垢施菩萨应辩会》。《弥勒菩萨所问本愿经》一卷，与《大宝积经·弥勒所问会》同本异译。

竺法护译出的大集类典籍有《宝女经》（或称《宝女三昧经》、《宝女所问经》）四卷，太康八年（287）四月二十七日译出，相当于《大集经·宝女品》。《宝髻经》（或称《宝髻菩萨所问经》）二卷，永熙元年

---

① （梁）僧祐：《出三藏记集》卷十三《竺法护》，《大正藏》第 55 册，第 97 页下。

② （梁）僧祐：《出三藏记集》卷七《合放光光赞略解序》，《大正藏》第 55 册，第 48 页上。

（290）七月十四日译出，相当于《大集经·宝髻品》。《大哀经》（或称《如来大哀经》）七卷，元康元年（291）八月十三日译出，聂承远、聂道真父子笔受，相当于《大集经·陀罗尼自在王品》。

竺法护译出的涅槃类典籍有《方等泥洹经》（或称《大般泥洹经》）二卷，泰始五年（269）七月二十三译出。还有法华类的根本经《正法华经》（或称《方等正法华经》）十卷，太康七年（286）八月十日于长安译出。

竺法护的译经过程，也是一个传播佛教的过程。在一些经典翻译过程中，往往有几十位出家和在家信徒参与。比如，太康五年（284）二月二十三日，在敦煌译出《修行经》（或称《修行道地经》）七卷，罽宾文士竺侯征携来经本，与竺法护共同翻译。在翻译该经过程中，担任笔受的有弟子法乘、月氏法宝，劝助者有李应荣、承索乌子、剡迟时、通武、支晋、支晋宝等三十余人①。翻译一部经，以各种形式参与者有三十多人，这本身就是对经典的宣传。从劝助者的名单看，应该是既有汉族信众又有少数民族信众。竺法护在敦煌通过译经和传教，在社会上产生广泛影响，被尊称为"敦煌菩萨"。敦煌佛教的持续兴盛，与竺法护及其弟子们的努力有直接关系。竺法护的弟子竺法乘等人后来返回敦煌，在汉族和少数民族中弘扬佛教。

竺法护不仅孜孜不倦地翻译经典，弘法传教热情也很高，他曾"立寺于长安青门外，精勤行道。于是德化四布，声盖远近，僧徒千数，咸来宗奉"。

对于竺法护译籍的质量、地位和贡献，《出三藏记集》从译经史的角度予以说明："昔安息世高，聪哲不群，所出众经，质文允正。安玄、严调、既聏亹以条理，支越、竺兰，亦彬彬而雅畅。凡斯数贤，并见美前代。及护公专精，兼习华戎，译文传经，不愆于旧。"②

在僧祐看来，从安世高到竺叔兰等人，都是译经的名家，每个人在译经方面都有自己的长处，都为译经事业发展做出了贡献。这些人分别代表了译经史发展的一个阶段，而竺法护既有对佛教理论的专精，又兼通汉语

---

① （西晋）竺法护：《修行经后附记》，《大正藏》第 15 册，第 230 页中。

② （梁）僧祐：《出三藏记集》卷一《胡汉译经音译同异记第四》，《大正藏》第 55 册，第 4 页中。

和西域语言，在译经方面与上述所有的人比较都不逊色。实际上，从整个
中国译经史考察，竺法护的译经是最重要的承上启下的转折时代。在他之
前是"旧译"阶段，在他之后是"新译"阶段，竺法护是一座里程碑。
在西晋之后，竺法护翻译的绝大多数经典都进行了重新翻译，但是后来的
翻译家，尤其是鸠摩罗什，都程度不同地在翻译过程中参考了竺法护的译
本。比如，鸠摩罗什在翻译《妙法莲华经》的时候，就参考了竺法护的
《正法华经》。

　　　什所翻经，（僧）叡并参正。昔竺法护出《正法华经》，《受决
　　品》云："天见人，人见天。"什译经至此，乃言："此语与西域义
　　同，但在言过质。"叡曰："将非人天交接，两得相见。"什喜曰：
　　"实然。"其领悟标出，皆此类也。①

罗什译本的表述更为准确传神，正是在参考竺法护译本基础上达到
的。可以说，竺法护译籍为翻译质量走上新台阶奠定了扎实的基础。

## 二　华严类译籍剖析

西晋是华严单行经传入中国的最盛时期，其中，输入华严经学新内
容，并且保存至今的经典，唯有竺法护的译籍。他的华严类译集共有六
部，可分为三类。

（一）第一类

第一类是重译的文殊类经典两部，一是《菩萨十地经》一卷，《祐
录》卷二有载，已不存，应是十住品的重译本。② 二是《菩萨十住行道
品》一卷，现存，是吴支谦《本业经·十地品第三》的重译本，内容大
体相同。

（二）第二类

第二类是新译的普贤类经典，共有三部，均存。其一，《佛说如来兴
显经》（简称《兴显经》，又名《兴显如幻经》）四卷，元康元年（291）
译出，其前半部分相当于晋译《华严经·性起品》，篇幅约占4/5；后半

---

① （梁）慧皎：《高僧传》卷六《晋长安释僧叡》，《大正藏》第50册，第364页上。
② 参见魏道儒《中国华严宗通史》，凤凰出版社2008年版，第9页。

部分相当于《十忍品》，篇幅约占 1/5。此经主要讲述菩萨如何经过修行进入佛境界。其二，《度世品经》六卷，也是元康元年（291）译出，相当于晋译《华严经·离世间品》，采取普贤菩萨解答普慧菩萨二百问的形式，主要讲述如何修行，以便用"神通方便"度化众生。其三，《等目菩萨所问三昧经》三卷，又名《普贤菩萨定意》，相当于唐译《华严经·十定品》，晋译《华严经》中缺。主要讲普贤的"诸定正受，卓变之行"，即不可思议的神通变化及其功能。以上三经的共同特点，是抬高普贤菩萨在华严系统中的地位，把他塑造为菩萨修行成佛的样板。普贤行、普贤境界以及法身理论，是这三部经典的共有内容。

竺法护所翻译的华严典籍中的普贤经典，有两方面的重要内容。

1. 把法身作为终极崇拜对象

从普贤类经典开始，法身成为最高崇拜对象，取代了释迦牟尼的地位。为了消除前后经典的矛盾说法，释迦牟尼的"分身"为法身所统摄。《等目菩萨所问三昧经》卷上指出："法身无量，而皆具足，名流显称，普至十方……皆能分身，十方现化。"

在《兜沙经》中，同时并存的无数佛毫无例外是释迦牟尼的"分身"，在这里，"十方现化"的诸佛统统是"法身"的"分身"。这种着意改造，表明后出普贤类经典与前出文殊类经典的学说保持一致的意图，从而给我们透露出经典形成过程的信息。同时，继承和改造文殊类经典中的学说，也与进一步扩大吸收般若类经典的内容有关。

所谓"法身"概念，最初来自对佛所说教法的人格化抽象，普遍被运用于各类大乘佛教经典。就般若类经典而言，对"法身"的界定、说明和发挥，与其倡导的"性空假有"基本理论相适应。

竺法护所译《修行道地经》卷七《菩萨品》有言：

> 法身无有形，用吾我人而现此身……法身无处，何缘得见？适思此已，便逮无所从生阿维颜。

法身体现性空，本质上虚幻不实，只因为人们怀有"吾我"的错误观念，才出现误认为是实有的幻身。如果抛弃以自我为实有的错误认识，明了其本质的虚幻，明白感觉到的一切相都是虚幻的，从而取得正确的认识，即可取得后补佛（阿维颜）的资格。因此，强调可感知的法身的虚幻不实，强调取得般若智慧，是般若类经典论述法身的两个侧重点。竺法护普贤类译籍对法身的论述与此不同，大休从四个方面说明法身及其功能，既有与般若类经典的雷同说法，更有独特之处。

第一，法身是诸佛的本源，永恒存在，不以人的意志为转移。《兴显经》卷一谓："去来今佛，一切悉等，为一法身。"《度世品经》卷六谓："色身如是无常，法身常存。"把法身作为过去、现在和未来（去来今）一切佛的本源，作为诸佛之母，认定其永恒"常存"，是多种大乘经典的共有说法，《华严经》的学说也正是由此起步的。

第二，法身没有能为人的感官所能把握的特定形体，但并非虚假存在，而是佛智慧的体现。《兴显经》卷一谓："法身慧体，究竟无相。"《度世品》卷四谓："菩萨解了佛慧，为一法身，故曰开士。"肯定法身是佛的智慧本体，强调它的客观实在性，是与般若类经典思路不尽相同的。

第三，强调法身的遍在性。《兴显经》卷二谓："见如来者，则为一法身，以一法身，若一慈心向于一切人，则普及一切群萌，多所供养，如虚空界，无所不包，无所不入……佛身如是，普入一切群萌之类，悉入诸法。"这里的"佛身"与"法身"含义完全相同，这段论述首先明确了法身在佛教解脱论中的地位。法身可以"普入一切群萌之类"，从而使每个人都具有诸佛的本源，这是人人皆有佛性、皆有成佛内在根据的理论前提，把法身遍在延伸到人的心性方面，自然得出人心本净的结论。这也是华严类经典的一个重要理论。另外，法身可以"悉入诸法"，表明精神实体可以赋予无情之物，从而为泛神论的展开铺平了道路。

第四，法身的神通显示功能，即法身的"善权方便"。《度世品经》卷四说："一切诸佛，合同体故，以得成就，弃一切诸凶危法，是谓善权方便。一切现门，神足变化，皆能显示。"又说："如来至真，其慧无限，随时说现，见诸自大，以权方便而发起之。法身无漏，悉无所有，普现诸身。"所谓"善权方便"，在这里指法身为了拯救众生从不可见到可见的转变过程，也就是法身转变为色身的过程。法身本来没有特定的可视形象，但它具有"普现诸身"，示现一切身的功能。在般若类经典中，法身从不可见到可见的原因被归结为人们的错误认识，《华严经》与此相反，把这种转变归结为佛为拯救众生的能动作用，并不以被拯救者的意志为转移。

既然法身显示出于拯救众生的需要，那么菩萨修行的终极目标，即是掌握这种功能，这既表明菩萨具备了诸佛的功德，也表明他具有拯救世人的无限能力。《度世品经》卷六说：菩萨"察其世俗，缚在贪欲而自缠绵，无能拔者……便以法身显示大要，遍于三世，令各生意"。这样，普贤类经典为展示神异灵迹提供了最权威、最崇高的系统论辞。总之，普贤类经典中的"法身"，是以佛的智慧为体，具有客观实在性、超越时空的遍在性和大慈大悲的显示功能，为菩萨修行树立了终极目标和归宿。三部经典对菩萨修行样板的塑造，对菩萨修行具体过程的描述，都与法身的诸多规定紧密相连。

2. 树立菩萨修行的样板——普贤

普贤类经典着力塑造的修行达到最高阶段的菩萨——普贤，比有资格"宣如来旨"的文殊似乎地位更高。因为在整个华严类经典中，有资格宣讲佛法的菩萨很多，但被奉为菩萨修行样板的，唯有普贤。

《度世品经》卷一提出："立普贤行，入诸佛慧"，明确把普贤的实践与成佛联系起来，并且相互等同。对普贤行及普贤境界的描述，集中在《等目菩萨所问三昧经》中。

普贤最显著的一个特性，就是可与法身相契合。《等目菩萨所问三昧经》一开始就突出予以强调，当众菩萨集会佛前，有人问，为什么普贤菩萨就在集会之中，但"吾等不睹普贤菩萨及其坐出"，佛告众菩萨：普贤"于三世等诸佛法身"，"等吾神足境界"。这样，普贤就是永恒的绝对精神存在，所谓普贤境界，佛的神通（神足）境界和法身，三者完全等同，没有区别。

普贤之所以能与法身契合，在于他经历了与诸佛相同的修行过程。"彼菩萨与过去当来今现在诸佛而行一德本，彼菩萨合为一身，以法界无逾者……彼菩萨为无限行，与法身等故"（《等目菩萨所问三昧经》卷中）。要达到与"法身等"的境界，必须修菩萨的"无限行"。所谓"无限行"，是强调修行具体内容的多种多样、包罗万象、无穷无尽。这种无限行概括起来无外乎两个方面，即积累个人的无量功德和拯救无量众生。《等目菩萨所问三昧经》卷上借佛之口概括了普贤行：

> 普贤菩萨以净无数众生，无极清净，无量功德，兴无数福，修无
> 数相，德备无限，行无等伦，名流无外，无得之行，普益三世。有佛
> 名誉，普而流著。普贤菩萨，行绩若斯。

在积累个人功德方面，普贤"兴无数福，修无数相，德备无限，行无等伦"，经历了无数的修行实践，从而达到了"有佛名誉"，实现了个人的解脱成佛，这属于自度。在拯救众生方面，普贤"净无数众生"，这属于度他。自度和度他是同一修行过程的两个方面。

尽管普贤行具有无限行，但普贤能与法身契合的关键是神通行。于是，号召学习普贤，更主要的是鼓励修习禅定以获得神通，此即为修普贤行，所谓"菩萨以几无思议之定，得应普贤之行"。按照此类经典的观点，没有修习禅定所获得的神通变化，与法身契合就是一句空话。

普贤能够与法身契合，也就是具有了法身的显示功能，为了让聚会的菩萨见到他，他又从不可见转变为可见，"普贤菩萨，兴为感动，使其大众，咸见普贤，于世尊足左右，坐大莲花上"（《等目菩萨所问三昧经》卷上）。这种转变，实际上也就是从法身到色身的转变，能够具有这种转变能力，也就与佛没有差别了，所以"普贤能化为佛，能住如佛，能化法轮，建立应化，普现如来之光明"（《等目菩萨所问三昧经》卷中）。这样，作为菩萨修行样板的普贤，并不是以学问精湛、能言善辩、智慧超群见长，而是以具有不可思议的神通变化，具有法身的善权方便著称。这是华严菩萨行的一个鲜明特点。

（三）第三类

第三类是新译的《渐备一切智德经》（简称《渐备经》，又名《善备经》、《十住经》、《大慧光三昧经》等）五卷，元康七年（297）于长安译出，相当于晋译《华严经·十地品》。该经主要论述菩萨修行从低到高、从浅到深的十个阶段，是整个华严类经典中关于菩萨修行的核心内容，历来受到特殊重视。其间也对十度的修行体系以及三界唯心、修本净心等理论有所说明。

在华严类典籍中，《渐备经》具有衔接文殊类经典和普贤类经典的性质，该经严格以十数组织经文，承袭了《兜沙经》以来的传统，它所述菩萨修行从低到高的十个阶位，是在继承、改造和充实吴支谦所译《本

业经·十地品第三》的基础上形成的，内容更丰满，论述更详尽。① 该经对最高阶位第十阶位的描述，大同于普贤类经典，自然与其相衔接。

般若类经典对菩萨修行内容的最著名概括是"六度"，也译"六度波罗蜜""六度无极"等，指信仰者可以通过布施、持戒、忍辱、精进、禅定和般若六个方面的修行，实现从生死此岸到达解脱彼岸的转变。《渐备经》则在吸收六度说的基础上提出了"十度"。所谓"十度"，指施度、戒度、忍度、进度、禅度、智度、权方便度、誓愿度、势力度、慧度。其中，前五度与般若经六度中前五度的名目相同，第六度是将"般若度"改为"智度"，后四项是新添名目。将六度扩展为十度，明显出自俯就以十数概括教义的形式需要，也反映了华严典籍力图发展般若的强烈愿望。但是，"十度"实际上没有什么值得重视的新内容，也始终不是华严类经典所要论述的重要内容。《渐备经》重点论述的是"十住"，这也是整个华严类经典核心内容之一。该经认为，"行此十住"，可以达到"自致成佛，度脱十方"② 的目的。这些都是承自《本业经·十地品第三》的说法，表明了两经的关系。而《渐备经》对前者的发展，首先表现在给每一阶位充实了冗长的内容。其"十住"的具体内容如下。

第一住名为"悦豫住"。进入这一阶位的修行者不仅自己悦豫欢喜，别人看见也"莫不欢然"，故名。由此开始，修行者从"凡夫"进入了菩萨阶段的修行，要树立对佛教的"笃信"，对众生的"愍哀"。由于此阶段强调树立坚定的佛教信仰，所以也叫"入于信解脱"。

第二住名为"离垢住"。重点要求修行者离于"十恶"，奉行"十善"，并以此教化众生。"诸佛子住此，应时转法轮，开化立众生，使行十善业。"奉行十善，也是对佛教初创时期就形成的基本戒律的接受。

第三住名为"兴光住"。修行者要思考"一切万物"皆"无常、苦、

---

① "十地"和"十住"在晋译华严出现之前有混用现象，可以理出一个线索。吴支谦所译的《本业经·十地品第三》相当于晋译华严的《十住品》，关于西晋竺法护译《菩萨十地经》，《华严经传记》谓："似十地品，十住品也。"他所译的《渐备经》讲"十住"，相当于晋译华严的《十地品》。后秦鸠摩罗什上承竺法护，所译《十住经》即晋译华严《十地品》。晋译华严是把此前经名中标"十地"的部分作《十住》，而把标为"十住"的作为《十地》。这是把后出的经典用了古称。

② 《渐备经》卷五。《本业经·十地品第三》末尾部分的相应经文是："为最正觉，度脱天下。"由以上几点可以看出，晋译《华严经》的"十住品"是"十地品"的原初形态。

空、不净"的本质，从而"益加愍哀"苦难的众生。修行者还要通过修习四禅、八定、十二门等禅法，获得种种神通变化，以便"救护十方众生"和供养佛。在这一阶位，不仅要求修行的菩萨们思考的佛理更复杂抽象，而且要求注重神通的运用。这一阶段修行的禅法是四禅、八定、十二门，所以神通是属于小乘佛教的神通，是初步的神通。

第四住名为"晖曜住"。菩萨修习"三十七道品"，以便"成就如来种姓"。三十七道品是小乘佛教对达到涅槃所必须修行的内容的总结。在这一阶段纳入三十七道品，等于要求菩萨把小乘佛教的全部具体修行内容都完成，以便进入更高的修行阶位。

第五住名为"难胜住"。修行之人要真正领会"苦集灭道"四谛，并以此教化众生。"四谛"是小乘佛教把生死轮回此岸与解脱彼岸结合起来讲的学说，纳入"四谛"，表明这一阶位的菩萨吸收了大乘佛教兴起之前的全部佛教学说。

第六住名为"目前住"，修行者通过分析十二因缘是众苦之本，理解众生在"三界"或"诸所趣"（五道或六道）中生死轮回，皆是"心之所为"，而拔济众生的首要任务是化导众生心："所行德本，布施爱敬，利益等利，化众生心，不舍佛道。"在这一阶位的叙述中，提出了"其三界者，心之所为"的命题。

第七住名为"玄妙住"。这一阶位是菩萨行中带有突变性质的阶段，主要表现在菩萨可以凭借神通自由来往于两界。"有二世界，一者瑕疵，二者清净，本际平坦，一等清净，所度一等。其两界间，不可越度，以大神通、至力、愿力，乃可越矣。""瑕疵"世界即指众生生死流转的三界六道，"清净"世界即指佛的解脱世界，凭借神通变化的灵活手段（善权方便），就可以自由来往于两界之间。对这一阶位的菩萨修行的描述，已经与普贤境界的描述大体相当。因为，有能力来往于两界之间，实际上就是实现了从色身到法身、从法身到色身的转变过程。"瑕疵"世界是可见世界，"清净"世界是不可见世界，来往于两界之间，即是实现了从可见到不可见、从不可见到可见的转变。

第八住名为"不动住"。菩萨"住此道地，其心普游诸所习行，虽在是行，不以是行有所染污。彼意晓了，所在作行，菩萨之行，在泥洹行，不以为行，何况俗行"。无论处在世间还是出世间，无论处在生死轮回的此岸还是处在达到永恒的彼岸，其心都不为所处的境界所左右。菩萨所达到的这种境界，也是对前一住的进一步发展。

第九住名为"善哉意住"。在这一阶位，菩萨要具有善于宣讲佛法，并且使众生信服的能力。"安住唯说法，化凡夫众生，闻之寻受持，犹下种于地。"所谓善于宣讲佛法的能力，主要包括具有神通力，如"处于法座，须臾之间，适发意倾，则以一音，演若干响，普告众会，一时间，光从口出，其诸毛孔，宣一切音，演布道化，无所不解"。所以在此阶位的菩萨宣讲佛法，实际上是以神通变化宣讲，与凡夫的宣讲教法完全不同。

第十住名为"法雨住"。达到最高修行阶位的菩萨，必须具备大小乘菩萨的一切修行实践以及佛的一切功德。特别重要的是，要具有佛的色身和法身的转化功能。"发意之倾，示诸众生，如其所愿，建化色身，庄严志性。能以己身现如来神，以如来身现为己身，以如来身建立己身。在佛土中，以己身土建化佛身。"这里的"佛身"，是作为"法身"概念使用的，与色身相对。这里的描述与对普贤的塑造完全相同，把色身和法身打成一片，正是普贤的境界。

《渐备经》说明菩萨修行的具体过程和规定，普贤类经典则是塑造一个修行达到最高阶位的菩萨样板。这种内容上的联系和经文编排上的次序，在晋译《华严经》中没有改变。①

---

① 《渐备经》与《华严经·十地品》相比，主要内容方面没有明显出入，十个阶位的名目有所不同。

# 第四章　东晋时期北方佛教

从晋元帝建武元年（317）到恭帝元熙二年（420），共104年，史称东晋。在这一百多年的时间里，北方地区出现了或先后更迭、或同时并存的十六个小王国，分别由汉族和匈奴、羯、氐、羌、鲜卑等少数民族统治者建立。随着整个北方进入民族矛盾更为激烈、社会更为动荡的分裂割据时期，南方则出现持续时间较长的统一局面，佛教也相应在这个时期呈现出显著的南北差别。就北方整体态势而言，佛教进入了一个快速发展阶段，并表现出比较显著的地区特点。

"五胡十六国"时期，佛教在协调民族关系方面的作用前所未有地发挥出来。同时，佛教以更快的速度在各民族中普及，成为国家用以争取民众认同和支持的重要信仰。在这个民族大融合时期，佛教对于增进汉族与各少数民族人民的相互了解和联系，对于形成各族人民的共同心理，对于促进社会稳定，都起到了比儒学更重要的作用。

## 第一节　东晋北方社会与佛教

东晋时期的北方，战事频仍，社会动荡超出前代，给社会生产力造成极大的破坏。在北方少数民族南下进入中原过程中，民族矛盾空前激烈。一些少数民族统治者建立政权之后，不遗余力地提高本族人的地位，打压其他民族，特别是汉族，使民族矛盾十分尖锐，当时发生的民族仇杀事件规模大、数量多。例如，公元350年，后赵大将汉人冉闵乘石虎死后石氏子孙混战的机会夺得政权，利用汉人反对石虎残暴统治的强烈要求，滥杀羯人，使胡汉相互猜忌、敌视，人为制造了民族隔阂。

陷入诸多小国混战局面的北方，也呈现出民族交流、融合加深的趋势，尤其是少数民族汉化程度不断加强。匈奴人刘渊在永兴元年起兵反晋时，既称大单于，又称汉王，表明他既是北方各少数民族的首领，同时又是刘汉正统的继承者。

在一些少数民族统治者建立的国家中，统治集团根据不同情况和需要，分别采取支持高僧传教、允许灵异辅政、资助译经、鼓励义学研究、建寺塔、造佛菩萨像等方法，促进了佛教在各民族中的普及和流行。在这一时期，羯族的后赵、氐族的前秦、羌族的后秦，构成了北方佛教发展的兴盛地。这些地区的佛教能够发挥重要的社会作用，与统治者的积极扶植和利用分不开。从东晋北方诸国开始，统治者与佛教僧人建立了政治上相互利用的新型关系，佛教与现实政治的关系进入一个新阶段。

## 一 石虎与后赵佛教

刘曜称帝后，羯人石勒在襄国（今河北邢台）称赵王，他转战冀州、并州，攻城略地，军事力量不断增强。石勒灭前赵称帝建后赵（319—351），迁都邺城。后赵逐渐统一了中国北方，以淮水为界，与东晋王朝初步形成南北对峙的局面。

石勒为了巩固统治，竭力提高羯人地位，称他们为"国人"，严禁称"胡"。根据《太平御览》卷八六〇引《后赵录》，石勒"讳胡尤峻，诸胡物皆改名，（改）胡饼曰搏炉，石虎改曰麻饼"。他把羯人和胡人组成禁卫军，作为自己的基本力量。同时，他也搜罗和任用汉族士人，恢复九品官人之法，设立学校。他把扶植和提倡佛教也作为汉化的一个重要组成部分。

石勒的继承者石虎，以暴虐荒淫闻名。石虎在邺城、洛阳、长安等地大修宫殿和苑囿，使成千上万的农民死于苦役。为了备战攻晋，他调发成百万农民当兵，并且命令他们自己带粮食和牛车，被逼死者成千上万。石虎的残暴统治不断激起人民反抗。山东民众以道教为号召，托言李弘出世，酝酿大规模的起义，因事发连坐而死的达数千家。

在这个时期，佛教已经在广大底层群众中有了相当程度的影响，以佛教为旗帜的起义也开始在后赵境内出现。《太平御览》卷三七九所引《后赵录》记载，终南山的刘光自称"佛太子"，聚众千人，建号反赵，后失败被杀。这些以佛教、道教为号召的起义，也让后赵统治者看到了宗教的社会影响力。

后赵统治者对佛教的扶植和利用，取得了积极的社会效果，这与当时在后赵弘教的佛图澄分不开。在佛图澄的影响下，后赵统治者明确主张不限制任何人信仰佛教，并且把信仰佛教与自己统治华夏联系起来考虑。

由于佛图澄在后赵境内弘扬佛教，信仰佛教的人数大量增加，所建造的寺院也空前增多。在这种情况下，自然出现了"相竞出家，真伪混淆，多生愆过"的情况。于是石虎下书询问：

> 佛号世尊，国家所奉，里闾小人无爵秩者，为应得事佛与不？又沙门皆应高洁贞正，行能精进，然后可为道士。今沙门甚众，或有奸宄避役，多非其人，可料简详议。①

石虎问了两个问题，第一个问题，国家可以奉佛教，那么，庶民百姓能不能信奉佛教？第二个问题，出家僧人应该是道德高尚，精进修行，现在出家人很多，其中有人是为了逃避徭役，是否可清理整顿。

当时的中书著作郎王度提出了坚决禁断佛教的意见：

> 夫王者郊祀天地，祭奉百神，载在祀典，礼有尝飨。佛出西域，外国之神，功不施民，非天子诸华所应祠奉。往汉明感梦，初传其道。唯听西域人得立寺都邑，以奉其神，其汉人皆不得出家。魏承汉制，亦修前轨。今大赵受命，率由旧章，华戎制异，人神流别。外不同内，飨祭殊礼，华夏服祀，不宜杂错。国家可断赵人悉不听诣寺烧香礼拜，以遵典礼。其百辟卿士，下逮众隶，例皆禁之。其有犯者，与淫祀同罪。其赵人为沙门者，还从四民之服。②

在王度认为，佛是外国神，华夏天子、百姓都不应该祠奉。因为华夏天子百姓有自己的一套祭祀礼制，佛又没有保护华夏的黎民百姓，何必供奉！汉魏两代都只许西域来内地的侨民建寺供佛，汉人不能出家。现在赵国也应该按前朝的典章制度办事。华夏、戎狄礼制不同，不应该混杂。因此，应该禁止赵国人到寺院烧香拜佛，各级大小官吏也都不能例外，如有

---

① （梁）慧皎：《高僧传》，《大正藏》第 50 册，第 383 页上。

② 同上。

违反者，要按进行不合礼制的祭祀来治罪。对于已经出家者，要勒令还俗。从王度的奏折来看，他是主张仿效前朝的制度，要让后赵尽快汉化，所以坚决禁止赵国人信奉佛教。

但是，石虎并没有采纳王度的建议，而是提出了完全相反的意见：

> 虎下书曰："度议云：佛是外国之神，非天子诸华所可宜奉。朕生自边壤，忝当期运，君临诸夏。至于飨祀，应兼从本俗。佛是戎神，正所应奉。夫制由上行，永世作则，苟事无亏，何拘前代。其夷赵百蛮有舍其淫祀，乐事佛者，悉听为道。"①

石虎明言自己就是戎狄，应运统治华夏，对于祭祀，应该"兼从本俗"。佛是外国神，正是自己应该信奉的。只要能够解决现实的问题，不必拘泥于前朝的制度，现在定下新的制度，以后可以永远遵守。所以，无论任何民族，只要愿意奉佛，都不加禁止。在中国历史上，这是第一位公开表示允许人民出家信佛的帝王。石虎不限制赵人信佛，又没有提出整顿佛教的办法，于是出家人中戒律松弛的情况也就更严重了。所谓"慢戒之徒，因之以厉"。

石虎给予佛教上层僧侣的待遇很高，尤其是对佛图澄：

> （石虎）乃下书曰："和上国之大宝，荣爵不加，高禄不受，荣禄匪及，何以旌德！从此已往，宜衣以绫锦，乘以雕辇。朝会之日，和上升殿，常侍以下，悉助举舆。太子诸公，扶翼而上。主者唱大和上至，众坐皆起，以彰其尊。"又勒伪司空李农"旦夕亲问，太子诸公五日一朝，表朕敬焉"。②

到后赵时期，佛教在中国已经流行了几百年，外来僧人受到如此尊崇，是没有先例的。当然，这不仅仅是因为石虎利用和支持佛教，还由于

---

① （梁）慧皎：《高僧传》卷九《佛图澄》。《晋书》卷九十五《佛图澄》这句话是："朕生自边戎，忝君诸夏，至于飨祀，应从本俗。佛是戎神，所应兼奉，其夷赵百姓有乐事佛者，特听之。"

② （梁）慧皎：《高僧传》卷九《佛图澄》，《大正藏》第50册，第383页上。

佛图澄利用自己军事、行政、外交、医学、道术等方面的才能帮助石虎维护统治。

后赵统治者对佛教采取扶植利用的政策，几十年间佛教在后赵境内有了很大发展。后赵佛教的发展，不是表现在佛经翻译、义学研究等方面，而是表现在寺院建造、信徒增加、社会影响力扩大等方面。从长远看，佛教在这些方面的发展，又为以后佛教义学发展奠定了基础。

### 二　苻坚与前秦佛教

氐族人建立的前秦（351—394）于苻坚时期达到鼎盛。在公元 383 年淝水之战以前，已经开拓出"东极沧海，西并龟兹，南包襄阳，北尽沙漠"的辽阔版图，成为中国历史上第一个统一北方的非汉族政权。

十六国时期，前秦也是诸国中汉化程度最深的国家。苻坚重用汉人王猛，在政治上抑制氐族贵族豪强、扩大皇权以巩固统治。他恢复魏晋士籍，承认士族特权，吸收汉族士人参与朝政，扩大胡汉联合统治的阶级基础。在经济方面，苻坚注重农桑，兴修水利，修立亭驿，发展工商业。苻坚把兴立学校、提倡儒学作为培养统治人才的重要手段。

苻坚对佛教也予以支持和扶植，他对道安的尊崇反映了他对整体佛教的态度。道安在襄阳时，苻坚就闻名仰慕。认为"襄阳有释道安是神器，方欲致之以辅朕躬"，希望道安能够成为他的高级顾问。当公元 379 年苻丕攻陷襄阳把道安送到长安时，苻坚大加赏赐。道安被安置在五重寺，周围僧众数千人。苻坚推崇道安的学术，敕诸位学士，内外有疑惑，都要师从道安请教。在他的影响下，京城一带流行一句话，说："学不师安，义不中难。"①

有一天，苻坚游东苑，让道安同辇。当时权翼劝谏说："臣闻天子法驾，侍中陪乘，清道而行，进止有度。三代末主，或亏大伦，适一时之情，书恶来世。故班姬辞辇，垂美无穷。道安毁形贱士，不宜参秽神舆。"东晋之前，出家僧人很少受到特殊尊敬，原因在于人们用儒家伦理来衡量佛教。儒家认为，"身体发肤，受之父母，不敢毁伤，孝之始也。立身行道，扬名于后世，以显父母，孝之终也。夫孝，始于事亲，中于事

---

① （梁）慧皎：《高僧传》卷五《释道安》，《大正藏》第 50 册，第 351 页下。

君，终于立身"①。佛教僧侣出家要剃除须发，自然成了"毁形"之人，这是不孝的开端。僧侣离开家庭，不能光宗耀祖，自然也不能立身行道、建立功名，就被看成是"贱士"。按照儒家的道德标准来衡量，沙门既不能"事亲"，也不能"事君""立身"，完全违背儒家的孝道，就成了不祥的人，会玷污"神舆"。在儒家伦理观念支配下，自然就有了对佛教僧人这样的看法。权翼的这番议论，代表了从汉代到东晋社会的主流观点。在汉化不断加深的前秦，苻坚要统一全国，以汉天子自居，对儒家的政治伦理必须完全接收。但是，当涉及国家政治需要的时候，他就不完全站在儒家立场上、完全用儒家的标准来看待和处理佛教问题了：

> 坚作色曰："安公道冥至境，德为时尊，朕举天下之重，未足以易之。非公与辇之荣，此乃朕之显也。"②

在苻坚看来，道安的"德"是为当时所尊崇的。那么，这个"德"就不是儒家的"德"，至少不完全与儒家倡导的"德"相符，而是加入了佛教的道德规范。正是这种佛教倡导的"德"，与"道冥至境"的"道"是联系在一起的。与道安"同辇"，不是道安的荣幸，而是他苻坚本人的荣耀。这种说法，在苻坚之前的帝王中还从来没有过。在苻坚这样的少数民族统治者眼里，有道德的沙门不是"贱士"，而是贵人福星。

在氐族王室中，佛教信仰已经深入普及，有些人在佛学修养方面已经很著名。苻融就是一例：

> （苻）坚僭号，拜侍中，寻除中军将军。（苻）融聪辩慧，下笔成章，至于谈玄论道，虽道安无以出之。耳闻则诵，过目不忘，时人拟之王粲。尝著《浮图赋》，壮丽清赡，世咸珍之。未有升高不赋，临丧不诔，朱彤、赵整等推其妙速。③

道安是东晋时期在佛教研究方面最有贡献的学僧之一，学养深厚，知

---

① 《孝经·开宗明义章第一》。
② （唐）房玄龄：《晋书》卷一百十四，中华书局1974年版，第2913页。
③ 同上书，第2934页。

名于南北两地朝野。说符融"谈玄论道"的能力"虽道安无以出之"，完全是夸张溢美之辞。但是，符融撰写的《浮屠赋》为当时人推崇，在社会上达到"升高不赋，临丧不诔"这样的流行程度，的确是很了不起。在当时，沙门已经"素服"① 参加符坚的丧礼。

### 三　姚兴与后秦佛教

羌人建立的后秦（384—417）前后有三代帝王，其中以姚兴（394—416 年在位）最有作为。他在位前期，为了巩固统治，采取了一系列有利于政治清明、经济发展和文化繁荣的措施。他下令放免自卖为奴婢者为良人；简省法令，慎断刑狱；奖励清廉，惩治贪污；提倡儒学，允许收徒讲授，从而使长安儒生达一万多人。大力支持和扶植佛教是后秦的国策，后秦在管理僧团、支持佛经翻译、促进佛学研究等多方面有创新举措。

姚兴从小就信奉佛教，并且有志于弘扬。即位之后，由于他本人信奉佛教引起了示范效应，后秦都城长安的佛教空前兴旺发达，既表现在京城沙门人数众多方面，也表现在各州郡民众事佛普遍方面。"兴既托意于佛道，公卿已下莫不钦附，沙门自远而至者五千余人。起浮图于永贵里，立波若台于中宫，沙门坐禅者恒有千数。州郡化之，事佛者十室而九矣。""事佛者十室而九"，表明了佛教在社会上的普及程度，这么高的民众信佛比例，在中国历史上是首次出现，表明东晋北方社会在佛教普及方面达到了空前程度。后秦时期，佛教已经成为各民族人民的共同信仰。

由于后秦佛教信仰深入社会各个阶层，深入不同民族之中，僧尼的人数不断增加，不守戒律的现象也更加普遍了。在这种情况下，就有必要设立管理全国的僧尼行政机构，以便加强对僧团的管理。姚兴下书说：

> 大法东迁，于今为盛，僧尼已多，应须纲领，宣授远规，以济颓绪。僧䂮法师（鸠摩罗什弟子），学优早年，德芳暮齿，可为国内僧主。僧迁法师，禅慧兼修，即为悦众。法钦、慧斌共掌僧录。给车舆吏力。䂮资侍中秩，传诏羊车各二人，迁等并有厚给。共事纯俭，允惬时望，五众肃清，六时无怠。

---

① （唐）房玄龄：《晋书》卷一百二十四《慕容熙载记》，中华书局 1974 年版，第3107 页。

在中国佛教史上，这是首次设立僧官管理机构。

姚兴派人把鸠摩罗什迎请到长安之后，亲自参与佛经翻译工作，为翻译佛经提供人力、物力、财力等各方面的支持。正是从后秦开始，中国的佛经翻译正式成为国家的文化事业，这对把佛经翻译质量提到一个新台阶，提供了必不可少的基础。

> 兴如逍遥园，引诸沙门于澄玄堂听鸠摩罗什演说佛经。罗什通辨夏言，寻览旧经，多有乖谬，不与胡本相应。兴与罗什及沙门僧略、僧迁、道树（应为道标）、道恒、僧肇、昙顺等八百余人，更出《大品》，罗什执胡本，兴执旧经，以相考校，其新文异旧者皆会于理义。续出诸经并诸论三百余卷。今之新经皆罗什所译。①

从这段记载可以看到，鸠摩罗什的佛经翻译，并不仅仅是要把从西域传来的新经典译介过来，而是有了一个前所未有的新目标，即要对过去翻译的经典来一个总清算，要用新经取代旧经，要彻底修正旧经中"不与胡本相应"的"乖谬"，使中国的佛经翻译走上一个新台阶，呈现出新气象。要达到这样的目标，没有国家出面组织、提供大量人力和物力支持是绝对不行的。参与译经的僧俗学者达到"八百余人"，可以说集中了后秦僧俗学界精英来保证佛经翻译质量。集中全国知识精英来做好译经工作，这在此之前是没有的。

十六国时期的奉佛帝王中，姚兴是唯一深入研究佛学并且有个人著作的帝王。他乐于和鸠摩罗什探讨佛学，与之"晤言相对，则淹留终日；研微造尽，则穷年忘倦"。姚兴的著作有《通三世论》《通不住法住般若》《通圣人放大光明普照十方》《通一切诸法空》以及《与安成侯姚嵩义述佛书》等。

由于受到姚兴的影响，王室成员中信仰佛教的人也不少。大将军常山公姚显、左将军安成侯姚嵩，都信仰佛教，多次请鸠摩罗什讲说新经。在姚兴崇佛影响下，当时朝廷也大作法事，"慕道舍俗"的人也多了起来，所谓"兴既崇信三宝，盛弘大化，建会设斋，烟盖重迭，使夫慕道舍俗

① 上引均见（唐）房玄龄《晋书》卷一百十七，中华书局1974年版，第2984页。

者，十室其半"①。

### 四　佛教艺术的初期发展

汉魏两晋是中国佛教艺术的起步阶段和初期发展阶段，无论形式还是内容，这个时期的佛教艺术都既受域外佛教艺术的直接影响和制约，又或多或少融入了中华文化的某些因素。

寺院和石窟是僧众的生活、修行和弘教传法场所，随着僧众的增多、佛教社会影响的扩大，寺院的兴建和石窟的开凿也越来越普遍。无论在寺院还是在石窟，建筑、雕塑、绘画等艺术形式都是融为一体的。寺院艺术和石窟艺术是佛教艺术的主要构成部分，在中国，寺院建造早于石窟开凿，寺院艺术的起步也就早于石窟艺术。

各类佛教建筑、雕塑和绘画等虽然形式不同，具体用途有别，但是都与出家在家信众的修行活动直接联系，或者寄托他们对达到解脱的追求，或者表达他们对崇拜对象的虔敬，或者蕴含他们对获得福祉的期盼。这些佛教物品不是一般的生活用品、一般的艺术品，它们不仅要满足人们的生活需求、艺术欣赏需求，而且要满足特殊人群的信仰需求、修行需求和顶礼膜拜需求。寺塔也罢，佛菩萨像也罢，佛教故事绘画也罢，说到底是为形象化阐释佛教义理而制作，为赢得社会各阶层民众对佛教的喜好、接受乃至最终皈依而制作，为使佛法永住世间、发扬光大而制作。当信众赋予这些建筑、雕塑和绘画以神圣佛法载体功能的时候，在一件物品的设计、制作直到最终展示的每一个环节上，捐助者和工匠们都会努力激发自己的智慧，充分施展自己的技能，圆满表达自己的虔诚。正是在这种信仰力量的感召下、驱动下，历代往往有最优秀的建筑匠人和制作艺人参与佛教艺术品的创作，既有民间的能工巧匠，也有宫廷的旷世高手。因此，现在能够看到的佛教建筑、雕塑、绘画等多种形式的遗存物中，不乏代表那个时代最高工艺水平的上乘佳作。

（一）寺院艺术的初期发展

关于佛教经典传入中国的记载，可以追溯到公元前 2 年时的伊存口授浮屠经。比较可靠的记载佛像输入和流行的时间，要晚于佛经输入时间，是在东汉明帝时期。从汉明帝永平八年（65）夜梦金人遣使求法的故事

---

① （梁）慧皎：《高僧传》卷六，《大正藏》第 50 册，第 363 页上。

可以推测，当时社会上已经对佛像有了认识，那么，佛像真正传入中国一定会早于这个时期。根据《高僧传》卷一记载，摄摩腾和竺法兰来到洛阳时，不仅带来了佛经，也带来了佛像。从这些记载来看，从公元1世纪开始，域外僧人或者居士来华传教，随身携带佛像大约是普遍现象。汉魏之后来华的僧人传记中，有很多随身携带佛像的记载。在众多类型的佛教艺术品中，佛像应该是最普遍、最流行、最吸引社会各阶层信众的一种类型。

现在考古界还没有发现属于公元1世纪的佛像，目前认定的最早佛像遗存，是四川乐山麻濠东汉崖墓门楣的佛像，大约是东汉延熹年（158—167）之前的遗存。彭山崖墓出土的一佛二菩萨摇钱树座，也被认为是东汉晚期的遗存。依据这些考古发现，结合有史料记载的笮融造铜佛、汉桓帝在宫中祭祀浮屠等信息，我们可以肯定，到东汉末年，各类佛教造像已经被从皇室到地方的社会各阶层人士所认识、所接受。汉代的佛像既有从域外传入的，也有汉地信仰者自己动手制作的。

属于三国时期的佛像和佛教题材的艺术品，不仅更多地见于史籍文献，而且考古发现也多起来了。考古界在我国湖北鄂城先后发现"画文带佛兽镜"和"佛像夔凤镜"各一枚，前者年代可能为公元3世纪中叶，相当于东吴中后期，后者年代可能为3世纪末叶。经过对上述铜镜的研究，专家认为"佛像造型、种类，由类似神仙的佛教，到真正佛像出现，再有飞天、思维像造出。这一过程表明，到公元4世纪左右，各种形式的佛像已大体具备"①。两晋以后，各种形式、各种质料的佛教造像在寺院、石窟和其他佛教活动场所就越来越多了。

一般认为，三国时期人们就开始按照古印度传来的图像绘制佛像。宋代郭若虚《图画见闻录·论曹吴体法》中引用蜀僧仁显的《广画新集》说，当初康僧会来到吴地，设像行道，曹不兴看到"西国佛画，仪范写之"。这是关于中国人临摹古印度佛教画像的最早传说。由于早期画史中没有曹不兴所画佛像的记载，所以，对曹不兴是否画佛像还有不同看法。但是，早期画史记载西晋画家卫协从事佛像绘制，据说他从学于曹不兴，这也可以间接证明曹不兴绘制佛教题材画作的史实。

卫协擅长道释人物画，当时人们称他为"画圣"，由此可见，当时参

---

① 任继愈主编：《中国佛教史》第三卷，中国社会科学出版社1982年版，第622页。

与佛教画像的已有社会上的一流画师。他曾画过"楞严七佛像"。后来顾恺之在《论画》中说卫协所画的"七佛"是"伟而有情势"。据说卫协的《七佛图》长期受到珍视，到唐代还在社会上流传。

卫协的弟子张墨在绘画上也是造诣极高，享有"画圣"之美誉。张墨曾作《维摩诘变相图》，一直为人珍藏。张墨的《维摩诘变相图》已经不存，今天能够见到的最早的《维摩诘变相图》是甘肃炳灵寺石窟群 169 窟的壁画，时间在十六国西秦建弘元年（420）前后。《维摩诘变相图》的流传，表明了维摩诘在名士名僧中受到仰慕的程度。

三国西晋以后，随着外国僧人大量东来，印度和西域各地的佛像图本，佛教题材的绘画、雕塑作品不断传到内地，引起内地画师的临摹和仿效。在相当长的时间里，佛寺、石窟中的佛教造像和绘画都是模仿外来的形式。在这个过程中，外来的佛像仪则也逐渐与中国人的审美习俗融合，逐渐出现了中国化的佛像制作过程。"改梵为夏"是一个主动推动佛教艺术中国化的过程，美术界学者一般把东晋戴逵父子看作佛像中国化的完成者。①

戴逵（326—396），字安道，出生于东晋谯郡铚县（今安徽省濉溪县临涣镇）一个士族官僚家庭，自幼多才多艺，善属文，能鼓瑟，工书画，十几岁就在瓦官寺画佛像，到了中年，"画行像甚精妙"②。他富有巧艺，绘画之外，还善于弹琴，更以擅长雕刻及铸造佛像享有盛誉。他曾造一丈六尺高的无量寿佛木像及菩萨像。为了创造新的为信众喜闻乐见的样式，他潜藏帷帐之中，倾听过往人群议论，根据大家的褒贬，对塑像进行改进，努力三年才完成。戴逵还创造了夹纻漆像的做法，把漆工艺的技术运用到雕塑方面，是今天仍流行的脱胎漆器创始者。戴逵在瓦官寺作的五躯佛像、顾恺之的"维摩诘像"及狮子国送来的玉像，被后代合称为"瓦官寺三绝"。

戴逵这种推动佛像中国化的努力和贡献，也早就受到佛教界的称誉，唐代道世从佛教艺术在中国发展史的角度，记述了戴逵的佛像制作过程，评论了戴逵佛像艺术的价值、地位和影响：

---

① 金维诺：《中华佛教史·佛教美术卷》，山西教育出版社 2013 年版，第 40 页。
② 《世说新语·巧艺篇》。

> 自泥洹以来，久逾千祀，西方像制，流式中夏。虽依经熔铸，各务仿佛，名士奇匠，竞心展力，而精分密数，未有疏绝。晋世有谯国戴逵字安道者，风清概远，流遁旧吴，宅性居理，游心释教，且机思通赡，巧拟造化，乃所以影响法像。咫尺应身，乃作无量寿挟侍菩萨。研思致妙，精锐定制。潜于帷中，密听众论，所闻褒贬，辄加详改。核准度于毫芒，审光色于浓淡，其和墨点彩，刻形镂法，虽周人尽策之微，宋客象楮之妙，不能逾也。委心积虑，三年方成，振代迄今，所未曾有。①

从这个记载可以看到，戴逵在创作佛像过程中，已经不是有意模仿外来样式，而是自觉为追求符合大众信仰需求而制作，自觉为追求符合民族化审美旨趣而制作。这样，在制作工艺上，自然更是使用中国的先进技法。戴逵的绘画、木质雕像和铜铸雕像，成为与西国像制区别开来的"东夏像制"。戴逵绘制的佛教题材画像数量比较多，据说隋代宫廷中还收藏着他的《五天罗汉图》，晚唐浙西甘露寺大殿外西壁还有文殊像存在。

戴逵的儿子戴颙（378—441）年轻时就参与父亲的佛像绘制和雕造，主要在雕铸佛像方面有成就，享誉当时社会。

顾恺之（346—405），字长康，晋陵无锡（今江苏无锡）人，是东晋画家、绘画理论家、诗人。他也和戴逵一样，多才多艺，工诗赋、书法，尤精绘画，有才绝、画绝、痴绝之称。他的著名佛教题材绘画作品很多，最著名的是瓦官寺的维摩诘像。据说他在创作这幅画作时，闭门工作一个多月，完工后一开门，光照一寺，布施者蜂拥而来。他画的维摩诘有"清羸示病之容，隐几忘言之状"，把当时名士名僧追求的性情恬淡、形消神远的精神风范和外在形象在菩萨像上表现了出来。到隋唐时期，顾恺之的"维摩诘像""八王分舍利图"和"康僧会像"还被官方收藏或在坊间流传。

（二）石窟艺术的初期发展

石窟也和寺院一样，起源于古印度，随着佛教传入中国逐步发展起来。佛教石窟主要分布在我国北方一些地区，南方很少。现存最早的两处

---

① （唐）道世：《法苑珠林》卷十五，《大正藏》第53册，第406页上。

石窟群遗址是新疆克孜尔石窟群和甘肃凉州石窟群。

克孜尔石窟群又称克孜尔千佛洞、赫色尔石窟，位于新疆拜城县克孜尔镇东南约七公里悬崖上，南临木扎特河。一般认为，克孜尔石窟开凿于公元 3 世纪前后，到公元 9 世纪逐渐停工。克孜尔石窟群有四个石窟区，正式编号的石窟有 236 个，绝大部分塑像已经被彻底毁坏，且没有一个完整塑像。现存的早期石窟大约开凿于公元 3 世纪末到公元 4 世纪中叶，一些洞窟中存在壁画。

这个时期的洞窟形制，主要是龟兹式中心塔柱窟。长方形平面，纵券顶，分为前室和后室。在后室有直通窟顶的中心塔柱，塔柱正面凿一大龛，龛中塑一尊坐佛像。佛龛左右开辟甬道，与后面的隧道相连。隧道后壁有长方形的平台，台上是释迦牟尼佛涅槃像。这种洞窟可供僧人坐禅观想，也方便信众瞻仰礼拜。在早期的石窟群中，僧房窟数量最多，其中有炕和壁炉，主要供僧人居住。这个时期的洞窟中还有少量大像窟，其前室都凿出露天大佛像，一般认为是仿照巴米扬大佛像窟的式样开凿而成。这类洞窟的用途，主要是供僧俗信众观佛礼佛。

克孜尔石窟中的早期壁画题材，以佛传故事为主，表现释迦牟尼出生、出家、成道、传教、整个一生的涅槃故事。另外，壁画中还有禅定及天宫伎乐图等。整个洞窟壁画以展现小乘佛教思想为主，受犍陀罗艺术风格影响明显。公元 4 世纪中叶以后，克孜尔石窟开凿进入快速发展阶段，规模扩大，种类增多，雕塑和绘画艺术繁荣起来。

汉武帝时期，在河西设置武威、酒泉、张掖、敦煌四郡，合称为"凉州"。佛教从西域传到中国内地，这里是必经之地，所以凉州长期成为佛教的兴盛地。《魏书·释老志》记载："凉州自张轨后，世信佛教。敦煌地接西域，道俗交得，其旧式村坞相属，多有塔寺。"张轨（255—314）于永宁初年（301）出任护羌校尉、凉州刺史，鼓励佛教发展。两晋时期，实际控制凉州地区的汉族和少数民族统治者，大都对佛教采取扶植的政策。从十六国时期开始，凉州广大地区的佛教艺术遗存非常丰富，包括寺塔、佛像、壁画、石窟等。在石窟开凿方面，到公元 4 世纪末更是受到社会各阶层的特殊重视：

　　凉州石崖塑瑞像者，昔沮渠蒙逊以晋安帝隆安元年（397）据有凉土三十余载，陇西五凉，斯最久盛。专崇福业，以国城寺塔终非云固，古来帝宫，终逢煨烬，若依立之，效尤斯及。又用金宝，终被毁盗。乃顾眄山宇，可以终天，于州南百里，连崖绵亘，东西不测，就而凿窟，安设尊仪，或石或塑，千变万化。[①]

这里的"凉州石崖"即今天的梯山石窟。这个记载表明，当时人们注意到建立于通都大邑的寺塔总是毁于战火，佛教诸多珍贵法物不能长久存在，于是，为了佛教经像久远留存，人们想到了开凿石窟。凉州石窟的真正开凿当然要早于这个时期。在现存的凉州石窟群中，最著名的当是敦煌莫高窟。

莫高窟开凿于敦煌城东南 25 公里的鸣沙山东麓崖壁上，现存有雕塑、有壁画的有效洞窟 492 个。据唐武周圣历元年（698）《李君莫高窟佛龛碑》记载，十六国前秦建元二年（366），僧人乐僔"戒行清虚，执心恬静"，来到此山，"忽见金光，状有千佛"，于是便在这里"造窟一龛"。不久"有法良禅师，从东届此，又于僔师窟侧，更即营建。伽蓝之起，滥觞于二僧"。现在还没有发现乐僔和法良开凿的石窟。现存石窟最早属于南北朝时期。从南北朝开始，由于当地佛教持续兴盛，在石窟建造和各类艺术品的制作方面进入长久繁荣期，最终形成了一座世界著名的佛教艺术宝库。

## 第二节　佛图澄弘教及其成效

### 一　佛图澄的灵异布道

在中国佛教历史上，佛图澄是第一位通过成功传教，把地区佛教发展推向高潮的外籍僧人。他既是精通佛教经典的学问僧，又以终身持戒严谨闻名，运用包括神异在内的多方面才能推动佛教向社会各阶层传播，更是他的最突出事迹，从而被《高僧传》列为神异类的第一人。

根据《高僧传》卷九记载，佛图澄（232—348）是西域人，俗姓帛，少年出家，能够"诵经数百万言"，并且"善解文义"，是一位学有所成、颇有造诣的义学僧。从其诵经数量上看，大约是兼通大小乘。他曾游学罽宾，知名于西域地区，然后进入内地。他"妙解深经，傍通世论"，虽然

———————

① （唐）道宣：《集神州三宝感通录》卷中，《大正藏》第 52 册，第 417 页下。

没有读过汉地儒家典籍，但是可以和汉地学士论辩疑难问题。他在"讲说之日，止标宗致，使始末文言，昭然可了"，是一位善于讲经的僧人。同时，佛图澄也以终身持戒严谨著称，据说，"澄自说生处，去邺九万余里。弃家入道一百九年。酒不窬齿，过中不食，非戒不履，无欲无求"。能够做到"过中不食，非戒不履"，其持戒之严格，即便在当时的高僧中也是很突出的。

西晋怀帝永嘉四年（310），佛图澄到达洛阳，目的是建立寺院，弘扬佛法。他精通佛教经典，又具有一系列神异本领，诸如"善诵神咒，能役使鬼物；以麻油杂胭脂涂掌，千里外事，皆彻见掌中，如对面焉，亦能令洁斋者见；又听铃音以言事，无不劲验"，等等。但是，由于没有政治力量的支持，他建立寺院的理想还是没有实现。《高僧传》本传认为佛图澄"立寺之志遂不果"的原因是"值刘曜寇斥洛台，帝京扰乱"，实际上，佛图澄以后正是在战乱中建立寺院的。弘扬佛法是否能成功，主要取决于是否得到政权的支持，而不是取决于是在和平年代还是战争年代。佛图澄当时清楚地认识到这一点，所以他在洛阳建寺受挫之后，就把主要精力放在与统治者建立关系方面。他选择的第一个要教化的对象，不是佛教的信徒，而是对佛教完全没有好感，并且杀戮成性的石勒。

当时石勒屯兵葛陂（今河南新蔡北），以滥杀树威，"沙门遇害者甚众"。佛图澄通过石勒部将郭黑略的引荐，取得了与石勒见面的机会。在第一次见面时，石勒问佛图澄："佛道有何灵验？"

> 澄知勒不达深理，正可以道术为征，因而言曰："至道虽远，亦可以近事为证。"即取应器盛水，烧香咒之，须臾生青莲花，光色曜目。勒由此信服。

石勒信服佛图澄，不是因为他信仰佛教，对佛教义理感兴趣，而是因为他希望借助佛图澄的道术赢得战争。佛图澄很清楚这一点，所以就用"灵验"的"道术"来取得石勒信任。很明显，他初次展示出的这些"道术"，就是幻人眼目的魔术之类技法。佛图澄用此类技法取得后赵统治者的信任，然后逐步引导他们信仰佛教，成为佛教发展的强大外护。对于西北大多数少数民族，佛图澄也是以神异事迹引导他们走向佛教，所谓"戎貊之徒，先不识法，闻澄神验，皆遥向礼拜，并不言而化焉"。

取得石勒信任之后，佛图澄接下来采用的教化理论不是佛教基本教义，而是中土的天人感应之说：

> "夫王者德化洽于宇内，则四灵表瑞；政弊道消，则彗孛见于上。恒象著见，休咎随行。斯乃古今之常征，天人之明诫。"勒甚悦之。凡应被诛余残，蒙其益者十有八九，于是中州胡晋略皆奉佛。

用天人感应教化石勒，取得的效果是石勒减少杀戮，而受益的人则感恩佛教僧人的慈悲，因此信奉佛教。对于一般社会民众而言，对佛图澄的感激最终转化为促使他们信仰佛教的动力。同时，佛图澄还善医术，这也是他推动社会各界信奉佛法能够成功的一个重要原因。

佛图澄利用神异来鼓励石勒树立战胜敌人的信心，同时运用自己的军事谋略来为军政大事提出建议。永嘉六年（312），鲜卑族段波攻打石勒，"其众甚盛"。石勒产生畏惧心理，问计于佛图澄。佛图澄说："昨寺铃鸣云：明旦食时，当擒段波。"当石勒登上城楼，看见段波军队声势浩大，军阵不见首尾时，便对佛图澄的话产生了怀疑。但是，结果正如佛图澄所言，城北伏兵杀出，俘虏了段波。佛图澄劝石勒释放段波，以与鲜卑段氏结好。石勒采纳了佛图澄的建议，此后段氏部归附石勒。

至前赵光初十一年（328），刘曜亲自率兵攻洛阳，石勒准备亲自率兵迎战，"内外僚佐无不必谏"，只有佛图澄鼓励出征。石勒率兵与刘曜决战时，让佛图澄与太子守襄国，直接参与军事、外交和行政管理。石勒登位之后，佛图澄已经不仅仅是大和尚、最高宗教领袖，而是帮助石勒建国的功臣，地位非常高，石勒"有事必谘而后行"。

佛图澄最终凭借他的精湛医术使石勒、石虎信奉佛教。石虎的儿子石斌为石勒所宠爱，已经"暴病而亡"两天，石勒说："朕闻虢太子死，扁鹊能生，大和上国之神人，可急往告，必能致福。"石勒把佛图澄视为神医扁鹊，希望他能起死回生。佛图澄果然不负所望，"乃取杨枝咒之，须臾能起，有顷平复"。经过这次神奇事件之后，石勒的诸位幼子"多在佛寺中养之"。"每至四月八日，勒躬自诣寺，灌佛为儿发愿。"

在佛图澄起死回生的医术感召下，石勒从关心佛教是否灵验到注重佛教的治国，再到完全信仰佛教，并且把他的王室子弟送到佛寺，让他们在佛寺中长大。佛寺有了教育的功能，有了护佑幼子成长的功能，这是佛图澄的功劳。在此之前，还没有类似记载。

石虎登位之后，"迁都于邺，称元建武。虎倾心事澄，有重于勒"。石虎比石勒更尊崇佛图澄，主要原因是佛图澄在石虎夺取王权中起到了更重要的作用。石虎敬重佛图澄，也是从信服其神异本领开始的。而且，石虎对于有神异本领的其他僧人也十分敬重。比如，单道开就是其中一例。单道开姓孟，敦煌人，有神异，擅长医术。佛图澄说："此道士（单道开）观国兴衰，若去者，当有大灾。"石虎一直供养此人。

佛图澄是一位自我神化的高手，能够利用一件微不足道的小事，在不动声色之间让全国民众对他心生畏惧，自觉把他当作神灵膜拜：

> 澄时止邺城内中寺，遣弟子法常北至襄国。弟子法佐从襄国还，相遇在梁基城下共宿，对车夜谈，言及和上，比旦各去。法佐至，始入觐澄，澄逆笑曰："昨夜尔与法常交车共说汝师耶？先民有言：不曰敬乎，幽而不改；不曰慎乎，独而不怠。幽独者敬慎之本，尔不识乎！"佐愕然愧忏。于是国人每共相语："莫起恶心，和上知汝。"及澄之所在，无敢向其方面涕唾便利者。①

推测某位弟子在背后可能说自己什么话，对于阅历丰富、精通世事的佛图澄来说，真是太简单的事情了。佛图澄的本领在于，他通过这件本来是微不足道的、可以发生在许多人身上的小事情，把自己可以知道别人背后议论自己的能力传播到全国去，让人们都相信他具有"他心通"之类不可思议的神秘能力。这样一来，人们不仅不敢私下非议他，而且在心里也不敢对他起恶念。发展到最后，人们竟然不敢向他所在的方向"涕唾便利"。佛图澄利用一件小事情实现了自我神话的目的，于是他真正成了神灵，人们对他的崇拜超过了对皇帝的崇拜。

佛图澄在参与政治斗争、谋划军政大事等方面，总是巧妙地利用天神的话，或是通过宣布自己获得的多种神秘启示来表达意愿，把自己的想法说成上天的安排。在平定太子石邃谋反事件中，佛图澄就是这样做的：

> 太子石邃……荒酒将图为逆，谓内竖曰："和上神通，傥发吾

① （梁）慧皎：《高僧传》，《大正藏》第 50 册，第 383 页中。

谋，明日来者，当先除之。"澄月望将入觐虎，谓弟子僧慧曰："昨夜天神呼我曰：'明日若入，还勿过人。'我倘有所过，汝当止我。"澄常入必过邃，邃知澄入，要候甚苦。澄将上南台，僧慧引衣，澄曰："事不得止。"坐未安便起，邃固留不住。所谋遂差。还寺叹曰："太子作乱，其形将成。欲言难言，欲忍难忍。"乃因事从容箴虎，虎终不解。俄而事发，方悟澄言。①

太子把佛图澄视为妨碍自己篡位的最大障碍，必欲置其于死地，但是佛图澄早有察觉。他在制订防范计划时，总是借用"天神"的话来表达自己的意思，把自己扮作"天神"的代言人。他提出军事、行政等方面的任何主张，也都打着"天神"的旗号，宣称是"天神"告诉他的。

十六国时期，很多少数民族统治者奉佛的目的很单纯、很直接，就是希望通过奉佛活动获得佑护。为了达到这样的目的，可以不计成本奉佛供僧，大做佛事。如果没有灵验，就会对佛产生怀疑。当石虎也出现这种状况时，佛图澄的处理方法极具代表性。

康帝建元元年（343），东晋桓温率军出淮泗，直接威胁后赵。恰在此时，石虎在对前凉的战事中也受挫，国内情况危急，民众人心不稳。石虎发怒，抱怨佛教："吾之奉佛供僧，而更致外寇，佛无神矣。"佛图澄第二天早上见石虎，知道这件事情后，对石虎说：

> 王过去世经为大商主，至罽宾寺，尝供大会。中有六十罗汉，吾此微身，亦预斯会。时得道人谓吾曰："此主人命尽当受鸡身，后王晋地。"今王为王，岂非福耶？疆场军寇，国之常耳，何为怨谤三宝，夜兴毒念乎？虎乃信悟，跪而谢焉。②

佛图澄用佛教的因果报应学说解释当时出现的情况，消除石虎对佛教的疑惑和怨恨，收到了良好效果。后世许多佛教僧人遇到同类问题时，几乎用同样的方式来解决。

佛图澄对石虎讲的"佛法"并不复杂，也不抽象，主要以善恶报应、

---

① （梁）慧皎：《高僧传》，《大正藏》第50册，第383页中。
② 同上。

生死轮回学说为主。对于规劝嗜杀成性、凶残暴虐的石虎,佛图澄主要强调佛教"不杀"的戒律,并把它作为佛法的核心内容:

> 虎常问澄:"佛法云何?"澄曰:"佛法不杀。""朕为天下之主,非刑杀无以肃清海内。既违戒杀生,虽复事佛,讵获福耶?"澄曰:"帝王之事佛,当在体恭心顺,显畅三宝,不为暴虐,不害无辜。至于凶愚无赖,非化所迁,有罪不得不杀,有恶不得不刑。但当杀可杀,刑可刑耳。若暴虐恣意,杀害非罪,虽复倾财事法,无解殃祸。愿陛下省欲兴慈,广及一切,则佛教永隆,福祚方远。"①

在佛图澄看来,对于佛教信徒来说,戒杀是没有条件的,是必须遵守的。但是,对于帝王来说,信奉佛教并不意味着绝对不杀生,因为这是绝对做不到的。治理国家,必须要惩治"凶愚无赖",对于有罪的人是"不得不杀",对于刑事罪犯不能不动用刑罚,但是,不应该"暴虐恣意,杀害非罪"。也就是说,帝王只要不滥杀无辜,就达到了要求,就是"体恭心顺"的表现。相反,如果实行暴政,滥杀无辜,就是把所有的财富拿来贡献给佛教,也消除不了必遭"殃祸"的果报。帝王只有节制个人的欲望(省欲),对所有的人民慈悲(兴慈),就能一方面使佛教永远兴隆,另一方面使自己的福利无穷无尽。这里的"省欲兴慈",规劝帝王不要滥杀无辜,是历代佛教信徒规劝帝王最主要的一个内容,也是佛教徒希望统治者在治理国家方面运用佛教伦理的原则。

佛图澄在邺宫寺给石虎的临终遗言,正是强调了这样的道理:

> 今意未尽者,以国家心存佛理,奉法无斁。兴起寺庙,崇显壮丽,称斯德也,宜享休祉。而布政猛烈,淫刑酷滥,显违圣典,幽背法诚,不自惩革,终无福佑。若降心易虑,惠此下民,则国祚延长,道俗庆赖,毕命就尽,没无遗恨。②

对于帝王来说,虔诚信仰佛教,全力供养僧众,大力修建寺庙,当然

---

① (梁) 慧皎:《高僧传》,《大正藏》第 50 册,第 383 页中。

② 同上。

是有功德的，但是，最终决定是否得到佑护的，是其如何施政。这样，是否得到佛护佑的最重要的标准，最终落实到如何施政方面，具体落实到是否"惠此下民"方面。只有施行仁政，才能得到佛教神灵佑护。

对于一些奉佛的达官显贵，佛图澄的规劝和解说也是很有代表性的：

> （石）虎尚书张离、张良，家富事佛，各起大塔。澄谓曰："事佛在于清靖无欲，慈矜为心。檀越虽仪奉大法，而贪悋未已，游猎无度，积聚不穷，方受现世之罪，何福报之可悕耶？"①

在从印度到中国的佛教发展历史上，佛教的发展离不开国家的辅助，更离不开权贵阶层的物质贡献。对于这些有能力拿出大量钱财供养佛教的阶层，佛教僧人依然是从弃恶从善的角度来规劝。尽管给佛教以大量的金钱支持，但这不是能否得到福报的关键。事佛的关键是修心，是清净无欲和慈悲为怀，如果贪得无厌、聚敛无足、挥霍无度，只能是招祸惹灾，根本不可能获得福报。这些说法，也是历代佛教徒对权贵者的共同规劝话语。

佛图澄在后赵统治者的支持下，把佛教在中原地区的发展推到一个高峰阶段。在他圆寂时，"士庶悲哀，号赴倾国"，不仅反映了他个人的影响，也反映了佛教在当时多民族中的普及和影响。

在他传教的几十年中，"受业追游，常有数百，前后门徒，几且一万。所历州郡，兴立佛寺八百九十三所，弘法之盛，莫与先矣"。佛图澄时期，寺院的数量、门徒的人数，都是前所未有的。在中国历史上，他首次建立了超出州郡范围的全国性僧团，他使佛教在北方的发展规模达到了前所未有的程度。

佛图澄在传教过程中培养了许多弟子，这些弟子成为后来弘扬佛教的中坚力量。在他的弟子中，来自西域各国的僧人就有数十名，"佛调、须菩提等数十名僧，皆出自天竺、康居，不远数万之路，足涉流沙，诣澄受训"②。在他培养的中土弟子中，著名者有道安、竺法雅、竺法汰、竺僧朗等。这些人是推动佛教向南北各地传播和流行的主要力量。

---

① （梁）慧皎：《高僧传》，《大正藏》第50册，第383页中。

② （梁）慧皎：《高僧传》卷九《佛图澄》，《大正藏》第50册，第383页中。

### 二　竺僧朗的福业兴教

佛图澄弟子众多，两晋时期活跃在南北各地，为推动佛教的多途径发展贡献甚巨。其中，竺僧朗和竺法汰是活跃在北方的两位著名僧团领袖。他们风格不同，行事各异，是两位不同类型的地方僧团领袖。

竺僧朗是以泰山为传教基地，通过兴福业与南北多国统治者建立联系，获得支持，为北方佛教持续发展做出了贡献。如果说佛图澄只是与后赵统治者建立了稳定持久关系，那么竺僧朗则与多个割据政权建立联系，获得政治庇护和经济支持，开辟了另一条佛教僧团的生存方式；如果说佛图澄是后赵时期的中央高僧代表，那么竺僧朗就是知名于整个北方的地方高僧代表。

根据《高僧传》卷五本传记载，竺僧朗是京兆（治今西安西北）人①，少年时代"游方问道"②，后来回到长安，专门从事讲经说法。竺僧朗颇类其师佛图澄，有一些神异事迹。有一次，他同几位僧人赴请（僧人应在家信徒之请而受其供养），走到中途，他告诉同行者："君等寺中衣物，似有窃者。"听了他的话，大家返回查看，果然有人想盗窃财物，由此成功防止了衣物被盗。另外，传记中也说他有"预见之明"。

前秦苻坚皇始元年（351），竺僧朗到了泰山，与隐士张忠（字巨和）结成林下密友，总是共同出游。张忠是为避永嘉之乱隐居泰山，并不以研究经典为主，而是"清虚服气，餐芝饵石，修导养之法"，自称"东岳道士"。③ 张忠与前秦统治者关系密切，曾被苻坚遣使迎入长安，归途中逝于华山之东。竺僧朗与他过从甚密，只能是与道家的修炼有关，并不是以研讨义理为主。张忠与少数民族统治者关系密切的特点，在竺僧朗那里就更为突出了。

竺僧朗在泰山西北方的金舆谷昆仑山中建立了寺院，"内外屋宇数十余区，闻风而造者百有余人"，显然已经是一个有规模的僧团。竺僧朗对于这些前来求学者"孜孜训诱，劳不告倦"。对于这样一位有名望、有影

---

① （唐）道宣：《集神州三宝感通录》卷中，《大正藏》第 52 册，第 433 页中。竺僧朗俗姓李，冀（治今河北高邑西南）人。

② 《高僧传》没有讲竺僧朗的师承，《水经注》卷八"济水"记他"少事佛图澄，硕学渊通，尤明气纬（望气、谶纬）"。

③ （唐）房玄龄：《晋书》卷九十四，中华书局 1974 年版，第 2451 页。

响的大寺院住持，北方多位割据政权的统治者予以关注。前秦苻坚曾遣使征请①，竺僧朗以年老多病为由固辞。于是苻坚"月月修书馈遗（布施财物）"。后来苻坚在沙汰（整顿、治理）众僧时，专门另外下诏书，指出："朗法师戒德冰霜，学徒清秀，昆仑一山，不在搜例。"竺僧朗是知名南北的一位地方高僧代表，他领导的僧团享受官方免于检查的特殊待遇，等于是官方在全国树立的僧团以及僧团领袖的模范。中央政府对于一个地方僧团这样的待遇，在中国历史上是第一次，以后庐山慧远僧团也得到了东晋王朝的这种待遇。很明显，竺僧朗并没有在义理研究、经典译介方面做出什么成绩，但是他在地方上传教弘法，为稳定一方治安做出贡献，得到朝廷的认可、褒奖和扶植。

竺僧朗先后为南北多国统治者做法事祈福，并且被认为灵验，由此受到他们的重视、支持和庇护。东晋孝武帝司马曜（373—397 年在位）致书问候，并遣使送五色珠像一躯、明光锦五十匹、象牙（竹罩）五领、金钵五枚。后燕慕容垂（384 年建国）"遣使者送官绢百匹、袈裟三领、绵五十斤"，感谢他的"咒愿"。

南燕王慕容德（398 年建国）授竺僧朗"东齐王"号，封给奉高（今山东泰安东）、山（茌）（今山东长清东南）二县租税，用以报答竺僧朗让"神祇盖护"自己的"大恩"。②竺僧朗辞受王号，受二县租税。他之所以要接受这两县的租税，就是为了解决"兴福业"③所需要的费用。所谓"兴福业"，就是做善事、做法事，为慕容德之类的统治者积累功德，让他们今世国泰民安，来世转生到高级轮回阶位。"东齐王"是虚名，自然可以不要，两县的租税则可供养许多弟子和追随者。他在辞受王号接受二县租税的回信中说："贫道味静深山，岂临此位？且领民户，兴造灵刹，所崇像福，冥报有所归。"④竺僧朗要用两县的租税建寺院造佛菩萨像，这种善事的功德报应自然会在大施主的身上起作用。

后秦姚兴（394 年即位）也致书送礼，表示在攻占洛阳之后，将"东封巡省，凭灵伏威，须见指授"。遣使赠送金塔三级、经一部、宝台

---

①　《广弘明集》卷二十八上《与朗法师书》。

②　（唐）道宣：《广弘明集》卷二十八《与朗法师书》，《大正藏》第 52 册，第 322 页中。

③　（梁）慧皎：《高僧传》卷五《竺僧朗》，《大正藏》第 50 册，第 354 页中。

④　（唐）道宣：《广弘明集》卷二十八上《与朗法师书》，《大正藏》第 52 册，第 322 页中。

一区。

北魏道武帝拓跋珪（386—409 年在位）送书称赞："上人德同海岳，神算遐长，翼助威谋，克宁荒服"，并赠送财物。在拓跋珪看来，竺僧朗的能力还在于他的"神算"，在于他能够通过他的特异功能来"翼助威谋"。竺僧朗前后得到南北五位国王的道义支持、经济援助和政治庇护[①]，都是与他大张旗鼓地大办福业有关系。在北方少数民族统治者相信灵异、相信因果的情况下，竺僧朗借用自己所在泰山圣地的区位优势，用兴办福业来兴盛佛教，取得了显著的效果，为僧团的生存和发展开辟了新路子。竺僧朗后来圆寂于山中，时年 85 岁。当时泰山还有位名僧叫支僧敦，是冀州人，"妙通大乘，兼善数论"，著有《人物始义论》[②]。

### 三  竺法雅以及"格义"略析

竺法雅是河间（治今河北献县西南）人，少年时代精通儒道经典，出家后精通佛教义学。他经常与道安、康法朗、竺法汰等人研究经典，探讨义理。竺法雅后来在高邑（在今河北）建立寺院，僧众百余人，也是一个比较有规模的僧团。其著名弟子有昙习，善于言谈，为后赵太子石宣所敬。

竺法雅以善于讲经说法、训诱弟子著称。当时向他请教的学者很多，跟随他学习的门徒在学问结构上有一个共同特点，就是"世典有功，未善佛理"，即在儒学、道学方面的学问功底很好，但是对佛教义理比较陌生、隔膜。于是竺法雅与康法朗等人采用了适合学者的教学方法：

> 以经中事数，拟配外书，为生解之例，谓之格义。及毗浮、相昙等，亦辩格义，以训门徒。[③]

选择学生们理解的儒家、道家经典中的名词、概念和命题（拟配外书），解释佛经中的名词、概念和命题（经中事数），把这种方法作为帮

---

① 在《集神州三宝感通录》卷中，还记载北代、高丽、相国、胡国、女国、吴国、昆仑"七国"给竺僧朗送金铜佛像，似不可全信，大概是说明竺僧朗声名远播。

② （梁）慧皎：《高僧传》卷五《竺僧朗》，《大正藏》第 50 册，第 334 页中。

③ （梁）慧皎：《高僧传》卷四《竺法雅》，《大正藏》第 50 册，第 347 页上。

助学生理解佛教义理的门径、手段或方法（为生解之例）。所以，"格义"就是用中国的名词、概念来帮助理解佛教教义的一种手段、一种方法。

给学徒讲解，不能不用"格义"的方法，有两个方面的原因。首先，在教师方面，竺法雅之所以采用格义方法教授，就在于他兼通中国本土思想文化和佛教教义，能够在讲经说法的过程中"外典佛经，递互讲说"①。没有这样的条件，不懂中国文化，实际上也无法把佛教教义传达给中土人士。其次，在学生方面，运用格义方法的原因，是因为弟子们对世典有功底，所以用儒道的经典来解释佛教经典，易于接受。这是对知识分子、对传统著作有根底的学佛者讲佛教理论的一种方法，而且是一种非常普遍的方法。使用这种方法并不是从竺法雅开始。

僧叡在《喻疑》中叙述讲经说法的历史："汉末魏初，广陵、彭城二相出家，并能任持大照。寻味之贤，始有讲次。"这就是说，讲经说法从汉末就开始了，并且一直流传。这种讲经说法的特点，就是"恢之以格义，迁之以配说"②。这里的"格义"和"配说"是同义语，是说当时讲佛经的道理都是运用儒道典籍（外书）的名词概念来发挥佛教义理（恢之），曲折表达经典奥义（迁之）。因此，竺法雅等人用"格义"方法训徒，并不是说这种方法起源于竺法雅、是竺法雅"想出来的"、是出于什么政治目的提出来的，等等。另外，"格义"是一种方法，其本身也就没有什么新旧之分、广义狭义之分，等等。"格义"作为一种借用本土典籍理解翻译典籍，进而准确、全面把握外来思想的一种方法，其源头可以追溯到汉末讲经的时候，但这远不是"格义"的最早源头。从本质上说，"格义"的真正源头是从佛经开始翻译就产生了。

在佛经翻译过程中，除了音译词之外，总是要用中国典籍中的现成名词来对译佛经名词、概念，即便在以后佛经翻译理论成熟之后，这种方法仍然是必需的。翻译佛经的过程，本质上是汉地人士运用自己的文字解释、注释、诠释外来思想的过程。差别仅仅在于，同样的名词在不同的理论体系中其含义是不同的，只有找到两者的差异，才能真正理解佛教的教义。外来文化进入中国文化，首先就要把外文翻译成中文，第一步就是选择中国已有的名词来对释，这实际上就是"格义"。

---

① （梁）慧皎：《高僧传》卷四《竺法雅》，《大正藏》第50册，第347页上。
② （梁）僧祐：《出三藏记集》卷五《喻疑》，《大正藏》第55册，第41页中。

对于格义这种方法，是没有人反对的，而如何使用这种方法，却是见仁见智的。僧先就和道安讨论过"格义"问题。僧先为沙弥时就与道安相遇，两个人的年龄也相仿。后赵社会动乱时，僧先"隐于飞龙山"，不久道安来投奔，两人"相会欣喜"，于是：

> 共披文属思，新悟尤多。安曰："先旧格义，于理多违"，先曰："且当分折逍遥，何容是非先达？"安曰："弘赞理教，宜令允惬，法鼓竞鸣，何先何后。"①

道安所说的"先旧格义，于理多违"，是指前辈佛教学者具体运用"格义"方法不恰当，没有准确说明佛教道理，应该批评，而并不是对"格义"本身有意见。僧先和道安的分歧是在对先达的态度上，而不是在对"格义"本身的态度上。而道安对"格义"的真实理解和态度，也可以从后来的僧叡那里得到证明："自慧风东扇，法言流咏以来，虽曰讲肆，格义迂而乖本，六家偏而不即。"② 在僧叡看来，汉魏时期诸多讲经者运用"格义"方法理解佛典，由于对经文过于曲折发挥（迂）导致有违经典原意（乖本）。在这里，并不是说"格义"方法不好，而是说使用该方法的人运用不当。同样，阐述般若义理的六种观点都有错误（偏），没有把般若奥义准确揭示出来（不即），并不是说般若观点不应该阐述，而是阐述者自己犯了错误。在他看来，道安阐述的"性空"思想就是完全正确的。总之，"格义"是在佛教研究过程中始终存在的现象，把"格义"作为划分佛教发展或佛学演进的一个阶段，是没有任何根据的。

## 第三节　道安弘法实践与多种贡献

在佛图澄的众多弟子中，以道安（312—385）最为知名，最具影响。从治理僧团到整理经典，从完善僧团制度到研究佛学义理，从组织译经到培养人才，从弘教下层民众到获取朝廷支持，道安几乎在佛教思想和实践

---

① （梁）慧皎：《高僧传》卷五《僧先》，《大正藏》第 50 册，第 355 页上。
② （梁）僧祐：《出三藏记集》卷八《毗摩罗诘提经义疏序》，《大正藏》第 55 册，第 58 页下。

的每一个环节、每一个方面都有积极探索，都获得显著效果。东晋是佛教名家辈出的时代，而在推动佛教适应社会变革方面所做的工作之多、影响之深，没有人可以与道安相提并论。

### 一　道安的行履思想

从出家到圆寂，道安在佛教界的生涯大体可以划分为四个阶段。

（一）游学阶段，从 12 岁出家到东晋永和十年（354）前后

《高僧传》卷五《释道安》记载，道安俗姓卫，常山（今河北正定）扶柳人，12 岁出家。东晋时期，不少寺院占有田地，作为寺院僧众生活来源。寺院中大多数僧人要参加生产劳动，专门负责讲经说法的是少数人。对于少年僧人，大约也要参加劳动。道安当时虽然"神智聪敏"，但由于"形貌甚陋，不为师之所重"，所以师傅没有让他专注于学习经典，而是派他到田野里劳动。三年之间，道安勤于劳作，没有怨言，并且"笃性精进，斋戒无阙"。道安从小就热爱劳动，严谨持戒，表现出了良好的品行。

数年之后，道安禀告其师借阅佛经。师给他《辩意经》一卷，大约五千言。道安带着经书到田间，在休息的时候阅览，第二天下午就把经书还回，并告诉其师，自己已经能全部背诵，请求另借阅他经。其师将信将疑，就又借给他《成具光明经》一卷，将近一万言。道安仍然同前次一样，第二天傍晚就归还佛经。其师让他背诵，竟然"不差一字"。道安这种强记功夫令其师大为惊诧，由此受到器重，在 20 岁时受具足戒，并被允许出外游学。

道安游学至邺，进入中寺，遇到佛图澄，交谈终日，深受重视，即拜佛图澄为师。佛图澄每次讲经之后，道安都复述。道安不仅有很好的记忆力，而且思维敏捷，辩才无碍，经常在解疑释难的辩论中"挫锐解纷，行有余力"，当时流传着"漆道人（指道安），惊四邻"之语，可见道安在跟随佛图澄学习的时候已经有了名声。他主要学习经和律，大约大、小乘经典都有。

鉴于当时"学者多守闻见"的情况，道安感叹："宗匠虽遥，玄旨可寻，应穷究幽远，探微奥，令无生之理宣扬季末，使流通之徒归向有本。"于是游方问道，备访经律。从这个记载来看，道安大约并不满足在邺跟随佛图澄学习的内容，也对邺城佛学界保守、缺乏创见的气氛不满。

他离邺外出游学，不是为了生计考虑，而是要探索大乘佛教的深刻道理，并且把真正深奥的佛教义理传播开来，纠正人们的错误观念和认识，走向修行的正道。

东晋永和五年（349），彭城王石遵杀石世自立后，派遣中使竺昌蒲召请道安入住邺北的华林园，并为他广修房舍。不久，石遵被杀，道安为躲避战乱离开邺城，活动于今天山西、河北一带山区。他先到濩泽（今山西阳城），师从太阳竺法济、并州支昙，听讲《阴持入经》。后来与同学竺法汰等到飞龙山（今山西浑源西南），与已在山中的僧先、道护等人会合，共同研习经典。

（二）作为僧团领袖游动传教阶段，从东晋永和十年（354）至东晋兴宁三年（365）

东晋永和十年（354）前后，道安在太行恒山（今河北阜平北）建塔造寺，开始传教。当时跟随他出家，或者受他教化的人"中分河北"，可见人数之多。可以说，从此时开始，他从游方参学者转变为僧团领袖。当时前燕已经统治河北大部分地区，武邑太守卢歆闻道安之名，使沙门敏见邀请传法，道安"辞不获免，乃受请开讲"，得到"道俗欣慕"。

东晋升平元年（357），道安 45 岁，返回邺城，住受都寺，"徒众数百，常宣法化"。在这个时候，道安已经成为继其师佛图澄之后又一位北方最有影响的僧团领袖。由于当时战乱频仍，道安率领的僧团始终处于游动之中，在每一个地方停留的时间都不长。道安僧团曾先后驻扎过牵口山（在邺城西北）、王屋女休山（今河南济源西北），还曾渡河到陆浑（今河南嵩县西北）居住，就地谋食，有时以草木充饥。

作为当时北方最大僧团的领袖，道安深知僧团生存的艰难。频繁发生的天灾人祸，使僧团始终不能得到比较长时间的安定。在去往王屋女休山之前，道安曾对僧众说："今天灾旱蝗，寇贼纵横，聚则不立，散则不可。"僧团规模不能太大，但是解散僧团也不利于弘扬佛法。在决定离开陆浑南投襄阳之后，庞大的僧团行至新野，道安对僧众说："今遭凶年，不依国主，则法事难立。又教化之体，宜令广布。"从有利于争取国家支持和弘扬佛教两个方面考虑，道安把僧团分开，命竺法汰去扬州（今南京），法和入蜀，他与弟子慧远等四百余人渡河去襄阳。

（三）襄阳传教阶段，从东晋兴宁三年（365）到太元四年（公元379）

在道安率领僧团向襄阳进发时，他已经是东晋最著名的佛教界领袖，受到南北各国人士的敬重。当时人们对道安在佛教界地位的认可，可以从习凿齿一封欢迎道安到襄阳的信中看出来。襄阳人习凿齿是东晋名士，以"锋辩天逸，笼罩当时"著称。习凿齿早已闻道安盛名，在道安率领僧团走到接近襄阳的南阳时，他就致书通好，在书中说：

> 自大教东流四百余年，虽蕃王居士时有奉者，而真丹宿训，先行上世，道运时迁，俗未全悟。自顷道业之隆，咸无以匹，所谓月光将出，灵钵应降。法师任当洪范，化洽幽深，此方诸僧，咸有思慕。若庆云东徂，摩尼回曜，一踬七宝之座，暂现明哲之灯，雨甘露于丰草，植栴檀于江湄。则如来之教，复崇于今日，玄波溢漾，重荡于一代矣。[①]

显然，习凿齿是从佛教初入中国直到东晋的四百年发展角度论述道安的地位，评价道安的贡献。在他看来，佛教初传中国，虽然信奉者不少，但是真正能够全面悟解佛教道理的人很少。像道安传教弘法"道业"如此兴盛的，尚属罕见。当时道安率领的僧团达到四五百人，这样大规模的僧人团体游动，的确绝无仅有。习凿齿认为，道安是当时担任弘传佛教大任的宗师，南下襄阳是迎合了僧众的思慕之情，预示着襄阳佛法的兴盛。道安到达襄阳后，两人见面，习凿齿自己通报姓名说："四海习凿齿。"道安回答："弥天释道安。"当时人以为名答。

凭借道安在全国的盛名和威望，僧团到达襄阳后，在建造寺院、铸造佛像、弘法传教等方面受到南北各地官僚、富豪的支持。高平郄超遣使送米千斛，修书累纸，深致殷勤。征西将军、荆州刺史桓豁邀请他暂往江陵，朱序又请他返回襄阳，"深相结纳"。道安僧团先住白马寺，由于人多寺小，又建檀溪寺。清河富豪张殷赞助建塔五层，起房四百。凉州刺史

---

① 《高僧传》卷五本传，《弘明集》卷十二所载此文较详，说此信写于兴宁三年（365）四月五日。其中有"又闻三千得道（喻道安僧团弟子）俱见南阳"语句，是指道安僧团走到南阳，尚未到襄阳。

杨弘忠送铜万斤，铸造佛像。符坚遣使送外国金箔倚像，高七尺，还有金坐像、结珠弥勒像、金缕绣像、织成像各一张。经过来自各方面的支持和赞助，道安建立了宏大、庄严的弘法道场。

在各方面的支持下建立了稳固的传法基地之后，道安勤于讲经说法和举办各种法会，不断扩大僧团的社会影响，希望赢得更多的各界信众，使"四方学士竞往师之"。他在樊沔十五载，每年讲两遍《放光波若经》，"未尝废阙"。道安在讲经弘法之余，从事佛教典籍整理和经录编撰工作，付出了很大的心力。在举办讲经等各种法会时，"辄罗列尊像，布置幢幡，珠佩迭晖，烟华乱发。使夫升阶履阈者，莫不肃焉尽敬矣"。法会布置得十分华丽、庄严，以显示佛国的富丽堂皇和神秘莫测，结合宣讲教义和举办隆重法会，进一步增强信众对佛教的虔诚和恭敬。

道安在襄阳传教，也得到东晋孝武帝（373—397年在位）的重视和支持。孝武帝信奉佛教，在殿内立精舍，供养沙门。他"承风钦德，遣使通问"，并下诏书说："安法师器识伦通，风韵标朗，居道训俗，徽绩兼著。岂直规济当今，方乃陶津来世。俸给一同王公，物出所在。"政府给道安相当于王公的俸禄，也就为僧团开辟了新的经济收入来源。

（四）长安弘教时期，从东晋孝武帝太元四年（379）到圆寂（385）

前秦符坚素闻道安之名，把他视为"神器"，希望能得到他的辅佐、护佑，表现出对道安有政治上的渴求，并不仅仅限于宗教上的需要。东晋太元四年（379），符丕攻陷襄阳，把道安和习凿齿两人同送长安。符坚见到道安后十分高兴，对仆射权翼说："朕以十万之师取襄阳，唯得一人半。"权翼问是什么人，符坚回答："安公一人，习凿齿半人也。"对汉地出家僧人如此尊崇，以前还从来没有过。

由于有符坚的大力支持，道安的弘教传法事业在长安达到了顶峰。道安被安置在长安五重寺，僧众达到数千人。自佛教传入中国以来，汉地佛教领袖身边聚集数千名僧人，是从来没有过的。

道安不仅精通佛学，而且"外涉群书，善为文章"，所以，长安地区的"衣冠子弟为诗赋者，皆依附致誉"。长安是一个文化积淀深厚的地方，多闻广识的饱学之士很多，但是，道安的知识广博尤为出众，可以解答别人不懂的问题。符坚命学士，凡佛教内外有疑惑的问题，都请教道安。所以，京兆地区传言："学不师安，义不中难。"

道安在长安，利用政府的支持组织译经工作。他"请外国沙门僧伽提婆、昙摩难提及僧伽跋澄等，译出众经百余万言"。他还经常与沙门法和诠定音字，详核文旨，提高新译经典的质量。道安在长安听到鸠摩罗什的名声，希望能够与他共同探讨佛学问题，经常请求苻坚迎请鸠摩罗什到长安。罗什也久闻道安盛名，把他称为"东方圣人"，并且"恒遥而礼之"。

道安是最早倡导弥勒信仰的佛教领袖之一。他经常与弟子法遇等人于弥勒前立誓，愿生兜率天。东晋孝武帝太元十年（385），道安于五级寺圆寂时，也是发愿去弥勒兜率天宫。

道安的弟子很多，著名的除了慧远之外，还有昙翼、法遇、昙徽（323—395）、道立、昙戒等人，分别活跃在南北各地传教。

### 二 道安的多方面贡献

道安作为僧团领袖前后达三十余年，在此期间，他利用统治者提供的良好条件，组织佛教内外各方面的力量，整合各地佛教资源，为佛教适应社会发展做了大量工作，为佛教的健康发展做出了多方面的贡献，有些工作意义深远，影响至今。

第一，在组织和管理僧团方面，道安参考域外佛教戒律，制定管理制度，规范僧侣的生活方式、修行方式和传教方式，致力于僧团的道风建设、制度建设。

东晋之前，还没有规模比较大的佛教僧团出现。从佛图澄开始，僧人的数量急剧增加，僧团的规模快速扩大，但是在管理僧团方面还没有多少探索。可以说，道安是第一位把僧团管理和制度建设纳入佛教实践中的汉地佛教领袖。从东晋永和十年（354）前后在太行恒山（今河北阜平北）传教开始，道安成为重要的僧团领袖，在以后的三十多年中，道安始终致力于僧团建设，在管理僧团方面有很多建树。

道安为僧团制定规章制度，即制定所谓"僧尼规范，佛法宪章"，规范僧众的修行和生活：

> 安既德为物宗，学兼三藏，所制僧尼轨范，佛法宪章，条为三例：一曰行香定座，上经上讲之法；二曰常日六时行道、饮食、唱时法；三曰布萨、差使、悔过等法。天下寺舍，遂则而从之。[1]

---

[1] 上引均见（梁）慧皎《高僧传》卷五《道安传》，《大正藏》第50册，第351页下。

　　道安参考戒律为僧团制定的僧尼规范，包括三个方面的内容：其一是关于讲经说法的仪式和方法等，其二是关于日夜六时的修行内容和食、住方面的规定，其三是关于半月举行一次的说戒忏悔仪式（布萨）、夏安居结束时举行的忏悔集会（差使、悔过）的规定。道安制定的这些制度在当时就很有影响，为别的寺院所仿效。这些制度也被后世佛教史学家称为"凿空开荒，则道安为僧制之始也"①。

　　道安制定僧团制度，是顺应了当时佛教快速发展的需要。在南方佛教界，制定僧团制度工作也同时展开。支道林也著有《众僧集议节度》，道安的弟子慧远也著有《社寺节度》《外寺僧节度》《比丘尼节度》等。②给寺院制定规章制度，从东晋开始成为重要寺院领袖的任务，反映了东晋佛教僧团规模的快速发展。

　　关于道安如何管理数百人的僧团、管理的效果怎样，习凿齿在给谢安的书信中讲了自己的亲身体会：

　　　　来此见释道安，故是远胜，非常道士，师徒数百，斋讲不倦。无变化伎术可以惑常人之耳目，无重威大势可以整群小之参差。而师徒肃肃，自相尊敬，洋洋济济，乃是吾由来所未见。其人理怀简衷，多所博涉，内外群书，略皆遍睹，阴阳算数，亦皆能通，佛经妙义，故所游刃。

　　从习凿齿的讲述中，可以看到道安管理僧团的几个成功经验。首先，道安以身作则，平日"斋讲不倦"，不脱离寺院生活实践，把自己作为寺院的普通一员，要求别人做到的，自己首先做到。其次，凭借自己的高尚道德、精湛学问来赢得僧众的信服和尊敬。道安并不像其师佛图澄那样，以施展神通变化、炫耀超常能力、自我神化来使徒众信服，来树立自己的权威。道安没有类似的"变化伎术"，也不凭靠树立"重威大势"。道安理智豁达，光明正大，知识渊博，境界高远，具有作为僧团领袖必备的多

---

　　①　（北宋）赞宁：《大宋僧史略》卷中，《大正藏》第 54 册，第 241 页上。
　　②　（梁）僧祐：《出三藏记集》卷十二陆澄《法论目录》载序，《大正藏》第 55 册，第 84 页上。

种优秀素质和道德条件。在他领导的僧团中，师徒之间威仪严正，相互尊敬，人才很多，都能和谐相处。人才济济又都能和睦相处，正是僧团治理成功的最重要表现之一。

第二，道安组织各方面的力量，争取政府的支持，使佛经翻译从民间分散进行开始成为国家的文化事业。

在东晋之前的佛经翻译家中，最有成就的是竺法护。竺法护虽然译经数量多，影响范围广，但是其工作依然属于民间性质，没有得到官方支持，特别是没有被纳入国家的文化事业之中。东晋第一位最有影响的僧人佛图澄，虽然具有朝廷支持的优势，但在译经方面并没有什么建树，在争取国家支持，把译经从民间引导到官方文化事业方面，是从道安开始。

得到朝廷各方面的支持，有了优厚的待遇和条件，就可以组织较多的学问僧，把分散的译经工作变成集体行动，这对于提高经典翻译水平是不可或缺的条件。在长安期间，道安利用前秦的支持，组织来自印度、西域和本国的僧人译经，使原来由民间分散的佛经翻译带有了国家文化事业的色彩。在他主持下，译出佛经 14 部 183 卷。在翻译小乘佛教经典方面，道安组织的重要人物有僧伽跋澄、僧伽提婆、昙摩难提、竺佛念、鸠摩罗跋提、昙摩侍等中外翻译家。协助道安组织翻译经典的有赵政、法和以及道安的多位弟子。

僧伽跋澄（众现）是罽宾人，早年历寻名师学习，"博览众典，特善数经（指阿毗昙）"。这位在罽宾精通小乘经论的学僧一到长安，就恰好适应了当时那里的佛学氛围。"苻坚之末，来入关中。先是大乘之典未广，禅数之学甚盛。既至长安，咸称法匠焉。"[①] 当时长安地区盛行小乘禅数之学，僧伽跋澄专精于此，自然受到佛学界的重视。

僧伽跋澄能够顺利参与道安组织的经典翻译，与赵政的支持有关。"坚秘书郎赵政字文业，博学有才章。即坚之琳、瑀也。崇仰大法，常闻外国宗习《阿毗昙毗婆沙》，而跋澄讽诵，乃四事礼供，请译梵文。""遂共名德法师道安集僧宣译。跋澄口诵经本，外国沙门昙摩难提笔受为胡文，佛图罗刹宣译，秦沙门智敏笔受为汉文。以伪建元十九年译出，自孟夏至仲秋方讫。"在翻译《阿毗昙毗婆沙》的过程中，跋澄只是背诵出梵

---

① 上引均见（梁）僧祐《出三藏记集》卷十三《僧伽跋澄传》，《大正藏》第 55 册，第 99 页上。

文，翻译者是佛图罗刹。此人国籍不明，兼通梵汉两种语言，在苻坚一朝很有名，所谓"德业纯白，该览经典，久游中土，善闲汉言。其宣译梵文，见重苻世焉。"

在译出《阿毗昙毗婆沙》的第二年，赵政请僧伽跋澄翻译他自己随身带来的《婆须蜜》（今题《尊婆须蜜菩萨所集论》十卷），于是"跋澄乃与昙摩难提及僧伽提婆三人共执胡本，秦沙门竺佛念宣译，慧嵩笔受，安公、法和对共校定。故二经流布，传学迄今"。跋澄在关中佛教界的影响比较大，除了翻译经典之外，还在于他"戒德整峻，虚静离俗，关中僧众，则而象之。后不知所终"①。

昙摩难提（法喜）是兜佉勒（"吐火罗"、"大夏"）人，少年出家之后，遍览三藏，能够背诵《增一阿含经》和《中阿含经》。前秦建元二十年（384）到达长安。《阿含经》是小乘佛教的基该经典，其中的许多内容早在后汉就开始翻译出来，所以中土人士对这类经典并不陌生。但是，直到东晋时期，整部的《阿含经》还没有翻译出来。昙摩难提精通两部《阿含经》，自然受到重视，被看作是翻译这两部经典的最佳人选。当时武威太守赵政就与道安一起请他译经。赵政于长安城内集义学僧写出这两部经的梵本，然后开始翻译。竺佛念为传译，慧嵩为笔受，用了两年时间，译出《增一阿含经》和《中阿含经》。这两部经当时合起来有一百卷，据说"自经流东夏，迄于苻世，卷数之繁，唯此为广"②。

前秦苻坚时期，朝廷中推崇佛教、鼓励翻译经典的是赵政。在僧伽跋澄的时候，政局比较稳定，所译经典质量比较好。但是，到昙摩难提翻译经典的后期，政局不稳，译经质量就很难保证了。僧伽跋澄译经时，佛教界已经有意识要把四部阿含经完整翻译过来，而他诵出的两部阿含经是完整的。昙摩难提在前秦生活几年之后，不知所终。以上两经都已不存，现存的《中阿含经》六十卷、《增一阿含经》五十一卷，是东晋僧伽提婆翻译的。

竺佛念是凉州人，少年时代游方参学，"辞才辩赡，博见多闻，备识风俗"。由于世代居住河西，"通习方语"，汉语和梵文都精通，竺佛念成

---

① 上引均见（梁）僧祐：《出三藏记集·僧伽跋澄传》，《大正藏》第 55 册，第 99 页上。

② 上引均见（梁）僧祐《出三藏记集·昙摩难提传》，《大正藏》第 55 册，第 99 页中。

为前秦和后秦参与译经的重要人物。由于昙摩难提不懂汉语，译出《中阿含经》和《增一阿含经》主要是竺佛念的功劳。他自己还翻译了《菩萨璎珞经》12 卷、《十住断结经》11 卷、《菩萨处胎经》5 卷、《中阴经》2 卷、《王子法益坏目因缘经》1 卷。[①]

僧伽提婆（众天）是罽宾人，姓瞿昙氏。他"兼通三藏，多所诵持，尤善《阿毗昙心》，洞其纤旨。常诵《三法度》，昼夜嗟味，以为入道之府也"。僧伽提婆于前秦建元十九年（383）到长安。他来往于南北两地翻译经典，先是在道安处，后来又到慧远处。僧伽提婆在长安参与翻译《阿毗昙八犍度论》30 卷，竺佛念传译。道安去世后，僧伽提婆与冀州沙门法和等人到洛阳，居住四五年间，研究和宣讲僧伽跋澄、昙摩难提译出的经典。由于他的汉语水平有了提高，发现以前翻译的经典"多有乖失"，遂应法和之请，重新翻译出《阿毗昙心》16 卷、《鞞婆沙啊毗昙》14 卷。后秦初年，僧伽提婆渡江南下投慧远僧团，受到东晋佛教界和士大夫的尊崇和拥戴，在江南各地专门从事经典翻译，先后译出《阿毗昙心》4 卷、《三法度论》2 卷、《中阿含经》60 卷、《增一阿含经》51 卷、《教授比丘尼法》1 卷。僧伽提婆"在关、洛、江左所出众经，垂百余万言。历游华戎，备悉风俗，从容机警，善于谈笑，其道化声誉，莫不闻焉"[②]。

鸠摩罗跋提，也称鸠摩罗佛提，车师前部国（治今新疆吐鲁番西北）国师，前秦建元十八年（382）随国王弥第来长安，献大品《般若经》胡文本一部。该经总共有 552475 字，其中残 27 字。接到该经后，道安立即组织人来翻译。鸠摩罗跋提即留长安参与译经，在道安的主持下，翻译出《阿毗昙心》和《四阿含暮抄序》二卷。

为了适应汉地僧团发展的需要，道安十分重视搜求和翻译戒律，在他的主持下，以外国僧人昙摩侍为主，译出了几部戒律：《十诵比丘戒本》（或为《十诵大比丘戒》）一卷，昙摩侍诵出，竺佛念写为梵文，道贤宣译，慧常笔受；《比丘尼大戒》（亦名《十诵比丘尼戒》）一卷，昙摩侍与竺佛念共译出，慧常笔受；《教授比丘尼二岁坛文》一卷，昙摩侍与竺佛念共译出，慧常笔受。

---

①　分别参见《高僧传》卷一《竺佛念》，《祐录》卷二、卷十三。

②　（梁）僧祐：《出三藏记集》卷十三《僧伽提婆》，《大正藏》第 55 册，第 99 页中。

　　第三，道安在研究般若经典基础上提出新的翻译理论，在研究般若思想基础上提出新的见解。

　　道安组织翻译了鸠摩罗跋提带来的胡文《大品》，即《摩诃钵罗若波罗蜜多经抄》五卷，作为《大品般若经》的补译。道安在为此经写的序中，说明了他重视此经的原因，以及采取经抄形式翻译的原因，并且以这部经抄为例，结合翻译历史，提出了影响深远的汉译佛经翻译理论：

> 　　昔在汉阴，十有五载，讲《放光经》，岁常再遍。及至京师，渐四年矣，亦恒岁二，未敢堕息。然每至滞句，首尾隐没。释卷深思，恨不见护公（《光赞般若经》译者竺法护）、叉罗（《放光般若经》译者无叉罗）等。

　　道安研究经典众多，而研究讲述次数最多的，当属般若类经典。他在襄阳时，每年讲《放光般若经》两遍，到长安之后，仍然坚持这样做，从不耽误。同时，他还对《放光》与《光赞》两经进行比较研究，以便深入理解和体会。但是，在对两种译本对照研究中，仍然遇到文意不连贯、读不懂的地方。正是在这种情况下，见到新本《大品》到来，道安马上安排人翻译，让天竺沙门昙摩蜱执本，佛护口译，慧进笔受。此次翻译《大品》，有着明确的目的，就是解决前两个译本存在的问题，解决研究者遇到的困难，所以，采取的翻译形式是摘译编辑的形式。道安确定的翻译原则是："与《放光》、《光赞》同者，无所更出也。其二经译人所漏者，随其失处，称而正焉。其义异不知孰是者，辄并而两存之，往往为训其下。"此经的翻译，是在研究《放光》和《光赞》的基础上进行，以弥补两经缺漏和不足为目的。在翻译过程中，他们抱着客观的态度，对于遗漏的部分要翻译出来，对于不能确认孰是孰非的地方，采取存疑的方式。

　　道安对般若经典的精深研究，在当时几乎无人出其右。他对佛经翻译的理论也是在这部经的翻译过程中概括出来的，也是以般若类经典的翻译为例提炼出来的。他提出的"五失本"和"三不易"，是第一次对佛经翻译实践比较系统的理论概括：

> 　　译胡为秦，有五失本也。一者，胡语尽倒而使从秦，一失本也；二者，胡经尚质，秦人好文，传可众心，非文不合，斯二失本也；三

者，胡经委悉，至于叹咏，丁宁反复，或三或四，不嫌其烦，而今裁斥，三失本也；四者，胡有义记，正似乱辞，寻说向语，文无以异，或千五百，刈而不存，四失本也；五者，事已全成，将更傍及，反腾前辞已乃后说而悉除，五失本也。

所谓"五失本"，是指把胡语（以梵文为主的多种外来语）译成汉语时必然会出现的五种改变原经表达方式的情况。有这五种情况出现，就造成了汉语译本与胡语原本的不同。其一，胡语中多倒装句，汉语译文要符合汉文的表达形式和习惯，改变原文的语法结构。其二，外文经典用语质朴，汉语译文要讲究修辞，适合中国人对经典用语的标准，这样多少会改变一些原文的韵味。其三，胡语经典不厌其烦地重复，而且重复许多次，译为汉文时，要把重复的内容删掉，下一番删繁就简的工夫。其四，胡语经典有"义记"，性质类似中国辞赋篇末总结全篇要旨的"乱辞"，但是"义记"把前面的话重复很多，文字也相同，汉语译文应该全部删掉。其五，胡语经典在把一部分内容叙述完毕转到另一部分内容时，作为过渡，又把前面一些内容重复一遍，译为汉语时应该全部删掉。

道安组织人力翻译此经，目的只有一个，就是要准确、全面传达原经文的意思，所以，漏掉的内容要补上，这是追求全面；对于不同三个本子有差异的地方，译者又搞不懂，就采用存异的形式，做出说明，不能臆测经典原意，用自己的思想代替经典的思想。翻译经典是带着对佛教的虔诚和恭敬进行的，翻译出来的经典也要完全符合原意。因此，为了准确、全面表达原经的思想，原经的"义"，就可以允许在翻译文字表达方面存在五个方面的差异。而"文"字方面的差别，并不影响"义"的传达。文字属于"言"，掌握"言"只是手段，目的在于追求"意"义。道安让人们懂得胡本和汉本有区别，正是为了强调汉本和胡经典的"意"或"义"没有区别，从而说明了汉语经典的神圣性、权威性。在接着讲"三不易"的时候，道安进一步说明了这一思想。

所谓"三不易"是指在翻译《般若经》过程中存在的三种困难：

然《般若经》，三达之心，覆面所演，圣必因时。时俗有易，而删雅古以适今时，一不易也；愚智天隔，圣人巨阶，乃欲以千岁之上微言，传使合百王之下末俗，二不易也；阿难出经，去佛未久，尊者

> 大迦叶令五百六通迭察迭书，今离千年，而以近意量裁；彼阿罗汉乃
> 兢兢若此，此生死人而平平若此，岂将不知法者勇乎！斯三不易也。

宣讲《般若经》的佛祖彻底通达三明（知过去世的"宿命明"，知未来世的"天眼明"，现世断尽烦恼的"漏尽明"，称"三达"），不仅自己完全觉悟了，对于听法的人也了解十分清楚，并且是当面讲法，今天看到的佛经就是这样出现的。时过境迁，今天听法的人也不同了，要把胡经原本的"雅古"之辞转变成适合现代人的话语，是第一个困难之处。众生根机不同，凡人不可能与圣人处于同一个修行阶位上，要把胡语原本中千年以前精深微妙的话译成汉语，让现代人听得懂，接受得了，是第二个困难之处。当年阿难尊者背诵出佛经，大迦叶尊者让五百位获得六种神通的阿罗汉校对准确书写下来，离现在也有一千年的时间了。那些已经不受生死轮回束缚的解脱者诵经校经都要如此谨慎，现在翻译经典的人还没有修行得果，要把胡经原典如实翻译成汉语，这是第三个困难之处。"三不易"主要讲的是表达上的困难，是强调翻译经典的不容易，但并不是说，原经典的"义"就完全不能表达。

总结出"五失本"和"三不易"，足见译经的困难，所以从事译经不能不谨慎。

> 涉兹五失经三不易，译胡为秦，讵可不慎乎！正当以不开异言，传令知会通耳，何复嫌大匠之得失乎。是乃未所敢知也。前人出经，支谶、世高，审得胡本，难系者也；叉罗、支越，斫凿之巧者也，巧则巧矣，惧窍成而混沌终矣。若夫以诗为烦重，以尚为质朴，而删令合今，则马郑所深恨者也。近出此撮，欲使不杂推经言旨，唯惧失实也。其有方言古辞，自为解其下也。于常首尾相违句不通者，则冥如合符。厌如复折，乃见前人之深谬，欣通外域之嘉会也。于九十章荡然无措疑处，毫芒之间，泯然无微疹，已矣乎。[①]

在道安看来，把胡文经典译成汉文，有五种表达方式上的改变，有三种困难，所以要谨慎。而讲这一切的目的，就是要以准确语言和方式来表

---

① 上引均见（梁）慧皎《高僧传》卷八，《大正藏》第 55 册，第 52 页中。

达经典的意思。道安通过梳理佛经翻译的历史，总结翻译得失，为准确把握佛教理论、提高佛经翻译质量，提出方法论的指导。但是，对于如何准确、全面表达原经思想，总是会见仁见智，道安提出这些问题，标志着当时对佛经翻译认识的进步。

道安重视研究般若经典，在此基础上提出了自己对般若的看法，据吉藏记述：

> 什师未至，长安本有三家义，一者释道安明本无义，谓无在万化之先，空为众形之始。夫人之为滞，滞在未有，若宅心本无，则异想便息，叡法师云："格义迂而乖本，六家偏而不即。"师云："安和尚凿荒途以开辙，标玄旨于性空，以炉冶之功验之，唯性空之宗最得其实。"详此意，安公明本无者，一切诸法本性空寂，故云"本无"。此与方等经论、什肇山门义无异也。①

实际上，吉藏在这里把道安的"本无"观点分解为两个部分来谈，并且对两部分内容的分析不完全一致。吉藏认为，道安提出的"本无"观点，核心内容是"无在万化之先，空为众形之始"。这样解释道安的般若思想，实际上是说，道安的"本无"论与道家宇宙生成论的思路是相似的。这种说法是把般若道家化的结果，与下面引述僧叡的解释和他自己的发挥是有差别的。僧叡看来，道安的"本无"论，主要特点在于"标玄旨于性空"，这种"性空"观点才符合般若典籍的观点（最得真实），其余六家的般若观点都是有偏差的。道安顺着僧叡的解释进一步发挥，认为"本无"论就是倡导"一切诸法本性空寂"，而这不仅与大乘般若经论的思想一致，也与鸠摩罗什、僧肇一系的般若思想完全一致。所谓"一切诸法本性空寂"，就是说，世界上一切能为人的感官所认识、所把握的事物或现象，其本体都是"空寂"的，正是着眼于从虚幻不真实现象的本体上立论，才认为现象的本体是"本无"，从而提出"本无"观点，从这个意义上来分析，所谓"本无"和"性空"，所谓"无"和"空"，都是同类概念。这种"本无"思想，不是从宇宙生成论的角度看问题，而是从本体论的角度看问题，这种观点与以王弼、何晏为代表的玄学贵无派

---

① （隋）吉藏：《中论疏·因缘品》，《大正藏》第42册，第27页下。

"以无为本"的本体论主张相近。从这个角度理解道安的"本无",的确如吉藏所说,是与般若经典的思想以及罗什、僧肇一系的观点比较一致。这也就是说,以后僧肇在《不真空论》中批判的"本无"观点,与道安没有关系。所以,直到吉藏时代,道安在研究佛教义理方面的正宗地位都是不可撼动的。

学术界习惯将所谓"六家七宗"看作般若学的六家或七家派别,实际上他们都不具有派别的性质,只是就一些学僧关心的问题提出的见解、观点。其中所涉及的问题,有的是般若经典重视的基本问题,有的也并不是般若经涉及的独特问题。对这些问题的回答则是见仁见智。这种现象反映了两方面的情况,一方面,反映佛学界对般若类经典重视,对佛教的一些重要问题的认识趋向多元化;另一方面,反映佛教界关心的问题比较多,佛学从多方面展开。僧叡所说的"六家偏而不即",是把罗什一系的思想作为正宗来评判其他各家,是把当时佛学发展单一化了,与事实不符。即便以后以"三论"命宗的三论宗实际创始人吉藏,也并没有这样做,他认为支遁的"即色义"和道安的"性空义"是一样的,都符合般若经典原意。

第四,道安系统研究佛教经典,强调从整体上梳理和把握佛教义理,不受某部经或某位译者的误导。全面整理佛教典籍,推动佛教史学进步。

道安研究和整理佛教经典有两个方面的工作。

第一个方面的工作是系统研究众多经典,分别作注和作序。关于道安在这方面的研究工作,《高僧传》卷五中有一个总的说明:

> 初经出已久,而旧译时谬,致使深藏隐没未通,每至讲说,唯叙大意转读而已。安穷览经典,钩深致远,其所注《般若道行》、《密迹》(《密迹金刚经》)、《安般》(《安般守意经》)诸经,并寻文比句,为起尽之义。乃析疑甄解,凡二十二卷。序致渊富,妙尽深旨,条贯既叙,文理会通,经义克明,自安始也。[1]

道安研究佛教的各种著作有二十四部二十七卷。其中,为般若类经典撰写的序、注著作最多,有十四种,占到其著作总种类的四分之一还多,

---

① (梁)慧皎:《高僧传》卷五《释道安》,《大正藏》第50册,第351页下。

根据《出三藏记集》的记载有：《道行经集异注》一卷，《道行指归》，《放光般若折疑准》一卷，《放光般若折疑略》二卷，《放光般若起尽解》一卷，《放光般若折中解》一卷，《光赞般若抄解》一卷，《实相义》，《性空论》，《道行经序》，《放光般若折疑略序》，《大品经序》，《合放光、光赞略解序》，《摩诃钵罗若波罗蜜经抄序》。

道安之所以注解众多经典，就是看到了长期以来翻译经典中存在的问题，希望通过系统研究经典，正确理解和把握佛经思想，以便有益于后来者：

> 然方言殊音，文质从异，译胡为晋，出非一人。或善胡而质晋，或善晋而未备胡，众经皓然，难以折中。窃不自量，敢豫僧数，既荷佐化之名，何得素餐终日乎？辄以洒扫之余暇，注众经如左。非敢自必，必值圣心，庶望考文，时有合义。愿将来善知识，不咎其默守，冀抱瓮燋火，说有微益。①

通过撰写序言、注释经典，使学僧们理解经典，不仅要懂文句，而且要真正懂得经典的意思，正确理解其思想。自佛教传入中土四百年来，为经典作序以注解经典、阐发义理者，论数量之多、范围之广，还没有人超过道安。

道安对注解经典十分重视，十分谨慎，唯恐曲解经意。有一则故事，说明了道安对注解经典的重视和谨慎态度：

> 安常注诸经，恐不合理，乃誓曰："若所说不堪远理，愿见瑞相。"乃梦见胡道人，头白眉毛长，语安云："君所注经，殊合道理。我不得入泥洹，住在西域，当相助弘通，可时时设食。"②

道安研究和整理佛教经典第二个方面的工作是系统全面整理佛教经

---

① （梁）僧祐：《出三藏记集》卷五《新集安公注经及杂经志录第四》，《大正藏》第55册，第39页中。

② （梁）慧皎：《高僧传》卷五《释道安》，《大正藏》第50册，第351页下。

典，编撰成《综理众经目录》。这是我国第一部完整意义上的佛经目录，为我国佛教目录学奠定了基础，推动了佛教史学的进步。

据《出三藏记集》叙述，在长期的佛典翻译过程中，由于人们只重视经典本身，不重视经典形成、流传、变化的历史，造成了很多混乱：

> 原夫经出西域，运流东方，提挈万里，翻传胡汉。国音各殊，故文有同异；前后重来，故题有新旧。而后之学者，鲜克研核，遂乃书写继踵，而不知经出之岁；诵说比肩，而莫测传法之人。授受之道，亦已阙矣。

佛教经典从汉代翻译以后，历代从印度、西域来的僧人翻译了大量经典。由于经典原本来源不同，文字有差别，同样的经典又多次被不同的人带来中土，所以在翻译之初就出现了汉文本的差别。在经典流传过程中，社会上流行的手抄本也日益增多，人们在传抄过程中不去考查，逐渐就不知道经典的历史情况。这样一来，社会上就出现了同一种佛经有几种不同题目的译本（异译），也有的佛经不知译者（失译）和时间，也有些经典是中国人自己托名撰述（伪经）。所以，长久以来，信仰佛教的人也是只重视经典，但不重视经典的历史；重视探讨经典的内容，不重视经典的传授。当人们出于信仰目的阅读佛经的时候，并不重视对经典本身真伪进行考查，包括译时、译地、译人，传承，或残或全等情况。正是道安开始彻底扭转这种情况。

> 又自汉暨晋，经来稍多，而传经之人名字弗记。后人追寻，莫测年代。安乃总集名目，表其时人，铨品新旧，撰为经录。众经有据，实由其功。四方学士，竞往师之。[①]

在道安之前，并不是完全没有经录，西晋竺法护就有弟子编的经录流传，但那只是竺法护个人的译经目录。道安则是在对当时社会上流行的整个佛教典籍状况进行整理、考证基础上，编撰规模前所未有的佛经目录。在中国佛教史学中，道安编撰经录是一个里程碑，从此以后，对经典历史

---

① （梁）僧祐：《出三藏记集》卷十五《道安传》，《大正藏》第 55 册，第 108 页上。

的考证纳入佛教学者的研究范围，编辑经录成为一个传统。僧祐编辑的现存最早的一部经录，就是以道安为榜样进行工作的。中国佛教研究中弥漫的强烈历史感，是接受中华民族本土文化形成的，不是从印度佛教中带来的。

道安编撰的经录被称为《道安录》《安录》《综理众经目录》，早已不存，大部分内容为《出三藏记集》卷二和卷五所吸收。《道安录》开创了中国佛教经录的样式。其中，经录的条目是以年代为顺序来排列，能够让人看出经典增加的历史脉络。另外，对所整理的典籍进行必要分类，划分出"失译""摘编""疑伪""注解"等，把这些典籍与正经区别开来。道安经录的做法，为以后的经录所吸收。同时，《道安录》也直接为后来的经录所借鉴。现存最古的经录《出三藏记集》就直接借鉴《道安录》，并且进行了补充。道安编撰经录的最大贡献，在僧祐看来，就是使东汉以来直到东晋时期流行的佛典不再像一团乱麻一样没有头绪了，而是梳理得清楚了，整理得有条理了，所谓"众经有据，实由其功"。

第五，提出僧人不用俗姓，以"释"为姓，增强佛教的宗教统一意识，强化佛教僧侣的整体认同感。这种以统一的宗教意义的姓氏来规范僧团、规范僧众的规定，成为后世的定制。

> 初，魏晋沙门依师为姓，故姓各不同。安以为，大师之本，莫尊释迦，乃以释命氏。后获《增一阿含经》，果称：四河入海，无复河名。四姓为沙门，皆称释种。既悬与经符，遂为后式焉。①

按照《高僧传》本传的记载，道安是在长安时提出这个主张的。道安的这个主张是一个创举，因为，即便在古印度佛教历史上，也没有实行过出家人以"释"为姓的制度。道安倡导出家人以"释"为姓，就成为中国佛教的一个制度，再也没有改变过。僧人有了共同的姓氏，强化了佛教的共同宗教意识，加强了佛教僧侣的整体统一认同感。很显然，这是佛教制度建设方面的重要举措。

上述僧祐的记载，包括《高僧传·道安》中的记载，实际上有不确切的地方。

---

① （梁）僧祐：《出三藏记集》卷十五《道安传》，《大正藏》第55册，第108页上。

首先，造成出家僧人姓氏不同的原因。从佛教传入中国到东晋道安时代，出家僧人的确"姓各不同"，但是，这并非仅仅由"沙门依师为姓"造成的，而是因为佛教对出家僧侣的"姓"从来没有过任何统一规定造成的。从东汉到两晋，中外僧人的姓氏多种多样，有的是取其师姓，这种情况较多；有的是以国名或族名为姓，比如来自天竺国的竺叔兰、来自安息国的安玄、来自康居国的康僧会、来自大月氏的支谶等；有的是直接保留在家时的俗姓，比如鸠摩罗什保留俗姓"鸠摩罗"、朱士行保留俗姓"朱"等。总之，造成僧侣姓氏多杂不统一的真正原因，是佛教从释迦牟尼开始，就从来没有过从宗教意义上对"姓氏"进行规范。这种规范是从道安开始的，是道安的创造，并且影响久远。

其次，僧祐把《增一阿含经》中的话作为倡导僧人姓释的依据，并且为后来包括《高僧传》在内的佛教史书所沿用，实际上是一个误解。该经文的意思是：包括婆罗门、刹帝利、吠舍、首陀罗四个种姓出身的人，只要出家成为佛教徒，就都是释迦弟子，就没有了种姓贵贱、高低方面的差别。这段话并不是针对姓氏而言，与姓氏没有任何关系。佛教经典中此类论述很多，比如，《长阿含经·小缘经》："今我弟子，种姓不同，所出各异，于我法中出家修道，若如人问：姓谁种姓？当答彼言，我是沙门释种。"这里的"姓谁种姓"，意思是"属于什么种姓"，而不是"姓什么姓"。从释迦牟尼创教开始，就反对种姓差别，倡导在佛法面前、在僧团内部，没有种姓差别，社会上的种姓不平等在佛教内部被消除了。僧祐是把经典中否定佛教内部有种姓差别的话，当成了统一佛教僧人姓氏的经典根据。实际上，道安的做法是前无古人的，之所以能够成为"后式"，是因为符合当时佛教统一整顿的历史要求，而不是因为"悬与经符"。道安的主张，在当时全国分裂的局面下，有着稳定共同文化心理、树立统一宗教信仰的时代意义，并且有着长远的影响。

## 第四节　鸠摩罗什及其经典翻译

与东晋时期的佛图澄、道安和慧远三位相比较，鸠摩罗什最突出的贡献是在佛经翻译方面。从他开始，佛经翻译不仅在民间进行，也成为国家文化事业的重要组成部分，开辟了佛经翻译的崭新阶段。鸠摩罗什在译经方面取得的成就、产生的影响，都是前无古人的。直到现代，在社会上流通的汉译佛典中，依然是鸠摩罗什的译本为最多。此外，鸠摩罗什在译经过程中培养了众多弟子，在推动佛教传播和佛学发展方面发挥了巨大作用。

### 一　生平事迹①

鸠摩罗什（以下简称"罗什"）的一生活动大体可以分为三个阶段，即少年求学时期、凉州参政时期和后秦译经时期。

（一）出家游学时期，从东晋永和六年（350）出家到前秦建元二十年（384）

鸠摩罗什（344—413）意译作"童寿"，亦名鸠摩罗耆婆，祖籍天竺，家世国相。其父鸠摩炎因避嗣相位而出家，东度葱岭，来到龟兹。龟兹王对其十分敬慕，迎请为国师，并将其妹嫁给他。鸠摩炎出家娶妻，违反戒律，在当时似乎并没有受到特别的反对和抨击。这种做法以后直接影响到了其子鸠摩罗什。

罗什出生之后，其母便出家修道。罗什7岁出家，9岁随母到罽宾（今克什米尔），师从罽宾王之从弟槃头达多，学习《杂藏》《中阿含》《长阿含》，凡四百万言。罽宾是小乘佛教说一切有部流行的地方，罗什在这里的三年学习经历，打牢了小乘佛学的坚实基础。他的聪明才智为罽宾王所知，将他作为外国的上宾对待，每日供"给鹅腊一双，粳、面各三升，酥六升"。另外，所住寺僧乃差"大僧五人，沙弥十人，营视洒扫，有若弟子"。给予一位十几岁小沙弥这样的礼遇，自然是因为他有高贵出身。

罗什12岁（东晋永和十一年，355）时，随母返回龟兹。途经月支（今巴基斯坦西北的白沙瓦一带）北山，进入沙勒（今新疆疏勒），停留一年，诵《阿毗昙》《六足》诸论、《增一阿含》。② 回到龟兹，这位只有13岁的少年名望很高。据说，当时"龟兹僧众一万余人，疑非凡夫，咸推而敬之，莫敢居上"。从这时开始，罗什就不仅仅只是学习佛教典籍，而是"博览《四韦陀》、《五明》诸论，外道经书，阴阳星算，莫不究晓。

---

① 鸠摩罗什的传记材料主要见于《出三藏记集》卷十四、《高僧传》卷二、《晋书》卷九十五等。内容大同小异，本书主要依据《出三藏记集》。

② 《高僧传》卷二本传所记载鸠摩罗什在沙勒的事情更为详细，似乎溢美之词更多。

妙达吉凶，言若符契"。罗什学习了婆罗门教经典，并且学习了语言、医学、工艺技术、咒术、符印等方面的知识，是一位典型的博学多才、精通道术的少年才俊。

在特殊优越环境中成长起来的罗什，从小就"性率达，不砺小检"，所以受到"修行者"的非议。罗什本人从不介意这些非议，关于他违反戒律的传言伴随其一生，始终没有平息过。罗什 20 岁时，在王宫受具足戒。

罗什在佛教发达地区游学，从学于多位名师，并且经历了从学习小乘到改宗大乘的转变。他"从佛陀耶舍学《十诵律》，又从须利耶苏摩咨禀大乘。乃叹曰：吾昔学小乘，譬人不识金，以鍮石为妙矣"。从此开始，他"广求义要"，学习《中论》、《百论》，在龟兹帛纯王新寺得到《放光经》，认真阅读。

后罗什于雀梨大寺阅读其他大乘经。"停住二年，广诵大乘经论，洞其秘奥"。从这里的记述来看，罗什学习大乘经典似乎是以自学为主。这应该是一个具有规律的学习过程：少年时代以学小乘为主，筑牢了扎实的佛学基础，以后就可以自学大乘经典。后来罗什又到了罽宾，遇见以前的师傅槃头达多，为其师讲说"一乘妙义"。经过反复讲解，其师感悟心服，即礼什为师，言："我是和上小乘师，和上是我大乘师矣。"

罗什在西域各国已经很有名望，受到各阶层信众的敬仰，尤其是各国国王的敬重。每当他讲经说法的时候，"诸王长跪高座之侧，令什践其膝以登焉"。这是只有很少名僧才能享受到的尊崇礼节。当时罗什的名声也逐渐从西域诸国传到了中原地区，所谓"道震西域，声被东国"。当时在长安的道安也听到罗什盛名，"思共讲析，每劝坚（前秦苻坚）取之"[1]。苻坚在派遣氐人吕光出征西域时说："朕闻西国有鸠摩罗什，深解法相，善闲阴阳，为后学之宗。朕甚思之。贤哲者，国之大宝，若剋龟兹，即驰驿送什。"[2]

（二）后凉参政时期，从前秦建元二十年（384）到后秦弘始三年（401）

前秦建元二十年（384），吕光奉苻坚之命战败龟兹及诸国救兵，俘

---

① （梁）慧皎：《高僧传》卷五《释道安》，《大正藏》第 50 册，第 351 页下。
② （梁）慧皎：《高僧传》卷二《鸠摩罗什》，《大正藏》第 50 册，第 330 页上。

获鸠摩罗什。吕光见罗什当时还年轻，只有 41 岁左右，就效法当年龟兹王令罗什父亲娶妻故事，强迫罗什娶龟兹王女。

罗什被吕光俘获之后，受到尊崇，而他也凭借自己的政治才能和军事才能，成功参与军政谋划，逐渐取得吕光信任。在一次行军过程中，吕光命令部队宿营山脚之下，罗什告诉吕光："不可在此，必见狼狈，宜徙军陇上。"吕光见将士们已经休息，就没有采纳罗什让部队在山岗上宿营的建议。当天夜晚下大雨，"洪潦暴起，水深数丈，死者数千"。从此吕光对罗什的建议十分重视，把他当作一位军政顾问，而不仅仅看作一位精通佛学的高僧。吕光听从罗什的建议，领军进驻凉州，在听说苻坚已死的消息后，便割据凉土，于 396 年建立后凉。

凉州位于中西交通要道，重要的城市有敦煌、酒泉、张掖、姑臧，自汉代开始，佛教经由此地传入中原。据《魏书·释老志》："凉州自张轨（255—314）后，世信佛教。敦煌地接西域，道俗交得其旧式，村坞相属，多有塔寺。"凉州由于佛教比较兴盛，佛教典籍也比较多，道安在整理佛教经录时，专门辟有"凉州异经录"，记有凉州失译佛经 59 部 79 卷的目录。

后凉诸王并不信奉佛教，也没有采取比较有力度的扶植佛教措施，所以，罗什在凉州 16 年，主要是参与军政事务，在弘扬佛教方面并没有什么大的建树，所谓"吕光父子既不弘道，故韫其经法，无所宣化"。传记中所记罗什的事迹，大多是说他施展一些处理军政事务的本领，为后凉当政者服务。在他的事迹中，不乏一些神异事迹。从一些侧面史料的记载中也可以推测，罗什在凉州大约也从事讲经授徒活动，比如，僧肇就从内地到凉州师从罗什。由于凉州汉族民众很多，罗什在此居住多年，也精通了汉语，为日后的译经创造了条件。

（三）后秦译经时期，从后秦弘始三年（401）至圆寂（413）

后秦弘始三年（401）五月，姚兴派陇西公姚硕德西征后凉，吕隆战败，上表求降。当年十二月二十日，罗什被迎请入长安，时年 58 岁。姚兴待罗什以国师之礼，全力支持罗什的译经事业，罗什由此开启了他一生最辉煌的时期。

与汉代以来的佛经翻译相比较，罗什译经有一个重要特点，即他是在对旧译经典进行全面考察，认真总结、深入研究基础上从事翻译工作，有着纠正旧译经典错谬、弥补旧译经典缺憾的重译性质，所以他的翻译工作一开始就站在高起点上。这是他翻译工作成功的一个原因。

> 自大法东被，始于汉明，历涉魏晋，经论渐多。而支、竺所出，多滞文格义。兴少崇三宝，锐志讲集。什既至止，仍请入西明阁、逍遥园，译出众经。什率多暗诵，无不究达。转解秦言，音译流利。既览旧经，义多乖谬，皆由先译失旨，不与胡本相应。

到罗什的时候，佛经翻译已经有二百多年的历史，译出的经典数量也很多。在这期间，涌现出的著名翻译家也不少，如安世高、支娄迦谶、支谦、康僧会、竺法护等。在罗什译经的过程中，总是用胡本佛经与旧译汉文对照，找出存在的问题，集体讨论解决方案，提高新译经典质量。罗什兼通胡汉，他可以通过这种比较研究，找到旧译经典的"滞文格义"之处、"义多乖谬"之处，从而为减少翻译错误，尤其是准确表达经典原意提供了可能。从一定意义上来说，他的翻译工作有着对以前译经进行总清理的气派。

罗什在译经过程中表现出的谦逊、认真态度，也是保证新译经典质量的重要条件。他在翻译《法华经》时，为一句话而与僧叡商量切磋。

> 昔竺法护出《正法华经》，《受决品》云："天见人，人见天。"什译经至此，乃言："此语与西域义同，但在言过质。"叡曰："将非人天交接，两得相见。"什喜曰："实然。"①

竺法护的译文并没有违背原典的意思，只是不够传神。罗什译经可谓一丝不苟，精益求精。

罗什译经已经不是民间的自发行为，而成为国家的文化建设事业，在朝廷财力、物力支持下，集中全国的文化精英来从事各项工作，确保了经典翻译的高质量。罗什译经，引起的影响很大：

> 于时四方义学沙门，不远万里。名德秀拔者才、畅二公，乃至道恒、僧标、慧叡、僧敦、僧弼、僧肇等三千余僧，裹访精研，务穷幽

---

① （梁）慧皎：《高僧传》卷六《晋长安释僧叡》，《大正藏》第 50 册，第 364 页上。

旨。庐山慧远，道业冲粹，乃遣使修问。龙光道生，慧解洞微，亦入关谘禀。传法之宗，莫与竞爽，盛业久大，至今式仰焉。①

罗什在译经过程中，得到学识渊博、富有文才的僧睿、道融、昙影、僧肇等弟子的协助，译经时注意文、质结合，所译佛经在内容的表达和词语的运用等方面都达到前所未有的新水平。

同时，罗什还邀请西域精通佛教义学的学问僧来协助经典翻译，其中最有名的是佛陀耶舍。罗什在沙勒国时，曾从其学习《阿毗昙》《十诵律》，了解他的佛学造诣。当罗什在姚兴支持下开始翻译经典时，他告诉姚兴：“夫弘宣法教，宜令文义圆通。贫道虽诵其文，未善其理，唯佛陀耶舍深达经致，今在姑臧，愿下诏征之。一言三详，然后著笔，使微言不坠，取信千载也。”佛陀耶舍来到长安后，对罗什译经帮助很大。在罗什翻译《十住经》时，“一月余日，疑难犹豫，尚未操笔。耶舍既至，共相征决，辞理方定。道俗三千余人，皆叹其赏要”②。

在十一年的译经过程中，后秦为鸠摩罗什提供的译经地点有两处：一是位于长安城北渭水之滨的逍遥园；一是位于终南山下的草堂寺。从鸠摩罗什开始，佛教译经正式被作为国家的宗教文化事业，这是中国译经史上一个巨大变化。

罗什的翻译经典事业在当时社会各阶层有很大影响，但是，由于他公开不守戒律，实际上在当时是一位非僧非俗、亦僧亦俗的特殊人物。曾在龟兹教授他律学的卑摩罗叉律师后入关中，罗什闻至欣然，师敬尽礼。卑摩罗叉语：“汝于汉地大有重缘，受法弟子可有几人？”什答：“汉境经律未备，新经及律多是什所传出，三千徒众，皆从什受法；但什累业障深，故不受师教耳。”罗什自己也知道，自己虽然翻译了戒律经典，也给三千徒众讲戒律学，但是由于自己不住僧房、接受女人、生儿育女，连佛教最基本的戒律都不能持守，是不配为传法宗师的。

罗什为了译经事业，放弃了自己著书立说，这也是他遗憾的一件事情。他僧感叹：“吾若著笔作大乘阿毗昙，非迦旃延子比也。今在秦地，深识者寡，折翮于此，将何所论！”表面上是说怕没人懂而不愿撰写大乘

①　（梁）僧祐：《出三藏记集》卷十四《鸠摩罗什传》，《大正藏》第55册，第100页上。
②　同上。

论著，实际上是忙于翻译经典，无暇从事写作。他的著作有为姚兴作的
《实相论》二卷，已不存。他的《注维摩经》言："出言成章，无所删改，
辞喻婉约，莫非渊奥。"① 该书已不存，一般认为今本僧肇《注维摩诘经》
中的"什曰"，当为其文。另有《注金刚经》《略解三十七品次第》等，
均不存。

### 二 重要译籍简介

鸠摩罗什从后秦弘始三年（401）十二月到达长安，到弘始十五年
（413）四月圆寂，前后 11 年多时间，共翻译经典 35 部 294 卷。② 在鸠摩
罗什的译籍中，许多译本成为后来最流行的版本，许多译籍或流行于南北
朝时期，或成为隋唐时期诸多佛教宗派的宗经，直到今天，在社会上流行
的各类佛教译籍中，以罗什所译的版本数量最大。可见罗什译经在中国千
年译经史上开辟了一个新时代。在中国译经史上，他翻译经典的数量不是
最多，但是流行的数量最多。以下择要介绍。

首先，罗什直接参与了对多部般若类经典和中观派论书进行的重译和
新译，推动了佛教般若学的流行和研究的深化。

弘始五年（403）十二月十五日译出《摩诃般若波罗蜜经》（亦称
《新大品经》、《大品般若经》）四十卷（或三十卷、二十四卷），至第二
年四月二十三日校正完毕。此经与西晋无罗叉、竺叔兰译《放光般若
经》、竺法护译《光赞般若经》是同本异译。鸠摩罗什手执胡本，口宣秦
言，"两释异音，交辩文旨"，后秦王姚兴亲览旧经，验其得失，与著名
学僧五百余人详加审定，然后写出。在翻译此经过程中，罗什凡认为旧本
中的事数（名词、事项）不妥当者，皆加以改译，如改"阴"为"众"，
"入"为"处"，"持"为"性"，"解脱"为"背舍"，"除入"为"胜
处"，"意止"为"念处"，"意断"为"正勤"，"觉意"为"菩提"，
"直行"为"圣道"，等等。"胡音失者，正之以天竺；秦名谬者，定之以
字义；不可变者，即而书之。是以异名斌然，胡音殆半。"

弘始十年（408）二月六日译出《小品般若波罗蜜经》（《出三藏记
集》题《新小品经》）十卷。该经是东汉支谶译《道行般若经》、三国吴

---

① （梁）僧祐：《出三藏记集》卷十四《鸠摩罗什传》，《大正藏》第 55 册，第 100 页上。
② 此据《出三藏记集》卷二，此书卷十四和《高僧传》卷二传记，均记三百余卷。

支谦译《大明度无极经》的同本异译。应后秦太子姚泓之请而译，僧睿《小品经序》谓："胡文雅质，按本译之，于丽巧不足，朴正有余。"

罗什所译《金刚般若经》一卷，与北魏菩提流支、陈真谛分别译的《金刚经》以及唐玄奘、义净分别译的《能断金刚般若经》皆为同本异译。这部小经与大小品《般若经》的内容基本一致，宣扬世间一切事物和现象如梦幻泡影，虚假不真实，不值得留恋，应该不执着于一切，才能达到真正的解脱。在历代所有《金刚经》译本中，以罗什译本最流行。同时，这本经也是长期在中国佛教界和社会上最流行的佛教典籍之一。

龙树所著《中论》、《十二门论》，提婆所著《百论》，合称"三论"，是古印度中观学派的基本论著，罗什均翻译出来，不仅促进了南北朝时期般若学的发展，而且对隋唐时期三论宗的形成起到了决定作用。弘始十一年（409），罗什在大寺译出《中论》（亦称《中观论》）四卷。此论为龙树撰，在古印度流传很广，共二十四品。该论是中观派对部派佛教及其他学派的思想和理论进行破斥，显示本宗正确观点的论战性著作。核心内容有两个概括。其一是卷首的"八不偈"："不生亦不灭，不常亦不断，不一亦不异，不来亦不去。"这是批判在缘起法方面的错误认识，指出单纯执着于事物或现象的生灭、断常、一异、来去等，是错误的，是"戏论"，应该超越这种执着于两极的认识，把握现象后面的实相，由此获得真理性认识。其二是《观四谛品》中的"三是偈"："众因缘生法，我说即是空，亦为是假名，亦是中道义。"一切因缘聚合生成的事物或现象，既有无自性（空）的一面，也有假名（有）的一面，把这两者结合起来认识，不走极端，就是正确的中道认识。

《十二门论》也是在大寺译出，此论为一卷，龙树撰。该论是从十二个方面（十二门）论述大乘空观道理，十二个方面也是十二章，即观因缘、观有果无果、观缘、观相、观有相无相、观一异、观有无、观性、观因果、观作者、观三时、观生。

《百论》二卷，是龙树弟子提婆撰。该论发挥佛教般若学说的空、无我以及龙树的中观理论，对印度古代哲学流派数论、胜论的观点进行批驳，对《中论》思想有所发展。该文采取回答体，"外"指外道，提出质难；"内"是对外道的批驳、回答。其中注"修妒路"者是提婆所著的短文，其余为世亲的注释。罗什对此论极为重视，弘始四年（402）他亲自译出此论，僧睿作序。由于他当时汉语不精通，表达欠妥当，又于弘始六年（404）重译此论，僧肇作序。该论共有二十品，每品各有五偈，共有百偈，因称"百论"。罗什后来后十品的内容对汉地没有益处，缺而不译。

《大智度论》（亦称《大智度经论》、《摩诃般若释论》）一百卷，古印度龙树撰，弘始七年（405）十二月译出。据说此论书原本有十万偈，每偈三十二字，共三百二十万字。罗什鉴于"秦人好简"的特点，仅将其初品（有三十四卷）进行全译，此后部分略译，以适应汉地人的阅读习惯。所以译出的篇幅，只有原本的 1/10 左右。这是大乘中观学派的主要论书之一，是对《摩诃般若波罗蜜经》进行系统解说论证，所涉及的佛学内容十分广泛。该论所引用的佛教经典中有小乘基本经典《阿含经》、论著《阿毗昙》，大乘佛典《法华经》《华严经》以及佛本生、佛传故事、戒律等，对大乘菩萨思想、六度、般若空观、西方净土信仰以及其他一系列佛教名词概念、修行方法、阶位等，都有解释和论述，相当于一部佛学百科全书。本论书提出的"三界所有，皆心所作"，在中国佛学史上有很大影响。

其次，在罗什的直接参与或间接推动下，三部重要的律部经典翻译出来。首先是《十诵律》六十一卷。前五十八卷是罗什先后与罽宾僧弗若多罗、西域僧昙摩流支合译，最后的"毗尼诵"三卷是罽宾僧卑摩罗又在罗什圆寂后于寿春译出。这是小乘说一切有部的戒律书，其中规定比丘戒二百五十七条、比丘尼戒三百五十五条。

罗什虽然没有直接参与《四分律》的翻译，但此律书的译出与罗什有间接关系。罗什请求姚兴把佛陀耶舍迎接到长安，佛陀耶舍在帮助罗什译出《十住经》后，又于弘始十二年（410）受司隶校尉姚爽之请，诵出《四分律》四十五卷（或作六十卷），竺佛念口译，道含笔受。弘始十四年（412）译完。这是小乘上座部系统法藏部传承的戒律，因全书由四部分组成，故称《四分律》。该律书规定比丘戒二百五十条、比丘尼戒三百四十八条。从唐代开始，这是在中国佛教界最流行的戒律典籍。

《梵网经》（亦称《梵网菩萨戒经》、《菩萨戒本》）二卷，这是大乘戒律典籍，论述在家和出家信徒都要受持的戒律，主要分为两个部分。第一，"十重戒"，即杀戒、盗戒、淫戒、妄语戒、酤酒戒、说四众过戒、自赞毁他戒、悭惜加毁戒、嗔心不受悔戒、谤三宝戒。佛告诸佛子言："不诵此戒者，非菩萨。"第二，"四十八轻戒"，有不敬师友戒、饮酒戒、食肉戒、食五辛戒、不教诲罪戒、不供给请法戒等。据说，此经译出后，道融、昙影等三百人受持此戒，慧融写三千部以资流传。也有观点认为，此经非罗什所译，而是中国人的撰述。

《坐禅三昧经》（或称《菩萨禅法经》、《禅经》、《禅法要》）三卷，亦作二卷。弘始三年（401）十二月二十六日，僧叡从罗什受禅法，得其所抄撰《众家禅要》，即译为此经。该经是大小乘禅法的汇编，自后秦弘始四年（402）一月五日译出，弘始九年（407）闰月五日重加校订，是自安世高以来第一部大乘禅法经典。这部经典的译出，拓展了人们认识佛教禅学的内容和范围，尤其对大乘禅法的流行是一个促进。

罗什译出的净土类经典有三部。其一为《阿弥陀经》（亦题《无量寿经》）一卷，弘始四年（402）二月八日译出，是后来净土宗所依据的"三经"（另二经是《无量寿经》、《观无量寿经》）之一。其二，《弥勒成佛经》一卷，与竺法护所译的同名经是同本异译，弘始四年（402）十二月一日译出。其三，《弥勒下生经》（另名《弥勒受决经》、《弥勒下生成佛经》）一卷。后两种是弥勒净土类的重要经典，后来都很流行。

《妙法莲华经》（简称《法华经》，《出三藏记集》称为《新法华经》）八卷，与竺法护译《正法华经》，隋阇那崛多、达摩笈多译《妙法莲华经添品》（或称《添品妙法莲华经》）为同本异译，弘始八年（406）夏译出。罗什是应后秦司隶校尉左将军安城侯姚嵩之请而译。今本二十八品中的"提婆达多品"为南朝齐达摩摩（或作菩）提译，"普门品"中的重诵偈是北周阇那崛多译，皆为后人所加。该经是以后来天台宗所依据的最主要经典。

罗什于弘始十四年（412）九月十五日译出的《成实论》二十卷为古印度诃梨跋摩撰。该论属于从小乘空宗到大乘空宗的过渡性著作，系统论证佛教的"四谛"学说，倡导人我空（灭假名心）、法我亦空（灭法心）、空本身也空（灭空心）。南北朝时期，研习此论在佛学界蔚成风气，形成成实宗。

罗什译出的《维摩诘所说经》（又名《不可思议解脱经》，或简称《维摩诘经》）三卷，是三国吴支谦译的《维摩诘经》的异译本。后秦王姚兴命安城侯姚嵩与沙门千二百人于长安大寺请鸠摩罗什重译，罗什"手执胡文，口自宣译，道俗虔虔，一言三复，陶冶精求，务存圣意；其文约而诣，其旨婉而彰"。此经从汉代到唐代有多种译本，其中以罗什译本最为流行。

除上述经典之外，罗什还译出《遗教经》一卷、《禅法要解》二卷、《十住毗婆沙论》（或称《十住论》）十四卷、《大庄严经论》（或作《大庄严论经》）十五卷、《十诵比丘戒本》一卷。另外，《开元录》还把《马鸣菩萨传》《龙树菩萨传》《提婆菩萨传》作为罗什译籍。

# 第五节　鸠摩罗什主要弟子

鸠摩罗什的译经过程也是弘法传教、培养弟子的过程。在长达 11 年的译经过程中，先后参与译场的弟子达五百人或八百人，从他受学、听法的弟子多至二三千人。罗什弟子后来分布于大江南北，直接推动了南北朝时期佛学的兴盛。

### 一　罗什弟子群概况

在罗什数以千计的弟子群中，有贡献、有成就和有影响的人很多，后世传有所谓"什门四杰""什门八俊""什门十哲"等说法，正是从一个侧面反映了罗什门下人才济济。尤其重要的是，在罗什弟子群中，还有像僧肇和道生这样堪称佛学发展史上里程碑式的人物。下面介绍僧肇和道生之外的罗什著名弟子，有僧䂮、道融、昙影、僧叡、道恒、道标、慧睿、慧严、慧观、昙无成、僧导等。

释僧䂮，或作僧略，俗姓傅，北地（治今陕西耀县）泥阳人，少年出家，住于长安大寺。在罗什的弟子中，僧略的主要贡献是在管理僧团方面。僧略开始从学于当时名僧弘觉，为其弟子，后游历青、司、樊、沔之间，通六经及三藏，律行清谨，为后秦国主姚苌、姚兴所敬重。鸠摩罗什进入长安之后，由于僧尼数量大增，不守戒律的现象也大量增加，为了加强僧团管理，姚兴下书说："大法东迁，于今为盛，僧尼已多，应须纲领，宣授远规，以济颓绪。僧䂮法师，学优早年，德芳暮齿，可为国内僧主。僧迁法师，禅慧兼修，即为悦众。法钦、慧斌共掌僧录。"给车舆吏力。䂮资侍中秩，传诏羊车各二人，迁等并有厚给。共事纯俭，允惬时望，五众肃清，六时无怠。至弘始七年（405），勅加亲信伏身白从各三十人，"僧正之兴，䂮之始也"。弘始（399—415）之末卒于长安大寺，享年 70 岁。①

道融，汲郡林虑（今河南林县）人，12 岁出家，学习《论语》等经典，以强记著名，游学各地。到而立之年，精通内外经书，慕名到关中见鸠摩罗什，受到器重，被称为"奇特聪明释子"。姚兴召见后，敕入逍遥园，参与佛经翻译。请罗什译出《菩萨戒本》（《梵网经》），并参与翻译《中论》，刚译出两卷，道融便能宣讲，并且"预贯终始"。罗什又命道融讲《法华经》，亲自听讲之后赞扬说："佛法之兴，融其人也。"道融曾在罗什的支持下，与来自狮子国（今斯里兰卡）的婆罗门辩论，取得胜利，被称为"像运再兴，融有力也"。道融后至彭城（今徐州）讲法弘教，"问道至者千有余人，依随门徒数盈三百"，建立了一个颇具规模的僧团。道融 74 岁逝世于彭城。道融著有《法华义疏》、《大品般若经义疏》、《金光明经义疏》、《十地经义疏》、《维摩经义疏》等。②

昙影主要是以帮助罗什译经、注解经典著名。他出身不详，早年不甚交游，而安贫志学，能够宣讲《正法华经》及《光赞波若》，每次讲经，有道俗千数听讲。后入关中，姚兴大加礼接。罗什至长安，昙影往从之。罗什对昙影十分欣赏，曾对姚兴说："昨见影公，亦是此国风流标望之僧也。"姚兴命昙影住逍遥园，帮助罗什译经。最初翻译《成实论》的时候，其中的诤论问答，皆次第往反。昙影感觉支离破碎，将这些内容总结为五番，呈送罗什审阅，罗什称赞"大善，深得吾意"③。罗什后来译出《妙法莲花经》，昙影进行深入研究，撰成《法华义疏》四卷，并注《中论》。后山栖隐处，守节尘外，修功立善，愈老愈笃。晋义熙（405—418）中卒，享年 70 岁。

僧叡是以帮助罗什译经、讲经和注经闻名于世。他是魏郡（治今河南安阳北）长乐人，18 岁出家，依僧贤法师为弟子，谦虚内敏，学与时竞。至年 22 岁，博通经论，尝听佛图澄弟子僧朗法师讲《放光般若经》，受到僧贤和僧郎的赞扬。他还曾从学于道安。至年 24 岁，游历名邦，处处讲说，知音之士，负帙成群。僧叡对禅法比较重视，希望有新的禅典籍传来，常感叹："经法虽少，足识因果，禅法未传，厝心无地。"罗什到

---

①　（梁）慧皎：《高僧传》卷六，《大正藏》第 50 册，第 363 页上。

②　（梁）慧皎：《高僧传》卷六，《大正藏》第 50 册，第 363 页中。

③　（梁）慧皎：《高僧传》卷六，《大正藏》第 50 册，第 364 页上。

长安后，僧叡请他译出《坐禅三昧经》三卷。僧叡按照这部禅经日夜修习，遂精练五门，善入六净。司徒姚嵩在姚兴面前赞其"实邺卫之松柏"。姚兴见到僧叡后，对姚嵩说："乃四海标领，何独邺卫之松柏。"于是美声遐布，远近归德。

在参与译经过程中，僧叡经常帮助罗什推敲文字。译出《成实论》，罗什就让僧叡来讲。罗什对僧叡说："此诤论中，有七变处文破《毗昙》，而在言小隐，若能不问而解，可谓英才。"僧叡讲解《成实论》的深奥道理时，竟然不用请教罗什，自然"契然悬会"，能够正确领会深意。罗什对僧叡说："吾传译经论，得与子相值，真无所恨矣。"僧叡是为罗什所译经典撰写序言最多的人，计有《大智论》、《十二门论》、《中论》、《大、小品》《法华》《维摩》《思益》《自在王禅经》等的序言。

僧叡是西方净土的虔诚信仰者，"善摄威仪，弘赞经法，常回此诸业，愿生赡（安）养"。平时行住坐卧，不敢正背西方。临终之时，僧叡对僧众说："平生誓愿，愿生西方，如叡所见，或当得往。"① 享年 67 岁。

道恒（345—417），蓝田（今陕西西安东南）人，20 岁出家，研习佛理，"学该内外"，后投鸠摩罗什门下，"译出众经，并助详定"。当时道恒有同学道标，也很有才能，名望与道恒差不多，同为后秦王姚兴看重。姚兴认为他们两个人"神气俊朗，有经国之量"，敕尚书令姚显令二人还俗从政，"助振王业"。道恒和道标回答："恒等才质暗短，染法未深，缁服之下，誓毕身命，并习佛法，不闲世事，徒废非常之业，终无殊异之功。昔光武尚能纵严陵之心，魏文容管宁之操，抑至尊之高心，遂匹夫之微志。况陛下以道御物，兼弘三宝，愿鉴元元之情，垂旷通物之理也。"表达了虔诚信教、不愿还俗的决心。姚兴被拒绝后，又让罗什和𢙣两法师帮助说服，也被道恒和道标婉拒。姚兴后来又多次下书令两人还俗，道恒感叹："古人有言，益我货者损我神，生我名者杀我身。"② 于是窜影岩壑，蔬食味禅，一直隐居到去世。道恒著有《释驳论》《百行箴》；道标撰写《舍利弗毗昙序》，并有《吊王乔文》，并行于世。

慧睿，冀州人，出家游历各地，据称曾达南天竺界，"音译诂训，殊

---

① （梁）慧皎：《高僧传》卷六，《大正藏》第 50 册，第 364 页上。

② 同上书，第 364 页中。

方异义，无不必晓"。后还庐山，不久入关，曾师事道安，后投鸠摩罗什门下，参与译经。南朝宋时，至建康乌衣寺讲说众经，宋彭城王刘义康请以为师，从受戒法。因谢灵运咨问，著《十四音训叙》，条列梵、汉，解明经中字音词义。南朝宋元嘉（424—453）中卒，享年85。

慧严（362—443）俗姓范，豫州人。年十二受儒学，博读诗书，16岁出家，精研佛理，入关为鸠摩罗什弟子。后至建康，住东安寺，刘裕西伐长安（416），邀慧严同行。宋文帝即位，对他更加敬重，常从问佛法。北凉昙无谶译的《大涅槃经》四十卷至宋，慧严与慧观、谢灵运整修改编为三十六卷，称为《南本涅槃经》。

慧观俗姓崔，清河（在今河北）人，出家南游，投庐山慧远，闻鸠摩罗什入关，北上投其门下，对经典研究深入，"访覈异同，详辩新旧"，"思入玄微"，时人称之："通情则生（道生）、融（道融）上首，精难则观（慧观）、肇（僧肇）第一。"鸠摩罗什去世后，慧观南至荆州，受到州将司马休之礼敬，在此立高悝寺，荆楚之民皈依者甚众。慧观在辛寺听卑摩罗叉讲《十诵律》，记其意要，撰为二卷。刘裕（后为武帝）西伐司马休之（415）至江陵，对慧观十分敬重，敕与西中郎（刘义隆，后为文帝）交游，不久回京，请慧观住于道场寺。慧观"妙善佛理，探究老庄"，又精《十诵律》，从其受学者很多。南朝宋元嘉年间（424—452）卒，享年71岁。著《辩宗论》《论顿悟渐悟义》《十喻序赞》及诸经序等。

昙无成，俗姓马，扶风（治今陕西泾阳西北）人，13岁出家，后入关从学于罗什。后秦末，徙居淮南中寺，讲《涅槃经》《大品般若》诸经，弟子二百人。与宋臣颜延之、何尚之共论"实相"，著《实相论》，又著《明渐论》。宋元嘉年间（424—452）卒，享年64岁。

僧导，京兆（在今西安以东一带地方）人，10岁出家，读《观世音经》《正法华经》，年18岁，博读众经，曾参加道安的译场，译《四阿含暮抄解》时的笔受者之一。后秦时姚兴敬其德业，给予厚遇。鸠摩罗什译经，僧导"参议详定"。僧导著有《成实义疏》《三论义疏》及《空有二谛论》等。刘裕伐取长安，留子刘义真镇守关中，托僧导"时能顾怀"。夏主匈奴人赫连勃勃攻下长安（418），刘义真南逃，僧导曾率弟子数百人于路阻止敌骑追赶。至寿春，立东山寺，常讲说经论，受业者千余人。南朝宋孝武帝即位，遣使征请入京，住于建康中兴寺。僧导受敕于瓦官寺讲《维摩经》，帝与公卿皆临会听讲。有弟子僧威、僧音等，都擅长《成实论》。

### 二　僧肇及其《肇论》

罗什门下最著名的人物，非僧肇莫属。他不仅知名于当时，而且其佛学思想也比较有影响。

僧肇（384—414），京兆（今陕西省西安市）人，早年家贫，受人雇佣以抄书为业，由此阅读了大量经史典籍。僧肇"爱好玄微，每以庄老为心要"。但是在阅读《老子德章》过程中，他感到不足，认为："美则美矣，然期神冥累之方，犹未尽善也。"后来他见到旧译《维摩经》，非常喜欢，并且因阅读此经产生了佛教信仰而出家。那些遍览群书、对中国典籍有相当功底的人，感到当时中国固有思想已经不够用了，要到佛教典籍中寻找精神寄托，这是晋代以后知识阶层转向信仰佛教的普遍原因。出家之后，僧肇以学习大乘佛教典籍为主，兼通三藏。僧肇不仅"才思幽玄"，思想深刻，而且口才很好，善于谈说，20 岁时就知名于长安。当时慕名前来与他辩论的人很多，他都能"承机挫锐，曾不流滞"。包括京兆宿儒和关外英彦，都认可僧肇。

后来僧肇闻听鸠摩罗什到姑臧，不远千里投其门下学习，罗什对他十分欣赏。罗什被迎请到长安，僧肇也随之返乡，与僧叡等人一起入住逍遥园，参与罗什的翻译经典工作。僧肇能够随时向罗什请教，尤其在译经过程中能够从新旧译经的比较中发现问题，促使他对经典教义有了更深刻的理解、更全面的认识。

所以，当《大品般若》翻译出来以后，僧肇便撰写了《般若无知论》一文。这篇两千多字的论文，罗什读后大加称赞："吾解不谢子，辞当相挹。"这个评价客观中肯，毫无疑问，在理解般若本来教义的深刻程度上，罗什一定超过僧肇；在中文表达上，则僧肇无疑技高一筹。实际上，僧肇的文章后来非常流行，很大程度上与其文笔优美有关系。罗什的这个评论启示人们，如果认为僧肇的论文就是判别是否般若教义的标准，一定是有失偏颇，但是，若论僧肇的文字表达功夫，一定是上乘。罗什的评论是结合对般若教义的认识和文字表达两方面来讲的，不仅适用于《般若无知论》，也可以看作是对僧肇所有作品的最权威评论。

当时庐山隐士刘遗民见到僧肇的《般若无知论》后，感叹："不意方袍，复有平叔"①，把僧肇比作玄学家何晏。他把该文推荐给慧远，慧远抚之感叹："未尝有也。"两人共同阅读研究，刘遗民还就一些疑难问题致书请教僧肇。此后，僧肇又撰写了《不真空论》《物不迁论》，在罗什圆寂后，僧肇著《涅槃无名论》。除此之外，僧肇的著作还有《维摩经注》《长阿含经序》《梵网经序》《百论序》《注维摩诘经序》《鸠摩罗什法师诔》等。藏经中另有《宝藏论》，署名为僧肇撰，一般认为是托名伪作。

在传世的《肇论》中，除了《般若无知论》《不真空论》《物不迁论》公认为是僧肇著作外，对《宗本义》和《涅槃无名论》是否僧肇著作学者中有疑问。其中，《宗本义》大约在南朝陈时作为《肇论》纲领性概括收入。无论《宗本义》是否僧肇所作，其中心思想与后面的四篇文章以及《答刘遗民书》是一致的。《涅槃无名论》虽然有学者怀疑，但所提出的证据都不直接，缺乏说服力，所以应该把它看作是僧肇作品。

大乘般若学与小乘佛学相比较，其中一个显著特点，就是更彻底地否定现实世界的价值，不但主张我空，更主张法空。各派学说的不同或差别，主要是否定现实世界价值的论证方式不同，彻底性有异。僧肇运用般若学的特点在于，始终在承认现实世界有一定价值的前提下来予以否定，所以总是联系现实世界来谈解脱世界，在否定现实世界一切的表达中仍然强调肯定佛教解脱世界。

《肇论》的主体内容是四篇论文，各自从不同方面来论述般若学的重要概念、范畴和命题，阐述对世界本质的看法，对修行过程和目标的看法，对崇拜对象的看法，等等。《肇论》所表述的思想，具有会通域外佛学与中国本土思想的特点，其中有不少内容是对域外佛学的修正，对中国佛学思想的丰富，从而也是对中国思想文化的丰富，影响比较深远。《肇论》提出的一些新观点既与印度佛教思想不同，也与中国固有思想不同，成为中国佛学特有的内容，这正是《肇论》的价值所在。以下分别介绍《肇论》五部分中的主要内容。

（一）《宗本义》

《宗本义》是对整个《肇论》思想的简要概括，主旨在于说明"般

① 上引均见（梁）慧皎《高僧传》卷六，《大正藏》第 50 册，第 365 页上。

若"与"沤和"（善巧方便）的关系，并以这对范畴为纲，说明"沤和"与其他方面的重要问题。

> 本无，实相，法性，性空，缘会，一义耳。……诸法实相，谓之般若，能不形证，沤和功也。适化众生，谓之沤和；不染尘累，般若力也。然则般若之门观空，沤和之门涉有。涉有未始迷虚，故常处有而不染。不厌有而观空，故观空而不证。是谓一念之力，权慧具矣。

首先，"本无，实相，法性，性空，缘会"这五对概念是同类概念，阐述的是同样的道理，只是阐述的角度不同而已。把"般若"解释为"诸法实相"，那么以下论述"般若"与"沤和"的关系，也就是"本无、实相、法性、性空、缘会"等与"沤和"的关系。也就是说，解决了"般若"与"沤和"的关系，也就解决了般若学所涉及的一系列重要问题。这里的"般若"是指反映世界、社会、人生本来面目的真理性认识。"沤和"意译为"方便善巧"，简称"方便""权"，是指如何运用般若真理去认识现实世界，去应对、处理一切世俗事务的具体原则、方法和手段。在僧肇看来，正确的做法就要把两者结合起来，偏废哪一个方面都不对。在一念之间，就要同时具备佛教的真理性智慧和世俗智慧。《宗本义》这种联系本体谈作用的论证方式，也是其余四篇论文的论证方式。

（二）《物不迁论》

《物不迁论》从动静关系方面论证世界的本质，其特点是在承认变化的前提下论证其无变化的本质。

"生死交谢，寒暑迭迁，有物流动，人之常情。余则谓之不然。"在僧肇看来，无论表面看来有多么大变化的事物和现象，本质上是不动的，所谓"乾坤倒覆，无谓不静；洪流滔天，无谓其动。苟能契神于即物，斯不远而可知矣"。认为事物或现象处在流动变化之中，是世俗的认识，并不是真理性认识。但是，这两种认识又不是对立的，又都有存在的理由，不能偏废。"谈真有不迁之称，导俗有流动之说。虽复千途异唱，会归同致矣。"所以，虽然不动才是真理之谈，但是离开了流动之说，离开了化导世俗的方便善巧之说，真理之谈也没有意义。这两种不同的说法是要讲同一个道理，即动和静是不能分开的，动就是静，静就是动。

寻夫不动之作。岂释动以求静。必求静于诸动。必求静于诸动。故虽动而常静。不释动以求静。故虽静而不离动。然则，动静未始异。而惑者不同。

在关于动静关系上，僧肇主张动静一体，动即是静，静即是动。他的这种说法虽然有助于启发人们对动静统一性、不可分离性的认识，但是，这种说法的目的在于论证人们看到的"动"和"静"的现象都是假象，是不真实的，必须超越世俗的动和静，去追求那个真实的、不与动相对应的绝对的"静"。在僧肇看来，"动"与"静"之所以没有区别（未始异），是在这个"动"与"静"的背后还有一个绝对的"静"。强调这种"静"，强调这种"不迁"，是为教义服务的："是以如来功流万世而长存，道通百劫而弥固。"这是把不迁的道理最后运用到对佛教的绝对真理的认识上，佛的功德、佛法的传播，都已经流行了千百年，但是依然常存，其形式是流动的，其本质是不变的。

把这种思维方式运用到讨论因果问题上，就是：

果不俱因，因因而果。因因而果，因不昔灭；果不俱因，因不来今。不灭不来，则不迁之致明矣。

"果不俱因，因因而果"，是说"果"与"因"并不同时存在，依据"因"才能产生"果"，这是承认因果产生有时间上的差别，有前后次序。汤用彤《汉魏两晋南北朝佛教史》指出，"肇公之学说，一言以蔽之曰：即体即用"[1]。如果僧肇的学说真正贯彻了"即体即用"的原则，就会得出"即因即果"的结论，就不会承认因果的不同时和先后次序。僧肇在因果关系问题上，只是夸大了因果的差别性，否认了因果的相对性，论证因果关系不能成立，从而抹杀了事物的运动。真正把"即体即用"作为思维方式贯彻到整个学说中，只有在华严宗中才能达到，那里讲因果同时。"因因而果，因不昔灭；果不俱因，因不来今。"正因为依因而有果，所以因虽在昔而不灭。果与因不同时，所以因不来到今天。僧肇如此看待因果关系，最终还是为了说明佛教因果报应的实在性。讲"因不昔灭"，

---

① 汤用彤：《汉魏两晋南北朝佛教史》上册，中华书局 1983 年版，第 236 页。

就是说或善或恶的报应作用必然要产生，因为"因"是一定要引起相应"果"报的；讲"因不来今"，说明现在没有"因"出现了，只有以前"因"引起的"果"在起作用。这种从"非动非静"中引出来的般若经典常讲的"不灭不来"，正是为了论证佛教的生死轮回实存、因果报应无爽。

（三）《不真空论》

《不真空论》是讨论对世界万物的看法问题。这里的"不真"，指万物并不是真实的存在，相当于"假有"；这里的"空"，指万物的本质，相当于"性空"。"不真空"是说不真实的万物就是性空的表现，也就是说，"不真"是现象、作用，而"空"是本质、本体。僧肇也是联系"有"讲"无"，联系"色"讲"空"。

《不真空论》对心无、即色、本无三家在处理有无问题上的得失进行梳理，然后讲自己的有无关系，是引用经典中"不有不无"的双重否定来论证。

　　《摩诃衍论》云：诸法亦非相，亦非无相。《中论》云，诸法不有不无者，第一真谛也。寻夫不有不无者，岂谓涤除万物，杜塞视听，寂寥虚豁，然后为真谛者乎？诚以即物顺通，故物莫之逆；即伪即真，故性莫之易。性莫之易，故虽无而有；物莫之逆，故虽有而无。虽有而无，所谓非有；虽无而有，所谓非无。如此，则非无物也，物非真物。物非真物，故于何而可物？

"不有不无"是对万物的真理性认识，即真谛。这个"不有不无"讲的不是世界上的万物都不存在，也不是有万物而否认其存在，而是要认识到，万物本身是不真实的，这种不真实的万物的确在生灭流动变化中存在，这种存在反映了万物本质上的空。"空"是真相，而假象（伪）正是反映了"空"。因此，不是没有事物，而是事物不真。既然不真实的事物都反映了真实的本质"空"，那么要把握世界的本质，也只能从不真的现象和事物上下手，正是在这个意义上，《不真空论》提出了在后代佛学史上经常被引用的名言："道远乎哉？触事而真。圣远乎哉？体之即神！"

真理性认识并不是遥不可及，在每一件事物上面都能够认识真谛，体验真谛；圣人境界并不是遥不可及；只要认识、理解和证悟了佛教般若道理，就是达到了圣人的境界。把虚幻的现实、被否定的现实又赋予真理的体现者，这样一来，现实世界就是解脱的道场。如此重现实，在大乘般若学中是没有的。这对后来中国佛教各派都有影响，成为中国佛学中的一个主流思想。

（四）《般若无知论》

《般若无知论》是僧肇第一篇受到广泛关注和好评的文章，主要讨论"无知"和"知"概念，属于认识论方面的问题。在这篇文章中，僧肇首先提出了一种不同于世俗的认识论，即"无知"，来与"知"相对。

> 夫有所知，则有所不知。以圣心无知，故无所不知。不知之知，乃曰一切知。

这里的"无知""不知"与世俗意义上的认识含义已经不同，而是"一切知"的同义语。所以这是般若的认识境界，是圣人的认识能力，相对于世俗人，圣人的"无知"是一种"知"，这种"知"的特点，是"无所不知"。所以这里的"无知"和"不知"就不同于《庄子·人世间》讲的"闻以有知知者矣，未闻以无知知者矣"中的"无知"，二者是完全不是相同的含义。同时，也与《老子》"恒使民无知无欲"中的"无知"含义不同。般若探讨的这种与"一切知""无所不知"相等同的"无知"或"不知"，在中国传统思想中是没有的，也就是说，在玄学典籍当中，还没有作为"知"的一种形式使用的"不知""无知"感念。对这种问题的讨论，无疑为中国的认识论思想增添了新内容。

这种认识并不是一般人所具有的，是佛教圣人才有的，那么，这种作为最高级别认识的"无知"或"不知"如何得来，如何发挥作用呢？其认识原则是什么呢？

> 是以圣人虚其心而实其照，终日知而未尝知也。故能默耀韬光，虚心玄鉴，闭智塞聪，而独觉冥冥者矣。

"虚其心"是要排除一切妄念、杂念，使内心完全平静，既不受外部环境的干扰，也不受内心情绪的左右，在这种情况下，才能运用般若来进行认识。获得这种认识能力的表现，是默默无言，韬光养晦，不用聪明才

智，在内心平静的状态下认识最终的真理，体现最高的境界。这里的
"虚心"是要消除一切思维活动，这里的"玄鉴"，是要求直观体认，这
里的"闭智塞聪"，是要求排除概念推理过程。这就是圣人的认识方法，
是圣人获得般若认识能力的过程，这是"无知""不知"或者"一切知"
的认识能力。那么，具备了这种认识能力，有了这样的"无知""不知"，
除了认识最高的真理之外，在现实中有没有作用呢？

> 然则智有穷幽之鉴，而无知焉；神有应会之用，而无虑焉。神无
> 虑，故能独王于世表；智无知，故能玄照于事外。智虽事外，未始无
> 事；神虽世表，终日域中。所以俯仰顺化，应接无穷，无幽不察，而
> 无照功。斯则无知之所知，圣神之所会也。……是以圣智之用，未始
> 暂废；求之形相，未暂可得。

　　"无知"认识所达到的智慧或认识能力，不仅有能够超然于世外的能
力，而且也能够置身于三界之内，对世间的一切俗务自如应对，认识很正
确，观察很清楚。这种圣人的认识能力在世间不断起作用，只不过起作用
的方式没有固定而已。

　　这种般若认识是与世俗认识不同，又高于世俗认识的佛教认识，这种
认识的本质，是不以客观物质世界为认识对象，而以无相真谛，也就是
佛教的绝对真理为认识对象。所谓"圣人以无知之般若，照彼无相之真
谛。真谛无兔马之遗，般若无不穷之鉴"。由于"真谛"是包含一切真理
的、适应一切众生需要的（用昙无谶所译《优婆塞戒经》卷一所述的兔
马象三兽过河的寓言比喻），所以般若的认识能力也就是无限的。这种认
识只有在超越了认识客观世界的世俗认识之后才能够获得。这种般若认识
论具有直接否定世俗认识客观性、可靠性和真理性的特点。

　　（五）《涅槃无名论》

　　按照《高僧传》本传的记载，僧肇在罗什去世后，"追悼永往，翘思
弥厉"而作《涅槃无名论》。他在上姚兴的表中说：

> 涅槃之道，盖是三乘之所归，方等之渊府。眇茫希夷，绝视听之
> 域；幽致虚玄，非群情之所测。肇以微躯，猥蒙国恩，得闲居学肆，
> 在什公门下十有余年。虽众经殊趣，胜致非一，涅槃一义，常为听习

先。但肇才识暗短，虽屡蒙诲喻，犹怀漠漠，为竭愚不已。亦如似有解，然未经高胜先唱，不敢自决。不幸什公去世，咨参无所，以为永恨。

涅槃是佛教最终的解脱境界，是修行的归宿，当然受到佛教各派的关注。僧肇认识到涅槃问题的重要性，不仅对该问题"常为听习先"，作为最主要的教义来研究，而且对于这个涅槃还是"屡蒙诲喻，犹怀漠漠，为竭愚不已"，提问听讲解，还是搞不清楚。自己有了一些认识，还"不敢自决"。这么多语言铺垫，表明了他在涅槃问题上不仅要突破其师罗什的认识藩篱，也要结合中华固有思想修正般若经典的乃至整个佛教的传统看法。

《涅槃无名论》的创新之处不少，其中有两点尤其值得注意。

第一，通过对"涅槃""无余涅槃"和"有余涅槃"三者的重新解释，首先强调涅槃是法身境界，是佛的觉悟境界，是实际存在的精神状态或精神实体。

从早期佛教时期，对涅槃就有有余和无余的划分，到大乘佛教时期，也沿袭了这种说法，虽然各派解释有差异，但都是从达到涅槃境界的修行者状态来划分有余和无余涅槃的，前者是按照阿罗汉分别达到的解脱状态来划分，后者是按照菩萨分别达到的解脱状态来划分。

僧肇认为，涅槃本身用不着划分什么有余和无余，这只是名称问题，实际上的涅槃境界，是法身的境界，是超出有无之外的，是用"有"或"无"所不能归纳和概括的。涅槃自身的特点是：

> 本之有境，则五阴永灭，推之无乡，则幽灵不竭。幽灵不竭，则抱一湛然，五阴永灭，则万累都捐。……九流于是乎交归，众圣于此乎冥会。斯乃希夷之境，太玄之乡。而欲以有无题牓其方域，而语神道者，不亦邈哉。

这是对涅槃的一个很重要的解释。从有为法的方面看，涅槃者身体已经不存在了，从无为法方面看，还有"幽灵"存在，这个幽灵是什么呢？只能是"法身"，因为是三乘各种修行者最后的修行归宿（"九流""交归"），是诸佛菩萨（"众圣"）的聚合地（"冥会"）。涅槃是一种法身存在的状态，是一种纯精神实体的存在，所以，从涅槃的本身状态讲，一定要认识有余涅槃和无余涅槃只是一个名称，并不是涅槃本身有不同状态，并不是涅槃境界可以分为两种。

其次是认为无余涅槃和有余涅槃分别是佛的不同阶段的真理性活动。

在僧肇看来，佛教经典讲"有余涅槃"和"无余涅槃"，也是有存在理由的，不能否定经中的说法。他认为，"有余涅槃"是指"如来大觉始兴"到"圣智尚存"这个阶段的佛境界，也就是佛为了化导流俗在三界中修行、成道、弘法等全部真理性活动过程所表现的境界；"无余涅槃"则是"至人教缘都讫，灵照永灭，廓而无朕"的阶段。所以划分有余和无余，在小乘佛教和大乘佛教那里，是由修行者达到的修行阶位或境界来划分的，在僧肇这里，是用佛的真理性活动的不同阶段来划分的。如此划分有余和无余涅槃，是为了强调涅槃境界上是不能区分的，是无差别的佛境界。

第二，达到涅槃是应该有阶段的，解脱是渐悟修行、不断上进的过程，这是由众生根器有不同、素质有差别造成的。他在"辨差第九"中说：

> 夫以群生万端，识根不一，智鉴有浅深，德行有厚薄。所以俱之彼岸，而升降不同，彼岸岂异，异自我耳。

同时，僧肇不仅认为修行是一个渐进的过程，同时也否定了顿悟获得的可能性。他在"明渐第十三"中说：

> 夫群有虽众，然其量有涯，正使智犹身子，辩若满愿，穷才极虑，莫窥其畔。况乎虚无之数，重玄之域，其道无涯，欲之顿尽耶？

顿悟还是渐悟，在佛教史上是长期争论的问题，不同派系有不同的主张。僧肇在阐述涅槃教义时提出的这种主张是很重要的，这里的"欲之顿尽耶"提问，彻底否定了"顿悟成佛"的可能性。

# 第五章 东晋时期南方佛教

公元 317 年，琅琊王司马睿在南渡过江的中原士族与江南士族的共同拥戴下，在建康称帝，国号仍为晋，史称"东晋"（317—420）。相对于当时的北方地区，东晋王朝有效统治的南方地区社会比较安定，民族矛盾没有那么尖锐激烈，战争没有那么频繁。在这种社会背景下，佛教呈现出的发展势头与北方并不完全相同，南方佛教僧人的修行方式、传教方式和教义理论都逐渐开始具备了地方特色。

## 第一节 东晋社会与佛教

### 一 皇室、贵族的奉佛事迹

东晋统治集团主体由两部分构成，其一是过江的中原名门望族，其二是江南本地士族，两大阵营既有着一些共同的利益追求，又存在着地域、文化等方面的差异，所以相互之间的矛盾冲突不断，构成了东晋王朝的内忧。东晋是门阀政治发展的鼎盛时期，控制中央和地方的主导力量是士族。中央皇权衰落，宗室、外戚和门阀大族王、谢、庾、桓先后支配着王朝政局。

自晋元帝建武元年（317）至晋安帝隆安三年（399），东晋社会发展比较平稳，尽管出现过一些士族首领叛乱，但没有损伤王朝的元气。晋孝武帝在位时期（373—396），掌握朝廷实际权力的司马道子父子以暴虐无能、搜刮无度著称，进一步造成了士族集团的分裂、社会矛盾的激化，由此拉开了东晋王朝走向衰落的序幕。安帝隆安三年（399），信奉五斗米教的孙恩起义短时间内聚众达数十万人，直至 402 年才被彻底镇压下去。这次起义彻底动摇了东晋王朝的统治基础，为士族夺权创造了条件。桓玄发兵攻占建康，废掉晋安帝，自立为帝。在镇压孙恩起义过程中发展起来的刘裕又击败桓玄，逐步攫取朝廷实权，最终于公元 420 年建宋代晋。

百余年间，东晋王朝始终受到北方少数民族统治集团的侵扰，这是东晋王朝的外患。东晋朝廷虽然有过几次挥师北伐，但都成效不大。东晋统治集团从来没有具备统一北方的能力，也没有足够的信心和勇气，总是以偏安江南为目的。东晋在长江流域建立的汉族政权维持时间比较长久，促进了经济和文化的持续稳健发展。自曹魏以来，中国文学一直不断发展演进，东晋年间的文人颇为著名。当时出现了山水诗人谢灵运、田园诗人陶渊明等人，他们对旧体诗做出改革，为以后隋唐的诗文盛世奠定了基础。

东晋社会风气和文化思想基本承袭西晋。在上层社会人士中，玄学盛行，清谈成风，朝廷中更是不乏崇尚玄学、清谈的高官显宦。"王丞相（王导）过江左，止道'声无哀乐'、'养生'、'言尽意'三理而已。"①王敦"雅尚清谈，口不言财色"。②官场人士普遍以实际工作为低俗，以空谈玄虚为高妙，以放浪形骸为达士，造成了吏治腐败、士风萎靡。虽然在东晋历史上也不断出现反对的意见，响起批判的声音，但是始终得不到主流社会的响应。

从东晋开始，帝王崇信、支持佛教者逐渐增多。但是，总的来说，相对于同时期的一些北方少数民族统治者，东晋帝王对佛教的支持力度没有那么大、那么无所顾忌，因为他们没有像北方一些帝王那样把支持佛教作为获得统治合法性的重要手段。相反，一些帝王会不忘佛教的"夷狄"特点，注重用儒家伦理来对佛教进行一定程度的规范。这种做法，在中国社会长期产生影响，同时也直接影响着佛学的发展走向。

晋明帝不仅结交高僧，而且擅长画佛像。他在乐贤堂（位于宫城西南角外）画有佛像，虽经苏峻之乱（327—328）也并未受损。彭城王司马纮上奏成帝，请下敕名人为佛像作颂，成帝让朝廷大臣讨论此事。太常蔡谟明确表示反对，并说明了理由：

> 佛者，夷狄之俗，非经典之制。先帝量同天地，多才多艺，聊因临时而画此像，至于雅好佛道，所未承闻也。盗贼奔突，王都颠败，

---

① 余嘉锡：《世说新语笺疏》，中华书局 1983 年版，第 211 页。

② （唐）房玄龄：《晋书》卷九十八，中华书局 1974 年版，第 2557 页。

而此堂块然独存，斯诚神灵保祚之征。然未是大晋盛德之形容，歌颂之所先也。人臣睹物兴义，私作赋颂可也。今欲发王命，敕史官，上称先帝好佛之志，下为夷狄作一像之颂，于义有疑焉。①

在蔡谟看来，佛是西方的圣人，不是华夏的圣人。明帝画佛像，是因为他心胸开阔，对夷狄之神没有偏见，加上他多才多艺，一时兴之所至而造佛像，并不是因为对佛教有虔诚信仰，或者对佛教有特殊好感而造佛像。乐贤堂及其佛像经战火而不受损害，这是神灵保佑的结果。作为个人，可以因此为佛像作颂，但是，以朝廷的名义由官方出面，打着明帝有佛教信仰的旗号为乐贤堂佛像作颂，就不合适了。原因很简单，佛是夷狄之神，尽管佛像是明帝所造，官方为其作颂也有违华夏的"经典之制"，也就是儒家的礼仪制度。最终成帝采纳了蔡谟的建议，没有下敕令作颂。

东晋成帝咸康六年（340），中书监庾冰辅政，提出沙门应该向王者行礼致敬的主张，当时的尚书令何充等人不同意，各方围绕这个问题展开多次辩论。庾冰的理由很简单，就是从维护儒家明教纲常的立场出发，努力把佛教纳入儒家的道德规范中来。他在代成帝作的诏书中完全表明了这样的立场：

> 因父子之敬，建君臣之序，制法度，崇礼秩，岂徒然哉？良有以矣。既其有以，将何以易之。然则名礼之设，其无情乎？且今果有佛邪，将无佛邪？有佛邪，其道固弘；无佛邪，义将何取！继其信然，将是方外之事；方外之事，岂可方内所体！而当矫形骸，违常务，易礼典，弃名教，是吾所甚疑也。名教有由来，百代所不废。……弃礼于一朝，废教于当世，使夫凡流傲逸宪度，又是吾之所甚疑也。②

儒家制定的礼法制度是合情合理的，有着深刻的社会和历史原因，并没有改变的理由。佛教僧人作为方外之士，也不应该完全不遵守这些礼仪制度，而应该按照世俗的礼仪制度来礼敬王者。这样的言论，大约是以后

---

① （唐）房玄龄：《晋书》卷七十七，中华书局1974年版，第2035页。
② （梁）僧祐：《弘明集》卷十二《代晋成帝沙门不应尽敬诏》，《大正藏》第52册，第79页中。

维护儒家伦理者的共同主张。同时，这也是佛教逐渐要走的道路。在当时，庾冰的主张虽然没有被采纳，但是这个问题一再被提起。直到唐代，这个问题才最后得到解决，沙门跪拜王者成为制度。

当时何充等人主张沙门不跪拜王者，提出的理由除了要"遵承先帝故事"之外，主要在于说明佛教的戒律制度有助王化，佛教僧众自觉维护国家利益。他在联名上的《奏沙门不应尽敬表》上说："然寻其遗文，钻其要旨，五戒之禁，实助王化。"① 他赞扬沙门，"每见烧香咒愿，必先国家，欲福祐之隆，情无极已，奉上崇顺，处于自然"。② 因此，出家人不按照世俗制度礼敬王者，不仅是无害的，而且是有利的。前代皇帝正是看到了这一点，所以才"不变其修善之法，所以通天下之志"。③

哀帝在重视黄老的同时，也重视佛法，曾请竺道潜进宫讲《大品般若经》。简文帝以"善玄言"著称，同时也对佛教感兴趣，曾到瓦官寺听竺法汰讲《放光般若经》。他最为看中的，是佛教能够陶冶情操，提高人的精神修养，并不是达到最后的解脱。"佛经以为祛练神明，则圣人可至。简文云：不知便可登峰造极不？然陶练之功，尚不可诬。"④ 孝武帝在位期间，曾"立精舍于殿内，引诸沙门以居之"。⑤ 东晋末代皇帝恭帝虽然在位时间不长，也是以崇信佛教著称。

在东晋历朝高官显贵、著名士大夫中，信仰和支持佛教的人也很多。他们或者与僧人谈论佛理，或者给予经济支持，或者修建寺塔，等等。许多士族家庭往往是世代奉佛，奉佛成为家族的传统，例如王导祖孙三代都与名僧过从甚密。在有些士族家庭中，道教与佛教的信仰是并行的，有些人更是同时信仰佛教和道教。与名僧往来密切的名士有庾亮、周凯、谢安（320—385）、王羲之（321—379）、许询等。

在东晋大臣中，有些人专注于建立寺院，供养僧人，对佛教的发展起到了推动作用。何充（292—346）"性好释典，崇修佛寺，供给沙门以百

---

① （梁）僧祐：《弘明集》卷十二《奏沙门不应尽敬表》，《大正藏》第 52 册，第 79 页下。
② （梁）僧祐：《弘明集》卷十二《重奏沙门不应尽敬表》，《大正藏》第 52 册，第 80 页上。
③ （梁）僧祐：《弘明集》卷十二《奏沙门不应尽敬表》，《大正藏》第 52 册，第 79 页中。
④ 余嘉锡：《世说新语·笺疏》，中华书局 1983 年版，第 229 页。
⑤ （唐）房玄龄：《晋书》卷九，中华书局 1974 年版，第 231 页。

数，靡费巨亿而不吝也。亲友至于贫乏，无所施遗，以此获讥于世"①。这应该是一个比较典型的例子。王恭把修建佛教寺院看得比打仗还重要，可以算得上是佞佛代表人物。孝武帝太元十五年（390），王恭任兖青冀幽并徐州晋陵诸军事，平北将军、兖青二州刺史等职，地位是很重要的，但是，他"不闲用兵，尤信佛道，调役百姓，修营佛寺，务在壮丽，士庶怨嗟"。后来因为起兵反对司马道子被捕，"临刑，犹诵佛经，自理须鬓，神无惧容"。②

由于皇室、贵族对佛教的支持，东晋南方佛教也有了快速发展。据唐法琳《辩正论》卷三记载，东晋有佛寺1768所、僧尼24000人。同时，也由于官方对佛教僧团疏于管理，一定时期内出现了僧尼出入宫廷、接受贿赂、干预朝政等现象。孝武帝时期，左卫将军会稽许荣曾上疏，列举了佛教界的一些情况："僧尼乳母，竞进亲党，又受货赂，辄临官领众。……臣闻佛者清远玄虚之神，以五戒为教，绝酒不淫。而今之丰者，秽慢阿尼，酒色是耽，……尼僧成群，依傍法服。五戒粗法，尚不能遵，况精妙乎！而流惑之徒，竞加敬事，又侵渔百姓，取财为惠，亦未合布施之道也。"③ 不守佛教戒律的现象，是僧俗界都反对的，任何一个时期都没有例外。

### 二　名僧行履与思想

孙绰作《道贤论》，把两晋时期的七位名僧比作魏晋之间的"竹林七贤"。以竺法护比山涛（巨源）、竺法乘比王戎（濬冲）、帛远比嵇康（叔夜）、竺道潜比刘伶（伯伦）、支遁比向秀（子期）、于法兰比阮籍（嗣宗）、于道邃比阮咸（仲容），认为他们都是高雅通达、超群绝伦的人物。孙绰的这种名僧与名士的对比，许多是很不确切的，但是影响很大，为不少著作所征引，反映了当时及后来人们的一种态度。相对说来，东晋时期的名僧比他们的前辈们更类名士，标志着一个时代的汉地僧侣特有形象的形成。

两晋之交，有不少佛教僧人避难渡江，在南方积极开展传教活动，他

① （唐）房玄龄：《晋书》卷七十七，中华书局1974年版，第2030页。
② （唐）房玄龄：《晋书》卷八十四，中华书局1974年版，第2186页。
③ 同上书，第1733页。

们与东晋信奉佛教的王公士大夫交往密切，成为他们的座上宾。为名士追逐、供养、抬举的东晋名僧人数很多，既有外籍僧人，也有汉地僧人；既有出身王公贵族者，也有出身贫寒家庭者。名僧中的大多数人有良好的儒学修养，具备姿貌过人、才思敏捷、能言善辩、多才多艺等特点。东晋时期名僧与名士的密切交往蔚然成风，既与当时社会环境有关，也与这些名僧自身所具备的素质有关。东晋的名僧群体颇有时代特点，是佛教中国化的一个表现形式。一些个性突出的名僧有竺法汰、尸梨蜜、康僧渊、康法畅、竺道潜、支遁、竺法义、于法开等。

竺法汰（320—387）是东莞（治今山东沂水）人，少年时代与道安为同学，师从佛图澄。他才辩不及道安，但是姿貌过之。竺法汰追随道安避难，行至新野，按照道安的指示，带领弟子昙一、昙二等四十余人沿江东下，到南方传教。竺法汰中途因病停留阳口，镇守荆州的桓温派人邀请他到荆州治疗，道安也派弟子慧远下荆问疾。

竺法汰"形长八尺，风姿可观，含吐蕴藉，词若兰芳"，在东晋上流社会崇尚仪表神态、辩才无碍的风气中，竺法汰具备得到显贵赏识的先天素质。但是荆州地区有道恒倡导"心无义"，很有影响。竺法汰认为，"此是邪说，应须破之"，乃大集名僧，令弟子昙一问难。道恒依仗自己的辩才，辩论一天，不肯服输。第二天，慧远参与辩论。在辩论过程中，道恒"自觉义途差异，神色微动，麈尾扣案"，不能及时应答酬对。慧远问："不疾而速，杼轴何为？"意思是说，你不一定追求快速回答，但是也不该这样拖沓，这种简单问题还有构思的必要吗？显然有讥讽意思在里面，引起满座皆笑。从此以后，"心无义"观点不再流行。

关于"心无义"的内容和得失，僧肇在《不真空论》明确指出："心无者，无心于万物，万物未尝无，此得在于神静，失在于物虚。"这是说，主张"心无"观点的人，只是强调心不执着于外在事物，但是并不认为外在事物本身就是空无虚幻的，所以，只是对般若经典中讲"诸法皆空"的不全面的理解，其中见解的正确方面在于"神静"，即强调内心不受外在事物的干扰，错误的方面在于没有认识到外在事物本身就是虚幻不真实的，因为事物的本性就是空，就是无。所以，"心无义"不是完全正确的般若观点。当时主张"心无义"的人不少，这里是讲道恒宣扬"心无"观点，吉藏《中论·因缘品》说是破斥温法师的观点，元康《肇论疏》指出，僧肇破斥的是支愍度的观点：

心无者，破晋朝支愍度心无义也。《世说》注云：愍度欲过江，与一伧道人为侣。谋曰："若用旧义往江东，恐不办得食。"便立心无义。既此道人不成渡江，愍果讲此义。后有伧人来，先道人语云："为我致意愍度，心无义那可立，此法权救饥耳，无为遂负如来也。"从此以后，此义大行。

支愍度是心无义的始作俑者，他为了混饭吃，而不是为了虔诚追求佛教真理来鼓吹这种观点。从这种记述可以看到，不同意心无之说，认为这种观点不是究竟之谈的人很多。同时，元康也引用《高僧传》中的上述记述，认为道恒也是这种观点。

批判"心无"观点的竺法汰，倡导的是"本无"观点。按照元康《肇论疏》的说法，僧肇所批判的"本无"，就是竺法汰的观点。僧肇在《不真空论》中说：

本无者，情尚于无多，触言以宾无。故非有，有即无；非无，无亦无。寻夫立文之本旨者，直以非有非真有，非无非真无耳。何必非有无此有，非无无彼无？此直好无之谈，岂谓顺通事实，即物之情哉？

按照僧肇的记述和分析，主张"本无"观点的人，主观上崇尚"无"，所以出言多谈"无"。因此，否定"有"的时候，"有"也就成了"无"；否定"无"的时候，"无"也成了"无"。在僧肇看来，主张"本无"观点的人，实际上想要说明的，只不过是想表达，他们否定的"有"是否定的"真有"，对"假有"还是肯定的；他们否定的"无"是否定的"真无"，对于"假无"还是肯定的。所以，何必一定要说否定"有"就一定没有这个"有"，否定"无"就一定没有那个"无"。持有"本无"观点的人，不过是喜好"无"之谈，并没有把握事物的本质的特性，也就是说，他们讲"本无"，但什么是真正的"本无"，这些人是弄不清楚、搞不明白的。

竺法汰讲的"本无"是不是这个意思，未必能肯定，包括僧肇是不是批判竺法汰，也是值得怀疑的。而按照吉藏《中论疏》的说法，僧肇在这里批判的是竺道琛：

> 琛法师云："本无者，未有色法，先有于无，即无在有先，有在
> 无后，故称本无。"此释为肇公《不真空论》之所破，亦经论之所未
> 明也。若无在有前，则非有本性是无，即前无后有，从有还无。①

按照吉藏的记述，琛法师倡导的"本无"观点，是讲在没有一切物
质现象（色法）存在（有）之前，先有一个"无"存在，即"无"在
"有"先，"有"在"无"后，这就叫"本无"。在吉藏看来，这就是僧
肇破斥的"本无"观点。这种观点在佛教经典中根本就没有，是不正确
的。因为，如果在"有"之前有一个"无"存在，那么，这个"无"就
不是指事物的"本性"，而是能够产生事物的本源，这才能够说"无"在
前，生发出来一个"有"，"有"可以回归到"无"。

很明显，无论是吉藏在这里引用的琛法师的话，还是吉藏自己对这番
话的破斥，都与僧肇引用的"本无义"内容和破斥内容完全不同，很难
说僧肇是批判琛法师。

实际上，正如《汉魏两晋南北朝佛教史》所说，在两晋的时候，"本
无一义，执者甚广。广义言之，则本无几为般若学之别名"②。倡导"本
无"的人很多，都是个人对般若思想的不同理解，僧肇的这几句话，无
论是指道安还是指竺法汰、琛法师，都没有办法完全对号入座。我们不能
肯定僧肇的归纳、总结和破斥是无的放矢，但是我们能肯定在主张"本
无义"般若学僧中，具体观点五花八门，这些从一个侧面反映了般若话
题的时髦性。

竺法汰到建康后住瓦官寺，得到简文帝的敬重，并应请讲《放光般
若经》。在开题起讲之日，简文帝亲自到场，"王侯公卿，莫不毕集"，僧
俗听众很多，士女成群。此后，竺法汰"流名四远"③，门徒日众，三吴
地区前来问学者以千数，在社会上产生很大影响。

竺法汰弟子众多，著名者有昙一、昙二，并博练经义，又善《老

---

① （隋）吉藏：《中论疏·因缘品》，《大正藏》第 42 册，第 27 页下。
② 汤用彤：《汉魏两晋南北朝佛教史》（上册），中华书局 1983 年版，第 170 页。
③ （梁）慧皎：《高僧传》卷五《竺法汰传》，《大正藏》第 50 册，第 354 页中。

子》、《易经》，风流趣好，与慧远齐名。另有弟子竺道生后入关，从学于鸠摩罗什。

吉藏《中论疏·因缘品》记述：

> 壹法师云：世谛之法，皆如幻化，是故经云：从本已来，未始有也。难云：经称幻化所作，无有罪福。若一切法，全同幻化者，实人、化人竟何异耶？又经借虚以破实，实去而封虚，未得经意也。

安澄《中论疏记》说：

> 《玄义》云：第一释道壹著《神二谛论》云：一切诸法，皆同幻化，同幻化故名世谛，心神犹真不空，是第一义。若神复空，教何所施？谁修道？隔凡成圣，故知神不空。

吉藏讲的"壹法师"，安澄讲的"道壹"，学者认为就是竺法汰的弟子昙一，是否真实如此，很难完全确定。不过。"幻化宗"的观点是转述得很明确的。对照安澄所述，吉藏引述的幻化观点是前半部分，不完整。就"世谛之法，皆如幻化"这句而言，是符合佛教各派主张的，也符合般若空观理论。吉藏的难词，是强词夺理性质的，因为，在有为法的范围内，根本就没有所谓"实人"与"化人"的分别。从安澄的进一步记述中可以看到，幻化宗强调"心神"是"真"，不是幻化，就是主张灵魂不灭，这不仅是与般若学不同，而且与印度佛教产生时期就构成基本理论基础的缘起学说根本不同，是中国佛教信仰者的创造，并且从安世高传教弘法开始，就成为中国佛教难以撼动的观念，也是为社会各阶层信徒无障碍接受的观念。

尸梨蜜是受到东晋名士推崇的外国名僧，代表了东晋名僧的一个特殊类型。他是西域人，传说是国王之子，让国于弟之后出家。他于西晋永嘉年中（307—313）来到内地，住在建初寺。"丞相王导一见而奇之，以为吾之徒也。由是名显"。与他来往，且对他赏识的有太尉庾亮、光禄周颛、太常谢琨、廷尉桓彝等，都是一代名士。

尸梨蜜能够为名士推崇，原因有三。第一，具有外国人特有的风度和机智聪明。尸梨蜜不懂汉语，也不学汉语，与名士来往，完全要靠翻译。

一般来说，言语不通，很难充分交流思想，很难彼此默契。但是，他在通过传译与名士的对谈中，深受欢迎。"诸公与之语言，蜜因传译。然而神领意得，顿尽言前，莫不叹其自然天拔，悟得非常。"可见他虽然不懂汉语，却懂得名士的心理。王导曾对他说："外国正当有君，一人而已耳。"他笑着回答："若使我如诸君，今日岂得在此！"这个对话"当时以为佳言"。实际上，这个"言"是翻译者的言，而不是尸梨蜜的言，所谓的"佳言"，实际上应该是"佳义"。这个"佳义"正反映了尸梨蜜对东晋上层人物内心世界的理解和把握。

第二，他声音洪亮，擅长梵呗，具有主持法事仪式的音乐表演天赋。周颛为仆射领选时，曾抚其背而叹："若使太平世，尽得选此贤辈，真令人无恨！"不久，周颛为王敦所害，尸梨蜜特重情义，登门慰问遗孤，"对坐作胡呗三契，梵响凌云。次诵咒数千言，声高韵畅，颜容不变。既而挥涕拉泪，神气自若。其哀乐废兴，皆此类也"。这种能力，也是其受到社会关注和接受的一个重要原因。

第三，他首次在东晋地区传播佛教咒术，得到社会认可。尸梨蜜"善持咒术，所向皆验"。当时江东未有咒法，他主持译出《大孔雀王神咒》和《孔雀王杂神咒》各一卷。

以上三点，可以说是尸梨蜜受众多名士推崇主要原因。东晋成帝咸康年（335—343）中，他 80 多岁高龄去世，"诸公闻之，痛惜流涕"[1]。

康僧渊祖籍西域，生于长安。他与尸梨蜜不同，"貌虽梵人"，但精通中国话。康僧渊"容止详正，志业弘深"，常诵《放光般若经》和《道行般若经》。东晋成帝时，康僧渊与康法畅、支愍度等人渡江，开始他并没有得到高官显贵的供养，生活困难，穷困潦倒，"恒周旋市肆，乞索以自营"[2]。后来康僧渊遇到陈郡殷浩，讨论"佛经深远之理"，辨别"俗书性情之义"，辩论一整天，殷浩不能屈，康僧渊从此出名。王导因其鼻高眼深而戏之，康僧渊对答："鼻者面之山，眼者面之渊，山不高则不灵，渊不深则不清。"时人以为名答。在这种答问中表现出的机智善辩、工于言辞，正是名僧的必备素质。但是，这种回答并没有传播教理上的任

---

① 上引均见（梁）僧祐《出三藏记集》卷十三《尸梨蜜》，《大正藏》第 55 册，第 98 页下。

② 余嘉锡：《世说新语笺疏》，中华书局 1983 年版，第 231 页。

何意义，与后世禅宗的机语酬对相比较，纯粹可以说是无聊的"戏论"。但是，在东晋那个时代，这些却是名僧的必备本领。

康僧渊后来在豫章（今江西南昌）城外数十里立寺，"带江傍岭，林竹郁茂，名僧胜达，响附成群。以常持心梵经，空理幽远，故偏加讲说。尚学之徒，往还填委。后卒于寺焉"。① 名僧与高贵显宦中的名士的交往是东晋佛教界重要的现象，这种情况在当时的北方并没有出现。

康法畅才思敏捷，善于往复应答，并著有《人物始义论》等。他经常执麈尾（拂子，清谈时常执）行走，每值名宾，辄清谈尽日。庾亮曾经问他："此麈尾何以常在？"他回答："廉者不取，贪者不与，故得常在也。"② 这种机智应对经常成为流传很广的名言，反映名僧受重视的程度以及其社会知名度。

竺道潜（286—374）字法深，俗姓王，是王敦之弟，可谓当时名僧中出身高贵者。他18岁出家，师从中州刘元真，至24岁，能讲《法华》和《大品》，"既蕴深解，复能善说。故观风味道者，常数盈五百"，在社会上已经有影响。西晋末年竺道潜避乱过江，东晋元帝、明帝、丞相王导、太尉庾亮等"并钦其风德，友而敬焉"。建武（317—318）至太宁（323—326）年中，竺道潜经常着屐至殿内，时人咸谓"方外之士"。王导、庾亮先后去世后，由庾冰、何充辅政。庾冰代成帝作诏书，令沙门跪拜王者，何充等人上书反对。在形势不明朗的情况下，竺道潜隐迹剡县（今江苏镇江市）的剡山，以避风头。当时追踪问道者很多。竺道潜讲经说法三十余载，"或畅方等，或释老庄，投身北面者，莫不内外兼洽"。可见，竺道潜是致力于把佛学与老庄结合起来弘扬。

东晋哀帝（362—365年在位）好重佛法，频遣两使征请，竺道潜应诏入宫开讲《大品》（《放光般若经》），受到皇帝和朝臣的称赞。当时任宰辅的会稽王司马昱（后来的简文帝）对竺道潜十分敬重。有一次，竺道潜在司马昱处遇到沛国刘惔，惔嘲笑他说："道士何以游朱门？"竺道潜回答："君自睹其朱门，贫道见为蓬户。"这样的回答的确很机智，可以理解为表达自己具有的没有分别、没有高下的精神境界，说明出世修道和入世弘法没有矛盾的道理。但是，把这种对答言辞理解为许多奔走于权

---

① （梁）慧皎《高僧传》卷四《康僧渊》，《大正藏》第50册，第346页下。
② 上引均见（梁）慧皎《高僧传》卷四《康僧渊》，《大正藏》第50册，第346页下。

贵之门的僧尼的自我解嘲，也是没有问题的，也是确切的。司空何充尊竺道潜为师，数次邀请。竺道潜后还剡之仰山，隐居养老。

竺道潜圆寂后，晋孝武诏曰："深法师理悟虚远，风鉴清贞，弃宰相之荣，袭染衣之素。山居人外，笃勤匪懈，方赖宣道，以济苍生。奄然迁化，用痛于怀。可赙钱十万，星驰驿送。"竺道潜的著名弟子有竺法友、竺法蕴、康法识、竺法济等。竺法友博通众典，曾从竺道潜学习《阿毗昙》，一宿便诵，24 岁便能讲说，后于剡县城南建法台寺。竺法蕴"悟解入玄"，尤善《放光般若经》，在解释般若学方面主张"心无义"。康法识也是精通佛教义学的僧人，并且以草隶知名，抄"写众经，甚见重之"。竺法济幼有才藻，作《高逸沙门传》。①

支遁（314—366），字道林，俗姓关，陈留（今河南开封市南）人，一说河东林虑（今河南临县）人。其家世代奉佛，支遁年轻时就对佛教教义有感悟，遂隐居余杭山，研究《道行》《慧印》等经典。至 25 岁出家，"每至讲肆，善标宗会，而章句或有所遗"，年轻时的支遁讲经就有这种善于发挥引申，不重视字句解释，甚至断章取义的特点。那些墨守经典文句的人当然不能接受支遁的做法，但支遁受到谢安的赏识。与支遁来往的达官显宦很多，有王洽、刘恢、殷浩、许询、郗超、孙绰、桓彦表、王敬仁、何次道、王文度、谢长遐、袁彦伯等。在佛教信仰方面，支遁很重视西方净土信仰，主张往生西方极乐世界。

支遁曾在白马寺与刘系之等谈《庄子·逍遥篇》，刘说："各适性以为逍遥。"支遁认为："不然，夫桀跖以残害为性，若适性为得者，彼亦逍遥矣。"于是他注解《逍遥篇》，"群儒旧学，莫不叹服"。

东晋哀帝即位，支遁应诏入都城。在东安寺讲《道行经》时，"白黑钦崇，朝野悦服"。支遁的社会声望很高，王蒙甚至把他比作佛门中的王弼、何晏、嵇康之类：

　　太原王蒙乃叹曰："实缁钵之王、何也。"郗超后与亲友书云："林法师神理所通，玄拔独悟，实数百年来，绍明大法，令真理不绝，一人而已。"

---

① 上引均见（梁）僧祐《高僧传》卷四《竺道潜传》，《大正藏》第 50 册，第 347 页下。

这个评价当然不能说是确切的，支遁不可能有这样的地位、作用和影响。但是，这个评价本身也反映了支遁在当时一部分玄学家心目中的地位。

支遁先在吴（今江苏省吴县）立支山寺，后到剡山（今浙江省嵊县）沃洲小岭立寺行道，僧众百余，是一个较大规模的僧团。支遁晚年在石城山（今浙江省绍兴县东北）建立栖光寺，以习禅为业。支遁的重要著作有《即色游玄论》《释即色本无义》《道行指归》《大小品对比要钞》《逍遥论》，以及释迦牟尼、阿弥陀佛等佛菩萨《像赞》等，但绝大部分已经遗失。现存主要著作保存在《出三藏记集》《广弘明集》《全晋文》和《全晋诗》中。

支遁在治理僧团方面有自己的一套理念。他在剡山沃洲小岭建立寺院、率众修行时，有些僧众懈怠懒惰，不能精进修行，支遁作《座右铭》劝诫勉励，反映了他的修道思想和治理僧团的理念：

> 勤之勤之，至道非弥。奚为淹滞，弱丧神奇。茫茫三界，眇眇长羁。烦劳外凑，冥心内驰。殉赴钦渴，缅邈忘疲。人生一世，涓若露垂。我身非我，云云谁施。达人怀德，知安必危。寂寥清举，濯累禅池。谨守明禁，雅玩玄规。绥心神道，抗志无为。寮朗三蔽，融冶六疵。空同五阴，豁虚四支。非指喻指，绝而莫离。妙觉既陈，又玄其知。婉转平任，与物推移。过此以往，勿思勿议。敦之觉父，志在婴儿。

支遁勉励僧众勤苦修行的这篇《座右铭》，主要包括了为什么要修行、怎样修行和修行要达到什么目的三个方面的内容。第一，在讲为什么要精进修行方面，支遁完全讲的是佛家的理论。芸芸众生都处在三界六道生死轮回之中，不能解脱（茫茫三界，眇眇长羁），要想出离生死轮回的苦海，只有按照佛教的规定修行。由于人生短暂（人生一世，涓若露垂），应该居安思危，有感恩报德之心，一定要精进修行，不能懈怠。第二，在讲如何修行方面，支遁提出了比较广泛的要求。要按佛教的规定修习禅定（濯累禅池），严守戒律（谨守明禁），掌握佛教智慧（雅玩玄规）。戒定慧是佛教对其理论和实践的一种分类，要求从戒定慧三个方面修行，就是要求遵守佛教的一切修行规定，学习佛教的一切理论。第三，关于达到的修行目的，支遁要求要消除贪嗔痴三毒（三蔽）、清净六根（六疵）、认识五阴皆空的道理，并且有"过此以往，勿思勿议"的处世态度。至于"志在婴儿"，则是把《老子》的思想也加入其中，把无为的境界等同于婴儿状态。

仅从支遁这个劝勉僧众勤苦修行的《座右铭》来看，他是鼓励僧众自度，以追求自我解脱为最终目的，并没有将佛教的自度与度他相结合的精神，所以当时人说他缺乏兼济思想也就不足怪了。但是，仅仅根据这一篇《座右铭》的内容来评价支遁是远远不够的。支遁的大乘情怀是很浓重的，他在晚年强调要学习大乘经典，以马鸣、龙树为榜样。"追踪马鸣，蹑影龙树。义应法本，不违实相。晚出山阴，讲《维摩经》，遁为法师，许询为都讲，遁通一义，众人咸谓询无以厝难，询设一难，亦谓遁不复能通。如此至竟两家不竭。凡在听者，咸谓审得遁旨，回令自说，得两三反便乱。"支遁以马鸣、龙树为学习的榜样，并且讲《维摩诘经》，应该说他是重视大乘思想的，而《座右铭》的内容由于是以教导弟子个人修行为目的，所以强调自修自证。

另外，支遁在主张佛教应该为现实政治服务方面，态度是很鲜明、很坚定的。他在上晋哀帝辞京隐居的书中说：

> 盖沙门之义，法出佛圣，雕纯反朴，绝欲归宗。游虚玄之肆，守内圣之则；佩五戒之贞，毗外王之化。①

在支遁看来，"游虚玄之肆"，讲说佛教的玄妙哲理，不过是要宣扬和培养成圣人的才德；"佩五戒之贞"，遵守佛教的戒律，不过是为了辅助帝王的统治。在这里等于是说，佛教和老庄、儒家完全一样，是要把自己的道德信条和政治完全统一起来、协调起来、一致起来。这样大乘佛教的精神与儒家的精神就高度结合起来了。

支遁曾先后作《即色游玄论》、《释即色本无义》等，是"即色义"的倡导者。僧肇在《不真空论》中对"即色义"内容有记述，并进行破斥：

---

① 上引均见（梁）僧祐《高僧传》卷四《支遁传》，《大正藏》第 50 册，第 348 页中。

即色者，明色不自色，故虽色而非色也。夫言色者，但当色即色，岂待色色而后为色哉？此直语色不自色，未领色之非色也。

元康认为，僧肇是破斥支遁的，并且狠下了一番工夫进行考证：

即色者，明色不自色，下第二破晋朝支道林《即色游玄义》也。今寻林法师《即色论》，无有此语，然《林法师集》，别有《妙观章》云："夫色之性也，不自有色，色不自有，虽色而空。"① 今之所引，正此引文也。"夫言色者，但当色即色，岂待色色而后为色哉"者，此犹是林法师语意也。若当色自是色，可明有色；若待缘色成果色者，是则色非定色也。亦可云若待细色成粗色，是则色非定色也。"此直语色不自色，未领色之非色"者，正破也。有本作悟，有本作语，皆得也。此林法师但知言色非自色，因缘而成；而不知色本是空，犹存假有也。②

首先，元康承认在支遁的《即色游玄论》中并没有找到僧肇破斥时所引用的话，但是，他又认为支遁的《妙观章》有中一句话，"夫色之性也，不自有色，色不自有，虽色而空"正是僧肇要破斥的观点。实际上，支遁是从色的"性"上讲的，指出"色"并没有保持自己不变的"性"存在，色本身就是"空"；而元康从缘起论上发挥，认为支遁所讲有误。实际上，元康是无法证明支遁的话不包括他所分析的内容。接下来，元康又引用僧肇的原话"夫言色者，但当色即色，岂待色色而后为色哉"，认为这"犹是林法师语意也"。分明是把自己的意思加在别人头上。经过这样的论证，最后得出结论："此林法师但知言色非自色，因缘而成；而不知色本是空，犹存假有也。"他认为支遁不懂"色本是空"，但即便仅仅分析上述引用支遁的话，也得不出这样的结论。

相对来说，吉藏对支遁的理解更为合理：

---

① 此处引文下还有两句："故曰色即为空，色复异空。"见《世说新语》刘孝标注引《妙观章》。

② （唐）元康：《肇论疏》，《大正藏》第45册，第171页下。

第二即色义。但即色有二家：一者关内即色义，明即色是空者。此明色无自性，故言即色是空，不言即色是本性空也。此义为肇公所呵也。肇公云："此乃悟色而不自色，未领色非色也。"次支道林著《即色游玄论》，明即色是空，故言"即色游玄论"。此犹是不坏假名而说实相，与安师本性空，故无异也。①

在吉藏看来，僧肇所破斥的是"关内即色义"，是对"不言即色是本性空"的论点的批判。至于支遁所讲的"即色是空"，是从"色"的方面讲"实相"，是与道安的"本无义"一样的，是正确的般若空观。吉藏对支遁的理解是比较合理的。这也表明，吉藏是不同意僧叡的"六家偏而不即"之说的。

竺法义（307—380）出身不详。他 13 岁时遇到竺道潜，便问："仁、利是君子所行，孔丘何故罕言。"竺道潜回答："物鲜能行，是故罕言。"竺道潜见他年虽幼而颖悟，便劝其出家。于是竺法义随竺道潜出家学习，广泛研究各类经典，尤其擅长《法华经》。后竺法义辞别竺道潜，大开讲席，由此知名于朝野，王导、孔敷对他都很敬重。东晋兴宁（363—365）中，竺法义居住始宁（今浙江上虞南）之保山，受业弟子常有百余。竺法义重视观音信仰，有疾病则"存念观音"，南朝宋尚书令傅亮经常对人讲："吾先君（傅瑗）与义公游处，每闻说观音神异，莫不大小肃然。"东晋宁康三年（375），孝武帝遣使征请入京讲经。竺法义圆寂后，孝武帝出钱十万买新亭岗为墓，起塔三级。其弟子昙爽于墓所建寺，名为"新亭精舍"②。

于法开是于法兰的弟子，擅长《放光般若经》和《正法华经》。除了精通经典之外，于法开还医术高明，并且颇负盛名。曾有人问："法师高明刚简，何以医术经怀。"答曰："明六度以除四魔之病，调九候以疗风寒之疾，自利利人，不亦可乎。""六度"是对大乘佛教修行理论和实践的一种概括，即布施、持戒、忍辱、精进、禅定、智慧；"四魔"指通过有碍于解脱的四种障碍，即烦恼、五阴、死、自在天魔。信仰和修行佛教获得解脱是"自利"，运用医术为人治病是"利人"，两者并行不悖。在

---

① （隋）吉藏：《中论疏·因缘品》，《大正藏》第 42 册，第 171 页下。
② （梁）慧皎：《高僧传》卷四《竺法义》，《大正藏》第 50 册，第 350 页下。

当时的名僧中，于法开是这方面的一个典型人物。东晋升平五年（361）之后，于法开到剡县石城山，续修元华寺，后移住白山灵鹫寺。到哀帝时，于法开多次被诏征，入京讲《放光经》，"凡旧学抱疑，莫不因之披释"。于法开逝世后，孙绰赞其："才辩纵横，以数术弘教，其在开公乎。"①

于法开与支遁进行般若学辩论很有名，在与支遁辩论"即色空义"的时候，庐江何默宣讲于法开的质询问难，高平郗超宣述支遁的答辩解释，都流传于世。于法开曾让自己"清悟有枢辩"的弟子法威到山阴（今浙江绍兴），与正在宣讲《小品》的支遁往返辩难"数十番"，使支遁屈服。

于法开倡导"识含义"，据吉藏记述：

> 于法开立识含义：三界为长夜之宅，心识为大梦之主。今之所见群有，皆梦中所见。其于大梦既觉，长夜获晓，即倒惑识灭，三界都空。是时无所从生，而靡所不生。难曰：若尔，大觉之时便不见万物，即失世谛，如来五眼，何所见耶？②

于法开的识含宗，是从解脱论的方面看问题，认为有情众生存在的整个世界（三界）不过是精神活动（心识）的产物，众生看到的三界中的一切现象，都不过和梦中的景象一样，是虚幻的、不真实的、非永恒的。当众生觉悟的时候，颠倒的"心识"，也就是错误的精神活动停止，整个虚幻的世界也就不存在了。在觉悟的状态下，一切本来又都是存在的，并不是从什么别的地方产生出来的，是一直存在的。这种观点是把一切现象看成是心识的产物，否定客观外在事物的真实性，肯定心识的真实性，强调修行的必要性、解脱的必然性。吉藏的问难，是针对"倒惑识灭，三界都空"提出来的。意思是说，没有错误的精神活动（倒惑识灭），作为它的产品的三界幻象就不存在了（"三界都空"），那么觉悟以后的人（佛），具有五眼（肉眼、天眼、慧眼、法眼、佛眼）能够看到什么呢？这个问难表面上看来很难回答，因为当时是"三界都空"，应该什么都看

① 上引均见（梁）慧皎《高僧传》卷四《于法开》，《大正藏》第50册，第350页上。
② （隋）吉藏：《中论疏·因缘品》，《大正藏》第42册，第27页下。

不到。实际上，于法开的最后一句话已经回答了诸如此类的问难。"是时无所从生，而靡所不生"，这时的世界是没有幻象的真实的世界，一切现象都依照他们本来的面貌存在着，那么"大觉"的人看到的就不同于我们看到的万物（幻象），而是真实世界的本来面目。在般若学发展过程中，显露出来的是佛学的多途径发展，并不能用般若空观一派的观点为标准，来衡量多种学说的得失是非。

### 三　比丘尼及其传教活动

佛教的第一位女性出家者，即比丘尼，传说是释迦牟尼的姨母摩诃波阇波提，意译"大爱道"。在古印度，女性出家人并不多。从东汉到三国，中国内地还没有女性出家者，从西晋开始才出现。到东晋时期，比丘尼的数量增加，建立了比丘尼僧团。比丘尼的出现以及比丘尼僧团的建立，是佛教深入社会、影响不断扩大的重要标志之一。

根据梁宝唱《比丘尼传》记载，内地第一个比丘尼是西晋的净检。净检俗姓仲，名令仪，彭城（今江苏徐州）人。父仲诞，武威太守。净检少好学，早寡家贫，常为贵族子女教授琴书。晋建兴中，沙门法始于洛阳宫城西门立寺，净检去听讲佛法，"大悟"。净检从法始处借经典学习，"遂达旨趣"。一天，净检请教法始关于比丘和比丘尼的问题，法始为他讲述：

> 始曰：西域有男女二众，此土其法未具。检曰：既云比丘、比丘尼。宁有异法？始曰：外国人云，尼有五百戒便应是异，当为问和尚，和尚云：尼戒大同细异，不得其法，必不得授。尼有十戒得从大僧受。但无和上，尼无所依止耳。检即剃落，从和上受十戒，同其志者二十四人，于宫城西门共立竹林寺。

西晋时，僧尼戒法还没有传译到内地，汉地僧人遇到疑难问题要请教外来僧人。这里的"和尚"是来自罽宾国的西域沙门智山，西晋永嘉末来到中夏，"分卫自资，语必弘道"。东晋建武元年（317）又返还罽宾。净检从他受十戒。当时和净检同时出家的有 24 人，并且建立了竹林寺。以此寺为基地，净检"蓄徒养众，清雅有则；说法教化，如风靡草"①。

东晋咸康年间（335—342），沙门僧建在月支国得《僧祇尼羯磨》及戒本，升平元年（357）二月八日于洛阳译出，请外国沙门昙摩羯多为立戒坛，净检等四人同坛受具足戒，成为正式的比丘尼。

十六国后赵时期（319—350），佛图澄在帝王支持下弘扬佛教，民间信奉佛教盛行，在这样的背景下，佛教女性出家者的数量已经比较多了。

安令首，俗姓徐，东莞（今山东沂水）人，其父徐仲为后赵外兵郎。安令首自幼聪敏好学，言论清绮，雅性虚淡，信奉佛教，不愿求聘。其父对她说："汝欲独善一身，何能兼济父母？"她回答："立身行道，方欲度脱一切，何况二亲耶？"其父就此事请教佛图澄，佛图澄告诉他：他的女儿前身就是沙门，为大众说法。现在你"若从其志，方当荣拔六亲，令君富贵"。徐仲被说服后，安令首便落发，从佛图澄和净检尼受戒，立建贤寺。佛图澄把石勒所赠的剪花纳七条衣（袈裟）及象鼻澡罐给予安令首。后来跟随安令首出家的有二百余人，又建造了五六处精舍。石虎出于对安令首的敬重，提拔其父"为黄门侍郎，清河太守"②。

在后赵时期，像安令首这样的比丘尼是十分幸运的，有不少女性出家者是遭受屈辱和残害的。石虎之子石邃被立为皇太子之后，荒淫残暴，曾"内诸比丘尼有姿色者，与其交亵而杀之，合牛羊肉煮而食之，亦赐左右，欲以识其味也"③。

智贤俗姓赵，常山人，其父赵珍任扶柳县令。智贤出家之后，"戒行修备"。当时太守杜霸笃信黄老，憎恶佛教，下令淘汰各寺僧尼。不少僧尼闻风逃散，唯智贤从容接受简试，"仪观清雅，辞吐辩丽"。后因拒绝杜霸辱身毁戒，被砍二十余刀。经历此难之后，智贤"倍加精进，菜斋苦节"。智贤有门徒百余人，每天"诵《正法华经》"。前秦苻坚对她很敬重，为制织绣袈裟，三岁方成，价值百万。智贤后住司州（治在今洛阳）西寺。东晋太和（366—371）间逝世，享年70余岁④。

康明感，俗姓朱，高平（治今山东巨野南）人，家世代信奉佛教，

---

① （梁）宝唱：《比丘尼传·净检尼传》，《大正藏》第50册，第934页下。
② （梁）宝唱：《比丘尼传·安令首尼传》，《大正藏》第50册，第935页上。
③ （唐）房玄龄：《晋书》卷一百六，中华书局1974年版，第2766页。
④ （梁）宝唱：《比丘尼传·智贤尼传》，《大正藏》第50册，第935页上。

被虏（少数民族）所获，誓不受辱，牧羊十载。怀归转笃反途莫由。偶然遇到一为比丘，请受五戒及《观世音经》。后逃回家，苦修三年。出家之后，"专笃禅行，戒品无（衍心），脱有小犯，辄累晨忏悔"。晚年"操行弥峻，江北子女师奉如归"。东晋永和四年（348）春，与慧湛等十人过江投司空何充，受到敬重。何充舍宅建寺，名建福寺。东晋建元（345）二年，任城比丘尼渡江，司空何充大加崇敬，也请居住建福寺。

昙备（324—396），俗姓陶，建康人，出家之后，"精勤戒行，日夜无怠"。晋穆皇帝对她"礼接敬厚"。永和十年（354），何皇后为昙备在定阴里建永安寺，后称何后寺。昙备"名誉日广，远近投集，众三百人"。弟子昙罗"博览经律，机才赡密"，受敕继师位。

僧基（330—397）俗姓明，济南人，21 岁时拒不出嫁，立志出家。僧基"净持戒范，精进习经"，与昙备尼齐名京师。建元二年（344）褚皇后于都亭里通恭巷内为她立延兴寺，徒众百余人。

竺道馨，俗姓羊，太山人，少年出家，年二十诵《法华》《维摩》等经。受具足戒后，"研求理味，蔬食苦节"，住洛阳东寺，"雅能清谈，尤善《小品》，贵在理通，不事辞辩"，成为一州佛学的宗师。比丘尼讲经被认为是从竺道馨开始。东晋太和年中（366—370），竺道馨被笃信黄老、专行服气的女人杨令辩毒死。

道容，历阳（今安徽和县）人，住乌江寺。"戒行精峻，善占吉凶，逆知祸福，世传为圣"。东晋明帝甚为敬重。简文帝先事"清水道师"王濮阳，后信重道容，为其建新林寺，以师礼事之，并信奉佛教。人们认为当时朝廷崇尚佛教是道容的力量。晋孝武帝对她弥相崇敬。后不知所终。

妙音，出生地不详，幼年出家，居住建康。"博学内外，善为文章"，受到晋孝武帝、太傅会稽王司马道子等人的崇信。妙音经常与皇帝、太傅、朝中学士谈论文章，颇负盛名。孝武帝太元十年（385），太傅司马道子为她建简静寺，妙音为寺主，徒众百余人。由于妙音与皇帝、太傅的关系，朝廷百官和地方官吏都竞相供养，妙音"富倾都邑。贵贱宗事，门有车马日百余辆"。太元十七年（392），荆州刺史王忱死，孝武帝原想让王恭代之。时桓玄在江陵，听说王恭将继任荆州刺史，对他心有忌惮。桓玄知道殷仲堪才能较弱并且好驾驭，便派人疏通，请妙音尼为殷仲堪谋求荆州刺史职位。

　　既而烈宗（孝武帝）问妙音："荆州缺，外闻云谁应作者？"答曰："贫道道士，岂容及俗中论议。如闻外内谈者，并云无过殷仲堪。以其意虑深远，荆楚所须。"帝然之。遂以代忱。

　　妙音凭借自己与皇帝及朝中大臣的关系，经常出入宫廷，参与政治活动，当时有"权倾一朝，威行内外"的说法。妙音是东晋时期比丘尼干政的代表。

# 第二节　士族名士的护佛奉法观

　　在佛教发展的历史上，在家信徒对佛教经济的发展、对佛教教义的丰富，乃至对佛教修行方式的转变，经常做出重大贡献，发挥重要影响。在家信徒对佛教的态度，直接关系着佛教的社会地位、势力消长和理论运行方向。在东晋奉佛的士族中，孙绰的《喻道论》和郗超的《奉法要》分别可以作为上层名士维护佛教、理解佛教、信奉佛教以及对儒释关系看法的代表著作。其中涉及的许多问题、提出的许多看法、发表的许多观点，或者成为历代奉佛者经常涉及的内容，或者成为他们不言自明的共识。

### 一　孙绰的《喻道论》

　　根据《晋书·孙楚传附孙绰传》记载，孙绰（约320—377），字兴公，太原中都（今山西平遥西南）人，后迁居会稽（今浙江绍兴），是东晋士族中很有影响的名士。孙绰早年博学善文，放旷山水，曾著有《遂初赋》自述其志，并著有《天台山赋》。孙绰与高阳许洵为"一时名流"，时人"或爱洵高迈，则鄙于绰；或爱绰才藻，而无取于洵"。支遁曾问他和许洵相比怎么样，孙绰回答："高情远致，弟子早已服膺；然一咏一吟，许将北面矣。"自认为"情致"不及许洵，而"文才"则绰绰有余。

　　孙绰袭父爵为长乐侯，官拜太学博士，后历任建威长史、右军长史、永嘉太守，哀帝时，迁散骑常侍（在皇帝左右规谏过失）、统领著作郎（负责撰拟文书的职务）。孙绰以文才闻名当世，著作颇多，并遍及三教，明人辑有《孙廷尉集》传世。除了有关儒家、道家方面的著作之外，佛教方面的文章也不少。孙绰信奉佛教，与名僧竺道潜、支遁都有交往。他的《名德沙门论目》和《道贤论》，都是对两晋名僧、名士的评论。他的评论颇有影响，被《高僧传》《世说新语》等著作所引用。在他所有的著作中，影响最大的应该是《喻道论》。

《喻道论》① 是一篇捍卫佛教的论战性质的文章，是针对怀疑、反对佛教理论和信仰的人提出来的。文章用问答形式来讲述自己的一些看法，全文共围绕四个方面的问题展开。

第一，反驳怀疑佛教的人，阐释"佛"和"佛道"的含义。

在他看来，佛教就是"至道"，怀疑佛教的人就是坐井观天。文章一开头就指出：

> 或有疑至道者，喻之曰：夫六合遐邈，庶类殷充，千变万化，浑然无端。是以有方之识，各斯所见。鳞介之物，不达皋壤之事，毛羽之族，不识流浪之势。自得于坳井者，则怪游溟之量；翻翥于数仞者，则疑冲天之力。缠束世教之内，肆观周孔之迹，谓至德穷于尧舜，微言尽乎《老》《易》，焉复睹夫方外之妙趣、寰中之玄照乎？悲夫《章甫》之委裸俗，《韶夏》之弃鄙俚，至真绝于漫习，大道废于曲士也。若穷迷而不迁者，非辞喻之所感。试明其旨，庶乎有悟于其闻者焉。

从记载汉代佛教的著作开始，就有反对佛教者认为佛教讲的教义大而无当，让人摸不着头脑，弄不清真假。这种指责，在以后的历代反对佛教者中都是常用的论据。《喻道论》一开头就是针对这些言论来发表看法的。在他看来，宇宙广阔无穷，事物纷繁复杂，并且千变万化，不同种类的生物由于认识能力不一样，认识范围都是受到局限的，不能对自己不能认识的事物和境界就予以否认。同样，中土人士也不能认为本民族的圣人就穷尽了人间真理、宇宙真理。作为方外之教的佛教，就有着周孔教义所不能包括的内容，就有《老子》和《周易》没有讲的道理。实际上，这不仅是对外来文化抱有宽容的态度，而且是认为外来文化有着弥补本民族文化不足的内容，有着利用外来文化丰富本民族文化、用外来文化造福本民族的追求。正是这种精神，才是中华文化中不可或缺的精神，不在文化

---

① 以下所引《喻道论》见（梁）僧祐《弘明集》卷三，《大正藏》第 50 册，第 16—19 页。

方面自高自大，故步自封。这种精神反映在佛教信仰者如孙绰的身上，就是要求正确看待外来文化，不能像盛行裸俗的地方丢弃"章甫"（殷代冠名）、粗俗之人欣赏不了高雅的韶夏乐章。

接着，《喻道论》解释"佛"和"佛道"：

> 夫佛也者，体道者也；道也者，异物者也；应感顺通，无为而无不为者也。无为，故虚寂自然；无不为，故神化万物。万物之求，卑高不同，故训臻之术或精或粗。悟上识则举其宗本，不顺者复殃。放酒者罗刑，淫为大罚，盗者抵罪，三辟五刑，犯则无赦，此王者之常制，宰牧之所司也。若圣王御世，百司明达，则向之罪人，必见穷测，无逃形之地矣。使奸恶者不得容其私，则国无违民，而贤善之流必见旌叙矣。

很显然，把"佛"作为"道"的体现者，再进一步解释"道"，完全是用《老子》中道家的语言来表述，与佛教原来的含义有了很大的差别。经过这样的解释说明，"佛"实际上是周流九虚、无所不在、能够无所不为、超越时空的神秘主宰。在这里，道体现了不可违背的规律性。这是以一种求同的思维方式，沟通佛教与《老子》的关系。

道的运行法则，也就决定了人世间的善恶报应的产生，并且通过现实的法律制度表现出来，通过现实政治表现出来，道的运行实际上证明了现实政治制度的合理和合法。所以，佛教的教义也就是体现现实世界合理的教义、正确的教义，善恶报应实际上也就是道在运行过程中的必然表现。这样，《老子》中的"道"在佛教中既有保留其原始意义的一面，同时又增添了佛教增添的新内容。

第二，回答周、孔为什么不戒杀的问题。

在佛教的各派戒律中，始终把戒"杀"放在第一条，是最重要的戒律。无论出家还是在家，信徒都要无条件遵守这一条戒律。佛教讲的"杀"不仅仅是"杀"人，而是包括人在内的一切有情识的生命体。把不杀看得如此重要，规定得如此严格，在中国本土思想文化中是没有的。犯了"杀"这一戒，就要受到恶报应。针对佛教的这种学说，自然就产生了中国思想家为什么不提倡戒"杀"的问题。

> 或难曰：报应之事诚有征，则周、孔之教何不去杀，而少正卯刑，二叔伏诛邪？

佛教讲的善恶报应的确有验证，那为什么孔子还要杀少正卯，周公要杀管叔和蔡叔呢？对于这个问题，《喻道论》的回答是，提出这个问题说明提问者"达声教而不体教情"，圣人本来无心于杀，但是百姓有"杀"之"心"。"圣人知人情之固于杀，不可一朝而息，故渐抑以求厥中"。尽管"杀"不可免，但圣人的"杀"是"亡一以存十"。这样的解释，既没有否定佛教戒杀的理论权威性，同时又认为周、孔乃至所有国王的"杀"不仅是合理的，而且是必须的。

第三，针对攻击佛教要消灭周、孔的言论，提出了儒释的分工说。

> 或难曰：周、孔适时而教，佛欲顿去之，将何以惩暴止奸，统理群生者哉？

儒佛之间的冲突和摩擦从佛教传入就开始了。在两家历代连续不断的论战中，佛教方面人士一般把主要精力放在论证佛教存在的合理性方面，罕有提出要消灭儒教的言论。相反，儒家方面人士提出消灭佛教的言论却是很常见。这种情况是由两家的社会地位，及其与中国社会的关系决定的。《喻道论》给我们举出了这样的例子，针对这个问题，《喻道论》提出了很有影响的命题，提出了最早的儒释分工说：

> 答曰：不然，周孔即佛，佛即周孔，盖外内名之耳。故在皇为皇，在王为王，佛者梵语，晋训"觉"也。"觉"之为义，"悟物"之谓，犹孟轲以圣人为先觉，其旨一也。应世轨物，盖亦随时，周孔救极弊，佛教明其本耳，共为首尾，其致不殊，即如外圣有深浅之迹，尧舜世夷。故二后高让，汤武时难。故两君挥戈，渊默之与赫斯。其迹则胡越，然其所以迹者，何尝有际哉？故逆寻者每见其二，顺通者无往不一。

在论述佛家与道家、佛家与儒家的关系时，佛家的捍卫者总是采取求同的思维方式，力图更多地找到它们之间的相通内容，找到它们之间的契合点，这是为佛教争取存在合法性的需要，为佛教寻找理论合理性的需要。竭尽全力在佛教和儒教的差异中寻找出共同点，是以后维护佛教者论述儒佛关系的一致思路。这里提出的"周孔即佛，佛即周孔"，影响深远。佛教只有接受、吸收儒家的伦理观念，才能在中国社会获得合法存在的根据。以后，维护佛教的伦理规范，成为佛教信徒努力的方向。

"佛"的含义为"觉"，这与孟子称圣人为"先觉"是一样的。尧舜与汤武皆为圣人，虽然行为表现不一样，但是治理天下的出发点是一样的。佛教与周孔之教也是这样。为了治国安民，也不必因为佛教戒杀、讲报应，而去废除儒家主张的惩治奸暴的各种杀罚制度。这里提出了最早的佛教和儒教的分工说。周孔的教义与佛教的教义无论从表面看来有多么大的差别，其本质是具有一致性的。从重内心教化（"明其本"）来讲，是依靠佛教；从治理复杂的现实社会（"救极弊"）来讲，要依靠周孔。这里讲的儒教与佛教的社会分工说，虽然还没有充分展开，但后来成为论述儒教与佛教，乃至三教关系最重要的、占主流的思路。

第四，讲解佛教的孝道观。

自从佛教传入中土，首先受到中土人士质疑的，就是"孝"的问题。僧人出家是否违背儒家孝道，是历代都会提到的问题。关于这个问题，孙绰认为，佛教徒出家修行正是走"立身行道，永光厥亲"的道路，这正是最大的孝行：

> 或难曰：周孔之教，以孝为首，孝德之至，百行之本，本立道生，通于神明。故子之事亲，生则致其养，没则奉其祀；三千之责，莫大无后，体之父母，不敢夷毁。是以不正伤足，终身舍愧也。而沙门之道，委离所生，弃亲即疏，刭剔须发，残其天貌，生废色养，终绝血食，骨肉之亲，等之行路，背理伤情，莫此之甚。而云弘道敦仁，广济群生，斯何异斩刈根本，而修枝干；而言不殒硕茂，未之闻见。皮之不存，毛将安附？此大乖于世教，子将何以祛之？

此处的责难，实际上是从佛教传入中国，中国人了解了佛教之后，一直存在的诘难。这是从儒家的观点看待佛教必然得出的结论。以后历代维护佛教者在论述儒教和佛教的一致性时，大都要采取这样的观点。针对这样的问难，孙绰予以沟通：

答曰：此诚穷俗之所甚惑，倒见之为大谬，谘嗟而不能默已者也。夫父子一体，惟命同之。故母啮其指，儿心悬骇者，同气之感也，其同无间矣。故唯得其欢心，孝之尽也。父隆则子贵，子贵是父尊。故孝之为贵贵，能立身行道，永光厥亲。

由此看来，孙绰是相当重视孝的，对父母子女之间的亲情相当看重。但是，在他看来，"忠孝名不并立"，是尽忠还是尽孝，要根据情况而定，要以"小违于此，而大顺于彼"为原则。比如，周泰伯为了把王位让给其弟季历，"远弃骨肉，托迹殊域，祝发文身，存亡不反（返），而论称至德"。

正是按照这种思路来论述，孙绰把佛家的出家修行理解为更高的孝道。他用释迦牟尼出家修道成佛的例子，论证佛教出家不仅没有违背孝道，而且是最高的孝道，是一般人尽孝所不能比拟的：

昔佛为太子，弃国学道，欲全形以遁，恐不免维絷。故释其须发，变其章服，既外示不反，内修简易。于是舍华殿而即旷林，解龙痛以衣鹿裘，遂垂条为宇，藉草为茵，去栉梳之劳，息汤沐之烦，顿驰骛之辔，塞欲动之门；目遏玄黄，耳绝淫声，口忘甘苦，意放休戚，心去于累，胸中抱一。载平营魄，内思安般，一数二随，三止四观，五还六净，游志三四，出入十二门，禅定拱默，山停渊淡，神若寒灰，形犹枯木，端造六年，道成号佛。三达六通，正觉无上，雅身丈六，金色□耀，光遏日月，声协八风，相三十二，好姿八十，形伟群有，神足无方。于是游步三界之表，恣化无穷之境。……还照本国，广敷法音，父王感悟，亦升道场。以此荣亲，何孝如之？[①]

在这里，孙绰按照佛传的内容，把释迦牟尼出家修行、成道、传教、降服外道及后来返国探亲说法等重大事件都进行了总结，比较系统。在他看来，释迦牟尼的所有成就，都是"荣亲"的表现。佛教修行者虽然离开家庭，但是通过修行做出贡献，获得成果，仍然可以光宗耀祖，还可以

---

① 上引均见（梁）僧祐《弘明集》卷三《喻道论》，《大正藏》第 52 册，第 16—19 页。

为祖先祈福，达到儒家不能达到的功能。关于佛教与"忠孝"的问题，此后历代护佛反佛者都会涉及，而他们的思路大体就是这个样子。

## 二　郗超的《奉法要》

郗超（约336—377）字景兴，一字嘉宾，高平金乡（今山东）人。祖父郗鉴，东晋成帝时官至司空，位进太尉。父亲郗愔，简文帝时任会稽内史，都督浙江五郡军事，信奉天师道。郗超少年早熟，善于谈论，交友甚广。永和三年（347）桓温灭成汉，进位征西大将军后，辟郗超为征西大将军掾。永和十二年356年，桓温任大司马、都督中外诸军事，郗超转为参军。太和六年（371），桓温废海西公，改立简文帝，专制晋政，郗超入朝任中书侍郎，至桓温逝后乃去职。不同于其父郗愔好聚敛财富，郗超生性好施舍，曾在一日之内将库存百万钱财全部散与亲故。

郗超信奉佛教，与名僧交往甚多。道安居住襄阳时，派人送米千斛，并修书累纸，表示钦敬。竺法汰曾给他写信，论述般若"本无义"。同时，郗超也结交众多名士，"虽寒门后进，亦拔而友之"。郗超逝后，各界人士操笔写诔者四十余人，可见其社会影响之大。

郗超晚年深自悔罪，闭门专心研究佛教，撰写了不少佛教著作，现存仅有《奉法要》。所谓"奉法要"，意思是信奉佛法的要点。该文通过引用当时已经翻译出来的多部经典，概括、归纳和整理出在家信徒应该奉持的佛教内容。从这篇文章中，可以反映当时社会上层士族接受佛教的侧重点，以及在家信徒对佛教的态度等。对树立佛教信仰的重视，对佛教基本戒律和持斋的强调，对佛教业报观念、解脱说教的反复论证，构成了《奉法要》的重要内容。该文的主旨，是要把佛教的理论和实践贯彻到信众的日常生活中去，贯彻到信众的一言一行、一举一动中去，让佛法融进生活。

《奉法要》可以说是在家信徒学习、信仰、奉行佛法的一个概要性质的书，是对东晋在家信徒中流行的佛教信仰观念与教理理解的反映。该文的结构是从"戒"而"定"，由"定"而"慧"的发展理路，由浅入深地陈述奉法之进阶。从其具体内容言，顺序是：第一，三自归；第二，五戒；第三，修斋；第四，业报轮回。除此之外，就是夹杂在叙述这些主要内容中间的对佛教基本教义，特别是众多名相的介绍。

第一，三自归。

　　无论是在家为居士还是出家为僧，第一步都是要树立对佛教的信仰。这个要求从历史上延续下来，一直到现在都没有改变。树立佛教信仰是走向佛门的第一步，其具体程序就是宣誓皈依佛法僧"三宝"。《奉法要》一开始，也是从讲"三自归"（也称"三归""三皈依"等）开始：

　　　　三自归者，归佛，归十二部经，归比丘僧。过去、现在、将来三世十方佛，三世十方经法，三世十方僧。每礼拜忏悔，皆当至心归命，并慈念一切众生。愿令悉得度脱。外国音称"南无"，汉曰"归命"；佛者汉音曰"觉"，僧者汉音曰"众"。

　　"佛"包括了"过去、现在、将来三世十方佛"，也就是一切佛，而"经"和"僧"也一样，包括了佛教的一切经典和所有比丘，所以，这"三宝"实际上代表了佛教的一切理论和实践、一切信仰对象和所有比丘。对这"三宝"宣誓皈依的时候，要虔诚地以命相许，并且要有不仅仅为了自己获得利益，更要发愿拯救众生的心。把这些内容结合到一起，就是佛教要求的树立佛教信仰的程序，标志着信仰佛教的开始。

　　第二，五戒。

　　"五戒"是佛教规定的最基本的戒律，无论在家还是出家信众都要遵守。佛教的戒律规定很多，也很烦琐，对不同身份的人有不同的规定。但是，无论在任何佛教经典和派别中，五戒都是作为最基本的戒条单元，没有比五戒再少的戒律单元了。所以，五戒可以说是佛教规定的道德底线。

　　《奉法要》在讲了三皈依以后，就讲"五戒"：

　　　　五戒：一者不杀，不得教人杀，常当坚持尽形寿。二者不盗，不得教人盗，常当坚持尽形寿。三者不淫，不得教人淫，常当坚持尽形寿。四者不欺，不得教人欺，常当坚持尽形寿。五者不饮酒，不得以酒为惠施，常当坚持尽形寿。若以酒为药，当推其轻重，要于不可致醉。醉有三十六失，经教以为深戒。

　　佛教固有的伦理规范和生活准则，在许多方面与汉地的情况存在显著差别，所以，佛教一传入中土，这些内容就受到关注。在佛教戒律方面，受关注最早，并且引起社会反映最好的，就是"五戒"。"五戒"是要求在家和出家信徒终身持守的，而不是在某个特殊时段持守。随着佛教的发展，"五戒"对社会各阶层民众都产生影响，其发挥作用的领域也超出了宗教信仰的范围，为不信仰宗教的民众所支持和拥护。《奉法要》讲完"五戒"内容之后，特别强调了信守五戒的作用，"不杀则长寿，不盗则长泰，不淫则清净，不欺则人常敬信，不醉则神理明治"。宣传持守五戒这些有利于人的身心健康，有利于提高人的社会威望、道德修养等作用，是很能打动人心的。

第三，修斋。

"五戒"是要终生信守的戒条，当能够持守五戒之后，就要更进一步，修斋戒，这是在家信徒特定时间内过的近似于出家僧人的生活。

> 已行五戒，便修岁三、月六斋。岁三斋者，正月一日至十五日、五月一日至十五日、九月一日至十五日。月六斋者，月八日、十四日、十五日、二十三日、二十九日、三十日。凡斋日，皆当鱼肉不御，迎中而食，既中之后，甘香美味，一不得尝。洗心念道，归命三尊；悔过自责，行四等心；远离房室，不著六欲。不得鞭挞骂詈，乘驾牛马，带持兵仗。妇人则兼去香花脂粉之饰，端心正意，务存柔顺。斋者，普为先亡见在，知识亲属，并及一切众生，皆当因此至诚，玄想感发。心既感发，则终免罪苦。是以忠孝之士，务加勉励，良以兼拯之功，非徒在己故也。斋日唯得专惟玄观，讲诵法言，若不能行空，当习六思念。六思念者，念佛，念经，念僧，念施，念戒，念天。

这里讲了"岁三斋"和"月六斋"，是以后历代居士家庭比较盛行的斋法。从这里叙述的规定可以看到，在持斋的日子里，信徒要从身、口、意三个方面按照佛教的规定修行，要把佛教的规定贯彻到信众的日常生活中，在按照佛教规定的生活中，收到利人、利己的效果。尤其是那些"忠孝之士"，更应该如此修行。

严格意义上的"居士"，在日常生活中所要信守的佛教道德规范，遵守的佛教规定，主要体现在上述"三自归""五戒"和"修斋"三项内容上。在以后的佛教发展中，在家信徒的修行内容也大体以此为基础，始终没有太大的变化。

那么，为什么要按佛教的规定持戒修斋呢？主要是因为有业报轮回，这是《奉法要》讲的另一个重要内容。

第四，业报轮回。

《奉法要》讲业报轮回，是结合中国固有的报应观念来宣传佛教的善恶报应、因果轮回之说，并且对这两种不同的说法给予评论。

> 古人云："兵家之兴，不过三世。"陈平亦云："我多阴谋，子孙不昌。"引以为教，诚足以有弘。然齐、楚享遗嗣于累叶，颜、冉靡显报于后昆，既已著之于事验，不俟推理而后明也。……哲王御世，犹无淫滥，况乎自然玄应，不以情者，而令罪福错受，善恶无彰，其诬理也。……是以《泥洹经》云："父作不善，子不代受；子作不善，父亦不受。善自获福，恶自受殃。"至矣哉！斯言允心应理。[①]

在佛教传入之前，中国没有生死轮回观念，只有善恶报应之说。在中国人讲的善恶报应中，一种起源很早，又影响范围最大、最深远的说法，就是祖先或善或恶的行为，可以给后代直系子孙带来或好或坏的影响。这种说法最权威的经典依据，就是《周易·坤·文言》讲的"积善之家必有余庆，积不善之家必有余殃"。这种观念与佛教的善恶报应学说是不同的。佛教讲的善恶报应只作用在行为主体上，并不株连他人，包括直系亲属。

为将必有打仗杀戮，一家人中有三代为将者，杀伐过多，必然要败落。这在中国是大家都接受的说法。《奉法要》认为，这种说法为了教化人去恶从善，是可以弘扬的。但是，有更多的事例用这种说法是解释不通的。比如齐国和楚国多年征战杀戮，但是后世子孙昌盛显贵；孔子著名弟子颜回和冉耕都是道德高尚的贤人，但是没有显贵后代。因此，不用多加论证，就知道祖先行为影响后人的说法是讲不通的。圣明帝王治理国家都不滥用刑罚伤及无辜，说自然天道不近人情，让该受惩罚的人得奖赏，让该得奖赏的人受惩罚，这肯定是歪理邪说。经过这样的论证，最后，《奉法要》认为佛教经典讲的"父作不善，子不代受；子作不善，父亦不受。善自获福，恶自受殃"，是至理名言，既合乎人情，也顺乎天理。

---

① 上引均见（梁）僧祐《弘明集》卷十三《奉法要》，《大正藏》第52册，第86—89页。

在这里，《奉法要》尽管也指出了中国本土的善恶报应说在教化社会方面有可取之处，但最终还是主张用佛教的善恶报应说来取代中国传统的善恶报应说。毫无疑问，这是大多数奉佛者的共识。但是，实际上，这两种报应说长期在社会各阶层中并行不悖，佛教的善恶报应说尽管更为流行，但始终没有发展到把中国本土的善恶报应观念完全消除的程度。

《奉法要》在主要讲这四个方面的同时，在其论述过程中，对佛教的基本教义、诸多名相进行介绍、说明和解释。比如三界五道（天、人、畜生、饿鬼、地狱）、五戒十善、五阴、五盖、六情、四等（慈悲喜护）、八苦、四非常（无常、苦、空、非身）、六度等。所以，《奉法要》也是一篇介绍为士族关注的佛教基本教义的文章。

# 第三节　庐山慧远及其僧团

### 一　慧远生平与寺院建设

庐山慧远（334—416），俗姓贾，雁门楼烦（今山西宁武）人。他的一生经历可以大致划分为两个阶段。

第一阶段是从少年求学到跟随道安出家、修行阶段，大约是从354年到379年的25年。

慧远13岁时随舅令狐氏游学许洛，"博综六经，尤善庄老"，打下了良好的儒道学问基础。21岁后，慧远慕名到太行恒山投道安门下，听了道安讲《般若经》之后，豁然而悟，感叹："儒道九流，皆糠秕耳。"于是弃儒道从释迦，与其弟慧持一起出家。两晋时期，般若经典的不断译出和流行，给中国思想界增添了新内容，尤其是对那些有文化修养的人很有吸引力。许多有影响、有名望的名僧、高僧，当初或者是因为读《般若》而出家，或者因讲般若而显达，慧远兄弟两人是其中著名者。

出家之后，慧远刻苦钻研佛经，得到道安的赞赏："使道流东国，其在远乎。"慧远24岁，便就讲说。在讲经说法过程中，有听讲者提问关于"实相"义，往返问答多次，提问者还是不懂，于是慧远"乃引《庄子》义为连类，于是惑者晓然"。慧远引用《庄子》来做比附，讲解佛教教义，这种做法后来得到其师道安称赞，这是在弘扬佛法中"不废俗书"。这种"连类"，实际上是一种"格义"，这是一种从比较研究的角度来理解佛教，并不一定是牵强附会。慧远后来长期跟随道安，在僧团中也很有威望。

东晋太元四年（379），道安在遣散徒众、离开襄阳去长安之时，找各位高徒长德谈话，唯独没有给慧远一句留言。慧远问原因，道安回答："如公者岂复相忧。"从这里可以看到，从慧远 21 岁跟随道安出家，直到襄阳分别，25 年间，道安对慧远都是十分器重的。

第二阶段是在庐山建立寺院、领导僧团的弘法传教阶段。从 379 年到其圆寂，共 37 年。

慧远辞别道安，先与弟子数十人到荆州，住上明寺。后来欲往罗浮山，途径浔阳庐山，见"庐峰清静，足以息心"，便住在龙泉精舍。后在西林慧永①（332—414）的协助下，慧远经刺史桓伊帮助建立了东林寺。二十多年间，慧远苦心经营，把东林寺经营成名刹，建设成为东晋最著名的一个寺院，这其中主要有五个方面富有成效的工作。

第一，建造"洞尽山美"的寺院。

在建造东林寺的过程中，慧远从选择寺院位置到谋划寺院建筑布局，都力求寺院与庐山自然环境协调一致，完美搭配，使人造建筑与自然山水融为一体。这样就使寺院不但适宜僧人生活和修行，而且能让游客感到赏心悦目、神清气爽。"远创造精舍，洞尽山美，却负香炉之峰，傍带瀑布之壑，仍石垒基，即松栽构，清泉环阶，白云满室。复于寺内别置禅林，森树烟凝，石筵苔合。凡在瞻履，皆神清而气肃焉。"

第二，建造和树立特有的、为信徒接受的膜拜对象。

寺院毕竟不同于非宗教性的游览胜地，寺院首先是僧众的修行场所、信徒的朝拜场所，因此，建造为信徒们接受的崇拜对象，对提高寺院的知名度、影响力、号召力等，是非常重要的。在这方面，慧远主要是建造了佛影像和迎请阿育王像，收到了很好的社会效果，提高了寺院的知名度。

慧远听说天竺曾有佛影像，是释迦牟尼佛以前化毒龙时留下的，很想去瞻仰。这时有西域僧人来到庐山，叙述其像形状，慧远就"背山临流，营筑龛室，妙算画工，淡彩图写，色疑积空，望似烟雾，晖相炳琼，若隐而显"。慧远还专门为此佛像作铭。

---

① 慧永，俗姓潘，河内（今河南沁阳）人，原为道安弟子，与慧远同学。他先于慧远到庐山，建西林寺。他善于讲说，持戒严谨，信仰西方净土，重视禅定修习，并有神异事迹。慧远在建东林寺的过程中得到过他的帮助。《高僧传》卷六有传。

浔阳陶侃在出镇广州时，有渔人于海中见神光，感到奇怪，就向他汇报此事。陶侃前往考察，知道是阿育王像，即接归，并送武昌寒溪寺安置。后来此寺遭遇火灾，寺院化为灰烬，只有安置阿育王像的房屋安然无恙。知道这尊像有威灵，陶侃想将其转移到别处，但数十人把阿育王像抬上船，船就覆没，怎么也不能把此像搬走。慧远建成东林寺，虔诚祷告奉请阿育王像，此像"乃飘然自轻，往还无梗"。大家这才知道慧远有"神感"。慧远由此更是声名大振，寺院的香火随之旺盛，各地信众也纷至沓来，所谓"谨律息心之士，绝尘清信之宾，并不期而至，望风遥集"。东林寺出现了"释迦余化，于斯复兴"的盛况。

第三，建立僧俗净土信仰的圣地。

东晋时期，西方净土信仰在僧俗信众之间有流传，但是还不十分广泛。慧远于寺院"无量寿像前，建斋立誓，共期西方"。当时参加者"百有二十三人，集于庐山之阴，般若台精舍阿弥陀像前，率以香华，敬荐而誓焉"。这一百多人中，既有东林寺的僧众，也有与慧远结交的在家居士。慧远首创以僧俗结社的形式，树立净土信仰，使庐山成为净土信仰的圣地，也促进了西方净土信仰在东晋社会的流行，并且产生了深远的历史影响。

第四，广泛与社会各阶层建立联系，塑造东林寺的良好社会形象，使东林寺得到"不在搜检之列"的特殊待遇。

慧远虽然"影不出山，迹不入俗，每送客游履，常以虎溪为界"，但他广泛结交社会各阶层人士，上至帝王、高官显宦，下至一般社会民众。慧远被誉为"化兼道俗"，这是历代有影响的佛门领袖的共性。慧远与人交往似乎不加选择，不分派系，甚至不问政治立场和政治态度，这与他独特的交往观有关系。比如：

> 卢修初下据江州城，入山诣远。远少与修父瑕同为书生，及见修欢然道旧，因朝夕音问。僧有谏远者曰：修为国寇，与之交厚得不疑乎？远曰：我佛法中，情无取舍，岂不为识者所察？此不足惧。及宋武追讨卢修，设帐桑尾，左右曰：远公素王庐山与修交厚。宋武曰：远公世表之人，必无彼此。乃遣使赍书致敬，并遗钱米。于是远近方服其明见。

　　慧远的这种结交方式,大约只是他这种身份的人采取,才能够达到不受株连、没有危险的效果。也正是由于慧远治理寺院的能力,以及与社会各方面建立的良好关系,才使庐山在东晋众多寺院中有了特殊的政治待遇。晋安帝元兴元年(402),当桓玄欲沙汰众僧,整顿佛教僧团的时候,教僚属曰:"沙门有能申述经诰,畅说义理,或禁行修整,足以宣寄大化,其有违于此者,悉皆罢遣。唯庐山道德所居,不在搜简之例。"庐山不在调查整顿的范围,这就是东林寺的特殊政治地位。东林寺成为当政者放心的寺院,慧远当然是朝廷信得过的佛门领袖。尽管最后桓玄采纳了慧远的主张"此命既行,必一理斯得",即不要因庐山而破例,但这并没有影响东林寺在社会上醒目的道德楷模形象。

　　第五,加强与北方和域外佛教界学术交流,鼓励经典翻译,把东林寺建设成为东晋的学术中心。

　　慧远身在庐山,关心的不仅仅是东晋南方的宗教界,而且重视与北方乃至域外佛教界建立多种联系,不断有交往。慧远"每逢西域一宾,辄恳恻咨访"。总的来说,与当时的北方佛教界相比较,南方在与域外佛教的交流方面、在佛教经典翻译方面、在佛教发展的规模方面,都有明显的差距,所谓"经流江东,多有未备。禅法无闻,律藏残阙"。慧远看到这种情况后,就派遣弟子"法净、法领等,远寻众经。窬越沙雪,旷岁方反。皆获梵本,得以传译"。慧远支持多位从北方渡江南下的外国僧人译经。

　　罽宾沙门僧伽提婆于东晋太元十六年(391)来至浔阳(今江西省九江市)庐山,慧远请他重译《阿毗昙心》及《三法度论》,慧远亲自撰写序言,弘扬这两部著作。"孜孜为道,务在弘法。"他在听说佛陀跋陀罗在长安受排挤后,邀请他到南方,翻译《达磨多罗禅经》。

　　听说鸠摩罗什到达长安,从事佛经翻译工作,慧远便通书问好,并在书信中询问一些佛教问题。罗什在回书中盛赞慧远:"经言:末后东方当有护法菩萨,勖哉仁者,善弘其事。夫财有五备,福、戒、博闻、辩才、深智,兼之者道隆,未具者疑滞,仁者备之矣。"此后两人互赠法物,常有书信来往,讨论一些佛学问题。

　　正是慧远的努力,使"葱外妙典,关中胜说,所以来集兹土者,远之力也"。慧远受到在国外僧众的尊重和敬仰:"外国众僧,咸称汉地有大乘道士,每至烧香礼拜,辄东向稽首,献心庐岳。其神理之迹,故未可测也。"

慧远之所以能够在建立寺院、管理僧团方面取得成功，在国内外佛教界赢得尊重，与他本人终生严持戒律是分不开的，他临终时的表现，足以说明他一生持戒之严谨。义熙十二年（416）八月初六日，慧远病情很重，德高望重的年长僧人都跪拜求其喝一些豉酒，他认为这是有违戒律的，不同意。又请他"饮米汁"，还是不允许。最后大家请他喝蜜和水混成的浆，他让律师把经典拿来，翻看有没有能允许喝蜂蜜浆水的条文，没等律师把经书查完一半，他便圆寂了。

慧远著述有"论序铭赞诗书，集为十卷，五十余篇，见重于世"①。不少已经散失，今存各类著述主要保存在《高僧传》《弘明集》《出三藏记集》和《广弘明集》中。国内 1935 年苏州弘化社出版的沙健庵、项智源所辑的《庐山慧远法师文钞》，1960 年日本刊行京都大学人文科学研究所的《慧远研究·遗文篇》等收录比较完全。

## 二　《沙门不敬王者论》

东晋时期，朝野上下展开的僧人是否应该礼敬帝王的讨论涉及人员多、延续时间长、产生影响大。在整个中国佛教史上，关于这个问题的论战再也没有在如此大的范围内进行过，这是佛教适应中国社会过程中产生的现象，是特殊时代的特殊产物。在这场讨论中，慧远的《沙门不敬王者论》是代表佛教界对这个问题的最全面、最系统的阐述，从此以后，关于这个问题再也没有超出此文涉及范围的著述出现。

在东晋咸康六年（340）由庾冰发起的那场集中讨论后，另一次大讨论由桓玄（369—404）发起。元兴元年（402）三月，自称太尉、专断朝政的桓玄鉴于佛教界腐败堕落等现象严重，下令沙汰僧尼，整顿僧团，慧远写《与桓太尉论料简沙门书》表示同意。当年四月，桓玄提出沙门应该礼敬王者问题，下达《与八座书》，与朝中重臣商量，并且致书慧远，征询意见。慧远写《答桓太尉书》，阐述自己的意见。元兴二年（403）十二月三日，桓玄改元称帝，为了争取佛教信徒支持，特诏允许沙门不礼敬王者。元兴三年（404）春天，刘裕等起兵征讨桓玄，当年五月桓玄兵败被杀。不久，慧远总结自己这方面的思想，撰写了《沙门不敬王者

---

① （梁）慧皎：《高僧传》卷六《慧远传》，《大正藏》第 50 册，第 357 页下。

论》。

《沙门不敬王者论》的主要观点很鲜明、很简单、很直接，就是出家僧人可以不礼敬帝王。但是，该文结合佛教的基本理论与实践从五个方面进行论证，其全面和深刻，又是从来没有过的。《沙门不敬王者论》前面有小序，叙述撰写此文的缘起，正文由五个部分构成，也就是从五个方面论证主题。

第一部分名为"在家"，即从在家信徒角度论证主题。佛教信徒的构成可以有多种分类，其中的一种分类，是把佛教信徒分为在家和出家两大类。慧远认为："在家奉法，则是顺化之民，情未变俗，迹同方内，故有天属之爱，奉主之礼，礼敬有本，遂因之以成教。"佛教在家信徒还是属于"顺化之民"，与不信仰佛教的所有人没有本质区别，所以，他们对有血缘关系的父母要讲孝，对有统治和被统治关系的帝王要讲忠。因为他们的"情"、他们的"迹"（行事）还是与不信仰佛教的人一样的。对于这部分人来说，不存在"不敬王者"的问题。正是从这个方面讲，在家信徒不仅要遵守世俗的礼法，而且还因为信奉了佛教的原因，要首先做信守世俗礼法的典范、楷模，所谓：

> 是故悦释迦之风者，辄先奉亲而敬君；变俗投簪者，必待命后动。若君亲有疑，则退求其志，以俟同悟。斯乃佛教之所以重资生，助王化于治道者也。

在慧远看来，即便剃发出家，也要遵从君亲之命。所以，佛教本质上是重视赖以为生的家庭，有利于帝王治理国家的。这一部分论证主要强调的是在家信徒首先要"奉亲而敬君"。

第二部分名为"出家"，即从出家信徒的角度论证主题。慧远认为，在佛教的信徒中，主要的不同在于出家这类信众。出家人包括"四科"，即比丘、比丘尼、沙弥、沙弥尼。出家信徒已经不是"顺化之民"，而成了"方外之宾"，他们与佛教在家信众和不信仰佛教的所有人有了本质区别。

> 凡在出家，皆遁世以求其志，变俗以达其道。变俗则服章不得与世典同礼，遁世则宜高尚其迹。夫然者，故能拯溺俗于沈流，拔幽根

于重劫。远通三乘之津，近开人天之路。如令一夫全德，则道洽六亲，泽流天下。虽不处王侯之位，固已协契皇极，在宥生民矣。是故内乖天属之重，而不逆其孝；外阙奉主之恭，而不失其敬也。

由于出家者要追求他们的修行之志、解脱之道，必须要"遁世"，要"变俗"，所以可以不遵守世俗的礼法规矩。但是，出家人经过修行，可以积累无量功德，不仅自己可以获得解脱，而且造福于自己的血缘亲属乃至芸芸众生。因此，这样的修行得道者，虽然没有处"王侯之位"，但已经对帝王的国家治理做出了贡献，已经对社会做出了贡献，因此，可以不遵守世俗礼法，不按照儒家经典规定的道德规范行事。对家庭来说，他虽然违背了某些家庭礼法，但是他的作为仍然没有违背"孝"道；对国家而言，虽然没有遵从臣民对帝王的礼节，但是他的作为实际上表现了对帝王的恭敬。在这里，慧远是把遵守佛教礼法与遵守世俗礼法对立起来。实际上，出家人"不敬王者"的外在表现与"协契皇极"的修行实际功能之说就已经不协调了。"内乖"与"外缺"，恰恰是尊崇儒家的各阶层所不允许的。统治阶级是要出家人在"不逆""不失"的情况尽可能的"内不乖"，"外不失"。要求统治者对佛教在礼法形式上让步也是不可能的，统治者要求的是形式和内容的统一、言行和思想的统一。后来的历史发展趋势，正是按照这种情况进行的。

第三部分名为"求宗不顺化"，是从追求佛教真理可以违背世俗（这里主要指道家）公认的自然演化规律、社会演化规律、生命演化规律和思维演化规律。

慧远认为，桓玄在《与八座书》中引用的老子之言，其含义很清楚，就是：

天地以得一为大，王侯以体顺为尊，得一，故为万化之本，体顺，固有运通之功。

这里的"一"，就是"道"，就是万物变化规律，天地的运行是有规律的，人间王侯也要遵循这个规律，才能收到运通之功，这就是"顺化"的必要性和重要性。但是慧远认为，按照佛教的规定修行，追求佛教真理，就不能遵循这样的"道"、这样的规律，即"不顺化"。慧远认为，化育万物，品类虽然很多，不可胜数，但归纳起来，不过"有灵"和"无灵"两类。按照中国固有的生死观来理解，"有灵"也罢，"无灵"也罢，都是死不能复生的。但是，慧远从解释什么是"有灵"、什么是"无灵"开始，就完全离开了包括老子在内的中国本土固有的思想，完全讲解佛教的道理。他把"有灵"解释为有情众生，把"无灵"解释为无情众生。无情众生（没有情识的众生）化毕而生尽，形朽而化灭，一切就结束了；有情众生则不然，他们是处于三界五道生死轮回之中，生生不绝。而这三界流动，正是"以最苦为场"。如果永远在三界生死流动，就是受无穷尽的苦，如果有情众生追求"化尽"，就不同于无情众生的"形朽而化灭"，而是要达到超脱生死轮回的涅槃。所谓"反本求宗者，不以生累其神；超落尘封者，不以情累其生。不以情累其生，则其生可灭；不以生累其神，则其神可冥。冥神绝境，故谓之泥洹"。永远断绝生死轮回，这就是"不顺化"，就是"求宗"，就是"反本"。正是因为有这样的修行目标，"斯沙门之所以抗礼万乘，高尚其事，不爵王侯，而沾其惠者也"。

显然，慧远把追求超脱生死轮回的修道与遵守封建礼法截然对立起来，要达到涅槃解脱就必须"抗礼万乘"，完全没有注意到这两者之间还有可以沟通的地方。与他的老师道安相比，慧远在处理佛教与政治的关系方面没有留下足够的妥协空间。他的主张只有在特殊时期、特殊人物那里才能暂时行得通，并不能普遍流行。

第四部分名为"体极不兼应"，这是从践行真理的角度论证主题。这里的"体极"是指对佛境界的体验，是对佛教最高真理的践行。这里的"不兼应"，是指不能同时走两种道路、践行两种真理。慧远认为："常以为道法之与名教，如来之与尧孔，发致虽殊，潜相影响；出处咸异，终期必同。"佛教的礼法与名教有许多不同的地方，但是，归根到底，本质又是一致的。所以，"自乖而求合，则知理会之必同；自合而求乖，则悟体极之多方。但见形者之所不兼，故惑众涂而骇其异耳"。从佛教与儒家礼法的不同方面找相同之处，就知道其中的道理是相同的；从两者相同之处找不同的地方，就知道践行真理的道路有多条。释迦与周孔都是不可能同时接受两种礼法的，这是相异的方面。正是因为有这种相异，沙门才应该信守佛教的礼法，不能同时也接受周孔礼法（兼应）。

第五部分名为"形尽神不灭"，是从轮回主体不随身体死亡的角度来论述主题。慧远认为，佛教讲的"形"与"神"，不是一生俱生、一死俱死的关系，而是一种"薪"与"火"的关系："火之传于薪，犹神之传于形；火之传异薪，犹神之传异形。"身形是要死亡的，但神是不死的。通过这种神不灭的轮回转生之说，间接要求全沙门的"方外之迹"。

总之，慧远的《沙门不敬王者论》涉及许多佛教基本理论问题，中心是为保持佛教礼法的独立性论证。慧远这样做的直接目的，是为了让出家人"高尚其迹"，为了让僧人信守戒律，为了维护僧团的纯洁。从东林寺的良好社会形象中，我们已经可以看到慧远这种努力所获得的成果。但是，慧远的这种主张又是直接把佛教礼法与世俗礼法、把佛教与政治的关系安置在对立面上。慧远在维护佛教礼法方面做出了多方面贡献，但是没有为佛教找到适合国情的处理与政治关系的正确道路。

### 三　慧远僧团群僧诸相

二十多年间，慧远建立了规模较大的庐山僧团。慧远在见镇南将军何无忌时，"从者百余，皆端整有风序"①。这种高僧出行的壮观场面在东晋南方是不多见的。在慧远数以百计的弟子群中，集中了各种各样的人才，所谓"或义解深明，或匡拯众事，或戒行清高，或禅思深入，并振名当世"。② 以下介绍在某个方面表现突出的慧远六位弟子，即慧持、僧济、法安、道祖、慧要、昙邕。

慧远倡导严谨持戒，并且以身作则，这是治理僧团的一个重要措施。在整个庐山僧众中，慧持算得上是持戒的典范人物。慧持（337—412）是慧远的兄弟，从早年求学到出家师事道安，从南下襄阳到庐山建东林寺，数十年间，慧持都与慧远在一起，二人有着同样的经历。慧持"形长八尺，风神俊爽，常蹑革屩，纳衣半胫，庐山徒属，莫匪英秀，往反三千，皆以持为称首"。可见慧持是僧团建设中的表率，是帮助慧远建立僧团的重要助手。当时人曾把他与其兄慧远进行比较：

　　　王珣与范宁书云："远公、持公孰愈。"范答书云："诚为贤兄弟也。"王重书曰："但令如兄诚未易有，况复弟贤耶。"兖州刺史琅邪

---

① （梁）慧皎：《高僧传》卷六《慧永传》，《大正藏》第 50 册，第 362 页上。
② （梁）慧皎：《高僧传》卷六《道祖传》，《大正藏》第 50 册，第 363 页上。

王恭，致书于沙门僧检曰："远、持兄弟至德何如？"检答曰："远、持兄弟也，绰绰焉信有道风矣。"

慧远当时是僧团领袖，慧持能够得到这样的评价，可见他的修养、道风、威望受赞誉的程度。慧持在送其姑比丘尼道仪从江夏到健康时，住在东安寺。卫将军王珣敬重慧持，请他审校僧伽罗叉译出的《中阿含经》。返回庐山不久，豫章太守范宁请他讲《法华》、《毗昙》，"四方云聚，千里遥集"。

隆安三年（399）慧持辞别慧远，离开庐山，到蜀地传教弘法。住在龙渊寺。慧持不仅受到刺史毛璩的敬重，也为当地佛教界所拥戴。蜀郡僧正僧恭、名僧慧岩在慧持到来时，"皆望风推服。有升持堂者，皆号登龙门"。

慧持在龙渊寺，"讲说斋忏，老而愈笃"。他于义熙八年（412）圆寂。逝世前，规劝弟子一定要重视律仪，他对弟子们说："经言，戒如平地，众善由生。汝行住坐卧，宜其谨哉。"[1] 慧持一生持戒严谨，在临终时，最关心的还是要重视"律仪"。他强调戒律能够生"众善"的作用，要求把"戒"贯彻到"行住坐卧"的一切活动中，即便在一些持戒严谨的佛门领袖中，这也是不多见的。尤其可贵的是，其兄慧远为佛教界领袖，具备一切享受的条件，慧持仍能保持终生道风优良，更是难能可贵。他受到各地佛教界的推崇，受到社会各阶层信众的拥戴，这是重要原因。慧持的弟子有道泓、昙兰等。

如果说慧持是慧远以戒律约束僧人的执行样板，那么，僧济就是慧远倡导西方净土信仰的一个执行样板。僧济，出身不详，太元（376—396）中到庐山从学于慧远，"大小诸经及世典书数，皆游炼心抱，贯其深要"。刚过三十，"便出邑开讲，历当元匠"。慧远称赞他："共吾弘佛法者，尔其人乎。"僧济虔诚信仰西方净土，病重时"想象弥陀"。慧远给他一支蜡烛，谓："汝可以建心赡（安）养，竞诸漏刻"。

僧济执烛凭几，集中精力念佛，心中没有杂念。众僧夜集，为他念诵《无量寿经》。僧济在念佛中"自省四大，了无疾苦"。第二天，僧济在没有痛苦中"言气俱尽"，享年 45 岁。这里讲的往生西方的法事程序，大

---

[1] 上引均见（梁）慧皎《高僧传》卷六《慧持传》，《大正藏》第 50 册，第 361 页中。

约是慧远倡导的西方念佛法门的内容。死后往生西方净土，基本可以说是慧远整个僧团的共同信仰。比如，慧持在临别慧远入蜀时，慧远很悲伤，不忍兄弟分别，慧持就说："若滞情爱聚者，本不应出家，今既割欲求道，正以西方为期耳。"① 可以看到，慧远的西方净土信仰是在到庐山之前，甚至在出家的时候就有了。慧远的西方净土思想影响了整个僧团，而没有受到其师道安信仰弥勒净土的影响。

慧远不但不否定神通，而且认为，菩萨没有神通就像鸟没有翅膀一样。法安，可以说是慧远僧团中一位神异僧代表。法安又名慈钦，生卒年代不详，籍贯不详。他善戒行，能讲经，习禅业。义熙（405—418）年间，新阳县（今湖南宁乡）有老虎经常伤人，法安施展神异本领，给虎"说法授戒，虎踞地不动，有顷而去"。虎灾由此而息。当地居民为了感谢他，把那里的一处神庙改为寺院，并把周围的田园捐给寺院。后来寺院计划铸造佛像，但是缺少铜，法安夜梦一人到其床前说："此下有铜钟。"② 法安梦醒之后发掘，果然得到两口铜钟。此类神异事迹在慧远僧团中是不受歧视的，这与慧远重视神通可能有直接关系。

慧远善于演说，是讲经名家，但在庐山僧团中，也有被认为讲经胜过慧远的弟子，这就是道祖（347—419）。道祖是吴人，少年出家，为台寺支法齐弟子，后与僧迁、道流等一起到庐山，师从慧远。慧远经常夸奖道祖等人"易悟，尽如此辈，不复忧后生矣"。僧迁和道流都在 28 岁卒。道流所撰的佛经目录没有完成，道祖续成《魏世经录目》《吴世经录目》《晋世杂录》《河西经录目》各一卷。道祖后来到京城瓦官寺讲经，桓玄每往观听，对人说："道祖后发，愈于远公，但儒博不逮耳。"尽管桓玄认为道祖在学问渊博方面还不及慧远，但认为他在讲说方面胜过慧远已经是很高评价了，毕竟慧远是其师，且年长十几岁。所以，道祖应该是庐山僧团中有讲演才能的代表。

在庐山僧团中不乏能工巧匠，慧远弟子慧要是其中的代表。慧要也懂经律，但"尤长巧思"。"山中无刻漏，乃于泉水中立十二叶芙蓉。因流波转以定十二时，晷景无差。"③ 他还制作木鸢，能飞数百步。

---

① （梁）慧皎：《高僧传》卷六《慧持传》，《大正藏》第 50 册，第 361 页中。
② （梁）慧皎：《高僧传》卷六《法安传》，《大正藏》第 50 册，第 362 页中。
③ 上引均见（梁）慧皎《高僧传》卷六《道祖传》，《大正藏》第 50 册，第 363 页上。

庐山僧团是治理很好的模范僧团，但是，僧团毕竟不是世外桃源，其中也有尔虞我诈的相互斗争。昙邕可以说是慧远僧团排外的受害代表。昙邕俗姓杨，关中人，年轻时从军，曾任前秦的卫将军，形长八尺，雄武过人。东晋太元八年（383），昙邕从苻坚南征，为晋军所败，还至长安，从道安出家。道安圆寂后，昙邕乃南投庐山，事慧远为师。昙邕"内外经书，多所综涉，志尚弘法，不惮疲苦"。他主要充当慧远和鸠摩罗什之间书信来往的使者，"凡为使命十有余年"，强捍果敢，随机应变，不辱使命，起到了庐山僧团和长安佛教界沟通的作用。

京城道场寺的僧鉴很敬重他，请他到扬州。昙邕与慧远的感情很深，以慧远年高为由谢绝。但是僧团中有人"恐后不相推谢，因以小缘托摈邕出"。昙邕很大度，"奉命出山，容无怨忤，乃于山之西南营立茅宇，与弟子昙果澄思禅门"。在慧远临亡之日，他"奔赴号踊，痛深天属"。从他对慧远逝世如丧考妣，也能想象他受冤枉之深。昙邕后来到荆州，在竹林寺去世。

## 第四节　佛陀跋陀罗与《华严经》

### 一　佛陀跋陀罗及其译经

根据《出三藏记集》卷十四本传和《高僧传》卷二本传，佛陀跋陀罗（359—429）意译名为"佛贤"，迦毗罗卫人，释迦族后裔，甘露饭王后代。佛陀跋陀罗 5 岁而孤，17 岁出家，受具足戒之后，修业精勤，博学群经，多所通达，尤其是以禅律驰名。尝与同学僧伽达多共游罽宾，求学多年。一次僧伽达多在密室闭户坐禅，忽然看见佛陀跋陀罗到来，惊问："何来?"后者回答："暂至兜率，致敬弥勒。"从这个显示神通的神异故事可以看到，佛陀跋陀罗是崇奉弥勒信仰的，这也在一定程度上暗示了他的佛学思想特点。

佛陀跋陀罗在罽宾遇到智严，便迎请到汉地传法。他们先走陆路，又转水路，历经三年艰苦跋涉，在青州东莱郡登陆。他听说鸠摩罗什当时在长安弘教传法，就前去投奔。罗什见到他后，十分高兴，与他"共论法相，振发玄绪，多有妙旨"。罗什能够和他这样进行佛学讨论，进行学问切磋，足见佛陀跋陀罗的佛学修养。佛陀跋陀罗一次问罗什："君所释不出人意，而致高名何耶？"罗什曰："吾年老故尔，何必能称美谈。"① 佛陀跋陀罗比罗什小 14 岁，是新来乍到的普通僧人，没有任何建树，而罗什当时已经是长安僧团的领袖，每日里千僧围绕，佛陀跋陀罗当面说这种狂妄的话，而罗什又能如此应对，足见罗什的谦逊是常人所不及的。尽管佛陀跋陀罗对罗什如此不敬，罗什仍然是"每有疑义，必共谘决"。罗什不耻下问、尊重知识、尊重人才的美德，是他成为里程碑式翻译家的一个重要原因。然而，罗什可以容忍的事情，他的众弟子们又如何能容忍，佛陀跋陀罗的这种性格和做法，就决定了受打击报复的厄运必然会降临到他头上。后来，道恒等人以佛陀跋陀罗"显异惑众"为借口，"驱逼"他和他的弟子们离开长安。

义熙七年（411）佛陀跋陀罗与弟子慧观等四十余人离开长安，南下庐山，投奔对他向往已久的慧远。佛陀跋陀罗到达庐山后，在慧远的关照下，自夏迄冬，翻译禅经。佛陀跋陀罗译出《达磨多罗禅经》二卷，该经也称作《修行方便禅经》，《修行道地经》，《不净观经》，记述罽宾禅师达磨多罗和佛大先（觉军）的禅法，慧远在《庐山出修行方便禅经统序》中有介绍：

> 今之所译，出自达磨多罗与佛大先。其人西域之俊，禅训之宗，搜集经要，劝发大乘，弘教不同，故有详略之异。达磨多罗阖众篇于同道，开一色为恒沙。其为观也，明起不以生，灭不以尽，虽往复无际，而未始出于如。故曰：色不离如，如不离色；色则是如，如则是色。佛大先以为澄源引流，固宜有渐。是以始自二道，开甘露门。释四义以反迷，启归途以领会。分别阴界，导以止观。畅散缘起，使优劣自辨，然后令原始反终，妙寻其极。其极非尽，亦非所尽，乃曰无尽，入于如来无尽法门。非夫道冠三乘，智通十地，孰能洞玄根于法身，归宗一于无相。静无遗照，动不离寂者哉！②

据慧远介绍，这本禅经记录的达磨多罗和佛大先都是西域著名的禅学宗师，他们的禅法是综合的各类经典要义而形成，目的是为了让修习者信

① （梁）慧皎：《高僧传》卷二，《大正藏》第 50 册，第 344 页中。
② （梁）僧祐：《出三藏记集》卷九，《大正藏》第 55 册，第 65 页中。

仰和践行大乘佛教。所以，他们两个人的禅法都是大乘佛教的禅法，区别仅在于由于弘教方式不同而有详略差异。达磨多罗的禅法思想，核心内容是通过观想不生不灭的般若教义，认识、理解和体验"色"与"如"的不二关系，即不相"离"，又是相"是"的关系。这里的"如"，与"真如""法性""空""本无""无相""法身"等是同类概念，所以，这里讲的"色"和"如"的关系，就是一种体用关系。佛大先的禅法在本质上与达磨多罗禅法是一样的，也是大乘禅法，以最终认识、理解和体验"如""无相""法身"等为目的，不同在于，佛大先的禅法是循序渐进的，观想次第森严，从二甘露门（数息、不净观）开始，一步一步前进，最终进"入如来无尽法门"。经过佛陀跋陀罗的翻译，经过慧远的推广，这一系的禅法逐渐流行起来。

佛陀跋陀罗志在游化，居无求安，义熙八年（412），他带领弟子来到荆州。佛陀跋陀罗在荆州遇到太尉刘裕，颇受敬重，第二年随刘裕到扬都（今南京），被安置在道场寺，也称"斗场寺"。佛陀跋陀罗"仪轨率素，不同华俗，而志韵清远，雅有渊致"，受到京城佛教界的称赞，被誉为"便是天竺王（弼）、何（晏），风流人也"。

佛陀跋陀罗在道场寺翻译佛经，最重要的有两件事。

第一，翻译出《华严经》，以后习称"晋译华严"、"六十卷华严"等。

佛陀跋陀罗受吴郡内史孟颛、右卫将军褚叔度之请，在道场寺翻译《华严经》，开始于东晋义熙十四年（418）三月十日，毕于南朝宋永初二年（421）十二月二十八日。参加译事者有法业、慧观、慧义等百余人。所译经原本是支法领从于阗带回来的。据《译经后记》，于阗有华严经梵本共十万偈，带回来的只是其中的三万六千偈。华严学僧言"十"以喻其多，"十万偈"自然也是概言数量之巨，不会是确数。但是，由此也可以知道，即便在于阗，此经也不是完备的集成本，所收有遗漏，这与前出单行经的对照中可以看出来。另外，《高僧传》谓此经属于"华严前分"，表明这个集成本完成之日，又有续出的"后分"之类的新经。

第二，与法显合作进行翻译工作。

法显从古印度带回许多梵文经典，于义熙九年（413）到建康后，也住道场寺，佛陀跋陀罗与他共同翻译经典。前后翻译的经典有《大般泥洹经》六卷、《摩诃僧祇律》四十卷、《僧祇比丘戒本》一卷、《僧祇比丘尼戒本》一卷、《杂藏经》一卷等。《出三藏记集》本传说佛陀跋陀罗译出经典共十一部，《高僧传》本传说他译经共十五部一百一十七卷。在佛陀跋陀罗所译出的经典中，最有影响的是《华严经》，后来成为华严宗理论形成的经典依据。佛陀跋陀罗所译《华严经》原为五十卷，今本为六十卷。它的出现，开辟了华严经学输入内地的新阶段。这部按照一定标准有选择收录的华严汇集本，容纳了在中国佛学史上起作用的华严经学的基本内容，此后虽然屡有单行经续出，并有篇幅更长一些的《华严》汇集本翻译，但在主要学说方面没有实质性突破。"六十华严"是定型化的经典，其理论是华严经学的成熟形态。

## 二　晋译《华严经》的基本内容

从《华严经》的整体思想方面考察，有五个方面对中国佛学的发展有深刻影响，即卢舍那佛信仰、华藏世界信仰、一多关系及其运用、法界与世间的关系、心佛众生三者的关系。

（一）卢舍那佛信仰

在集成本的若干单行品经中，还残留着以释迦牟尼为之上佛的痕迹，但从全经范围来看，《华严经》塑造的唯一最高崇拜对象是卢舍那佛。他并非《华严经》首次提及，《杂阿含经》中已有其名，《梵网经》中已有描述。但是，用他最终取代释迦牟尼的地位，使他既具有法身诸特性又具有人格化，则无疑是《华严经》的创造。

按照大乘佛教的一般看法，作为佛理神格化的"法身"，是一种永恒而普遍的抽象存在，无形无相，不可名状，不可思议。人们通过各种方式所能够接触到的佛，只能是应化身，而绝非法身。在前出诸种华严单本经中，论述最多的是竺法护的普贤类译籍，这些典籍对法身的界定和描述，虽与般若类经典不尽相同，但在区别法身与应化身或色身方面，坚持着大乘佛教的共同看法。集成本的佛身信仰有所改变，也给此前普遍采用的法身概念赋予新意。

对卢舍那佛神身的描述散见于全经各处，尤以最初两品和最后一品的某些段落论述最集中。各举一例，见其全貌：

佛身清净常寂然，普照十方诸世界。寂灭无相无照现，见佛身相如浮云。一切众生莫能测，如来法身禅境界。①

卢舍那佛成正觉，放大光明照十方，诸毛孔出化身云，随众生器而开化，令得方便清净道。②

卢舍那佛不可思议清净色身，相好庄严，我见此已，起无量欢喜。③

整部《华严经》从头到尾，作为最高崇拜对象的卢舍那佛没有说过一句话，他的存在从诸佛、诸菩萨的赞叹中及其各种活动中表现出来。加上他的身体"清净常寂然""寂灭无相无照现"等，共同构成了他所具有的法身佛特性的一面。

卢舍那佛具有一切智慧和最高觉悟，接受众生的供养膜拜；同时，他也给自己的信仰者以智慧和觉悟，包括诸种神通，引导众生进入"方便清净道"，走上成佛之路。他的"相好庄严"的"清净色身"，他的"随众生器而开化"的"化身"，共同构成了他所具有的化身和报身佛的一面。

《华严经》的创新在于：集中把法身限定在卢舍那佛这样一个具体的佛身，从而把"法身"和"报身"、"化身"统一起来，使其具有了三位一体的特性。这样，本来是深奥难懂的"法身"被通俗化了，使需要费尽心力领会的玄妙佛理变成了人们日常不假思索即可敬奉的形象化实体。正是从这些地方，带有浓厚哲学和道德色彩的佛教，变成了更具有神异奇幻特色的佛教。

"卢舍那"梵文为 Loṣaṇa，含有"光明普照"的意思，也是太阳的别名。前出单行经也有佛发光普照佛刹的描述，但往往把佛发光与其身体的某个部位相联系，如足下、眉间等，这种情况也残留在集成本的许多品中。然而，集成本描述佛发光的核心内容，是把佛描述为一个发光体，如同太阳，所谓"佛身一切诸毛孔，普放光明不可议，映蔽一切日光明，

---

① （东晋）佛陀跋陀罗：《华严经·世间净眼品第一之一》，《大正藏》第 9 册，第 399 页上。

② （东晋）佛陀跋陀罗：《华严经·卢舍那佛品第二之一》，《大正藏》第 9 册，第 405 页中。

③ （东晋）佛陀跋陀罗：《华严经·入法界品第三十四之十》，《大正藏》第 9 册，第 735 页中。

遍照十方靡不同"①。以卢舍那命名佛,是长期将佛喻作照耀一切、生育一切的太阳的结果。这样,卢舍那佛是光明的象征,它的光芒普照一切,使人们在佛光中获得智慧,并借以实现自我净化,严净一切。以佛为太阳,可能受到了祆教的影响,具有受波斯文化影响的痕迹。同时,《华严经》还把佛光比作月光:"佛于诸法无障碍,犹如月光照一切。"② 两种比喻穿插互见,有着以光明驱除黑暗的意义。

佛发光之说,佛教有着自己的学说发展逻辑历程。大体言之,先有佛身某个部位发光的描述,逐渐演进到把佛描述为一个发光体。佛之所以能发光,最初源自他的智慧冥想,这一点也保存在集成本中:"卢舍那佛于念念中放法界等光,普照一切诸法界海。"③ "法身"概念形成以后,发光之源又被安置在法身上,《华严经》也集成了这一点:"法王安住妙法堂,法身光明无不照。"④ 据前述所引,《华严经》认为法身乃是"禅境界",所以,法身之光,卢舍那佛之光的本源,乃是来自佛"于念念中"的智慧冥想实践,来自禅定实践。简言之,佛光之说并不神秘,本质上是佛教僧人对禅定引发的特殊感受的发挥,把佛光比作日光或月光,进而以佛为日,大约接受了外来宗教因素的促动,同时也没有违背佛教学说自身合乎逻辑的发展路线,就华严学说的主导方面而言,重视佛发光与重视禅定引发的对神通境界的构想有直接的联系。

(二) 华藏世界信仰

《华严经》塑造的佛国世界名叫"华藏世界海",也称"莲花藏世界"、"华藏世界"等,这是卢舍那佛所居之处,也是他教化的整个世界。这个世界由卢舍那佛修菩萨行而创造出来:

此莲花藏世界海是卢舍那佛本修菩萨行时,于阿僧祇世界微尘数

---

① (东晋)佛陀跋陀罗:《华严经·世间净眼品第一之二》,《大正藏》第 9 册,第 403 页下。

② (东晋)佛陀跋陀罗:《华严经·世间净眼品第一之一》,《大正藏》第 9 册,第 399 页上。

③ (东晋)佛陀跋陀罗:《华严经·入法界品第三十四之十》,《大正藏》第 9 册,第 735 页中。

④ (东晋)佛陀跋陀罗:《华严经·世间净眼品第一之一》,《大正藏》第 9 册,第 399 页上。

劫之所严净，于一一劫恭敬供养世界微尘等如来，一一佛所，净修世界海微尘数愿行。①

卢舍那佛创造了自己的世界，实际上是菩萨行创造了世界。《华严经》的中心是宣讲菩萨行，所以赋予菩萨行创造佛国世界的功能。

《华严经》对这个佛国世界的构造作了冗长的描述，大体的构造是："有须弥山微尘数等风轮持此莲花藏庄严世界海"，这无数风轮分为十层，最上层风轮"持一切香水海，彼香水海中有大莲花，名香幢光明庄严，持此莲花藏庄严世界海"。在华藏世界里，又有无数的佛国世界。此佛国世界之所以称为"华藏世界"，正因为它由大莲花所包藏。据《大悲经》卷三、《大智度论》卷八等载，大神毗湿奴之肺中生出大莲花，华中有梵天王，其心创造了天地万物。一般认为，这正是创造华藏世界神话的原型。吸收古印度的神话传说，是《华严经》构造佛国世界的重要途径之一。

为了说明华藏世界存在的时间无限长，《寿命品》采用了不同佛刹（一佛教化的世界）时间相对不等的新颖说法："如此娑婆世界释迦牟尼佛刹一劫，于安乐世界阿弥陀佛刹为一日一夜；安乐世界一劫，于圣眼幢世界金刚佛刹为一日一夜。"经过这样的类推，最后总结："如是次第，乃至百万阿僧祇世界，最后世界一劫，于胜莲花世界贤首佛刹为一日一夜，普贤菩萨等诸大菩萨充满其中。""劫"原来是表达极长时间的概念（加上一劫是多少年），经过这样的"劫"与"一日一夜"的连续类推之后，华藏世界的一日一夜实际上已经接近无限了。

在表达无限多概念，以及创用数字和创造数量新单位等方面，没有哪一部佛典能与《华严经》相比。在表达无限多概念时，《华严经》已不满足一般佛典使用的"恒河沙数"，而通常采用"须弥山微尘数""佛刹微尘数"等来比喻。"一佛刹"是一位佛能教化的范围，大都指三千大千世界，把三千大千世界化为微尘的数量，自然要比恒河边的沙粒多得不可思议。

对"十"的创造性运用，从《兜沙经》就已经开始，集成本更是予以发挥。在《华严经》里，"十"已不是定数，而是成为圆满、具足、完

---

① （东晋）佛陀跋陀罗：《华严经·卢舍那佛品》，《大正藏》第 9 册，第 412 页上。

备、和谐的象征。不少品简直到了滥用"十"的程度，比如《离世间品》由二百多个"十种法"组成，这样一来，诸如此类的经文成了各种佛教名相和断语的平铺罗列，显得十分繁琐、累赘。

《阿僧祇品》列举了一组平方进位的数字单位系列，集中展示了《华严经》在创造数量新概念方面所能达到的能力。这组数量单位以"百千"为始，"百千百千为一拘梨，拘梨拘梨为一不变，不变不变名一那由他"，依次递进，从"百千"至最后一位"不可说转转"，总共有一百二十二项。"阿僧祇"是一般佛典用以表达数量无限多的概念，意译"无数"、"无央数"，然而，在这个冗长的数量概念系列中，阿僧祇只列在第一百零四项。"阿僧祇"个"阿僧祇"叫作"一无量"，"无量"个"无量"叫"一无量传"，气候的数量单位还有"无分齐""无周遍""不可称""不可思议""不可说""不可说转"，最后一句是"不可说转不可说转名一不可说转转。"

很明显，作为极大数字单位的最后几项强调"不可说"，《阿僧祇品》接着又罗列了三四百相"不可说"，包括"众生虚妄不可说""佛刹成败不可说""成就三昧不可说""般若波罗蜜不可说"，等等。因此，创用数量新概念，创造数字新单位，都是为其教义服务，都是为了论证佛国的永恒无限、佛法的无量无边、菩萨修行的浩瀚无际、佛力的神秘莫测，证明这一切远远超出了人们的想象，非言语所能表达。

《华严经》对华藏世界存在方式的描述，实际上接触了世界无限的概念。这个无限世界虽然包罗万象，无所不有，但又是秩序井然的：

> 法界不可坏，莲花世界海，离垢广庄严，安住于虚空。此世界海中，刹性难思议，善住不杂乱，各各悉自在。[①]

华藏世界之所以从整体上讲"不杂乱"，有秩序；从各个部分上讲"悉自在"，不受束缚，在于它由卢舍那佛法身统一起来。华藏世界也称"法界"，"法界不可坏"，即华藏世界不可坏，这个世界是与如来法身相

---

①　（东晋）佛陀跋陀罗：《华严经·卢舍那佛品第二之三》，《大正藏》第9册，第415页上。

等同的，"如来法身等法界，普应众生悉对现"。① 其实，华藏世界就是卢舍那佛的"法界身"，它在具有无限差别中又蕴含着统一性。

华藏世界是否存在，最终要以信仰者是否能"见"到来判定。《华严经》介绍了几种看到整个华藏世界的方法，例如，由于佛力加被，菩萨可以在佛光中得睹"莲花藏，庄严世界海"②。而更重要、更通行的方法，则是由修习禅定获得神通看到，普贤即是"入一切如来净藏三昧正受"③而观察到整个华藏世界的。一般菩萨也可以通过修习禅定获得神通看到它，"十方世界中，无量诸佛刹，菩萨神通力，一念悉遍至"④。在佛的禅定中，这个无限世界的一切都呈现出来，所谓"一切示现无有余，海印三昧势力故"⑤。像平静的大海能映现一切形象一样，无限广大的华藏世界也能为禅定所印证，所证实。

（三）一多关系及其运用

在说明菩萨特殊认识和实践时，《华严经》诸品普遍从"一"与"多"的方面理论，同时强调一多的两种关系：一多的等同关系——相即与相是；一多的转化关系——相入与相摄。以此描述菩萨修行，既使其具有理论意义，又增添了神秘色彩。

根据《华严经》的论述，"一"与"多"这对范畴可以贯彻在许多方面。例如，佛的智慧是一，其智慧的运用是多；佛的法身是一，其应化身是多；诸法的法性是一，其表现是多；众生心是一，其心的造作是多；等等。这样，在一多关系中实际包含了一般与个别、本质与现象、整体与部分的多方面的关系。但是《华严经》并没有把它们明确区分开来，只是以一多关系来处理。一定程度上说，《华严经》中的一多关系，乃是对事物或现象的一切关系的总概括，无论世间现象还是出世间现象，它们的关系都可以用一多关系来说明和概括。

---

① （东晋）佛陀跋陀罗：《华严经·世间净眼品第一之一》，《大正藏》第 9 册，第 399 页中。

② （东晋）佛陀跋陀罗：《华严经·卢舍那佛品第二之一》，《大正藏》第 9 册，第 412 页中。

③ （东晋）佛陀跋陀罗：《华严经·卢舍那佛品第二之三》，《大正藏》第 9 册，第 408 页中。

④ （东晋）佛陀跋陀罗：《华严经·初发心菩萨功德品第十三》，《大正藏》第 9 册，第 453 页上。

⑤ （东晋）佛陀跋陀罗：《华严经·贤首品第八之一》，《大正藏》第 9 册，第 432 页下。

菩萨对一切现象或事物的认识，包括对一切佛教法门的认识，均可以从一多关系方面来说明，"与一切法中知一切法，于一切法中亦知一法"①。"观缘起法，于一法中解众多法，众多法中解一法。"② 无论就佛法而言还是就整个世间现象而言，都必须承认既存在着"一"，又存在着"多"，从一中认识多，从多中认识一，最后达到把两者统一起来、结合起来。承认差别，并要求把差别统一起来，可以说是这种认识论的合理因素，但是，对一多关系的进一步发挥，则是把一与多完全等同，即一与多的"相即"或"相是"关系。

《十住品》中的第七住，列举菩萨必学的"十法"，第一法就是"知一即是多，多即是一"。《初发心菩萨功德品》谓："知一世界即无量无边世界，知无量无边世界即一世界。""一切欲即是一欲，一欲即是一切欲。"在处理一多关系上，《华严经》确有要求从个别把握一般、由一般认识个别，从现象把握本质、由本质认识现象的意思，这无疑是正确的。但一与多往往又代表整体与部分，按《华严经》如上所述，这又等于说，认识了整体就认识了部分，认识了部分就认识了整体，这就会产生把个别与一般、现象与本质、部分与整体混淆起来的可能性，使一多关系趋向混乱和神秘。

《华严经》还把一与多的等同关系广泛运用于不同性质的事物：

> 知秽世界即是净世界，知净世界即是秽世界；知长劫即是短劫，知短劫即是长劫。③

"秽"与"净"的本质不同，它们也可以相"即"相"是"，完全等同，这就超出了把整体与部分相等同的讨论范围，是取掉事物所有质的规定性之后的等同。这种等同论述，也超出了把一般与个别、本质与现象相等同的范围，具有了完全取消对立差别的意义。

既然把一切同质或不同质的事物相等同，取消了质的规定性，取消了对立，那么一切事物之间就都可以相互转化、相互包容和相互融摄，这就

---

① （东晋）佛陀跋陀罗：《华严经·十回向品》，《大正藏》第9册，第530页上。
② （东晋）佛陀跋陀罗：《华严经·十忍品》，《大正藏》第9册，第580页下。
③ （东晋）佛陀跋陀罗：《华严经·初发心功德品》，《大正藏》第9册，第450页下。

引出了一多之间的另一种关系——相人或相摄的关系。《普贤菩萨行品》讲十种"人"法，其中：

> 一切世界入一毛道，一毛道出不可思议佛刹；一切众生身悉入一身，于一身出无量诸身；……不可说劫悉人一念，令一念悉入不可说劫；……一切诸相悉入一相，一相入于一切诸相；……一切诸音入一语音，一语音入一切语言。

所有差别事物和现象无不具有统一性，在一定条件下，它们之间可以相互转化、包容、容摄。从这个意义上说，一与多的"相人"或"相摄"关系也有辩证的因素。但是，《华严经》各品都是在描述神通境界，这就不是对客观现实的反映。

菩萨对相人或相摄的认识，也要求贯彻在实践中：

> 分别了知诸法自性，大小相摄，……于一言中普说一切修多罗海。于一念中决定了知不可说劫。……摄取十方一切法界于一一微尘中，现成正觉；于无色性现一切色，能以一方摄一切方。[①]

获得"大小相摄"的认识并不是目的，而有能力做到"摄取十方于一微尘中"才是实践的目的，因为这是佛境界的表现，是菩萨行的归宿。《华严经》认为，具有这些能力，对于诸佛、诸大菩萨来说，是理所当然的事情，不需要论证，只需要描述出来，展现给世人。《佛不思议法品》之二说，佛能将"一切法界等世界"，包括所有的无量众生安放摄人于"一毛孔"中，照常行住坐卧，而众生也不觉，如来也不生厌。这种一多相入的能力，正是想象中的神通境界，也是佛的境界。

尽管《华严》中的一多关系主要运用于描述神通境界和菩萨神秘的修行，但它毕竟建立在思辨基础上，可以稍加改造而被更广泛地运用。

（四）法界与世间的关系

在《华严经》中，"法界"是出现频率最高的名词之一。它指卢舍那

---

① （东晋）佛陀跋陀罗：《华严经·人法界品第三十四之二》，《大正藏》第 9 册，第 684 页上。

佛所教化的整个世界，是对全部世间和出世间、全部凡圣境界的总概括，它既指轮回世界，也指解脱世界；既是本体界，也是现象界；既是可见世界，也是不可见世界。"法界"概念的提出和运用，使彼此对立的两个世界完全合一。

深入法界，随顺法界，是《华严经》的一贯旨趣，并被视为菩萨修行成佛的必由之路，所谓"入于真实妙法界，自然觉悟不由他"①。在承认差别的同时，又应绝对平等地看待一切，是进入法界应树立的正确认识和观点，是入法界的前提，亦即"等观法界，无有差别"②。

《入法界品》作为全经的总结，提供了如何深入法界和随顺法界的典型例证。此品篇幅较长些，约占全经的1/4强。它讲善财童子经文殊菩萨指点，南行寻访诸位善知识的故事。该品是《华严经》整个学说的形象化图解，使人们能够对法界理论有更清楚、更完备的理解。从这一品的描述，可以概括《华严经》入法界、随顺法界的全貌，以及它的核心内容及其主要特点等。

其一，入法界不仅是全部菩萨修行的集中体现，而且是它的归宿。按照晋译《华严经·入法界品》的记述，善财童子所寻访的善知识，明确指名者四十七人，中间插入人物两次，共有四十九人次，此后唐译《华严经·入法界品》又有增补，成了五十五人次。③善财每见到一位善知识，都请教大致相同的问题："云何菩萨学菩萨行，修菩萨道，乃至云何具菩萨行？"诸位善知识的回答，大多数具有从不同方面解释《华严》重要学说内容的性质，这表明，菩萨行从修学到具备，都体现在入法界之中。集成本的经文安排，也适应了表达这个中心思想的需要。

其二，入法界即是入世间。善财童子所寻访的善知识，既有人，又有诸夜天、大天、地神，还有文殊、普贤、弥勒三位大菩萨。出了三位大菩萨，其他善知识就都不是跳出三界外、不在五行中的"圣"，而是处于生死轮回中的"凡"。善财进入法界，即是走向人间，走向世俗世界。因此，作为成佛依据的佛法总和"真实妙法界"，并非存在于世俗世界之外，而是体现在世俗生活之中，世俗生活也是成佛之路，世间就是法界，

---

① （东晋）佛陀跋陀罗：《华严经·十行品》，《大正藏》第9册，第472页中。
② （东晋）佛陀跋陀罗：《华严经·十忍品》，《大正藏》第9册，第580页下。
③ "善财童子五十三参"的故事不是依据晋译《华严》演化而来。

世间就包含和拥有了一切。

其三，随顺法界，就是随顺善知识的所有教诲。《入法界品》反复强调："欲成就一切智智，应决定求真善知识。"这样，求佛求菩萨就成了求"真善知识"，善财所寻访的那些未被神化的世间的人，当然也都是"真善知识"，他们中间既有一般的比丘、比丘尼，也有婆罗门、外道、仙人；既有高居于社会统治顶层的王者，也有富有的长者以及良医、海师、童子师等劳动者，甚至还有妓女。不同职业的善知识所能给予的教诲不同。《入法界品》把来自社会所有等级、所有职业的人都纳入善知识的行列，要求"随顺"其"教诲"，表明它力图把世俗政治、经济和文化的各个方面的生活，都纳入成佛的领域，力图把学佛法扩大为学习世俗的一切东西。《入法界品》还进一步强调："于善知识所有教诲，皆应随顺；于善知识善巧方便，勿见过失。"这就是说，善知识的一言一行、一举一动，其所有作为，都应该听从学习，不应该怀疑，更不应该指责其是"过失"。在这种思路指导下，国王使用的"断手足""截耳鼻""挑双目""断身手"之类的酷刑，被视为"救度众生""令其解脱"的慈悲手段；妓女与他人"共宿"，与他人拥抱咂吻等，被名为"离欲三昧"；苦行者登刀山、投火聚之类的做法，也自然成了"菩萨诸行皆清净"，这种化腐朽为神奇式的思路，远远超出了学习知识的范围，既带有用佛法净化一切的意图，又带有肯定一切、调和一切的倾向，从而为后来自由解释和任意发挥提供了广阔的思维空间。

《入法界品》所宣扬的主要思想，完全蕴含在此前的众多品经文中，并不是脱离全经的新创造。它的特点在于：把平等看待一切的抽象说教发挥到极端，把融合、调和的见解贯彻到社会的各个领域。这既是全经的高潮，同时又让人觉得某些论述与全经不协调。由于该品不是专门以神通境界说明教义，而是以人间的具体事例说明教义，所以具有更强的感染力。

在中国佛教史上，《入法界品》的影响是多方面的，它宣扬的平等无差别看待一切的主张、遍历各处参访求学的号召、随顺善知识尊师重教的思想、肯定现实存在的一切均合理的态度等，在佛教界持续流行，并不只是影响了华严宗。

（五）心佛众生三者的关系

《华严经》在树立卢舍那佛这个外在崇拜对象时，强调了卢舍那佛法身的遍在性，这就使每个人先天具有了成佛的内在根据，由此也自然开辟了一条向内心世界寻求解脱的路线。

关于"心"的本质、作用及其与崇拜对象的关系等方面的论述，散见于《华严经》诸品中。其中，《十地品》提出"三界虚妄，但是心作"的命题，就影响颇为深远。由于各品形成的时代和地区不同，论述的问题也各有侧重，对心的论述亦有相互补充或相互矛盾之处。相对来说，《佛升夜摩天宫品》中一首长偈的叙述，能够比较集中反映《华严经》关于这些问题的总体思想，反映《华严经》心学体系的诸特点：

> 心如工画师，画种种五阴，一切世界中，无法而不造。如心佛亦尔，入佛众生然，心佛及众生，是三无差别。诸佛悉了知，一切从心转。若能如是解，彼人见真佛。心亦非是身，身亦非是心，作一切佛事，自在未曾有。若人欲求知，三世一切佛，应当如是观：心造诸如来。

这首长偈对"心"的描述有三方面的含义，也是《华严经》心学体系的三个内容或三个特点。

其一，心是世间的本源。首先，作为众生具体存在形态的"五阴"是"心"所创造，这与"三界虚妄，但是心作"看问题的角度不同，但表达了同样的意思。由此扩展，"一切世界"中的诸种事物和现象（"法"）也都是"心"所创造。进一步说，不但众生是心所创造，连世间崇拜对象——佛也是"心"所创造。"心佛及众生，是三无差别"，是一句流传很广的话，在《华严经》的学说体系中，这里的"佛"只能是应化佛，而不是卢舍那佛。这里的心佛众生之所以没有差别，在于它们都是世间现象，作为"一切世界中"的"法"而存在，都是虚妄的。但是，三者虽然有"无差别"的特点，但"心"毕竟处于主导地位，是心创造了包括众生和佛在内的世间万法。因此，"心"是世间的本源，它同时又是世间的一种现象，有虚妄的一面、无常变化的一面。

其二，"心"具有沟通世间和出世间的功能。"诸佛悉了知，一切从心转，若能如是解，彼人见真佛。"这是第二层含义，所谓"真佛"，是与"心佛及众生"中的应化佛相对而言，在《华严经》中指至真的卢舍那佛。"心"的转变，向内心世界寻求解脱，走修心道路，就能"见"到真佛，"真佛"不属于世间现象，而属于出世间，属于解脱的彼岸。"见真佛"即是达到成佛解脱。因此，通过修心达到心的转变，是成佛之路，心有沟通世间与出世间的功能。但是，"见真佛"并不意味着"真佛"由"心"所创造，既然称"见"，仍然是把"真佛"作为与主体"心"相对存在的外在崇拜对象。

其三，心具有成为出世间本源的倾向或萌芽。最后的结论是"心造诸如来"，"诸如来"可以概括世间的一切应化佛，而一切应化佛的总和就等于卢舍那佛。所以，"心造诸如来"已经具有了卢舍那佛由心之所造的潜台词意义。问题在于，《华严经》始终没有明言卢舍那佛是"心"所创造，因此，"心"只具有成为出世间本源的趋向。

# 第五节　法显与晋宋之际的求法活动

## 一　晋宋之际的求法活动

从三国朱士行西行求法之后，中土信仰者或为求取经典，或为瞻仰、朝拜圣迹而西行古印度，一直没有断过。尤其是到东晋末年，形成了中土信仰者西行求法的高潮。这个时期的求法，都是民间自发进行，没有得到过官方的资助。求法者的道路各有不同，或者南下，沿海上丝绸之路经东南亚诸国到印度，或者沿陆路丝绸之路经中亚到印度。中土僧人西行返回，与东来传法者相比，更加深了中国人对古印度佛教的认识，从而对佛教有了新的理解。在这些西行者中，成功的例子少，失败的例子多。慧皎曾论述了取经的艰难：

> 窃惟正法渊广，数盈八亿，传译所得，卷止千余。皆由寮越沙阻，履跨危绝，或望烟渡险，或附杙前身，及相会推求，莫不十遗八九。是以法显、智猛、智严、法勇等，发趾则结旅成群，还至则顾影唯一，实足伤哉。①

僧祐举出的法显等四人乃是成功的例子，而求法不成功的事例则更多。晋宋之际的求法者中，除了法显是最著名的代表之外，还有智严、宝云、智猛、于法兰、于道邃等。

_____

① （梁）慧皎：《高僧传》卷三《译经·论》，《大正藏》第 50 册，第 345 页中。

（一）智严

智严是西凉州人，弱冠出家，便以精勤著名，"纳衣宴坐，蔬食永岁"。他立志要博事名师，广求众经，遂与宝云等人西行求法，到达罽宾，入住摩天陀罗精舍，从佛驮先比丘学习禅法。智严学习很有成效，虽然只学习了三年，但功逾十载。佛驮先见其禅思有绪，非常器重。当地道俗听说后大加赞叹："秦地乃有求道沙门矣。"从此当地人不再轻视秦地人。

当时有佛陀跋陀罗比丘，也是有名的禅师。智严就请求他到中国传教弘法。佛陀跋陀罗为其恳切之情所感动，就和智严一起来到后秦长安，住于长安大寺。不久，佛陀跋陀罗受到鸠摩罗什门下排挤，不得已南下，智严也离开长安，住于山东精舍，坐禅诵经，力精修学。

东晋义熙十三年（417），刘裕西伐长安，经过山东，同行的始兴公王恢从刘裕游观山川，来到智严精舍。看见三位僧人各坐绳床，禅思湛然，王恢心敬其奇，禀告刘裕之后，邀请他们到建康，住始兴寺。后来由于智严性爱虚靖，一心想远离闹市，王恢为智严在东郊建枳园寺居住。

智严从西域带回来的梵文经典不少，从南朝宋元嘉四年（427）开始，智严与沙门宝云合作译出《普曜经》六卷、《广博严净》四卷、《四天王》一卷等。智严晚年又带领弟子经海路到天竺，从陆路返回途中，在罽宾圆寂，时年78岁。智严的弟子智羽、智远等人返国，报道了智严的情况。[1]

（二）宝云

宝云（376—449），俗姓不详，据说是凉州人，少年出家。他求法之心恳切，有"亡身殉道"之志，希望亲身瞻仰灵迹，搜求经典。东晋隆安（397—401）之初，与法显、智严等人先后相随，涉履流沙，登逾雪岭，西行求法。历于阗、天竺诸国。宝云在国外"遍学梵书，天竺诸国音字训诂，悉皆备解"。回到长安之后，宝云跟随禅师佛陀跋陀罗修习禅定，不久又跟其离开长安南下到建康，住于道场寺。晋宋之际，宝云先后协助佛陀跋陀罗、法显、智猛、求那跋陀罗译经。宝云自己译出《新无量寿经》二卷、《佛本行赞经》五卷。由于宝云精通汉文和梵文，当时译出的不少经典都由宝云来最后定稿，"众咸信服"。在晋宋之际，"江左译

---

[1]　（梁）慧皎：《高僧传》卷三《智严传》，《大正藏》第50册，第339页上。

梵，莫逾于云"，慧观等人都与宝云友善。

宝云晚年住六合山寺，向周围民众"说法教诱"，当地民众"礼事供养，十室而八"。南朝宋元嘉二十六年（449）终于山寺，时年 74 岁。据说他"游履外国，别有记传"[①]。

### （三）智猛

智猛是雍州京兆新丰人（今陕西临潼东北），少年出家，受到外籍来华僧人讲述天竺释迦遗迹，以及大乘经典情况的影响，经常慨然有感，驰心遐外，以为"万里咫尺，千载可追"，立志西游求法。后秦弘始六年（404），与沙门十五人从长安出发，渡河跨谷三十六所，至凉州城（今甘肃武威），出阳关，西入流沙，凌危履险，经过善鄯、龟兹、于阗等地。再从于阗西南行两千里，开始登葱岭时，有九人退还。智猛等人继续前行一千七百里，到达波伦国（今克什米尔西北部的巴勒提特）。同伴竺道嵩在此地逝世。智猛与其余四人共逾雪山，渡辛头河，至罽宾国，了解当地的风土人情。智猛等到达奇沙国，见到佛文石唾壶、佛钵。[②]

由奇沙国西南行一千三百里，智猛一行至迦维罗卫国，见佛发、佛牙及肉髻骨、佛影迹等，又瞻仰了佛涅槃地、成道地等。后来智猛在华氏国阿育王旧都见到信奉大乘佛教的大婆罗门罗阅，于其家获得梵本《大泥洹》《僧祇律》等经典，立誓流通。

智猛于南朝宋景平二年（424）从天竺回国，在中途又有三位同伴死亡，只有智猛和昙纂生还凉土。智猛在凉州译出《般泥洹经》二十卷，已不存。南朝宋元嘉十四年（437）智猛入蜀，十六年（439）七月撰写《游行外国传》一卷，记录自己的西行经过。元嘉（424—453）末年卒于成都。[③]

### （四）于法兰

于法兰是高阳人，15 岁出家，少年时代就已经"道振三河，名流四远"。他"性好山泉，多处岩壑"，听说江东山水剡县称奇，于是南下渡江，在剡县的石城山下建寺居住，此寺即后来的元华寺。当时人"以其

---

① （梁）慧皎：《高僧传》卷三《宝云传》，《大正藏》第 50 册，第 339 页下。

② （梁）慧皎《高僧传》卷三《智猛传》后说："余历寻游方沙门，记列道路，时或不同，佛钵顶骨，处亦乖爽。将知游往天竺，非止一路。顶钵灵迁，时届异土，故传述见闻，难以例也。"

③ 上引见（梁）慧皎：《高僧传》卷三《智猛传》，《大正藏》第 50 册，第 343 页中。

风力，比庾元规（庾亮）"。孙绰《道贤论》把他比为阮籍（嗣宗）："兰公遗身，高尚妙迹，殆至人之流；阮步兵（阮籍）傲独不群，亦兰之俦也。"在剡县居住时间不长，于法兰感慨："大法虽兴，经道多阙，若一闻圆教，夕死可也。"便出发到古印度求法，行至交州生病，在象林（在今越南承天顺化附近）圆寂。

于法兰是一位名僧，与他同样知名的还有竺法兴、支法渊、于法道等人。[①] 同时，于法兰也是一位求法未成功者，其弟子于道邃也是这样。

于道邃是敦煌人，年16岁出家，事兰公为弟子。于道邃是一位博学多才的僧人，"学业高明，内外该览，善方药，美书札，洞谙殊俗，尤巧谈论"。竺法护常称赞他"高简雅素，有古人之风，若不无方，为大法梁栋矣"。据吉藏《中论疏·因缘品》记载："于道邃，明缘会故有，名为世谛；缘散故即无，称第一义谛。难云：经不坏假名而说实相，岂待推散方是真无。推散方无，盖是俗中之事无耳。""缘会"就是"缘起"，一切现象和事物都是因缘聚合而成，缘集则有，缘散则无，是没有任何问题的，是符合佛教传统缘起理论的。不同在于，吉藏用"假有性空"的思路来评判传统的缘起理论，认为这不是究竟之谈。

后来于道邃与于法兰过江，受到会稽谢庆绪的推重。在随于法兰从南路去西域过程中，于道邃在交趾遇疾而终，时年31岁。[②]

## 二　法显及其西行求法

法显，俗姓龚，平阳（今山西临汾西南）人。有关他的生卒年代，史籍中没有明确记载；有关他的年龄，各书记载也有不同。

关于法显的世寿，《高僧传》卷三《释法显传》记为"春秋八十有六"。同时代的《出三藏记集》卷十五《法显法师传》谓其"春秋八十有二"。《开元释教录》与《出三藏记集》属于同类著作，但在卷三采用《高僧传》的说法，可能有其所本。在没有其他更权威的资料之前，我们采用《高僧传》的说法。

关于法显逝世的最早时间，可以参考三方面的情况来判断。其一，根据《摩诃僧祇律》卷四十后所附的《摩诃僧祇律私记》载，佛陀跋陀罗

① （梁）慧皎：《高僧传》卷四《于法兰传》，《大正藏》第50册，第349页下。
② （梁）慧皎：《高僧传》卷四《于道邃传》，《大正藏》第50册，第350页中。

和法显共同翻译《摩诃僧祇律》，于东晋义熙"十四年（418）二月末都讫"。所以，法显逝世至少是在 418 年二月之后。其二，法显共参与翻译经典六部，除了《摩诃僧祇律》和《大般泥洹经》有明确翻译时间外，不能断定其他或存或佚的四部典籍都是在《摩诃僧祇律》之前翻译完成。其三，《高僧传》本传和《出三藏记集》本传记载相同，均谓其"后至荆州，卒于新（辛）寺"。以上两种情况表明，法显在翻译了《摩诃僧祇律》以后，还有一段时间的活动，418 年不能定为法显在世的最后时间。保守地推算，法显逝世最早在 419 年。

法显逝世的最迟时间，可以参考《弥沙塞律》翻译一事来推测。《出三藏记集》卷三《弥沙塞律记》记载："法显……众经多译，唯《弥沙塞》一部未及译出而亡。到（南朝）宋景平元年（423）七月，有罽宾律师佛大（驮）什来至京都……请外国沙门佛大什出之。"《高僧传》卷三《佛驮什传》的记载与此相同。这里提到的宋景平元年（423）七月，是佛驮什到建康的时间，不是法显逝世时间。再考虑到法显是在荆州逝世，不是在建康，所以，法显逝世时间至少可以上推到 422 年。这样，我们可以把法显逝世的时间大体确定在 419 年到 422 年的三年之内。

根据《法显传》记载，法显是于隆安三年（399）从长安出发踏上西行求法之路。那么，当时他的年龄应该在 63—66 岁之间。也就是说，法显是在已过花甲之年西去求法。他游历了将近 30 个国家[①]，前后经历 15 年后，于东晋义熙八年（412）在山东牢山登陆。当时他的年龄在 76—79 岁之间。

法显游历了中亚、南亚和东南亚的许多地方，范围之广，可谓前无古人。汤用彤总结说："盖法显旅行所至之地，不但汉之张骞、甘英所不到，即西晋之朱士行、东晋之支法领足迹均仅达于阗。在显前之慧常、进行、慧辩只闻其出，而未闻其返。康法朗未闻至天竺。至于于法兰，则中道终逝。故海路并遵，广游西土，留学天竺，携经而返者，恐以法显为第

---

① 《大正藏》第 51 册，《法显传》说："凡所游历，减三十国。"学者有不同解释。汤用彤《汉魏两晋南北朝佛教史》第 274 页谓"凡三十二国"。任继愈主编《中国佛教史》第二卷第 595 页称："共二十九国。"郭朋《汉魏两晋南北朝佛教》第 460 页说："应该约为三十五国。"章巽《法显传校注》第 178 页谓："共得二十八国。"还有一些不同说法，均是计算方法不同所致，所依据的材料没有区别。

一人。"① 实际上，在千余年的西行求法史中，以如此高龄兼走陆路与水路，除法显之外没有第二人。

法显西行求法取得成功，同时代的人也认为这是空前的壮举，并且高度赞扬他的精神："于是感叹斯人，以为古今罕有。自大教东流，未有忘身求法如显之比。然后知诚之所感，无穷否而不通；志之所奖，无功业而不成。"② 可以说，这里的"诚"，就是宗教信仰的虔诚；这里的"志"，就是报效祖国的壮志。

法显这种舍生忘死的精神，对后代的西行求法者具有巨大激励和鼓舞作用，唐代义净说："观夫自古神州之地，轻生殉法之宾，显法师则创辟荒途，奘法师乃中开王路。其间或西越紫塞而孤征，或南渡沧溟以单逝。……胜途多难，宝处弥长。苗秀盈十而盖多，结实罕一而全少。寔由茫茫象碛，长川吐赫日之光；浩浩鲸波，巨壑起滔天之浪。独步铁门之外，亘万岭而投身；孤漂铜柱之前，跨千江而遗命。"③

在这里，义净是把法显与玄奘并列。和玄奘相比，作为"创辟荒途"的开拓者，法显除了年迈之外，路途中条件也更艰苦，遇到的凶险也更多。在西去途中，法显除了曾得到张掖王段业、敦煌太守李暠的一般性布施资助外，此后的西进途中和返回路上，再没有获得更大的援助。对照《大慈恩寺三藏法师传》的记载，玄奘从长安到高昌这一段路程很艰苦，但此后得到高昌王、叶护可汗以及印度的鸠摩罗王、戒日王的大力支持，情况就明显不一样了。如果说，玄奘只经历了"茫茫象碛，长川吐赫日之光"的折磨，那么，法显更承受了"浩浩鲸波，巨壑起滔天之浪"的痛苦。玄奘本人也把法显作为榜样，他在立志去西域时说："昔法显、智严，亦一时之士，皆能求法，导利群生，吾当继之。"④

法显首先经历了陆路的艰难险阻，在"西渡流沙（从敦煌西至鄯善之间的沙漠地带）"时，"上无飞鸟，下无走兽，四顾茫茫，莫测所之。唯视日以准东西，望人骨以标行路"⑤。当他从海路返国时，所经历的艰辛绝对不亚于陆路。"海中多有抄贼，遇辄无全。大海弥漫无边，不识东

①　汤用彤：《汉魏两晋南北朝佛教史》，中华书局1983年版，第271页。
②　（东晋）法显：《法显传》后附《跋》，《大正藏》第51册，第857页上。
③　（唐）义净：《大唐西域求法高僧传》，《大正藏》第51册，第1页上。
④　（唐）冥祥：《大唐故三藏玄奘法师行状》，《大正藏》第50册，第214页上。
⑤　（梁）慧皎：《高僧传》卷三，《大正藏》第50册，第337页中。

西，唯望日、月、星宿而进。若阴雨时，为逐风去，亦无准。"有的时候，要"遇黑暴雨"的袭击；有的时候，由于"粮食、水浆将尽，取海咸水作食"。经受这样的肉体折磨已经很难承受，接踵而来的还有精神上的蹂躏。当一夜暴风雨过后，船上的诸位婆罗门竟然商议：船上"坐载此沙门（指法显），使我不利，遭此大苦。当下比丘置海岛边，不可为一人令我等危崄"①。经过他原来的施主舍命保护，法显才免遭被弃置海中荒岛上的厄运。法显是于东晋义熙七年（411）八月前后搭乘商船从狮子国返回，其年龄在 75—78 岁之间。

当时有人觉得法显所述的西行经历太简略，劝他记述得更详细一些。他重新叙述之后，"自云：顾寻所经，不觉心动汗流。所以乘危履崄，不惜此形者，盖是志有所存，专其愚直，故投命于不必全之地，以达万一之冀"②。法显这样有钢铁般毅力的人回忆西行所历也要"心动汗流"，可见历经了怎样的劫难。他清楚地知道，他的西行求法只有万分之一的成功希望。

与法显结伴从长安出发西行的，有慧景、道整、慧应、慧嵬，在张掖等地相遇结伴同行的有智严、慧简、僧绍、宝云、僧景、慧达，共计十一人。其中，智严、慧简、慧嵬、慧达、宝云、僧景六人先后中途折返。僧绍随胡僧到罽宾，慧景死于小雪山（今贾拉拉巴德城南边的塞费德科山），慧应死于弗楼沙国（今巴基斯坦白沙瓦）的佛钵寺，道整留住中天竺。只有法显一人以过花甲、逾古稀之年完成了这一壮举。

法显能够毅然西行并成功返国，不仅是因为他有着虔诚的宗教信仰，而且因为他有着炽热的爱国情怀。当他在狮子国（今斯里兰卡）无畏山伽蓝见到汉地的一把白绢扇时，几句对见到故乡物品的叙述，把他的爱国深情淋漓尽致地表达了出来，可谓感人肺腑、动人心魄。"法显去汉地积年，所与交接悉异域人。山川草木，举目无旧。又同行分披，或留或亡，顾影唯己，心常怀悲。忽于此玉像边见商人以晋地一白绢扇供养，不觉凄然，泪下满目。"③ 法显怀念祖国人民，怀念祖国的山川草木。今天读到这段记述，丝毫不觉一千六百年时间的遥远。虔诚

---

① 上引均见（梁）慧皎《高僧传》卷三，《大正藏》第 50 册，第 337 页中。
② （东晋）法显：《法显传》后附《跋》，《大正藏》第 51 册，第 857 页上。
③ （东晋）法显：《法显传》，《大正藏》第 51 册，第 857 页上。

信仰不能取代爱国情怀，而这两者的结合，才是法显求法成功的精神动力。从古到今，在不同时代，人们的信仰有不同，认识有差别，但像法显具有的这种坚忍不拔、百折不挠的为国献身精神，始终是民族的魂魄。

法显西行求法有着明确的目的。他自述："法显昔在长安，慨律藏残缺……至天竺寻求戒律。"① 法显的愿望，实际上反映了当时佛教界的普遍要求。需要更完备的戒律典籍，既与当时佛教特殊发展形势有关，也与当时佛教典籍翻译的状况有关，同时，也反映了有志于佛教健康发展的虔诚信徒的追求。

第一，在东晋时期的北方，少数民族大规模进入内地，纷纷建立地方政权。在战争频仍、社会动荡加剧的情况下，大量下层群众或者为了躲避战乱，或者为了逃避繁重的徭役，纷纷进入寺院，以便寻找生活的出路。在这个特定历史时期，佛教经历了超常规的迅速发展。当时在异族统治下的北方各州郡，寺院不断建立起来，成为一个个社会生产和生活的基本单位。当时寺院的出家人都过着自耕自食的生活，而且寺院的规模也比较大，聚集上百名乃至几百名僧人的寺院并不罕见。法显出国时所在的寺院就是一个很好的例证。

法显为沙弥时，与同学数十人在田地里割稻子。一天，遇到"饥贼"来抢夺稻谷，其他的小沙弥都惊恐逃走，只有法显留下来，和抢夺稻谷的贼人交谈，且说服他们，保护了寺院的粮食。对法显的表现，"众僧数百人，莫不叹服"②。从这个事例来看，佛教僧团的急剧膨胀，主要是由于大量寻找生活出路的人快速涌入引起。随着寺院规模的扩大、僧众的增加，客观上需要建立比较完善的寺院制度，制订规范僧人修行生活的纪律，订立协调僧众关系的准则等。

当时中国佛教思想的发展，主要依赖外来佛教因素的诱导和影响，与唐代及其以后的佛教自主发展的形势不同。因此，规范僧人的修行生活，使佛教健康发展，首先必须有来自"佛国"的现成戒律典籍，因为只有这样的典籍才具有权威性和号召力。在这种情况下，寻找完备的戒律，就成为希望佛教健康发展的虔诚教徒的心愿。法显正是其中的杰出代表。

---

① （东晋）法显：《法显传》，《大正藏》第 51 册，第 857 页上。
② （梁）慧皎：《高僧传》卷三《法显传》，《大正藏》第 50 册，第 337 页中。

　　第二，从当时佛教经典的输入情况来看，律藏部分恰恰又是很不完备的。在法显时代，大量的汉译大小乘经典已经流传，但戒律典籍明显不多。当时翻译出的比丘尼戒律有：《比丘尼戒》一卷，由西晋竺法护译出；《比丘尼大戒》一卷，前秦昙摩持、竺佛念译出，它们都是说一切有部戒律《十诵律》的节译摘译。关于比丘的戒律有：三国魏昙柯迦罗翻译的《僧祇戒本》一卷，这是大众部戒律《摩诃僧祇律》的一部分；前秦昙摩持、竺佛念翻译的《十诵比丘戒本》一卷，这是《十诵律》的部分内容。很重要的一点是，当时佛教界已经能够认识到这些戒律书并不完备。也就是说，他们可以确定在天竺存在着更完备的律藏，这是促成法显西行的一个重要因素。法显未出发之前，就认识到汉地的戒律典籍是"残缺"的。而到了天竺之后，他又不辞劳苦，四处奔波，务必寻找"备悉"的和汉地没有的戒律典籍。

　　法显立志寻求律藏，并把这个目的贯彻到十五年的旅行始终。然而，他并没有在一开始就充分认识到获得特定戒律典籍的特殊困难。据《法显传》载："法显本求戒律，而北天竺诸国皆师师口传，无本可写，是以远步，乃至中天竺。"按照这个记载，北天竺不是没有戒律典籍，而是没有写成文字的律书。他当时还不善梵书、梵语，没有办法把口耳相传的律藏写下来。所以，他不顾路途遥远，辗转行进到中天竺，希望在那里找到文字典籍。

　　然而，中天竺的情况和北天竺差不多，重要的典籍也是师徒口耳相传。要得到这些典籍，必须自己写下来。而要写下这些典籍，则必须通晓梵语并能够书写其文字。法显首先根据自己掌握的汉地已经翻译出的律藏情况，搜求最需要的和最完备的典籍，然后再学习梵语和梵书，把它们书写下来。在巴连弗邑（今印度比哈尔邦的巴特那），他找到了理想的戒律本子："于此摩诃衍僧伽蓝得一部律，是《摩诃僧祇律》，佛在世时最初大众所行也，于祇洹精舍得其本。自余十八部各有师资，大归不异，于小小不同，或用开塞。但此最是广说备悉者。"因为汉地的律藏"残缺"，所以，他要找这种"最是广说备悉者"。"复得一部抄律，可七千偈，是萨婆多众律，即此秦地众僧所行者也。亦皆师师口相传授，不书之于文字。"

　　他在这里得到经律之后，就住下来，学习梵语和文字书写，并且抄写律书："故法显住此三年，学梵书、梵语，写律。"① 法显在这里学习梵书、梵语和写律的时间，大约是东晋义熙元年到三年（405—407），也就是西行后的第七至九年。405 年他开始学习并写律时，年龄应该在 69—71岁之间；407 年写律完毕离开时，年龄在 71—73 岁之间。

以这样的高龄学习新语言，并且以梵字写律，感动了当时寺院中的僧人。据说："摩竭提国巴连弗邑阿育王塔天王精舍优婆塞伽罗先，见晋土道人释法显远游此土，为求法故。深感其人，即为写此《大般泥洹经》，如来秘藏。愿令此经流布晋土，一切众生悉成平等如来法身。"② 这位优婆塞所在的地方，正是法显学习和写律的地方。据载，"法显于摩竭提国巴连弗邑阿育王塔南天王精舍写得梵本（指《摩诃僧祇律》）还扬州"③。因此，伽罗先是法显以古稀之年学习梵书、梵语和写律的见证者。他被法显的精神所感动，替法显写下《大般泥洹经》六卷。法显带回此经并译出，在佛学界产生了深刻影响。

法显求律的赤诚，和他的同伴道整形成了鲜明对照："道整既到中国，见沙门法则，众僧威仪，触事可观，乃追叹秦土边地，众僧戒律残缺。誓言：'自今已去至得佛，愿不生边地。'故遂停不归。"道整所看到的当地佛教僧众持戒严谨，无疑是事实。当时汉地缺少必要的戒律典籍，许多僧人没有依戒修行，也是实际情况。对于两地的差别，法显自然也十分清楚，然而，两人的态度和行动却截然不同。道整看到这种差别之后，想到的是永远不再转生到"秦土边地"，几乎到了以身为汉僧是耻辱的地步。在这里，道整只有虔诚的信仰，没有爱国的情怀。法显则完全不一样，其求法初衷不改，其归国决心不动摇："法显本心欲令戒律流通汉地，于是独还。"从这里可以得出一个结论：只有虔诚的宗教信仰，没有炽热的爱国情怀，不足以创造奇迹、完成求法壮举。

此后，法显还在多摩梨帝国（在今印度加尔各答西南）住了两年，"写经及画像"。时间在义熙四年到五年（408—409）。法显又在狮子国住了两年，"更求得《弥沙塞律》（即《五分律》）藏本，得《长阿含》、

① 上引均见（东晋）法显：《法显传》，《大正藏》第 51 册，第 857 页上。

② （梁）僧祐：《出三藏记集》卷八《六卷泥洹出经后记》，《大正藏》第 55 册，第 60 页中。

③ 《摩诃僧祇律私记》，见《摩诃僧祇律》第四十卷后所附，《大正藏》第 22 册，第 548 页中。

《杂阿含》，复得一部《杂藏》。此悉汉土所无者"①。从踏上西行之路到准备回国的最后一刻，法显都把"汉土"挂在心上。

法显回国之后，原打算去长安，看望久别的故人，但是，为了尽早开始翻译带回来的经典，他打消了这个念头。据《法显传》记载："法显远离诸师久，欲趣长安。但所营事重，遂便南下向都，就禅师出经律。"义熙九年（413）秋天，法显到达建康，住在道场寺，与早于他到达的佛陀跋陀罗共同译经，并得到宝云的支持。据载，此次译经共翻译约百余万言。在 413 年开始准备翻译经典时，法显年龄应该在 77—80 岁之间。

法显共参与翻译了六部典籍，其中，《摩诃僧祇律》四十卷，《大般泥洹经》六卷，《杂藏经》一卷；到南朝梁梁代已经遗失的有三部：《杂阿毗昙心》十三卷，《僧祇比丘戒本》一卷，《方等泥洹经》二卷。此外，法显带回的梵本《长阿含经》《杂阿含经》《弥沙塞律》《萨婆多律》等，都没有来得及翻译。在所译典籍中，《摩诃僧祇律》于东晋义熙十二年（416）十一月始译，十四年（418）二月译出，这是部派佛教时期大众部所传的完备戒律书，对研究印度佛教有宝贵的资料价值。此书与说一切有部的《十诵律》、法藏部的《四分律》、化地部的《五分律》，并列为现存完整的佛教四大部律藏。在这四部律中，法显一人分别从中天竺和狮子国各带回了一部，自己主持翻译了一部（《摩诃僧祇律》），另一部（《五分律》）后来由佛大什、智胜、慧严、竺道生等人合作译出。综观中国现存部派佛教时期的律藏情况，法显求律的贡献就显而易见了。

《大般泥洹经》六卷，义熙十三年（417）始译，十四年（418）一月译出，《出三藏记集》记载，当时参与翻译的有二百五十人，规模之宏大，反映了当时佛教界对这部经的重视程度。这部经的译出，把"一切众生，皆有佛性"的思想介绍到了中国佛学界和思想界，开始形成影响久远的、与般若"性空"不同的佛学另一支。法显成为中国历史上介绍"佛性"论的先驱者之一，也是坚信"一切众生"能够"悉成平等如来法身"思想的先驱者之一。值得提及的一点是，该经卷六说到，那种不相信佛教、断绝一切善报的人（称为"一阐提"），由于罪孽深重，要永远流转生死，不得菩提，没有佛性，不能成佛。所以，它的"众生皆有佛性"的思想还不够彻底。

---

① 上引均见（东晋）法显《法显传》，《大正藏》第 51 册，第 857 页上。

　　然而，此经宣扬的主要思想，在当时的佛教界引起广泛重视。慧叡在《喻疑》中说："此经云：泥洹不灭，佛有真我。一切众生，皆有佛性。皆有佛性，学得成佛。佛有真我，故圣镜特宗而为众圣中王。泥洹永存，为应照之本。大化不泯，真本存焉。"① 这段话，已经不是对《大般泥洹经》思想的简单转述，而是对其"众生皆有佛性"思想的发挥和引申。由众生都能够经过学习而成佛，进一步论证"佛"高于"众圣"，也就是佛教高于其他教。十六国北凉玄始十年（421），昙无谶译出的《大般涅槃经》四十卷，内容更丰富，再创造的思维空间也更大，"佛性"思想随后也就得到更系统的发挥和更广泛的传播。

---

① （梁）僧祐：《出三藏记集》卷五，《大正藏》第 55 册，第 41 页中。

# 第六章　北朝佛教

南北朝是中国历史上一个激烈动荡时期。王朝鼎革、经济发展、军事纷争、民族融合以及对外交流的频繁，推动了文化格局的巨变。儒家经学虽然已经在文化领域失去了主宰地位，儒学的影响力却依然在各个方面发挥作用。玄学的思辨精神与形上追求激发了中国人的哲学情趣，但玄学的黄金时代已经渐行渐远。道教在文化舞台上显示出强劲实力，并开始在政治领域寻求强大后盾。民间信仰与各种宗教性习俗依然在底层民众中蓬勃流行，成为一般民众重要的精神生活内容。正是在这样的时代背景下，佛教保持着此前迅猛发展的势头，步入了一个内容更为丰富的新阶段。

在一批又一批求法僧和弘法僧的不懈努力下，域外佛教继续向中国境内传播，新经典不断翻译出来，新学说不断涌入，极大地丰富了中国佛教的思想内涵。另一方面，中国人继续保持着对佛教文化的高涨热情，引进经典、阐释义理、接受信仰以及从事修行等都在更大范围和更深层次展开。正是经过南北朝时期的多重激荡与文化积淀，佛教才真正开始在中国落地生根，从此之后，任何外在力量都难以将佛教从中国文化体系中清除。

在这一时期，由于南北统治者的不同爱好以及社会风尚的不同，加之南北地域的阻隔和佛教人才的大量南流，形成了南方重义学、北方尚实践的不同的佛教发展态势，北朝佛教在处理夷夏关系、政教关系、僧俗关系等方面有了新的特点，呈现出强烈的文化个性，在与南朝佛教的彼此呼应中实现了自身的历史变革。

# 第一节　北朝时期佛教的输入

## 一　北朝社会的基本状况

386 年，鲜卑贵族拓跋珪重建代国，不久，改国号为魏，史称北魏。398 年，拓跋珪称帝（道武帝），定都于平城（今山西大同）。439 年，北魏最终统一了北方。493 年，孝文帝从平城迁都洛阳。北魏发展到后期，政权发生了分裂。先是在 534 年，权臣高欢立元善见为帝（孝静帝），迁都邺城，改元天平，控制了原北魏的东部地区，史称东魏。次年，宇文泰立元宝炬为帝（文帝），改元大统，定都长安，控制了原北魏的西部地区，史称西魏。550 年，高欢之子高洋废东魏，建北齐。557 年，宇文泰之子宇文觉废西魏，建北周。577 年，北周灭北齐，统一了北方。581 年，杨坚取代北周，北朝就此结束。

北朝时期，中国北方在政治、经济、文化领域经历了巨大的变革，其中值得关注的变化表现在以下几个方面。

第一，鲜卑贵族入主中原并统一了北部中国。383 年的淝水之战以后，一度统一北方的前秦统治土崩瓦解，各少数民族的地方豪强纷纷割据称雄，北方再次陷入分裂状态。鲜卑贵族建立北魏政权之后，开始了连年的征战，先后灭掉了中国北方的各个割据政权，最终统一了北部中国。

第二，北方民族大融合的步伐加快。鲜卑贵族拓跋氏在建国和统一北方的过程中逐渐完成了封建化，为了适应新的变化，并更加有效地控制广大被征服地区，北魏统治者注重笼络汉族世家大族。北魏孝文帝实行了一系列改革，改拓跋为元姓，全方位改变鲜卑的风俗、语言、服饰等生活习惯与相关制度，鼓励鲜卑和汉族通婚，加速了鲜卑族的汉化，进一步推动了民族融合的历史进程。另外，随着中西交通的日益发达，许多西域商人前来内地经贸和定居，胡汉杂处的情形十分普遍，这对各民族的融合也产生深远的影响。不论是汉族的胡化还是少数民族的汉化，不仅说明了民族融合的加快，也表明了当时的社会风气十分开放，从而为人们接受各种不同的文化提供了较好的社会环境。

第三，北朝在土地制度方面实行均田制。国家把一定数额的荒地和无主地授予农民，连同他们原有的土地，一并载入户籍。又实行"三长制"，即五家为一邻，设邻长；五邻为一里，设里长；五里为一党，设党长，以"三长"来负责监护农民附着在固定的土地上从事农耕，缴纳租调。均田制的实施，在一定程度上抑制了豪强大族对土地的兼并，调动了劳动者的积极性，有利于社会经济的恢复和发展。

第四，北魏末年，政治腐败，赋税沉重，导致阶级矛盾和民族矛盾激化，农民起义此起彼伏，其中有多起沙门起义，与佛教有直接的关系。与此同时，统治阶级的内乱不断，社会动荡更加严重，很多农民趋于破产，而阶级矛盾与民族矛盾背后所隐藏的经济危机与文化危机也日益明显。

第五，在思想文化方面，与魏晋时期一样，儒学独尊的局面被打破，然而仍然受到统治者的高度重视，并在与佛道的斗争中彰显出自己的雄厚实力和稳固地位。同时，佛教与道教迅速传播，三教之间的斗争和交融频繁。另外，文学、艺术、史学和科技等也有较大发展。

第六，中西陆路交通发达，中国内地与域外的交往频繁。北朝时期，西域与中国之间的使者往来不断。据《魏书·世祖纪》记载，北魏太武帝太延元年（435），"遣使者二十辈使西域"；次年，"遣使六辈使西域"；太平真君五年（444），"遣使者四辈使西域"。[①] 又据《魏书·西域传》载："太延中，魏德益以远闻，西域龟兹、疏勒、乌孙、悦般、渴槃陀、鄯善、焉耆、车师、粟特诸国王始遣使来献。""又遣散骑侍郎董琬、高明等多赍锦帛，出鄯善，招抚九国，厚赐之……琬过九国，北行至乌孙国，其王得朝廷所赐，拜受甚悦。……已而琬、明东还，乌孙、破洛那之属遣使与琬俱来贡献者十有六国。自后相继而来，不间于岁，国使亦数十辈矣。"[②] 由此可看出当时来北魏朝贡的国家非常多，而北魏也多次遣使西域，中西之间的交通往来可说相当频繁。

当时的洛阳居住着许多外国人。据《洛阳伽蓝记》卷四《永明寺》条记载："时佛法经像盛于洛阳，异国沙门咸来辐辏，负锡持经，适兹乐土……百国沙门三千余人，西域远者，乃至大秦国。"[③] 又例如同书卷三《龙华寺》条云："自葱岭已西，至于大秦，百国千城，莫不欢附。商胡贩客，日奔塞下。所谓尽天地之区已。乐中国土风，因而宅者，不可胜数。是以附化之民，万有余家。门巷修整，阊阖填列。青槐荫陌，绿树垂

---

① （北齐）魏收：《魏书》卷四，中华书局 1974 年版，第 85 页、87 页、92 页。

② （北齐）魏收：《魏书》卷一百二，中华书局 1974 年版，第 2259 页。

③ （北魏）杨衒之：《洛阳伽蓝记》卷四，《大正藏》第 51 册，第 1017 页中。

庭。天下难得之货，咸悉在焉……永桥南道东有白象、狮子二坊。白象者，永平二年乾罗国胡王所献……狮子者，波斯国胡王所献也。"① 从这些记载可知，当时既有西域僧人来华传教，也有许多外侨或胡商前来中国定居，而外来物产如白象、狮子等，也因此输入中国。波斯人信奉的祆教，也在这个时候传入中国并建立了寺庙。

北朝后期，由于中国内部纷扰，中西交通较为衰落。《北史》卷九十七《西域传》载："东西魏时，中国方扰，及于齐、周，不闻有事西域，故二代书并不立记录。"② 其实，这个时候中西交通也并未完全断绝，北齐、北周与西域还保持着一定的往来。例如，《周书》卷五十《异域下》记载吐谷浑与中国的往来，除了通使朝贡外，也有战争："大统中，夸吕再遣使献马及羊牛等。然犹寇抄不止，缘边多被其害。魏废帝二年，太祖勒大兵至姑臧，夸吕震惧，遣使贡方物……保定中，夸吕前后三辈遣使献方物。天和初，其龙涸王莫昌率众降，以其地为扶州。二年五月，复遣使来献。"③ 同卷又载高昌国亦于北周武成、保定年间（559—565）前来朝贡。其文云："武成元年，其王遣使献方物。保定初，又遣使来贡。"再如鄯善、龟兹、焉耆、安息、于阗、波斯等国，亦分别于西魏文帝大统八年（542）、废帝二年（553），北周保定元年（561）、保定四年（564）、天和二年（567）、建德三年（574）前来中国朝贡。

总之，不论是通过战争、遣使朝贡、还是商业贸易、求法传教，北朝各代都维持了相当通畅的对外交通。中国北方同外国的经济、政治和文化交流不但充实了本国文化的内涵，推动了文化的发展，而且丰富了时人的生活，开阔了他们的视野。

## 二 北朝时期的西域佛教

佛教从印度向中国的输入，在隋唐之前，主要是通过西域中转的，体现了当时中印文明交往的空间递进性特征。作为印度与中国的中间地带，西域在很早之前就已经有佛教的存在了。到了北朝时期，西域佛教进一步发展，不但传入和流行的经典日益增多，而且出现了许多有名的高僧，为

① （北魏）杨衒之：《洛阳伽蓝记》卷三，《大正藏》第 51 册，第 1012 页上。
② （唐）李延寿：《北史》卷九十七，中华书局 1974 年版，第 3207 页。
③ （唐）令狐德棻：《周书》卷五十，中华书局 1971 年版，第 913 页。

佛教向中国的传播提供了丰厚的思想资源和经典支撑。

　　于阗是这一时期西域佛教的重镇之一。早在魏晋时期，于阗佛教已是大小乘并行，到 5 世纪初，大乘佛教势力占据主体地位。东晋隆安五年（401），法显西行求法途经于阗，为了观看行像而在那里停留了三个月。法显对当地佛教信仰状况有详细的描述："其国丰乐，人民殷盛，尽皆奉法，以法乐相娱。众僧乃数万人，多大乘学，皆有众食。彼国人民星居，家家门前皆起小塔，最小者可高二丈许。作四方僧房供给客僧，及余所须。国主安顿供给法显等于僧伽蓝。僧伽蓝名瞿摩帝，是大乘寺，三千僧共揵搥食。入食堂时威仪齐肃次第而坐，一切寂然器钵无声，净人益食不得相唤，但以手指麾。"① 同处还记载该国有四大僧伽蓝和不少小寺院，国王很敬重大乘僧众，并定期举行大规模的行像活动，佛教氛围极为热烈。

　　据此可知，当时于阗自上而下，人们普遍信仰佛教，佛教成为于阗的国教，仅出家僧尼就有数万人，且多学大乘。法显所挂锡的瞿摩帝寺为大乘寺，有僧人三千，皆学大乘，寺受到国王敬重，地位极高，且该寺戒律严格，威仪整肃。可见，此时的于阗大乘佛教达到了鼎盛。

　　于阗不但是中印文化交流的要道，而且是大乘佛教经典孕育的中心。于阗的大乘佛典多是由中亚和印度传入，也有一些是于阗文的胡本经典，出自于阗无名氏之手，这些经典也被从于阗文译成了汉文或藏文。南北朝时期的入华译经僧，如佛陀跋陀罗、昙无谶、沮渠京声、达摩摩提、月婆那首等，虽然不是于阗人，但他们所译的经典原本大多来自于阗。而且很多中原求法僧人西行求法，多到于阗，总有所得。如东晋孝武帝太元十七年（392），支法领西行求法，在于阗得《华严经》梵本三万六千偈及《四分律》梵本。北凉玄始元年（412），河西王沮渠蒙逊迎昙无谶入姑臧，待之甚厚，昙无谶在此学习汉语三年，遂着手翻译《涅槃经》前分。后昙无谶在于阗寻得《涅槃经》余品，回到姑臧后陆续译出。另据《历代三宝纪》载，南朝宋元徽三年（475），法献为了巡礼圣迹，由金陵西游巴蜀，至于阗，原计划越葱岭，但因栈道断绝而返回于阗。他在于阗获得佛牙一枚、舍利十五颗、《观世音忏悔除罪咒经》胡本及龟兹国金锤鍱像，且在高昌郡获《妙法莲华经·提婆达多品》还京城。据此可知，当

---

① （东晋）法显：《法显传》卷一，《大正藏》第 51 册，第 857 页中一下。

时于阗国的佛迹崇拜和舍利崇拜仍然盛行，而且《观世音忏悔除罪咒经》胡本说明有了密教的流行。

虽然自公元 5 世纪以来，大乘佛教在于阗开始流行，然而小乘佛教并没有销声匿迹，它在与大乘并存的同时依然找到了自己的生存空间。420—430 年在位的于阗王 Vijayadharma 是一位信奉小乘佛教的国王，此时，沮渠京声到于阗学梵文，拜瞿摩帝寺住持佛陀斯那（即佛陀先）为师。佛陀斯那是大乘佛学教主，"西方诸国号为人中狮子"[①]。沮渠京声跟随佛陀斯那学习了《禅要秘密治病经》，"口诵梵本通利东归，于凉土翻传以教示，因而流行"[②]。沮渠京声在河西，恰逢昙无谶入河西，因此致礼亲迎，多所谘禀。后南朝宋元嘉十六年（439），魏灭凉州，沮渠京声南下入宋，翻译经文，其所译经书大多是从于阗取来的，其中不少是大乘经律的方等部、涅槃部，而属于小乘经律的部数也异常多，如《佛说进学经》一卷、《八关斋经》一卷及《佛说五恐怖世经》《佛说弟子死复生经》《佛说懈怠耕者经》《佛说耶祇经》《佛说末罗王经》《佛说摩达国王经》《佛说旃陀越国王经》等，说明于阗的小乘经典仍然非常流行。

于阗的小乘佛教深受迦湿弥罗的影响。据《洛阳伽蓝记》卷五《宋云行记》载，北魏使者宋云西行途经于阗时曾听到这样的传说：于阗国王原本并不信奉佛教，后来，有一位商人带领一位比丘毗庐旃前来，国王因受到该比丘的感召而信仰佛教，并且建塔供养他。《大唐西域记》卷十二中也有类似的记载，并提到那位比丘名为毗庐遮那阿罗汉，他来自迦湿弥罗。由此可以推想，于阗的佛教很可能是从迦湿弥罗直接传入的，自然会受到迦湿弥罗小乘佛教的影响。

除了于阗外，北朝时期的龟兹、疏勒、高昌、鄯善等地的佛教也很发达。龟兹最初以小乘佛教为主，鸠摩罗什时期大小乘共存。随着鸠摩罗什的离去，大乘佛教逐渐衰落，而以一切有部为中心的小乘佛教再次取得优势。同时大乘也有一定的势力，并兼有禅、密的流行。北朝时期，有许多禅师在龟兹弘禅。例如，罽宾三藏昙摩蜜多精研禅法，曾在龟兹传教禅法，得到龟兹王的礼遇。高昌（今新疆吐鲁番）僧人法惠早年在龟兹研习禅法，成为著名的禅师；后得知龟兹高僧直月禅法更为高明，遂二赴龟

---

①　（隋）费长房：《历代三宝纪》卷九，《大正藏》第 49 册，第 84 页下。
②　同上。

兹，来到金华寺，拜直月为师，直月授法惠悟道之法为秘禅。北魏武帝时，高昌沙门法朗为逃避法难来到龟兹，由大禅师推荐，受到龟兹王的优遇崇敬。

疏勒，佛教典籍又称竭叉，为丝绸之路南北两道交汇之地，佛教传入较早，多为小乘学。公元 400 年，法显西行求法经过竭叉时，目睹了其国王作五年大会，布施供养，甚为丰厚。而且记载"其国中有佛唾壶，以石作之，色似佛钵。又有佛一齿，其国中人为佛齿起塔。有千余僧徒，尽小乘学"①。由此可见，疏勒供养"佛唾壶""佛钵""佛齿塔"等佛教遗物，明显保留着小乘佛教的特色。然而，俄国驻喀什噶尔总领事彼得罗夫斯基曾掘得疏勒古梵文本《法华经》残卷，又可佐证当年曾有大乘经典传入疏勒。

高昌也是西域佛教的中心之一。公元 4 世纪下半叶，佛教正式成为高昌的国教，以大乘教法为主。高昌国王弥第与国师鸠摩罗拔提向前秦苻坚朝贡，曾献梵本《大般若经》一部。东晋安帝时，高昌沙门法众曾在张掖为河西王沮渠氏译《大方等檀特陀罗尼经》四卷。北凉的沮渠京声"于高昌得观世音、弥勒二观经各一卷"②，有人认为它出自高昌土语，说明大乘佛教继续在高昌流行。高昌僧人法盛曾与同道二十九人赴印度礼拜忧长国东北之牛头栴檀弥勒像，又至佛陀本生故事"投身饲虎"处，游历波罗奈等国后，还归高昌，译有《菩萨投身饴饿虎起塔因缘经》一卷，并撰《历国传》二卷。高昌僧人法朗、僧遵为避北魏道武帝拓跋珪灭佛之祸逃到龟兹，他们精通《十诵律》《法华》《胜鬘》《金刚》《般若》等大乘经典，还时常督促门徒忏悔。高昌沙门道普"常游外国，善能胡书，解六国语"③。南朝宋元嘉（424—453）中，偕书吏十人西行，寻求《大涅槃经》的后分，到长广郡船破伤足，不久病亡。临终时还感叹涅槃后分与宋地无缘。还有高昌僧人法绪和智林也是大乘信徒，法绪在西蜀以禅定闻名，智林于南朝宋明帝时到长安说法，精于《杂心》。公元 445 年，沙门昙学、威德在高昌编《贤愚经》十三卷（又作翻译）。公元 465 年，柔然征服高昌，因柔然也信奉佛教，因此高昌的佛教更加兴盛。

---

①　（东晋）法显：《法显传》卷一，《大正藏》第 51 册，第 857 页下。

②　（梁）慧皎：《高僧传》卷二，《大正藏》第 50 册，第 337 页上。

③　（梁）僧祐：《出三藏记集》卷十四，《大正藏》第 55 册，第 103 页中。

南朝齐武帝永明年间（483—493），达摩摩提与法献于瓦官寺共同译出《妙法莲华经·提婆达多品》，该经为法献从高昌获得（也有说得自于阗）。前述齐时高昌僧人法惠曾赴龟兹出家，修学禅法，回高昌后住仙窟寺，成为一代名僧，说明高昌的禅法得以弘扬。公元 6 世纪时，高昌王派遣沙门慧嵩等随使入北魏，从智游研究毗昙与成实之学，通其奥义，时人誉为"毗昙孔子"，声名远播四海。高昌王两次征召慧嵩回国，他都不愿意，并说"吾之博达义，非边鄙之所资也"[1]，因而惹怒了高昌王，致其家族遇害。慧嵩专解小乘，说明小乘佛教此时在高昌仍有一定势力。1902—1903 年，德国格伦维德尔在新疆吐鲁番考古发掘，曾获得梵文本《杂阿含经》11 部，也说明高昌此时流行有小乘教。另外，高昌故城可汗堡的东南角出土了一块北凉的佛教造寺功德碑，证明那时此处为北凉流亡政权的王家寺院。吐峪沟百窟曾发现第七代王麴乾固抄写的《佛说仁王般若波罗蜜经》残卷。这些都说明，北朝时期，佛教在高昌已有很大的发展。

鄯善（古楼兰）的佛教也很盛行。"其国王奉法，可有四千余僧悉小乘学，诸国俗人及沙门尽行天竺法，但有精粗。从此西行所经诸国类皆如是，唯国国胡语不同，然出家人皆习天竺书天竺语。"[2] 然而，由于塔里木河改道和连年战乱，人民逃亡殆尽，田园荒芜，到公元 6 世纪时，鄯善的佛教已经销声匿迹了。

另外，左末城、捍摩城、遮拘迦国等地的佛教也很发达。左末城（今新疆且末县），"城中国佛与菩萨，乃无胡貌"[3]。可见，这里的佛教具有明显的内地风貌。捍摩城（今新疆策勒县北境乌宗塔提）的佛教也有惊人之处："南十五里有一大寺，三百余众僧。有金像一躯，举高丈六，仪容超绝，相好炳然，面恒东立不肯西顾。……后人于像边造丈六像者及诸宫塔乃至数千，悬彩幡盖亦有万计，魏国之幡过半矣，幡上隶书云：太和十九年、景明二年、延昌二年。唯有一幅，观其年号，是姚秦时幡。"[4] 可见这里与中国内地的联系更加紧密。遮拘

---

① （唐）道宣：《续高僧传》卷七，《大正藏》第 50 册，第 483 页上。

② （东晋）法显：《法显传》，《大正藏》第 51 册，第 857 页上。

③ （北魏）杨衒之：《洛阳伽蓝记》卷五，《大正藏》第 51 册，第 1018 页下。

④ 同上书，第 1018 页下—1019 页上。

迦国（今叶城），《佛国记》称子合国，洛阳《伽蓝记》作朱驹波国，也是个大乘佛教盛行的国家。法显称子合国有佛教僧徒千余人，多信奉大乘。

总之，北朝时期的西域佛教有了很大发展，并呈现出明显的特点：首先是西域与印度之间保持着紧密的联系，印度佛教源源不断地输入西域，促成西域佛教在人才储备、经典储备和思想创新能力等方面始终保持旺盛的状态，从而使西域成为印度佛教向外传播历程中最持久也最坚实的基地，堪称印度佛教外传的第一中转地。西域各国的佛教既各具特色，又相互联系，形成一个丰富多彩的佛教文化区域，既有别于印度，也有别于中国内地；既是印度佛教的再次转型，也是向中国内地输入的先导。另外，西域佛教类型多样，并对佛教向中国内地的传播产生直接影响。例如这个时期的西域佛教，呈现出大小乘并存的状态。西域佛教初传时期，多盛行小乘，到鸠摩罗什时代，风行大乘，但小乘依旧很有势力，由此形成大小乘并存的局面。但各个地区的情况不一样，有的地方以大乘为主，有的地方小乘势力雄厚。再例如，密教经典的流传说明西域佛教已有密教化的倾向并日益深入民间。与此同时，西域的佛教圣物崇拜特点也很突出，佛遗物及佛其他舍利等成为人们起塔供养的对象，而且前往印度朝拜佛迹也成为部分信徒的执着追求。从政教关系方面来看，西域佛教在此时的发展离不开统治者的大力支持。统治者对僧人的供养、对佛事活动的布施等为佛教的发展提供了良好的政治环境和物质条件，而统治者与内地的来往也带动起佛教与内地的交往。

### 三　北朝时期内地与域外的佛教交往

北朝时期，内地与域外保持着基本畅通的交通，政治领域和经济领域的对外交往都很频繁，伴随而来的是中国内地与域外各地文化交往的开展。特别是佛教文化，堪称当时连接印度、西域与中国内地之间最为强劲的纽带，不但是文化交流的主体，而且带动了各种交往，在中外关系方面发挥了重大作用。

早在北魏统一中国北方的时候，北凉地区的佛教就曾伴随战争传入内地，并深刻影响了内地的佛教。据《魏书·释老志》载："凉州自张轨后，世信佛教。敦煌地接西域，道俗交得。其旧式村坞相属，多有塔寺。

太延中，凉州平，徙其国人于京邑。沙门佛事，皆俱东，象教弥增矣。"①
北魏太延五年（439），北魏灭北凉，徙沮渠牧犍宗族及吏民三万户（或
作十万户，见《通鉴考异》）于平城，北凉沙门也一道东徙。北魏太武帝
曾遣使求昙无谶，可见他将沙门徙至平城，并不全是因为僧人曾充军役。
北魏时期，与佛法兴盛有重大关系的高僧——玄高、昙曜和师贤，均来自
凉州，由此可见凉州佛教与北朝佛教的关系。

北朝时期，内地与域外的佛教交往除了战争过程中的佛教人员与经像
的迁徙以外，更多的是通过和平友好的途径。在这期间，既有域外僧人东
来译经和传教，又有内地信众西行求法和朝圣。来往所经之道，与丝绸之
路大致相同，在新疆分为南、北二路。一路由凉州至敦煌，越沙漠至鄯
善，沿南山脉至于阗，再西北进莎车，此为南道。由南道经巴达克山南
下，越大雪山而达罽宾（迦湿弥罗）。一路由敦煌之北，西北进至伊吾，
经吐蕃、焉耆到达龟兹，而至疏勒，是为北道。再经葱岭西南行至罽宾。
这两条道路为通常所行之路。

北魏僧人道荣（荣亦作药）曾出葱岭到西域，礼拜佛迹，归后著传，
通称《道荣传》，可惜原书已佚，《洛阳伽蓝记》曾引用其文。其后，又
有宋云、惠生西行求法。北魏神龟元年（518）十一月冬，受胡太后之
命，敦煌人宋云与崇立寺比丘惠生等人前往西域朝拜佛迹，求取佛经，成
为中西交通史上的一件大事。根据《北魏僧惠生使西域记》的记载，惠
生出使西域，从京师洛阳出发，过赤岭，经吐谷浑、鄯善、且末、于阗、
朱驹波国、竭盘陀国，越葱岭，经钵和国、嚈哒国，入波斯国、赊弥国；
神龟二年（519）十二月初旬，入乌场国。其国王奉佛，素食长斋，早晚
礼佛。此王当即《续高僧传·那连提黎耶舍传》中的乌场国主。此后惠
生、宋云又入乾陀罗国、那迦逻国，在印土广礼佛迹。宋云、惠生等人从
洛阳出发之日，皇太后敕付五色百尺幡千口、锦香囊五百枚，王公卿士幡
二千口，惠生自至于阗皆以施佛。至正光二年（521）二月宋云、惠生一
行始还，取得大乘经典百七十部。当时北魏佛经翻译事业非常发达，翻译
的经典中应该就有宋云、惠生等人所取回的佛经。到北齐时，有宝暹、道
邃前往西域，至隋时始携梵本二百六十部以归。②

---

① （北齐）魏收：《魏书》卷一百一十四，中华书局 1974 年版，第 3032 页。
② 详见《续高僧传·阇那崛多传》。

　　除了中国僧侣的西行求法之外，大量的外国僧人来华译经和传教。北朝时期来华的译经僧有吉迦夜、菩提流支、勒那摩提、佛陀扇多、瞿昙般若流支、月婆首那、那连提耶舍、攘那跋陀罗、达磨流支、阇那耶舍、耶舍崛多、阇那崛多等，他们都对中国佛教经典的翻译有重要贡献，关于其所译经典及主要佛教思想将在下面详细介绍，此不赘言。

　　需要特别注意的是，这个时期的佛教交往已经出现双向流动的迹象。在中国内地，除了将印度或西域来的佛经翻译为汉文外，也有将汉文佛经或著述翻译成外国文字的。北魏时期，昙无最著《大乘义章》，菩提流支读后赞赏有加，遂将其译为胡语，传到西域。据《洛阳伽蓝记》载："流支读昙谟最大乘义章，每弹指赞叹，唱言微妙，即为胡书写之传之，于西域沙门常东向遥礼之，号昙无最为东方圣人。"[1] 另外，北齐时期的刘世清能通四夷语，为当时第一。后主命他以突厥语翻译《涅槃经》以赠送突厥可汗，并敕中书侍郎李德林作序。[2]

　　来华的传教僧则有佛陀和由南入北的菩提达摩，他们对于北朝佛教中的禅学有很大的影响。据《续高僧传》记载：

　　　　佛陀禅师，此云觉者，本天竺人，学务静摄，志在观方，结友六人相随业道。五僧证果，惟佛陀无获，遂勤苦励节，如救身衣，进退惟谷，莫知投厝。时得道友曰，修道借机，时来便剋，非可斯须，徒为虚死。卿于震旦特是别缘，度二弟子深有大益也。因从之游历诸国，遂至魏北台之恒安焉。时值孝文敬隆诚至，别设禅林，凿石为龛，结徒定念，国家资供，倍架余部，而征应潜着，皆异之非常人也。恒安城内康家，赀财百万，崇重佛法，为佛陀造别院，常居室内，自静遵业。有小儿见门隙内炎火赫然，惊告院主，合家总萃，都无所见。其通征玄，观斯例众也。识者验以为得道矣。后隋帝南迁定都伊洛，复设静院敕以处之。而性爱幽栖，林谷是托。屡往嵩岳，高谢人世。有敕就少室山为之造寺，今之少林是也。帝用居处，四海息心之俦，闻风响会者，众恒数百。[3]

---

① （北魏）杨衒之：《洛阳伽蓝记》卷四，《大正藏》第 51 册，第 1017 页中。

② （唐）李百药：《北齐书·斛律羌举传》。

③ （唐）道宣：《续高僧传》卷十六，《大正藏》第 50 册，第 551 页上。

佛陀在北魏修习禅定，功夫精深，无论在皇室还是在民间，均产生很大影响，后来在少室山建造少林寺，成为后世中国禅学的重要基地，对中国禅学影响深远。特别是其再传弟子僧稠，更是禅学的发扬者，受到北魏及北齐诸帝的礼遇，对于中国禅学的发展贡献极大。史载：

> （僧稠）既受禅法，北游定州嘉鱼山，敛念久之，全无摄证，便欲出山，诵《涅槃经》。忽遇一僧，言从泰岳来。师以情告，彼遂苦劝修禅，慎无他志，由一切含灵，皆有初地禅味，要必系缘，无求不遂。乃从之。旬日摄心，果然得定。常依《涅槃》圣行，四念处法，乃至眠梦觉见，都无欲想。岁居五夏，又诣赵州障供山道明禅师，受十六特胜法，钻仰积序，节食鞭心，九旬一食，米惟四升。单敷石上，不觉晨宵，布缕入肉，挽而不脱。或煮食未熟，摄心入定，动移晷漏，前食并为禽兽所啖。又常修死想，遭贼怖之，了无畏色，方为说诸业行，皆摧其弓矢，受戒而返。尝于鹊山静处，感神来娆，抱肩捉腰，气嘘项上，稠以死要心，因证深定，九日不起。后从定觉，情想澄然，究略世间，全无乐者。便诣少林寺祖师三藏，呈己所证，跋陀曰："自葱岭已东，禅学之最，汝其人矣。"乃更授深要，即住嵩岳寺。①

僧稠的禅学造诣也是出类拔萃。他从初期在定州的"敛念"无证，到后来的"摄心""得定"，再到最后的"因证深定"和出定之后的"情想澄然"，并得到跋陀的高度肯定，这期间经过了多次挫折与坚定不移的修行磨炼，体现了那个时代禅学的基本特色。

关于达摩，《续高僧传》载："菩提达摩，南天竺婆罗门种……悲此边隅，以法相导。初达宋境南越，末又北度至魏，随其所止，诲以禅教。"②《洛阳伽蓝记》卷一《永宁寺》条："时西域沙门菩提达摩者，波斯国胡人也。起自荒裔，来游中土。"③南朝宋年间，菩提达摩由海路来到广州，北行至魏，到处以禅法教人。道育和慧可两个沙门见到达摩后非

---

① （唐）道宣：《续高僧传》卷十六，《大正藏》第50册，第553页中—554页上。
② （唐）道宣：《续高僧传》卷十六，《大正藏》第50册，第596页下。
③ （唐）道宣：《续高僧传》卷十六，《大正藏》第50册，第551页中。

常敬仰，亲近、侍奉了四五年。达摩为他们的真诚所感，授给他们禅法。达摩后被奉为中国禅宗的初祖，道宣对他的评价非常高："属有菩提达摩者，神化居宗，阐导江洛，大乘壁观，功业最高，在世学流，归仰如市。"并对他的禅法有简要的阐释："然而诵语难穷，厉精盖少，审其慕则，遣荡之志存焉；观其立言，则罪福之宗两舍。详夫，真俗双翼，空有二轮，帝网之所不拘，爱见莫之能引。静虑筹此，故绝言乎。然而观彼两宗，即乘之二轨也。"①

### 四　北朝时期输入的主要佛教思想

北魏时期，域外佛教思想向中国北方的输入主要是通过经典的传译而展开的，这一过程在时间上经历了数代人的渐次推进，在空间上也有多处中心的支撑，而推动这一过程的核心因素则是来自域外的译经僧和中国本土学问僧的呼应与配合。

北魏太平真君六年（445），凉州沙门慧觉等人译出《贤愚经》。该经是叙述因缘故事的典籍，内容不出六度修行的范围。译者慧觉、威德等八人，曾西行求经至于阗（今新疆和田）大寺，遇见当地五年一次举行的般遮于瑟会。会中长老各讲经律，他们八人聆听记录，并译成汉文，于公元 445 年回到高昌，综集成这一部经，又经过流沙，送到凉州，凉州名僧慧朗将它题名《贤愚经》。后来又由凉州传入建业（今南京市）。此经的传译过程说明当时佛经输入中国内地的过程相当曲折，离不开内地僧人的努力以及西域在其中所发挥的作用。

北魏和平年间（460—465），中土僧人昙曜译出《大吉义神咒经》二卷、《付法藏因缘传》六卷。其中，《付法藏因缘传》是与吉迦夜共译的。《大吉义神咒经》说的是帝释与阿修罗战而败，求救于佛，佛为其说大结界咒。《付法藏因缘传》叙述的是佛陀灭度后，迦叶、阿难等二十三位印度祖师付法相传的事迹与传法世系。天台宗和禅宗非常重视本传。然而，由于本传的内容与《阿育王传》的内容有很多相似之处，所以，本传很可能不是由梵文翻译而来，而是依口传或者《阿育王传》而作。到宋代时，契嵩大师谓此书乃昙曜伪作。其实，不管此书是否为昙曜与吉迦夜伪作，都真实的反映了当时输入中国北方的佛教思想，并与当时中国社会文

---

① （北魏）杨衒之：《洛阳伽蓝记》卷三，《大正藏》第 51 册，第 999 页下。

化的背景密切联系在一起。在佛道斗争日趋激烈的时代里，佛教被批判为无本之木、无源之水，亟须梳理一个清晰的法统世系，因此，此书的出现是时代的产物。

北魏延兴年间（471—476），西域僧吉迦夜译出《大方广菩萨十地经》一卷、《称扬诸佛功德经》三卷和《方便心论》一卷。《大方广菩萨十地经》说菩萨十地之法。之前，十六国后秦鸠摩罗什曾译《庄严菩提心经》，是为该经的异译本；之后，唐义净译《最胜王经净地陀罗尼品》是为该经别译。《称扬诸佛功德经》列举诸佛世界及佛名，并赞叹其功德。《方便心论》述说因明论理之纲要，以为分别善恶正邪的方便。

北魏景明二年至正始四年（501—507），南印度沙门昙摩流支译出《信力入印法门经》五卷和《如来庄严智慧光明入一切佛境界经》二卷。《信力入印法门经》属《华严经》类经典。在该经中，文殊师利先是请佛讲清净初地之法，后是问普贤菩萨为何诸佛无障碍智乃至无障碍身。《如来庄严智慧光明入一切佛境界经》叙述佛陀对文殊师利宣说不生不灭之法，开示如来法身之本义、方便示现之道理及随缘度化之大用，并阐明了菩提及菩萨行的意义。之后梁僧伽婆罗等译《度一切诸佛境界智严经》、宋代法护等译《大乘入诸佛境界智光明庄严经》，都是该经的异译本。其中，《度一切诸佛境界智严经》最简略也最接近原型，法护译本内容最为增广。

北魏法场译《辩意长者子所问经》，内容为佛陀应辩意长者子之所问而宣说生天、生人中、堕地狱道、堕饿鬼道等十事之要义，每一事复有五事之因缘。法场的籍贯及译经年代均不详。

北魏正始五年（508），中印度僧勒那摩提译《妙法莲华经论》一卷、《究竟一乘宝性论》四卷。《妙法莲华经论》为世亲所撰，为勒那摩提与僧朗等共译，乃《法华经》的注释书。另外，菩提流支与昙林译《法华经论》为该经的异译本。书中初置五言四句三行半的《归敬颂》，次释经文。关于其传译，慧影《大智度论疏》卷二十四说："法华论，留支三藏以景明二年欲翻，为有小小国不宁事，故不得译，但出要意一卷。"[1]《法经录》卷五记载："法华经论一卷，后魏世菩提留支译。"《历代三宝纪》

---

[1]　（隋）慧影：《大智度论疏》卷二十四，《卍续藏经》第87册，第526页上。

卷九"勒那摩提"条下记载其于正始五年（508）于洛阳殿内译出该论，侍中崔光华受。现存两本相比，译语全同，唯后本无归敬颂，所以也有人怀疑是后人将两个译本会合一起的缘故。

而《究竟一乘宝性论》论述如来藏自性清净之教义。全书包含《教化》《佛宝》《法宝》《僧宝》《一切众生有如来藏》《无量烦恼所缠》《为何义说》《身转清净成菩提》《如来功德》《自然不休息佛业》《校量信功德》十一品（梵本为五章），核心内容是援引《如来藏经》《胜鬘经》《大乘涅槃经》《华严经》《大乘庄严经论》等经典，批判《般若经》的性空说，论证佛性的"有"。同时，依据自性、因、果、业、相应、行、时差别、遍一切处、不变、无差别十种观点和法身、真如、性三种意义，阐述如来藏，并举九种譬喻加以说明。可见，该论与唯识说关系密切，为了解印度如来藏学说的发展提供了宝贵的资料。

北魏永平元年至东魏天平二年（508—535），北印度僧菩提留支翻译了《十地经论》十二卷、《金刚般若波罗蜜经》一卷、《弥勒菩萨所问经》一卷、《胜思惟梵天所问经》六卷、《深密解脱经》五卷、《入楞伽经》十卷以及《大宝积经论》、《法华经论》、《无量寿经论》等经典。佛陀扇多奉敕与菩提流支、勒那摩提共译《十地经论》，译出《如来狮子吼经》、《摄大乘论》二卷、《十法经》。瞿昙般若流支与昙曜、菩提流支共译出《正法念处经》《顺中论》。毗目智仙与瞿昙般若流支共译《回诤论》《业成就论》《转法轮经论》《宝髻菩萨四法经论》《三具足经论》。那连提黎耶舍译出《月灯三昧经》《大悲经》《施灯功德经》《大集徐弥藏经》。万天懿译出《尊胜菩萨所问经》一部。阇那耶舍译出《佛顶咒经并功能》一卷、《大方等大云经请雨品》一卷。自从菩提流支等于北魏宣武帝永平元年（508）译出《十地经论》之后，中国学者对此经的研习及弘传逐渐兴盛。

与此同时，律学、禅学、净土学思想也在这个时期在北方兴起。适应大乘佛教深入社会生活的戒律，诸如昙无谶译的《菩萨戒本》《优婆塞戒经》（426）等也开始传入。菩提流支以《观无量寿经》授给昙鸾，昙鸾在接受了菩提流支的教化之后，从此精修净业，自行化他，逐渐得到广大群众的皈依。魏主尊号他为"神鸾"，并敕他住并州大寺。昙鸾晚年又移住汾州北山的石壁玄中寺，又时常到介山（今介休县绵山）之阴集众念佛，后人称其处为鸾公岩。

北凉昙无谶翻译四十卷《大般涅槃经》、北魏菩提流支译《深密解脱经》（514）等与《般若》经类迥异的大乘经典的竞相译出，由此开辟了"佛性论"这一新的思想领域。

小乘不同部派的论著也继续向中国北方传播。北凉佛陀跋摩、道泰等共译的《阿毗昙毗婆沙》，旨在注释八犍度，初译成百卷，唯以北魏太武帝攻破北凉之故，经书、什物皆烧毁，其后零落收拾而仅得六十卷。新译本为唐玄奘之《阿毗达磨大毗婆沙论》二百卷。

这些著作对后世中国均有很大的影响。

## 第二节　北朝官方对佛教态度的演变

### 一　北魏初期的政教关系

公元386年，拓跋珪在牛川（今内蒙古锡拉木林河）重建代国，同年改国号为魏，史称北魏。公元396年，拓跋珪灭后赵；公元398年，拓跋珪在平城（今山西大同）称帝，即道武帝。此后，北魏逐渐统一中国北方地区。

我们这里所说的北魏初期的政教关系指的是，道武帝入主中原建立政权以后一直到太武帝发动灭佛运动之前这段时间内北魏的政治与宗教，特别是与佛教之间的关系。

首先，从政治方面来讲，作为少数民族入主中原，拓跋氏刚刚取得政权之时，为了稳固自己的统治、赢得当地人民的好感，对中原已有的宗教文化采取了尊重、支持和利用的态度。

据《魏书·释老志》记载："太祖平中山，经略燕、赵，所经郡国佛寺，见诸沙门、道士，皆致精敬，禁军旅无有所犯。帝好黄老，颇览佛经。但天下初定，戎车屡动，庶事草创，未建图宇、招延僧众也。"[1] 道武帝在攻略黄河北岸的时候，凡是经过寺院，遇见沙门道士都会礼敬，且下令不准其军队骚扰寺院。另外，由于受魏晋之风的熏染，道武帝在个人的文化品位和精神需求方面，也对中原的佛道文化表示出了极大的兴趣和偏爱，"好黄老，颇览佛经"，只是由于初建政权，百废待兴，所以还来不及建立寺塔，招徕僧众。但即便在这种情况下，他也不忘拉拢有影响力

---

[1]　（北齐）魏收：《魏书》卷一百一十四，中华书局1974年版，第3030页。

的高僧为己所用。他曾遣使致书当时隐居在泰山的僧朗并赠送厚礼："皇帝敬问太山朗和上：承沙圣灵，要须经略，已命元戎。上人德同海岳，神算遐长，冀助威谋，克宁荒服。今遣使者送素二十端……愿纳受。"① 可见，道武帝礼敬僧朗，是为了让他"冀助威谋"，以保证自己的军事胜利，奠定在中原的统治地位。道武帝与法果的关系也颇能说明当时皇室对佛教的态度："皇始中，赵郡有沙门法果，诚行精至，开演法籍。太祖闻其名，诏以礼徵赴京师，后以为道人统，绾摄僧徒。每与帝言，多所惬允，供施甚厚。"② 法果被道武帝召至京师，担任管理全国佛教事务的道人统，而且经常和皇帝在一起交谈，获得很优厚的赏赐，可见法果与道武帝的关系非常密切。

天兴元年（398），道武帝下诏"修整宫舍，令信向之徒，有所居止"，还"始作五级浮图，耆阇崛山及须弥山殿，加以绩饰。别构讲堂、禅堂及沙门座，莫不严具焉"。③ 经过了十几年的苦心经营，天下稍定，道武帝可以把一部分心思放在佛事工程上，于是开始在都城建寺造塔，供僧众居住，佛教的物质基础得到不断的加强。

继道武帝之后的明元帝拓跋嗣对佛教也采取了支持和利用的态度："太宗践位，遵太祖之业，亦好黄老，又崇佛法，京邑四方，建立图像，仍令沙门敷导民俗。"④ 明元帝同他父亲一样，"好黄老"，"崇佛法"，在京城内外建造图像，令沙门敷导民俗。由此也可以看出，统治者支持佛教的一个重要原因是佛教确实有助于政治教化。对沙门法果，明元帝更是倍加尊崇："永兴中，前后授以辅国、宜城子、忠信侯、安成公之号，皆固辞。帝尝亲幸其居，以门狭小，不容舆辇，更广大之。"法果在八十多岁的时候去世，"未殡，帝三临其丧，追赠老寿将军、赵胡灵公。……法果四十，始为沙门；有子曰猛，诏令袭果所加爵"。⑤ 僧人被封为将军，并其子袭官爵，确属罕见，法果所受推崇，由此可知。

以上是北魏初期二帝对待佛道的态度。而对于三教中的儒家，他们更

---

① （唐）道宣：《广弘明集》卷二十八《北代魏天子拓跋珪与朗法师书》，《大正藏》第 52 册，第 322 页上。

② （北齐）魏收：《魏书》卷一百一十四，中华书局 1974 年版，第 3030 页。

③ 同上。

④ 同上。

⑤ 同上书，第 3030—3031 页。

是将其作为维护统治的立国思想了。为了争取汉族地主阶级的支持，北魏从一开始就重用儒者，尊崇儒家学说。而且，拓跋氏虽以少数民族身份入主中原，但是迅速实现了封建化，并标榜自己继承了华夏正统，这在太武帝的许多诏书中表现得特别明显。

其次，从宗教的方面来看，北魏初期的僧人也愿意与政权合作，以便稳固佛教的地位，并发展自己的势力。早在道安时期，他面对乱世，就深感"不依国主，则法事难立"。至北朝时期，频繁的战乱和流离的生活更让那些想有一番作为的僧人意识到，佛教要想在中国扎根并不断壮大，必须得到统治者的支持；而要想与统治者保持密切友好的关系，就是要投其所好，抬高他的地位，这在法果那里得到了很好的彰显："法果每言，太祖明睿好道，即是当今如来，沙门宜应尽礼。遂常致拜！谓人曰：'能弘道者人主也。我非拜天子，乃是礼佛耳！'"①法果将道武帝看作如来，虽不像庐山慧远那样远离政治，保全僧格，但是从另一个角度讲，亦有自己不得已的苦衷。法果被招至京师并立为道人统的一个重要原因是"诚行精至，开演法籍"，可知他是一个虔诚有修为并乐于弘法的僧人。而且，明元帝授予法果许多称号，法果"皆固辞"，可见他的品德的确有可嘉之处。在当时的形势下，为了获得佛教发展的有利环境，采取一种委曲求全的折中办法可能是明智的选择。

总体上来看，北魏初期的政治与宗教保持了一种协调的合作关系。出现这种情况的原因主要有：第一，北魏拓跋氏作为少数民族入主中原，逐渐主动地接受了中原地区的先进文化，包括宗教，因此最高统治者个人往往对儒释道表现出极大的兴趣和爱好；第二，在政权初立、民心不稳的情况下，统治者需要发挥宗教在维护自己统治方面的作用，而宗教在教化民众、辅佐朝政方面又确实有自己的优势；第三，经历长期战乱之累、颠沛之苦的僧人亦痛感凭借政权支持来保护和发展自身的重要性，因此对统治者有益宗教的各种政策均予以配合。正是在双方各有所求、各有所长的情况下，北魏初期形成并保持了一种友好的政教合作关系。

① （北齐）魏收：《魏书》卷一百一十四，中华书局1974年版，第3030—3031页。

## 二　北魏太武帝灭佛

北魏太武帝拓跋焘是北魏的第三任君主。他在位之初,也是信奉佛教的。史载:"世祖初即位,亦遵太祖、太宗之业,每引高德沙门,与共谈论。于四月八日舆诸佛像,行于广衢,帝亲御门楼,临观散花,以致礼敬。……太延中,凉州平,徙其国人于京邑,沙门、佛事皆俱东,象教弥增矣。寻以沙门众多,诏罢年五十以下者。"① 太武帝"锐志武功,每以平定祸乱为先",由于沙门免役免租调,要想控制足够的人群从事兵役、徭役并缴纳租调,就必须控制沙门的数量。因此,太武帝于太延四年(438)三月下诏,罢沙门年五十以下者,即是出于武功方面的考虑,而非排佛。② 正是在这一年七月,魏北伐柔然,次年又远征凉州。

据《辩正论》卷三记载,太武帝曾"回向一乘,归依三宝,复伽蓝之胜地,创招提之净宫;仍于邺城造宗正寺"。但是他"虽归宗佛法,敬重沙门,而未存览经教,深求缘报之意"。③ 由此可知,太武帝皈依佛法更大程度上是一种沿袭传统的惯性,他自身对佛教并没有兴趣和偏爱,对佛法教义尚不知晓,何言欣赏。而更为直接的原因是,后来"及得寇谦之道,帝以清净无为,有仙化之证,遂信行其术"④。太武帝甚至在崔浩的煽惑下发动了中国历史上的第一次灭佛。

寇谦之,字辅真,南雍州刺史寇赞的弟弟,早年喜好仙道,修持张鲁的五斗米道,历年无效。后入嵩山修炼,专精不懈,"遂得辟谷,气盛体轻,颜色殊丽"。他还自称从"太上老君"受"天师之位"和《云中音诵新科之诫》二十卷,老子玄孙李谱文将《录图真经》六十余卷交付与他,并让他辅佐北方太平真君。此外,寇谦之还对道教进行了清整,"除去三张伪法,租米钱税,及男女和气之术",吸收了儒家和佛教的一些学说及仪式,将道教改造成容易为统治者所接受的宗教。

崔浩,字博渊,出身于清河(今河北清河东南)著名士族,博学多闻,且明历数,历仕道武、明元、太武三朝,官高至司徒,经常参与军政

---

① (北齐)魏收:《魏书》卷一百一十四,中华书局1974年版,第3032页。
② 《通鉴》卷一百二十三胡三省注:"以其强壮,罢使为民,以从征役。"
③ (唐)法琳:《辩正论》卷三,《大正藏》第52册,第506页下。
④ (唐)道宣:《广明弘集》卷二,《大正藏》第52册,第102页中。

大事。明元帝末年，寇谦之从嵩山入平城，结交崔浩，两人一见如故，深感默契。寇谦之曾自夜达旦听崔浩谈论古今治乱之事，并对崔浩说："吾行道隐居，不营世务。忽受神中之诀，当兼修儒教，辅助太平真君，继千载之绝统。而学不稽古，临事暗昧。卿为吾撰列王者治典，并论其大要。"① 于是崔浩著书二十多篇，论述自太初至秦汉的盛衰历史，既用长生不老的仙术魅惑人主，又按照寇谦之的意思，兼修儒教，倡言继承古圣先王的道统。

崔浩上书太武帝曰："臣闻圣王受命，则有天应。而《河图》、《洛书》皆寄言于虫鱼之文。未若今日人神接对，手笔灿然才，辞旨深妙，自古无比。昔汉高虽复英圣，四皓犹或耻之，不为屈节。今清德隐仙，不召自至。斯诚陛下侔踪轩、黄应天之符也。岂可以世俗常谈而忽上灵之命。"受其影响，太武帝开始崇奉道教，后改元太平真君。

而崔浩既奉寇谦之的道教，对佛教尤为不信。"与帝言，数加非毁，常谓虚诞，为世费害。帝以其辩博，颇信之。"于是太武帝开始走上了排佛的道路。太平真君五年（444）正月，太武帝下诏曰："愚民无识，信惑妖邪，私养师巫，挟藏谶记、阴阳、图纬、方伎之书；又沙门之徒，假西戎虚诞，生致妖孽，非所以壹齐政化，布淳德于天下也。自王公已下至于庶人，有私养沙门、师巫及金银工巧之人在其家者，皆遣诣官曹，不得容匿。限今年二月十五日，过期不出，师巫、沙门身死，主人门诛。"②

自汉代以来，图谶历数之学在北方颇为盛行，太武帝听从崔浩信奉寇谦之的道教也与此有关。因此，靠这种手段来为自己的统治地位涂抹神圣色彩的太武帝非常害怕臣下以相同的办法煽惑谋反，所以禁养师巫、沙门，私藏图谶等。九月，著名僧人玄高和慧崇罹难，可知当时朝廷排佛已非常积极。

太平真君六年（445）冬，卢水胡盖吴在杏城（今陕西黄陵西南）叛乱，聚众十余万。太武帝率兵前去镇压，七年二月到达长安，在一佛寺中发现兵器，太武帝非常生气，怀疑沙门与叛军通谋，下令杀死全寺僧人。接着在检查寺院财产的时候，又发现酿酒的器具和州郡牧守富人所寄藏的大量财物，并有洞窟藏匿妇女。随行的崔浩趁势劝帝灭佛，太武帝听从了

---

① （北齐）魏收：《魏书》卷三十五，中华书局 1974 年版，第 814 页。
② 同上书，卷四，第 97 页。

他的意见，下令杀死长安的僧人，焚毁经像，并敕留守平城的太子拓跋晃下令四方依长安行事。太子素敬佛教，再三上表，"陈刑杀沙门之滥，又非图像之罪。今罢其道，杜诸寺门，世不修奉，土木丹青，自然毁灭"①。帝皆不许。三月下诏曰：

> 昔后汉荒君，信惑邪伪，妄假睡梦，事胡妖鬼，以乱天常，自古九州之中无此也。夸诞大言，不本人情。叔季之世，暗君乱主，莫不眩焉。由是政教不行，礼义大坏，鬼道炽盛，视王者之法，蔑如也。自此以来，代经乱祸，天罚亟行，生民死尽，五服之内，鞠为丘墟，千里萧条，不见人迹，皆由于此。朕承天绪，属当穷运之弊，欲除伪定真，复羲农之治。其一切荡除胡神，灭其踪迹，庶无谢于凤氏（按：伏羲氏）矣。自今以后，敢有事胡神及造形象泥人、铜人者，门诛。虽言胡神，问今胡人，共云无有。皆是前世汉人无赖子弟刘元真、吕伯强之徒，接乞胡之诞言，用老庄之虚假，附而益之，皆非真实。至使王法废而不行，盖大奸之魁也。有非常之人，然后能行非常之事。非朕孰能去此历代之伪物！有司宣告征镇诸军、刺史，诸有佛图形象及胡经，尽皆击破焚烧，沙门无少长悉坑之。②

通过这个诏书不难发现，太武帝指导自己灭法的思想是儒家的礼义名教，他以传承华夏正统自居，以恢复羲农治世为号召，连老庄那一套也认为虚假不真，在批评之列。由此可见，太武帝真正相信并需要的治国之本是儒家学说，他奉行道教在很大程度上是因对崔浩极度信任，因而听从并受其煽惑，晕眩在神仙方术的烟雾中，留恋于君权神授的光环下，而并非建立在对道教学说的理解与认同基础上。所以，太武帝的灭佛带有很强的冲动性与情绪化，而并没有基于一种中立的观察与长远的考量，所以在崔浩被诛后，太武帝开始后悔自己的这一举动。

尽管如此，太武帝灭佛也是有具体缘由的。概括起来讲，不外乎两条——利益之争与文化之争。所谓利益之争，即佛教对王权的威胁。在太

---

① （北齐）魏收：《魏书》卷一百一十四，中华书局 1974 年版，第 3034 页。

② 同上。

武帝看来，佛教对其统治地位的威胁主要表现在以下几个方面：第一，沙门免役、免租调，影响了国家的经济收入和军事力量。第二，大量沙门的存在，本身是一种不受控制的潜在的反叛力量。早在太武帝平凉州的时候，凉州的军队中就有许多沙门，因此，当他在长安佛寺中发现兵器时，自然容易联想到僧人也可以拿起武器与他对抗。第三，佛教兴建寺院、图像，耗费国家民力、物力、财力。第四，一些神异高僧能够为他人所用威胁自己的统治地位。当年，以神通擅长的昙无谶在北凉沮渠氏手上，太武帝讨要，招致昙无谶被杀，加速了太武帝伐凉。后来，太子晃遭疑，传言其师玄高以神通让太武帝感梦，这也是玄高被谗受死的原因。我们看一下太武帝对佛教态度的演变就会发现全部与利益息息相关，先是禁罢五十岁以下沙门，以保证足够的人从事兵役并缴纳租调；接着禁止私养沙门，但不涉及寺院里的僧人，怕沙门以图谶等协助造反；最后怀疑长安僧人与叛军勾结，下令灭佛。这个递进的过程与他所认为的佛教对其统治地位的威胁程度的增加是相互呼应的。

所谓文化之争，主要是指佛道之争与儒佛之争。太武帝初奉佛，后来信道，并在道教徒崔浩的鼓动下发动灭佛，这些事实在一定程度上反映了道教对佛教发展的不满与打压。当然，佛道之争在太武帝毁佛一事中到底占多大比重值得我们进一步探讨。因为就在崔浩劝说太武帝灭佛的时候，寇谦之却极力反对崔浩的过激行为，并预言"卿今促年受戮，灭门户矣"。寇谦之是实实在在的道教徒，他的态度为什么与崔浩截然相反呢？关键还是要看崔浩这个人，其实他的道教徒身份是不明朗的。崔浩出身于名门望族，是典型的士族阶层，这一阶层的人往往深受儒家名教思想的影响并有强烈的华夷区分。崔浩诋毁佛教的一个重要理由是说它乃西戎妄诞、胡妖鬼教，而道教却是土生土长的。崔浩后来被诛就是因为他编纂的史书中将拓跋氏部落称为从荒蛮之地而来的文化落后的民族，引起了皇室的不满，可知崔浩骨子里深刻的华夏正统思想。因此，崔浩虽然擅长术数、阴阳之学，但他本质上并不是一个完全的道教徒，而是深受儒家思想影响的士人，并怀有在儒家思想指导下辅佐君王的政治抱负。所以，与后来北周武帝灭佛受佛道斗争推动有所不同，宗教斗争在太武帝灭佛的过程中起的是表面化的作用，更深刻的是儒家正统与西戎之法间的冲突，而终极的原因还是统治者出于政治利益的考量。

另外，太武帝的个人性格也与他的灭佛举动有一定的关联。中国封建社会，由于实行君主专制，因此最高统治者的个性往往影响到历史的发展。太武帝是一个喜好武功、性格强硬又刚愎自用的人，对悲天悯人的佛教不会有很深的共鸣，而且他追求浅层次的福田功德，很容易为阴阳、仙术所迷惑。因此，当在长安寺院经历一系列刺激时，他便非常恼怒，从而在崔浩的煽惑下做出激烈的举措。

这次毁法包括禁止一切佛事活动，毁坏一切佛经、佛像、佛寺并杀戮僧人。当时，幸逢亲近佛教的太子晃监国秉政，缓宣诏书，使远近大部分沙门得以闻信逃匿，并把大部分金银佛像和经论秘藏起来，从而大大降低了佛教受损毁的程度，并为后来佛教的迅速复兴保留了基础。当然，那些无法藏匿的塔寺全部遭到毁坏。

作为中国古代历史上四次法难的第一次，太武帝灭佛对佛教的打击还是非常大的。《南齐书》卷五十七《魏房传》记载："初，佛狸（按：太武帝）讨羯胡于长安，杀道人①且尽。"《高僧传》卷十《昙始传》也载："以伪太平七年，遂毁灭佛法，分遣军兵，烧掠寺舍，统内僧尼悉令罢道，其有窜逸者，皆遭人追捕，得必枭斩。一境之内，无复沙门。"② 这些记载虽然不免夸大之处，但是仍然在一定程度上反映了灭佛的惨重后果。

太武帝的灭佛表明了两点：第一，在中国封建王权的统治下，佛教必须在统治者的许可范围内活动，一旦超出了这个范围，必然受到打压甚至取缔。第二，中国的宗教对政权具有依附性，没有出现独立的教权，因此，其兴衰荣辱与统治者的态度和政策密切相关。而政权在处理与宗教的关系过程中，表现出了巨大的主动性和绝对的优势，这种不对等的政教关系与中世纪的西方是截然不同的。

### 三　北魏文成帝兴佛

公元 450 年，崔浩被诛。两年后，太武帝被太监杀死。文成帝拓跋濬即位，下诏复兴佛法。文成帝在诏书中盛赞佛教，说其"助王政之禁律，益仁智之善牲，排斥群邪，开演正觉"，把太武帝毁法归咎于"有司失旨，一切禁断"，文成帝遂允许百姓出家，"率大州五十，小州四十人，

---

① 南北朝称佛教徒为"道人"，道教徒为"道士"。

② （梁）慧皎：《高僧传》卷十《昙始传》，《大正藏》第 50 册，第 392 页中。

其郡遥远台者十人"。① 这之后，佛教很快恢复起来。

在朝廷主持复兴佛法的僧人主要是师贤和昙曜。

师贤，出身于罽宾王族，很小就出家，游历到凉州。凉州被灭后师贤入魏京，太武帝灭佛时其虽假装行医还俗，但仍不改道。等到佛法复兴之日，师贤与同辈五个人再次出家为沙门，文成帝亲自为师贤落发，令他担任道人统，掌管僧尼事务。公元 460 年，师贤圆寂，昙曜接替他的职位，改称沙门统，文成帝待之以师礼。

《高僧传·玄高传》云："凉沮渠牧犍时有沙门昙曜，亦以禅业见称，伪太傅张潭服膺师礼。"师贤是罽宾国王种，昙曜是凉沮渠牧犍时的高僧，可知他们原本都是从凉州过来的，凉州佛教对北魏佛教的影响于此可见一斑。太武帝毁法时，许多沙门迫于无奈，暂时还俗，昙曜死守信仰，虽然太子再三劝说，仍然密持法服器物，片刻也不离身，为人所叹服。

昙曜复兴佛教的重要举措主要有以下几点。

第一，主持开凿云冈石窟。"于京城西武州塞，凿石山壁，开窟五所，镌建佛像各一：高者七十尺，次六十尺。雕饰奇伟，冠于一世。"②武州塞的最高峰被称为云冈，昙曜所开凿的石窟即今享誉中外的大同云冈石窟之始。正如汤用彤在《魏晋南北朝佛教史》中所说的那样，在此之前，凉州已经大规模开山造像。太武帝时，凉州僧人大规模迁入平城，肯定不缺乏这方面的工匠艺人。昙曜也来自凉州，凉州佛教对北魏佛教的影响，这又是一个重要方面。③

第二，在经济上为佛教的发展提供稳定的资金来源。"昙曜奏：平齐户及诸民，有能岁输谷六十斛入僧曹者，即为'僧祇户'，粟为'僧祇粟'。至于俭岁，赈给饥民。又请民犯重罪及官奴以为'佛图户'，以供诸寺洒扫，岁兼营田输粟。"平齐户，是指那些被掳掠来从事耕种的民户。在佛教刚刚复兴之时，昙曜的这一经济考量不仅为寺院自身的建设和发展奠定了基础，而且赈灾济民也可以大大提高佛教的社会形象。当然，后期，一些僧人贪得无厌，为谋己利滥用私刑，也产生了很多负面影响。

第三，组织沙门译经。《魏书·释老志》载："昙曜又与沙门常那耶

① （北齐）魏收：《魏书》卷一百一十四，中华书局 1974 年版，第 3035 页。
② （北齐）魏收：《魏书》卷一百一十四，中华书局 1974 年版，第 3037 页。
③ 汤用彤：《汉魏两晋南北朝佛教史》（下册），中华书局 1983 年版，第 359 页。

舍等译出新经十四部。"据《房录》，昙曜译有三部，吉迦夜为其译有五部，共八部。其中，昙曜译有《付法藏传》四卷。《房录》云："昭玄统沙门释昙曜慨前陵废，欣今载兴。故于北台石窟寺内集诸僧众，译斯传经，流通后贤，庶使法藏住持无绝。"汤用彤在其《汉魏两晋南北朝佛教史》中指出，在太武帝灭佛的诏书中，妄言佛教虚诞，胡人本无此教，是汉人无赖子弟编造的。昙曜在复兴佛法之时，译《付法藏传》就是为了明确佛教的传承。而且，昙曜译后没几年，吉迦夜又译《付法藏因缘传》六卷，昭示传灯来由。[①] 这种观点是很有见地的。

　　昙曜为佛教复兴所做出的巨大贡献值得我们深思：在君主专制的封建社会，佛教的兴衰虽然首先取决于统治者的态度，但是佛教界内部的力量尤其是高僧的才华也不可小觑。在统治者大肆毁法的时代，高僧纵有满腔抱负，也没有施展的机会，但是在统治者支持佛教的时代，有德行感召与才华能力的僧人却可以做出一番事业，推动自己所信宗教的发展繁荣。通过上面对昙曜复兴佛法举措的介绍，可以看出昙曜这个人具有清晰灵活的头脑和高超的管理才能，他对佛教复兴的作用非常重要。

　　另外，与南方佛教相比，北方佛教的特点——重实践、轻义理，在文成帝兴佛的过程中也体现得非常明显。首先，从高僧的角度来看，师贤以行医见长，昙曜以禅业见称，他们作为高僧固然对佛教义理具有深刻的见解，但是人们所看重的却是他们表现在宗教实践、修行方面的功夫。另外，从佛法复兴的表现来看，统治者注重建寺造像。据《魏书·释老志》，文成帝于"兴光元年（454）秋，敕有司于五级大寺内，为太祖以下五帝铸释迦立像五，各长一丈六尺，都用赤金二十五万斤"。[②] 此外，文成帝还支持昙曜开凿云冈石窟，其目的都是为了广种福田，积累功德。他们对佛教义理并不感兴趣，只是想让佛教为自己提供一些切实的利益。当然，在北朝统治者中也有真正喜欢佛教义理的皇帝，下面我们还会介绍。但从整体来看，北朝佛教的特点还是不重义理探讨的。

### 四　文成帝之后的北魏诸帝与佛教

　　继文成帝之后的北魏诸帝对佛教也都是持信奉推行的态度。

---

① 汤用彤：《汉魏两晋南北朝佛教史》（下册），中华书局 1983 年版，第 360 页。

② （北齐）魏收：《魏书》卷一百一十四，中华书局 1974 年版，第 3036 页。

献文帝拓跋弘深信佛教。"览诸经论，好老、庄。每引诸沙门及能谈玄之士，与论理要。"① 他还于京城内，"起永宁寺，构七级佛图，高三百余尺；基架博敞，为天下第一。又于天宫寺造释迦立像，高四十三尺，用赤金十万斤，黄金六百斤。皇兴中，又构三级石佛图，榱栋楣楹，上下重结，大小皆石，高十丈。镇固巧密，为京华壮观。"②

《魏书·显祖纪》载，献文帝"雅薄时务，常有遗世之心"。皇兴五年（471），年仅17岁的献文帝传位给还不足5岁的太子宏（孝文帝），自己却"移御北苑崇光宫，览习玄籍。建鹿野佛图于苑中之西山，去崇光右十里，岩房禅堂，禅僧居其中焉"③。为了自己的宗教爱好，连皇位也放弃，在历史上虽非仅有，却也属罕见。可知献文帝崇佛确实出于个人的文化品位与兴趣爱好，并非一味地追求佛教对其稳固统治的益处。献文帝在崇佛的同时也好道，在佛教中又尤爱禅学。虽然他常引沙门谈论佛理，但是比起他耗费巨资建寺造像和结交禅僧来，北朝佛教特重实践的特点也很明显。

孝文帝元宏对佛教的发展也相当支持，主要体现在以下几个方面。

第一，度僧建寺，广修供养。承明元年（476）八月，孝文帝"于永宁寺设大法供，度良家男女为僧尼者百有余人，帝亲为剃发，施以僧服，令修道戒，资福于显祖"。在同一个月里，孝文帝"又诏起建明寺"。度僧建寺，广修供养，沿袭了北魏历代崇佛帝王的作风。修福是北朝帝王信佛的重要原因之一。

第二，热心佛理，讨论佛义。北魏崇佛诸帝大多喜好建寺造像，广修福德，其兴趣多半在神通、禅学方面，于佛教义学并不重视。而到孝文帝时有一个明显的不同，孝文帝对佛教义学颇感兴趣。据《魏书·释老志》载，太和元年（477）二月，孝文帝"幸永宁寺设斋，赦死罪囚。三月，又幸永宁寺设会，行道、听讲；命中、秘二省与僧徒讨论佛义。施僧衣服、宝器有差。又于方山太祖营垒之处，建思远寺"。

太和十九年（495）四月，孝文帝"幸徐州白塔寺。顾谓诸王及侍官曰：'此寺近有名僧嵩法师，受《成实论》于罗什，在此流通，后授渊法

---

① （北齐）魏收：《魏书》卷一百一十四，中华书局1974年版，第3037页。

② 同上书，第3038页。

③ 同上。

师，渊法师授登、纪二法师。朕每玩《成实论》，可以释人染情。故至此寺焉。'时沙门道登，雅有义业，为高祖眷赏，恒侍讲论"。①

除了令大臣与僧人讨论佛义之外，孝文帝自己也喜欢阅读佛教经论，并寻访、延请知名法师为自己宣讲。献文帝好佛，喜欢结交禅师，而孝文帝时则寻访法师，偏重实践与兼重义理的特色非常明显。

第三，敬重并优待高僧。前面我们曾提到，沙门道登是孝文帝的侍讲，据《魏书·释老志》载，道登死后，"高祖甚悼惜之。诏施帛一千匹；又设一切僧斋，并命京城七日行道"。同时下诏："朕师登法师，奄至徂背，痛悼摧恸，不能已已。比药治慎丧，未容即赴，便准师义，哭诸门外。"②孝文帝当时可能正在服食丹药，忌讳奔丧，所以"哭诸门外"。不管怎样，孝文帝与他老师的感情还是非常深厚的。

另外，"又有西域沙门跋陀，有道业，深为高祖所敬信。诏于少室山阴立少林寺而居之"③。跋陀，即佛陀禅师，孝文帝不光敬信，而且为他建造居所少林寺，可谓非常照顾。

而且，孝文帝不光礼敬供养在世的高僧，就是对已经去世的高僧，他也表达了自己的怀念之情。太和二十一年（497）五月，孝文帝下诏：

> 罗什法师，可谓神出五才，志入四行者也。今常住寺犹有遗地，钦悦修踪，情深退远，可于旧堂所，为建三级浮图。又见逼昏虐，为道殄躯，既暂同俗礼，应有子胤，可推访以闻，当加叙接。④

对于罗什法师，孝文帝不仅下令在其常住的寺院里建三级佛塔，而且要寻访他的子嗣接续他的法脉。其仰慕之心，可见一斑。

另外，据《魏书·释老志》载，孝文帝的时候，"沙门道顺、惠觉、僧意、惠纪、僧范、道弁、惠度、智诞、僧显、僧义、僧利，并以义行知重"。⑤可以看出，孝文帝礼敬的高僧，包括道登、佛陀和罗什，都是既通佛教义理又有较高修行的僧人，这再次反映了他兼重宗教实践和义理探

---

① （北齐）魏收：《魏书》卷一百一十四，中华书局 1974 年版，第 3039 页。

② 同上。

③ 同上。

④ 同上书，第 3040 页。

⑤ 同上。

讨的信仰特点。

第四，要求一些高僧入殿相见。

《帝听诸法师一月三入殿诏》曰：

> 门下：崇因赞业，莫若宗玄；裨神染志，谁先英哲。故周旦著其朋之诰，释迦唱善知之文。然则位尊者以纳贤为贵，德优者以亲仁为尚。朕虽寡昧，能无庶几也。先朝之世，经营六合，未遑内范，遂令皇庭阙高邈之容，紫闼简超俗之仪。于钦善之理，福田之资，良为未足，将欲令懿德法师时来相见，进可凔禀，道味，退可饰光朝廷。其敕殿中，听一月三入，人数、法讳，别当牒付。[①]

孝文帝之所以要求懿德高僧入殿相见，是因为可以听善理、资福田，退一万步讲，还可以"饰光朝廷"。中国古代历史上的高僧往往拥有多重身份，既是圣人、神人，又是文人、哲人，因此，皇帝令法师前来相见，就会给文武大臣和社会百姓一种崇尚神圣、尊重文化的感觉。因此，宗教可以为政权增光添彩，这也是维系政教关系的重要一点。

宣武帝元恪也是一位信奉佛教的君主，主要表现在以下几点。

第一，宣武帝于永平元年（508）下诏："缁素既殊，法律亦异。……自今以后，众僧犯杀人以上罪者，仍依俗断，余犯悉付昭玄，以内律僧制治之。"

僧人犯了杀人以下罪者，交付昭玄按照内律僧制来惩处，这可以说是对佛教的巨大支持与维护。

第二，建寺造像。据《洛阳伽蓝记》载，宣武帝曾于洛阳城内修建瑶光寺，于洛阳城南修建景明寺，于洛阳城西修建永明寺。瑶光寺是一座专门为贵族妇女修建的尼寺，"椒房嫔御，学道之所；掖庭美人，并在其中。亦有名族处女，性爱道场，落发辞亲，来依此寺。屏珍丽之饰，服修道之衣，投心八（原作"人"）正，归诚一乘"[②]。而景明寺在佛诞日的喧闹也曾让西域沙门"唱言佛国"[③]。永明寺是为了安置外国僧人而修建

---

① （唐）道宣：《广弘明集》卷二十四，《大正藏》第52册，第272页下。

② （北魏）杨衒之：《洛阳伽蓝记》卷一，《大正藏》第51册，第1003页上。

③ （北魏）杨衒之：《洛阳伽蓝记》卷三，《大正藏》第51册，第1010页中。

的，当时有"百国沙门三千余人"①。

据《魏书·释老志》载，宣武帝还曾"于恒农荆山造珉玉丈六像一。（永平）三年冬，迎置于洛滨之报德寺，世宗躬观致敬"。

第三，始营龙门石窟。"景明初，世宗诏大长秋卿白整，准代京灵岩寺石窟，于洛阳伊阙山，为高祖、文昭皇太后营石窟二所。……永平中，中尹刘腾②奏为世宗复造一窟，凡三所。"③

第四，组织僧人讲经，支持僧人译经。"世宗笃好佛理。每年常于禁中亲讲经论，广集名僧，标明义旨。沙门条录，为《内起居》焉。上既崇之，下弥企尚。至延昌中，天下州郡僧尼寺，积有一万三千七百二十七所，徒侣逾众。"④ 宣武帝既然喜欢讲经论道，自然注重对经典的翻译，加上宣武一朝天竺来华僧人众多，因此宣武帝支持译经事业。据《房录》，天竺沙门昙摩流支在景明正始年中于洛阳为宣武帝译经三部。另外两个天竺僧人菩提流支和勒那摩提也在宣武帝时入华，成为当时的译经名家。在翻译《十地经论》的时候，宣武帝亲御大殿笔受，一日之后交付沙门来完成。

由于北魏诸帝的崇佛、奉佛，佛教在北魏时期有了很大发展。但同时也出现了一些问题。由于北朝佛教的一个特点是重宗教实践和福德积聚，因此建寺、造像等工程浩大，度僧、设斋等法事频繁，从而导致僧人冗滥、素质低下以及民力损伤、资财耗费等弊端，这也是值得注意的。

### 五　北齐诸帝与佛教

北齐几个主要的皇帝都好佛。

文宣帝高洋对佛教的喜爱十分狂热。一方面，作为一名佛教徒，他注重修禅持戒，礼敬高僧。据《北齐书》卷四《文宣帝纪》载，他曾"于甘露寺禅居深观"。而且，由于受菩萨戒法，"又断肉禁酒，放舍鹰鹞，去官渔网。又断天下屠杀，月六年三劝民斋戒。诸官园及六坊公私荤菜，

---

① （北魏）杨衒之：《洛阳伽蓝记》卷四，《大正藏》第 51 册，第 1017 页下。

② 注：《洛阳伽蓝记》谓"长秋卿"。

③ （北齐）魏收：《魏书》卷一百一十四，中华书局 1974 年版，第 3043 页。

④ 同上书，第 3042 页。

皆悉除之，外有者不许人"①。

文宣帝十分敬重禅僧僧稠。"天保三年，下敕于邺城西南八十里龙山之阳，为构精舍，名云门寺，请以居之，兼为石窟大寺主。良人纲位，练众将千，供事繁委，充诸山谷。"②"又以昭玄大统法上为戒师。常布发于地令师践之。"③

另外，作为最高统治者，文宣帝又建寺造塔、广度僧尼，还用国储的三分之一供养三宝。"大起寺塔，度僧尼，满于诸州。……天保二年诏曰：仰惟慈明，缉宁四海，欲报之德，正觉是凭。诸鸷鸟伤生之类，宜放之山林，其以此地为太皇太后经始宝塔，废鹰师曹为报德寺，所度僧尼八千余人。十年之中，佛法大盛。"文宣帝还将"国储分为三分，谓供国自用及以三宝"④。

孝昭帝高演也"凡度僧尼三千许人"⑤。另外，"奉为先皇写一切经，一十二藏，合三万八千四十七卷。青首紫绦，银绳金缕，覆以莲花之帐，擎以师子之台"⑥。

武成帝高湛"广济群生，应游佛刹。芳林园内，更兴花盖之词；洛邑城旁，还纡玺书之颂。层台别观，并树伽蓝；璧玉珠玑，咸充供具。躬自顶礼，每事经行。大宁元年，创营宝塔，脱珍御服，并入檀财。转大品经，月盈数遍"⑦。武成帝不仅建塔布施，而且每个月都要读上数遍《大品般若经》，其对佛法的喜好可见一斑。

### 六　北周武帝灭佛

据《辩正论》卷三记载，北周武帝之前的诸帝都好佛，武帝即位之初也曾造像建寺、度僧写经。后来发动中国历史上的第二次法难有其具体的社会背景并经历了一段过程。

首先，周武帝是一位励精图治的君主，十分看重对维护其统治最为有

---

① （唐）法琳：《辩正论》卷三，《大正藏》第 52 册，第 507 页下。
② （唐）道宣：《续高僧传》卷十六，《大正藏》第 50 册，第 554 页中。
③ （唐）法琳：《辩正论》卷三，《大正藏》第 52 册，第 507 页下。
④ （唐）道宣：《续高僧传》卷十六，《大正藏》第 50 册，第 554 页中。
⑤ （唐）法琳：《辩正论》卷三，《大正藏》第 52 册，第 508 页上。
⑥ 同上书，第 507 页下。
⑦ 同上书，第 508 页上。

利的儒术，因此，他虽出身少数民族，但并不提倡被看作胡教的佛教。在发动灭佛之前，周武帝曾多次聚集官僚、道士和沙门，亲自讲说《礼记》，并让他们讨论三教先后，经常是儒教为先，佛教为后。

其次，卫元嵩煽惑武帝，加速了他灭佛的步伐。卫元嵩，益州成都人，幼年出家，是亡名法师的弟子。卫元嵩明阴阳历数，按照其师父的指点，以"佯狂"获取声名，漫游各地，编造谶言诗歌。后来因感叹蜀土狭小，不足以展怀，就来到长安，结交北周权贵。天和二年（567），卫元嵩上书周武帝"省寺减僧"。据《广弘明集·叙列代王臣滞惑解》记载，卫元嵩在奏文中并没有完全否定佛教，他认为当时存在的广建寺院、大造佛像以及僧人贪腐等现象违背了佛教的"大慈"精神，因此要对佛教进行一个彻底的改造。卫元嵩指出的佛教内部存在的问题在当时确实很普遍，周武帝也清楚这些问题对社会的负作用，因此在其他各种因素的推动下，最终发动灭佛。

再次，佛、道二教的斗争，也是导致周武帝灭佛的催化剂。卫元嵩上书之后，武帝并没有立即做出决断，而是多次召集三教人士进行辩论。

天和四年（569）二月，"帝御大德殿，集百僚、道士、沙门等，讨论释老义"。[①] 三月十五日，武帝"敕召有德众僧、名儒、道士、文武百官二千余人，帝御正殿，量述三教。以儒教为先，佛教为后，道教最上：以出于无名之前，超于天地之表故也。时议者纷纭，情见乖忤，不定而散"。[②] 二十日再次召集讨论，武帝提出："儒教、道教，此国常遵，佛教后来，朕意不立。"但由于当时的僧人极力辩解，使武帝无法废除佛教。四月又"敕司隶大夫甄鸾详度佛道二教，定其深浅，辨其真伪"。[③]

天和五年（570）二月，甄鸾上《笑道论》，驳斥道教教义思想。五月，武帝召集群臣"详鸾上论"，认为甄鸾"伤蠹道法"，于殿廷焚烧此书。九月，释道安又上《二教论》，认为儒教是"外教"，佛教是"内教"，道教也属于"儒宗"。这个时候，武帝对于佛道二教还没有明确的先后、高低之分，因为在作于此年五月的《二教钟铭》中，还有"二教

①　（唐）令狐德棻：《周书》卷五，中华书局 1971 年版，第 76 页。
②　（唐）道宣：《广弘明集》卷八，《大正藏》第 52 册，第 135 页下。
③　同上。

并兴，双銮同振"、"弘宣两教，同归一揆"等句。此后，关于三教优劣的辩论暂且搁置了下来。

建德二年（573）十二月，武帝再度召集百官、沙门、道士等辩论三教先后，得出"儒教为先，道教为次，佛教为后"①的结论。可以看出，这个时候武帝排斥佛教的意思已很明显，这也导致佛道二教的争论更加激烈。以儒教为先是武帝的一贯之策，然而这里将道教排在佛教之前，很可能是受到张宾和卫元嵩的蛊惑。

建德三年（574）五月十六日，武帝于太极殿令道士、僧人辩论二教优劣，释智炫辩败道士张宾，武帝自升高座，提出"三不净"论。智炫说："道教之不净尤甚。"武帝不悦而退。十七日，武帝下诏禁断佛道二教。

通过上面武帝对几次辩论的态度可以看出，武帝由二教并重逐渐倾心道教。然而，在僧人与道士的激烈辩论中，僧人并不示弱，且常常略显优势，佛道无休止的争论使武帝左右为难，颇感厌烦，因此，只得采取一起禁断的举措。

另外，也有史料记载，周武帝灭佛还有相信谶记的缘故。自北齐开始，流行"黑衣人"继称帝的谣传，到周武帝时仍在流传。据道宣《广弘明集》记载，张宾和卫元嵩借此蛊惑武帝，武帝信此传说，发动灭法。汤用彤《汉魏两晋南北朝佛教史》认为，虽然，道宣《广弘明集》记载与《僧传》及史书所记颇相抵牾，然而，卫元嵩和张宾都明术数、善谶言，利用谶记煽惑武帝也是极有可能的。②

总之，在内因外缘都具备的情况下，武帝发动了灭佛。周武帝灭佛可以分为两个阶段，第一阶段是取缔关陇佛教："初断佛道二教、经像悉毁，罢沙门道士并令还民，并禁诸淫祀，礼典所不载者，尽除之。"③"三宝福财，散给臣下，寺观塔庙，赐给王公。"④

建德三年（574）六月，武帝又下诏设通道观，选取佛、道二教名人为学士，共一百二十人，令会通三教，息灭争端。其诏曰：

---

① （唐）令狐德棻：《周书》卷五，中华书局1971年11月，第83页。
② 汤用彤：《汉魏两晋南北朝佛教史》（下），中华书局1983年版，第390页。
③ （唐）令狐德棻：《周书》卷五，中华书局1971年版，第85页。
④ （唐）道宣：《广弘明集》卷八，《大正藏》第52册，第136页上。

　　　至道弘深，混成无际，体包空有，理极幽玄。但歧路既分，派源
逾远，淳离朴散，形气斯乖。遂使三墨八儒，朱紫交竞；九流七略，
异说相腾。道隐小成，其来旧矣。不有会归，争驱靡息。今可立通道
观，圣哲微言，先贤典训，金科玉篆，秘迹玄文，所以济养黎元，扶
成教义者，并宜弘阐，一以贯之。①

　　通道观的设立，对于息灭争端来说确实有好处，然而，三教作为个性
鲜明的三种文化体系，靠这种方式是不能真正保存并弘扬它们各自精
华的。

　　第二阶段是北周灭齐后在齐境内的灭佛。建德六年（577），北周灭
齐。正月，武帝入邺城，召集僧人赴殿，宣布废佛。虽有名僧慧远与武帝
辩论，道林上表进谏，然而武帝仍不改毁佛之意。据史料记载，"帝已行
虐三年，关陇佛法，诛除略尽。既克齐境，还准毁之。尔时魏齐东川，佛
法崇盛，见成寺庙，出四十千，并赐王公，充为第宅。五众释门，减三百
万，皆复军民，还归编户。融刮佛像，焚烧经教，三宝福财，簿录入官，
登即赏赐，分散荡尽。"② 北周灭北齐后，僧尼数量达到其人口的十分之
一，周武帝灭佛，将僧尼归入编户、军民，对国家的军事和经济力量是一
个强大的充实，因此，周武帝灭佛是经过认真思考并建立在他富国强兵的
国策基础上的。

　　周武帝灭佛涉及的范围非常广，包括北方的大部分地区及现在西南的
四川、湖北一带。武帝灭佛的时间虽短，然而政令严苛，寺塔经像皆毁，
僧人流离颠沛，或以身殉法，或逃匿山林，或隐迹尘世，或入通道观。终
南山和太白山成为许多僧人的避居之所，为后来隋唐佛教重兴的基础。另
外，许多僧人南下，也推动了南北佛教的交流，为隋唐佛教的一统局势及
各大宗派的形成奠定了基础。

　　周武帝灭佛与北魏太武帝灭佛相比，有许多不同之处。第一，北魏
太武帝灭佛带有很大的情绪性和冲动性，而周武帝灭佛之前亲自参与了
多场辩论，他采取灭佛政策是在周密、谨慎的思考之后决定的。第二，
在灭佛的措施里面，北魏太武帝除了毁坏经像寺塔以外还杀戮僧人，周

---

① （唐）令狐德棻：《周书》卷五，中华书局 1971 年版，第 85 页。
② （唐）道宣：《广弘明集》卷十，《大正藏》第 52 册，第 153 页上。

武帝则是强令沙门还俗。第三，激烈的佛道之争在周武帝灭佛的过程中发挥了重大作用，最终导致周武帝禁断二教。而北魏太武帝灭佛的时候并没有波及道教。第四，虽然在两位皇帝灭佛的原因中，外人的煽惑都起了很大作用，但是二者又有差异。北魏太武帝灭佛主要是受司徒崔浩影响，而崔浩并不是一个真正的道教徒，他其实是儒家文化的推崇者。而作为道士的寇谦之则反对灭佛。在周武帝灭佛的初期，道士张宾直接参与其中，与卫元嵩勾结在一起，影响了周武帝对佛教的态度。第五，周武帝灭佛过程中，还有一个很重要的举动就是设立通道观，会通三教。他虽然以儒教为治国的指导思想，但同时也希望佛道二教的思想能够为其所用。

当然，两次灭佛亦有相似之处。第一，北魏太武帝和北周武帝都是注重武功、励精图治的君主，他们以儒教为治国的纲领，认为沙门病国，理应废掉。第二，两次灭佛运动对佛教来说都是重大的打击。然而，佛教在这两次法难中没有一蹶不振，而是不久就再度复兴，这也说明宗教信仰靠政权的强制是不可能消失的。

### 七 北周宣、静帝兴佛

周武帝去世之后，宣、静二帝继位，复兴佛法。大成元年（579）正月，宣帝诏命从旧沙门中拣选德行法高者七人于正武殿西修道。二月，宣帝传位于年仅 7 岁的静帝，自称天元皇帝，改元大象，下敕允许官民信奉佛教。四月，又命修行者不许剃除须发，称"菩萨僧"，度一百二十人在陟岵寺为国修道。[①] 十月，开始恢复佛像及道教天尊像。大象二年（580）五月，宣帝殁，朝政大权由宣帝嫡妻天元大皇后杨氏之父杨坚掌握。六月，"复行佛、道二教，旧沙门、道士精诚自守者，简令入道"[②]。佛教由此开始恢复，可见，周武帝之后佛教的复兴实赖于后来的隋主杨坚。

### 八 北朝佛教管理制度的演变

随着佛教的不断传播与发展壮大，僧尼人数和寺院数量逐渐增加。为

---

① （唐）道宣：《续高僧传》卷八，《大正藏》第 50 册，第 488 页下："逮天元遘疾，追悔昔愆，开立尊像，且度百二十人为菩萨僧。"

② （唐）令狐德棻：《周书》卷八，中华书局 1971 年版，第 132 页。

了更好地对僧人进行管理，朝廷制定了一系列的管理制度，主要包括僧官制度和僧籍制度。

（一）从中央到地方设置了一套完整的僧官制度

从北魏道武帝开始，朝廷设立了"道人统"这个官职，通过僧人来管理僧人。当时赵郡沙门法果被道武帝召请入京师，"后以为道人统，绾摄僧徒"。① 道人统是最高的僧官，受到极高的礼遇，但当时并未见有关副职、僚属的记载，有没有僧务机构也不清楚。

继法果之后，担任道人统的僧人，在史书上有记载的就是师贤。文成帝复兴佛法时，立师贤为道人统。师贤圆寂后，其弟子昙曜继任，改称沙门统。沙门统有时又称沙门都统。孝文帝时，敕任思远寺主法师僧显为沙门都统。诏曰：

> 门下：近得录公等表，知欲早定沙门都统。比考德选贤，瘝瘝勤心，继佛之任，莫知谁寄。或有道高年尊，理无萦纤。或有器玄识邈，高挹尘务。今以思远寺主法师僧显，仁雅钦韶，澄风澡镜，深敏潜明，道心清亮，固堪兹任，式和妙众，近已口白，可敕令为沙门都统。又副仪贰事，缁素攸同，顷因曜统独济，遂废斯任。今欲毗德赞善，固须其人。皇舅寺法师僧义，行恭神畅，温聪谨正，业懋道优，用膺副翼，可都维那，以光贤徒。②

由上面材料可知，至迟在昙曜时期，沙门统已有了属官，至于属官的具体称谓我们无从考证，只是到了孝文帝时期，已经可以确定为都维那。

都维那，又称维那、沙门都、国僧都、国都，协助沙门统管理僧尼，主要职责有三：第一，掌管僧籍和僧务文书。据《魏书·释老志》载，延兴二年（472）孝文帝诏曰："无籍之僧，精加隐括，有者送付州镇，其在畿郡，送付本曹。若为三宝巡民教化者，在外赍州镇维那文移，在台者赍都维那等印牒，然后听行。"③ 第二，依佛教戒律对僧尼进行管理。《魏书·释老志》所载，世宗永平二年（509）沙门统惠深上书说："辄与

---

① （北齐）魏收：《魏书》卷一百一十四，中华书局 1974 年版，第 3030 页。
② （唐）道宣：《广弘明集》卷二十四，《大正藏》第 52 册，第 272 页中。
③ （北齐）魏收：《魏书》卷一百一十四，中华书局 1974 年版，第 3038 页。

经律法师群议立制：诸州、镇、郡维那、上座、寺主，各令戒律自修，咸依内禁。若不解律者，退其本次。"① 第三，负责征收"僧祗粟"。据《魏书·释老志》载，宣武帝时，尚书令高肇上奏，都维那僧暹、僧频等，逼迫凉州军户赵苟子等二百家"僧祗户"交纳"僧祗粟"，致使五十多人自缢身亡。② 由此还可看出，北魏时昭玄寺中的都维那可以有两名或多名。

北魏中央的僧官机构，"先是立监福曹，又改为昭玄，备有官署，以断僧务"。③ 至于什么时间改名的，很难确定。

东魏、北齐通行北魏的僧官系统，同时又出现了新的特点，即扩充了僧官员额。《金石萃编》卷三十《中岳崇阳寺碑》载，北魏沙门生禅师发愿造塔，生禅师圆寂后其弟子沙门统伦、严二法师继成其功，并于东魏天平二年（535）刊石立碑。同时又有生禅师的高足大沙门统遵法师率邑义缮立天官。据此可知，东魏的昭玄寺中曾经有过三位沙门统并立的局面，而三人以上的情况也很可能有过。关于北齐的僧官设置，道宣在《续高僧传·法上传》中说："初，天保之中，国置十统。有司闻奏，事须甄异。文宣乃手注状云：'上法师可为大统，余为通统。'"④

北魏时期，昭玄寺设有一"统"一"都"或一"统"多"都"；到东魏时，出现了三位沙门统或三位以上沙门统共立的现象；再到北齐，更是"十统"并置，北朝僧官数额增加的趋势非常明显。

西魏初期也沿用了北魏的僧官制度。宇文泰挟元宝炬西奔长安建立西魏后，立大中兴寺安置僧尼，道臻被任命为僧统，"大立科条"。⑤ 西魏大统年间（535—551），宇文泰依周礼改革管制，恭帝三年（556）颁布实施，朝廷仍设有中央僧务机构昭玄寺，但僧官的名称由"沙门统"改为"三藏"。北周政权建立后，昭玄寺被废除，"昭玄三藏"改为"国三藏"。例如，西魏大统年间宇文泰任命释僧实为"昭玄三藏"，到北周保定年间，武帝又任命他为"国三藏"。⑥ 僧实圆寂后不久，周武帝又敕命

① （北齐）魏收：《魏书》卷一百一十四，中华书局1974年版，第3040页。
② 同上书，第3042页。
③ 同上书，第3040页。
④ （唐）道宣：《续高僧传》卷八，《大正藏》第50册，第485页上。
⑤ 同上书，第631页上。
⑥ （唐）道宣：《续高僧传》卷十六，《大正藏》第50册，第557页下。

昙崇为"周国三藏"，[①] 昙崇在任一段时间后借故辞职。北周时期，地方僧官也曾经被称为"州三藏"。例如，天和五年（570）武帝敕命释僧玮为"安州三藏"；[②]释僧晃被敕命为"绵州三藏"。[③] 释亡名为"夏州三藏"[④]；释僧休为"雍州三藏"[⑤]。现今可考的三藏名称，多见于周武帝之前。据《续高僧传·昙延传》载，周武帝在灭佛之前，曾经任昙延为国统，时间大概在昙崇辞职之后。这件事标志着北周又恢复了原来昭玄寺的旧称。

与中央相应，北朝的地方僧官有州统、州都；郡统、郡维那及县维那。

北魏灵太后于熙平二年（517）下令："年常度僧，依限大州应百人者，州郡于前十日解送三百人，其中州二百人，小州一百人。州统、维那与官司精练简取充数。若无静行，不得滥采。"[⑥] 从这里可以看到，每个州都有州统和州维那，而且他们有拣选僧尼的职责。

公元 528 北魏孝庄帝即位，因国库空虚而卖官，其中就包括卖僧官。

> 诸沙门有输粟四千石入京仓者，授本州统，若无本州者，授大州都；若不入京仓，入外州郡仓者，三千石，畿郡都统，依州格；若输五百石入京仓者，授本郡维那，其无本郡者，授以外郡；粟入外州郡仓七百石者，京仓三百石者，授县维那。[⑦]

通过北魏卖僧俗官位可以看出当时政治的腐败，在这种情况下，国家对佛教的管理也显示出极大的随意性。

《金石萃编》卷三十所载东魏兴和二年（540）的《敬史君碑》，碑阴的题名中有："颍州沙门统慧元、颍州沙门统昙永、司州沙门统道镡、阳州沙门统道慈、颍州沙门都昙佳、颍州大律师静遵、颍州沙门都僧

---

① （唐）道宣：《续高僧传》卷十六，《大正藏》第 50 册，卷十七，第 568 页上。

② 同上书，卷十六，第 558 页上。

③ 同上书，卷二十九，第 694 页中。

④ 同上书，卷七，第 481 页中。

⑤ 同上书，卷十二，第 520 页上。

⑥ （北齐）魏收：《魏书》卷一百一十四，中华书局 1974 年版，第 3042 页。

⑦ 同上书，第 2861 页。

雅……长社县维那法嵩……临颍县维那道显、颍州郡维那僧度、许昌郡维那法炬、阳翟郡维那道希。"① 通过这段史料还可以看出，当时每州的沙门统和沙门都不止一人。

（二）设立僧籍制度，控制僧尼人数

僧尼可以逃避租税徭役，还可以托三宝之名以谋己利，故许多人出家并不是基于虔诚的宗教信仰。为此，统治者采取了一定措施来限制僧尼人数。

北魏孝文帝延兴二年（472）四月，下诏："比丘不在寺舍，游涉村落，交通奸滑，经历年岁。令民间五五相保，不得容止。无籍之僧，精加隐括，有者送付州镇；其在畿郡，送付本曹。……违者加罪。"② 这里提到"无籍之僧"，可知对僧人已经用登记造籍的方式进行管理。

太和十年（480）有司又奏："前被敕以勒籍之初，愚民侥幸，假称入道，以避输课，其无籍僧尼罢遣还俗。……奏可。"③

僧籍制度的设立引起了佛教内部的强烈不满，北朝时盛行的佛教教团法规声称："僧尼造籍原非正法。以后宜慎重而不可登录。"④ 有些僧尼就不在僧籍登录，直接反抗这一制度。例如，北周时期的释法冲就"周游东川，不任官贯"⑤。

北朝时期制定僧籍制度，一方面是为了控制僧尼人数，保证国家的财政收入和军事力量，另外也有政治方面的考虑。北朝时期，由沙门发起或牵涉沙门的农民起义颇多，统治者采取僧籍制度也能在某种程度上起到防范的作用。

为了控制僧尼人数，统治者还采取限制度僧造寺的措施。

太和十六年（492）孝文帝下诏，每年限"大州度一百人为僧尼，中州五十人，下州二十人，以为常准，著于令"。⑥ 对各州度僧人数进行了限制，以防止僧尼人数过分膨胀。太和十七年（493），孝文帝又"诏立

---

① （北齐）魏收：《魏书》卷一百一十四，中华书局 1974 年版，第 2861 页。
② 同上书，第 3038 页。
③ 同上书，第 3039 页。
④ 敦煌本《僧纲维行法》第十三，第 123—124 行。
⑤ （唐）道宣：《续高僧传》卷二十五，《大正藏》第 50 册，第 666 页下。
⑥ （北齐）魏收：《魏书》卷一百一十四，中华书局 1974 年版，第 3039 页。

《僧制》四十七条"。①

面对当时不管贫富竞相建立高广佛寺的情况，孝文帝下诏："内外之人，兴建福业，造立图寺，高敞显博，亦足以辉隆至教矣。然无知之徒，各相高尚，贫富相竞，费竭财产，务存高广。……自今一切断之。"②

北魏熙平二年（517），灵太后下诏："自今奴婢悉不听出家。诸王及亲贵亦不得辄启请。有犯者以违旨论。"又说："自今有一人私度，皆以违旨论。邻长为首，里、党各相降一等。县满十五人，郡满三十人，州镇满三十人，免官。僚吏节级连坐。私度之身，配当州下役。"③ 不仅严禁奴婢出家，而且在国家"敕度"之外，不准"私度"。

孝明帝神龟元年（518），任城王元澄上奏，极言造寺建舍之害，提出年满五十岁的僧人才有资格申请建寺，而且在京城内不得随意建寺。"在于郭外，任择所便"。外州建寺，须经州府批准。这个奏折得到了皇帝的准许。

东魏孝静帝元善见在元象元年（538）下诏："天下牧守令长，悉不听造寺。若有违者，不问财之所出，并计所营功庸，悉以枉法论。"④

不管是禁止靡费巨资建寺造像，还是沙汰冗滥僧尼，统治者都是出于维护自己统治地位的考虑。同时，对于佛教本身来说，也能整顿僧伽内部，树立其良好的社会风貌，从长远来看有利于佛教发展。然而，由于当时社会不稳，战乱频仍，许多法令并没有得到有效的贯彻和执行，私度僧尼、乱建寺院以及僧人腐败的现象仍大量存在。

此外，统治者对具体的佛教活动也会进行管理。

孝文帝曾经下诏亲自安排僧人的结夏安居。《帝令诸州众僧安居、讲说诏》曰：

门下：凭玄归妙，固资真风；餐慧习慈，实钟果智。故三炎检摄，道之恒规；九夏温诠，法之嘉猷。可勅诸州，令此夏安居清众：

---

① （北齐）魏收：《魏书》卷一百一十四，中华书局 1974 年版，第 3039 页。
② 同上书，第 3038 页。
③ 同上书，第 3043 页。
④ 同上书，第 3047 页。

大州三百人，中州二百人，小州一百人，任其数处讲说，皆僧祇粟供备；若粟鲜、徒寡，不充此数者，可令昭玄量减还闻。其各钦旌贤匠，良推叡德，致滥浊，惰兹后进。[①]

结夏安居是佛教徒依律进行的一种修持活动，然而在政权无孔不入的中国古代封建社会，也要受到统治者的干预，由此可以看出，僧人作为方外人，同时也是社会人，他们在遵从戒律的同时，也必须按照统治者的意愿行事。

## 第三节 北朝时期佛教在各阶层的传播

南北朝时期，中国社会动荡不安，人民生活朝不保夕。佛教以其独特、深广的教义满足了人们的不同需求，在社会各阶层得到了广泛传播，并深刻影响了社会各阶层的价值观、思维方式以及生活习俗等。

### 一 僧尼队伍的不断壮大及其佛教活动的开展

虽然经历了两次灭佛事件，北朝佛教依然呈不断壮大之势。这一情况通过寺院和僧尼的数字就可知晓。

魏朝（包括东魏、西魏）有皇帝造寺 47 所，王公贵族造寺 839 所，百姓造寺 3 万余所；僧尼 200 万人。北魏先都平城，后迁洛阳。据《魏书·释老志》记载，北魏京城和各地的寺院与僧尼数量增长迅猛。孝文帝太和元年（447）的时候，平城有寺约 100 所，僧尼 2000 余人，各地有寺 6478 所，僧尼 77258 人。到宣武帝延昌（512—515）中，各地有寺 13727 所，比太和元年增加了 1 倍还要多。再到孝明帝神龟元年（518）时，京城洛阳有寺 500 所，是太和元年时京城平城寺院的 5 倍。北魏末年（534），各地有寺 3 万余所，僧尼 200 万人，寺院数量又比延昌年间增加了 1 倍多，而僧尼人数则是太和元年僧尼人数的将近 26 倍。另据《洛阳伽蓝记》卷五载，北魏末年洛阳有寺 1367 所，相较于神龟元年时的洛阳寺院，又增加了 1 倍多。

---

① （唐）道宣：《广弘明集》卷二十四，《大正藏》第 52 册，第 272 页下。

北齐有皇室立寺 43 所①。邺都有寺约 4000 所，僧尼 8 万人②。全国有僧尼 200 余万。③ 北周有寺 931 所。④

僧尼人数增加表现在宗教活动方面，即译经弘法和建寺造像上。在译经弘法方面，据《开元释教录》卷六、卷七载，魏朝（包括东魏）译经83 部 274 卷，北齐译经 8 部 52 卷，北周译经 14 部 29 卷。在建寺造像方面，魏孝文帝在诏书中说："内外之人，兴建福业，造立图寺，高敞显博，亦足以辉隆至教。"⑤ 从现存许多雕造释迦、弥勒、弥陀、观音像的题记也可以看出当时造像风气的盛行。

### 二　佛教在统治集团中的传播

北朝佛教的兴盛离不开统治集团的信奉与支持，前面我们已经就中国封建王朝的最高统治者——皇帝信佛、好佛的情况作了介绍，下面再就统治集团中的其他阶层——皇后、太子、王公贵臣的信佛情况进行简单的勾勒。

北魏太武帝时期，太子晃师事玄高，奉佛虔至；尚书韩万德师从凉州沙门慧崇。后玄高、慧崇皆被武帝所杀。太武帝发动灭佛时，晃缓宣诏书，许多沙门得以闻讯逃脱。这在前面章节中已经论及，此不重复。不过，可以看出，同为统治阶级集团内部，即便是太子、尚书，其奉佛也必须得到最高统治者皇帝的许可，只有在许可的范围内，自己的信仰才有生存的空间。如果最高统治者持否定的态度，信仰在政治的压迫下也会夭折。

太武帝死后，佛教得以复兴，历朝崇信佛法的太后皇后和王公大臣非常多。在后妃信佛中影响最大的就是冯太后和胡太后。

孝文帝即位之初，文成帝皇后冯氏，即文明太后临朝听政。文明太后出身北燕冯氏，北燕乃佛法崇盛之地，受家学影响，冯太后颇信佛。史称她曾"立文宣王庙于长安，又立思燕佛图于龙城"，⑥ 为其父祖追福。又

---

① （唐）法琳：《辩正论》卷三，《大正藏》第 52 册，第 508 页上。

② （唐）道宣：《续高僧传》卷十《靖嵩传》，《大正藏》第 50 册，第 501 页中。

③ 同上书，卷八，第 485 页上。

④ （唐）法琳：《辩正论》卷三，《大正藏》第 52 册，第 508 页中。

⑤ （北齐）魏收：《魏书》卷一百一十四，中华书局 1974 年版，第 3038 页。

⑥ （北齐）魏收：《魏书》卷十三，中华书局 1974 年版，第 329 页。

在方山建寿陵，并造永固石窟寺，以作为自己的归宿。冯太后有一个哥哥，名叫冯熙，为侍中、太师，史称他"为政不能仁厚，而信佛法，自出家财，在诸州镇建佛图精舍，合七十二处，写一十六部《一切经》。延致名德沙门，日与讲论，精勤不倦，所费亦不赀"。① 冯熙建寺造塔，多选在高山秀峰上，经常伤杀人、牛，有僧人劝止他，冯熙竟回答说："成就后，人唯见佛图，焉知杀人、牛也。"② 冯熙信佛的动机可以想见，但为自己求福德，连真正的佛法大意都不理解。冯熙有两个女儿都曾为孝文帝的皇后，姐姐即幽皇后，曾经出家为尼；妹妹被废后，为练行尼，终于瑶光寺。汤用彤在其《汉魏两晋南北朝佛教史》中指出："魏世宫闱佛法之盛，盖必得力于燕之冯氏也。"③

孝明帝元诩即位之初，由宣武灵皇后胡氏摄政。胡太后小的时候与出家为尼、颇能讲道的姑姑相依为命，知道佛经大意，对佛教很有感情，因此非常支持佛教的发展。她花费巨资建寺造塔，大设斋会。据杨衒之《洛阳伽蓝记》载，灵太后仅在洛阳城内就亲敕修建了永宁寺、秦太上公、秦太上君寺等大寺。当时王公大臣纷纷仿效胡太后捐资造寺，连宦官也大起尼寺，如昭仪尼寺、魏昌尼寺、景兴尼寺等。另外，胡太后还非常重视译经、求经。她诏令菩提流支居住在永宁寺，供给他一切需求，并敕七百梵僧以菩提流支为译经元匠。胡太后还诏遣沙门慧生前往西域求经。《洛阳伽蓝记》卷五载："神龟元年十一月冬，太后遣崇立寺比丘惠生向西域取经。"惠生共取回大乘经典170多部。

北齐也有一个"好佛"的胡皇后。武成帝皇后胡氏，"自武成崩后，数出诣佛寺。又与沙门昙献通。布金钱于献席下，又挂宝装胡床于献屋壁，武成生平之所御也。乃置百僧于内殿，托以听讲，日夜与昙献寝处，以献为昭玄统。僧徒遥指太后以弄昙献，乃至谓之为太上者。帝闻太后不谨，而未之信。后朝太后见二少尼，悦而召之，乃男子也。于是昙献事亦发，皆伏法"。④ 由这段史料可知，这个胡太后"好佛"，其实是"好僧"，并不是真正信佛、奉佛。

① （北齐）魏收：《魏书》卷八十三，中华书局1974年版，第1820页上。
② 同上。
③ 汤用彤：《汉魏两晋南北朝佛教史》，中华书局1983年版，第363页。
④ （唐）李百药：《北齐书》卷九，中华书局1972年版，第126页。

北朝皇后出家的情况，据《北史·后妃传》等书记载，北朝自拓跋魏入主中原至隋亡北周，共有 17 位后妃出家。其中，北魏见于史书的皇后 31 位，有 7 位出家；北齐 14 位后妃中，有 4 位出家；北周有皇后 12 位，6 位出家。

关于皇后出家的具体情况，兹列举如下。

北魏孝文帝皇后冯氏，"有姿媚，偏见爱幸。未几疾病，文明太后乃遣还家为尼"。后"素疹痊除"，孝文帝便遣人迎赴洛阳，并"宠爱过初"①。

孝文帝皇后冯氏，因与冯昭仪争宠，被废为庶人。"后贞谨有德操，遂为练行尼。后终于瑶光佛寺。"②

宣武帝皇后高氏，"性妒忌，宫人希得进御。及肃宗即为，上尊号曰皇太后。寻为尼，居瑶光寺，非大节庆，不入宫中"③。

北魏武泰元年（528），"尔朱荣称兵渡河，太后尽召肃宗六宫皆令入道，太后亦自落发"。④

西魏文帝大统中，为了安抚边境，娶蠕蠕公主，命文皇后乙弗氏"逊居别宫，出家为尼"。⑤ 后西魏与蠕蠕反目，文帝又命令乙弗氏蓄发还朝。

北齐文宣帝皇后李氏，在经历了宫闱乱伦之后出家为尼，虽"后性爱佛法"，但"隋时得还赵郡"⑥。

北齐后主皇后斛律氏，"废在别宫，后令为尼"。"后齐灭，嫁为开府元仁妻"⑦。

北齐后主皇后胡氏，因得罪太后，"太后大怒，唤后出，令剃其发，送令还家"⑧。

北周孝闵帝皇后元氏，"帝被废，后出俗为尼"⑨。

---

① （北齐）魏收：《魏书》卷十三，中华书局 1974 年版，第 333 页。
② 同上书，第 332 页。
③ 同上书，第 336 页。
④ 同上书，第 340 页。
⑤ （唐）李延寿：《北史》卷十三，中华书局 1974 年版，第 508 页。
⑥ （唐）李百药：《北齐书》卷九，中华书局 1972 年版，第 125 页。
⑦ 同上书，第 127 页。
⑧ 同上。
⑨ （唐）令狐德棻：《周书》卷九，中华书局 1971 年版，第 143 页。

北周武帝皇后李氏，先是宣帝时被尊为"天元圣皇太后"，后宣帝崩，静帝尊其为"太帝太（皇）后"。"隋开皇元年三月，出俗为尼，改名常悲。"①

北周宣帝皇后陈氏、元氏、尉迟氏，皆因"帝崩，后出俗为尼"②。

北周宣帝皇后朱氏，静帝时被尊为"帝太后"。"隋开皇元年，出俗为尼，名法净。"③

综观以上史料不难发现，与冯太后和胡太后信佛大不相同，众多皇后虽然出家为尼，但多是无奈之举，自觉自愿出于自己对佛教的喜欢与信仰的极少。皇后出家的原因不外几种：第一，帝崩、帝废或朝代更换。如北周孝闵帝皇后元氏，北周武帝皇后李氏，北周宣帝皇后陈氏、元氏、尉迟氏、朱氏。第二，宫闱斗争失败。如孝文帝的两位皇后冯氏姐妹。第三，政治斗争的牺牲品。如西魏文帝文皇后乙弗氏、北齐后主皇后斛律氏、北齐文宣帝皇后李氏。第四，得罪太后。如北魏孝文帝皇后冯氏（姐姐，幽皇后）、北齐后主皇后胡氏。

虽然宣武帝皇后高氏是自愿出家，但是她为人善妒，后虽被尊为皇太后，但是灵太后专权，估计她也有许多无奈之处。

另外，冯太后与灵太后都曾经专权摄政，因此可以利用自己手中的政治权力进行崇佛，所以，她们信佛的政治因素非常明显，这也是其他皇后出家所没有的特点。

此外，北朝奉佛的王公贵族也不在少数。

魏世奉佛的诸王有：城阳王徽，舍宅立宣忠寺；广陵王恭，即前废帝，曾住龙华寺；彭城宣武王勰，立明悬尼寺，载："景明、报德寺僧鸣钟欲饭，忽闻勰薨，二寺一千余人皆嗟痛，为之不食，但饮水而斋。"④由此可见其奉佛之虔诚以及与僧人之特殊情意；北海王元详，建追圣寺，并造像；清河王元怿，立景乐、冲觉、融觉诸寺；汝南王元悦，"好读佛经"，与兄元怿一同敬事法贞，并先后于正光三年（522）和正光五年（524）修塔，同时，他也喜欢与左道中人交游，希求长寿之方；广平武

---

① （唐）令狐德棻：《周书》卷九，中华书局1971年版，第145页。

② 同上书，第147—148页。

③ 同上书，第146页。

④ （唐）李延寿：《北史》卷十九，中华书局1974年版，第707页。

穆王怀，舍宅立平等、大觉二寺。

魏世诸王信佛除了立寺建塔、造像供僧之外，还有弃爵出家者。据《魏书》十九记载，京兆王子太兴愿入道，请舍王爵为沙门。表十余上，乃见许。时孝文帝南讨，在军诏太子于四月八日为之下发。

到了魏末（534），天下大乱，京邑第舍，大略为寺。杨衒之在《洛阳伽蓝记·序》中这样写道："王侯贵臣，弃象马如脱履。庶士豪家，舍资财若遗迹。"①

可以看出，诸王信佛，对于佛教义理感兴趣并去探究的人少，多数还是信仰性更强，重宗教实践和福德利益。

### 三　佛教在文人中的传播

魏世信佛的文人学士见于记载的并不多，主要有崔光、王肃、王翊、孟仲晖、冯亮、裴植、裴粲和徐纥。

崔光，嗜书好学，"崇信佛法，礼拜读诵，老而愈甚，终日怡怡，未曾恚忿"。崔光的家族信佛可以说形成了一种气候，崔光的弟弟敬友，"精心佛道，昼夜诵经"；崔光的从弟长文，辞官回家后，"专读佛经，不关世事"。② 崔光还有一个弟弟出家，名叫惠顺（见《续传》）。另据《洛阳伽蓝记》载，崔光曾布施正始寺钱四十万。

崔光信佛，除了拜佛、念经、布施之外，对佛教的也义理非常感兴趣。沙门菩提流支、勒那摩提等译经时，崔光经常担任笔受。《十地经论》由其笔受后，崔光还为之作"序"。当时的沙门喜欢结交朝廷权贵，他们请崔光讲解《维摩经》《十地经论》等，听者达数百人之多。崔光还为这两部经作"疏"。

王肃，琅琊人，"赡学多通，才辞美茂，为齐祕书丞"。③ 太和十八年（494）归顺北齐，因在江南时曾聘谢氏女为妻，后尚北齐公主，愧对谢氏，故于洛阳建正觉寺以安顿她。

王翊，王肃次兄琛之子，风神秀立，好学有文才，舍宅立愿会寺。

孟仲晖，武威人，父孟宪曾任金城（今甘肃兰州）太守。孟仲晖天

---

① （北魏）杨衒之：《洛阳伽蓝记》卷一，《大正藏》第 5 册，第 999 页上。

② （北齐）魏收：《魏书》卷六十七，中华书局 1974 年版，第 1506 页。

③ （北魏）杨衒之：《洛阳伽蓝记》卷三，《大正藏》第 51 册，第 1011 页上。

性聪颖，对佛教义学有较高造诣，尤其是关于四谛的理解非常深刻，经常到永明寺与沙门一起谈论，被寺里的沙门称为玄宗先生。

冯亮，南阳人，少博览诸书，又笃好佛理。宣武帝时，曾令侍讲《十地》诸经。冯亮性喜清净，在洛阳时，隐居嵩山，与僧徒礼佛念经，茹素饮水。因王敞事发，牵连山中沙门，虽诏特免雪，不敢还山，寓居景明寺。后因思念旧居而还山，在宣武帝支持下，造闲居佛寺，后卒于嵩高道场寺。

裴植，少而好学，览综经史，尤长释典，善谈义理。史载，裴植的母亲虔诚信佛，"年逾七十，以身为婢，自施三宝，布衣麻菲，手执箕帚，于沙门寺洒扫……诸子各以布帛数百赎免其母"[1]。裴植遭人陷害，50 岁而终。临终，遗令子弟在他死后为他剪掉须发，穿上法服，以沙门之礼葬于嵩山之阴。

裴粲，是裴植的弟弟，也喜好释学，经常亲自升讲座开讲。虽然他对佛教义理的理解并不精深，可是其喜好风韵高雅，精神可嘉。

徐纥，乐安博昌（今寿光）人，习名理，以文词见长。信佛教，经常与沙门讲经论道，或通宵达旦，而心力无怠。

信佛的文人大多对佛教的义理感兴趣，喜欢与沙门交游并讲经论道，与王公贵臣信佛大异其趣。不过，需要注意的是，在这些人中，崔光的祖父与父亲都曾仕于南朝宋，崔光 17 岁的时候才来北方。王肃、王翊是王导的后裔，都是年长才归顺魏朝。冯亮本在南方，为魏人虏获，后才隐居嵩山。裴植也是先仕于江南，他的弟弟裴粲当然也来自南方。这些人与南朝的关系说明，北朝文士信佛，深受南朝佛教重义理风气的影响。

### 四　佛教在民众中的传播

北朝佛教兴盛的表现，不光是在统治集团以及文人学士中间的传播，更重要的是它在广大民众中间广泛流行，产生了很大影响。民众信佛的主要方式有读经、写经、造像以及请僧人做法事等。

佛教自传入中国之始，就伴随着佛典的翻译，到北朝时期，伴随着一批新的佛典的译介，许多经典已经在民众中间广泛传播，例如《观音经》、《药师经》、《大般涅槃经》等都非常流行。

---

① （北齐）魏收：《魏书》卷七十一，中华书局 1974 年版，第 1571 页。

《观音经》，即《普门品》，在北朝十分流行，由于经中说到诵读《观音经》可得许多现实利益，因此在当时可谓人人皆诵。例如，《续高僧传》卷十三《功迥传》记载："释功迥，姓边，汴州浚仪人。年六岁便思出家。慈亲口授观音经。"① 功迥在未出家前，父母亲授《观音经》，可知其父母常读《观音经》，对《观音经》很熟悉，并且非常崇奉该经。因此他们得知儿子想出家后，首先教授的就是《观音经》。

《周书》中还记载了一个名叫张元的人，读《药师经》并请僧人做药师法以为其祖父治目盲的故事：

> 张元字孝始，河北芮城人也。祖成，假平阳郡守。父延隽，仕州郡，累为功曹、主簿。并以纯至，为乡里所推。元性谦谨，有孝行。微涉经史，然精修释典。……及元年十六，其祖丧明三年，元恒忧泣，昼夜读佛经，礼拜以祈福佑。后读《药师经》，见盲者得视之言，随请七僧，燃七灯，七日七夜转《药师经》行道。每言："天人师乎！元为孙不孝，使祖丧明。今以灯光普施法界，愿祖目见明，元求代暗。"如此经七日。其夜，梦见一老公，以金镜治其祖目。谓元曰："勿忧悲也，三日之后，汝祖目必差。"元于梦中喜悦，随即惊觉，乃遍告家人。居三日，祖果目明。②

"微涉经史，然精修释典"，可以看出，张元平时就喜欢研读佛经义理。后因祖父目盲，更是昼夜读经，精勤不懈，以求福佑。后又请僧人做药师法，最终为其祖父治好了眼睛。

关于《大般涅槃经》，在敦煌遗书的写经中有题记为北魏宣武永平五年（512）五月五日李季翼为亡姐所抄写的《大般涅槃经》。李季翼为死去的姐姐祈福，抄写《大般涅槃经》，可见当时该经非常流行，诵读、抄写的风气已很普遍。

当然，最能彰显民众信仰佛教之热情的还属造像，现今存留下来的大量造像记，为我们了解北朝民众的佛教信仰状况提供了极其珍贵的资料。

---

① （唐）道宣：《续高僧传》卷十三，《大正藏》第 50 册，第 528 页下。
② （唐）令狐德棻：《周书》卷四十六《张元传》，中华书局 1995 年版，第 832 页。

现列举一些较有代表性的造像记。①

北魏皇兴五年（471）三月廿七日仇寄奴造像云："愿父母上生天上，直遇诸佛，下生人间侯王长者。"

北魏太和七年（483）八月卅日云冈邑义五十四人造像："又愿义诸人、命过诸师、七世父母、内外亲族……长辞八难，永与苦别。"

北魏太和廿二年（498）十二月二日吴道兴造像云："吴道兴为亡父母造光世音一区，愿居家大小托生西方妙洛（乐）世界，所求如意，兄弟姊妹六人常与佛会。"

北魏景明三年（502）五月卅日邑主高树等造像云："愿元世父母及现世眷属，来身神腾九空，迹登十地。"

同年十一月十一日刘未等人造像云："上为国家皇帝，并及七世父母、眷属、村舍大小，常与佛〈会〉，愿上生天上，下生人中侯王，居仕富贵家产……"

北魏孝昌二年（526）五月十五日清信欲会为亡女造像："愿登紫极，永与苦别。"

东魏兴和四年（542）三月七日成休祖造像："愿使夫妻息绍宗三口悉皆平善，老者延年，少者益寿，男学聪明，仕官速升，所求而愿。"

东魏武定元年（543）二月三日合邑道俗造像云："上为皇家祚隆万代，中为师僧父母，下为边地众生……"

北齐天统二年（566）四月十日刘僧信等合邑造像："为皇家、臣庶、父母、师僧、己身一□越离诸难，长□恶趣，终归净（土）……"

虽然，只列举这些造像记，我们还无法对北朝民众信佛的状况进行一个整体全面的审视，但是民众信佛的一些特点和基本状况已可窥知。

首先，民众造像的对象包括死者和生者。死者主要是已经去世的父母、兄弟姐妹和子女，生者主要是在世的家眷、师僧、知识朋友等与自己密切相关的人物。皇帝官僚等虽也有涉及但非常少。另外，还有一些造像中提到了众生的概念，这是典型的佛教概念，可以看出信徒受佛教教义的影响。但众生往往出现在末尾，足见其不是造像者关注的中心。造像者关注的中心仍是家族血亲，中国固有的儒家孝亲文化以及中国人的家本位思

---

① 所引造像记引自侯旭东著《五、六世纪北方民众佛教信仰》，中国社会科学出版社1998年版。

想非常明显。

其次，民众造像的目的大体可以分为两类。一类是现世的利益，例如祛病消灾，延年益寿；一类是来生的幸福，例如，得遇诸佛菩萨，往生极乐世界，或者不受三途之苦，转生富贵之家等。可见佛教轮回转生的思想已被大家所接受，大家既关注自己的现实生活，也关心自己和家人来世生命的去处。而且，由于北朝动乱的社会现实，普通民众很难获得现世的利益和幸福，所以更容易把希望寄托在来世生命里，因而现世利益的祈求并不是祈愿的主体。

再次，从民众造像的方式看，既有单人造像，又有集体造像。所谓集体造像，常常是几十个人一起造像，往往是以当时的邑义为单位。也有道俗两众一起造像的例子。

最后，从民众造像的内容来看，以释迦佛、弥勒佛、观音菩萨等最为普遍。此外，在陕西耀县发现的造像中还出现过佛道两教的神祇一并出现的特殊情况。这说明，民众信佛很容易与道教特别是民间信仰混杂在一起。因为民众受他们所处社会地位以及文化水平的限制，对佛教学说的理解常常是片段式的、不成系统的，他们大多是接受了佛教中的某些教义思想或说法，被佛教追求的终极目标以及信佛所能带来的现实好处所吸引，从而采取一定的宗教实践手段如抄经、造像等来尽力满足自己的心理需要和现实愿望。所以，与其他阶层的人信佛相比，民众信佛很容易表现出简单化、模糊化、功利化以及虔诚度低的特点。

### 五　佛教在民间的非正统化与疑伪经的出现

佛教传入中国后，真正开始植根民间源于两晋南北朝时期。其中，佛教深入民间的一个重要表现，即作为一种外来宗教与中国的固有文化和民俗信仰相结合，产生出中国人自己编撰的经典，即疑伪经。

所谓疑伪经，是相对于"真经"而言的，中国古代的佛教徒将自梵文和胡语译为汉文的佛经称为"真经"，而中国汉族佛教徒自己编撰、选抄的佛经称为疑经，或断定为伪经。这种说法最早见于东晋道安的《综理众经目录》，南朝梁僧祐的《出三藏记集》因袭了这种做法，后来的历代经录都将疑伪经单列出来。疑伪经虽然为中国人自己所造，于宗教信仰来说，其缺乏神圣的权威性，然而其价值并不亚于真经。对伪经的研究，是我们了解当时中国人对佛教的理解的一种重要手段，是我们把握当时流行的社会思潮的重要途径，是我们探究佛教在民间传播情况的重要桥梁。

《提谓波利经》是北朝时期产生的一部非常重要的疑经，它是为在家信徒编造的，最早见于《出三藏记集》卷五："提谓波利经二卷（旧别有提谓经一卷）……北国比丘昙靖撰。"①

《历代三宝纪》认为，两卷本的《提谓经》是昙靖在一卷本的基础上吸收了自汉代以来流行的阴阳五行学说编造的：

> 《提谓波利经》二卷（见三藏记）……元魏沙门释昙静，于北台撰。见其文云：东方太山，汉言代岳，阴阳交代，故云代岳。于魏世出，只应云魏言，乃曰汉言，不辨时代，一妄。太山即此方言，乃以代岳译之，两语相翻不识梵魏，二妄。其例甚多，不可具述，备在两卷经文。旧录别载，有提谓经一卷，与诸经语同，但靖加足五方，五行，用石糅金，致成疑耳。②

《续高僧传》卷一《昙曜传》附有昙靖的传记："又有沙门昙靖者以创开佛日，旧译诸经并从焚荡，人间诱导凭准无因，乃出《提谓波利经》二卷，意在通悟，而言多妄习。"③ 这里指出了昙靖编造此经的因缘：太武帝灭佛时将诸经几乎焚烧殆尽，在其后佛法复兴之时，缺少佛经，昙靖适应当时人们的需要编造了此经，混入了许多中国固有的思想和传统习俗，故道宣认为"言多妄习"。

《提谓波利经》虽然久佚，但它的内容在后来的许多佛教著作中多有引用，如隋智者大师《法华玄义》卷十、《法界次第初门》卷一、《仁王护国般若经疏》卷二，唐法琳《辩正论》卷一，唐湛然《止观辅行传弘决》卷六之二，唐窥基《大乘法苑义林章》，唐道世《法苑珠林》卷二十三、卷三十七、卷八十八，唐道世《诸经要集》卷三及日本证真《法华

---

① （梁）僧祐：《出三藏记集》卷五，《大正藏》第 55 册，第 39 页上。
② （隋）费长房：《历代三宝纪》卷九，《大正藏》第 49 册，第 85 页中。
③ （唐）道宣：《续高僧传》卷一，《大正藏》第 50 册，第 428 页上。

玄义私记》卷十等。① 另外，在敦煌遗书中也发现了它的残本。②

　　牧田谛亮认为，《提谓经》内容与题为东汉安世高所译的《分别善恶所起经》部分类似。《分别善恶所起经》在《出三藏记集》卷四中被列入"失译"类，到《历代三宝纪》卷四中才被录为安世高译，而《法经录》、《彦琮录》和《静泰录》都不认为是安世高译，很可能也是中国人编撰，因此，《提谓经》在编撰的时候很可能抄录了《分别善恶所起经》，或者《分别善恶所起经》抄录了《提谓经》。③ 任继愈主编《中国佛教史》认为，《分别善恶业报经》从文字看应该早于《提谓经》，说明《提谓经》在编造过程中抄录了当时所存的经典。④

　　提谓和波利是两个商人，据佛经记载，释迦牟尼在菩提树下成道后，提谓和波利曾率五百商人皈依佛陀。⑤《提谓波利经》就是以此为线索讲述五戒、持斋以及因果业报的，其内容主要有如下几方面。

　　第一，将五戒与五常、五方、五行和五藏（脏）相比附。《仁王护国般若经疏》卷二曾引用佚文：

　　　　提谓、波利等问佛：何不为我说四、六戒？佛答：五者天下之大数，在天为五星，在地为五岳，在人为五脏，在阴阳为五行，在王为五帝，在世为五德，在色为五色，在法为五戒。以不杀配东方，东方是木，木主于仁，仁以养生为义；不盗配北方，北方是水，水主于智，智者不盗为义；不邪淫配西方，西方是金，金主于义，有义者，不邪淫；不饮酒配南方，南方是火，火主于礼，礼防于失也；以不妄语配中央，中央是土，土主于信，妄语之人乖角两头，不契中正，中

---

　　① 塚本善隆据此辑有《提谓经佚文》，载《北朝佛教史研究》第六。

　　② 敦煌遗书中此经的残本现有四种：大不列颠所藏斯坦因本（S. 2051）、巴黎国立图书馆所藏伯希和本（P. 3732）、北京图书馆本（《敦煌劫余录》霜字十五号）的《佛说提谓五戒经并威仪》下卷、苏联亚洲民族研究所藏本。牧田谛亮所著《疑经研究》第四章《提谓经和分别善恶所起经》对前三种作了介绍，并附录斯坦因本（仅有卷下）、伯希和本（认为相当于卷上）和北京图书馆本。斯坦因本影印件可见黄永武主编《敦煌宝藏》第 15 册，台湾新文丰出版公司出版。

　　③ ［日］镰田茂雄：《中国佛教通史》卷四，佛光出版社 1993 年版，第 202 页。

　　④ 任继愈主编：《中国佛教史》第三卷，中国社会科学出版社 1988 年版，第 555—556 页。

　　⑤《太子瑞应本起经》卷二、《普曜经》卷七、《修行本起经》卷二、《中本起经》卷一等都有记载。

正以不偏乖为义也。①

伯希和 3732 号关于五脏与五行的关系这样解说："五脏是以肝为木、心为火、肺为金、脾为土、肾为水，是谓五脏。"因此，五戒与五常、五方、五行和五藏（脏）的对应关系如下：

五戒　——五常——五方——五行——五藏（脏）

不杀　——仁　　——东方——木　——肝

不盗　——智　　——北方——水　——肾

不邪淫——义　　——西方——金　——肺

不饮酒——礼　　——南方——火　——心

不妄语——信　　——中央——土　——脾

需要注意的是《止观辅行弘决》卷六之二所引经文中五戒与五常的相应关系与此不同："悯伤不杀曰仁，清察不盗曰义，防害不淫曰礼，持心禁酒曰智，非法不言曰信。"② 但据《辩正论》引文③ 及伯希和 3732号，《止观辅行弘决》应该有误。

五戒为佛教本有的思想，但是五常、五行、五方和五脏则是中国儒家、道家以及阴阳五行诸派的思想。《提谓波利经》将佛教思想与中国本有的思想学说进行比附，是为了缩小两种文化学说之间的差距，调和它们之间的矛盾，以使佛教更加方便地为中国人所接受。

第二，五戒与佛教的业报轮回和成佛解脱是密不可分的。

伯希和本《提谓经》和斯坦因本《提谓经》都认为，不持五戒的人死后将入地狱。而要想成佛，必须从持守五戒开始。"佛戒，天地之根，万物之主，众生之母，太一之子，道之始。从五戒养之，自致得佛。"（伯.3732 号）

第三，持斋修行。

又提谓经云，提谓长者白佛言：世尊，岁三斋皆有所因，何以正

① （隋）智顗说、灌顶记：《仁王护国般若经疏》卷二，《大正藏》第 33 册，第 260 页下—261 页上。

② （唐）湛然：《止观辅行弘决》卷六，《大正藏》第 46 册，第 341 页下。

③ （唐）法琳：《辩正论》卷一，《大正藏》第 52 册，第 494 页下。

用正月、五月、九月？六日斋用月八日、十四日、十五日、二十三日、二十九日、三十日？佛言：正月者少阳用事，万神代位，阴阳交精，万物萌生，道气养之，故使太子正月一日持斋，寂然行道，以助和气，长养万物，故使竟十五。五月者太阳用事，万物代位，草木萌类，生毕百物，怀妊未成，成者未寿，皆依道气，故持五月一日斋，竟十五日，以助道气，成长万物。九月者少阴用事，乾坤改位，万物毕终，衰落无牢，众生蛰藏，神气归本，因道自宁，故持九月一日斋，竟十五日。春者万物生，夏者万物长，秋者万物收，冬者万物藏。依道生没，天地有大禁，故使弟子乐善者避禁持斋，救神故尔。

长者提谓白佛言：三长斋何以正用一日至十五日？复言：如何名禁？佛言：四时交代，阴阳易位，岁终三覆八校，一月六奏，三界皓皓，五处录籍，众生行异，五官典领，校定罪福，行之高下，品格万途。诸天帝释太子、使者、日月鬼神、地狱阎罗、百万神众等，俱用正月一日、五月一日、九月一日，四布案行，帝王臣民八夷、飞鸟走兽鬼龙行之善恶，知与四天王。月八日、十五日、尽三十日，所奏同不，平均天下，使无枉错。覆校三界众生罪福多少所属，福多即生天上，即勅四镇五罗大王司命，增寿益算，下阎罗王摄五官，除罪名，定福禄，故使持是三长斋，是故三覆。八校者，八王日是也。①

这里提到了在家佛弟子应持三种斋：六斋日、八王日和三长斋月。虽然佛经中早已有关于持斋的记载，但是《提谓经》的说法主要是利用了中国秦汉以来的月令学说和阴阳五行思想。如"正月者少阳用事""五月者太阳用事""九月者少阴用事"等说法与《白虎通义·五行》关于四时五行的论述相近。②

另外，持斋可以积福累德，增寿益算。增寿益算的思想来源于道教，将佛教的业报轮回学说与道教的延年益寿思想结合起来对佛教在中国的传播是非常有益的。

总之，正是由于该经吸收了儒、道思想及阴阳学说，所以出现后极为流行。据《续高僧传·昙曜传》附传记载："隋开皇关壤往往民间犹习

① （唐）道世：《法苑珠林》卷八十八，《大正藏》第 53 册，第 932 页中、下。
② 任继愈主编：《中国佛教史》第三卷，中国社会科学出版社 1988 年版，第 562—563 页。

《提谓》。邑义各持衣钵，月再兴斋。仪范正律，递相监检，甚具翔集云。"① 隋朝的时候，关中地区民间因学习信奉《提谓经》而结社，且斋会时有仪范规矩来约束人们，可见其在民间流传之广、影响之深。

北朝时期出现的另一部比较重要的疑经就是《宝车经》。

《出三藏记集》卷五载："《宝车经》一卷（或云妙好宝车菩萨经）……北国淮州比丘昙辩撰，青州比丘道侍改治。"② 《历代三宝纪》、《法经录》、《开元录》等都将此经判为疑经。

此经今存敦煌残本，载《大正藏》第85册，经后附录：

> 大业十三年，佛弟子张佛果为刘士章善友知识敬造《宝车经》一卷，流通读诵，讲说修行。愿藉此大乘弘化之业，俱游胜境，履践妙迹，背八邪道，归八正路，具首楞严三昧之力，获四如意念处功德。愿于将来无量劫中世世生生还共弟子深结善因菩提，眷属发大乘心求摩诃衍，具足智慧神通威德根力觉道，皆悉成就，俱修梵行，同登种觉。③

据此可知，至少在隋朝的时候，《宝车经》和《提谓经》一样，在民间是非常流行的，抄写该经、流通诵读并讲说修行蔚然成风。

镰田茂雄认为，《宝车经》深受《法华经》影响。"牵弘誓之大牛，驾三乘之宝车。"④ "积著三乘之大车，运著无极之大城。"⑤ 其中，"大牛"，即大白牛车，"三乘宝车"，即三车。源自《法华经·譬喻品》。另外，"其有诽谤此经典者，死入地狱"⑥ 也与《法华经》中"以嗔恚意轻贱我故，二百亿劫常不值佛、不闻法、不见僧，千劫于阿鼻地狱受大苦恼"⑦ 相类似。

在内容方面，《妙好宝车经》与《提谓经》的主旨相似，都是宣说守

① （唐）道宣：《续高僧传》卷一《昙曜传》，《大正藏》第50册，第428页上。
② （梁）僧祐：《出三藏记集》卷五，《大正藏》第55册，第39页上。
③ 《妙好宝车经》卷一，《大正藏》第85册，第1335页下。
④ 同上书，第1335页上。
⑤ 同上书，第1335页中。
⑥ 同上书，第1334页上。
⑦ （后秦）鸠摩罗什译：《妙法莲华经》卷六，《大正藏》第9册，第51页上。

戒持斋的功德。

　　　佛后宝车菩萨，汝今应当教诸众生，普皆受持三归五戒，十善八
斋转身更生，尽得须陀洹道，斯陀含道，阿那含道，阿罗汉道，尽诸
有漏，四道具足。①
　　　……
　　　佛言：若有善男子善女人，能于斋日在三尊前，发露忏悔自悦过
咎者，罪灭福生，不经刀山剑树濩汤卢炭，不犹三涂受。若众生不经
八难，乃与诸佛菩萨携手接腕，诸天官殿入中，遍观欢欣快乐，广成
弘愿。②
　　　……
　　　人急依于佛，无戒求佛难。③

　　人们守戒持斋，可以成就四果位。如果在斋日忏悔自己的罪愆，还能
不受八苦，与诸佛菩萨上升天界。而如果离开了戒，人是不能信佛、求佛
并最终成佛的。

　　经文后面，还有一段道人与婆罗门的问答。婆罗门问道人为什么不耕
作？道人回答，他耕作的田地与其他人耕作的田地是不一样的，他耕作的
是人们的心田，以四禅为耕犁，以六度为种子。佛教传入中国之后，僧人
出家乞食的制度与中国固有的文化习俗大不一样，许多排斥佛教的人认为
僧人懒惰，是社会的寄生虫。到北魏时，确实存在许多为逃避赋税兵役而
出家的情况，太武帝灭佛的原因之一也是僧尼冗滥影响了国家的税收和军
事。因此，这部经中特意将僧人乞食的缘由加以陈述，当是应社会形势所
需而为。

　　通过对《提谓经》和《妙好宝车经》内容的分析，可以看出它们一
个共同的特点就是重视守戒持斋。北朝时期，佛教在迅速发展的同时，其
内部也出现了一些问题，僧人违戒的现象屡有发生，北魏太武帝灭佛的直
接导火索就是在长安的寺院里发现酿酒的器具及藏匿妇女的洞窟。因此，

---

① 《妙好宝车经》卷一，《大正藏》第 85 册，第 1334 页上。
② 同上书，第 1334 页下。
③ 同上书，第 1335 页中。

面对僧尼素质不高、僧团建设滞后的状况，当时僧人中的一批有识之士认识到佛教徒守戒的重要性，而戒律的持守除了僧人因信仰的虔诚而主动遵守外，还需要以宗教信仰追求的目标——成佛解脱来激发，需要用佛教独有的因果轮回、善恶报应等思想进行强化。所以，这些内容成为这一时期北朝疑伪经的鲜明特点。

另外，疑伪经吸收儒教的伦理思想和道教的延命思想，也反映了北朝时期的三教关系。佛教传入中国之后，经过初期对中国固有的儒道思想的依附到北朝时已经慢慢独立起来，随之而来三教的矛盾与冲突也趋于尖锐，北朝的两次灭佛事件都与佛道斗争有关系。北朝的统治者多数以儒教为治国的指导思想，同时佛道并重，因此，佛教要想获得更加广泛的发展必须适应中国人固有的文化思想与传统习俗，寻找二者间的共通之处，如此才能让佛教在中国扎下根来。

《高王观世音经》也是出现在北朝时期的一部疑伪经。《法苑珠林》卷十七记载：

> 魏天平年中（534—537），定州募士孙敬德造观音像，自加礼敬，后为劫贼所引，不胜考楚，妄招其死，将加斩决，梦一沙门令诵救生观世音经千遍得脱。有司执缚向市，且行且诵，临刑满千，刀斫自折以为三段，皮肉不伤，三换其刀，终折如故。视像项上，有刀三迹。以状奏闻，丞相高欢表请免死，勅写其经广布于世，今谓高王观世音经。①

《高王观世音经》受《法华经》中的《普门品》影响非常大，是当时观音信仰流行的一种表现。《高王观世音经》特解牢狱之灾、刀兵之难，是北魏末年战乱频繁、人民祈求自身免于刀兵灾祸的表现。此经在后世仍很流行，隋时有人造《观音无畏论》一卷，就是解释此经的著述。

另外，《佛说决罪福经》《像法决疑经》和《小法灭尽经》也很可能是北朝时期出现的疑伪经。当时战争连绵不断，人民颠沛流离，对罪恶有深切的感受，因此希求忏悔灭罪，信佛求福，而且有正法将灭、末日来临之感。这些情绪都反映在上述疑伪经中。

---

① （唐）道世：《法苑珠林》卷十七，《大正藏》第53册，第411页中一下。

　　《佛说决罪福经》原为一卷，但今敦煌本为二卷，僧祐、法经均将其列入疑惑类。其文有曰："世尊佛泥洹后，当五乱世。一者人民乱，二者王道乱，三者鬼神乱，四者人心忧怖乱，五者道法乱。"此经很可能是诸胡乱华时所作，到梁代时，南北皆很流行。

　　《像法决疑经》在《法经录》中也被列为疑经。此经讲述佛陀入灭一千年后，佛法现衰败相，诸恶比丘、比丘尼遍阎浮提，俗人轻贱三宝，俗官向僧人课税等。该经劝人修布施大悲行，救济苦厄众生。其文有曰："未来世中，一切俗官，不信罪福。税夺众僧物，或税畜生谷米，乃至一毫之物。或驱使三宝奴婢，或乘三宝牛马。"① 从《像法决疑经》的内容来看，它很可能反映了北朝末期的社会状况：僧人伪滥、戒律松弛、统治者灭佛或限制佛教发展等以及僧人力图革新的设想，对后来的三阶教产生了重大影响。

　　又《小法灭尽经》（英国博物馆敦煌残卷）很可能就是《法经录》所列伪经中的《法灭尽经》。其文有曰："自共于后（共字误——作者注），不修道德。寺庙空荒，无人修理，转就毁坏。但贪钱物，积聚不散，不作功德。贩卖奴婢，耕田垦殖。焚烧山林，伤害众生，无有慈愍。奴为比丘，婢为比丘尼，无有道德。淫佚浊乱，男女不别。令道薄浅，皆由此辈。或避县官，依猗吾道，求作沙门，不修戒律。"

　　北朝时期出现大量疑伪经并不是偶然的，它与北朝时期的政教关系、僧尼队伍、民众信仰以及三教关系等息息相关，反映了当时社会状况对佛教的影响，以及各种社会现象在佛教中的体现。

　　北朝时期大量疑伪经的出现和广泛传播，也说明佛教在中国的发展进入了一个新的阶段。中国僧人不再满足于只是翻译印度的经典，而是希望在传教的过程也加入自己对佛教的理解。而广大老百姓也需要一种完全中国化的、加入了他们固有思想的经典。疑伪经作为佛教的非正统化，肯定会遭到部分佛教徒的攻击。然而，这种非正统化的佛教却更加容易满足广大民众的信仰需求，因为是由中国人自己撰述的吸收了中国人固有观念的经典，所以自然要比翻译过来的经典更好理解。而且，疑伪经往往没有高深的佛教义理、晦涩的佛教名相，意思浅显易懂，容易为一般民众所领受。所以，非正统化的佛教在民间找到了适宜的土壤，流行极广。而且，

---

① 《像法决疑经》卷一，《大正藏》第 85 册，第 1337 页中。

民众对疑伪经的接受又反过来进一步推动了佛教的非正统化，在佛教此后流传的岁月里，一直到宋代，佛教的疑伪经仍不断出现，大大促进了佛教的中国化和民众化。

### 六　佛教在农民起义中的变异

佛教在北朝各阶层尤其是底层民众中间的广泛传播，还有一个重要的表现即佛教与农民起义的结合。这说明，首先，佛教在当时的社会影响力非常大，可以成为发动群众反抗朝廷的一股力量；其次，在农民起义中出现的佛教，其面目往往早已被扭曲，不能称其为传统意义上的佛教。佛教与农民起义结合的典型例子即直接由沙门发动或领导的起义活动。北魏的沙门起义次数频繁、斗争激烈，成为当时农民起义的重要组成部分和一大特色。

北魏政权统一中国北方之后，国内各种矛盾一直十分尖锐。在北魏前期的五十多年时间里，见于历史记载的各种形式的反抗斗争已近百次。孝文帝即位后，虽然通过一系列改革措施不断汉化，在一定程度上缓和了社会矛盾，然而，各种矛盾一直存在，并没有消失。等到孝文帝去世之后，社会危机又不断加深，主要表现为阶级矛盾日益尖锐。鲜卑贵族争相模仿汉族地主的生活方式，且更加奢淫无度；而广大农民则在地主阶级的残酷剥削中煎熬度日。

对于佛教，北魏虽然发生过两次灭佛事件，但是从整体上来看，大多数统治者还是非常好佛并支持佛教发展的。他们不惜耗费大量的财力、物力、人力，建塔造像，布施僧众，加重了广大劳动人民的负担。《洛阳伽蓝记》中对当时洛阳寺塔建筑之壮丽、奢华做了大量描述，"寺塔壮丽，损费金碧，王公相竞，侵渔百姓"。[1] 对于僧侣，统治者也是"施物动以万计"。

文成帝时，沙门统昙曜建议，将战争中掠得的青齐民户的一部分拨给寺院作僧祇户，"岁输谷六十斛入僧曹"；令一些犯有重罪的人和官奴充当寺院的佛图户，从事寺院的杂役及耕作等。按照规定，"僧祇户不得别属一寺"，他们和他们所种的土地，属于固定的寺院所有。这样，寺院就不仅仅是宗教活动场所，同时还拥有了巨额财富以及大批劳动力，成为一

---

[1] （唐）道宣：《广弘明集》卷六，《大正藏》第 52 册，第 128 页中。

种封建经济实体。而寺院的财富并非由寺院的全部僧人均有，而是为部分上层僧侣（沙门统、州统、郡统、各郡县的维那以及寺院内的寺主、维那等）所垄断，这样，就出现了一个类似于世俗地主阶级的僧侣大地主阶层。上层僧侣与下层僧侣的区别不仅仅表现在宗教地位上，同时还表现在经济地位上。而上层僧侣与僧祇户的关系，也就等同于农奴主与农奴的关系。上层僧侣对僧祇户的压迫有的时候相当残酷，甚至到了令人发指的地步。据《魏书·释老志》所引高肇的奏令，凉州军户赵苟子等二百余家僧祇户，因不堪僧侣大地主的残酷奴役竟然“弃子伤生，自缢溺死五十余人”。

同时，由于僧侣有免赋免役的特权，北朝时期，许多不堪忍受沉重的赋役负担的农民纷纷逃进寺院。“民多绝户而为沙门”，数量之大，以至于“缁衣之众，参半于平俗，黄服之徒，数过于正户”①。李玚曾为此上书：“今南服未静，众役乃烦，百姓之情，方多避役，若复听之，恐捐弃孝慈，比屋而是。”② 这些人名义上是剃度出家，实际上成了穿着僧服的农奴。他们受压迫的现状在躲到寺院里面以后并没有改变，只是压迫者由世俗地主变成了僧侣地主。

上层僧侣既然成为大地主，其生活也就日益腐化。为了满足自己不断膨胀的对物质生活的欲求，他们不仅对僧祇户和佛图户进行无情的压迫，而且还用各种手段在社会上进行经济掠夺。主要表现为：第一，兼并土地。据《魏书·释老志》载，寺院“侵夺细民，广占田宅”的现象非常严重。在孝文帝迁都洛阳后的二十余年时间里，洛阳城“寺夺民居，三分且一”，而且“非但京邑如此，天下州、镇寺亦然”。由此可见，寺院兼并土地的严重程度，不亚于世俗地主阶级。第二，放高利贷。寺院僧人放高利贷谋取利息，甚至连原本用于赈灾的僧祇粟也被充作高利贷的资本，如长安僧人竺法护一次就贷出钱二十万，其富有程度可想而知。而且僧人放贷，手段也极其恶劣，“或偿利过本，或翻改卷契，侵蠹贫下，莫知纪极”③。

寺院经济的恶性膨胀、僧侣地主的残酷剥削，加剧了原本就尖锐的社

---

① （唐）道宣：《广弘明集》卷二十四，《大正藏》第52册，第273页下。

② （北齐）魏收：《魏书》卷五十三，中华书局1974年版，第1177页。

③ 同上书，卷一百一十四，第3041页。

会矛盾。在这种社会背景下，下层僧侣和底层民众为了谋求自身的解放，往往采取暴力的方式来反抗僧俗大地主的剥削压迫。

按照《魏书》的记载，北魏的沙门谋叛有下列数次。

（1）魏太祖天兴五年（402），沙门张翘起义，"自号'无上王'，与丁零鲜于次保聚众据常山之行唐"。

（2）孝文帝延兴三年（473）十二月，沙门慧隐谋反，伏诛。

（3）孝文帝太和五年（481）二月，沙门法秀趁孝文帝"行幸三川"，京师防卫松懈之机，串通兰台御史张求等一百多人在平城发动起义。参加这次起义的还有燕国秀才平季、新投降的原南朝宋辅国将军崔僧祐。这次起义很可能与民族矛盾有关。① 起义失败，法秀等被杀。

（4）孝文帝太和十四年（490）五月，沙门司马惠御自言圣王，谋破平原郡，擒获伏诛。

（5）宣武帝永平二年（509）正月，泾州沙门刘惠汪聚众反，诏华州刺史奚康生讨之。

（6）宣武帝永平三年（510）二月，秦州沙门刘光秀谋反，州郡捕斩之。同年十二月王敞谋反伏诛，事连嵩山中沙门。又次年五月诏禁天文之学。

（7）宣武帝延昌三年（514）十一月，幽州沙门刘僧绍聚众反，自号净居国明法王，州郡捕斩之。

（8）孝明帝即位之年即延昌四年（515）六月，冀州沙门法庆聚众谋反，自称大乘。

> 时冀州沙门法庆既为妖幻，遂说渤海人李归伯，归伯合家从之，招率乡人，推法庆为主。法庆以归伯为十住菩萨、平魔军司、定汉王，自称"大乘"。杀一人者为一住菩萨，杀十人者为十住菩萨。又合狂药，令人服之，父子兄弟不相知识，唯以杀害为事。于是聚众杀阜城令，破渤海郡，杀害吏人。刺史萧宝夤遣兼长史崔伯骥讨之，败于煮枣城，伯骥战没。凶众遂盛，所在屠灭寺舍，斩戮僧尼，焚烧经像，云"新佛出世，除去旧魔"。诏以遥为使持节、都督北征诸军事，帅步骑十万以讨之。法庆相率攻遥，遥并击破之。遥遣辅国将军

---

① 任继愈主编：《中国佛教史》第三卷，中国社会科学出版社1988年版，第53—54页。

张虮等率骑追掩，讨破，擒法庆并其妻尼惠晖等，斩之，传首京师。后擒归伯，戮于都市。[①]

法庆起义起初频频胜利，势不可当，引起朝廷震动。唐代李百药《北齐书》卷二十一《封隆之传》中提到"大乘之众五万余"，足见当时参与的人数非常多。九月，朝廷派宗室重臣元遥出征，汉族大地主高绰执"白虎幡军前招慰"，对起义军进行分化瓦解。冀、瀛一带的豪强地主也纷纷组织武装，配合朝廷的行动。起义军因几次胜利，滋生了轻敌思想，贸然出击受挫，陷入被动之中。元遥趁机包围起义军。起义军虽然进行了顽强抵抗，但终因力量悬殊战败。法庆、李归伯等一百余名将领和数万名战士无一投降，英勇战死。北魏军队在冀、瀛地区"多所杀戮，积尸数万"。

孝明帝熙平二年（517）正月，"大乘"余党复相聚结攻瀛洲，刺史宇文福讨平之。五月，重申天文之禁，犯者以大辟论。

北魏沙门起义从爆发的原因来看，是阶级矛盾激化的产物，起义者对北魏的现实政治和佛教现状不满，对此采取了最为尖锐的批判形式即暴力反抗。从性质方面来看，沙门起义是农民起义的一种特殊形式，仍属于农民起义。然而，这些起义又都与佛教联系在一起，或者是直接由沙门领导起义，或者是打着佛教的旗号。当然，领导起义的沙门与传统意义上的佛教僧侣有很大区别。在佛教的五戒中，最重要的是戒杀，然而他们都拿起武器进行杀戮。起义中高举的佛教旗号，也已不是真正意义上的佛教。起义者歪曲了佛教中的某一种说法或教义并利用图谶等民间信仰，在下层僧侣与农民中间进行煽动。总之，在农民起义中所表现出来的佛教已非真正意义上的佛教，不过佛教竟然能够与农民起义相联系，亦足以说明佛教在北朝民众中的影响程度之深，佛教对民众影响的复杂性以及佛教内部在戒律制度、僧人素质和组织管理等方面存在的问题。

---

① （北齐）魏收：《魏书》卷十九，中华书局1974年版，第445页。

# 第四节　北朝佛教的社会化趋向

## 一　僧团建设

北朝时期佛教盛行，不管是通都大邑还是深山老林都有大量的佛教寺院存在。

首先来看寺院的寺职系统。北朝时期，寺院的僧职逐渐完善。一般不管寺院的规模大小，都有一个主事僧，称为寺主。寺主多由当时的著名僧尼担任，一个寺院的寺主也可以兼任其他寺院的寺主。例如，北齐僧人僧稠既是云门寺寺主，又"兼为石窟大寺主。两任纲位，练众将千，供事繁委"[①]。另外，寺主还可以担任僧官。北周僧人昙崇被敕授为"周国三藏，年任陟岵寺主"[②]。

寺主之下有维那，协助寺主处理寺内事务。据《魏书·释老志》载，太和十年（486），有司奏曰："……重被旨所检僧尼，寺主、维那，当寺隐审。其有道行精勤者，听仍在道，为行凡粗者，有籍无籍，悉罢归齐民。"[③] 法上的弟子法存，于北齐天宝年间出家，文帝"乃擢为合水寺都维那"。

上座，是对寺院中德高望重的长者的尊称，其地位与寺主相同，也有纲领寺众的大权，是寺院中的重要僧职。北魏永平二年（509）沙门统惠深上书说："辄与经律法师群议立制：诸州、镇、郡维那、上座、寺主，各令戒律自修，咸依内禁。若不解律者，退其本次。"这里出现了"维那、上座、寺主"类似于后世"三纲"制度的称谓，这里上座排在寺主之前，并不是因为其地位高于寺主，可能是由于其年长。至于维那排在上座和寺主前，主要的原因或许是，维那不仅是寺院的僧职，同时有国家任命的僧官州维那、郡维那的意思，因此将其排在纯粹的寺职之前。这也说明，国家的僧官系统与寺院的寺职系统是交叉的，二者相互作用。国家不仅可以设置中央和地方僧官，还可以任命寺院的寺职。需要注意的是，虽然出现了"三纲"的称谓，但北朝时期的寺院组织结构并没有形成像后

---

①　（唐）道宣：《续高僧传》卷十。

②　（唐）道宣：《续高僧传》卷十七，《大正藏》第 50 册，第 568 页中。

③　（北齐）魏收：《魏书》卷一百一十四，中华书局 1974 年版，第 3039 页。

世那样严格的"三纲"制度。真正的"三纲"制度的形成,是隋以后的事情了。

此外,寺院里面还有典录、典坐、香火及门师等执事僧。

其次来看寺院的主要活动。北朝时期僧团的主要活动有诵经、讲经、修禅、立寺、造像等。僧尼诵读及为大众讲说的经典主要是当时流行的《般若》《涅槃》和《法华》三大类。另外,北朝时期出现了许多以修禅闻名的僧侣和寺院。北方寺院单独造像立寺的情况虽然也有,但当时多数情况下是参加邑义,与信教群众一起集资造像。

## 二　寺院经济的发达

北朝时期佛教兴盛,寺院势力庞大,这不仅表现在可观的寺院数量及规模上,而且表现为寺院拥有独立、发达的经济力量。所谓寺院经济,其主要支柱是"寺庄",即以庄园形式经营的寺院田产,其性质是寺院的大土地所有制。

北朝时期,"寺庄"产生的原因有二:首先,世俗地主庄园经济非常发达,土地私有和买卖日益兴盛,土地集中现象严重,这就使其容易渗透到佛教寺院中来;其次,佛教的兴盛和寺院的发展,以及僧侣阶层的分化,使其有能力和条件来经营自己的经济。

北朝时期,寺院田产的来源主要有以下几种。

第一,朝廷恩赐。北朝时期,由国家诏令建立的寺院很多。国家在建立佛寺的同时,往往一并赐予部分田产。如西魏文帝时,释道臻受到朝廷礼遇,被尊为魏国大统。文帝在京师为其立大中兴寺,"又于昆池之南置中兴寺庄,池之内外,稻田百顷,并以给之。梨枣杂果,望若云台"①。

第二,王公贵族的布施。据《洛阳伽蓝记》载,北魏时期,舍宅为寺的王公贵族非常多,王公贵族的府邸往往包含园林山池等,这些一并成为寺院的财产。

第三,上层僧侣的强取豪夺。随着寺院经济的发展,上层僧侣们逐渐由被动地接受转为主动地求取甚至抢夺。北魏神龟元年(518),任城王澄上疏说:"天下州、镇僧寺亦然。侵夺细民,广占田宅,有伤慈矜,用

---

① (唐)道宣:《续高僧传》卷二十三,《大正藏》第50册,第631页中。

长嗟苦。"① 可见，寺院强取豪夺田宅的事情并不稀有。

第四，下层人民的主动"投靠"。《魏书·释老志》载，文成帝时，"昙曜奏：平齐户及诸民有能岁输谷六十斛入僧曹者，即为僧祇户，粟为僧祇粟。至于俭岁，赈给饥民。又请民犯重罪及官奴以为佛图户，以供诸寺洒扫，岁兼营田输粟。高宗并许之，于是僧祇户、粟及寺户遍于州镇矣。"② 僧祇户中，除了平齐户外，还有主动要求"投靠"寺院的下层百姓。他们为了躲避国家赋税，每年向寺院交纳谷物六十斛从而变身僧祇户以求得寺院的保护。而当僧祇粟无法交纳时，这些僧祇户的田产就要属于寺院了。

通过对寺院田产来源的分析我们可推知，寺院拥有土地的质量应该较高，而事实上也确实如此。据《广弘明集》载，北齐时"凡厥良沃，悉为僧有"③。

寺院里面的僧尼划分为许多等级，有僧侣贵族、大众和奴婢。位于寺院最底层的是广大农奴和奴隶，他们担负了"寺庄"的生产作业及寺内的日常劳动。北魏时，寺院所领有的农奴和奴隶非常多。前面提到的僧祇户便是寺院的农奴，寺户便是寺院的奴隶。寺院农奴的生活并不比世俗农奴的生活好多少，下面一则史料清晰地反映了寺院农奴的悲惨境遇。宣武帝永平四年（511），尚书令高肇曾奏言僧祇户赵苟子一家被逼自杀的情况：

> 谨案：故沙门统昙曜昔于承明元年奏凉州军户赵苟子等二百家为僧祇户，立课积粟，拟济饥年，不限道俗，皆以拯施。又依内律，僧祇户不得别属一寺。而都维那僧暹僧频等进违成旨，退乖内法，肆意任情，奏求逼召，致使吁嗟之怨，盈于行路，弃子伤生，自缢溺死，五十余人。岂是仰赞明圣慈育之意，深失陛下归依之心。遂令此等行号巷哭，叫诉无所，至乃白羽贯耳，列讼官阙。悠悠之人尚为哀痛，况慈悲之士而可安之。请听苟子等还乡课输。俭乏之年，周给贫寡。

---

① （北齐）魏收：《魏书》卷一百一十四，中华书局 1974 年版，第 3045 页。
② 同上书，第 3037 页。
③ （唐）道宣：《广弘明集》卷七，《大正藏》第 52 册，第 131 页下。

若有不虞，以拟边捍。①

　　除了农业生产以外，寺院经济的内容还包括商业经营。随着世俗商业的发达，寺院也从事商业活动。北周释道安《二教论》说："或垦植田圃，与农夫等流。或估货求财，与商民争利。"② 而且，僧人放贷的事情在北魏时也已发生。宣武帝永平二年（509），沙门统惠深上奏说："比来僧尼，或因三宝，出贷私财。"③

　　甚至连原本用于赈灾济贫的僧祇粟也成为僧人放贷的资本。宣武帝永平四年（511）诏："僧祇之粟，本期济施。俭年出贷，丰则收入。山林僧尼，随以给施；民有窘弊，亦即赈之。但主司冒利，规取赢息，及其征责，不计水旱，或偿利过本，或翻改券契，侵蠹贫下，莫知纪极。细民嗟毒，岁月滋深。"④ 僧人放贷，还常常让官府帮忙征息。北齐苏琼为齐州太守时，"道人道研为齐州沙门统，资产巨富。在郡多有出息，常得郡县为征。及欲求谒，（琼）度知其意，每见则谈问玄理，应对肃敬。研虽为债数来，无由启口。其弟子问其故，研曰：'每见府君，径将我入青云间，何由得论地上事'"。⑤ 农民借贷往往以土地作为抵押，等到没钱还贷时，便失去了土地。因此，放高利贷同时又成为寺院获得土地的方便手段。

　　另外，需要注意的是北朝时期的寺院财产制度。当时存在着两种财产制度，即寺院公有财产和僧尼私有财产。寺院公有财产名义上是公有，实质上为僧尼贵族所独占。北魏宣武帝永平二年（509）沙门统慧深上言："出家之人，不应犯法积八不净物。然经律所制，通塞有方，依律，车牛淫人不净之物，不得为己私蓄。唯有老病年六十以上者，限听一乘。"⑥

　　八不净物原来不能私有，现在可以私有，这样，僧尼私有财产制度逐渐确立。另外，皇帝及王公贵族布施僧尼个人财产的现象也经常发生，而且布施的财产往往数量不小。例如北魏孝文帝对沙门应统，岁施帛八百

---

① （北齐）魏收：《魏书》卷一百一十四，中华书局 1974 年版，第 3042 页。
② （唐）道宣：《广弘明集》卷八，《大正藏》第 52 册，第 143 页上。
③ （北齐）魏收：《魏书》卷一百一十四，中华书局 1974 年版，第 3041 页。
④ 同上。
⑤ （唐）李延寿：《北史》卷八十六，中华书局 1974 年版，第 2877 页。
⑥ （北齐）魏收：《魏书》卷一百一十四，中华书局 1974 年版，第 3041 页。

匹，随四时而给；又依朝官上秩，当月而施。

寺院经济的存在与发达再一次表明寺院不仅仅是宗教活动场所，同时它也是一个社会实体。北朝时期发达的寺院经济与北朝时期皇室贵族对佛教的崇奉有关。然而，另一方面，寺院经济也是导致北朝时期两次法难的原因之一。同样，寺院内部等级的分化以及贵族僧侣的腐化，也是沙门起义的导火索之一。

### 三　慈善事业的发展

北朝时期是中国慈善事业发展的一个重要阶段，其中，佛教慈善尤为引人注目。北朝佛教慈善事业涉猎的范围主要有如下几类。

第一，赈灾济贫。

北魏文成帝时，沙门统昙曜上奏："平齐户及诸民，有能岁输谷六十斛入僧曹者，即为'僧祇户'，粟为'僧祇粟'。至于俭岁，赈给饥民。……高宗许之。于是僧祇户、粟及寺户，遍于州镇矣。"[1] 到宣武帝时，仍沿袭这一做法。宣武帝永平四年（511）夏诏曰：僧祇之粟，本期济施。俭年出贷，丰则收入，山林僧尼，随以施给。民有窘敝，亦即赈之。

由此可知，僧祇粟是饥年用来救济百姓的，僧俗不限。

（北齐武平）七年（576）春正月壬辰诏：去秋已来，水潦人饥不自立者，所在付大寺及诸富户济其性命。[2]

国家发生水灾，皇帝诏令由寺院和富户救灾，可见当时由寺院来负责赈灾济贫已非常普遍。而且不管是前面提到的僧祇粟，还是这里所述在朝廷的指派下赈济，都带有明显的半官方性质，是在朝廷的命令、监督下从事慈善活动，其中带有部分国家的身份和名义。这种方式对后世影响深远，也说明了北朝佛教的发展与政治的密切关系。

这一时期，在朝廷干预之外，完全由佛教徒自发的赈济活动也很频繁。

---

① （北齐）魏收：《魏书》，中华书局 1974 年 6 月，第 3037 页。
② （唐）李百药：《北齐书·后主纪》，中华书局 1974 年版，第 109 页。

赵郡平棘人李士谦是虔诚的佛教居士。史载他"家富于财，躬处节俭，每以振施为务……他年又大饥，多有死者，士谦罄竭家资，为之糜粥，赖以全活者将万计"①。"凶年散谷至万余石，合诸药以救疾疠，如此积三十年。"②

北齐时，来华印度僧人那连提黎耶舍受到朝廷厚遇，先任昭玄都，后任昭玄统。"所获供禄不专自资，好起慈惠，乐兴福业。设供饭僧施诸贫乏，狱囚系畜咸将济之。"③

第二，施药疗疾。

许多僧人懂得医术，常常为百姓施药治病。北周涪州沙门宝彖，"钞集医方疗诸疾苦"④。

那连提黎耶舍在邺城建立了收养麻风病人的病坊。"又收养厉疾，男女别坊，四事供承，务令周给。"⑤ 唐长孺在《魏晋南北朝史论拾遗·读史释词》中认为"厉"即"疠"，厉疾为麻风病。

而且，一些医僧还将自己的医术传给俗人，以造福更多的病人。《魏书·李修传》载："修就沙门僧坦研习众方，略尽其术，针灸授药，莫不有效。徐兖之间，多所救恤。四方疾苦，不远千里，竞往从之。撰诸药方百余卷，皆行于世。"

第三，凿井种树。

史载，那连提黎耶舍在邺城"市鄽闹所多造义井，亲自漉水津给众生"⑥。"义井"是指北朝时期，专门由佛教寺院和僧人为百姓开凿的水井。《洛阳伽蓝记》载："（景乐寺）北连义井里。义井里北门外有丛树数株，枝条繁茂。下有甘井一所，石槽铁罐，供给行人，饮水庇荫，多有憩者。"⑦ 据周祖谟注，义井里乃根据义井命名的，这里的义井很可能是北魏时期由寺院所建。

另外，"邑"这类佛教团体，也会集众人之力凿井。如北朝东魏兴和

---

① （唐）魏徵、令狐德棻：《隋书》，中华书局 1973 年版，第 1752—1754 页。
② （唐）李延寿：《北史》，中华书局 1974 年版，第 1233—1235 页。
③ （唐）道宣：《历代高僧传·续高僧传》，上海书店 1989 年版，第 432 页。
④ （唐）道宣：《续高僧传》卷八，《大正藏》第 50 册，第 486 页下。
⑤ （唐）道宣：《历代高僧传·续高僧传》，上海书店 1989 年版，第 432 页。
⑥ （唐）道宣：《续高僧传》卷二，《大正藏》第 50 册，第 432 页下。
⑦ 周祖谟：《洛阳伽蓝记校释》卷一，上海书店 2000 年版，第 57 页。

四年（542）十月八日《李氏合邑造像碑文》载："复于村南二里，大河北岸，万路交过，水陆俱要，沧海之滨，攸攸伊洛之客，亦属径春温之苦渴，涉夏暑之炎，愍兹行流，故于路旁造石井一口，种树两十根，以息渴乏。"这里，种植二十棵树是为了给行人荫蔽乘凉，另外，为了美化环境、除去灾害等，寺院也会大面积地植树造林。据《洛阳伽蓝记》载，苏州通玄寺慧旻法师种植梓树十余万株，泗州（江苏）开元寺为除水害而种植松、杉、楠、桧等万余株……

这一时期，佛教慈善发达的原因主要有二。首先，随着佛教在内地的不断传播盛行，佛教的思想学说对人们的影响越来越深。其中的业报、福田、平等思想成为佛教慈善的理论支持，而且这种理论带有宗教的神圣性。例如，在西晋沙门法立、法炬合译的《佛说诸德福田经》中，佛陀为天帝解说了"七法广施福田"，分别是：一者兴立佛图，僧房堂阁；二者果园浴池，树木清凉；三者常施医药，疗救众病；四者作坚牢船，济渡人民；五者安设桥梁，过渡羸弱；六者近道作井，渴乏得饮；七者造作圊厕，施便利处。在敦煌第 269 号石窟中有一幅年代为北周的《福田经变》壁画，其内容就是依据以上"七法广施福田"中的前六种绘制的，反映了该经对北朝佛教慈善事业的影响。其次，北朝时期佛教寺院经济实力雄厚，是保证佛教慈善的物质基础。关于北朝时期佛教的寺院经济前面已有详细介绍，此不赘言。

北朝时期佛教慈善的发展，对促进社会的和谐稳定和经济文化的繁荣发展都有积极的作用。当然，佛教慈善也存在一定的局限性，例如，受惠者范围有限、受制于寺院和僧人的素质等。

### 四　各种世俗佛教组织的建立

北朝时期，世俗性的佛教团体"邑义"非常流行。这是一种由寺院僧尼与在家居士联合组成或只由在家居士组成的多数以造像为活动中心的佛教团体。邑义的名称有很多，包括邑、法义、邑会等，它们往往以一个村落或更大的乡里地区为范围，大多数由当地豪族与僧侣发起。北朝时期邑义为寺院提供各种物品和劳力，显然已经成为寺院的外围组织，受到寺院的控制或影响。

邑义团体大致可分为两类。一类是为了造像、建塔等临时组织起来的，等活动结束后，团体也就自行解散。这类组织比较松散，只要缴纳一定的钱财即可成为该团体的成员。另一类除了造佛像以外，成员还参与建寺院、诵佛经、办斋会等佛教活动。这类组织比较严密，存在的时间也较持久。

邑义一般都有邑主作为它们的首领。邑主可以是出家僧人，也可以是在家居士。邑主的地位较高，多是邑义的总负责人。维那是邑义中另外一个较常见的首领，受僧官制度的影响，维那常常是邑义的副首领。需要注意的是，邑义中的维那与作为僧官的维那不同，二者不可混为一谈。在邑义中负责教化、劝化信徒布施以供养三宝的人被称为化主，他们的作用也非常重要，主要是保证团体的活动有充足的经费。虽然每个邑义都需要做劝化工作，但并不是所有的邑义都有化主一职。在没有化主的邑义中，劝化的工作由邑主等主事的人来承担。还有的邑义中有邑师，邑师是邑义中的法师，为邑义成员的精神领袖。邑师的地位虽高，但是在不同的邑义中所起的作用不同。在有的邑义中，邑师是组织者和发起人，而在另一些邑义中，邑师则是名誉性的首领，邑主才是主事人。有的邑义中，参加的僧尼较多，并不是所有的僧尼都成为邑师，邑师往往是有一定身份的人才能担任，多数僧尼只是邑义的普通成员。[①]

除了此类邑义组织中的首领，还有一类功德主，即为出钱财建功德的人所立的名目。为了鼓励邑义成员在建塔、造像等活动中多出钱财，邑义还设立了像主、塔主等功德主。在有些时候，功德主也是邑义的发起人和组织者，这种情况下就兼有了邑义首领的身份。

另外，需要注意的是，北朝时期出现了专门由女性组成的邑义团体。邑义的成员一般称邑母，多是子女已经成年的中老年妇女。这类团体以地域为主，往往由某一村的信佛妇女自愿组成。之所以能够出现专门由妇女发起和组成的佛教团体，说明此时妇女的社会地位相对较高。这在很大程度上是受少数民族统治的影响。颜之推在《颜氏家训》中对当时中国北方妇女的社会地位有过生动描述："邺下风俗，专以妇持门户，争讼曲直，造请逢迎，车乘填街衢，绮罗盈府寺。代子求官，为夫诉屈，此乃恒、代之遗风乎？"正是在这样的社会条件下，女子以独立的身份组成佛

---

① 该部分参考了郝春文《东晋南北朝佛社首领考略》（载《北京师范学院学报》（社会科学版）1991 年第 3 期）。

教团体才会出现。①

北朝时期除了最为流行的邑义组织，世俗性的佛教团体还有法社。郝春文依据北齐《天保三年四月八日邑社曹思等石像之碑》及其他有关材料指出，所谓法社，是指崇信佛教的传统里（邑）社，法为佛法，社为春秋二社。其活动内容包括：第一，止杀存生；第二，减膳自罚；第三，建功德邑。"止杀存生"是法社的基本精神。据《续高僧传》记载，北齐僧人释道纪"劝人奉持八戒，行法社斋，不许屠杀"②。西晋僧人竺法护依据佛经编撰或选抄成了《法社经》，为将里（邑）社改造成法社提供了理论根据。东晋时，又有人撰写了"法社节度"，慧远曾为其作序。传统里（邑）社的春秋二社奉行"血祠之祈"，一批僧人致力于将其改造成法社，然而效果并不明显。这一时期大量流行的是邑、邑义、法义等佛教团体，有关法社的记载不多。佛教寺院对传统社邑改造的最后完成是在唐后期，唐代以后，"邑"与"社"已无严格区分。③

## 第五节　北朝佛教与中国固有文化的交涉

北魏、东魏、西魏、北齐和北周虽然是由少数民族建立起来的政权，但已经基本实现了汉化。北方的少数民族入主中原以后，大都意识到了儒家思想对于稳固他们统治地位的作用，尊奉儒家为正统，同时，对佛道二教也持一种支持发展的态度（两次灭法事件除外）。

作为外来宗教的佛教，自传入中国之始，就面对着中国固有文化的强大压力和挑战，怎样不断适应并渗透到中国本土的文化之中是佛教中国化的重要内容。南北朝时期，是佛教在中国迅猛发展的时期，也是它与以儒、道为代表的中国固有文化相交涉的关键时期，佛教与儒、道既有斗争又有融合。这一时期的三教关系在中国三教关系发展史上占有相当重要的地位，它为此后最终形成中国传统文化中儒释道三家鼎立的格局奠定了基础。同时，这一时期的三教关系对于我们理解中国思想文化的发展脉络也

①　宁可、郝春文：《北朝至隋唐五代间的女人结社》，《北京师范学院学报》（社会科学版）1990 年第 5 期。

②　（唐）道宣：《续高僧传》卷三十《释道纪传》，《大正藏》第 50 册，第 701 页上。

③　郝春文：《两晋南北朝时期的法社》，《北京师范学院学报》（社会科学版）1992 年第 1期。

极为重要。

## 一　佛教与道教的斗争

北朝时期，佛教兴盛，力量壮大，它与道教也开始摆脱汉魏时期的依附关系而相互之间展开斗争。受南北朝时期南北不同的文化风气与政教关系模式的影响，南北的佛道斗争也表现出不同的特色。南朝的佛道斗争多表现为理论方面的争辩，而北朝的佛道斗争多与政治紧密挂钩，表现为两教的争宠。北朝的两次灭法事件皆与佛道斗争有关。

发动第一次灭法事件的太武帝起先信奉佛教，后来受司徒崔浩的影响，崇信寇谦之改革后的道教。崔浩实际上是儒者的代表，他借道教来打击在当时已经很有影响的佛教。所以，儒佛之争是太武帝灭佛在文化方面的主要原因，这在下一部分将细论。不过，寇谦之吸收佛教和儒教的成分来改革道教使其成为更容易被统治者接受的宗教，并结交崔浩等朝廷权贵来影响最高统治者，这已然说明信仰道教成分的有识之士面对佛教快速发展的形势有一种危机感，从而为此做出种种努力以保持佛道二教力量的相对平衡。

为了赢得最高统治者的支持与尊崇，佛道二教经常就各自的优劣进行辩论。北魏孝明帝时，清通观道士姜斌与释昙无最曾经展开过一次辩论。据《续高僧传》卷二十三《释昙无最传》载：

元魏正光元年（520），明帝加朝服，大赦，请释、李两宗上殿，斋讫。侍中刘腾宣敕，请诸法师等与道士论义。时清道馆道士姜斌与最对论。帝问："佛与老子同时不？"姜斌曰："老子西入化胡，佛时以为侍者，文出《老子开天经》，据此明是同时。"最问曰："老子周何王而生，何年西入？"斌曰："当周定王三年，在楚国陈郡苦县厉乡曲人里，九月十四日夜生，简王四年为守藏吏，敬王元年八十五，见周德陵迟，遂与散关令尹喜西入化胡，约斯明矣。"最曰："佛当周昭王二十四年四月八日生，穆王五十二年二月十五日灭度，计入涅槃经三百四十五年始到定王三年，老子方生，生已年八十五，至敬王元年凡经四百三十年，乃与尹喜西遁，此乃年载悬殊，无乃谬乎？"斌曰："若如来言出何文纪？"最曰："《周书异记》、《汉法本内传》，并有明文。"斌曰："孔子制法圣人，当时于佛迥无文志，何耶？"最曰："孔氏三备卜经，佛之文言出在中备，仁者识同管窥，觉不弘远，何能自达？"帝遣尚书令元乂宣敕，道士姜斌论无宗旨，宜令下席。又议，《开天经》是谁所说。中书侍郎魏收，尚书郎祖莹，就观取经。大尉萧综太傅李寔、卫尉许伯桃、吏部尚书邢峦、散骑常侍温子昇等一百七十人读讫，奏云："老子止著五千文，余无言说。臣等所议，姜斌罪当惑众。"帝时加斌极刑，西国三藏法师菩提留支苦谏，乃止，配徒马邑。[①]

这里，佛教所引据的《周书异记》和《汉法本内传》也是伪经，却没有遭到惩罚，很重要的一个原因是孝明帝、刘腾等人都信佛，自然会因心有好感而偏向佛教，由此可知，北朝的佛道斗争往往与帝王的好恶有关。而且《老子开天经》《周书异记》和《汉法本内传》都是这一时期产生的伪经，可见当时佛道斗争已很剧烈。

北朝时期发生的另外一次灭佛事件——北周武帝的灭佛与佛道斗争的关系更加紧密。在发起灭佛运动之前，北周武帝曾经多次召集道士和沙门进行辩论，辩论的结果往往是互有胜负，难分上下，最后佛道二教一并遭到取缔。其中，通过考察佛教徒所写评论道教的文章，可知佛道争论的一些焦点。北周司隶大夫甄鸾曾奉诏探讨佛道二教的同异与深浅，写出《笑道论》，道安也曾著《二教论》，详论佛道二教的优劣差别。在佛教徒看来，道教属于"外道"，是"敕形之教"，在教义上只是主张自然无为，并没能涉及因果报应和精神解脱等更深层次的问题。而且道教虽然将老子奉为初祖，却违背了老子的教法，把"三张"和葛洪的神仙方术、符箓丹药、禳祖驱鬼等成分吸收进来。对于当时道教徒贬低佛教的"老子化胡说"，佛教徒认为其矛盾百出，荒诞不经。而且道教并没有系统的经典，篡改佛经且将许多杂书或诸子的著作列为道经，在教义上也随意抄袭佛教的用语和教义，胡乱拼凑，不能自成体系，自圆其说。佛教徒对道教的看法自然夹杂着许多偏见和歪曲的成分，但也在某种程度上反映了当时佛道斗争的内容。

北朝时期佛道的斗争一方面曾经给二教带来了灾难，但是另一方面也促进了二教的发展。对于道教来说，它正是在与佛教的斗争过程中不断吸

---

① （唐）道宣：《续高僧传》卷二十三，《大正藏》第 50 册，第 624 页中。

收佛教的成分而发展完善起来的。同样，对于佛教来说，其中国化的成功，道教在其中起了不可忽视的作用。

## 二　北朝佛教与儒教的冲突

佛教与儒教是两种截然不同的思想体系，二者在伦理道德、价值取向等方面存在着深刻的矛盾。中国自秦始皇独尊儒术以来，儒教就成了中国官方的意识形态和百姓的生活准则。特别是儒教的忠孝思想，成为深入中国人骨髓中的文化因子。为此，儒佛的斗争是佛教在中国传播面临的最大阻碍。北朝时期，少数民族居统治地位，虽然儒教在一定程度上有所衰微，但是相比释道二教，其优势地位仍是非常明显的。

北魏太武帝的废佛，其主要决策者是汉族士族代表崔浩。崔浩出身于名门望族，是典型的儒者，他对于当时佛教兴盛且获得统治者支持的现象甚为不满，因此利用道教来削弱佛教，同时实现自己以儒家正统辅佐君王的政治抱负。而太武帝对于崔浩非常信服，在他所下的灭佛诏书中，以恢复华夏正统和儒家的礼义名教为标榜，可知指导其发动灭佛运动的思想是儒家的。

另外，北朝时期，历代上疏反佛的儒臣也非常多。其中，最有名的当属孝明帝时的张普惠①。张普惠以儒学见称，对三《礼》、《春秋》、百家之说颇为精通。孝明帝崇信佛法，乐于建寺造像，却不亲自视朝，对于郊庙之事也不上心。为此，张普惠上疏曰："殖不思之冥业，损巨费于生民。减禄削力，近供无事之僧。崇饰云殿，远邀未然之报。昧爽之臣，稽首于外。玄寂之众，遨游于内。愆礼忤时，人灵未穆。愚谓从朝夕之因，求祇劫之果，未若先万国之忻心，以事其亲，使天下和平，灾害不生者也。"②

另外一个因儒、佛义理上的冲突而反对佛教的人是李瑒。他曾因"于时民多绝户而为沙门"上书灵太后，曰："一身亲老，弃家绝养，既非人理，尤乖礼情，湮灭大伦，且阙王贯。交缺当世之礼，而求将来之益。孔子云：'未知生，焉知死？'斯言之至，亦为备矣。安有弃堂堂之

---

① 《广弘明集》卷六"惠"作"济"。
② （北齐）魏收：《魏书》卷七十八，中华书局 1974 年版，第 1737 页。

政，而从鬼教乎？"①

北齐儒臣刘昼、章仇子陀、樊逊等人也根据中国固有的儒家文化来反对外来佛教。刘昼上书曰："佛法诡诳，避役者以为林薮，又诋诃淫荡。有尼有优婆夷，实是僧之妻妾，损胎杀子，其状难言。今僧尼二百许万，并俗女向有四百余万。六月一损胎，如是则年族二百万户矣。验此佛是疫胎之鬼也。全非圣人之言。道士非《老》《庄》之本，籍佛邪说，为其配坐而已。"②

章仇子陀于武平年中（570—575）上疏曰："自魏晋已来，胡妖乱华，背君叛父，不妻不夫。而奸荡奢侈，控御威福。坐受加敬，轻欺士俗。妃主昼入僧房，子弟夜宿尼室。又云，臣不惶不恐，不避鼎镬，辄沐浴舆梓，奏表以闻。"③

樊逊作于天保五年（554）的《举秀才对策》既反对佛教，也反对道教。"二班勒史，两马制书，未见三世之辞，无闻一乘之旨。"④ "至若玉简金书，神经秘录，三尸九转之奇，绛雪玄霜之异，淮南成道，犬吠云中，王乔得仙，剑飞天山，皆是凭虚之说，海枣之谈，求之如系风，学之如捕影。"⑤

不难发现，上面所举儒臣反佛的疏言，都不是从佛教理论而是从治道方面立说来反对佛教的。不过，需要注意的是，到北朝后期也出现了南朝那样的义理之辩。北齐邢邵与杜弼辩神灭神不灭，邢邵主神灭，杜弼主神不灭，双方辩论"往复再三"。关于这件事，现存资料不全，只有《杜弼传》中保存了少许记载。从中可以看出邢邵的一些观点："人死还生，恐是为蛇画足"，"死之言渐，精神尽也"，"神之在人，犹光之在烛，烛尽则光穷，人死则神灭"等。这些观点与南朝范缜的理论相比，还相差很远，不过在不重义理的北朝已是极为可贵的了。

与佛道斗争不同，在儒佛冲突的过程中，儒教一直是主动的攻击方。而面对儒教的挑战，佛教只能尽力调和二者之间的矛盾，论证佛教在本质上并不与儒教相矛盾，而且可以在社会教化等方面补充儒教，却不能攻击

---

① （北齐）魏收：《魏书》卷五十三，中华书局1974年版，第1177页。
② （唐）道宣：《广弘明集》卷六，《大正藏》第52册，第128页上—中。
③ （唐）道宣：《广弘明集》卷七，《大正藏》第52册，第131页下。
④ （唐）李百药：《北齐书》卷四十五《樊逊传》，中华书局1972年版，第612页。
⑤ （唐）道宣：《广弘明集》卷七，《大正藏》第52册，第273页下。

儒教的弱点。这是因为，儒教在中国封建社会中占有绝对的统治地位，这是任何一种其他文化都撼动不了的。所以，佛教只有在承认儒教主导地位的前提下，才能求得与儒教的共存与发展。

### 三　三教关系的发展趋势

北朝时期，儒释道的斗争十分激烈，然而，斗争也促进了其相互之间的融合。它们或是修改自己的某些理论与信条，以调和彼此的矛盾，或是吸取对方于己有用的东西，以充实自己并缩小彼此间的差距。

佛教作为一种外来的宗教文化，要想在中国生根、开花，就必须缓解、缩小甚至泯灭其与中国固有文化之间的冲突和矛盾，同时融会、渗入中国文化的部分内容以扩大其同一性，只有这样，佛教才能完成中国化，真正为广大中国人所理解和接受。同样，中国文化要想获得自身的丰富、发展并延续，也不能完全拒绝外来文化。在排斥外来文化中不适于中国国情的内容的同时，还必须借鉴吸收外来文化中的有利因素以给自身注入新鲜血液从而保持自身的活力。另外，中国人的宗教观念具有明显的多神混合性，这也为三教的共存发展提供了条件。

首先，北朝时期的佛道二教既相互斗争，同时又在共同承认儒家学说在现实社会中的正统地位的前提下互相吸收、融合。这一时期，道教对佛教的借鉴吸收远远超过佛教对道教的模仿学习。

寇谦之改造五斗米道，就是大量吸收了佛教的思想与戒律，并与儒教相融汇，从而将道教成功改造成了容易为统治者所接纳的正统宗教。另外，在经典方面，道教也学习佛教拼凑自己的经典，其中不乏篡改佛教经典或者抄袭佛教经典内容的情况。

佛道的融合反映在许多人的信仰中就是佛道不分，对二者一视同仁，这表现为当时出现了许多佛道二教神像混合的造像碑。可知，在造像人的意识中，道像和佛菩萨像的界限非常模糊。而且，道像的造像记和佛像的造像记也非常相似，在道像的造像记中，甚至还出现了"龙华三会""六道四生"和"七世父母"等佛教所特有的术语。"七世父母"在佛教中指过去七世中每一世生养自己的父母，在道教中则演变为自己家的七代祖先，这说明道教在吸收佛教的过程中也对其进行了一定的创造性转化，从而使其变为自己的理论。可以说，这种类型的道教造像是佛道二教相互融合的产物。

其次，儒佛融合也是儒佛二教和封建统治阶级的共同需要。

面对儒教对佛教的激烈反对，佛教必须尽力寻找二者的共同之处，其中将儒教的仁义礼智信与佛教的五戒相提并论从而论证二者在伦理道德方面的相通是佛教的重要努力。

《提谓波利经》是北朝时期产生的一部伪经，这部经典就将儒家的伦理道德置放其中："人不持五戒者为无五行，煞（杀）者为无仁，饮酒为无礼，淫者为无义，盗者为无知（智），两舌（妄语）者为无信，罪属三千。先能行忠孝乃能持五戒，不能行忠孝者终不能持戒，不忠不义不孝不智，非佛弟子。"①

北周道安和尚曾说："三教虽殊，劝善义一；途迹诚异，理会则同。"② 也是在社会劝善这方面找到了三教的会通点。

针对有关僧人不娶妻生子是为不孝的批评，佛教界也做出了回应。北周王明广说："忠臣孝子，又有多途，何必躬耕租丁为上。《礼》云：小孝用力，中孝用劳，大孝不匮。沙门之为孝也，上顺诸佛，中报四恩，下为含识。三者不匮，大孝一也。"③ 因此，应该使儒、佛二教"内外兼益，公私无损"④。

从儒教方面来看，北朝时期，许多大儒如徐遵明、李宝鼎、刘献之、孙惠蔚、卢景裕、李同轨等都崇信佛教。徐遵明、李宝鼎从僧范受《菩萨戒法》⑤；刘献之曾注《涅槃经》，未就而卒⑥；孙惠蔚"正始中，侍讲禁内，夜论佛经，有惬帝旨，诏使加'惠'，号惠蔚法师焉"⑦；卢景裕"又好释氏，通其大义。天竺胡沙门道悕，每论诸经论，辄讬景裕为之序"⑧；李同轨使梁，梁武帝"遂集名僧于其爱敬、同泰二寺，讲《涅槃大品经》，引同轨预席，兼遣其朝士并共观听，同轨论难久之，道俗

---

① 任继愈：《中国佛教史》第三卷，中国社会科学出版社 1997 年版，第 559 页。

② （唐）道宣：《广弘明集》卷八，《大正藏》第 52 册，第 136 页中。

③ （唐）道宣：《广弘明集》卷十，《大正藏》第 52 册，第 158 页下。

④ 同上书，第 159 页中。

⑤ （梁）慧皎等：《高僧传合集》，上海古籍出版社影印宋碛砂版《大藏经》本 1995 年版，第 164 页。

⑥ 同上书，第 2741 页。

⑦ （唐）李延寿等：《北史》，中华书局 1974 年版，第 2717 页。

⑧ 同上书，第 1099 页。

咸以为善”①。因此，这些经学家的思想都会或多或少受到佛教思想的影响。

总之，北朝时期由于受社会政治环境和文化多元等各种因素的影响，出现了三教之间的激烈斗争和冲突，甚至导致了法难的出现，同时，在斗争的同时，三教又出现了融合的趋势。当然，与唐宋以后的大融合相比，这一时期的融合还处于较低的水平，融会贯通少，模仿抄袭多。不过，这种低水平的融合对于促进三教的发展还是起到了相当大的作用，在一定程度上塑造了后世三教的崭新面貌，也为三教关系的深层次发展和大融合局面的出现奠定了良好的基础。

## 第六节　北朝时期的佛教文化

### 一　佛教文学建树

南北朝时期，文学的中心在南方，这与北方少数民族统治有一定的关系。表现在佛教文学上，北方也远没有南方兴盛，且受南方影响极大。北朝的佛教文学主要表现在两个方面。

第一，僧人创作的佛教文学作品。北朝时期由僧人创作的佛教文学作品非常少，主要有释亡名所作的几首佛教诗。

释亡名，俗姓宋，南郡（今江陵一带）人，早先事于梁。梁亡后，他才出家，客居眠蜀。当时恰逢北周并蜀，遂将其带到长安。当时长安的士大夫都很惊异于他的文才。《随书·经籍志》有“后周沙门释亡名集十卷”。他的诗作特点是不雕饰、不生僻，曾写过一组五苦（生、老、病、死、爱别离）诗，语言平易动人。

第二，文人创作的佛教文学作品。北朝时期由文人创作的佛教文学作品也非常少。这方面的文人主要有颜之推、王褒和庾信。

颜之推，琅琊临沂（今山东临沂）人，早年得梁湘东王赏识，被任为国左常侍，后投奔北齐，北齐灭后，仕于北周。颜之推著有《颜氏家训》，为北朝后期重要的散文作品。在《颜氏家训》中，颜之推表现出浓厚的三教合一的思想。例如，在《归心第十六》中，作者将佛教的五戒与儒家的五常相比附：“内典初门，设五种禁，外典仁义礼智信，

---

① 　（唐）李延寿等：《北史》，中华书局 1974 年版，第 1241 页。

皆与之符。仁者，不杀之禁也；义者，不盗之禁也；礼者，不邪之禁也；智者，不酒之禁也；信者，不妄之禁也。"将儒家的五常和佛教的五戒相比附在北朝时期出现的疑伪经《提谓波利经》中发挥得非常透彻，可见《提谓经》作为在家信众奉行的经典其影响遍布社会的各个阶层。而颜之推作为儒者士大夫，其奉佛自然喜欢将儒、释学说调和起来。

王褒，琅琊临沂（今山东临沂）人，原属梁朝宫廷文人，后降西魏入长安，魏亡仕北周。王褒继承了家族三教并重的文化风格，认为三教各有自己的独特价值，可以在不同的领域发挥各自的作用。在《幼训》中，王褒指出，儒家的作用领域主要是社会，而释道则重于对个体生命的指导。"斯虽为教等差，而义归汲引。"

庾信，南阳新野人，初仕于梁，梁亡仕于魏，魏亡又仕于周。庾信喜欢与僧人交游，他的僧人朋友有炅法师、侃法师等，庾信曾作诗《和炅法师游昆明池诗二首》《送炅法师葬诗》和《和侃法师三绝诗》等叙述自己与他们的情谊。庾信的诗作感情真挚，笔调清新。

据《北周书·庾信传》载，周陈通好时，陈曾向周建议放还王褒、庾信等人，因庾信有文才，被留。庾信为此写了一篇著名的《哀江南赋》，在文章中他写了《秦州天水郡麦积崖佛龛铭》和《陕州弘农郡五张寺经藏碑》，词句优美，文采斐然。

综上所述，不难发现，北朝的佛教文学相对于南方而言薄弱许多，而且仅有的一些佛教文学作品也是出自由南入北的僧人与文人之手，他们深受南方佛教特点的影响。另外，在文人创作的佛教文学作品中，融合三教的成分特别多，这固然与文人士大夫这一阶层的文化传统有关，另外也是南北朝时期三教关系在文学作品中的反应。

### 二　佛教艺术创作

北朝的佛教艺术创作主要表现在石窟造像、寺塔建筑和佛教绘画等方面。

由于北方的自然环境、少数民族统治者的性格偏好以及民众佛教信仰的特点，石窟造像在北朝特别盛行，而且范围广、规模大、艺术价值高。其中，云冈石窟与龙门石窟是北朝石窟艺术的代表。

据《魏书·释老志》载："兴光元年（454）秋，敕有司于五级大寺内，为太祖已下五帝，铸释迦立像五，各长一丈六尺，都用赤金二十五万斤。"① 北魏和平初（460），"昙曜白帝，于京城西武州塞，凿山石壁，开窟五所，镌建佛像各一。高者七十尺，次六十尺，雕饰奇伟，冠于一世"②。这是云冈石窟雕凿之始，"开窟五所，镌建佛像各一"，据推测应是对五级大寺铸像的一次重复，然而，这次重复的工程其规模更为巨大。这五所石窟，即"昙曜五窟"，为今云冈石窟编号第 16、第 17、第 18、第 19、第 20 的五个大型洞窟，位于云冈石窟西部，从东到西一字排开，规模宏大，气势雄伟。

高达六七十尺的石刻佛像，在我国艺术史上是一个伟大创举。这必须在封建社会最高统治者的发动和支持下才能完成，与其说是信仰的推动，不如说是政治的需要。前面我们提到，敕有司于五级大寺内为五帝立像，是北魏社会流行的"皇帝即如来"思想的反应，统治者将五座佛像雕凿得如此壮大雄伟，同时也是对皇权至上的彰显。另外，"雕饰奇伟，冠于一世"，也表现了雕塑家们高超的艺术才华与云冈石窟极高的艺术价值。

云冈石窟的艺术风格表现出混合性的特征，印度中亚的风格与中国本土的风格交织在一起，共同塑造了云冈石窟。其中，印度中亚的艺术风格主要是犍陀罗风格和波斯风格。云冈石窟中的早期造像表现出非常明显的犍陀罗艺术特征，从人物的面容、形态来看，高鼻梁，薄嘴唇，阔肩膀；从人物的衣服装饰来看，衣服短瘦，衣纹左右对称。波斯风格主要表现在装饰图案上有翼狮、连珠纹、圣火坛等因素。

中国本土的艺术风格主要是鲜卑风格和汉地风格。由于北魏是鲜卑少数民族统治的王朝，因此，其主持开凿的云冈石窟也呈现出一定的鲜卑风格，主要表现在供养人的形象上，头戴圆帽垂裙，身着窄袖及膝上衣，脚蹬皮靴。这是鲜卑民族的传统服饰，随着北朝统治者汉化政策的不断深入，这种形象在石窟造像中也逐渐消失。汉地风格主要体现在后期的石窟造像中出现了"褒衣博带"的人物形象。所谓"褒衣博带"，即衣下宽、衣袖阔、衣带广，自汉代以来就是中原儒士喜欢的服装。另外，从洞窟形制来看，也吸收了大量汉地建筑的屋顶样式。在纹饰图案方面，出现了汉民族传统的饕餮纹。

———————

① （北齐）魏收：《魏书》卷一百一十四，中华书局 1974 年版，第 3036 页。
② 同上书，第 3037 页。

随着灵太后和孝文帝汉化政策的不断深入，石窟造像的汉化特征也日益明显。北魏迁都洛阳后营建的龙门石窟中，中国化的艺术风格成为主体。

据《魏书·释老志》载："景明初（500），世宗诏大长秋卿白整准代京灵岩寺石窟①，于洛南伊阙山，为高祖、文昭皇太后营石窟二所。初建之始，窟顶去地三百一十尺。至正始二年中，始出斩山二十三丈。至大长秋卿王质，谓斩山太高，费工难就，奏求下移就平，去地一百尺，南北一百四十尺。永平中，中尹刘腾奏为世宗复造石窟一，凡为三所。从景明元年至正光四年六月已前，用功八十万二千三百六十六。"所凿的石窟三所，即今日龙门石窟的宾阳三洞。

这里明确记载了龙门石窟是仿照云冈石窟营造的，而造像的目的也是为皇帝（包括皇太后）营造，无疑也是云冈石窟为帝造像的继续，可见，龙门石窟与云冈石窟之间存在着密切关系。

龙门石窟现今共有洞窟和壁龛数千个，造像的十分之三属于北朝。其中，古阳洞是龙门石窟中最早的洞窟，佛龛密布，魏碑书法艺术龙门二十体，这个洞窟就占了十九体。

这个时期中原北方统治者提倡汉化，模仿南朝的制度风尚。表现在石窟造像方面，在人物形象上也发生了较大改变。佛菩萨不仅穿上了"褒衣博带"的服装，而且面容、体形也逐渐向清秀转变。繁杂的服饰与清秀的造型成为此时造像艺术的时尚。当然，在云冈石窟晚期的造像中，佛菩萨的形象趋于清瘦，衣服的装饰也日渐繁复，但这种风格并不是云冈石窟的主体，而到龙门石窟时，人物形象更加瘦削，衣服装饰更加华丽，"秀骨清像"（面相清秀，具有仙风道骨的气息）已成为整个石窟造像的主要特征。

在开凿龙门石窟过程中，因嫌龙门岩层坚硬，于是工匠又选择巩县开凿石窟。巩县石窟出现了许多新的雕刻技法与洞窟形制，说明北魏后期的雕塑艺术在龙门石窟的基础上继续健康发展。

太原天龙山石窟始建于东魏末年高欢执政时，北齐继续开凿。天龙山石窟的最大特点，是其造像的宗教性减弱，世俗性增加，雕塑家着力追求

---

① （北齐）魏收：《魏书》卷一百一十四，中华书局1974年版，第3034页。灵岩寺石窟即云冈石窟。

人物的艺术美，而不是其神圣性。然而，天龙山石窟由于受到的破坏和损毁严重，现在已经很难恢复其原貌，只能从残迹中探寻其精美。

河北响堂山石窟是现存最大的北齐石窟群，主要包括南、北响堂山石窟和水峪寺石窟三处石窟群。石窟中刻有许多佛经，不仅艺术价值极高，而且成为珍贵的实物资料，可以与历史记载相印证。石窟造像的最大特点是面型圆润饱满，说明"瘦骨清像"逐渐被温和写实的佛像取代，反映了中国佛教雕塑风格的进一步转变。

麦积山石窟中的北朝造像也非常多。其中北魏开凿保存至今的洞窟有80 余座，约占麦积山全部洞窟的一半；西魏洞窟 16 个，包括 2 个大型洞窟、7 个中型洞窟和 7 个小型洞窟；北周洞窟保存至今的有 44 个，造像1000 余尊。从造像的艺术风格来看，也表现出中外文化相互交融并最终转化成中国化的艺术的特征。

北朝时期不仅是中国石窟艺术蓬勃发展的时期，同时也是石窟造像中国化的关键时期。这一时期的石窟造像在吸收印度中亚造像风格的基础上逐渐发展出了中国化的新的艺术风格。除以上介绍的石窟以外，在拜城赫色尔、库木吐拉石窟群和敦煌莫高窟等石窟中的北朝造像以及北朝的一些金铜造像中也能看到这种变化。

北朝时期佛教兴盛的一个重要表现就是寺塔数量增多，且建筑规模庞大。其中，很大的一个原因是统治集团好佛，争相建寺造塔以做功德。《洛阳伽蓝记》中记载了北魏时期洛阳城较大规模的寺院。其中，永宁寺是寺塔并重布局的典型代表。据《洛阳伽蓝记》载，永宁寺布局为长方形，南北长 305 米，东西宽 215 米。寺内主体建筑有塔、殿、廊院和僧房。寺院有明显的中轴线，塔位于寺院的核心地方，塔北建有佛殿。

永宁寺塔为木结构楼阁式塔的代表，据《洛阳伽蓝记》载：

中有九层浮图一所，架木为之，举高九十丈。有刹，复高十丈，合去地一千尺。去京师百里，已遥见之……刹上有金宝瓶，容二十五石。宝瓶下有承露金盘三十重，周匝皆垂金铎。复有铁锁，四道引刹向浮图。四角锁上，亦有金铎，铎大小如一石瓮。子浮图有九级角，角皆悬金铎，合上下有一百二十铎。浮图有四面，面有三户六窗，户皆朱漆，扉上有五行金钉，合有五千四百枚。复有金环铺首布。殚土木之功，穷造形之巧。佛事精妙，不可思议。绣柱金铺，骇人心目。

至于高风永夜，宝铎和鸣，铿锵之声，闻及十余里。①

可惜该塔在北魏末永熙三年（534）遭火焚，地面建筑荡然无存，我们无法观其原貌。通过对塔基的研究，推测其样式应该与云冈石窟中的石刻塔柱样式相近。在对塔基进行挖掘的过程中，出土了一批珍贵的文物，其中一些，例如佛菩萨的泥塑彩绘等堪称北魏的艺术精品。

河南登封的嵩岳寺塔，是砖造密檐式塔的代表。该塔始建于北魏正光元年（520），塔身为十二边形，高约 40 米，塔刹部分用石雕，其余部分用砖砌成。嵩岳寺塔为我国现存最早的砖塔，整体轮廓秀丽优美，为佛教建筑艺术的佳作。

还有一类寺院没有塔。这类寺院多为王公贵族舍宅建筑的。将前厅作为佛殿来供养佛像，后厅作为讲堂，寺院内还有楼台亭阁。例如，北魏广平王元怀舍宅所立平等寺"堂宇宏美，林木萧森，平台复道，独显当世"②。

北朝的佛画成就很高，代表人物主要有曹仲达和田僧亮。曹仲达为北齐著名画家，原籍西域曹国（在撒马尔罕一带），曾画过许多佛菩萨和罗汉像，可惜没有作品流传下来。曹仲达所作佛画，到唐代有"曹家样"的美称，唐人还把"曹家样"的特点概括为"曹衣出水"，与吴道子的"吴带当风"并称。现存的北朝佛教造像中有与其相似的风格。田僧亮为北周画家，上都大云寺塔西壁、长安光明寺、皈依寺等都有他画的佛教壁画。

另外，除了纯粹的佛教绘画外，北朝的世俗绘画也受到了佛教的影响。例如，北朝的墓室壁画中虽然有鲜明的道教及民间信仰的神像，并明显受儒家观念的明显，但也渗入了佛教的内容。以山西大同北魏司马金龙墓、河南安阳北齐墓、河北磁县北齐高润墓和陕西北周杜欢墓为代表。特别是陕西北周杜欢墓中的人物图像与敦煌壁画中隋代供养人像相似。③

总之，北朝的佛教艺术是中外文化交流的结果，那种开放的胸襟和自由的创作至今仍能给我们艺术的熏陶与智慧的启发。

---

① （北魏）杨衒之：《洛阳伽蓝记》卷一，《大正藏》第 51 册，第 1000 页上。
② （北魏）杨衒之：《洛阳伽蓝记》卷二，《大正藏》第 51 册，第 1007 页下。
③ 黄新亚等著：《中国魏晋南北朝艺术史》，人民出版社 1994 年版，第 23 页。

### 三　佛教史学

北魏时期，佛教的传播遍及社会的各个阶层，影响到人们生活的方方面面；道教在寇谦之改革后也获得统治者的支持，势力日大。因此，北朝的史家意识到在官修史书中有必要对佛道两教进行记载。

据现有资料记载，最早意识到应该在官修史书中记载佛道两教的史官是北魏的阳尼，他曾上奏"佛道宜在史录"。魏收继承并践行了阳尼的思想，在编修《魏书》的时候，首开《释老志》，专门记载佛教和道教。

《释老志》载于《魏书》的卷一百一十四，全篇 18000 余字，其中，佛教占全书的 2/3 多，剩下的部分讲道教。佛教部分，该书首先回顾了佛教传入中土的历史，以及佛教自汉到北魏的流传情况，对佛教的教义也进行了一些阐释，堪称当时的一部佛教通史。

当然，北魏佛教仍然是作者关注的重点。其中对北魏官方对佛教的态度演变，包括历代帝王的"兴佛"与"废佛"、北魏的僧官制度、北魏的寺院经济、北魏佛教的发展状况等都有详细介绍，是我们今天了解北魏佛教历史不可多得的重要资料。

由于魏收本人从小接触佛教，对佛教的态度非常亲近，因此《释老志》对佛教的欣赏远远大于批判。然而，作为一个清醒的史家，魏收也看到了当时佛教兴盛的流弊。他写道："正光已后，天下多虞，工役尤甚，于是所在编民，相与入道，假慕沙门，实避调役，猥滥之极，自中国之有佛法，未之有也。略而计之，僧尼大众二百万矣，其寺三万有余。流弊不归，一至于此，识者所以叹息也。"[①] 因此，该书的内容仍然比较可信，其记载的许多佛寺已被后世考古所证实，具有极高的史学价值。后人许多有关北魏佛教的研究成果多援引《释老志》，而且该部分语言非常流畅，是《魏书》中最为精彩的篇章。

佛教通史类的著作，除了《释老志》外，还有北周净蔼之的《三宝集》。该著作叙述了佛陀的生平以及佛教传入中国之后的状况，与《释老志》一样，也为纪事本末体。

北朝时期还有一部专门的佛教史学著作，即《洛阳伽蓝记》。《洛阳伽蓝记》，简称《伽蓝记》，为北魏人杨衒之所作，成书于东魏孝静帝时，

---

① （北齐）魏收：《魏书》卷一百一十四，中华书局 1974 年版，第 3048 页。

是北魏时期洛阳佛寺的专记。

据《洛阳伽蓝记》序文，北魏孝庄帝永安年间（528—529）作者曾官奉朝请，目睹洛阳寺院兴盛之状。而到东魏孝静帝武定五年（547），作者因公务再次来到洛阳，见到洛阳佛寺残破不堪，"城郭崩毁，宫室倾覆，寺观灰烬，庙塔丘墟"[1]，心生感慨，怕后世失传这段历史，所以撰写这部寺记。

据《广弘明集》卷六，杨衒之"见寺宇壮丽，损费金碧，王公相竞，侵渔百姓，乃撰《洛阳伽蓝记》，言不恤众庶也"[2]。杨衒之对佛教持批判态度，反对北魏统治者耗费巨资修建寺塔佛像等，认为统治者应该更多地关心百姓疾苦。通读《洛阳伽蓝记》，作者的这种思想流露在字里行间。可见，作者撰写此书既有寄托故国哀思之情，也有出于一种史家责任感而警醒后世的训鉴之意。

《洛阳伽蓝记》历数北魏洛阳城的佛寺，分五卷对洛阳城内、城东、城南、城西、城北较大规模的寺院进行了介绍，对许多寺院的建寺缘起、寺院建筑的建制规模、寺院僧尼的生活状况以及相关的名人轶事、典故传说都有详细记载，可以弥补史书记载之缺。《四库全书总目提要》谓"其文秾丽秀逸，烦而不厌"，从文学角度来看也是上乘佳作，因此与郦道元所著《水经注》并称为北朝文学的双璧。此外，书中提到许多外国沙门入华传教情况，以及宋云去天竺的情况，是我们了解当时中外佛教文化交流的珍贵史料。总之，《洛阳伽蓝记》集历史、地理、佛教、文学价值于一身，对于我们了解北魏佛教的兴盛状况具有重大意义。

除了由史家撰写的佛教史籍外，北朝时期一些西行求法的僧人也曾撰写求法见闻记。约在北魏太武帝末年，道荣（也作道药）曾西行求法，归后著传，称《道荣传》。孝明帝初，胡太后临朝听政，曾于熙平元年（516）下诏派遣宋云、慧生等人西行求法。求法队伍到过北印度的一些国家，这是中国佛教史上在正史中有明确记载的第一次官派求法。宋云和慧生将沿途见闻记录下来，分别写成《宋云家记》和《慧生行记》。可惜的是，这三部见闻记都不幸佚失，好在《洛阳伽蓝记》卷五中保存了它们的部分资料。

---

① （北魏）杨衒之：《洛阳伽蓝记》卷一，《大正藏》第51册，第999页上。

② （唐）道宣：《广弘明集》卷六，《大正藏》第52册，第128页中。

另外，伴随着僧尼影响的不断扩大，当时也出现了一些僧尼的传记。例如，北周沙门释亡名撰《僧崖菩萨传》和《韶法师传》；北周至隋的明克让撰《续名僧传记》一卷。还有学者指出，北齐至隋的史官王劭曾为尼智仙作传，时间当为隋文帝代周称帝后不久或同步，因此在广义上应该也算作北朝时期的佛教史作。[①]

### 四　佛教翻译学

由于中原北方接近西域，许多印度、西域高僧东来传教，他们往往带来大量的佛教经典进行翻译，因此，北朝佛教的译经事业较为发达。

北魏时期的译经僧人有来自外国的吉迦夜、昙摩流支、勒那摩提、菩提流支、佛陀扇多以及中土的昙曜等。

吉迦夜，西域人，北魏文成帝时来到平城，因博学而受人礼敬。由于太武帝灭佛后经籍散佚，遂与沙门统昙曜等于延兴二年（472）译出《付法藏因缘传》六卷（疑伪）、《杂宝藏经》十卷、《方便心论》一卷等，共计五部十九卷，由刘孝标笔受。

昙摩流支，南印度人，北魏景明年间来到洛阳。景明二年（501）于白马寺译出《如来庄严智慧光明入一切佛境界经》二卷。正始年间（506—508），译出《信力入印法门经》五卷和《金色王经》一卷。

勒那摩提，中印度人，北魏宣武帝正始五年（508）抵达洛阳，奉敕与菩提流支于洛阳殿内共译世亲的《十地经论》十二卷、《妙法莲华经论优波提舍》一卷等，由沙门僧朗、觉意，侍中崔光等任笔受。不久，又于赵欣之宅中译出《究竟一乘性论》四卷。

菩提流支，北印度人，北魏宣武帝永平元年（508）至洛阳，在朝廷的支持下译经。译有《十地经论》《金刚般若经》《佛名经》《法集经》《深密解脱经》《大宝积经论》《法华经论》《无量寿经论》等，共计三十九部一百二十七卷。

佛陀扇多，北印度人，北魏宣武帝永平元年（508），奉敕与菩提流支、勒那摩提共译《十地经论》。译出后不久，前往白马寺，孝明帝正光六年（525）译出《如来狮子吼经》，节闵帝普泰元年（531）译出《摄大乘论》二卷，昙林等人笔受。后移居邺都金华寺。东魏元象二年

---

①　汪增相：《佛教与北朝史家的历史撰述》，《安徽史学》2010 年第 6 期。

（539）译出《十法经》等。

昙曜于北魏和平三年（462）召集诸德，于云冈石窟通乐寺译出《大吉义神咒经》二卷、《净度三昧经》一卷（疑伪）、《付法藏因缘传》四卷（疑伪）。现存《付法藏因缘传》六卷（疑伪）和《杂宝藏经》十卷是与吉迦夜共译的。

东魏的译经僧有瞿昙般若流支和毗目智仙。

瞿昙般若流支，中印度人，北魏孝明帝熙平元年（516）来到中国。于538—543年间，与昙曜、菩提流支共译出《正法念处经》、《顺中论》等经论。

毗目智仙，北印度人，北魏时与瞿昙般若流支一起入华，并于邺城金华寺共译《回诤论》《业成就论》《转法轮经论》《宝髻菩萨四法经论》《三具足经论》。

北齐的译经僧有来自北印度的那连提黎耶舍，而中土的万天懿为当时的译经居士。

那连提黎耶舍于北齐天保七年（556）抵达邺城，受到皇帝礼遇，住天平寺译经。译出《月灯三昧经》《大悲经》《施灯功德经》《大集徐弥藏经》等。

万天懿，奉敕参与那连提黎耶舍译经。北齐武成帝河清年间（562—564），曾于邺都译出《尊胜菩萨所问经》一部。

北周的译经僧有阇那耶舍、阇那崛多、耶舍崛多等。

阇那耶舍，中印度人，北周时携弟子阇那崛多和耶舍崛多入华。于长安旧城四天王寺译经，译出《佛顶咒经并功能》一卷、《大方等大云经请雨品》一卷。

不难发现，北朝译经人数众多，且以来华的外国僧人为主，中土僧人为辅。另外，从译经的性质来讲，多是在统治者的直接支持下，召集梵华诸德共襄盛举，其中大部分译场为国立译场。以北朝译经最为著名的菩提流支为例。菩提流支入华后，受到宣武帝的优待，宣武帝为他提供了良好的条件支持他从事译经工作。朝廷不仅敕命勒那摩提和佛陀扇多作为菩提流支译经的助手，而且召集国内博学的僧侣及深通佛学的儒士一千多人共同协助菩提流支翻译。译场就设在皇宫内的太极殿。翻译的第一天，宣武帝还亲临译场，亲自担任笔受。在这里，菩提流支等人译出《十地经论》等瑜伽系的经典。不久，菩提流支又被安置在永宁寺。永宁寺是当时规模最大、规格最高的皇家寺院，作为译场，其壮丽真可谓空前绝后。勒那摩提与佛陀扇多也曾被安置在此。菩提流支被任命为该寺翻译的领袖，他在这里长期译经，直到北魏分裂迁到邺城，他又在那里继续译经。

从译经的内容及影响来看，中国佛教理论的深化、学派的盛行以及后来教派的分立都与此时的译经关系紧密。例如，菩提流支与勒那摩提共译《十地经论》，但是在义学方面却各有理解与传授，分别培养出了一大批地论师。勒那摩提的弟子以慧光为代表，菩提流支的门下以道宠为代表，分别形成了南道派和北道派，有力地推动了当时中国地论学派的兴盛。从对中国佛教宗派的影响来看，净土宗的祖师昙鸾受到了菩提流支所译《无量寿经论》的影响，为后来创建净土宗奠定了基础。

# 第七章　南朝佛教

　　南朝是古印度佛教继续向中国传播并在深入推广方面取得重大发展的时期。在思想方面,南朝的佛经翻译以及随之而来的各家师说为隋唐时代的创宗立说奠定了理论基础。伴随着《涅槃经》《楞伽经》《摄大乘论》等大乘佛教经论的大量涌入,更加容易被中国人接受和发挥的佛性论、如来藏思想悄然兴起,佛教中国化的历史进程出现了新的突破。在实践方面,无论信仰类型的多样化,还是修行方法的多元化,南朝佛教都获得全面的展开,直接带动了佛教思想在寺院及寺院以外各个层面的普及。在佛教管理方面,僧官的任命、寺院三官的选拔、僧籍制度的确立、佛律新规的制定,为以后历代统治者管理佛教提供了借鉴。在佛教道场建设与寺院经济方面,南朝成为佛教进入中国之后寺院建设突飞猛进的时代,寺院经济也得到了高度的繁荣。在政教关系方面,南朝历代皇室基本上都支持佛教,佛教也主动依靠和适应统治秩序,和谐的政教关系成为当时国家政治生活和文化生活中的重要支撑。在佛教社会化方面,梁武帝的断酒肉、倡素食及当时兴起的佛教法会为中国传统习俗增添了丰富的内容。在佛教文化方面,和佛教有关的佛寺题咏诗广为流传,佛教散文、佛教小说以及佛教建筑、佛教音乐、佛教造像、佛教书法等均获得迅速发展。

## 第一节　域外佛教向南朝的输入

### 一　南朝社会与文化

#### (一) 南朝社会

　　东晋大将刘裕通过镇压孙恩、卢循的起义,不断扩充实力,逐步掌握了政权。他发兵灭掉南燕、后秦之后,实力更为强大。公元420年,刘裕建立了宋朝，此后历经齐、梁、陈，四朝相继，统治中国南方，历史上统称为南朝。南朝建立在东晋的基础之上，所以政治、文化以及社会其他方面均和东晋有密切的联系，呈现出历史的延续性。魏晋时期政治领域的总体特点是政权由门阀士族所把持，宋、齐、梁、陈四个朝代也都秉承了这一特点，同时由于地域、经济、民族、文化传统等方面的不同，从而显现出不同于北方少数民族政权的特质。南朝社会主要有如下三个特点。

1. 政权更替频繁，权力阶层多变

南朝从公元 420 年至公元 589 年，共 160 多年，先后出现宋、齐、梁、陈四朝更替，每个朝代存在的时间都不是很长。最长的朝代当属宋朝，也仅仅存在了 59 年；最短的齐朝，存在时间仅仅为 23 年。宋朝（420—479）的开国皇帝为刘裕，他利用东晋四大家族的内乱，乘机取得政权。即位后，为了避免重蹈东晋门阀士族的覆辙，他将兵权都分给皇子，但同样没有避免内乱的发生。公元 422 年，宋少帝、宋文帝相继即位。宋文帝在位三十年，政治相对稳定，江南经济也获得极大的繁荣，宋朝的军事实力由此得到加强。450—451 年，宋与北魏交战，双方各有损失。自此之后，南北都进入了一个相对稳定的时期。此后，宋明帝、宋孝帝相继即位，由于他们性情残暴，统治时间都很短，并最终被南兖州刺史萧道成所灭。

公元 479 年，萧道成建立了齐朝（479—502），是为齐高帝，之后为齐武帝。为了避免重蹈宋朝的覆辙，齐高帝、齐武帝都采取了宽厚的统治政策，但此后的即位者又陷入了自相残杀，于是齐朝匆匆忙忙走过 23 年便宣告终结。公元 501 年，雍州刺史萧衍乘着齐朝的内乱发动兵变夺取了政权，建立梁朝（502—557），是为梁武帝。梁武帝在位共 48 年，极力推崇佛教，并对佛教制度做了许多重要的改革。这时候的北魏国力衰微，无力发动战争，南北相安无事。北方到了东魏时期，身为大将的侯景投奔梁朝，被萧衍所接纳。侯景后来在萧正德的接应下发动政变，攻占建康，最终梁武帝饿死于台城。梁简帝萧纲即位，不久即被侯景所杀。陈霸先等人起兵灭掉了侯景。公元 557 年，陈霸先废掉梁敬帝，建立了陈朝（557—589），是为陈武帝。这时的江南由于连年的战乱，经济实力大为减弱，陈文帝、陈宣帝的统治也处于摇摇欲坠当中，尽管消灭了来自内部王僧辩、王僧智等反对派，也阻止了北齐军的南下，但陈朝依然未能挽回灭亡的命运，最终于公元 589 年为隋所灭，从而结束了中国近三百年的分裂局面。

2. 社会阶层分野明显，社会关系错综复杂

南朝时期，中国南方有士族与庶族、吏与干、商业者和市民、自耕农与半自耕农、奴婢与部曲等不同的社会阶层。从所拥有的财富和权力上，实际可以把这些阶层划分为两类：统治、特权阶层和非统治、非特权阶层。统治阶层虽然具有高贵的统治地位，但面临随时被灭亡的威胁，所以从统治者的心理层面来看，他们与中国历代具有一统皇权的统治阶层具有很大的差别，他们所关心的重点是权力的稳定、民众的安分、社会矛盾的和缓、战乱的消除。不过，统治阶层的内部关系是非常复杂的。例如北方士族和南方士族的矛盾在东晋和南朝初期就非常激烈，而统治者内部的士族与庶族之间的关系在南朝时代也发生了明显的变化，随着庶族寒人地位的不断上升，门阀士族走向了衰落。南朝时代的士族，不学无术，不思进取，贪图安逸与享乐，几乎丧失了一切生机和活力，而庶族通过自身的努力，不断获得发挥才能的机会。从南朝宋时代开始，朝廷多用庶族出身的人担任中书舍人，掌管奏章，传宣诏命，同时，因为士族"不乐武位"，以不过问军事为清高，庶族开始逐渐扩充军事实力。

非统治、非特权阶层为自耕农、依附民、奴婢等。依附民有私人的、官府的，也有寺院的。寺院有依附民，可见从某种意义上讲，寺院也就成为一个特权的阶层，而且通过依附民的形式，寺院不同程度地分享了国家的财政税收。没有任何特权的底层民众所承受的赋税、徭役负担非常繁重，比如："从东晋到梁陈，有所谓估税，是抽百分之四的商业税。凡买卖奴婢马牛田宅，有文券的大买卖每一万钱抽税钱四百，卖方出三百，买方出一百，称为输估。不立文券的小交易，随物价百分抽四，称为散估。"[1] 东晋南朝估税的理由是"人竞商贩，不为田业，故使均输（纳税），欲为惩励"[2]，此外还有"过路杂税"，当然，对于具有特权的士族阶层，经商是免税的。地主阶层可以拥有部曲，也就是私人的军队，这样就能更方便地压迫下层民众。南朝时期的僧尼阶层也是特权阶层，他们拥有大量的财富，个别人甚至食肉饮酒，穷奢极侈，男僧可以收白徒，女尼可以收养女，白徒、养女均可以免除所有的苛捐杂税。寺院利用大量的财

---

① 范文澜主编：《中国通史简编》上，河北教育出版社 2000 年版，第 199 页。

② （唐）魏徵主编：《隋书》卷二十四《食货志》，中华书局 1973 年版，第 689 页。

富，从事经营，或放高利贷，寺院经济由此得以壮大。

3. 生产力持续提升，经济快速发展

由于东晋以来大批汉族精英的南下，人口增加，生产技术不断提升，加之政权虽然更迭频繁但社会基本稳定，南北对峙格局基本平稳，从而为经济发展提供了良好的外部环境。与此同时，国家财政制度的变革成为促进经济发展的主要内部原因。从魏晋时代开始，一直延续到南北朝时期，中国古代财政管理制度出现了重大变革，财政管理由主要服务于京师、宫廷的少府、大司农制，向度支"军国支计"转变，这一转变促使全国性财政管理机构日益走向一体化，从而使财政管理在收入、保管、支出三方面，逐步向专业化、制度化方面发展，形成较完整的全国性财政管理新体制。[①]

南朝经济发展最突出地表现在农业生产技术的提高、农作物品种的增多，以及水利事业的发展上。从区域发展情况来看，三吴（吴郡、吴兴、会稽）地区农业最为发达，其次是鄱阳湖、洞庭湖沿岸以及成都平原一带，珠江下游也在这个时期得到较快发展，其他地区则发展缓慢，还有些地方依然十分落后。在手工业方面，冶铁、纺织、制瓷、造船、造纸等在南朝获得很高成就，对现实生活产生了巨大的影响。例如造船技术与海外交往密切相关，而纸张在南朝时期已完全取代竹帛成为书写材料，这成为中国文化史上的一件大事。南朝的商业也非常发达，三吴地区和长江沿岸是商业最发达的地区，除了建康之外，京口、广陵、寿春、江陵、成都、番禺等也是有名的商业城市。南朝时期的海运也很发达，各朝和南海诸国都有通商，自南朝宋开始，有林邑（越南中部）、扶南（柬埔寨）、天竺、狮子国（斯里兰卡）等十余国与南朝通商。许多商品都经由广东南海郡的番禺（广州市）进行中转、流通，国际贸易的发展进一步促进了南朝经济的繁荣。

（二）南朝文化

南朝时期的文化发展也是在东晋的基础上进一步提升的。由于大量北方汉人不堪忍受异族的统治，纷纷南迁，为南方提供了大量的文化精英人才，并为此后南朝文化的发展奠定了基础。同时北方少数民族的文化也随着南北交流影响到南方。总体上看，南朝文化具有如下三个特点。

---

① 黄慧贤：《中国政治制度通史》（魏晋南北朝卷），人民出版社 1996 年版，第 515 页。

1. 观念解放　习俗变革

第一，丧葬观念的变革。南朝丧葬观念的特点是对儒释道思想兼而取之，不过佛教的解脱思想对于南朝丧葬观念的冲击尤甚。南齐张融受到玄学、佛教的双重影响，遗令"三千买棺，无制新衾。左手执《孝经》、《老子》，右手执小品《法华经》"①。体现出当时人生观的多元化、包容化。中国古代社会盛行土葬，而佛教主张火葬。南朝社会随着佛教影响力的扩大，火葬逐渐发展起来，火化为人们所接受。《高僧传》中记载了许多名僧死后被焚身火化的事例，如法朗、贤护、普恒、法琳、法进、僧富等人。释普恒为得道高僧，火化时呈现异象。"释普恒姓郭，蜀郡成都人也……生时体黑，死更洁白。于是依得道法阇维之，薪蕵始燃，便有五色烟起，殊香芬馥。"②名僧法进死后尸骸都尽，唯舌不烂。"释法进，或曰道进，或曰法迎。姓唐，凉州张掖人……出城北阇维之。烟炎冲天，七日乃歇，尸骸都尽，唯舌不烂。"③高僧们火化时所展现的奇特现象无疑对当时社会起到了影响，火化的观念也逐渐被人们所接受。

由于受到佛教平等慈悲、提倡不杀生的影响，南朝时期一些人对于死者的祭奠不用牲牢，无论是皇帝、王侯，还是普通官员都出现这种情况。祭奠物品多为蔬果、酒脯、清水、香水等。如南朝齐永明十年（492），豫章王萧嶷临终说："三日施灵，惟香火、盘水、干饭、酒脯、槟榔而已，朔望菜食一盘，加以甘果，此外悉省。葬后除灵，可施吾常所乘舆扇伞。朔望时节，席地香火、盘水、酒脯、干饭、槟榔便足。棺器及墓中勿用余物为后患也。……后堂楼可安佛，供养外国二僧，余皆如旧。"④"嶷薨后，第库无见钱，武帝敕货杂物服饰得数百万，起集善寺，月给第见钱百万，至上崩乃省。"⑤人死后起立塔寺、精舍已经成为风气。

第二，妇女思想的解放。"社会的进步可以用女性（丑的也包括在内）的社会地位来精确地衡量。"⑥南朝社会受到了北朝少数民族观念的感染，即使像儒家男尊女卑这类根深蒂固的传统观念也受到了冲击，南朝

①　（唐）李延寿：《南史》卷三十二，中华书局1958年版，第837页。

②　（梁）慧皎：《高僧传》卷十一，《大正藏》第50册，第399页中、下。

③　（梁）慧皎：《高僧传》卷十二，《大正藏》第50册，第404页上、中。

④　（唐）李延寿：《南史》卷四十二，中华书局1958年版，第1066页。

⑤　同上。

⑥　《马克思恩格斯全集》第三十二卷，人民出版社1974年版，第571页。

女性观念的解放尤为典型。北方少数民族妇女在家里主持家务，在社会上参与政治活动，而且还出现了一夫一妻制。南方妇女的地位受到北方少数民族风俗的习染，妇女地位有所提高，也有了学习文化的机会，当时出现了许多著名的女性诗人、书法家、作家、音乐家、舞蹈家等。"据《隋书·经籍》记载，两晋妇女有文集者计 12 人，共 40 卷，十六国前秦妇女有诗文集者 1 人，共 1 卷，南朝妇女有文集者计 7 人，共 39 卷，1 人注书 7 卷。此外，有姓无名，标某氏撰文集者计 37 人，共 106 卷，其中应有一部分为妇女所作。"①

　　南朝妇女的婚姻观念得到了进一步的解放。南朝徐孝嗣父亲被害后，其母为改嫁，不愿意生子，宁愿堕胎，表现了她大胆追求爱情的一面。"孝嗣，字始昌。父被害，孝嗣在孕。母年少，欲更行（改嫁），不愿有子。自床投地者无算，又以捣衣杵舂其腰，并服堕胎药，胎更坚。及生，故小字遗奴，幼而挺立。"② 南朝女子再婚也被当时的社会所认可。宋蔡兴宗女嫁于南平王敬猷，敬猷遇害后，兴宗女无子寡居。"大明初，诏兴宗女与南平王敬猷婚，兴宗以姊生平之怀，屡经陈启，答曰：卿诸人欲各行己意，则国家何由得婚？且姊言岂是不可违之处邪？旧意既乖，象亦他娶。其后象家好不终，颐又祸败，象等沦废当时，孤微理尽。敬猷遇害，兴宗女无子嫠居名门高胄，多欲结姻，明帝亦敕适谢氏，兴宗并不许，以女适象。"③ 明帝也帮助兴宗女联系婚姻，"亦敕适谢适"。陈朝徐孝克因为饥荒不能糊口，迫不得已将妻子臧氏嫁于孔景行。"孝克，陵之第三弟也。……孝克养母，馔粥不能给，妻东莞臧氏，领军将军臧盾之女也，甚有容色，孝克乃谓之曰：'今饥荒如此，供养交阙，欲嫁卿与富人，望彼此俱济，于卿意如何？'臧氏弗之许也。时有孔景行者，为侯景将，富于财，孝克密因媒者陈意，景行多从左右，逼而迎之，臧涕泣而去。"④ 我们由此看出无论南朝妇女出于什么原因再婚，都能被当时的社会所接纳，不但体现了妇女思想的解放，也说明了当时社会的进步。

　　第三，民间信仰的盛行。南朝民间祭祀十分盛行，这里既有宗教的因

---

① 朱大渭：《魏晋南北朝文化的基本特征》，《文史哲》1993 年第 3 期，第 40 页。

② （唐）李延寿：《南史》卷十五，中华书局 1958 年版，第 438 页。

③ （梁）沈约：《宋书》卷五十七，中华书局 1974 年版，第 1584 页。

④ （唐）姚思廉：《陈书》卷二十六，中华书局 1972 年版，第 337 页。

素，也有天灾人祸的因素。民众祭祀的目的，既有个人的也有自然的，如乞求生子、避祸驱邪、健身去病、卜问吉凶、禳除水旱之灾、乞求丰收，等等。南朝政权更替十分频繁，为了使民众相信自己代表天意，各朝开国之主都借助谶纬将自己神化。因此这个时期谶纬流行，与当时的政治环境密切相关。

南朝时期流行的地狱、冤魂报应等观念，显然是受到了佛教的影响。而道教则促使了当时社会占卜、占星、相面、相宅、相墓、望气、风角等方术的流行。

南朝佛教同占卜也有着密切的联系。求那跋陀罗以占梦来预卜未知，"元嘉将末，谯王屡有怪梦，跋陀答以京都将有祸乱，未及一年，而二凶构逆"。① 南齐僧人求那毗地精通占卜之学。"求那毗地，此言安进，本中天竺人，弱年从道。……兼学外典，明解阴阳，占时验事，征兆非一。"② 这是将佛教的法术与中国道家的方术相结合，预测吉凶。我们知道占卜和天干地支、阴阳五行有着密切的关系，印度的天文历书随着佛教一同传入中国，与中国本土的天文历法相结合，为佛教占卜奠定了基础。

第四，祭品、饮食、起居习俗的发展。南朝齐永明九年（491），开始以茶叶作为祭品，这是我国以茶叶作为祭品的最早记载。"永明九年正月，诏太庙四时祭……昭皇后茗、栅（粽子）炙鱼。"③ 南朝齐武帝萧颐永明十一年（493）遗诏说："祭敬之典，本在因心，东邻杀牛，不如西家禴祭。我灵上慎勿以牲为祭，唯设饼、茶饮、干饭、酒脯而已，天下贵贱，咸同此制。"④ 齐武帝萧颐提倡以茶为祭，是受到了佛教不杀生的影响。

梁武帝即位后，相继发出《断杀绝宗庙牺牲诏》《断酒肉诏》等，对当时的饮食习俗影响甚大，食素一时成为风尚。南朝时期常见的饭有麦饭、粟饭、稻米饭、粳米粥、麦粥等。《南齐书·刘怀慰传》载：刘怀慰任齐郡太守时，有人送一斛新米给他。刘怀慰拿出其所食的麦饭对他说："旦食有余，幸不烦此。"⑤《梁书·武帝纪》载，萧衍父亡，其在丧期内

---

① （梁）僧祐：《出三藏记集》卷十四，《大正藏》第 55 册，第 105 页下。

② （梁）慧皎：《高僧传》卷三，《大正藏》第 50 册，第 345 页上。

③ （梁）萧子显：《南齐书》卷九《礼志上》，中华书局 1972 年版，第 133 页。

④ （梁）萧子显：《南齐书》卷三《武帝本纪》，中华书局 1983 年版，第 61 页。

⑤ （梁）萧子显：《南齐书》卷五十三，中华书局 1983 年版，第 918 页。

不吃稻米，只吃大麦。

梁武帝制定的食素习俗与中国传统社会的孝道思想相结合，深深地影响了南朝士大夫的饮食习惯。南朝《陈书》记载，陈朝徐孝克幼时家贫，母亲生病，想吃粳米粥。徐孝克满足不了母亲，其母亡后，徐孝克便常食麦。他本人平时也是吃素，而且持受菩萨戒，日夜读诵《法华经》。另据史书记载，徐孝克身为国子祭酒时，陪陈宣帝宴饮，散席后，徐孝克将摆在他面前的一些馔食悄悄带回家孝敬老母，这说明南朝社会一人一份的"分餐制"已经盛行。司马暠的父亲死后，他在墓旁建一茅庐，每天只吃稀麦粥一升。张昭的父亲死后，他不穿锦帛，不食盐醋，每天只吃一升麦屑粥。

在起居上，南朝受到北方少数民族的影响，出现了小床、眠床、胡床等。《宋书·殷景仁传》载，宋文帝元嘉十七年（440）十月，护军将军殷景仁坐"小床"以指挥。《宋书·张敷传》载，秋当、周纠去张敷家，"敷先设二床，去壁三、四尺，二客就席"，这种小床是让客人就座的。《陈书·姚察传》载，姚察临终遗命，死后"置一小床，每日设清水，六斋日设斋食果菜"。可见小床的功能除了坐还能摆放祭物。南朝的卧具也呈现了专门化的特征，出现了卧床。《南齐书·虞愿传》载，后军将军虞愿为官清廉，家中"眠床上积尘埃，有书数帙"。《南史·鱼泓传》载，鱼泓为太守，性奢侈，侍妾百余人"有眠床一张"，用金银等物装饰甚精。"眠床"的出现，是卧具专门化的表现。《梁书·侯景传》载，梁末侯景篡位后"殿上常设胡床及筌蹄，着靴垂脚坐"。这称为"胡坐"，人们坐在胡床上可以把脚垂下来。

2. 文艺繁荣　科技创新

南朝的政权建立在东晋的基础上，中原文化因此南移，促进了文化上的繁荣。科学技术、历史地理、文学艺术、书法绘画、雕刻塑像、音乐舞蹈等都有了空前的发展。南朝文学相当兴盛，体裁多种多样，有诗歌、民歌、小说等多种类型。早在三国时期，诗歌的体裁就有四言、五言，以及骚体到七言诗的过渡。南朝在这方面多有继承，在形式上也有所创新，如句法的对偶化、声律（平仄）化等。齐梁时期，沈约、王融创造了四声、八病。四声即平上去入，八病即平头、上尾、蜂腰、鹤膝、大韵、小韵、旁纽、正纽说。南朝时期著名的民歌如《采桑度》共为七首，是反映江南女子蚕桑劳动和春情的乐府民歌，取材立意颇具特色。

南朝士族阶层喜爱书法绘画，其中杰出的人物，宋有陆探微、宗炳、谢庄等，齐有谢赫、刘瑱、毛惠远等，梁朝有梁元帝、陶弘景、张僧繇等，陈朝有顾野王等。东晋顾恺之（348—409）的画注重画中人物的神情，其所画的维摩诘画像光彩耀目，有"清羸示病之容，隐几忘言之状"。宋宗炳善画山水、顾景秀善画虫鸟。齐梁谢赫善写真、刘瑱善画美女、毛惠远善画马。梁元帝善画外国人物，梁张僧繇专画寺壁。

南朝时期的科技、制造业发展迅速，数学、化学、天文、历法、地理、医学等方面取得了比较大的成就。宋祖冲之（429—500）在天文、历法、机械制造等多方面都做出了成绩，他最有名的贡献是把圆周率的推算精确到小数点后七位数字，其专著有《缀术》。"古之九数，圆周率三，圆径率一，其术疏舛。自刘歆、张衡、刘徽、王蕃、皮延宗之徒，各设新率，未臻折衷。宋末，南徐州从事史祖冲之，更开密法，以圆径一亿为一丈，圆周盈数三丈一尺四寸一分五厘九毫二秒七忽……指要精密，算氏之最者也。所著之书，名为《缀术》，学官莫能究其深奥，是故废而不理。"[1]

南朝制造业在纺织、造船、制纸、冶铁、炼钢、制瓷、金属加工等技术方面也卓有成效，其中最突出的是炼钢、造纸和制瓷。金属制造和雕刻加工有了很大的发展，这也推动了南朝时期佛教造像的发展。南朝扬州当时是炼铁的重镇，梁武帝时期铸造了大量的铁钱。纸在南朝取代了竹帛的地位，隋灭陈时，缴获的大量书籍都是用纸抄写的。科技的发展和道教的推动密不可分，葛洪、陶弘景等道教人士通过炼丹的过程，带动了物理、化学的发展，葛洪通过炼丹发明了人造硫化汞，可谓开化学工业之先河。《重修政和证类本草》引陶弘景所说"钢铁是杂炼生，鍒作刀镰者"[2]，这是用生铁和熟铁合炼成钢的记载，足见炼钢业和道教的关系。

3. 百家争鸣 三教共存

自东汉瓦解以后，历经三国、西晋、东晋、十六国、南北朝，四百年的时间里，战乱频繁，社会动荡，人们迫切希望找到更好的治国理念，各类著名的思想家层出不穷，儒、玄、墨、名、法、纵横、兵家、佛、道诸

---

① （唐）魏徵：《隋书·律历志》，中华书局1973年版，第387—388页。

② （北宋）唐慎微：《重修政和经史证类备用本草》卷四《玉石部》，华夏出版社1993年版，第110页。

家都根据时代的潮流应时而出。魏晋时期，带有思辨性质的玄学兴起，加剧了儒、释、道三教文化的碰撞与融合。玄学之前的儒家思想、道家思想在形而上的逻辑理论体系上是不完整的，往往以宇宙论来代替本体学说。玄学的特点是奠定了哲学本体论，在形上层面更为缜密。经过魏晋南北朝时期的发展，玄学经历了兴起—发展—批判的过程，从王弼"贵无"到郭象的"崇有"便是此阶段发展的特色。玄学以道家思想为根基，其本质所体现的是追求精神上的自由，这与儒家所追求的宗法礼仪是不同的，其价值观实际上是对儒家的统治起到了瓦解的作用。佛教传入中国后，由于中印思维的差别，在许多概念的理解上都有不同。东晋时期，翻译家们利用玄学化的语言进行格义，来理解佛教的概念。到了南朝时期社会相对进入一个较为稳定的时期，思想上以儒释道为主，三教共融共存。

南朝时期佛教经典被大量翻译，摆脱了格义化的风格。不同的佛教学说相继传入中国，如涅槃学、毗昙学、律学、成实论、禅学、华严学都发展了起来，为唐代宗派的创立奠定了思想基础和人员基础，许多关于佛学的论著也大量产生。南朝时期的佛教思想已经渗入社会的各个阶层、各个方面，这引来了儒家的强烈不满，因此儒家与佛教的对抗也变得十分明显，佛儒两家在思想上针锋相对，如"神灭"与"神不灭"的争论成为当时焦点。佛教的神不灭论的主要观点是"形神分离"，"形亡神不灭"，这种说法是建立在印度佛教说一切有部的观点上的，讲的是"三世实有，法性恒存"。儒家就利用佛教神不灭的思想而加以批判，其根本观点是"形神统一"、"形存神存"和"形灭神灭"。

南朝道教的代表人物有陆修静（406—472）、陶弘景（456—536）等。陆修静对南方天师道作了改革，主要体现在他的《陆先生道门科略》中。宋明帝（465—472 年在位）时，陆修静将收集的道书加以整理甄别，鉴定其中经戒、方药、符图等 1228 卷。泰始七年（471）撰定的《三洞经书目箓》，为我国最早的道教经书总目。此外，陆修静编著有关斋醮仪范的著作多达 100 余卷，基本上完成了道教的科仪。陶弘景是南朝齐、梁时期的道教学者、炼丹家、医药学家，为陆修静门徒孙游岳的弟子。撰有《真诰》，著有《登真隐诀》《真灵位业图》等重要道书。他的贡献在于建立了较为系统、完善的神仙信仰体系，这是吸收了佛教的思想而创见的。道教的神仙体系，明显地呈现出了官方化的特征，具有浓厚的封建等级色彩。陶弘景居茅山后，弘扬上清经法，使茅山成为上清派的传道基地，并形成了茅山宗。该宗以上清经箓为主，兼收并蓄各派道法及儒、释思想。南朝佛、道二教的冲突并不明显，大多数学者主张三教同源，其中最明显的当为梁武帝。

从理论体系上看，儒家脱去了汉朝儒家的神学化外衣，而且借用玄学的体用、本末等范畴，为自己的名相教理服务。在价值取向上，儒家的入世精神与玄学的自由精神又是冲突的，而且与佛家、道家都存在着矛盾。当然，儒家始终和统治者的政权结合在一起，这点就决定了儒家的正统地位，佛家、道家对封建的宗法伦理也必须认同，所以三教共存、共融也存在着逻辑上的必然。

南朝经济发展、人口增加、三教并立，为当时文化、艺术、科技的发展提出了坚实的后盾。尤其在思想领域，儒、释、道既表现出斗争又表现出融合。佛教的兴起不但有社会客观的原因，也有统治者自身对于佛教的偏好。儒家经过汉代的神化后，其神圣性逐渐减弱。以道家为根基的玄学又过于追求个人的自由境界，对巩固封建统治并无多大的好处。道教容易被普通民众所利用，作为起义的借口。而佛教既满足了封建统治者的神圣性要求，又满足了统治者个人的解脱思想，还有助于稳定社会，所以得到了南朝统治者的大力扶持。另外由于朝代更替频繁，统治者的合法性受到了质疑，而借用佛教的预言、谶纬，也可为自己的统治进行佐证。

### 二　南朝时期的古印度佛教

我们以纵向和横向两个维度来分析南朝佛教的发展。从纵向维度来说，佛教自后汉安世高译经以后，佛教向中国的传播就没有中断过。南朝佛教延续汉、魏、晋的传统，既有继承也有发展。魏晋时形成了玄学化的佛教，出现了"六家七宗"。随着大小乘经论的传入，许多学者对大小乘的理解也有所不同，于是便有了慧远与鸠摩罗什之间的争辩。从横向维度来说，宋、齐、梁、陈时期对外交流频繁，陆路、海上丝绸之路成为文化、交流的重要通道。这时期的佛教经典被大量翻译，许多天竺、西域高僧前来弘法，这有力地推动了同期的印度佛教思想直接传入南朝，佛教大乘瑜伽行派思想、如来藏思想，小乘的毗昙学、俱舍学等在这个时候迅速兴起，形成了各家学说，为唐代的创宗立派奠定了基础。

印度佛教自释迦牟尼初转法轮到伊斯兰教入侵印度衰亡算起，大约经历了有一千六百多年。太虚大师将印度佛教的发展分为三个时期，每期大约是五百年。第一个五百年，约公元以前，称为"小行大隐时期"，大乘佛教还处于待兴的阶段。第二个五百年，约公元 1 世纪至公元 5 世纪，为"大主小从时期"。从佛教实际情况来说是大小并行的，从印度佛教思潮来说，以大乘佛教为主流。第三个五百年，为"密主显从时期"，大、小乘依然流行，但从时代来看，属于秘密教了。按照太虚大师的分法，与南朝处于同一时期的印度佛教，进入了一个新的发展阶段，即大、小乘并存的时期。

南朝的时间为公元 420—589 年，同一时期的印度经历了旃陀罗笈多二世（375—415 年在位，一说 380—413 年在位，汉译为超日王）、超日王之子鸠摩罗笈多一世（413—454 年在位，一说 415—455 年在位）、鸠摩罗笈多一世之子塞建陀笈多（455—467 年在位）的时期。此后还有佛陀笈多（生卒年不详）、补卢笈多（生卒年不详）、毗湿奴笈多（540—550 年在位）。上述各朝统称为笈多王朝（320—534 年，一说 320—540）。笈多帝国是由印度人所建立的大帝国。笈多王朝在西北部征服了贵霜人（大月氏）、塞人建立的许多小国。塞建陀笈多在位期间（455—467 年），受到了白匈奴①（哒哒）的入侵。北魏宋云在犍陀罗所谒见的哒哒王米希拉古拉，即白匈奴的戈拉斯，为入侵印度的主要统帅。公元 5 世纪下半叶，帕拉瓦王朝兴起，于公元 6 世纪下半叶统一了南方诸国，征服了斯里兰卡。这时期的印度交通路线四通八达，西部经过波斯、沿里海到达地中海，或通过亚历山大港进入红海，与西罗马帝国进行商业、文化来往。北边越过帕米尔高原进入新疆、河西地区。东边经东、南通向中南半岛、马来半岛、苏门答腊、爪哇等地，继续向南通向中国。

笈多王朝时期是印度文化大繁荣大发展的时期，具有三个显著的特点：①宗教兴盛。大乘佛教盛行，印度教兴起。信仰毗湿奴、湿婆和梵天三大主神的三大教派广泛流行。②文艺繁荣。梵文文学、绘画、雕刻、建筑艺术等方面取得了显著成就。③阶层分化。当时的印度种姓制度也发生了变化，吠舍的自由农民地位下降与首陀罗逐渐接近，为依附农民的主要来源。种姓制度逐渐衍变为姓阶制度。在原来的同一种姓中，根据不同的职业又分出许多姓阶，其子女后代均不能改变，不同姓阶之间不能通婚。

4—6 世纪印度佛教思想家主要有弥勒、法胜、无著、世亲、诃黎跋

---

① 　白匈奴，也称哒哒，是古代生活在欧亚大陆的游牧民族，5—6 世纪侵入波斯和印度。

摩、室利罗多（意译胜受）、法救、众贤、婆薮跋摩、陈那、佛音、法护、安慧、清辩、护法、戒贤等。[①] 弥勒菩萨造《十七地论》（《瑜伽论》的《本地分》）；法胜著有《阿毗昙心论》；法救著有《杂心论》；诃黎跋摩著《成实论》；无著造《摄大乘论》；世亲所造《俱舍论》、《三十唯识论》，为《摄论》作释；婆薮跋摩造《四谛论》；室利逻多作经部《毗婆沙》；安慧作《三十唯识论释》；陈那弟子护法有《三十唯识》、《二十唯识论》的释论。这些经论在中国都有相应的译家进行传承。如地论、摄论在中国的传承为：世亲《十地论》—北魏菩提流支传；无著《摄大乘论》、世亲《摄论释》—真谛传。

大乘在印度的传播地域主要为北方的罽宾及其以北地区。此外还有东印的乌荼（今印度奥里萨邦北部一带）及南印的安达罗。在安达罗与贵霜王朝时，大乘由东南传向西北。到了笈多王朝时，南北共同向中印会合。印度贵霜、安达罗王朝时代为大乘佛教初期，所传的大乘经为《般若》《十地》《维摩》《法华经》等。到了笈多王朝时代，大乘佛教所传佛经为《涅槃》《法鼓》《胜鬘》《楞伽经》等。从大乘论典来说，生活在安达罗王朝时期的龙树，于公元 2 世纪，作《中论》及《般若》《华严十地经》等的释论，是大乘中观学派思想的来源。笈多王朝时期无著、世亲阐扬唯识思想，并创建了印度大乘佛教的瑜伽行派。

南朝时期的佛教思想与印度佛教同时代兴起的思想基本是一致的，思想倾向于大乘。鸠摩罗什自公元 401 年来华，着重于大乘经论的传译，尤其弘扬了大乘中观学学派的思想，改变了以玄学格义佛教的局面。到了中国的南北朝时期，大乘经典被大量翻译，印度瑜伽行派的思想也得到了弘扬。昙无谶公元 416 年译《大般涅槃》《大云经》；佛陀跋陀罗公元 420 年译《如来藏经》；求那跋陀罗公元 440 年译《楞伽》《深密》《胜鬘》《法鼓》等经；菩提流支公元 510 年译《楞伽经》《十地论》；真谛公元 560 年译《摄大乘论释》等。这些经典为中国大乘佛教思想的弘扬奠定了理论基础。与印度同时代的小乘学说在南朝也有了新的发展，毗昙学、成实学等传入中国。

公元 4—5 世纪，印度小乘佛教有了新的发展，在教理上有了很大的

---

① ［日］佐佐木教悟等：《印度佛教史概说》，杨曾文、姚长寿译，复旦大学出版社 1989 年版，第 117—118 页。

变化，出现了以"阿毗昙"的形式对三藏体系的重新组织。当时的小乘主要有四派——上座部、有部、正量部、经部。上座部流行于印度东部、南部，有部流行于北部、中部、西部，正量部流行于西部、南部，经部在中部、东部也影响广泛。吕澂将公元 150—500 年定位为小乘佛学时期，随着公元 500 年末笈多王朝的灭亡，小乘盛行阶段结束。

经部原出于说一切有部的譬喻师，拘摩罗多（梵文 Kuma-ralabdha，意译童受）是譬喻师的开创者。拘摩罗多原与东方马鸣、南方提婆、西方龙树齐名，在公元 3 世纪被并称为"四日照世"。拘摩罗多的弟子诃梨跋摩（师子铠），原中天竺人，随拘摩罗多学有部迦旃延《阿毗昙》，后不满于拘摩罗多的学说而转到华氏城，跟随大众部僧习大乘方等，撰有《成实论》，驳斥有部。根据梁僧祐所撰《出三藏记集》卷十一记载："诃梨跋摩者，宋称师子铠。佛泥洹后九百年出，在中天竺，婆罗门子也。"①《三论玄义》说："成实论者，佛灭度后九百年内，有诃利跋摩，此言师子铠之所造也，其人本是萨婆多部鸠摩罗陀弟子。"②

《成实论》被视为小乘空宗的代表作，在南朝三论学派兴起之前，非常流行。该论的内容按"四谛"进行组织，强调"苦"的思想，人生诸苦流转的根源在于"无明"，需要用"真智"来灭除。其修持的阶次为"假名心"—"空心"—"灭空心"—"无余涅槃"。《成实论》讲空的思想显然是受到了龙树、提婆的影响，不过与大乘学说还是有根本性的差别，如认为"四尘"色香味触是实有的。

经部譬喻师室利罗多（胜受）为西印度人，为童受的弟子，与东天竺马鸣、南天竺提婆、北天竺童受、中天竺龙树并称为五大论师。他逐渐从譬喻者递嬗为经部论师，在阿逾陀郊外著成经部的根本毗婆沙，此书已失传。约公元 5 世纪末，婆薮跋摩著有《四谛论》，真谛将其翻译为汉文，该论将譬喻师说、经部师说和新有部的思想进行了杂糅。

"新有部"是世亲时代的有部学说，其思想体现在《阿毗达磨俱舍论》中，此论以《杂阿毗昙心论》为纲要，不但概括了罽宾有部的《大毗婆沙论》，还用经部思想批驳、纠正有部旧说。《俱舍论》以"四谛"

---

① （梁）僧祐：《出三藏记集》卷十一，《大正藏》第 55 册，第 78 页下。

② （隋）吉藏：《三论玄义》，《大正藏》第 45 册，第 3 页下。

为中心，将小乘佛教的基本观点系统化。该论将现实世界分为"有情世间"和"器世间"，有情是五蕴和合的众生。世间的差别在于"业"和"随眠"，解脱的方法在于"智"和"定"。《俱舍论》采用的是经部教义，尽管批驳有部"三世实有"的观点，但也承认永恒的法体存在。说一切有部论师众贤著《顺正理论》对《俱舍论》进行了抨击。在唯识学说上，陈那讲说因明论，佛音有《发智论》《殊胜义论》，安慧上承德慧，下传真谛，精通唯识因明学，尊崇世亲的学说。戒贤是玄奘的老师，这就到了隋唐时期了。清辩为大乘佛教中观学学派的论师，关于《俱舍》《唯识》的著作也很多。

除了许多佛教经论，南朝的佛教思想注重义理，这和印度当时佛教思潮的变化以及传播的路线都有很大的关系。北方的佛教受到西域的影响更为多些，许多译经家来自西域，如著名的译经家鸠摩罗什就是西域人。这样西域就成为佛教向内地传播的一个中转枢纽。南朝的佛教也有经海路传播到中国的。这些外来的译经僧人大多是印度人，所以南方接受佛教思想更为快捷一些。天竺国同梁朝就有密切的交往。"中天竺国，在大月支东南数千里，地方三万里，一名身毒……天监初，其王屈多遣长史竺罗达奉表曰：'伏闻彼国据江傍海……庄严国土，犹如化城。……王出游，四兵随从，圣明仁爱，不害众生。……大王仁圣，化之以道，慈悲群生，无所遗弃。常修净戒，式导不及，无上法船，沉溺以济……天魔降服，莫不归仰。……愿二国信使往来不绝。……今奉献琉璃唾壶、杂香、古贝等物。'"[1] 天竺国主动发起了与梁朝的交流，其内在的原因显而易见，是印度对于梁朝君主以佛教治理国家十分钦佩，这也间接地说明了梁朝当时在东南亚的影响力。

魏晋时代，佛教传入中国大部分经过西域而来，经海路传播少之又少。中国的南北朝时期与印度的笈多王朝同为一个时期，佛教的传入无论是中国僧人向西去求法，还是印度僧人来华传法，都不再偏于北印罽宾区。由于海上丝绸之路兴盛，佛教思想的传入涉及全印度，大、小乘思想在南朝同时兴起也就不足为怪了。在以往的佛教史论述中，往往注意的是江南本身具有的思辨特征，而产生了南朝重佛教义理的思想，这是重要的

---

① （唐）姚思廉：《梁书》卷五十四《诸夷·中天竺国传》，中华书局1973年版，第797—799页。

一方面，我们可以称之为内因。另一方面是海上的丝绸之路没有经过西域的中转，所以传播更为快捷，思想上也更加富有印度的特色，我们可以称之为外因。

### 三    南朝时期佛教向内地输入的基本途径

在地理上，中国和印度被喜马拉雅山、兴都库什山所隔开，由此两国形成了两个完全不同的文化圈。由于地理的因素，我们考察印度佛教如何传入中国的路线就显得尤为重要。印度是亚洲大陆南端的一个半岛，地形为倒立的等边三角形，面积相当于整个西欧，有 415 万平方公里。印度大陆东临孟加拉湾，西临阿拉伯海，南部是科摩林海角，与印度洋相望。因此，印度佛教传入中国就有了陆路和海路两条线路。

早在公元前 2 世纪末，中国与印度就逐渐开始交往了。在汉代，张骞出使西域，开通了丝绸之路，东西的贸易逐渐扩大，汉代和西域的交往就逐渐变得密切了起来。佛教从古印度的西北部进入阿富汗，然后到达西域，再通过丝绸之路传入汉朝。陆路上的传播路线又有两条。北道（塔克拉玛干沙漠的北部）：敦煌—哈密—吐鲁番—龟兹（今库车县一带）—疏勒（喀什噶尔一带）；南道（塔克拉玛干沙漠南部）：敦煌—鄯善—塔克拉玛干沙漠南部—昆仑山脉北麓—于阗—莎车（东界塔克拉玛干沙漠）。东晋法显的路线是从塔克拉玛干沙漠的北边，经焉耆南到于阗。

自佛教从汉代传入中国起，陆路在早期一直是主要的传播路线。到了后汉末年，海上的路线也逐渐发展了起来，从印度绕过斯里兰卡、苏门答腊、马来半岛，经越南而进入中国广州。三国时期的牟子①就是通过海路从交趾（越南）进入中国的。南朝佛教的输入路线同汉、魏、晋一样。由于地理位置的因素，北朝和西域的交流更为频繁一些，而经过西域来到南朝的高僧，都是先经过北朝，而后再进入南朝。南朝商业经济非常发达，这时候东南亚国家的佛教也十分兴盛，借助商贸交通的便利，经过广州进入南朝的僧侣逐渐增多。随着从西域进入北朝的高僧南下，及从海上进入南朝的高僧北上，加上战乱等各个方面的因素，南北朝佛教的交流也频繁了起来。其中的代表人物如菩提达摩就从海上进入南朝，而南朝偏重

---

① 牟子（170—?），名融，字子博，苍梧郡广信人东汉末年佛学家，三国初著《理惑论》（37 篇）。东汉中平六年（189）避难交趾（越南），26 岁回苍梧（今广西梧州市）。

于佛教的义理，专于实践的菩提达摩显然没有得到梁武帝的重用，于是他随后又来到北朝。南朝时期从这条路线进入的著名僧人就有求那跋陀罗、真谛、佛陀跋陀罗等。

关于佛教的输入，比较重要的因素包括如下四点：①佛教的传入路径。②佛教的经典翻译。③佛教的思想及传入经典的研习。④统治者及民众对佛教的态度。前面三点讲的是佛教的传播，后一点是佛教的中国化过程。在佛教的输入中，僧人无疑扮演了最重要的角色。

1. 中原僧人留学天竺，再返还南朝。有的僧人学成之后，途经海路到达南朝。如昙无竭于宋永初元年（420）带领弟子僧猛、昙朗等二十五人，从北方出发辗转到达西域，然后经过罽宾等国，礼拜佛迹，随后又进入中天竺，同去的有二十人死在途中，最终历尽千辛万险，到达印度舍卫国。取得佛教经典后，从南印度坐船经过海路到达广州进入宋境内。"释昙无竭，此云法勇，姓李，幽州黄龙人也……遂以宋永初元年，招集同志沙门僧猛、昙朗之徒二十五人，共赍幡盖供养之具，发迹北土，远适西方。初至河南国，仍出海西郡，进入流沙到高昌郡，经历龟兹、沙勒诸国……同侣失十二人，进至罽宾国，礼拜佛钵，停岁余，学梵书、梵语，求得《观世音受记经》梵文一部……复行向中天竺，界路既空旷，唯赍石蜜为粮。同侣尚有十三人，八人于路并化，……后于南天竺，随舶泛海达广州，所历事迹，别有记传，其所译出《观世音受记经》，今传于京师。"① 昙无竭从天竺回来后，带来了《观世音受记经》，详称《观世音菩萨得大势至菩萨授记经》。

宋元帝时期的僧人智猛，京兆新丰（陕西临潼）人，每闻外国沙门说天竺佛迹及方等众经，慨然而有求法远游之志。十六国后秦弘始六年（404）前往西域，与昙纂等十五人，自长安出发，西行求法，经罽宾、奇沙、迦维罗卫，至华氏城，同行抵天竺者仅五人。于华氏城获得《大般泥洹经》《摩诃僧祇律》及余经梵本。同行之僧或退或死，归途仅剩昙纂为伴。南朝宋元嘉元年（424）自天竺返回返还宋都。"《般泥洹经》二卷（阙），《摩诃僧祇律》一部（胡本未译出），……宋文帝时，沙门释智猛游西域还。以元嘉中，于西凉州译出《泥洹经》一部，至十四年

---

① （梁）慧皎：《高僧传》卷三；《大正藏》第 50 册，第 338 页中—339 页上。

（437）赍还京都。"①

2. 西域僧人经过陆路进入南朝。西域沙门畺良耶舍对三藏都很精通，但最擅长的是禅学。宋元嘉之初来到京师建康，所译经典有《观无量寿佛经》《观药王药上二菩萨经》各一卷。"畺良耶舍，西域人，性刚直，寡嗜欲。诵《阿毗昙》，博涉律部，其余诸经，多所该综。虽三藏兼明，而以禅门专业。每一游观，或七日不起，常以三昧正受，传化诸国。以元嘉之初，远冒沙河，萃于京邑"。② 于元嘉元年（424），在钟山道林寺，译出《观无量寿佛经》《观药王药上二菩萨经》各一卷。沙门僧含笔受。畺良耶舍译出的净土经典，推动了净土信仰在宋朝的传播。至于畺良耶舍到达建康的行走路线，文中记载"远冒沙河，萃于京邑"，应该是通过西边的陆路到达。沙河是否西域的河名还有待考证，不过根据后来唐代玄奘在《大唐西域记》里记载的大流沙，那是一条真实的西域内流河，我们推断沙河为河名，而且畺良耶舍又为西域人，经过陆路到达建康是合理的。

南朝宋时期，西域沙门功德直于荆州为沙门释玄畅译《菩萨念佛三昧经》六卷、《无量门破魔陀罗尼经》一卷。玄畅为《菩萨念佛三昧经》刊正文义，圆润语句。"西域沙门功德直，以大明六年（462），于荆州为沙门释玄畅译，畅刊正文义，辞旨婉密，而畅舒手出香，掌中流水，莫之测也。后适成都，止大石寺，即是阿育王塔，乃手自作金刚密迹等十六神像，传至于今。"③

3. 北朝译经家南下进入南朝。公元 439 年，沮渠安阳侯南下进入宋土，同时将《观世音》《弥勒》二观经传到南方。"沮渠安阳侯者，其先天水临成县胡人，河西王蒙逊之从弟也。……少时尝度流涉到于阗国。于衢摩帝大寺，遇天竺法师佛陀斯那。……安阳从受《禅要秘密治病经》，因其胡本口诵通利，既而东归。于高昌郡求得《观世音》《弥勒》二观经各一卷，及还河西，即译出《禅要》，转为汉文。居数年，魏虏讬跋焘伐凉州，安阳宗国殄灭，遂南奔于宋（439）。晦志卑身，不交世务，常游止塔寺，以居士自毕。初出《弥勒》《观世音》二观经，丹阳尹孟顗见

---

① （梁）僧祐：《出三藏记集》卷二，《大正藏》第 55 册，第 12 页下。
② （梁）慧皎：《高僧传》卷三，《大正藏》第 50 册，第 343 页下。
③ （隋）费长房：《历代三宝纪》卷十，《大正藏》第 49 册，第 93 页中。

而善之，请与相见。一面之后，雅相崇爱，亟设供馔，厚相优赡。"① 安阳跟随天竺僧人佛陀斯那学习禅法，精通胡语，后前往高昌取得《观世音观经》和《弥勒观经》各一卷，并翻译成汉文。后因北魏讨伐凉州，安阳逃往宋，同时将所翻译的佛经传到南方。

4. 天竺僧人经过海路进入南朝。这是佛教向南朝输入的主要途径。由于地理位置的原因，不同于从西域传入北朝的佛教，南朝地处江南，佛教主要从海路进入，如真谛就是梁武帝从扶南（柬埔寨）召入的。天竺的僧人经过海路进入南朝，有以译经为目的的，也有不是以译经为目的的。

南朝宋时从海路进入南朝的译经家，著名的有求那跋陀罗。文帝元嘉十二年（435）他经过狮子国（今斯里兰卡）等地泛海到达广州，住在云峰山的云峰寺。元嘉二十九年（452），中天竺国三藏法师求那跋陀罗译出《八吉祥经》一卷和《现在佛名经》三卷。"《八吉祥经》，宋元嘉二十九年……天竺国大乘比丘释求那跋陀罗于荆州城内译出。"②

宋明帝时期（465—472），天竺人竺法眷经过海路到达广州译经传法，先后译出《海意经》《如来恩智不思议经》《宝顶经》《无尽意经》《三密底耶经》等。"《海意经》七卷（阙）、《如来恩智不思议经》五卷（阙）、《宝顶经》五卷（阙）、《无尽意经》十卷（阙）、《三密底耶经》一卷（汉言贤人用律阙）……宋明帝时，天竺沙门竺法眷，于广州译出。并未至京都。"③

宋朝时期，著名的僧人还有菩提达摩，他经海路从广州进入宋境，又从南方辗转到北方，被后世奉为禅宗初祖。

梁陈时期的译经家真谛（499—569），梵名波罗木陀，西天竺优禅尼国人。梁武帝曾委托扶南国招聘名僧，真谛于大同十二年（546）携经论梵本二百四十夹经水路到达南海郡（今广东南部），时年 50 岁。两年后真谛到达京城建康，梁武帝深加礼敬，令住宝云殿。侯景之乱以后，真谛去富春（今浙江富阳县）从事《十七地论》等的翻译。承圣元年（552）重回建康，住正观寺，和愿禅师等二十余人翻译《金光明经》。自承圣三

---

①　（梁）僧祐：《出三藏记集》卷十四，《大正藏》第 55 册，第 106 页中。

②　（梁）僧祐：《出三藏记集序》卷九，《大正藏》第 55 册，第 68 页上。

③　（梁）僧祐：《出三藏记集》卷二，《大正藏》第 55 册，第 13 页上、中。

年（554）到敬帝绍泰三年（557），真谛在豫章（今江西南昌）及江西、广东一带漂泊。陈武帝永定二年（558）再回豫章，在临川、晋安等地译经或重新核定所译经论。文帝天嘉二年（561）到达梁安郡（令广东惠阳一带），住建造寺译讲《解节经》等。弟子慧恺等人在广州译讲《大乘唯识论》、《摄大乘论》等，光大二年（568）因为厌世而有了自杀的念头，被慧恺等劝阻。当年慧恺讲《俱舍论》未竟先亡，真谛恐怕《摄论》和《俱舍论》从此无人弘传，命众弟子发誓弘扬二论，不要断绝。真谛讲《俱舍论》，至第五品时因病中止，真谛于太建元年（569）去世。

5. 扶南佛教对南朝的输入。梁天监十一年（512），扶南（今柬埔寨）沙门僧伽婆罗在扬都寿光殿译《阿育王经》十卷，后又在天监十四年（515）翻译《解脱道论》十三卷、天监十七年（518）译《文殊师利问经》二卷。

此外，还有一些从印度来的僧人进入南朝，但经陆路还是海路并不明确。"时又有天竺沙门僧伽达多、僧伽罗多等，并禅学深明，来游宋境。"[1] 天竺沙门僧伽达多、僧伽罗多尽管来自印度，但以禅学为主，兼以坐禅，并未参与译经。

无论佛教是经陆路还是海路传播，我们都提到许多重要的地名，比如西域的高昌郡、龟兹、沙勒诸国，前面提过的沙河，由西域到达印度所经过的罽宾、奇沙、迦维罗卫，南朝的广州，等等，对于我们考察当时佛教的传播路线提供了重要的依据。南北朝时期是中国佛教大发展的时期，佛教经典通过陆路、海路大量进入汉地，这里面既有外来僧人的功劳，也有本地僧人不畏艰辛求法的功绩。

## 四　南朝佛教的对外交往

南朝时期对外的佛教交往是同佛教向中国的输入交相呼应的，这种呼应通过陆路和海路两个途径。陆路以向西为主，海路有向东和向南两个方向。

### （一）同西域、天竺、波斯等的交往

同这些地区的交往主要表现为南朝僧人的西行求法。宋初时候，"宋太祖资给，遣沙门道普将书吏十人西行寻经，至长广郡，舶破伤足，因疾

---

① （梁）慧皎：《高僧传》卷三，《大正藏》第 50 册，第 343 页下。

而卒。普临终叹曰：《涅槃》后分与宋地无缘矣。普本高昌人，经游西
域，遍历诸国，……善梵书，备诸国语，游履异域。"① 道普的这次出行
可谓十分的不顺利，他病死途中。长广郡为汉建安初置，治所在长广
（今山东莱西市境），辖境相当于今山东青岛、崂山、莱西、海阳、即墨、
莱阳等县地，属于北魏管辖。尽管道普西行没有成功，但我们能够大致推
断出宋当时派人所行走的路线。如果走海路经过长广郡，说明这是前往天
竺的一个大港。东晋法显从天竺归来，就是从长广登陆的，其著名的
《佛国记》也是写于此地。

南朝同波斯也有朝贡和经济、贸易上的往来。梁武帝中大通二年
（530），波斯国的使臣到梁朝进献佛牙。"波斯国，其先有波斯匿王者，
子孙以王父字为氏……城外佛寺二三百所……中大通二年（530），遣使
献佛牙。"② 与南梁同期的波斯国信奉佛法，城外佛寺有二三百所之多，
向梁朝进献佛牙就在情理之中了。印度历史上的贵霜王朝在第三位国王迦
腻色伽（约120—144年在位）统治时期达到鼎盛，其领土辽阔，包括东
伊朗大部分地区和印度西北地区，因此也就成为中国汉代丝绸之路上的重
要帝国，波斯笃信佛教就不足为奇了。

西域的于阗国于大同七年（541）向南朝梁进献外国刻玉佛。"（于阗
国）尤敬佛法……大同七年，又献外国刻玉佛。"③ 于阗自古就是玉料产
地，这个玉佛是否为于阗所刻，无所证之。于阗国与南梁的政权间并不存
在严格的藩属关系，相对平等的政治关系为于阗与南朝间发展充分而自由
的贸易和商业关系提供了更好的条件。

这里需要注意的一个问题是，西域各国同梁朝交往的路径是什么？
北方被北魏及此后的东魏、西魏所占领，经长安的丝绸之路是行不通
的。实际上，当时的梁已经控制了益州，即今四川，由川北入河西走廊
形成了新的丝路。随着梁末益州被北方政权所掌控，这条交往途径也就
堵塞了。

（二）与东南亚的交往

印度孔雀王朝时代，即公元3世纪前后，小乘佛教传入斯里兰卡、缅

---

① （梁）慧皎：《高僧传》卷二，《大正藏》第50册，第337页上。
② （唐）姚思廉：《梁书》卷五十四，《诸夷·波斯国传》，中华书局1973年版，第814页。
③ （唐）姚思廉：《梁书》卷五十四，《诸夷·于阗国传》，中华书局1973年版，第815页。

甸。公元 4 世纪后，大乘佛教也传到了东南亚。同东南亚佛教文化的交流成为南朝时期佛教对外交往一个最主要的特色。

宋文帝元嘉元年（424）求那跋摩从阇婆横渡南海到达广东。公元430—452 年间，西爪哇的呵罗单国"频越遐海，款化纳贡"①。

南朝齐和柬埔寨的交往十分密切，当时有位印度的僧人那伽仙在齐朝与扶南的交往中发挥了巨大的作用。扶南即现在的柬埔寨，公元 2—3 世纪之交建国，为当时东南亚最大的国家之一。公元 5 世纪中，扶南国王耶跋摩曾遣使乘船载货来广州贸易，返回时带上了在广州的天竺僧人那伽仙，他在扶南讲述了中国佛法兴盛的情况。

齐永明二年（484）扶南国王派遣那伽仙来到南朝进献金缕龙王坐像、白檀像、牙塔等珍贵礼品。随那伽仙同来南朝齐建业的还有僧伽婆罗，他博学多识，通晓数国语言，足见当时的扶南佛教文化也是非常发达的。

梁朝和东南亚的国家交往最为频繁。梁天监元年（502）、十七年（518），普通元年（520），阇婆洲（爪哇岛）呵罗单王瞿昙修跋陀罗乃至他的儿子承继为王的毗邪跋摩遣使赠礼，并以佛教语言致书通好。

梁天监二年（503），扶南国派遣曼陀罗仙携带梵本佛经和珊瑚佛像来到建业，梁武帝请曼陀罗仙、僧伽婆罗翻译《文殊师利所说般若波罗蜜经》二卷、《法界体性无分别经》二卷、《宝云经》七卷。"扶南国沙门曼陀罗来进珊瑚佛像，诏译经于扬都。"②

梁天监十八年（519），柬王留陀跋摩遣使来梁，向梁武帝赠送天竺栴檀瑞像和婆罗树叶。"梁天监十八年，（扶南国）复遣使送天竺旃檀瑞像、婆罗树叶；并献火齐珠，郁金、苏合等香。"③（大同）五年（539）扶南来使赠送生犀，并言彼国有佛发。梁武帝令直使张汜等送扶南来使返国时，并遣沙门释宝云往迎请佛发，还请名德三藏法师携大乘诸经论等来梁。"大同五年，（扶南国）复遣使献生犀。又言其国有佛发，长一丈二尺。诏遣沙门释云宝随使往迎之。"④

---

① （梁）沈约：《宋书》卷九十七《呵罗单国传》，中华书局 1974 年版，第 2382 页。

② （南宋）志磐：《佛祖统纪》卷三十七，《大正藏》第 49 册，第 348 页中。

③ （唐）李延寿：《南史》卷七十八《夷貊上·扶南国传》，中华书局 1975 年版，第 1954页。

④ 同上书，第 1945 页。

梁天监十六年（517），婆利国①（文莱的加里曼丹岛）派使臣来到梁朝进献金席。"（婆利国）天监十六年，遣使奉表曰：伏承圣王信重三宝，……臣是婆利国主，今敬稽首礼圣王足下，惟愿大王知我此心。此心久矣，非适今也。山海阻远，无缘自达，今故遣使献金席等，表此丹诚。"②

梁大通元年（527），狮子国王（斯里兰卡）伽叶伽罗诃梨耶遣使致书于中国，要和梁朝廷共弘三宝。"师子国，天竺旁国也……大通元年，后王伽叶伽罗诃梨邪使奉表曰：……我先王以来，唯以修德为本，不严而治。奉事正法道天下，欣人为善，庆若己身，欲与大梁共弘三宝，以度难化。信还，伏听告敕。今奉薄献，愿垂纳受。"③

梁中大通元年（529），盘盘国（泰国南万伦湾沿岸一带）派遣使者送来舍利及画塔。"盘盘国，……中大通元年（529）五月，累遣使贡牙像及塔，并献沉檀等香数十种。六年（534）八月，复使送菩提国真舍利及画塔，并献菩提树叶、詹糖等香。"④

梁中大通二年（530），丹丹国（马来西亚马来东北岸的吉兰丹）派使者向梁朝进贡象牙、佛教等。"伏承圣主至德仁治，信重三宝，……谨奉送牙、像及塔各二躯，并献火齐珠、古贝、杂香药等。"⑤

（三）与朝鲜、日本的交往

南齐东昏侯永元元年（499），扶桑国沙门慧深来至荆州，言日本原本没有佛法，刘宋时期，经来自西域罽宾国的五位比丘东渡日本，传播佛教后，日本风俗遂即发生改变。"其俗旧无佛法，宋大明二年（458），罽宾国尝有比丘五人游行至其国，流通佛法、经像，教令出家，风俗遂改。"⑥

梁武帝普通三年（522），中国江南以制鞍为业的汉人司马达等东渡

---

① 今文莱的加里曼丹岛。加里曼丹岛也译作婆罗洲岛，被分为三国领土，分别属于马来西亚、文莱及印度尼西亚。

② （唐）姚思廉：《梁书》卷五十四《诸夷·婆利国传》，中华书局1973年版，第798—799页。

③ （唐）姚思廉：《梁书》卷五十四《诸夷·师子国传》，中华书局1973年版，第800页。

④ （唐）姚思廉：《梁书》卷五十四《诸夷·盘盘国传》，中华书局1973年版，第793页。

⑤ （唐）姚思廉：《梁书》卷五十四《诸夷·丹丹国传》，中华书局1973年版，第794页。

⑥ （唐）姚思廉：《梁书》卷五十四《诸夷·扶桑国传》，中华书局1973年版，第808页。

日本，在大和阪田原设立草堂崇奉佛教，达等的女儿司马岛首先出家为尼，称为善信尼，达等的儿子也出家为僧，称为德齐，这是日本僧尼之始。①

　　百济佛教始于东晋时期，由摩罗难陀进入百济而传入。《三国史记》卷二十四记载："枕流王元年（东晋孝武帝太元九年，公元 384 年）九月，胡僧摩罗难自晋至，王迎之致宫内，礼敬焉。佛法始于此。二年，春二月，创佛寺于汉山度僧十人。"②

　　朝鲜东南的新罗地区，佛教传入也较早，并早有新罗僧人来中国参学。梁武帝于太清三年（549）遣使偕同新罗学僧觉德送佛舍利至新罗国，新罗真兴王亲率百官奉迎于兴轮寺。③

　　百济遣使献方物，并请《涅槃》等经义。"百济者，其先东夷有三韩国，一曰马韩，二曰辰韩，三曰弁韩……中大通六年（534），大同七年（541），累遣使献方物；并请《涅槃》等经义、《毛诗》博士，并工匠、画师等，敕并给之。"④

　　陈文帝于天嘉六年（565）遣使与僧释明观等往新罗国通好，并致送释氏经论千七百余卷，这在《三国史记·新罗本纪》中都有所记载。

　　综上所述，我们可以看出，南朝时期对外交往非常频繁。在交往形式上，双方互派使节，组织官方贸易。在交通路线上，既有陆上丝绸之路，也有海上丝绸之路。南朝与许多国家的交往都是以佛教为桥梁，这种往来，为隋唐时期文化的繁荣、对外贸易的昌盛奠定了重要的基础。

### 五　南朝时期输入南方的主要佛教思想

　　印度佛教向南朝的输入与佛教经典的译出密不可分。南朝时期有大量的译经家，他们把印度传入的佛教经典翻译成汉文，并以此发展成了各家的师说，促进了南朝佛教思想的发展。南朝各朝中宋的译经数量是最多的。根据《开元录》记载，宋时佛经翻译人员共有 22 名，翻译的经典共有 465 部 717 卷，其中散失的经卷也被统计在内。为什么宋的译经事业如

---

① 参见《诸夷·扶桑略记》卷三。

② （高丽）金富轼：《三国史记》卷二十四《百济本纪》。

③ （高丽）金富轼：《三国史记》卷四《新罗本纪》。

④ （梁）萧子显：《梁书》卷五十四《诸夷·百济国传》，中华书局 1973 年版，第 804—805 页。

此发达呢？其原因在于人才的储备。翻译人员大量增加的一个重要原因是由于北方连年战乱使大量杰出的译经家涌入南朝宋，促使了宋朝乃至其后齐梁陈译经事业的大发展。

南朝宋时期从北方南下的译经人员的来源途径如下：①原先跟随鸠摩罗什的翻译人员在罗什死后及刘裕占领长安后，为了躲避战乱而南下，来到宋国继续他们的翻译事业。②慧嵩、道朗周围的凉州僧众为躲避北魏拓跋焘于公元439年发动的战争而逃到南朝宋国。③拓跋焘于公元446年下"灭佛法诏"，使魏境的僧人南逃。

求那跋陀罗于公元435年经过狮子国（斯里兰卡）来华，从广州登陆抵达建康。宋文帝派慧严、慧观等僧人接待，慧严、慧观原来是跟随鸠摩罗什的，后来又跟随佛陀跋陀罗，因此有着丰富的译经经验。求那跋陀罗的译籍有《杂阿含经》，还有慧观为其笔受的《胜鬘师子吼一乘大方便广经》，该经主要阐述了"如来藏缘起"的思想。求那跋陀罗翻译的另一部重要经典是四卷本《楞伽经》，该经主要阐述了"五法""三自性""八识""二无我"。《十二头陀经》是否为求那跋陀罗所译，还需要考证。经中倡导的修持方式为头陀行，在菩提达摩所传的早期禅宗中颇为流行。

南朝时期输入南方的主要佛教思想有如下五类。

（一）大乘如来藏思想的传入

昙无谶（385—433）北凉玄始十年（421）至姑臧（今甘肃武威），译出《大般涅槃经》40卷（世称"北本涅槃"）、《大云经》4卷等。在昙无谶译的《大般涅槃经》中，有"一切众生悉有佛性"之说，对中国佛教思想的发展影响很大。南朝宋谢灵运以谶译《大般涅槃经》勘合法显与佛陀跋陀罗的译本，编订为"南本涅槃"。

东晋佛陀跋陀罗于元熙二年（420）译出《大方等如来藏经》，该经认为"一切众生具如来藏"，并列举九喻以说明如来藏的意义。求那跋陀罗译出《大法鼓经》2卷、《相续解脱经》2卷、《胜鬘经》1卷、《央掘魔罗经》4卷、《楞伽经》4卷等，其所译的《胜鬘经》宣扬的就是如来藏教义。

南朝大乘如来藏思想的传入为具有中国特色的宗派如天台宗、华严宗、禅宗所吸收，这些宗派的佛教学者将成佛的根源追溯为众生的如来藏清静本心，形成了具有中国佛教特色的心性论。

（二）大乘唯识思想的传入

梁陈时期的翻译家真谛（499—569）于梁大同年间到达梁国，后受"侯景之乱"的影响，不得已四处漂泊，但这并没有影响到他的译经事业。公元 562 年，真谛到达广州，在那里翻译了大量的佛教经典。据《续高僧传》记载，真谛在中国共计 23 年，翻译出的经论记传有 64 部 278 卷。《开元录》刊定译籍为 49 部 142 卷，所撰义疏 19 部 134 卷。他翻译和注疏的重点是瑜伽行派无著、世亲、陈那等人的唯识学说，这属于大乘佛教有宗体系。

真谛的译籍主要有《摄大乘论》《摄大乘论释》《俱舍论》《大乘唯识论》《十八空论》《佛性论》《解拳论》以及《三无性论》。真谛对瑜伽行派进行了两种解说，有"方便唯识"和"正观唯识"。"方便唯识"是立阿赖耶识，说明现象的变化虚妄不实。"正观唯识"空的是虚妄不实的阿赖耶识，不空的是理，"常乐我净"，既是佛性，也是真如。

大乘唯识思想即印度的瑜伽行派，为印度大乘佛教的主要派别，与中观学派并立。南朝的唯识思想以《十地经论》和《摄大乘论》为主，其思想为早期的天台学者南岳慧思与天台智颛所吸收。慧思所问学的禅师，多与地论师有一定的关系，到了南方后慧思也受到了摄论师学说的影响，但天台学并未因此成为唯识古学，而是独自发展成为中国的天台宗。南北朝时期依据唯识思想所立的学派为摄论学派与地论学派。

（三）小乘阿毗昙、成实论、俱舍思想的传入

伊叶波罗为南朝宋译经家，西域人，经通三藏，明解四部《阿含》。宋元嘉三年（426）东游彭城，为北徐州刺史太原王仲德译《杂阿毗昙心论》，然而到了《择品》即中断，共译出 10 卷；元嘉八年（431），由求那跋摩（367—431）续译，补足为 13 卷。南朝僧人僧伽跋摩，梵名意译僧铠、众铠，通律藏，更善《杂阿毗昙心论》。宋元嘉十年（433），经流沙至建业（南京），应慧观等之请，于长干寺重新译出《杂阿毗昙心论》14 卷，后又译出《萨婆多部毗尼摩得勒加》10 卷等。真谛在陈天嘉四年（563）译《俱舍论》，旧有的毗昙学就转向俱舍学了。萨婆多部鸠摩罗陀的弟子诃黎跋摩作《成实论》，该论由鸠摩罗什译出，在南朝齐、梁时期非常兴盛，这和南方注意义理的风气相关。《成实论》的思想是小乘向大乘的过渡，小乘讲我空，不讲法空，而成实论也讲法空。不过以吉藏的批判，认为《成实论》还是小乘的思想。该论在讲空之前，首先承认有的

存在，这和大乘讲缘起性空是不同的。此外，三论宗对《成实论》的判教思想作了批判，《成实论》将自己的判教定位第二时，和般若思想同时，三论学派有感于这样会将般若思想和成实思想相混杂，不利于大乘思想的传播。

563 年，真谛在广州制旨寺译出《俱舍论偈》一卷，接着又译出《阿毗达磨俱舍释论》22 卷，为了刊定译文，他还为弟子们反复解说，并由其得意弟子慧恺写成《义疏》53 卷，后来道岳将其删为 22 卷，与道岳同时的慧净，从道岳学习的僧辨、玄会、智实等人均致力于《俱舍论》的研习和弘扬，经过他们的努力，由真谛开启的《俱舍论》的输入历程成为南朝佛教的一道亮丽风景。

（四）律学思想的传入

弗若多罗是北印度罽宾国人，后秦弘始年间（399—415）进入关中，在弘始六年（404），于长安中寺诵出《十诵律》梵本之多半，由鸠摩罗什译出，后由昙摩流支与鸠摩罗什共同译完，又经卑摩罗叉对校梵本而成现行的《十诵律》61 卷。《十诵律》在宋齐梁时曾盛行江淮一带，是翻译弘传最早的戒律。佛陀耶舍（约 4—5 世纪）于弘始十二年（410）译出《四分律》44 卷（后编为 60 卷），属法藏部。

佛陀跋陀罗从义熙十二年（416）到十四年（418）与法显等译出《摩诃僧祇律》40 卷，属大众部；佛陀什又作佛驮什、佛大什，南朝宋景平元年（423）始来扬州，译出《弥沙塞律》34 卷（现行本仅有 30 卷），此即现行之《五分律》，属化地部。宋求那跋摩（367—431），翻译有《菩萨善戒经》、《四分羯磨》、《优婆塞五戒相经》等。

东晋南北朝时期四部律藏已经全部译出：《四分律》60 卷，法藏部律，由十六国后秦佛陀耶舍、竺佛念译出。《十诵律》61 卷，说一切有部律，由十六国后秦弗若多罗、鸠摩罗什译出。《摩诃僧祇律》40 卷，大众部律，由东晋佛陀跋陀罗、法显译出。《五分律》30 卷，化地部律，由南朝宋佛陀什、智胜译出。南朝律学经典的译出一方面为唐代道宣创立律宗奠定了基础，另一方面南朝统治者尤其是梁武帝将佛教戒律与儒家伦理相结合，促进了佛教思想的传播，为佛教戒律在中国传播打下了基础。

（五）禅观思想的传入

佛大先（？—410）又作佛驮先、佛陀斯那，公元 5 世纪北印度罽宾国人。为一切有部之师，也是禅法的传持者，是当时最有名的禅师。佛大先的禅法，既有从天竺达摩多罗传来的顿禅，也有罽宾所传习的渐禅。佛陀跋陀罗年幼之时就跟随佛大先学习禅法。智岩当年前往西域时，到过罽宾，也从佛大先学禅，3 年后，与佛陀跋陀罗一起归国。佛陀跋陀罗译有《达摩多罗禅经》2 卷、《观佛三昧海经》等。沮渠京声译有《观弥勒》《观世音经》《治禅病秘要法》。畺良耶舍（424）译有《观无量寿佛》《观药王药上二菩萨经》。昙摩蜜多（355—442），华言法秀，罽宾人。梁《高僧传》卷三说他年七岁，"神明澄正，每见法事，辄自然欣跃"，屡从明师，博通经论，尤精禅法。他于南朝宋元嘉元年（424）来蜀，经荆州到建康，住于祇洹寺。他翻译了《禅法要》《普贤观经》《虚空藏观经》等。沙门功德直，又作求那跋摩，南朝宋时之译经家，西域人。南朝宋孝武帝大明六年（462），游荆州，寓止禅房寺。他应玄畅之请，译有《念佛三昧经》六卷和《破魔陀罗尼经》。这些大乘禅观经典的传入进一步促进了禅观修行在南朝的流行。

除了不同佛教思想的传入外，一些文学色彩浓厚的佛教经典也输入南朝。中天竺人求那毗地于齐建元初（479）来到建康，住毗离耶寺，永明十年（492）九月十日译出《百喻经》，此后又译出《须达长者经》及《十二因缘经》各一卷，后于建业正观寺摄受徒众，甚为有名，中兴二年（502）寂于正观寺。《百喻经》的题材为譬喻，用 98 个寓言故事阐明佛法的道理。传入中国后，即在民间广泛流行。

南朝时期输入的主要佛教思想除了对以前佛教的继承外，还和当时所新译的经典密切相关。南朝输入的佛教思想及其广泛流行，改变了魏晋时期"格义"佛教的状况，佛性、心性思想的出现使佛教理论趋于完善。而成实学与三论学的争论结果，也体现了大乘佛教取代小乘为中国佛教主流这一历史趋势。

### 六　南朝时期输入的佛教在华的变化

南朝时期输入的佛教在华的发展与变化，不但是佛教理论与实践相互激荡的结果，也是佛教适应中国社会与中国固有文化的表现。佛教思想、各家师说、佛教律制、忏悔法会、梵呗音乐等各个方面在南朝都得到了进一步的发展。对此，我们参照两个维度进行探讨：一是中国佛教自身发展的纵向维度，即探讨南朝佛教的变化与汉、魏晋时期的不同；二是与中国同时期的印度佛教的横向维度，探讨佛教的输入是单纯的移植还是为了适应当时的中国社会而发生的变化。这两个维度有助于我们了解佛教在中国的发展和变化既与佛教历代发展的积淀和努力适应中国社会的发展相关，也和印度佛教对中国佛教的影响密不可分。

（一）佛教思想的发展

南朝之前的中国佛教，经历了佛教初传和玄学化佛教的发展阶段。佛教初传时依附中国道术进行传播。牟子在《理惑论》中说："道者九十六种，至尊至大者，莫尚佛教也。"魏晋时期玄学流行，这时候的佛教般若学又依附于玄学而为"佛玄"。东晋时前便产生了般若学的"六家七宗"。随着鸠摩罗什译出《般若经》的释论、《大智度论》和《中论》、《百论》、《十二门论》等，僧肇作《不真空论》《物不迁论》《般若无知论》《涅槃无名论》等，中国的佛教理论已经接近印度佛教般若空宗的原意。"格义"佛教的态势到了南朝时期逐渐发生了逆转，中国人根据自己的需要，发展了印度的佛性论、如来藏思想，同时小乘的毗昙、成实也十分兴盛。这么多的佛教学说让中国的佛教徒面临着一个最直接的问题——哪些学说才是最能够适应中国社会的呢？直到唐代这个问题才逐渐得以解决。从本体论的意义上讲，中国佛教自南北朝以后逐渐建立了佛性论、如来藏的本体思想，摆脱了魏晋格义佛教以"无"为本的困境。

与南朝同时期的印度处于笈多王朝，其时流行的既有大乘思想也有小乘思想。两晋时期鸠摩罗什所翻译的龙树中观思想盛行，将心性本净同空性联系了起来，即为心性本寂。晋宋时期，随着大乘如来藏经典的翻译，《如来藏经》《胜鬘经》《大法鼓经》《央掘摩罗经》等经典的翻译，如来藏的思想逐渐兴起，佛性中的法性思想就转向了心识。

印顺将中国大乘思想分为"性空唯名"、"虚妄唯识"和"真常唯心"三系。如来藏大乘经典的传入，使得后来以真常唯心为基础的天台宗、华严宗、唯识宗，形成了性具、性起、性觉的思想。禅宗的性觉论将涅槃佛性论和般若空论相结合，形成了具有中国特色的心性思想。真常唯心论所依据的最根本的经典就是《大乘起信论》，形成于南朝梁代时期，对唐代宗派的形成起到了重要的作用，不过对于真伪问题一直存在争议。《起信论》与唯识学说有很大的不同，为"一心开二门"之说，二门为心生灭门和心流转门，在中国用特定的体用关系表现出来。唯识与《起信论》的思想有着内在的矛盾，唯识的真如偏于理，而《起信论》的真如是理与智的结合，所以有人据此而推论《起信论》是在中国形成的，而非从印度传来。

（二）佛教学派的变化与信仰的发展

印度佛教的大乘学派为中观和瑜伽行派，小乘学派则主要有毗昙学、俱舍学，这些学说传入中国后，在南朝形成了各家师说。南朝时期的学派都有各自的师说，如涅槃师、成实师、三论师、摄论师等。唯识学的思想到了唐代随着玄奘翻译的唯识经典也一时变得兴旺起来。而中观的思想和心识思想相结合，又加上大乘如来藏思想的兴起，使中国佛学的发展走向了明显带有中国特色的道路。

南朝各学派都建立了判教学说，这也加速了佛教中国化的进程。有些学派因不适应中国社会或融入其他的宗派思想中而逐渐消亡，如三论学、涅槃学、成实学、俱舍学等。成实学在齐梁十分兴盛，为南朝梁时期比较大的学派。因为《成实论》具有法空的思想，所以便被许多人拿来当作大乘的经典，但经过三论宗的批判之后便日益衰落。俱舍学同样如此，尽管唐代玄奘重新译出《俱舍论》，但仍没有扭转这种衰落趋势。而另一些学派采用了中国特有的运思方式、适应了古有的传统文化，于是逐渐发展壮大。如南朝禅学思想虽然各派林立，但尤以达摩一系的禅学影响最大，至隋唐之际，道信、弘忍创立了"东山法门"，声势浩大，直接影响了中国禅宗的形成和发展。

从民间佛教来说，随着观音信仰、弥勒信仰、药师佛信仰等逐渐兴起，佛教的灵验特征日益突出。灵验主要指念佛、诵经、造经、造像后，出现感通、灵异等神异经验，是佛教民间化的传播形式。禅学的兴起使佛教的民间化倾向更为浓厚，其中禅师们的神异色彩尤为突出。南朝佛教进入民间后特别重视灵验信仰的宣传，这成为吸引民众的重要手段，与此同时，产生于民间的灵验故事又从各个方改变了佛教的面貌，体现出明显的民间化趋势。佛教进入民间化后，其仪式主要有烧香、忏悔、礼拜、供养、浴佛、造像、建塔寺、斋戒、读经、听经、诵经、写经、造经、刊经、念佛、放生、布施等，这些活动强调功德，常与果报、解脱、灵验联系在一起，被民众神圣化，这是民间佛教一大特点。南北朝时期的佛教在中国的发展实际是呈现出两条路线，即统治阶层与民众阶层、官方与非官方，这两种因素都加剧了佛教中国化的进程。

（三）佛教戒律、仪式法会的变化

南朝宋、齐时期流传的《十诵律》说三种净肉允许佛教徒可以食用，南朝最初遵循的就是小乘的《十诵律》戒，因此僧人是可以吃肉的。而《大涅槃经》等大乘经典是禁止肉食的，梁武帝信奉的是佛教大乘经典，所以他作《断酒肉文》，提倡僧人断除肉食。因此从佛教发展的角度来看，吃素并非佛教的一种根本"制度"，而是经梁武帝的改革随之兴起的。

梁武帝制定的"经忏"使得佛教的发展出现了转向。印度的僧伽制与汉地的融合促使具有中国特点的僧伽制度的形成。伴随忏法而举行的法会也兴盛了起来，逐渐成为中国僧伽组织的行事仪轨。对后世有影响的就有"水陆法会"（水陆道场）和"盂兰盆会"，这两种法会后来成为我国寺院中重要行事，民众参与广泛。

（四）佛教音乐的变化

印度的佛教音乐十分发达，传入中国以后却不适应汉地的习惯。梵文为拼音文字，而汉文是一字一音，无论是以梵音配汉语还是以汉曲配梵文都十分困难。公元 489 年，齐竟陵王萧子良组织了中国历史上第一次佛教音乐的研讨盛会，带领僧人们共同"造经呗新声"，创造佛教音乐。他还鼓励僧人互相学习求教，精进技艺。萧子良对佛教音乐的大力倡导和精心组织，推动了南方佛教音乐的发展，确定了南方经呗音乐"哀婉"的风格。

梁武帝喜文好乐，对于音律十分精通，他亲自创制、改编了南方乐曲，还制订礼乐、佛乐，在传统的儒家礼乐中加入佛教内容，为中国古代第一位制定佛乐的帝王。梁武帝的贡献在于提高了佛教音乐的政治地位，将佛曲引入宫廷，使朝廷的雅乐走向了宗教化的道路。此外，梁武帝还为以后的佛教法会仪式中的音乐形式奠定了基本的模式。佛教法会，歌乐兼备，既有僧人的讲唱，也有佛曲的演奏，内容丰富。梁武帝在无遮法会中，还创造了童声演唱佛曲的形式，"又有法乐童子伎、童子倚歌梵呗，设无遮大会则为之"①。"帝王的身份，深厚的中国传统文化的修养，罕见的宗教热情，这三者奇异的结合，使萧衍不可推诿地成了佛曲华化的关键人物，成了中国佛教音乐史上第一位杰出的中国佛曲作家。"②

---

① （唐）魏徵等编：《隋书》第 2 册，中华书局 1973 年版，第 305 页。

② 田青编：《净土天音——音乐学研究文集》，山东文艺出版社 2002 年版，第 19 页。

（五）佛教造像的变化

魏晋时期佛教造像保留着大部分印度风格，佛的形象和印度人的形象相似。在表现方式上有墓室的石雕摩崖线刻画、陶器上的凸堆模印花纹等，种类并不是很丰富。南朝时期的佛教造像十分兴盛，而且逐渐向世俗化、本土化转变。南朝的佛教造像种类繁多，有金像、铜像、雕像、夹纻像、结珠像、织珠像、绣像、织成像、塑像等，其中雕像包括木雕、玉雕、石雕、牙雕等像。造像在面容、服饰、姿态上都有了大的转变。南朝造像的主像一般为三世佛或释迦佛，其组合多为一佛、二菩萨，或者是一佛、二弟子。服饰由偏袒右肩式转变为汉化的褒衣博带式，佛像姿态由席地结跏趺坐变为坐于须弥座上。佛像在表情上"秀骨清相，似觉生动，令人懔懔，若对神明"[①]，这一点很符合门阀贵族的审美情趣。南朝时期的佛教造像与当时社会的审美要求和伦理观念逐渐相融，形成了具有中国特色的造像艺术。

综上所述，南朝时期输入的印度佛教从思想、信仰、艺术等多个层面都与当时的社会相融合，极具有时代特色。从思想层面来看，之前传入的中国佛教以格义比附来适应中国的社会，许多佛教思想失去了原有的本义，鸠摩罗什来华后，随着般若类经典、中论等大乘经论的译出，中国人对佛教思想的理解已经比较符合印度佛教的原意了，但仅仅从这一点来谈中国佛教的发展是不全面的，中国的僧人面临着一个艰难的选择，格义佛教的时代经过译经家的努力已经发生改变，而单纯地移植印度佛教的思想似乎又不太适应中国的社会。当时的印度佛教也处于大小乘并存的时期，许多派别的思想不尽相同。当时的中国僧人兼收并蓄，将佛教的众多学派都发展起来，形成了各家师说，可以说凡是生存下来的学派则都发展成为中国佛教的宗派，而不适应中国思维方式或伦理道德的学派则逐渐消亡。从信仰层面来看，中国人的思维方式喜好简约，而观音信仰、弥陀信仰、弥勒信仰、药师佛信仰等，其法门简便易行，深受中国普通民众的喜爱，于是风靡一时，影响至今。从艺术层面来看，中国佛教造像已经逐渐脱离了印度的色彩，汉化特色十分明显，这一方面深受当时玄学思想的影响，又与门阀贵族的审美观念密不可分，更重要的是具有中国特色的佛教思想已经逐渐显露，所以南朝佛教造像的变化，是中国人自信心的体现。正因

---

① （唐）张彦远：《历代名画记》，浙江人民美术出版社2011年版，第101页。

为佛教的格义趋势的淡化，加速了佛教在中国独立发展的步伐，佛教中国化已经是大势所趋了。

# 第二节　南朝的政教关系

## 一　南朝宋的政教关系

东晋元兴三年（404）三月至五月，出身寒门的武将刘裕平复了桓玄的叛乱。桓玄在逃入蜀途中被其部下所杀。晋元熙二年（420），刘裕受"晋帝禅位"，建立了刘宋王朝。宋时期的佛教比东晋时期又有了大的发展。在政治上，宋统治者对佛教基本都是扶持的态度，总体上并没有偏离儒学的方向，只以玄学和佛教作为补充。统治者扶持佛教最主要的原因是佛教在社会上有很大的影响，能够稳固统治者的统治。宋元嘉时期，佛法最为隆盛。宋武帝通过沙门所配置的金疮药治疗手疾，这加深了宋武帝对佛教的好感。宋武帝以后的统治者也都大体上没有偏离支持佛教的态势。

### （一）南朝宋政权对佛教的促进作用

第一，译经、寺院、僧尼数量都有增加。封建统治者的政权实际上与佛教的关系是相互的，一方面是政权对佛教的影响，另一方面是佛教对于政权的影响。刘宋政权促进了佛教的蓬勃发展。从数量上来看，佛教的译经、经典、僧尼数，都有了很大的发展。根据唐代法琳的《辩正论》卷三，我们将东晋与刘宋时期的译经者、经典、僧尼数比较列举如下：东晋时期，寺院 678 所，译经者 27 人，译经 263 部，僧尼 24000 人；刘宋时期，寺院 1913 所，译经者 23 人，译经 210 部，僧尼 36000 人。从上面的数字我们可以看出佛教到了南朝宋时期有了显著的发展，僧尼和寺院都有了显著的增加，但参与译经的人和所译的数量略有减少。寺院数量的增加是经济发展的一个表现，说明经济实力增强，有能力从硬件入手发展佛教。

第二，邀请僧人传法，支持僧人参与政事。宋文帝本人喜好佛法，而且精通教理，他曾迎请天竺僧人求那跋摩到建康传法，亲自率领百官听其讲法，"法席之盛，前此未有"①。在宋文帝时期，佛教获得了很大的发

① （元）觉岸：《释氏稽古略》卷二，《大正藏》第 49 册，第 790 页中。

展。当时关于佛法很有名的争论，如白黑论、形神论、因果论等，吸引了许多的名僧与名士，宗炳与何承天相辩论的"白黑论"，颜延之与何承少所辩的"达性论"，僧含、郑鲜之等与范晔所辩的"神灭论"，刘少府与何承天所辩的"因果论"等，都是以崇佛的士大夫为主要的参与者，通过辩论，深化了佛教的义理，扩大了影响。宋孝武帝任用僧人慧琳，让他参与政事，时称"黑衣宰相"。

第三，寺院的经济实力增强。宋武帝通过经济上的奖赏，提高了寺院的经济实力。宋武帝设斋内殿，令沙门道照陈词。"永初元年（420），帝设斋内殿，令沙门道照陈词。至百年迅速苦乐俄顷之句。帝善之，别赐嚫金三万。"① 不但最高统治者对佛教积极扶持，就连朝中的大臣对佛教也是十分支持。宋时的青州刺史将自己住宅的东面让与慧果建立精舍，足见其对佛教的态度非同一般。"慧果，本姓潘，淮南人也。常行苦节不衣绵纩，笃好毗尼戒行清白。道俗钦羡，风誉远闻。宋青州刺史北地传弘仁，雅相叹贵，厚加赈给。以永初三年（昙宗云元嘉七年寺生弘安尼以起寺借券书见示是永初三年）割宅东面为立精舍，名曰景福，果为纲纪，傃遗之物，悉以入僧，众业兴隆大小悦服。"②

（二）南朝宋政权支持佛教的原因

第一，佛教为皇权的合法性提供根据。从当时的历史背景来看，两晋时期盛行的门阀制度将出身卑微的人排除在士林之外。宋高祖刘裕出身不好，不得不借用佛教的谶语来证明自己称帝的合法性，这个方法也被后来的武则天借鉴。刘宋时期的统治者非常明白佛教的社会影响作用，知道佛教对于稳固统治有着非常重要的作用。儒家经常说名正言顺，讲皇帝继承王位的正统性，宋武帝就是处处借助佛教的寓言为自己王位的正统性进行合法的证明。法称告诉他的弟子说刘裕命中注定应当皇帝，而且有璧三十二枚、镇金一铤为信。刘裕本人也借梦中之境，说自己称帝是前世布施所得的福报。"冀州沙门法称，谓其弟子曰：嵩岳神言，江东有刘将军，汉之苗裔，应天受命。吾以璧三十二枚、镇金一铤为信。帝闻之令释慧义往嵩山求之，俄梦长须翁以杖指石下。来日诣庙所石坛求之，果获，因得献

① （南宋）志磐：《佛祖统纪》卷三十六，《大正藏》第 49 册，第 343 页下。
② （梁）宝唱：《比丘尼传》卷二，《大正藏》第 50 册，第 937 页中、下。

上。帝梦异僧语之曰：'君前世曾施维卫佛一钵之饭，今报斯位。'"① 宋武帝借游竹林寺而看到龙章，说明自己统治地位的合法性。"（宋武帝）尝游京口竹林寺，独卧讲堂前，上有五色龙章，众僧见之，惊以白帝，帝独喜曰：'上人无妄言'。"②

　　第二，佛教能够起到稳定社会的作用。刘宋统治者除了看到佛教可为自己的皇权正名外，也深知佛教对于社会的稳定可起到积极的作用。宋武帝刘裕即位三年后便病死。宋文帝刘义隆当权时期（424—453），国力昌盛，史称为"元嘉之治"。宋文帝与何尚之的一段对话，足以说明统治者对佛教社会作用的理解。"宗少文之难白黑，明佛汪汪，尤为名理并足，开奖人意。若使率土之滨，皆纯此化，则吾坐致太平夫。复何事……何者百家之乡，十人持五戒，则十人淳谨矣；千室之邑，百人修十善，则百人和厚矣；传此风训，以遍寓内，编户千万，则仁人百万矣。此举戒善之全具者耳，若持一戒、一善，悉计为数者，抑将十有二三矣。夫能行一善，则去一恶；一恶既去，则息一刑；一刑息于家，则万刑息于国，四百之狱何足难措，雅颂之兴，理宜位速，即陛下所谓坐致太平者也。"③ 一百户人家，只要有十个人持五戒，就能感化这一百户人。如果具有一千户的城市，有一百人修十善，就能影响整个城市。由这段话足见佛教对当时社会风气的影响很大，通过佛教的戒律可以稳定社会，维护封建皇权的统治。

　　（三）南朝宋代诸帝与佛教的关系

　　宋文帝刘义隆（407—453）深受宋武帝的影响，他在位的三十年间促进了佛教的大发展。他在与何尚之等谈到自己好佛时说："吾不读经，比复无暇，三世因果，未辩致怀，而复不敢立异者，正以前达及卿辈时秀率皆敬信故也。"④ 当然宋时期的统治者并未一味地推崇佛教，宋政权对佛教也采取了一些限制措施。统治者看到佛教的过度发展也会产生一些影响统治的后果，如敛财、敛地，成为寺庙地主，这都严重削弱了国家的经济。宋元嘉十二年（435），丹阳尹⑤萧摹向皇帝请奏，旨在说明建造寺院

----

　　① （南宋）志磐：《佛祖统纪》卷三十六，《大正藏》第49册，第343页下。

　　② （唐）李延寿：《南史》卷一《宋本纪上》，中华书局1975年版，第1页。

　　③ （梁）僧祐：《弘明集》卷十一，《大正藏》第52册，第69页中、下。

　　④ 同上书，第69页中。

　　⑤ 地方官名，东晋南朝的京畿长官。东晋南朝五朝皆定都于建康（今南京），建康隶属于原丹阳郡。晋元帝太兴元年（318）改丹阳郡守为丹阳尹，职掌相当于郡太守，可参与朝议。

无关神祇,有累人事,有欲铸铜像者应该加以限制。《宋书·夷蛮传》记载:"元嘉十二年,丹阳尹萧摹之奏曰:'佛化被于中国,已历四代,形像、塔寺,所在千数。进可以系心,退足以招劝。而自顷以来,情敬浮末,不以精诚为至,更以奢竞为重。旧宇颓弛,曾莫之修;而各务造新,以相夸尚。甲第显宅,于兹殆尽,材竹铜彩,糜损无极,无关神祇,有累人事。建中越制,宜加裁检,不为之防,流遁未息。请自今以后,有欲铸铜像者,悉诣台自闻。兴造塔寺、精舍,皆先诣在所二千石通辞,郡依事列言本州,须许报然后就功。其有辄造寺舍者,皆依不承用诏书律,铜宅林院悉没入官。'诏可。又沙汰沙门,罢道者数百人。"①

宋明帝刘彧(439—472)为积功德而建湘宫寺。"(宋明)帝以故宅起湘宫寺,费极奢侈。以孝武庄严刹七层,帝欲起十层,不可立,分为两刹,各五层。……我起此寺是大功德。"② 除皇帝之外,还有大臣建寺,如车骑范泰建祇洹寺。"宋永初元年(420),车骑范泰立祇洹寺,以义德为物宗,固请经始。义以泰清信之至,因为指授仪则,时人以义方身子,泰比须达,故祇洹之称,厥号存焉。后西域名僧多投止此寺,或传译经典,或训授禅法。"③ 在车骑范泰的支持下,得以建立祇洹寺,许多西域的明僧都投止此寺,译出了不少的佛教经典。僧祐在《出三藏记》卷十二记载了南朝宋统治者造像的题记,《宋孝武皇帝造无量寿金像记》、《宋明皇帝造丈四金像记》、《宋明帝齐文皇文宣造行像八部鬼神记》等,足以表明皇帝崇佛的倾向。

宋孝武帝刘骏(430—464)于孝建元年(454),率群臣在中兴寺八关斋戒。"孝建元年(454),世祖率群臣并于中兴寺八关斋,中食竟,愍孙(袁粲)别与黄门郎张淹更进鱼肉食,尚书令何尚之奉法素谨,密以白世祖,世祖使御史中丞王谦之纠奏,并免官。"④ 袁粲、张淹违反过午不食的原则,竟然被免了官。"毗婆沙论云:夫斋者以过中不食为体。"⑤《毗婆沙论》说"过午不食"是斋戒的根本,当然在以皇权主导的社会里,大臣违反了过午不食的原则就会受到处罚,而对于皇帝却自由了许

---

① (梁)沈约:《宋书》卷九十七《夷蛮传》,中华书局 1974 年版,第 2386 页。

② (唐)李延寿:《南史》卷七十《虞愿传》,中华书局 1975 年版,第 1710 页。

③ (梁)慧皎:《高僧传》卷七,《大正藏》第 50 册,第 368 页下。

④ (梁)沈约:《宋书》卷八十九,中华书局 1974 年版,第 2229 页。

⑤ (北宋)道诚集:《释氏要览序》卷上,《大正藏》第 54 册,第 271 页下。

多，这也表现出佛教适应王权灵活的一面。《高僧传·竺道生传》说：
"后太祖设会，帝亲同众御于地筵下食良久，众成疑日晚，帝曰：'始可
中耳。'生曰：'白日丽天，天言始中，何得非中。'遂取钵便食。于是一
众从之。莫不叹其枢机得衷。"① 竺道生在过午不食的问题上表现得十分
机智，将太祖比喻为天，天曰始中，即未过午，因此可以吃饭。

宋孝武帝尽管支持佛教，但并不影响他对佛教的严厉限制。"世祖大
明二年（458），有昙标道人与羌人高阇谋反，上因是下诏曰：'佛法讹
替，沙门混杂，未足扶济鸿教，而专成逋薮。如奸心频发，凶关屡闻，败
乱风俗，人神交怨。可付所在，精加沙汰，后有违犯，严加诛坐。'于是
设诸条禁，自非戒行精苦，并使还俗。而诸寺尼出入宫掖，交关妃后，此
制竟不能行。先是，晋世庾冰始创议，欲使沙门敬王者，后桓玄复述其
义，并不果行。"② 宋孝武帝限制佛教的原因是防止有人借助佛教达到推
翻朝廷的目的，所以凡是"自非戒行精苦，并使还俗"。文献中提到昙标
道人很可能是西域僧人。

宋孝武帝认为僧侣道德纲纪败坏，下诏要求不守戒律的僧人还俗，同
时要求僧人礼敬王者。"大明六年（462）九月有司奏曰：'臣闻邃拱凝
居，非期宏峻，拳跪盘伏，岂止敬恭。将欲昭张四维，缔制八宇，故虽
儒、法枝派，名、墨条流。至于崇亲严上，厥鼗靡爽，唯浮图为教，逷自
龙裔，宗旨缅邈，微言沦远，拘文蔽道，在末弥扇。遂乃凌越典度，偃居
尊戚。失随方之妙迹，迷制化之渊美。夫佛法以谦俭自牧，惠虔为道，不
轻比丘遭人必拜。目连桑门遇长则礼，宁有屈膝四辈，而间礼二亲；稽颡
耆腊，而直骸万乘者哉，故咸康创议，元兴载述，而事屈偏党，道挫余
分。……臣等参议，以为沙门接见，皆当尽虔礼敬之容。依其本俗，则朝
徽有序，乘方兼远矣。'帝虽颇信法，而久自骄纵，故奏上之日，诏即可
焉。"③ 僧远看到这种情况，不得不隐居定林山；到了宋明帝时期，明帝
请其出山，也被推脱。"远时叹曰：'我剃头沙门，本出家求道，何关于
帝王。'即日谢病，仍隐迹上定林山。及景和之中，此制又寝，还遵旧

---

① （梁）慧皎：《高僧传》卷七，《大正藏》第50册，第366页中。

② （梁）沈约：《宋书》卷九十七《夷蛮传》，中华书局1974年版，第2386—2387页。

③ （梁）慧皎：《高僧传》卷八，《大正藏》第50册，第377、378页上。

章。宋明践祚请远为师，竟不能致。"①

　　从整体来说，南朝宋对佛教的打击同北朝相比是轻许多了，往往以诏令的方式，让不守戒律的僧人还俗。从客观上来讲，这不但并未彻底否定佛教，而且加强了佛教的内部管理。

## 二　南朝齐的政教关系

　　公元 479 年，萧道成（427—482）建立齐朝，采取分封宗王的方式统治国家。齐朝统治者对佛教的政策同宋一样，基本上是扶植的。不过相对于宋时期的佛教发展，显得有点停滞不前。据《辩正论》所记："齐世合寺二千一十五寺，译经一十六人七十二部，僧尼三万二千五百人。"②对比于宋，齐朝除了寺院增加了 102 所外，所译经典少了 139 部，僧尼数少了 3500 人。

　　齐高帝萧道成生于宋文帝元嘉四年（427），他少年时代跟随儒士雷次宗学习。"儒士雷次宗，立学于鸡笼山③。太祖年十三受业，治《礼》及《左氏春秋》。"④雷次宗也是一位佛教信仰者，后在庐山修习净土。"时雷次宗、宗炳、张诠、刘遗民、周续之等，共结白莲华社，立弥陀像，求愿往生安养国，谓之莲社，社之名始于此也。"⑤以萧道成与雷次宗的关系来看，高帝信佛是有原因的。

　　高帝萧道成即位之前到钟山探访僧远。"齐太祖将升位，入山寻远。远固辞老疾，足不垂床。太祖躬自降礼，咨访委悉。及登禅复銮驾临幸，将诣远房，房间狭小不容舆盖。太祖欲见远，远持操不动。太祖遣问卧起，然后转跸而去，远曾不屑焉。"⑥齐高帝没有倾动僧远，转而拜僧远的弟子法愿为师，并与王侯妃主及四远士庶在法愿处受戒。"释法愿，本姓钟，名武厉。……后少时，启求出家。三启方遂，为上定林远公弟子。及孝武龙飞，宗悫出镇广州，携愿同往，奉为五戒之师。……及高帝即

---

　　①　（梁）慧皎：《高僧传》卷八，《大正藏》第 50 册，第 378 页上。
　　②　（唐）法琳：《辩正论》卷三，《大正藏》第 52 册，第 503 页上。
　　③　六朝时鸡笼山曾先后为皇家花园和佛教圣地，山上建有同泰寺，梁武帝四次舍身佛寺即在于此。
　　④　（梁）萧子显：《南齐书》卷一《高帝纪》，中华书局 1972 年版，第 3 页。
　　⑤　（北宋）赞宁：《大宋僧史略》卷下，《大正藏》第 54 册，第 250 页下。
　　⑥　（梁）慧皎《高僧传》卷八，《大正藏》第 50 册，第 378 页上。

位，事以师礼。武帝嗣兴，亦尽师敬。……其王侯妃主及四远士庶，并从
受戒悉遵师礼。"①

齐高帝萧道成不仅对僧人十分尊敬，而且对于佛教的内部事务也十分
关心。"齐高帝敕代昙度为僧主"②，而且亲自聆听庄严寺僧达讲授《维摩
诘经》。"建元元年（479），帝幸庄严寺，听僧达法师讲《维摩经》。御
座稍远，中书令张绪请迁席以邻帝座。"③

齐武帝萧赜（440—493）刚一即位，就在华林园设立八关斋戒，以
表示对佛教的敬意。钟山僧远去世以后，萧赜还致书其弟子法献，表示慰
问，而且自称是僧远的弟子。"承远上无常，弟子夜中已自知之。远上此
去，甚得好处，诸佳非一，不复增悲也。"④ 武帝敕高僧玄畅、法献同为
天下僧主，时称黑衣二杰。

齐武帝时期佛教也面临着许多危机，并非一帆风顺。丹阳尹沈文季
（沈于宋顺帝升明二年即公元478年为丹阳尹）奉道排佛，欲沙简僧尼。
天宝寺释道盛时为僧主，面对这种情势，道盛对内约束僧尼，清净僧团，
对外与沈文季周旋，成功解决了这次危机。"丹阳尹沈文季素奉黄老，排
嫉能仁，乃建义符僧局，责僧属籍，欲沙简僧尼，由盛纲领有功，事得宁
寝。"⑤ 之后，沈文季又让道教人士陆修静与道盛辩论，也被成功化解。
"后文季故于天保设会，令陆修静与盛论议。盛既理有所长，又词气俊
发，嘲谑往还言无暂扰，静意不获申，恧焉而退。"⑥ "责僧属籍"就是国
家以行政手段将僧尼的名籍纳入户籍管理的制度内。齐武帝临死的时候，
在《遗诏》中规定：

> 显阳殿玉像诸佛及供养，具如别牒，可尽心礼拜供养之。应
> 有功德事，可专在中。自今公私皆不得出家为道，及起立塔寺。
> 以宅为精舍，并严断之。唯年六十，必有道心，听朝贤选序，已

---

① （梁）慧皎：《高僧传》卷十三，《大正藏》第50册，第416页下至417页中。
② （梁）慧皎：《高僧传》卷八，《大正藏》第50册，第376页上。
③ （南宋）志磐：《佛祖统纪》卷三十六，《大正藏》第49册，第346页下。
④ （梁）慧皎：《高僧传》卷八，《大正藏》第50册，第378页中。
⑤ 同上书，第376页上。
⑥ 同上书，第376页上。

有别诏。①

令公私都不能出家是齐武帝对于佛教的限制。但他在《遗诏》中又嘱咐子孙礼拜供养玉像诸佛,足见他对佛教的信仰。"齐太祖创业之始,及世祖袭图之日,皆建立招提,傍求义士。以柔眷素有闻,故征书岁及。"②招提为寺院,齐高帝、武帝建寺延僧,足见他们对佛教的重视。

齐武帝的长子文惠太子和次子竟陵王萧子良(460—494),对于佛教和他们的父亲一样也非常的崇拜。萧子良,字云英,齐武帝第二子,对佛教非常虔诚,"又与文惠太子同好释氏,甚相友悌。子良敬信尤笃,数于邸园营斋戒,大集朝臣众僧,至于赋食行水,或躬亲其事,世颇以为失宰相体。劝人为善,未尝厌倦,以此终致盛名"③。

齐竟陵王萧子良倡扬佛教,广招僧侣,"乃以永明元年(483)二月八日置讲席于上邸,集名僧于帝畿,皆深辩真俗,洞测名相,分微靡滞,临疑若晓,同集于邸内法云精庐。演玄音于六宵,启法门于千载,济济乎实旷代之盛事也"④。"招致名僧,讲语佛法,造经呗新声。道俗之盛,江左未有也。"⑤萧子良是虔诚的佛教徒,他亲自去请释宝亮为法匠,而释宝亮的表现也十分出色,"续讲众经,盛于京邑",门下弟子有三千余人,可谓盛极一时。"释宝亮,本姓徐氏,其先东莞胄族……齐竟陵文宣王躬自到居请为法匠,亮不得已而赴。文宣接足恭礼,结菩提四部因缘。后移憩灵味寺,于是续讲众经,盛于京邑。讲《大涅槃》凡八十四遍,《成实论》十四遍,《胜鬘》四十二遍,《维摩》二十遍,其大小品十遍,《法华》、《十地》、《优婆塞戒》、《无量寿》、《首楞严》、《遗教》、《弥勒下生》等亦皆近十遍,黑白弟子三千余人,咨稟门徒常盈数百。"⑥萧子良崇佛的威名也吸引来了外国的僧才前来投奔。"释道禅,交趾人(今越

① (梁)萧子显:《南齐书》卷三《本纪》,中华书局 1972 年版,第 62 页。

② (梁)慧皎:《高僧传》卷八,《大正藏》第 50 册,第 378 页下。

③ (梁)萧子显:《南齐书》卷四十《竟陵文宣王子良传》,中华书局 1972 年版,第 700 页。

④ (唐)道宣:《广弘明集》卷十九,《大正藏》第 52 册,第 232 页中。

⑤ (梁)萧子显:《南齐书》卷四十《竟陵文宣王子良传》,中华书局 1972 年版,第 698 页。

⑥ (梁)慧皎:《高僧传》卷八,《大正藏》第 50 册,第 381 页下。

南）……闻齐竟陵王大开禅律，盛张讲肆，千里引驾，同造金陵。皆是四海标领，人雄道杰。"① 释道禅千里引驾，同造金陵便是慕名而来。

萧子良著有《净住子净行法》《维摩义略》《注遗教经》等。他通过制定僧伽规范，对僧制也进行了改革。在萧子良所著《净住子净行法》中的《涤除三业门》称："身、口、意，三祸患之首。故《经》云：'有身则苦生，无身则苦灭。'既知其患苦，则应挫而灭之。灭苦之要，莫过忏悔。忏悔之法，先当洁其心，净其虑，端其形，整其貌，恭其身，肃其容，内怀惭愧，鄙耻外发。……次忏口业。此是患苦之门，祸累之始。……次忏意业。意为身口之本，罪福之门"②。在《检覆三业门》中说，"何谓检校？检我此身：从旦至中，从中至暮，从暮至夜，从夜至晓，乃至一时、一刻、一念、一顷，有几心？几行？几善？几恶？几心欲摧灭烦恼？几心欲降伏魔怨？几心念三宝四谛？几心念苦空无常？几心念报父母恩慈？几心愿代众生受苦？……次复检口：如上时刻，从旦已来，已得演说几句深义？已得披读几卷经典？已得理诵几许文字？……故须三业，自相训责，知我所作，几善几恶"③。萧子良所著的《净住子净行法》对于僧尼"三业"忏悔仪式制定得十分精细，对于出家人思想上的约束也更加完备。

萧子良对自己的评价是"弟子萧子良涤盥烦襟，栖情正业"④。尽管萧子良宣扬佛教，但也不排斥儒、道，具有三教合一的思想。沈约"奉齐司徒、竟陵王教"而撰写的《内典序》中说："……虽教有殊门，而理无异趣，故真俗两书，递相扶奖，孔发其端，释穷其致，撤网去纲，仁惠斯在。……是故曲辨情灵，栖心妙典，伏膺空有之说，博综兼忘之书，该括群流，集成兹典，事以例分，义随理合，功约悟广，莫尚于斯。"⑤ 其中的"孔发其端，释穷其致""真俗两书，递相扶奖""伏膺空有之说，博综兼忘之书"表明了萧子良三教合一的思想。

萧子良对佛教的法会非常热衷。"竟陵王殿下……乃以永明元年（483）二月八日，置讲席于上邸，集名僧于帝畿。皆深辨真俗，洞测名

---

① （唐）道宣：《续高僧传》卷二十一，《大正藏》第 50 册，第 607 页中。
② （唐）道宣：《广弘明集》卷二十七，《大正藏》第 52 册，第 307 页中、下。
③ （梁）萧子良：《南齐萧竟陵集》卷二。
④ （唐）道宣：《广弘明集》卷十九，《大正藏》第 52 册，第 232 页下。
⑤ 同上书，第 232 页上。

相。分微靡滞，临疑若晓，同集于邸内之法云精庐。演玄音于六宵，启法门于千载，济济乎实旷代之盛事也。"①

齐朝统治者利用自己的政治地位，推动了佛教的发展，他们的目的并非仅仅是崇佛，最主要的还是他们想借助佛教为自己积累政治资本。他们通过佛教广结法缘，网罗名士。如时称"八友"的萧衍、沈约、谢朓、王融、萧琛、范云、任昉、陆倕等，擅长文学而受亲待。

### 三　南朝梁的政教关系

南朝梁时期的政教关系分为两个阶段，即"侯景之乱"之前和之后。"侯景之乱"之前，佛教在梁武帝的大力支持下，上升到了国教的地位。梁武帝的长子萧统（昭明太子）、三子萧纲（简文帝）、七子萧绎（元帝）同梁武帝一样都非常热衷于佛教。"侯景之乱"使佛教遭受了巨大的打击。

（一）梁武帝对佛教的支持

1. 舍道入佛

梁武帝即位后，下了一道《舍事道法诏》，表明自己舍道入佛。"维天监三年（504），四月八日，梁国皇帝、兰陵萧衍，稽首和南十方诸佛、十方尊法、十方圣僧……弟子经迟迷荒，耽事老子，历叶相承，染此邪法。习因善发，弃迷知返，今舍旧医，归凭正觉，愿使未来生世，童男出家，广弘经教，化度含识，同共成佛。宁在正法之中长沦恶道，不乐依老子教暂得生天。涉大乘心，离二乘念。正愿诸佛证明，菩萨摄受。弟子萧衍和南。"② 在诏中，梁武帝非常明确地表明自己设道归佛。不过根据《隋书·经籍志·道经》所说，"然武帝弱年好事，先受道法，及即位，犹自上章，朝士受道者众。三吴及边海之际，信之逾甚"③，梁武帝称帝后，仍然信道教，大臣、普通民众也受他的影响，所以梁武帝的舍道归佛表明的是对佛教的一种态度，并不排斥儒、道的学说。

2. 受菩萨戒

梁武帝于天监年间（约 512—519 年）编撰《在家出家受菩萨戒法》，

---

① 汤用彤：《汉魏两晋南北朝佛教史》，上海书店 1991 年版，第 459 页。
② （唐）道宣：《广弘明集》卷十九，《大正藏》第 52 册，第 112 页上。
③ （唐）魏徵：《隋书》卷三十五《经籍志》，中华书局 1973 年版，第 1093 页。

并根据这部戒法于天监十八年（519）四月八日从慧约受菩萨戒，其后梁国的王侯、士、僧尼、庶民受菩萨戒者达到四万八千人。"天监十一年（512）始敕引见，事协心期，道存目击。自尔去来禁省，礼供优给。至十八年己亥四月八日，天子发弘誓心，受菩萨戒，乃幸等觉殿，降雕玉辇，屈万乘之尊，申再三之敬，暂屏衮服，恭受田衣，宣度净仪，曲躬诚肃。于是，日月贞华，天地融朗，大赦天下，率土同庆，自是入见，别施漆榻，上先作礼，然后就坐。皇储以下爰至王姬，道俗士庶，咸希度脱，弟子著籍者凡四万八千人。"①

3. 建寺造像

梁武帝敕建大爱敬寺、开善寺、同泰寺，分别供养数以千计的僧尼。梁武帝几次舍身事佛，然后让大臣捐赠大量钱财赎回自己，这样就能为寺院积聚大量钱财。他还在同泰寺铸十方金铜像、十方银像，在光宅寺铸丈八弥陀铜像等。此外，梁武帝赠送寺院土地，使寺院的规模逐渐扩大。终梁一代有寺院 2846 所，僧尼 82700 余人，外国译经僧共有 8 人，译出的经、律、论及传记等共 46 部 201 卷。唐代法琳的《辩正论》卷三统计，南朝宋时期，寺院 1913 所，僧尼 36000 人；齐朝共有佛寺 2015 所，僧尼 32500 人；陈朝共有寺院 1232 所，僧尼 32000 人。由此看出梁朝时候的僧尼数和佛寺数是最多的。

4. 佛事活动

梁武帝经常举办水陆法会、盂兰盆会、"四部"无遮大会。武帝在法会上常行忏悔，有梁皇忏、般若忏和金刚忏等。大同二年（536）、大同三年（537），梁武帝在同泰寺设平等法会、无碍会。"三月庚申，诏求谠言，及令文武在位举士。戊寅，帝幸同泰寺，设平等法会。"②"冬十月乙亥，诏大举北侵。壬午幸同泰寺，设无碍大会。"③"夏五月癸未，幸同泰寺，铸十方金铜像，设无碍法会。"④ 大同四年（538），帝幸同泰寺设盂兰盆斋。

① （唐）道宣：《续高僧传》卷六，《大正藏》第 50 册，第 469 页中。
② （唐）李延寿：《南史》卷七《梁本纪中》，中华书局 1975 年版，第 212 页。
③ 同上。
④ （唐）李延寿：《南史》卷七《梁本纪中》，中华书局 1975 年版，第 212 页。

### 5. 舍身入佛

梁武帝在行为上，除了舍道入佛，而且还舍身入佛，我们根据《梁书·武帝本纪》记载得知梁武帝曾经有过三次舍身入佛的经历，公元 527 年在梁武帝即位第 25 年，64 岁时第一次舍身入佛，在寺院总共待了 4 天，后被大臣重金赎回。第二次舍身入佛的时间为公元 529 年，66 岁，这两次舍身入佛的时间间隔不长。第三次梁武帝舍身入佛的时间为公元 547 年，梁武帝 84 岁，这次在寺庙的时间有 37 天。

### 6. 宣扬素食

《大涅槃经》等大乘经典是禁止肉食的，梁武帝信奉的是佛教大乘经典，所以主张僧人断肉食。公元 511 年，武帝亲自颁《断食酒肉文》，要求僧尼吃素食。他还以杀牲祭祖"无益至诚，有累冥道"为由，改变了历代天子太牢血祭的礼典。"天监十六年（517）……四月梁武皇帝诏以宗庙用牲牢，有累冥道，宜皆以面为之。八座朝议以大脯代一元大武。十月诏以宗庙犹用脯修更议代之，于是以大饼代大脯，其余尽用蔬果（帝纪），今之茹素办食者本此也。"①

### 7. 佛经翻译

梁武帝为了支持佛教事业，十分重视翻译佛经的工作。著名的译经家有来自扶南（柬埔寨）的曼荼罗仙和僧伽提婆，真谛也应梁武帝的邀请从扶南来到江南翻译佛经。由于对译经的重视，梁代编辑过三次经录。即天监十四年（515）僧绍所撰《华林殿众经目录》、天监十七年（518）宝唱所撰《众经目录》、天监年间（502—519）僧祐所撰《出三藏记集》，现存仅《出三藏记集》。

### 8. 儒佛辩论

在梁武帝的主导下，梁代展开了神灭论与神不灭论之间的辩论。武帝即位后，通过大僧正法云，发动名流硕学、王公朝贵进行讨论，范缜和曹思文、沈约等人往复论难。《弘明集》和《广弘明集》中有《大梁皇帝立神明成佛义记》《大梁皇帝勅答臣下神灭论》及译经序说明梁武帝是儒佛神灭论与神不灭论之间辩论的倡导者，而且参入其中。其实梁武帝对儒家并不排斥，他还借用儒家的经典来解释佛教教义，如在解释《净业赋》的"性"、"用"关系时，他引用《礼记》中的说法进行阐发："《礼》

---

① （元）觉岸：《释氏稽古略》卷二，《大正藏》第 49 册，第 796 页中。

云，人生而静，天之性也。感物而动，性之欲也。"①

9. 亲迎佛像

梁天监十年（511），中天竺释迦檀像至，梁武帝率百官迎入太极殿。"天监十年，中天竺释迦檀像至，帝率百僚迎入太极殿，建斋度人，大赦断杀。"②

10. 礼拜舍利

梁大同三年（537），阿育王佛塔现出舍利，武帝加以礼拜，虔诚至极，竟然致舍利于钵内放光。"先是，（大同）三年（537）八月，武帝改造阿育王佛塔，出旧塔下舍利及佛爪发……帝又到寺礼拜，设无碍大会，大赦。是日以金钵盛水泛舍利，其最小者隐不出，帝礼数十拜，舍利乃于钵内放光，旋回久之，乃当中而止。……至九月五日，又于寺设无碍大会，遣皇太子王侯朝贵等奉迎。是日风景明净，倾都观属。所设金银供具等物，并留寺供养，并施钱一千万为寺基业。"③

11. 注解佛经

梁武帝亲自为释宝亮所撰的《涅槃经疏》作序，而且还注解《大品般若》。"天监十一年（512），敕宝亮法师撰《涅槃经疏》，上亲为制序。"梁武帝注解《大品般若》，形成《大品注解》五十卷。此外还著有《制旨大涅槃经讲疏》《三慧经讲疏》《净名经义记》《制旨大集经讲疏》等。

（二）萧统、萧纲、萧绎崇佛的表现

昭明太子萧统（501—531），字德施，小字维摩，梁武帝萧衍的长子。萧统笃信佛教，将《金刚经》编辑为三十二分，并在各段补充了小标题。"普通元年（520）四月，甘露降于慧义殿，咸以为至德所感。时俗稍奢，太子欲以己率物，服御朴素，身衣浣衣，膳不兼肉。"④梁天监十八年（519）萧统讲真俗二谛义，作《解二谛义令旨并答问》。

梁简文帝萧纲（503—551），字世缵，为梁武帝第三子。因侯景之乱，太清三年（549）梁武帝饿死于台城，萧纲即位，到了大宝二年

---

① （唐）道宣：《广弘明集》卷二十九，《大正藏》第52册，第336页中。

② （南宋）志磐：《佛祖统纪》卷三十七，《大正藏》第49册，第439页上。

③ （唐）李延寿：《南史》卷七十八《夷貊上》，中华书局1975年版，第1954—1955页。

④ （唐）李延寿：《南史》卷五十三《昭明太子萧统传》，中华书局1975年版，第1803页。

（551）也被侯景所害。萧梁时期兴作"八观斋戒"，梁简帝萧纲为此而订立《八关斋制条》。

梁元帝萧绎（508—554），字世诚，为梁武帝萧衍第七子。萧绎崇信佛，据其《与萧咨议等书》所载："必须五根之信，以信为首。六度之檀，以檀为上。故能舍财从信，去有即空，率斯而谈，良可知矣。"① 萧绎认为断绝物欲之心，方能修成正果。

（三）侯景之乱对佛教的打击

侯景背魏奔梁，梁封之为河南王。"初景在东魏，以河南畔，归西魏。既而遣使，至梁求内附，上纳之，封河南王。"② 梁中大同二年（547），侯景反于寿阳，至建康攻陷台城，梁武帝萧衍于五月饿死台城，时年 86 岁。

经过侯景之乱，原来拥有 28 万人口的繁华都市建康变成了一片废墟。侯景还分兵攻掠吴郡、会稽、广陵等地，一路烧杀破坏，把三吴地区破坏得残破不堪，长江中下游地区"千里绝烟，人迹罕见，白骨成聚如丘垄焉"③。

侯景之乱使社会生产遭到严重破坏，佛教也遭受了严重的打击，"金陵七百寺值侯景焚荡几尽"。译经事业亦受到了影响。真谛"以太清二年（548）闰八月，始届京邑，武皇面申顶礼，于宝云殿，竭诚供养。谛欲传翻经教，不羡秦时，更出新文，有逾齐日，属道销梁季，寇羯凭陵，法为时崩，不果宣述，乃步入东土，又往富春令陆元哲，创奉问津将事传译"④。太清二年真谛到达建业，准备翻译经论，正逢侯景叛乱（是年八月侯景叛，十月至京师），不得不逃出建康，辗转到了富春，才获得传译的机会。

侯景之乱在加速了梁朝灭亡的同时，也打击了佛寺经济，"臧获之人，五宗及赏；搢绅之士，三族见诛"⑤。侯景打击了世族地主，又解放了奴婢，寺院作为特权阶层的一员，自然不可避免，失去了经济和人员支持的佛教自然会遭受严重挫折。

---

① （唐）道宣：《广弘明集》卷二十七，《大正藏》第 52 册，第 304 页中。
② （南宋）志磐：《佛祖统纪》卷三十七，《大正藏》第 49 册，第 351 页中。
③ （唐）李延寿：《南史》卷八十《侯景传》，中华书局 1975 年版，第 2009 页。
④ （唐）道宣：《续高僧传》卷一，《大正藏》第 50 册，第 429 页下。
⑤ （唐）姚思廉：《梁书》卷五《元帝本纪》，中华书局 1974 年版，第 123 页。

梁朝是我国佛教大发展的时期，从宏观方面来说，许多具有中国特色的佛教制度、佛教音乐、佛教法会逐渐形成，对后世的佛教发展产生了深远的影响。从微观方面来说，梁武帝身为帝王，为什么对佛教这么推崇呢？尽管统治者拥有生杀大权，在政治层面佛教处于依附的态势，但是魏晋时期僧人依然持有"沙门不敬王者"的观点，解决这一问题的根本途径就是将皇帝上升为佛菩萨的地位，这对于掌管教权来说，就拥有了合法性。

### 四　南朝陈的政教关系

陈霸先取代梁建立陈朝以后，继承了梁武帝崇佛的传统。陈武帝、陈文帝、陈宣帝、陈后主在支持佛教上都不遗余力，他们舍身入佛、举办法会、撰写忏文等，以示崇佛。陈帝崇佛表现为如下四个方面。

第一，宣扬佛教义理。陈武帝对佛教义理非常精通，如《大品般若经》和《中论》、《百论》、《十二门论》等。文帝任名僧宝琼为京邑大僧正，在太极殿设无遮大会并舍身，召集僧众进行《法华》《金光明》《虚空藏》等忏。宣帝命初受戒的沙门习律五年。

陈武帝于公元558年，邀请法朗驻锡兴皇寺，宣讲《华严》《大品》《中论》《百论》《十二门论》等诸经论。"释法朗，俗姓周氏，徐州沛郡沛人也。……永定二年（558）十一月，奉敕入京，住兴皇寺，镇讲相续，所以《华严》、《大品》、四论文言，往哲所未谈。"① 陈后主还邀请智顗大师于至德三年（585）前往金陵，挂锡灵曜寺，在太极殿开讲《大智度论》、《仁王般若经》等，当时听法的名僧有慧旷、慧辩、慧晅等，场面十分宏大。

第二，舍身入佛。陈武帝舍身庄严寺并设无碍大会。"（永定）二年五月，帝幸大庄严寺舍身，翌日群臣表请还宫。十一月复幸庄严寺，发《金光明经题》。十二月幸庄严寺，设无碍大会，行清净大舍，翌日群臣表请还宫。金陵七百寺值侯景焚荡几尽，自帝登极，悉令修复，翻经讲道不替前朝。"②

《群臣请陈武帝忏文》载："谨舍如干钱，如干物，仰俟三宝大众，

---

① （唐）道宣：《续高僧传》卷七，《大正藏》第50册，第477页中。
② （南宋）志磐：《佛祖统纪》卷三十七，《大正藏》第49册，第352页中。

奉赎皇帝及诸王所舍，悉还本位。伏愿十方三宝，见前大德僧。以慈悲力用无碍心，坐道放光，显扬宣说，欢喜和合，超然降许。"① 同陈武帝舍身的还有诸王，群臣请陈武帝忏文就是群臣再从寺院赎回陈武帝。

第三，举办无遮法会。武帝永定元年（557），陈霸先集四部设无遮大会。"永定元年，冬十月，……诏出佛牙于杜姥宅，集四部设无遮大会，高祖亲出阙前礼拜。初，齐故僧统法献于乌缠国得之，常在定林上寺，梁天监末（519）为摄山庆云寺沙门慧兴保藏，慧兴将终，以属弟慧志。承圣末（554），慧志密送于高祖，至是乃出。"② 这是对中国佛牙舍利经历的一段记载，佛牙之始当为南齐法献由乌缠国所得。

第四，兴建寺院。武帝扬州造东安寺，又造兴皇天宫等四寺。"永定二年（558）五月，帝幸大庄严寺舍身，群臣表请还宫，设无遮大会供僧布施，放生宥罪。扬州造东安寺，又造兴皇天宫等四寺。"③

第五，书写忏文，表达信仰。陈文帝陈蒨（522—566）写的《妙法莲华经忏文》曰："菩萨戒弟子皇帝，稽首和南十方诸佛、无量尊法、一切贤圣，窃以前佛、后佛，种种因缘，已说、当说，各个方便，莫非真语，悉为妙法。"④ 显然这种写法是模仿梁武帝而来的。

陈文帝所写的《忏文》还有《金光明忏文》《大通方广忏文》《虚空藏菩萨忏文》《方等陀罗尼斋忏文》《药师斋忏文》《娑罗斋忏文》《无碍会舍身忏文》，均收录于《广弘明集》卷二十八中。《药师斋忏文》说："药师如来，有大誓愿，接引万物，救护众生……悉能转祸为福，改危成安。"⑤ 这也表达了陈文帝的药师佛信仰。

陈宣帝陈顼（528—582）在《胜天王般若忏文》中说："粤以天嘉六年（565），外国王子月婆首那来游匡岭，慧解深妙，靡测圣凡，奉持《胜天王般若经》一部，于彼翻译，表献京师，某校彼前名，冥合符契，总三乘之通教，贯六度之渊海。……般若兴隆期于圣运。弟子纂承洪绪，思弘大业，愿此法门，遍诸幽显。今谨于某处，建如干僧、如干日《胜天王般若忏》，见前大众，至心敬礼本师释迦如来，礼般若波罗蜜，礼胜

① （唐）道宣：《广弘明集》卷二十八，《大正藏》第 52 册，第 332 页上。
② （唐）李延寿：《南史·陈本纪》卷九。
③ （元）觉岸：《释氏稽古略》卷二，《大正藏》第 49 册，第 802 页下。
④ （唐）道宣：《广弘明集》卷二十八，《大正藏》第 52 册，第 333 页上。
⑤ 同上书，第 334 页中。

天王，愿一切众生勤求般若不避寒暑，如萨陀波仑不爱身命，如力进菩萨得般若之性相与般若而相应，摄诸万有住安隐地，含灵有识悉获归依，稽首敬礼常住三宝。"①《胜天王般若波罗蜜经》简称《胜天王经》，是陈朝月婆首那所译，陈宣帝以释迦如来为佛宝，《般若经》为法宝，胜天王为僧宝，最后文中提到希望众生悉获皈依。由此看来，《胜天王经》的译出，作用上侧重于忏悔业障，祈求般若智慧，而且陈宣帝是佛教的虔诚信仰者，希望民众都能成为佛教徒。

从总体上说，陈朝的历代君主对佛教都是扶持的，促进了佛教的发展。侯景之乱后，佛教势力受到了严重的影响，陈朝的佛教已不如梁朝那么兴旺。陈太建六年（574），由于北周的灭佛事件，无数僧尼被迫还俗或远遁山林，还有许多僧侣南下到了陈朝，足见政治对佛教影响之甚。

## 第三节　梁武帝主导下的佛教变革

### 一　《断酒肉文》

梁朝时期，萧衍制定了许多新的僧团条例，对后世的佛教产生了深远影响。萧衍，字叔达，生于南朝宋孝武帝大明八年（464），卒于梁武帝太清三年（549），萧衍与齐高帝萧道成同族，是齐武帝萧赜（440—493）的族弟。他在萧齐时代的官职为都督六州军事，任辅国将军、雍州刺史。他于公元502年称帝，公元549年因侯景之乱而亡，在位共计48年。梁武帝统治下的梁代，社会稳定、经济繁荣、文化发达，佛教在梁武帝在位时期更得到了很大的发展。

梁武帝根据《涅槃经·四相品》等大乘经文作《断酒肉文》，提倡僧人断除肉食。南朝最初遵循的是小乘的《十诵》律戒，僧人可以吃肉，而《大涅槃经》等大乘经典是禁止肉食的："尔时迦叶菩萨白佛言：'世尊，食肉之人不应施肉，何以故？我见不食肉者，有大功德。'佛赞迦叶：'善哉，善哉。汝今乃能善知我意，护法菩萨应当如是。善男子，从今日始不听声闻弟子食肉，若受檀越信施之时，应观是食如子肉想。'迦叶菩萨复白佛言：'世尊，云何如来不听食肉？''善男子，夫食肉者断大

---

① （唐）道宣：《广弘明集》卷二十八，《大正藏》第52册，第332页下、333页上。

慈种。'"① 梁武帝信奉的是佛教大乘经典，尤其推崇《大涅槃经》，所以极力主张僧人断肉食。公元 511 年，梁武帝亲自颁《断酒肉文》，要求僧尼吃素食，僧尼不食肉的仪轨从此确立了下来。"上集诸沙门，制文立誓，永断酒食。其略云：'弟子萧衍从今已去，若饮酒放逸，啖食众生，乃至乳蜜酥酪，愿一切鬼神先当苦治弟子，将付地狱，众生成佛犹在阿鼻，僧尼饮酒食肉，亦应如此加治。'是时复集僧尼一千四百四十八人，于华林殿，请云法师讲《涅槃经》中食肉断大慈悲种子之文，上亲席地，与众同听。"②

梁武帝认为食肉是魔行，有各种障，是地狱种，食肉即是食自己父母亲人。"诸大德僧尼，诸义学僧尼，诸寺三官：复当应思一大事，若使瞰食众生父，众生亦报瞰食其父。若瞰食众生母，众生亦报瞰食其母。若瞰食众生子，众生亦报瞰食其子。如是怨怼报相瞰食，历劫长夜无有穷已。如经说，有一女人五百世害狼儿，狼儿亦五百世害其子。又有女人五百世断鬼命根，鬼亦五百世断其命根。如此皆是经说，不可不信。其余相报，推例可知。诸大德僧尼，诸义学僧尼，诸寺三官：又有一大事当应信受，从无始以来至于此生，经历六道，备诸果报。一切亲缘，遍一切处，直以经生历死，神明隔障，是诸眷属不复相识。今日众生或经是父母，或经是师长，或经是兄弟，或经是姊妹，或经是儿孙，或经是朋友，而今日无有道眼，不能分别，还相瞰食，不自觉知。瞰食之时，此物有灵，即生忿恨，还成怨怼。向者至亲，还成至怨。如是之事，岂可不思。暂争舌端，一时少味。永与宿亲，长为怨怼。可为痛心，难以言说。白衣居家，未可适道。出家学人，被如来衣，习菩萨行，宜应深思。"③《孝经》说："身体发肤，受之父母，不敢毁伤，孝至始也。立身行道，扬名于后世，以显父母，孝之终也。"④ 梁武帝把不食肉的观点与中国传统的孝道思想联系起来，实现了中国佛教肉食观的中国化转换，他利用自己手中的皇权使素食观对社会产生了影响。

从养生思想出发，梁武帝对断肉食素进行了阐释。"若久食菜人荣卫

---

① （北凉）昙无谶译：《大涅槃经》卷四，《大正藏》第 12 册，第 386 页上。

② （南宋）志磐：《佛祖统纪》卷三十七，《大正藏》第 49 册，第 349 页中。

③ （唐）道宣：《广弘明集》卷二十六，《大正藏》第 52 册，第 297 页上、中。

④ 《孝经·开宗明义章》。

流通，凡如此人法多患热，荣卫流通则能饮食。以饮食故气力充满，是则菜蔬不冷能有补益。诸苦行人亦皆菜蔬，多悉患热类皆坚强，神明清爽少于昏疲。凡鱼为性类皆多冷，血腥为法增长百疾，所以食鱼肉者神明理当浑浊，四体法皆沉重无论，方招后报有三途苦，实时四大交有不及。此岂非惑者，用心各有所执。甘鱼肉者便谓为温为补，此是倒见事不可信。复有一种人，食菜以为冷便复解素，此是行者未得菜意。菜与鱼肉如水与火，食菜裁欲得力。复瞰鱼肉，鱼肉腥臊能灭菜力，所以惑者云：菜为性冷，凡数解素人，进不得菜蔬之力，退不得鱼肉邪益。"[1] 梁武帝从佛教的信仰角度来进行诠释，他说："若心力决正，蔬食若节，如是等人，多为善力所扶。法多堪能，有不直者宜应思觉，勿以不决定心期决定人。"[2]

梁武帝提出禁止肉食的依据可以归纳为如下五条：①佛教提倡慈悲，不杀生，饮酒吃肉违背佛教慈悲精神；②有些"外道"禁食肉，僧人如若吃肉还不如外道；③饮酒吃肉会有恶果，"皆断佛种"。④食肉即是食自己父母亲人；⑤食素是中国传统的养生习惯。对于违禁的僧人，将会以国法、僧法处置。"天监十年（511），梁帝遣郝骞等，往天竺国迎佛旃檀像，其王摹刻一像付骞。是年至建康，帝迎奉太极殿建斋度僧，大赦断杀，帝从是蔬食断欲。"[3] 梁武帝对于自己也是严格要求的，在迎接佛旃檀像的时候，大赦断杀，食素断肉。梁武帝制《断酒肉文》实际上是运用手中的皇权介入佛教内部的制度建设，不但推动了佛教戒律规范中国化的发展，而且树立了世俗皇权的威望。

### 二　制定忏法与创办法会

忏法指依诸经之说而忏悔罪过之仪则，又作忏仪，依此而修称为修忏。唐代道宣认为中国佛教的忏法起源于晋代，渐盛于萧齐。

梁武帝制定了《慈悲道场忏法》，即梁皇忏。天监二年（503），梁帝初为雍州刺史时，他的夫人郗氏性酷妒忌，死后化为巨蟒，托梦于梁武帝，希望得到拯拔。梁武帝根据佛经，专门制《慈悲道场忏法》十卷，请僧人为其作忏礼，后夫人化为天人，在空中感谢梁武帝而去。因此梁武

---

①　（唐）道宣：《广弘明集》卷二十六，《大正藏》第 52 册，第 298 页中、下。

②　同上书，第 298 页下。

③　（元）觉岸：《释氏稽古略》卷二，《大正藏》第 49 册，第 795 页中。

帝所制定的忏法流行于世，称为梁皇忏。梁武帝之前，汉地佛教已经有
"梵呗"流行，主要是在讲经、译经时，按照佛经中的赞誉、韵文进行演
唱，歌颂佛陀功德。梁武帝制定的"经忏"使佛教的发展出现了转向，
因为"忏文"成了标有价格的商品，这也在某种程度上造成了僧人的
堕落。

大乘经典中忏悔和礼赞而成的忏法、忏文和礼赞文，随着梁武帝对忏
法的提倡也流行了起来，伴随忏法而举行的法会也逐渐兴盛了起来。由梁
武帝创制而对后世有影响的，就有"水陆法会"（水陆道场）和"盂兰盆
会"。水陆法会是经忏法事中最为隆重的。"所谓水陆者，取诸仙致食于
流水，鬼致食于净地之义。亦因梁武帝梦一神僧告曰：'六道生死，受苦
无量，何不作水陆普济群灵？'……于是搜寻贝叶，置法云殿，早夜披
览；及详阿难遇面然鬼王建立平等斛食之意，用制仪文，三年乃成，遂于
润州金山寺修设。帝躬临地席，诏祐律师宣文。"[1] 梁武帝受梦而作水陆
法会是否属实，无从判断，但初唐长安法海寺僧道英声称得到了梁武帝创
制水陆法会的仪文，说明梁武帝和水陆法会至少是密切相关的。

盂兰盆会，又称盂兰盆节，"盂兰盆"，意为"救倒悬"。盂兰盆节所
依据的经典为西晋竺法护译《佛说盂兰盆经》，每年七月十五日举行。
"（大同）四年（538），（梁武）帝幸同泰寺，设盂兰盆斋。"[2] 从此之后，
盂兰盆节成为我国寺院中重要行事之一。"七月初旬，堂司预出盂兰盆会
诸寮看诵清单，预率众财办斛食供养，十三日散楞严会，十五日解制。当
晚设盂兰盆会，讽经施食。"[3] 可以说梁武帝创制的盂兰盆节是最具群众
性的佛事节日之一。

### 三　创制佛教音乐

印度的佛教音乐十分发达。梁慧皎在《高僧传》中记载了鸠摩罗什
和慧睿的一段话："天竺国俗，甚重文制，其宫商体韵，以入弦为善。凡
觐国王，必有赞德，见佛之仪，以歌叹为贵。经中偈颂，皆其式也。"[4]

---

① （南宋）宗鉴：《释门正统》卷四，《大正藏》第 75 册，第 303 页。
② （南宋）志磐：《佛祖统纪》卷三十七，《大正藏》第 49 册，第 351 页上。
③ （元）德辉：《赖修百丈清规》卷七，《大正藏》第 48 册，第 1155 页上。
④ （梁）慧皎：《高僧传》卷二，《大正藏》第 50 册，第 332 页中。

印度佛教音乐的形式是"偈"和"颂"。佛教传入中国后，佛教音乐也随着天竺僧人、西域僧人来到中原而逐渐得以传播。"其先康居人，世居天竺"① 的康僧会"从吴黄武元年（222）至建兴中（252—253）"，曾制《菩萨连句梵呗》三契，又传《泥洹呗声》，清靡哀亮。"所出《维摩》、《大般泥洹》、《法句》、《瑞应本起》等四十九经，曲得圣义，辞旨文雅，又依《无量寿》中本起，制《菩提连句梵呗》三契。"② 西域的帛尸梨蜜多罗于晋永嘉中（307—313），"对坐作胡呗三契，梵响凌云。次诵咒数千言，声音高畅，颜容不变，既而挥涕收泪，神气自若。其哀乐废兴皆此类也"③。帛尸梨蜜多罗"又授弟子觅历'高声梵呗'，传响于今"④。

梁代慧皎说："自大教东流，乃译文者众，而传声盖寡。良由梵音重复，汉语单奇。若用梵音以咏汉语，则声繁而偈迫；若用汉曲以咏梵文，则韵短而辞长。是故金言有译，梵响无授。始有魏陈思王曹植，深爱音律，属意经音，既通般遮之瑞响，又感渔山之神制，于是删治《瑞应本起》，以为学者之宗。传声则三千有余，在契则四十有二。"⑤ 梵文与汉文有着巨大的差异，梵文为拼音文字，而汉文是一字一音，无论是以梵音配汉语还是以汉曲配梵文都十分困难。于是，印度佛教音乐的中国化问题便提上了日程。

首创汉语梵呗的当属曹魏时期的曹植。《法苑珠林·呗赞》载："陈思王曹植，字子建，魏武帝第四子也。幼合圭璋，十岁属文，下笔便成，初不改字。世间术艺，无不毕善。邯郸淳见而骇服，称为天人。植每读佛经，辄流连嗟玩，以为至道之宗极也。遂制转赞七声升降曲折之响，世人讽诵，咸宪章焉。尝游鱼山，忽闻空中梵天之响，清雅哀婉，其声动心，独听良久，而侍御皆闻。植深感神理，弥悟法应，乃摹其声节，写为梵呗。纂文制音，传为后式。梵声显世，始于此焉。其所传呗，凡有六契。"⑥ 曹植为魏武帝第四子，酷爱佛经，一天进山游玩之时，听到空中梵天之响，产生灵感，撰文制音，创作汉语梵呗。

---

① （梁）慧皎：《高僧传》卷一，《大正藏》第50册，第325页上。
② 同上书，第325页中。
③ 同上书，第328页上。
④ （隋）费长房：《历代三宝纪》卷七，《大正藏》第49册，第69页上。
⑤ （梁）慧皎：《高僧传》卷十三，《大正藏》第50册，第415页上。
⑥ （唐）道世：《法苑珠林》卷三十六，《大正藏》第53册，第576页上。

　　齐梁时期是我国佛教音乐大发展的时期。齐朝时期，萧子良召集善懂音乐的僧人到家中商讨佛教音乐。慧皎《高僧传》卷十五"经师篇""齐安乐寺僧辩"载："永明七年（489）二月十九日，司徒竟陵文宣王梦于佛前咏'维摩'一契，因声发而觉。即起，至佛堂中，还如梦中法，更咏'古维摩'一契，便觉韵声流好，着工恒日。明旦，即集京师善声沙门龙光、普知、新安、道兴、多宝、慧忍、天保、超胜及僧辩等，集第作声，辩传'古维摩'一契、'瑞应七言偈'一契，最是命家之作。"① 萧子良梦中咏维摩一契、古维摩一契，深得感触，于是召集僧人创作出古维摩一契和瑞应七言偈一契。《南齐书》卷四十亦载萧子良"招致名僧，讲悟佛法，造经呗新声。道俗之盛，江左未有也"。② 萧子良带领僧人们共同"造经呗新声"，创造佛教音乐，引领了当时佛教音乐之时尚。

　　梁武帝创制佛教音乐有如下两个特点。

　　第一，基于佛教的思想制作礼乐。"（梁武）帝既笃敬佛法，又制《善哉》、《大乐》、《大欢》、《天道》、《仙道》、《神王》、《龙王》、《灭过恶》、《除爱水》、《断苦轮》等十篇，名为正乐，皆述佛法。又有法乐童子使、童子倚歌梵呗，设无遮大会则为之。"③ 梁武帝自天监元年开始"正乐"至天监四年已是"礼乐气度，粲然有序"。梁武帝定下沈约的三十首新歌词，却删去了旧雅乐中的帝王用牺牲祭礼时所奏的乐曲等，还首创童声唱赞的形式。经过挑选和训练的儿童组成的歌队和他们所唱的佛曲，在梁武帝所举办的无遮大会中被采用，但这些佛曲现在都已经失传。

　　第二，将外来的佛教乐曲引入宫廷。梁武帝将大批佛曲以及从佛教国家传入的杂技音乐引进了宫廷。梁武帝从天监元年（502）始正乐，在他主持制定的 49 首三朝之乐中，有不少和佛教相关的，如"须弥山伎"。"须弥山"梵名 Sumeru，又作苏迷卢山、须弥卢山、须弥留山、修迷楼山，意译作妙高山、好光山、好高山、善高山、善积山、妙光山、安明由山，为印度神话中之山名，佛教的宇宙观沿用之。据《长阿含经》卷十八阁《浮提洲品记》载，须弥山高出水面八万四千由旬，水面之下亦深达八万四千由旬。其山直上，无所曲折，山中香木繁茂，山四面四埵突

---

① （梁）慧皎：《高僧传》卷十三，《大正藏》第 50 册，第 414 页中。

② （梁）萧子显：《南齐书》卷四十，中华书局 1972 年版，第 698 页。

③ （唐）魏徵：《隋书》卷十三《音乐志》，中华书局 1973 年版，第 305 页。

出，有四大天王之宫殿，山基有纯金沙。此山有上、中、下三级"七宝阶道"，夹道两旁有七重宝墙、七重栏楯、七重罗网、七重行树，其间之门、墙、窗、栏、树等，皆为金、银、水晶、琉璃等所成。"须弥山"是佛教艺术中多见的题材，"须弥山伎"应该是表现这一景观的歌舞。

49 首雅乐中还有带"幢"字的音乐，如"金轮幢伎""青丝幢伎""一花幢伎""雷幢伎""白兽幢伎""猕猴幢伎""啄木幢伎""五案幢咒愿伎"等，都与佛教有关。"幢"，有各种形制，包含佛统率众生制伏魔众之意。"青紫鹿伎""白鹿伎""设寺子导安息孔雀"等曲也应该和佛教相关。

梁武帝创制的佛乐主要用于两个方面：一是宫廷殿堂，二是佛教法会。萧衍从中大通元年（529）至太清元年（548）间多次举办过无遮法会。在无遮会上，有开国库设饭斋人，皇帝讲经，还有僧人演唱佛曲。据现行的水陆仪规，其中大坛拜《梁皇宝忏》所唱佛号皆用曲调贯彻始终。梁武帝对戏剧音乐的发展也产生影响，后世所传各种目连戏剧皆源于梁武帝所创盂兰盆会。梁武帝通过亲自主持佛教音乐的创作实现了佛教音乐的中国化，并被后来的隋朝所继承，为"华夏正声"，对中国佛教音乐的发展影响深远。

# 第四节　南朝佛教在各阶层的传播

## 一　佛教在统治集团中的传播

南朝时期，宋、齐、梁、陈的统治者对于佛教基本上都是持扶植的态度。他们有的从文化兴趣与宗教信仰的角度出发扶植佛教，有的从佛教所具有的稳定社会功能的角度出发扶植佛教，这些需求往往是相互交织的。南朝是建立在东晋政权基础上的，东晋统治者有崇佛的风气，这自然也影响到了东晋的后继者对佛教的态度。南朝佛教思想逐渐独立，成为教化社会的主流思想，当时的儒道思想在理论上无法与佛教相抗争，于是统治者要想维护自己的统治、保持社会的稳定，就不得不面对佛教的现实，从这一点上来看，他们对佛教的接受也有被动的一面。

（一）南朝统治者崇佛的基本动机

考察南朝统治者崇佛的动机，对于我们理解佛教在统治阶层的传播大有帮助。

1. 利用佛教为皇权证明

统治者崇佛在于自身的喜好和政治需要，他们认为佛教能够维护自身的统治。如宋武帝利用佛教为自己的皇权做出合理的解释，他根据沙门法称的预言，宣称自己受嵩山神的召示而为天子。在晋宋之际，儒、释、道三教为主流文化，中国古代称帝必须要有一个合理的理由，按照儒家的传统，刘裕称帝可谓"名不正，言不顺"，所以只能从佛道上寻找根据。刘裕所谓受嵩山神召示而为天子的预言显然是将佛道思想相合而成的。梁武帝通过武力以禅让的形式取代了齐和帝政权，而且杀掉了年仅十五岁的齐和帝，犯下弑君大罪。萧衍于天监元年选定四月八日（佛诞日）作为登基日，此后他又多次选定四月八日作为活动日。萧衍选佛诞日登基绝非偶然，这是在向天下人表明自己对帝位并不那么看重，从而为弑君夺权寻找冠冕堂皇的借口。"朕于齐明帝，外有龟敌之力，内尽帷幄之诚，日自三省，曾无寸咎，远身边外，亦复不免。……迫乐推之心，应上天之命，事不获已，岂其始愿？所以自有天下，绝弃房室，断除滋味，正欲使四海见其本心耳。勿谓今日之位，是为可重，朕之视此，曾不如一芥。"①

2. 佛教福报、赎罪思想的影响

南朝统治者非常热衷于佛教法事，这和当时流行的福田思想有密切的关系。西晋沙门法立、法炬共译的《佛说诸德福田经》提到七种福田，如兴立佛图僧房堂阁等，能获得来世的福报。佛教讲戒定慧三学，对于君主完全以出家人的标准要求自己是不现实的，这些统治者便将来世的福报与今世的崇佛行为相联系，如齐竟陵王萧子良设供斋大会，亲自为僧侣送饭；梁武帝舍身入佛，称为皇帝菩萨，曾经三次舍身同泰寺，群臣以亿万钱赎回；陈武帝舍身大庄严寺；陈后主舍身弘法寺。

赎罪思想对于统治者的崇佛也具有一定的影响。梁武帝萧衍以崇佛著称，但他崇佛的种种表现是和其通过佛教赎罪密切相关的。萧衍年轻时迷恋女色。南齐亡后，他收纳东昏侯的潘妃、余妃和吴淑媛三人。"吾未见好佛如好色者也。衍真比丘后身，色中饿鬼。"② 萧衍的原配郗氏，死于永元元年（499）八月，时年三十二。《南史》卷十二《郗皇后传》云：

---

① （北齐）魏收：《魏书》卷五十九，中华书局 1974 年版，第 1371 页。

② 尤侗：《看鉴偶评》卷三，《艮斋杂说续说·看鉴偶评》，李肇翔、李复波整理，中华书局 1992 年版，第 246 页。

"后醋妒忌，及终，化为龙入于后宫井，通梦于帝。或见形，光彩照灼。帝体将不安，龙辄激水腾涌。"据曹道衡先生考证，郗氏之死与梁武帝于永泰元年（498）纳十四岁丁贵妃（昭明太子的生母）为妾有关。郗氏嫉妒心强，不能容忍萧衍纳妾的行为，遂忿恨投井而亡。① 萧衍"于露井上为殿，衣服委积，常置银鹿卢金瓶灌百味以祀之。故帝卒不置后"。由此来看，萧衍心存愧疚，其崇佛的行为和赎罪心理紧密联系。

3. 畏惧佛教因果报应说

佛教的因果报应说是佛教人生论的核心，南朝时期儒佛双方还就与此相关的神灭与神不灭展开了激烈的争论，这自然对当时的社会思潮产生了巨大的影响，也对统治者的人生观产生了极其重要的影响。东晋慧远提出"报"有"三报"，即"现报""生报""后报"。不论历时多久，所种之因必然要受报。宋顺帝让位萧道成，泣而弹指："唯愿后身生生世世不复天王作因缘。"② 宋明帝对因果报应产生恐惧，"及明帝末年，颇多忌讳，故涅槃灭度之翻，于此暂息。凡诸死亡、凶祸、衰白等语，皆不得以对。因之犯忤而致戮者十有七八"③。由此可见，因果报应也是统治者崇佛的重要动机之一。

（二）佛教在统治阶层传播的形式

佛教在南朝统治阶层的传播，既有思想的渗透，也有适应中国社会而在三教关系等方面做出的改变。

1. 佛教经典研读

佛教的发展得益于佛教义理受到了统治者的认可以及由此引发的统治者对佛教经典传播的推动。佛教的传播离不开佛教经典的翻译，而南朝统治者十分支持译经事业。除此之外，南朝统治者还亲自钻研佛教的义理。《梁书·本纪》中称武帝"兼笃信正法，尤长释典，制《涅槃》《大品》《净名》《三慧》诸经义记，复数百卷。听览余闲，即于重云殿及同泰寺讲说，名僧硕学，四部听众，常万余人"④。梁武帝曾写过《制旨大涅槃经讲疏》《大品注解》《三慧经讲疏》《净名经义记》《制旨大集经

---

① 参见曹道衡《中古文史丛稿》中《论梁武帝与梁代的兴亡》，河北大学出版社 2003 年版，第 229—230 页。

② （唐）李延寿：《南史》卷四十五《王敬则殉传》，中华书局 1997 年版，第 1129 页。

③ （梁）慧皎：《高僧传》卷七，《大正藏》第 50 册，第 373 页下。

④ （唐）姚思廉：《梁书》卷三《武帝》，中华书局 1973 年版，第 96 页。

讲疏》《发般若经题论义并问答》等经典注释作品，还有《立神明成佛性义记》《净业赋》《注解大品经序》《宝亮法师制涅槃义疏序》《金刚般若忏文》《摩诃般若忏文》等与经典义理相关的文章。

2. 三教关系的处理

佛教与儒道的辩论，得到了统治者的支持。南朝佛教的传播，在思想上日趋完善和独立，对社会的教化作用日益增强，而儒道两家相对较弱，为了维护自身的统治，统治者利用佛教的教化作用稳定社会。同时佛教的一些出世思想、戒律规范等方面与儒家思想背道而驰，这也是统治者所不忌讳的。面对此种情形，佛教自身做出了许多让步和改变。如佛教将皇帝与佛菩萨相等同，以此而不违背"沙门不敬王者"的尴尬。统治者对三教关系也是加以融和，梁武帝就提倡三教同源说。

另外，佛教追求个人解脱，出家为僧，这种生活方式和中国传统的孝道思想相违背。到了两晋南北朝时期，佛教僧侣重新解释佛教教义，以适应中国的孝道。孙绰在《喻道论》中提出出家学佛可光宗耀祖，使天下相安，实为大孝。在《盂兰盆经》中，去除了有关父母子女平等的论述，而加进了孝养父母的内容。佛教面对礼教所做出的改变，是为了适应中国的社会，以获得统治者的支持。

3. 神异思想的诱惑

南朝佛教僧侣善于利用佛教的神异向统治阶层进行传播。梁释宝志即以谶语而有名于当时。"好为谶记，所谓《志公符》是也。"[1] 萧衍对宝志十分器重，甚是礼待。"今上即位下诏曰：'志公迹拘尘垢，神游冥寂，水火不能燋濡，蛇虎不能侵惧。语其佛理，则声闻以上；谈其隐伦，则遁仙高者。岂得以俗士常情，空相拘制。何其鄙狭一至于此。自今行道，来往随意，出入勿得复禁。'志自是多出入禁内。"[2] 梁武帝更关心宝志的神秘预言。"时有沙门释宝志者，……梁武帝尤深敬事，尝问年祚远近。答曰：'元嘉元嘉。'帝欣然，以为享祚倍宋文之年。"[3] "始天监中，沙门释宝志写诗曰：'昔年三十八，今年八十三，四中复有四，城北火酣酣。'帝使周舍封记之。及中大同元年，同泰寺灾，帝启封见舍手迹，为之流涕。

---

① （唐）李延寿：《南史》卷七十六《宝志传》，中华书局 1975 年版，第 1901 页。

② （梁）慧皎：《高僧传》卷十，《大正藏》第 50 册，第 394 页中。

③ （唐）李延寿：《南史》卷七十六《宝志传》，中华书局 1975 年版，第 1900—1901 页。

帝生于甲辰，三十八，克建邺之年也。遇灾岁实丙寅，八十三矣。四月十四日而火，火起之始，自浮屠第三层。三者，帝之昆季次也。……"① 宝志抓住梁武帝痴迷神秘预言的心理传播佛教。

南朝的官员信仰佛教大多是希望借助佛教避难求福。《观音经》为王玄谟梦中所得，共有十句，因常念不辍，得以免死。后来还升了官，活到了八十二岁。"元嘉二十七年（450），王玄谟北征失律，萧斌欲诛之，沈庆之谏曰：'佛狸（魏世祖小儿子）威震天下，岂玄谟所能，当杀战将，徒自弱耳。'乃止。初玄谟将见杀，梦人告曰：'诵《观音经》千遍可免。'仍口授其经曰：'观世音，南无佛，与佛有因，与佛有缘，佛法相缘，常乐我净，朝念观世音，暮念观世音，念念从心起，念念不离心。既觉诵之不辍，忽唱停刑，后官至开府，年八十二。"②

佛教在以皇帝为代表的统治阶层中传播时，适应了统治者的个人需要和政治需要。如果没有统治阶级的支持，佛教在社会的主流思想上面获得话语权是很难的。

## 二　佛教在文人中的传播

文人对于佛教的接受态度，不像统治者那样有着强烈的政治目的，他们更多的是从生命的终极关怀上来接受的。两晋南北朝时期，朝代更替频繁，文人雅士有对生命感到忧虑的、有对生命终极意义进行探求的，这都是文人接受佛教的原因。佛教在文人当中的传播一方面是文人精神的需要，另一方面也是佛教借助文人的力量来增加社会影响的需要。

文人接受佛教，在于冀望通过佛教追求精神的自由，解脱生死。他们在儒释道的选择中并非绝对的排他，在很多文人的思想中，儒释道三者之间有时候相互补充，相得益彰。从儒道佛关系的角度来考察，接受佛教的文人大致分为两类。

第一，儒释道兼顾的文人。儒教的入世思想对于文人所追求的功名利禄、光宗耀祖，有着极大的诱惑。道教的清净无为思想，对于现世的追求似乎又能起到自我满足的作用。佛教的三世因果思想指出来世的幸福通过今世苦修就能得到回报。儒释道的思想对文人们有极大的吸引力，于是便

①　（唐）李延寿：《南史》卷七《梁武帝纪》，中华书局1975年版，第224页。
②　（南宋）志磐：《佛祖统纪》卷三十六，《大正藏》第49册，第345页中。

出现了张融死时"左手执《孝经》、《老子》，右手执《小品》、《法华经》"① 的情况。还有死后出家的情况，裴植在《临终遗令子弟》"遗令子弟命尽之后，剪落须发，被以法服，以沙门礼葬于嵩高之阴"。②

对于一些意志不坚定的文人，又想儒、释兼顾，但又时时处于矛盾之中，心里无法释怀。汤用彤评论说："惟康乐（谢灵运）究乏刚健之人格，于名利富贵不能脱然无虑，故属身在山林，心向魏阙，心怀晋朝，而身仕宋帝。其于佛教亦只得其皮毛，以之为谈名理之资料，虽言得道应需慧业，而未能有深厚之修养，其结果身败而学未成。中国文人之积习，可引为鉴戒者也。"③

第二，拒绝儒家思想而信仰佛教的文人。一般来说，此类文人的学识素养都是非常高的，如果进入仕途，并非没有机会。宗炳有五不起，即五次可以进入仕途的机会，都被他婉言谢绝了。"刺史殷仲堪、桓玄并辟主簿，举秀才，不就。"④ "高祖纳之，辟炳为主簿，不起。"⑤"兄减为南平太守，逼与俱还，乃于江陵三湖立宅，闲居无事。高祖召为太尉参军，不就。"⑥ "高祖开府辟召……于是并辟太尉椽，皆不起。"⑦ "衡阳王义季在荆州，亲至炳室，与之欢宴，命为咨议参军，不起。"⑧

明僧绍有"五不就"："僧绍明经有儒术，宋元嘉中，再举秀才，永光中，镇北府辟功曹，并不就。"⑨ "升明中，齐高帝为太傅，教辟僧绍及顾欢、臧荣绪，以旌币之礼，征为记室参军，不至。"⑩ 顾欢、宗炳与明僧绍都是虔诚的佛教信徒，宗炳曾经入庐山，"就释慧远考寻文义"，而明僧绍也因为"闻沙门释僧远凤德，往候定林寺……既而遁还摄山，建

---

① （梁）萧子显：《南齐书》卷四十一，中华书局1972年版，第729页。

② （北齐）魏收：《魏书》卷七十一《裴植传》，中华书局1974年版，第1571页。

③ 汤用彤：《汉魏两晋南北朝佛教史》，中华书局1983年版，第316页。

④ （梁）沈约：《宋书》卷九十三《列传》第五十三，中华书局1973年版，第2278页。

⑤ 同上。

⑥ 同上。

⑦ 同上。

⑧ 同上。

⑨ （唐）李延寿：《南史》卷五十，中华书局1975年版，第224页。

⑩ 同上。

栖霞寺而居之"。

宗炳和明僧绍都是典型的文人，但他们拥护佛教的态度都是非常坚定的，在三教斗争当中积极批判儒、道两家，以维护佛教。著名的就有宗炳与何承之的争论，且宗炳著有《白黑论》一书，宋文帝赞扬宗炳对佛理的阐发。"颜迎之推《达性论》，宗炳难《白黑论》，明佛汪汪，尤为名理并足，开奖人意。"①

明僧绍作《正二教论》，对顾欢进行了批驳，他认为儒释道的基本作用是相同的，"夫佛开三世，故圆应无穷；老止生形，则教极浇淳。所以在形之教，不议殊生；圆应之化，爰尽物类。是周孔老庄，诚帝王之师，而非前说之证"②。他还认为："佛明其宗，老全其生。守生者蔽，明宗者通。今道家称长生不死，名补天曹，大乖老、庄立言本理。"③ 道教所说的长生不死其实是不符合老子本义的。

### 三　佛教在普通民众中的传播

在南朝社会里，普通民众是处于最底层的，受压迫最深，受苦最多，因此，对于他们来说，信仰佛教不仅仅是为了满足精神层面的追求，而更多的是为了祈求现实利益。

自从佛教传入中国起，在历代的统治当中，对佛教徒基本上都是免除税收徭役的。尤其在动乱时期，出家似乎成了底层民众摆脱压迫的唯一出路。

南朝时期，门阀制度壁垒森严，对于家贫笃学的寒门弟子来说，通过佛教提高自己的素养是一种好的办法。刘勰早年丧父，"家贫不婚娶"，但他"笃志好学……依沙门僧祐，与之居处，积十余年，遂博通经论，区别部类，录而序之。今定林寺经藏，勰所定也"。刘勰跟随僧祐学习，博通经纶，为他后来著作《文心雕龙》奠定了基础。即使在脱离沙门之后，他也跟僧侣们一直保持联系，"然勰为文长于佛理，京师寺塔及名僧碑志，必请勰制文"④。

---

① （梁）慧皎：《高僧传》卷七，《大正藏》第50册，第367页下。
② （梁）僧祐：《弘明集》卷六，《大正藏》第52册，第37页下。
③ （梁）萧子显：《南齐书》卷五十四《高逸传》，中华书局1972年版，第934页。
④ （唐）姚思廉：《梁书》卷五十，《刘勰传》，中华书局1997年版，第712页。

佛教也是获得人身自由的一个重要途径。释慧安出家前为奴，因他勤快而获主人喜爱，待他十八岁时，允其出家。"释慧安，未详何许人，少经被虏，属荆州人为奴，执役勤紧，主甚爱之。年十八听出家，止江陵琵琶寺。"① 像这种"逃役之流、仆隶之类"入道的现象在南朝时期是非常普遍的。

佛教对于底层民众也有着切实的精神慰藉。佛教的理念能够满足民众的需要，因此成了人们慰藉生命的信仰。佛教采用多行善事、增加福报的说教来引导民众。竺僧度因为自己的亲人相继过世，感到生命的无常，想通过佛教获得解脱。"睹世代无常，忽然感悟，乃舍俗出家，改名僧度。"② 他给未婚妻杨氏写了封绝情书："卿之不乐道，犹我之不慕俗矣。杨氏，长别离矣！万世因缘，于今绝矣！"③ 佛教在南朝底层社会的传播，实质是佛教的民俗化、民间化。一个重要的表现就是佛教契合了中国传统社会的神仙方术、图谶纬书等传统，并整合儒、道两家，宣扬因果、福报、占卜等思想，满足了中国人的精神需求，一些思想同印度佛教已经有了显著的区别。

佛教在普通民众中的传播方式多种多样，佛教运用说书、讲故事等方式让佛经内容通俗化。南朝时期，佛教推行经文的"转读"、"梵呗"、"唱导"等方式。《高僧传·唱导篇》说："如为出家五众，则须切语无常，苦陈忏悔。若为君王长者，则须兼引俗典，绮综成辞。若为悠悠凡庶，则须指事造形，直谈闻见。若为山民野处，则须近局言辞，陈斥罪目。"④ 针对不同的对象，佛教所采取的传播策略是不一样的。高僧们针对普通民众，采取通俗易懂的方式宣扬佛教的因果报应理论。"征昔因则如见往业，核当果则己示来报，谈怡乐则情抱畅悦，叙哀戚则洒泪含酸"，以至听众"五体输席，碎首陈哀，各各弹指，人人唱佛"。南朝的讲经承担了佛教基本教义传播的重任。那么这种"俗讲"的过程是什么呢？首先是"押座文"，遍请诸佛、菩萨、梵天、神祇、亡者，然后唱诵经文，再进行讲解，最后是"解座文"。此外，佛教界还有通过造塔、造

---

① （梁）慧皎：《高僧传》卷十，《大正藏》第 50 册，第 393 页上。
② （梁）慧皎：《高僧传》卷四《义解一》，汤用彤校注，中华书局 1999 年版，第 173 页。
③ 同上书，第 174 页。
④ （梁）慧皎：《高僧传》卷十三，《大正藏》第 50 册，第 417 页下。

像、绘制壁画、举办法会等能为普通民众所接受的形式宣传佛教，促进了佛教在民间的传播。南朝时期，观音信仰、弥勒信仰也以其神秘性、功利性而在底层民众当中获得巨大的信仰市场。

### 四　疑伪经的出现

佛教在南朝的民间化和疑伪经的出现是相辅相成的关系。佛教的义理对于少数精英阶层来说十分重要，对于民众来说传播得并不普及，而佛教的避难、保佑、福报思想更容易被民众接受。不过这些信仰要依靠既简洁明快，又通俗易懂的经典来支持，因此便出现了疑伪经。与此同时，疑伪经的许多因果报应思想又促进了民间信仰的流行。

南北朝时期疑伪经大量出现，这些伪经中有的具有中国传统的阴阳吉凶思想，极具道教色彩，有的具有佛教业报轮回与净土信仰的特征，总之都是佛教民间化的表现。

对于疑伪经最早注录的有东晋道安的《综理众经目录》。梁代僧祐撰《出三藏记集》，其中详细记录了佛经、译经的起源，以及失译经律、失译杂经、抄经、疑经、注经等目录。从此之后，历代的经录都将疑伪经单独列出。僧祐认为疑经诳误后学，真经融然深远，假托之文，辞意浅杂。"昔安法师，摘出伪经二十六部，又指慧达道人以为深戒，古既有之，今亦宜然矣。祐校阅群经，广集同异，约以经律，颇见所疑。夫真经体趣，融然深远，假托之文，辞意浅杂，玉石朱紫，无所逃形也。今区别所疑，注之于录，并近世妄撰，亦标于末，并依倚杂经，而自制名题，进不闻远适外域，退不见承译西宾，我闻兴于户牖，印可出于胸怀，诳误后学，良足寒心，既躬所见闻，宁敢默已。呜呼，来叶，慎而察焉。"[1]

南朝的许多疑伪经具有道教色彩，我们以萧子良的抄经为例。隋法经等编撰的《众经目录》将萧子良所抄的八部经与其他伪经列在一起。"并是南齐竟陵王萧子良，轻悉自心，于大本内，或增或损，斟酌成经，违反圣教，芜乱真典，故附伪末，用诫后人。……并号乖真。或首掠金言，此末申谣谶；或初论世术，而后托法词；或引阴阳吉凶，或明神鬼祸福。诸如此比，伪妄灼然，今宜秘寝，以救世患。"[2] 这些伪经的内容多为前论

---

① （梁）僧祐：《出三藏记集》卷五，《大正藏》第 55 册，第 38 页下、上。
② （隋）法经等：《众经目录》卷二，《大正藏》第 55 册，第 127 页中、下。

世术，后托法词，引阴阳吉凶、明神鬼祸福等。

　　唐代释智升所撰《开元释教录》卷十八《伪妄乱真录》中，共载伪经三百九十部，南北朝时期的伪经占到一半以上。其中抄经共四十三部，都是齐竟陵文宣王萧子良所抄，如《抄华严经》《抄法句譬喻经》等，这些经都被列为伪经。"并名滥真经，文句增减；或杂糅异义，别立名题。若从正收，恐玉石斯滥，若一例为伪，而推本有凭。进退二途，实难诠定，具依旧录编之伪末。后学寻览，幸详得失耳。"①　此外，还有《安墓经》《安冢经》《安宅经》《天公经》等经。这些经"或引阴阳吉凶，或明神鬼祸福"等，说明了佛教向世俗化、大众化方向的发展。

　　南朝除了极具道教色彩的佛教伪经外，还出现了与弥勒信仰有关的伪经。北朝时期有关弥勒信仰的伪经有《弥勒成佛本起经》、《弥勒下生观世音施珠宝经》、《弥勒成佛伏魔经》、《弥勒下教经》②，这些经典也流传到了南方。弥勒信仰在当时已为广大的普通民众所接受，这些伪经就是在这种背景下为了适应民众的进一步需求而产生的，所以民间色彩浓厚。

　　日本学者牧田谛亮认为，疑伪经的出现主要是为了适应三种需求。他说："关于模拟翻译之真经而由中国人伪撰之经出现的问题，亦可由完全无法从翻译经典获得而为应付中国固有的传统思想所造的《父母恩重经》（《大正藏》第 85 册），为显示对道教之优越性而说之《须弥四域经》及其他，为顺应迎合当时的当政者而于《大云经》、《宝雨经》中之妄添等种种情形加以考虑。"③　佛教疑伪经的出现实际上是佛教民间化的表现，而佛教的民间化已经成为印度佛教适应中国社会的一种发展方式。

## 第五节　南朝的三教关系

### 一　佛教和儒家的关系

　　自东晋时代，儒释道的论战就连绵不断。佛教的不断扩张，严重威胁到了儒家的统治地位，并与世俗的政权发生了冲突。这一局面到了南朝梁

---

　　①　（唐）智升：《开元释教录》卷十八，《大正藏》第 55 册，第 680 页上。
　　②　（隋）法经：《众经目录》卷二，《大正藏》第 55 册，第 126 页下。
　　③　［日］牧田谛亮：《疑经研究——中国佛教中之真经与疑经》，杨白衣译，《华岗佛学学报》1985 年第 4 期，第 286 页。

代逐渐发生了变化，佛教在梁武帝的扶持下获得全胜，居于统治地位。佛教既有与儒家相同的一面。也有独立的一面，在对社会的教化、风气的转变上，佛教和儒家的影响是一致的，但是在礼仪制度与理论情趣等方面，佛教也有独立的一面，并由此产生冲突、磨合、互补等多重复杂的关系。

（一）南朝统治者的儒、佛立场

南朝统治者对于儒家、佛教均有支持。宋文帝支持颜迎之、宗炳等主张儒佛关系的观点，认为有利于自身的统治。"范泰、谢灵运常言，六经典文，本在济俗为治，必求灵性真奥，岂得不以佛经为指南耶？近见颜迎之推《达性论》、宗炳难《白黑论》，明佛汪汪，尤为名理并足，开奖人意。若使率土之滨，皆敦此化，则朕坐致太平。"①

齐朝的萧道成曾跟随雷次宗学习，故倡导儒学，崇尚文学，世风随之而变。齐高帝萧道成登上王位后向当时名儒刘瓛问为政之道，答曰："政在《孝经》。宋氏所以亡，陛下所以得之是也。"帝咨嗟曰："儒者之言可宝万世"②，他任用王俭为辅佐，因为王俭长于礼经，所有这些对提振儒风影响甚大，"是以儒学大振"③。齐武帝永明三年（485），太子讲《孝经》，周颙为《孝经》作义疏。正月，齐复立国学。五月，省总明观。十二月，皇太子讲《孝经》，释奠。"永明三年，于崇正殿讲《孝经》，少傅王俭以摘句令太子仆周颙撰为义疏。"④

南朝齐统治者在支持儒家的同时，对于佛家同样是持支持的态度。萧子良移居鸡笼山邸，召集学士抄《五经》、百家，又约邀名僧讲解佛法。"（永明）五年，（萧子良）正位司徒，给班剑二十人，侍中如故。移居鸡笼山邸，集学士抄五经、百家，依《皇览》例为《四部要略》千卷。招致名僧，讲论佛法，造经呗新声，道俗之盛，江左未有……又与文惠太子同好释氏，甚相友悌。子良敬信尤笃，数于邸园营斋戒，大集朝臣众僧。"⑤

梁武帝尽管崇佛，但仍然主张三教同源。以"心"为三教共同本源、以"善"为三教共同归趣。梁武帝将周公、老子、孔子说成是"如来弟

①　（梁）慧皎：《高僧传》卷七，《大正藏》第 50 册，第 367 页下。

②　（唐）李延寿：《南史》卷五十，中华书局 1975 年版，第 1236 页。

③　（清）赵翼：《廿二史札记》。

④　（梁）萧子显：《南齐书》卷二十一，中华书局 1972 年版，第 399 页。

⑤　（唐）李延寿：《南史》卷四十四，中华书局 1975 年版，第 1103 页。

子", 表面上似乎体现了佛教的中心地位, 实际上承认三教没有本质之别。"设教随时贵其为善。其诚无忒何往不通。"三教应机而设, 彼此并不发生矛盾。

梁武帝常引用儒家经典说明佛学。梁武帝在《净业赋》中引《中庸》《礼记》, 说明心性问题。"人生而静, 天之性也; 感物而动, 性之欲也", 他解释说, "有动则心垢, 有静则心净; 外动既止, 内心亦明; 始自觉悟, 患累无所由生也"。梁武帝以《中庸》《礼记》来说明人性本静、感物而动的原理。据《隋书·经籍志》, 萧衍著有《中庸讲疏》、《私记制旨中庸义》等。汤用彤认为, "《中庸》诚明之体, 天命之性, (梁武)帝或取以比附其所谓立神明之说"①。此外, 梁武帝还重视儒家经典《孝经》, 撰有《孝经讲疏》、《制旨孝经义》, 并"自讲《孝经》"②。梁武帝又把《孝经》的理论注入佛教教义, 改变人们对佛教不忠不孝的看法, 使儒、佛共孝的说法逐渐为社会所接受。

(二) 儒佛之间争论的问题

1. 因果与富贵贫贱的争论

齐永明年间 (483—493), 竟陵王萧子良邀请范缜, 询问富贵贫贱的原因。"时竟陵王子良盛招宾客, 缜亦预焉。尝侍子良, 子良精信释教, 而缜盛称无佛。子良问曰: '君不信因果, 何得富贵贫贱?' 缜答曰: '人生如树花同发, 随风而堕, 自有拂帘幌坠于茵席之上, 自有关篱墙落于粪溷之中。坠茵席者, 殿下是也; 落粪溷者, 下官是也。贵贱虽复殊途, 因果竟在何处。'"③ 竟陵王萧子良问范缜, 不信因果, 贫富贵贱如何解释呢? 范缜认为贵贱是一种偶然现象, 如同落下的树叶, 位置不同而已。

2. 伦理价值、社会功能的冲突

儒家注重封建伦理道德, 而佛教的出家修行, 剃发、食素、脱离家庭, 被儒家认为是有违伦理纲常的。东晋孙绰 (314—371) 在《喻道论》中说: "周孔之教, 以孝为首, 孝德之至, 百行之本, 本立道生, 通于神明。故子之事亲, 生则致其养, 没则奉其祀。……而沙门之道, 委离所生, 弃亲即疏。刊剔须发, 残其天貌, 生废色养, 终绝血食, 骨肉之亲等

---

①　汤用彤:《汉魏两晋南北朝佛教史》, 北京人民出版社 1999 年版, 第 506 页。

②　(唐) 姚思廉:《梁书》卷三十八《朱异传》, 中华书局 1973 年版, 第 538 页。

③　(唐) 李延寿:《南史》卷五十七, 中华书局 1975 年版, 第 1421 页。

之行路，背理伤情莫此之甚。"① 南北朝时期，佛教经济发展迅猛，吸纳
了国家大量的财力、物力和人力，引起儒家的强烈不满。"至于营求孜
汲，无暂宁息，或垦殖田圃与农夫齐流，或商旅博易与众人竞利……此皆
无益于时政，有损于治道，是执法者之所深疾，有国者之所大患……寺庙
极壮丽之美，割生民之珍玩，崇无用之虚费。"②

3. 神灭与神不灭的争论

印度原始佛教以十二因缘论述生命的生死流转，有情众生是五蕴合和
的，没有实体性，故有三法印之"诸行无常""诸法无我""涅槃寂静"。
但另一方面，佛教又肯定业报说，人的身、口、意三业与众生的轮回存在
因果的关系。从十二因缘之说来看，无明缘行，行缘识，识缘名色，……
识成了生命流转的关键。到了部派佛教时期，关于三世轮回的主体又有了
新的发展，出现了"补特伽罗"是否实有的问题。印度进入大乘佛教之
后，出现了"阿赖耶识""真如""佛性"等变相之我说。瑜伽行派将阿
赖耶识既作为宇宙万物的本源，也作为众生解脱的根据。

当佛教传入中国后，在翻译上又常将识和神并称，称为"识神"，这
就成为神不灭论的来源。东晋时期，因果报应的载体落在了神灵之说上。
袁宏《后汉纪》曰："浮屠者，佛也。西域天竺国有佛道焉。佛者，汉言
觉，将悟群生也。其教以修善慈心为主，不杀生，专务清净。其精者为沙
门。沙门，汉言息也，盖息意去欲而归于无为也。又以为人死精神不灭，
随复受形；生时所行善恶，皆有报应。故所贵行善修道，以炼精神而不
已，以至无生而得为佛也。"③ 人死精神不灭，即神灵不灭。

南朝宋时期，神不灭论的支持者有郑鲜之（362—427），他说："夫
形神混会，虽与生俱存，至于粗妙分源，则有无区异。……况神体灵照，
妙统众形，形与气息俱运。神与妙觉同流，虽动静相资，而精粗异
源。……一形之用，犹以本末为兴废，况神为生本，其源至妙。……则神
之不灭。居可知矣。"④ 郑鲜之认为形、神的本源不同，神体灵照，妙统
众形，形与气息俱运，神具有本体的地位，而形处于末用的地位。

---

① （梁）僧祐：《弘明集》卷三，《大正藏》第 52 册，第 17 页上。
② （梁）僧祐：《弘明集》卷六，《大正藏》第 52 册，第 35 页中。
③ （东晋）袁宏：《两汉纪》下册《后汉纪》，张烈点校，中华书局 2002 年版，第 187 页。
④ （梁）僧祐：《弘明集》卷五，《大正藏》第 52 册，第 28 页上。

宗炳（375—443），字少文，南阳（河南）人，他也支持神不灭论。他在《明佛论》中说："然群生之神，其极虽齐，而随缘迁流，成粗妙之识，而与本不灭矣。今虽舜生于瞽，舜之神也，必非瞽之所生，则商均之神又非舜之所育，生育之前素有粗妙矣。既本立于未生之先，则知不灭于既死之后矣。"① 群生之神本来是相同的，只不过随着因缘的流转变为粗妙之识，舜、商的变化只是外在的不同，神是永恒不灭的。

齐梁时期，范缜（约450—515）抨击神不灭论，引起了当时极大的争论。范缜以刀刃来比喻形神关系，梁武帝发动朝廷上的有才之士对范缜进行了抨击。比较重要的有萧琛的《难神灭论》，曹思文的《难神灭论》《重难神灭论》，沈约的《难神灭论》等。他们批判神灭论的主导思想是依据梁武帝的"神明成佛"论，在论证上将佛教的神不灭、因果报应与儒家敬神祀鬼、善恶福祸等相对应，并无对立之处。"至尊敕答臣下神灭论，伏览未周，烟云再廓，窃惟蠕动，有知草木无识。神灭瞽论，欲以有知同此无识，乃谓种智亦与形骸俱尽，此实理之可悲……圣上愍此四生方沦六道，研校孔释共相提证。"② 神灭论将草木的无识与人的有知相提并论，因此形灭而神灭是不对的。谢绰也说："窃惟人生最灵，神用不极。上则知来藏往，次乃邻庶人几。以此观之，理无可灭，是以儒申其祀，佛事大慈，照其生缘，内外发明，已足祛滞。"③ 儒家认为的人为万物之灵与佛教的神不灭是一个道理，儒家的祭祀与佛教的缘生都是基于神不灭的理论基础。"中书郎顺阳范缜著《神灭论》，群僚未详其理。先以奏闻，有敕令云答之，以宣示臣下。云乃遍与朝上书论之，文采虽异而理义伦通。又与少傅沈约书曰：'主上令答《神灭论》。'"④ 沈约作了《神知不异众生知义》、《六道相续作佛义》《因缘义》《论形神》《神不灭论》《难范缜神灭论》六篇来驳斥范缜的神灭论，但在理论说明上有所不足。摄论学兴起之后，阿赖耶识之说对于解释佛教中生死无我的道理更为详细，神灭与神不灭的争辩就逐渐沉寂了。

神灭论的支持者有宋文帝时期的慧琳。慧琳是名僧道渊的弟子，"俗

---

① （梁）僧祐：《弘明集》卷二，《大正藏》第 52 册，第 10 页上。
② （梁）僧祐：《弘明集》卷十一，《大正藏》第 52 册，第 62 页中。
③ （梁）僧祐：《弘明集》卷十，《大正藏》第 52 册，第 64 页上。
④ （唐）道宣：《续高僧传》卷五，《大正藏》第 50 册，第 464 页中。

姓刘，少出家，住冶城寺，有才章，兼外内之学，为庐陵王义真所知，尝著《均善论》"。①约在元嘉十年（433），慧琳作《黑白论》（均善论），为问答体形式，白学代表儒家，黑学代表佛家。该论有扬儒贬佛之意，对佛教的天堂地狱、因果报应、神不灭论的思想颇有微词，如以为佛教的地狱之说只是夸大其词而已。"幽冥之理，固不极于人事矣。周、孔疑而不辨，释迦辨而不实，将宜废其显晦之迹，存其所要之旨。"②何承天（370—447），著有《报应问》、《达性论》。他对于慧琳的《均善论》十分支持，反对佛教的生死轮回说。"生必有死，形毙神散，犹春荣秋落，四时代换，奚有于更受形哉？"③何承天在形神问题上否定了佛教的"神不灭说"及"因果报应说"。

　　儒、佛之间关于神灭与神不灭的争论实际上并不矛盾。印度佛教具有强烈的出世色彩，三世因果、轮回果报为出世解脱进行论证。而中国的传统思想是基于人世的，佛教进入中国必须有一个适应的过程，中国的佛教学者将佛教的轮回果报与儒家的善恶报应相比拟，自慧远将法性实体化后，印度佛教的"无我"思想逐渐发生了偏转，到了梁武帝时期，萧衍所主张的"神明成佛"说，将涅槃佛性转到了心性论上，从中与儒家的一些神灵思想相结合，反而借助佛教宣扬了儒家的伦理思想，佛学的神不灭论在某种意义上演变成了统治者的政治哲学。

### 二　佛教和道教的关系

　　北朝时期，佛教和道教的斗争比较激烈，北魏太武帝和崔浩推崇以寇谦之为主的天师道教，采用极端和暴力的方式消灭佛教，声称要承天之绪，欲除伪定真，复羲农之治"，这即是历史上有名的三武一宗之北魏太武帝灭佛事件。而南朝相对北朝来说斗争得没有那么激烈，基本上保持了一种儒释道三者并立论争与互补融和的态势。

　　（一）佛道的相争相融

　　1. 佛教与道教的论争

　　从哲学的角度来看，佛教与道教的哲学根据不同。南朝宋周颙指出，

---

①　（梁）沈约：《宋书》卷九十七，中华书局1974年版，第2388页。

②　同上书，第2391页。

③　（梁）僧祐：《弘明集》卷四，《大正藏》第52册，第22页上。

佛家的思想是以虚无为主的，其本体是法性，而道家的思想是以无为本，在老子那里"无"具有鲜明的宇宙论的特征。周颙善兼《老》《易》，长于佛理，著《三宗论》，认为《老子》以"虚无"为主，《般若》以"法性"为宗，老子"无"于"有"之外，是把"有""无"分裂了，造成世间与出世间对立，"有外张义"；佛家"色即是空，空即是色"，以非有非无为最高境界，在理论上，佛教的思想是比道家更严密一些。

从伦理的角度来看，佛教与道教的终极关怀不同，所以，在伦理方面义趣有别。南朝宋僧绍著《正二教论》反驳道教对于佛教的发难。齐末道士借张融（444—497）的名字作《三破论》，攻击佛教"破国、破家、破身"，认为佛教破坏了家庭伦常关系。"第二破曰入家而破家。使父子殊事，兄弟异法，遗弃二亲，孝道顿绝。忧娱各异，歌哭不同，骨血生仇，服属永弃，悖化犯顺，无昊天之报。五逆不孝，不复过此……第三破曰入身而破身。人生之体，一有毁伤之疾，二有髡头之苦，三有不孝之逆，四有绝种之罪，五有亡体从诫，唯学不孝。何故言哉？诚令不跪父母，便竞从之，儿先作沙弥，其母后作阿尼，则跪其儿，不礼之教，中国绝知，何可得从？"[1]

刘勰作《灭惑论》、僧顺著《释三破论》对道教的攻击进行反驳。《灭惑论》将道教分为三部分，太上老子之教、神仙道术、张陵、葛洪的教法。刘勰认为老子不讲三世、智慧，神仙道术并不能让人们摆脱苦恼、生死；张、葛教法愚惑民众，不能解脱众生。

从民俗的角度来看，佛教与道教的风俗习惯不同。宋齐道士顾欢认为"圣道"进入夷狄之国度，则为佛教；进入华夏，则为道教。佛、道二教在服饰、仪式、习俗上差别巨大。"是以端委搢绅，诸华之容；剪发旷衣，群夷之服。擎踞磬折，侯甸之恭；狐蹲狗踞，荒流之肃。棺殡椁葬，中夏之制；火焚水沈，西戎之俗。全形守礼，继善之教；毁貌易性，绝恶之学。"[2]

从民族的角度来看，道教极力贬低佛教。南朝宋末齐初时，道教思想家顾欢写《夷夏论》，震动了当时的儒、释、道三家。《夷夏论》以儒家的华夷之辨为出发点，尊崇道教，排抑佛教，借儒家"夷夏之防"的民

---

[1]　（梁）僧祐：《弘明集》卷八，《大正藏》第 52 册，第 50 页中。
[2]　（梁）萧子显：《南齐书》卷五十四《高逸·顾欢传》，中华书局。

族观否定佛教在中国传播。夷夏之别强调华夷间种族不同、地域不同、文化不同，佛教是夷狄之教，应当大力排拒，顾欢甚至直称释迦牟尼由老子化生。

2. 佛教与道教的融和

南朝时期有的学者主张调和佛道二教。宋齐之际，张融在《门律》中调和三教："道也与佛，逗极无二。寂然不动，致本则同；感而遂通，达迹成异。"① 佛道三教都主动融合对方的思想理论。

（1）佛教融合道教。宋宗炳在《明佛论》中认为佛教法身与道家的"道"是一致的，在伦理上，佛道二教都倡导行善。"凡称无为而无不为者，与夫法身无形，普入一切者，岂不同致哉？是以孔、老、如来，虽三训殊路，而习善共辙也。"② 宗炳又认为佛教精细，优于儒道，佛教的思想涵盖了儒道的核心和精髓。"乃知周、孔所述，盖于蛮触之域，应求治之粗感，且宁乏于一生之内耳，逸乎生表者，存而未论也。……若老子、庄周之道，松、乔、列、真之术，信可以洗心养身，而亦皆无取于六经。"③ "彼佛经也，包《五典》之德，深加远大之实，含老庄之虚，而重增皆空之尽。高言实理，肃焉感神，其映如日，其清如风。"④

宋齐时期的谢镇之同意顾欢佛老相同的观点，同时表明道家经籍简陋，不如佛家的思想精致，贯通九流。⑤ "佛是老子，老子是佛。又以仙化比泥洹，长生等无死。爰引世训，以符玄教。纂其辞例，盖以均也。"⑥ "佛教敷明要而能博，则精疏两汲。精疏两汲，则刚柔一致。是以清津幽畅，诚规可准。夫以规为圆者易，以手为圆者难。将不舍其所难，从其所易耶？道家经籍简陋多生……唯在五千之道全无为用，无为用未能违有，遣有为，怀灵芝。何养佛家三乘所引九流均接。"⑦ 萧子显（489—537年）认为佛道在"理归一极"上是相同的，道教"绝圣弃智"和佛教

① （梁）僧祐：《弘明集》卷六，《大正藏》第 52 册，第 38 页下。
② （梁）僧祐：《弘明集》卷二，《大正藏》第 52 册，第 12 页上。
③ 同上书，第 9 页下。
④ 同上书，第 9 页中。
⑤ 九流在《汉书·艺文志》中分别指：儒家、道家、阴阳家、法家、名家、墨家、纵横家、杂家、农家。
⑥ （梁）僧祐：《弘明集》卷六，《大正藏》第 52 册，第 41 页下。
⑦ 同上书，第 41 页中，42 页下。

"梯愚入圣"的方法有别，所以"迹有左右"。道教报应观与佛教"三报"论不同，他主张佛教优于道教。

（2）道教融合佛教。宋齐时期的道教徒顾欢作《夷夏论》，阐明佛道二教相同。佛陀和老子同为"国师""圣人"，所以"道则佛也，佛则道也。其圣则符，其迹则反"。① 佛道二教的思想也是一致的，名称不同，但本质一样。"泥洹、仙化，各是一术。佛号'正真'，道称'正一'。一归无死，真会无生。在名则反，在实则合。"② "圣匠无心，方圆有体，器既殊用，教亦异施。佛是破恶之方，道是兴善之术。兴善，则自然为高；破恶，则勇猛为贵。佛迹光大，宜以化物；道迹密微，利己为用。优劣之分，大略在兹。"③ "佛道齐乎达化，而有夷夏之别。"他认为道教高于佛教，也优于佛教。

（3）佛道互融同源。宋齐时期的朱广之认为谢镇之"贬没仙道，褒明佛教，以羽化之术为浮滥之说，残形之唱为履真之文"。"徒知己指之为指，不知彼指之无殊"，不明了佛道"善同"。朱广之认为佛道一教"俱是圣化，惟照所惑。惑尽明生，则彼我自忘。何烦迟迟于舍效之际，耿介于华夷之间乎"，"若以此善异乎彼善，彼恶殊乎此恶，则善恶本乖，宁得同致"。朱广之为佛道"崇空贵无，宗趣一也。蹄网双张，义无偏取，各随晓人，唯心所安耳"④。

宋齐时期的朱昭之认为佛道辩论者"各言所好，便复肝胆楚越。不知甘苦之方虽二，而成体之性必一。乃互相攻激，异端遂起。往反纷频，斯害不少"。朱昭之认为"圣动因故，设教或异"，"设教之始，华夷异用"，"所可为异，正在道佛之名，形服之间耳"。虽然佛道礼仪习俗有别，但同归于"道"。"道之极者非华非素，不即不殊，无近无远，谁舍谁居，不偏不党，勿毁勿誉，圆通寂寞，假字曰'无妙境'，如此何所异哉。"⑤ 张融的外弟孔稚珪认为佛道同源，"道之所道，定与佛道通源矣……道家戒善，故与佛家同耳"⑥。

---

① （元）念常：《佛祖历代通载》卷八，《大正藏》第 49 册，第 541 页下。
② （元）念常：《佛祖历代通载》卷八，《大正藏》第 49 册，第 542 页上。
③ 同上。
④ （梁）僧祐：《弘明集》卷七，《大正藏》第 52 册，第 43 页中、44 页中。
⑤ 同上。
⑥ 同上书，第 73 页上、中。

### 3. 道教对佛教思想的吸收

道教在斋醮科仪中对佛教戒律思想进行了大量的吸收。陆修静（406—477）为早期《道藏》的编辑者，也是南朝道教斋戒与仪范的制立者。元嘉末年（453）"市药京邑（今南京）"，宋文帝闻其大名，命令左仆射徐湛延请入宫讲道。陆修静不愿囿于束缚，固辞不就，继续周游四方布道。他借用佛家的戒律思想提出"斋有九等"，即金斋、黄斋、明真斋、元斋、八节斋、自然斋、洞神三里之斋、太一斋、指教之斋，并强调斋戒为立德之本。陶弘景曾梦中受佛教的五戒，"曾梦佛授其菩提记，名为胜力菩萨，乃诣鄮县阿育王塔自誓，受五大戒"①。足见佛教戒律对道教的影响。

陶弘景还主张佛道双修。"（道士）冲和子与陶弘景隐居，常以敬重佛法为业，但逢众僧，莫不礼拜；岩穴之内，悉安佛像。自率门徒受学之士，朝夕忏悔，恒读佛经。"②"在茅山中立佛道二堂，隔日朝礼。佛堂有像，道堂无像。"③陶弘景临终之际，遗嘱要求以大袈裟覆衾蒙首足。"因所着旧衣，上加生祴裙及臂衣袜冠巾法服。左肘录铃，右肘药铃，佩符络左腋下，绕腰穿环结于前。钗符于髻上，通以大袈裟覆衾蒙首足。明器有车马。道人道士，并在门中，道人左，道士右。"④

### 4. 佛道人士的相互参学

北魏高僧昙鸾有感于自己研习佛法的年限不足，而向江南陶弘景求教。"承江南陶隐居者方术所归，广博弘赡海内宗重，遂往从之。既达梁朝，时大通中也。……鸾曰，欲学佛法限年命促减，故来远造陶隐居求诸仙术。……鸾寻致书通问。陶乃答曰，去月耳闻音声。兹辰眼受文字，将由顶礼岁积，故使应真来仪，正尔整拂藤蒲具陈花水，端襟敛思伫聆警锡也。及届山所接对欣然，便以《仙经》十卷，用酬远意。"⑤

佛教僧人智棱暮年为诸道士讲《西升经》⑥。"沙门智棱善《涅槃》、

---

① （唐）姚思廉：《梁书》卷五十一《陶弘景传》，中华书局1973年版，第743页。

② （唐）法琳：《辩正论》卷六，《大正藏》第52册，第534页下。

③ 同上书，第535页上。

④ （唐）李延寿：《南史》卷七十六《陶弘景传》，中华书局1975年版，第1900页。

⑤ （唐）道宣：《续高僧传》卷六，《大正藏》第50册，第470页上。

⑥ 全称《老子西升经》，为道教经典，作者和成书年代不详。据南宋赵希弁《昭德先生读书后志》叙述，该经系函谷关令尹喜据老子所述而成。

《净名》，尤通庄老。后值寇还俗，道士孟悉达劝为黄冠，见道家诸经略无宗旨，遂引佛教为之润色，解《西升》、《妙真》诸经义，皆自棱始。武帝未舍道教时，引棱于五明殿竖义。暮年为诸道士讲《西升经》。"①

齐梁时期陶弘景被称为"山中宰相"，他于天监四年（505）移居积金东涧，梦中佛为其授菩提记。善辟谷导引之法，年逾八十而有壮容。深慕张良之为人，云'古贤莫比'。曾梦佛授其菩提记，名为胜力菩萨。乃诣郧县阿育王塔自誓，受五大戒。"② 萧纶在《陶君碑》称陶弘景"大造佛像，爱写经，起塔招僧，备诸供养，自誓道场，受菩萨法"③。

除了佛道人士的相互参学，教外一些人士对佛道亦全盘接受。南朝齐文学家、书法家张融（444—497）认为"道也与佛，逗极无二，寂然不动。致本则同，感而遂通，逢迹成异。其犹乐之不治，不隔五帝之秘。礼之不袭，不吊三皇之圣"。张融死后左手执《孝经》《老子》，右手执《小品》《法华经》。他不但自己佛道同尊，也要求家人"专尊于佛迹，而无侮于道本"。

（二）统治者对于佛、道的态度

东晋孙恩（？—402）为五斗米道道士和起义军首领。元兴元年（402）三月，孙恩进攻临海失败，乃投海自杀。起义军推选孙恩妹夫卢循为领袖，继续斗争，义熙七年（411）终告失败。东晋大将刘裕平定了孙恩、卢循的起义，使民间道教受到了严重的打击。道教为了自身的生存发展，而转向了非政治化、上层化的发展道路，因此道教也受到了上层的认可。如陆修静以士族身份皈依道门，成为整顿天师道的关键人物。

侯王公卿、豪门望族信奉道教的不在少数。"初，钱唐人杜子恭通灵有道术，东土豪家及京邑贵望，并事之为弟子，执在三之敬。"④ 齐梁间侯王公卿跟随陶弘景的达上百人，著名的有徐勉、丘迟、范云、江淹、任昉、萧子云、沈约、谢览、谢举等。⑤

陶弘景于梁普通三年（522）所立的《上清真人许长史旧馆碑》上标有齐梁时期的"齐世祖武皇帝、太宗明皇帝、衡阳王萧钧、扬州刺史始

---

① （南宋）志磐：《佛祖统纪》卷三十七，《大正藏》第 49 册，第 348 页下。

② （唐）李延寿：《南史》卷七十六，中华书局 1975 年版，第 1900 页。

③ （清）严可均：《全梁文》卷二十二，中华书局 1965 年版，第 249 页。

④ （梁）沈约：《宋书》卷一〇〇《自序》，中华书局 1974 年版，第 2445 页。

⑤ 参见（唐）贾嵩《华阳陶隐居内传》。

安王萧遥光、荆州刺史闻宪公萧遥欣、尚书令太子少保丹阳尹建昌侯沈约、开府仪同三司平固忠敬公吕僧珍、侍中吏部尚书吴兴太守谢览、南梁州刺史豫章王司马季延胄、交州刺史始兴王司马阮研、临海太守伏曼容、晋安太守谢答、晋熙太守纪僧猛、梁武皇帝、太尉扬州刺史临川王萧、开府仪同三司南平王萧伟、南平王世子萧恪、侍中豫章内史太尉长史谢举、临川正世子前罗平侯萧立正、廷尉卿虞权。右王侯朝士刺史二千石，过去见在受经法者"① 共有二十多位，其中包括齐武帝、齐明帝、齐衡阳王萧筠、始安王萧遥光、闻熹公萧遥欣、建昌侯沈约、忠敬公吕僧珍、梁武帝萧衍、梁临川王萧宏、南平王萧伟、侍中谢举、廷尉卿虞权等。南朝梁时期"武帝弱年好事，先受道法，既即位，犹自上章，朝士受道者众。三吴及边海之际，信之愈甚"②。

宋文帝喜好神仙，原本打算在玄武湖中立方丈等三神山，但因何尚之等人的反对而作罢。元嘉末，文帝曾召陆修静入内，讲理说法，不舍昼夜，深相敬服。时太后王氏雅爱黄老，亦降母后之尊，执门徒之礼。

宋明帝喜好道教，即位后"思弘道教，广求名德"。宋泰始三年（467），遣江州刺史王景宗召陆修静进京，"躬自问道，谘求宗极"，并在北郊天印山筑崇虚馆以礼之，"盛兴构造，广延胜侣"。陆修静乃"大敞法门，深弘典奥"，于是"朝野注意，道俗归心。道教之兴，于斯为甚也"。《道学传第七》云："陆修静，字元德，吴兴东迁人也，隐庐山瀑布山修道。宋明帝思弘道教，广求名德，悦先生之风，遣招引。泰始三年三月乃诏江州刺史王景宗以礼敦劝，发遣下都。……帝亲临幸，王公毕集。先生鹿巾谒帝而升，天子肃然增敬，躬自问道，谘求宗极。先生标阐玄门，敷释流统，并诣希微，莫非妙范。帝心悦焉。……宋帝乃于北郊筑崇虚观以礼之，盛兴造构，广延胜侣。先生乃大敞法门，深弘典奥，朝野注意，道俗归心。道教之兴，于斯为盛也。"③

齐高帝闻吴郡褚伯玉"妙该术解，深览图秘"，于是派遣使臣去请，伯玉以疾病推辞，不久即去世。齐高帝诏于瀑布山下筑观，因伯玉好读《太平经》，兼修其道，遂起名为"太平观"。"褚伯玉，字元璩，吴郡钱

---

① （元）张天雨：《茅山志》卷二十，收入《正统道藏》洞真部记传类析为33卷。
② （唐）魏徵：《隋书》卷三十五《经籍志》，中华书局1973年版，第1093页。
③ （唐）王悬河编：《三洞珠囊》卷一，《道藏》第25册，第305—306页。

塘人，隐南岳瀑布山。妙该术解，深览图秘，采炼纳御，靡不必为。齐高
祖诏吴、会一郡，以礼资遣，又辞以疾，俄而高逝。人主追恨，乃诏于瀑
布山下立太平观，以伯玉好读太平经，兼修其道，故为观名也。"① 东阳
孙游岳为南朝著名道士，齐武帝永明三年（485）召之进京，任兴世观
主，受业者常数百人。"孙岳，字玄达，东阳永康人也。齐永明三年，敕
征为兴世观主，遂密修至道、殷勤诱接，伏膺受业者常数百人。"② 其中
包括孔德璋、刘孝标、沈约、陈景真等名士。

　　齐明帝萧鸾（452—498）即位后，固请陶弘景"诣诸名岳，望秩展
敬。遂周旋五郡，经历三年。事迄，迎还"③。东昏侯喜好神仙，曾为潘
妃起神仙、永寿、玉寿三座豪华宫殿，玉寿殿中作飞仙帐，四处绣绮，窗
间尽画神仙。"后宫遭火之后，更起仙华、神仙、玉寿诸殿，刻画雕彩，
青漆金口带，麝香涂壁，锦幔珠帘，穷极绮丽。紧役工匠，自夜达晓，犹
不副速，乃剔取诸寺佛刹殿藻井仙人骑兽以充足之。"④ 齐竟陵王不但笃
佛，也好结交道教人士。吴郡杜栖世传五斗米道，竟陵王对杜栖"数致
礼接"。"杜栖，字孟山，吴郡钱唐人，征士京产子也。……善清言，能
弹琴饮酒，名儒贵游多敬待之。……刺史豫章王闻其名，辟议曹从事，仍
转西曹佐。竟陵王子良数致礼接。国子祭酒何胤治礼，又重栖，以为学
士，掌婚冠仪。"⑤

　　梁武帝舍道入佛，也并非否定儒教和道教。梁武帝于天监二年
（503），率领群臣武将两万多人，宣布放弃道教，崇拜佛教。梁武帝通过
政令让道士皆还俗。"梁武帝天监二年，率群臣士庶发菩提心。永弃道
教。十六年（517），敕废天下道观，道士皆反俗。"⑥ 到了天监三年以后，
梁武帝推崇佛教，认为老周孔不如佛教，但并没有否定儒道。通过政令改
变道教风俗祀神的供品开始采用蔬果。梁武帝萧衍还主张三教合一。他在
《述三教》中说，儒释道"穷源无二圣，测善非三英"。⑦ 尽管可见他有

---

①　（南宋）陈田夫：《南岳总胜集》卷上，《大正藏》第 57 册，第 1067 页上。

②　（唐）王悬河：《上清道类事相》卷一《观仙品》，《道藏》第 24 册。

③　（唐）王悬河：《三洞珠囊》卷二，《道藏》第 25 册，第 306 页。

④　（梁）萧子显：《南齐书》卷七，中华书局 1972 年版，第 104 页。

⑤　（梁）萧子显：《南齐书》卷五十五，中华书局 1972 年版，第 965—966 页。

⑥　（南宋）志磐：《佛祖统纪》卷五十四，《大正藏》第 49 册，第 471 页上。

⑦　（唐）道宣：《广弘明集》卷三十，《大正藏》第 52 册，第 352 页下。

舍道事佛之举，但是并不排斥道教。

　　陈武帝、陈文帝父子对佛、道都非常喜好。陈武帝礼敬道士徐师子。就是一例。"徐师子，字德威，东海人也。陈武帝立宗虚大观，引师子以为观主。后六七年卒于观，文皇敕责秘器，并无常与，凡厥丧事，皆取给台焉。"[①] 陈宣帝亲派道士周智响祝请《太平经》。"周智响善于《太平经》义，常自讲习，时号太平法师。"

　　从宋齐梁陈诸朝来看，统治者对于道教并非那么排斥，甚至还多有喜好，但从南朝文献的资料来看，道教并没有上升到国教的地位。尤其到了梁朝，佛教的地位空前抬高，道教在政治上的影响更显得不那么重要了。

### 三　儒、道合流对佛教的影响

　　道教的起义瓦解了东晋王朝，这让出身于东晋的旧将刘裕极为警惕，遂对于民间性的道教进行压制；而道教为了获得自己的发展，不得不走上层路线。儒道都是中国本土的文化，在对待外来佛教的态度上，价值取向有明显的一致性。它们认为佛教不合华夏的风俗习惯，有悖中国的伦理道德。在反对佛教的过程中，儒道呈现出相合流的趋势。而南朝佛教在与儒、道思想的辩论中反而扩大了自己的影响，逐渐确立了主导的地位。

　　（一）儒道思想的合流

　　南朝宋文学家刘义庆（403—444）《世说新语》中的《德行篇》记录了一些以孝义而立身扬名的事，如王详服侍后母甚谨、祖光禄以孝而为官等，这说明儒家思想依然盛行，但已经有了和道教相融和的趋势。梁元帝萧绎在《金楼子》中提到"遵儒者之教，履道家之言"。这已成为当时儒道共荣的时代特征。萧绎以道家"无为"思想作为他的人生观和治国理念，认为"儒、道实有可尊"[②]。在梁元帝萧绎身上既有追求儒家建功立业的人生奋斗目标，也有清静无为的思想。"吾尝欲棱威瀚海，绝幕居延，出万死而不顾，必令威振诸夏，然后度聊城而长望，向阳关而凯入。尽忠尽力，以报国家，此吾之上愿焉。次则清酒一壶，弹琴一曲，有志不

---

　　① （唐）王悬河：《三洞珠囊》卷二，《中华道藏》第28册，第416页上。

　　② （梁）萧绎：《金楼子》，载（清）纪昀等编《四库全书》（文渊阁版本），台湾商务印书馆1986年版，第849页。

遂，命也如何？脱略刑名，萧散怀抱，而未能为也。"① 萧绎认为老子希望人们遵"礼学"，讲"仁义"，积极有为，才能"无为"。"老子虽存《道德》、尚清虚，然博贯古今，垂文述《而之篇》，及《礼》、《传》所载，孔子慕焉是也。而今人学者，乃欲弃礼学、绝仁义，云独任清虚，可以致治，其违老子亲行之言。"②

梁元帝萧绎认为儒道思想并非有所冲突，而是一致的。我们知道儒家的价值取向和道家的价值取向是明显不同的，儒家将社会价值与个人的生命价值相等同，个人的价值观服从于社会的价值观。道家的价值观是从自然主义出发，认为人们应该顺应自然，返璞归真，注重内心的修养。道家认为个体的价值是不能忽视的。"达则兼善而不渝，穷则自得而无闷"成为南朝儒士的普遍心态。

儒道两家看来明显不同的价值取向实则为儒道的融合提供了可能。因为儒道分别代表着社会和个人两种不同的价值观，这为儒士们的价值选择留下了回旋的余地。如果儒士们自愿将儒家的社会价值观与个人价值观相等同，那也符合了道家顺应自然的思想。孔子提倡仁本身要求有内在的自发自觉地实践仁的原则，不需要勉强。"己所不欲，勿施于人"也是处理人与人之间关系的自然准则，这些都与道家自然价值的精神相通。所以儒道的合流一方面对于名士多了一种价值观的选择，在不同的境遇下采取不同的价值取向，另一方面名士如果从自然的角度出发，在没有任何勉强的前提下，将个人的生命价值与儒家的社会价值相等同，那也是符合了道家的思想。当然儒家的这种自然思想与先秦道家的自然有所不同，是儒化的自然。冯友兰认为："道家认为人若顺其自然发展不必勉强，则自有社会的道德生活，道家虽未标明主张善，实则是极端地主张善者。"③ 儒家认为人生应有一分乐观与自信，道家认为人生应有一分豁达与宽容。

（二）儒道合流对于佛教的影响

1. 儒道合流促成了南朝佛教政治化的特征

佛教在南朝发展的原因是和皇权紧密联系的结果，这也表现了僧侣

---

① （梁）萧绎：《金楼子》，载（清）纪昀等编《四库全书》（文渊阁版本），台湾商务印书馆 1986 年版，第 841 页。

② 同上书，第 852 页。

③ 冯友兰：《论儒道互补》，中国人民大学复印资料《中国哲学》1993 年第 3 期，第 19页。

向统治阶层的让步，东晋以来流行的"沙门不敬王者"思想被逐渐淡化。尽管原因多种多样，但儒道向上层社会的靠拢，无疑是佛教向统治者做出让步的一个重要原因，否则很可能面临被孤立、被打压的态势。南朝佛教依附皇权而得到了迅速的发展，不仅仅在观念上与儒道相争，独立于世，而且在经济上也发展成为一个特殊的经济实体，这也引起了统治者的警觉。皇权意志决定着佛教命运的兴衰，对这一点南朝的僧侣有着清醒的认识。"佛不自为佛，唯王能兴之"是当时南北朝佛教的共同写照。

2. 儒道合流促进了佛教中国化的进程

佛教面对儒、道的批评，不得不改变原有的某些观点，从而做出某些变革，以适应中国社会的发展，这样促进了佛教本土化的趋势。佛教剃发出家，舍弃父母，这显然与传统儒家以孝治国的伦理观念不同。僧祐在《祐录·康僧会传》中说："儒典之格言，即佛教之明训也。"[1] 慧皎在《高僧传·释慧远传》中说："如来之与周孔，发致虽殊，潜相影响。出处咸异，终期必同。故虽曰道殊，所归一也。"[2] 梁武帝舍身入佛，显然是将君主作为佛的化身，佛教的信徒也就成了皇帝的子民。

3. 儒道合流促进了佛教向民众传播的进程

儒家思想无疑是为上层社会服务的，而道教也逐渐开始走上层路线。统治者有感于道教的民间性太强，而加以诸多限制。齐梁刘勰在《灭惑论》中指出："是以张角、李弘毒流汉季，卢悚、孙恩乱盈晋末，余波所被，寔蕃有徒。爵非通侯而轻立民户，瑞无虎竹而滥求租税。糜费产业，蛊惑士女，运屯则蝎国，世平则蠹民，伤政萌乱。"[3] 民间道派的"非礼无法"行为使得统治者心存戒惧，对道教严加防范。与民间道教不同的是神仙道教和统治阶层联系紧密。面对民间道教在普通民众中留出的真空地带，南朝佛教的民间信仰迅速传播，观音信仰、弥陀信仰、弥勒信仰等在民间影响甚巨。

综上所述，南朝时期儒、释、道的相融相斥实质上促进了各家的发展。在义理上，儒释道三家相互补充，儒家吸收了释、道的本体思维，佛

---

① （梁）僧祐：《出三藏记集》卷十三，《大正藏》第 55 册，第 96 页下。

② （梁）慧皎：《高僧传》卷六，《大正藏》第 50 册，第 361 页上。

③ （梁）僧祐：《弘明集》卷八，《大正藏》第 52 册，第 51 页中。

家吸收了儒家的入世思想，道家吸收了儒释两家的伦理道德及修养方法。在主体上，儒释道的界限并不是十分明确，精通佛理的，可能也精通儒、道思想，其余两家亦然，这为三家的沟通与协调提供了更多的可能。南朝的儒、释、道融合与冲突为以后三教一体化铺平了道路，深深地影响了三教的发展方向。

# 第六节　南朝的佛教文化

## 一　佛教语言观与文学

（一）南朝佛教史籍中的语法词汇发展

南北朝时期社会动荡，人口迁移不断，各民族之间的融合促进了文化传播和各地方语言的相互交融，尤其是佛经的翻译促进了汉语语法和词汇的发展。

1. 连词的变化①

随着南北朝佛教译经事业的发展，南朝佛教文献中的连词比以前有了较大的变化和发展。除了对上古汉语中意义重复的连词做了摈弃外，还出现了一些新词，其中以因承、推测、假设、让步连词居多。这些连词发展的变化使汉语言在意思的表达上更加精密。

（1）并列连词。

并：连接名词性成分，译为"和""及"。"吾有绢千匹，并杂宝物，可为立法营塔，使生善处也。"②

而且：连接两个形容词。"亮为陈诚祸福，训示因果。言约理诣，和而且切。"③

及以：连接动词性成分，译为"和"。"纵可无村及以无树，何有天下无东无时，知尔妄语都不可信。"④

---

① 参考范崇峰《魏晋南北朝佛教文献连词研究》，硕士学位论文，南京师范大学，2004年。

② （梁）慧皎：《高僧传》卷一，《大正藏》第 50 册，第 323 页下。

③ （梁）慧皎：《高僧传》卷十一，《大正藏》第 50 册，第 398 页下。

④ （南齐）求那毗地译：《百喻经》卷三，《大正藏》第 4 册，第 550 页中。

（2）承接连词。

①转接连词。若如：引出下句，同"至于"。"及夫悠悠世道，碌碌仙术，尚能停波止雨，咒火烧国。正复玄高逝而更起，道法坐而从化，焉足异哉？若如爵头蓝弗，竟为禽兽所恼；独角仙人，终为扇陀所乱，皆由心道虽摄，而与爱见相应。"①

②因承连词。便：连接两个分句，用于后一分句句首，后一分句是前一分句的结果，意为"于是""而"。"国王闻之，心大欢喜，便语臣言：'云何得使此人常在我国，不余处去，使我藏中得多珍宝。'"②

（3）递进连词。并：连接动词短语，用于后一动词短语前，表示意思更进一层。"从吴黄武元年至建兴中，所出《维摩》、《大般泥洹》、《法句》、《瑞应》、《本起》等四十九经，曲得圣义，辞旨文雅。又依《无量寿》、《中本起》制菩提连句梵呗三契，并注《了本生死经》等，皆行于世。"③

（4）因果连词。

是以：用于后一分句，表结果，前一分句表原因。"天性纯懿，操行精苦，笃志好学，万里寻师，是以博览六经，游心七籍。"④

所以：用于后一分句，表结果。"弥伦靡所不在，而独曳于有无之表。然则言之者失其真，知之者返其愚，有之者乖其性，无之者伤其躯。所以释迦掩室于摩揭，净名杜口于毗耶。"⑤

（5）选择连词。或复：表选择，"复"为词尾，无义。"然或褒赞之下，过相揄扬；或叙事之中，空列辞费，求之实理，无的可称。或复嫌以繁广，删减其事。"⑥

（6）假设连词。如或：用于前一分句，表假设，可译作"如果"。"如或异者，非所存焉。"⑦

此外，还有条件连词、转折连词、目的连词等。

---

① （梁）慧皎：《高僧传》卷十一，《大正藏》第 50 册，第 400 页下。
② （南齐）求那毗地译：《百喻经》卷二，《大正藏》第 4 册，第 548 页中。
③ （梁）慧皎：《高僧传》卷一，《大正藏》第 50 册，第 325 页上、中。
④ 同上书，第 326 页下。
⑤ （梁）慧皎：《高僧传》卷六，《大正藏》第 50 册，第 365 页下。
⑥ （梁）慧皎：《高僧传》卷十四，《大正藏》第 50 册，第 418 页下。
⑦ 同上书，第 419 页上。

2. 四言句与双音词语①的应用

南朝时期佛经的翻译多采用通俗词语和四字句式，以便于信徒了解和记忆。为了特意形成四言句的格式，一些本来可以不用的虚词也被应用其中。我们以南朝萧齐求那毗地所译的《百喻经》为例："我不欲下，二重之屋。"②　"即为毒蛇，之所螫。"③　"凡夫之人，亦复如是。"④　"盗彼国王，五百匹马，并及宝物，来止树下。"⑤　在南朝佛经翻译中选用或自造了不少双音词语："须臾有贼，入家偷盗，取其财物。"⑥　"昔有国王，产生一女。唤医语言：'为我与药，立使长大。'医师答言：'我与良药，能使即大。'"⑦　"人说过恶，而起怨责，深为众人，怪其愚惑。譬如世间，饮酒之夫，躭荒沈酒，作诸放逸。"⑧　"师子见之，奋激鸣吼，腾跃而前，远人惊怖，即便上树。师子张口，仰头向树。"⑨

上述《百喻经》中摘录的句子都是四字句，其中用了"须臾""偷盗""财物""国王""产生""语言""立使"等双音词。向熹认为，"这些双音词都是由两个同义的单音词素组合而成，这对于汉语复音词的发展，无疑会起固定和大大促进的作用"⑩。上古汉语已有单纯词、重言词、附加式、联合式、偏正式、支配式、表述式等多种形式的复合词。中古汉语复音词仍然以这些格式为主，但数量大大增加，内容大大充实。此外，还出现了补充式、名量式、超层次组合三种新结构的复合词。

（二）经传理佛、格义佛教与佛教言意观

佛教初传中国时的语言观为经传理佛和格义佛教。汉代时期，以经传理佛即以儒家的经典来理解佛教。到了魏晋时期，出现了以老庄玄学来解读佛教般若思想的"格义佛教"。经传理佛和格义佛教表现在佛教的语言观上即体现了儒家"立言"和道家"不落言筌"的特色。

---

①　参考向熹：《简明汉语史》，高等教育出版社 1993 年版，第 495、496 页。
②　（南齐）求那毗地译：《百喻经》卷一，《大正藏》第 4 册，第 544 页中。
③　（南齐）求那毗地译：《百喻经》卷四，《大正藏》第 4 册，第 556 页中。
④　（南齐）求那毗地译：《百喻经》卷二，《大正藏》第 4 册，第 548 页中。
⑤　（南齐）求那毗地译：《百喻经》卷三，《大正藏》第 4 册，第 552 页下。
⑥　（南齐）求那毗地译：《百喻经》卷四，《大正藏》第 4 册，第 553 页下。
⑦　（南齐）求那毗地译：《百喻经》卷一，《大正藏》第 4 册，第 545 页上。
⑧　同上。
⑨　（南齐）求那毗地译：《百喻经》卷三，《大正藏》第 4 册，第 553 页上。
⑩　向熹：《简明汉语史》，高等教育出版社 1993 年版，第 496 页。

魏晋玄学时期，佛家对于语言文字也有强调的一面，这体现在对俗谛的解说上。"若不依俗谛，不得第一义。不得第一义，则不得涅槃。第一义皆因言说，言说是世俗。是故若不依世俗，第一义则不可说，若不得第一义，云何得至涅槃。是故诸法虽无生，而有二谛。"① 二谛中的俗谛是必需的，因为只有通过言说才可得第一义（真谛），而得涅槃。玄学"得意忘言""言不尽意"的思想也影响了佛教的语言观。竺道生就曾发出感慨，能否超越语言文字的局限，而直接参悟佛理呢？"夫象以尽意，得意则象忘。言以寄理，入理则言息。自经典东流，译人重阻，多守滞文，鲜见圆义，若忘筌取鱼，则可与言道矣。"② 魏晋时期般若学的特点为"道不可说"和"道不离言"，语言文字是方便般若的实践工具，借助语言文字，般若义理才能展示出来。所以，佛教对于语言的态度是主张不执着。《方广宝经》曰："不着文字，不执文字。"《除盖障菩萨所问经》曰："此法唯内所证，非文字语言而能表示。何此故？此法出过诸文字故，离诸言说故，超越一切语言境界。"《维摩诘所说经》说："善哉！善哉！乃至无有文字语言，是真入不二法门。"佛教同时又肯定了语言的作用，如三论宗的言教二谛，利用假名来引导众生。《中论》说："诸佛依二谛，为众生说法：一以世俗谛，二第一义谛。若人不能知，分别于二谛；则于深佛法，不知真实义。"

南朝梁刘勰撰《文心雕龙》五十篇，其中谈到了佛教的言意观。"次及宋岱、郭象，锐思于几神之区；夷甫、裴頠，交辩于有无之域；并独步当时，流声后代。然滞有者，全系于形用；贵无者，专守于寂寥。徒锐偏解，莫诣正理；动极神源，其般若之绝境乎！"③ 刘勰认为玄学的贵有派强调形用，而贵无派又过于注重寂寥，这些思想都是片面的，不如佛教的中观思想。尽管语言和所表达的意境有内在矛盾，但刘勰还是希望通过语言的含蓄性、非逻辑性的特点，通过"隐"的方式把语言当中所隐含的深意表现出来。他说："隐也者，文外之重旨者也；秀也者，篇中之独拔者也。隐以复意为工，秀以卓绝为巧。斯乃旧章之壹恧绩，才情之嘉会也。夫隐之为体，义生文外，秘响傍通，伏采潜发，譬爻象之变互体，川

① （后秦）鸠摩罗什译：《中论》卷四，《大正藏》第30册，第33页上。

② （梁）僧祐：《出三藏记集》卷十五，《大正藏》第55册，第110页下、110页上。

③ （梁）刘勰著，范文澜注：《文心雕龙注》卷四，人民文学出版社1962年版，第327页。

渎之韫珠玉。故互体变爻，而化成四象，珠玉潜水，而澜表方圆。"① 刘
勰认为"隐"是"复意"，语言所表示的有一层意义，语言之外还有多层
意义。

南朝佛教的语言观还注重"文笔之辩"、"文质之争"。齐梁时期的僧
祐通过修经、译经、传经对语言文字具有新的认识，"夫神理无声，因言
辞以写意，言辞无迹，缘文字以图音，故字为言蹄，言为理筌，音义合符
不可偏失，是以文字应用弥纶宇宙，虽迹系翰墨，而理契乎神"。

（三）佛教梵文律诗、佛经转读与文学建树

佛教梵文律诗、佛经转读对南朝诗歌产生了影响。南朝时期，佛教对
永明体②、宫体诗、山水文学的影响也是显而易见。陈寅恪写道："所以
适定为四声，而不为其他数之声者，以除去本易分别、自为一类之入声，
复分别其余之声为平上去三声。综合通计之，适为四声也。但其所以分别
其余之声为三者，实依据及模拟中国当日转读佛经之三声。而中国当日转
读佛经之三声又出于印度古时声明论之三声也。据天竺围陀之声明论，其
所谓声 Savara 者，适与中国四声之所谓声者相类似，即指声之高低音，
英语所谓 Pitch accent 者是也。围陀声明论依其声之高低，分别为三：一
曰 Udātta，二曰 Svarita，三曰 Anudatta。佛教输入中国，其教徒转读经典
时，此三声之分别当亦随之输入。至当日佛教徒转读其经典所分别之三
声，是否即与中国之平上去三声切合，今日固难详知，然二者具依声之高
下分为三阶则相同无疑也。中国语之入声皆附 k、p、t 等辅音之缀尾，可
视为一特殊种类，而最易与其他三声分别。平上去则其声响高低距离之间
虽然有分别，但应分别为若干数之声，殊不易定。故中国文士依据及模拟
当日转读佛经之声，分别定为平上去之三声。合入声共计之，适成四声。
于是创为四声之说，并撰作声谱，借转读佛经之声调，应用于中国之美
化文。"③

佛教梵文律诗、佛经转读促进了永明文学的新变。梁书《庾肩吾传》

---

① （梁）刘勰著，范文澜注：《文心雕龙注》卷四，人民文学出版社 1962 年版，第 327 页。

② 1934 年，陈寅恪发表了《四声三问》，提出永明体受转读佛经影响的观点，其论据为汉
语的四声来自于梵文，其媒介为佛经转读，而永明体讲究四声，所以它的产生受到了佛经转读的
影响。对于这一说法，学界尚存争论。

③ 陈美延编：《陈寅恪集·金明馆丛稿初编》，生活·读书·新知三联书店 2001 年版，第
367—368 页。

中说："齐永明中，文士王融、谢朓、沈约文章始用四声，以为新变。"①
沈约在文章中应用四声，开启了永明作品的变革。《南史·陆厥传》中则
记载："时盛为文章，吴兴沈约、陈郡谢朓、琅琊王融，以气类相推毂，
汝南周颙善识韵。约等文皆用宫商，将平上去入四声，以此制韵，有平
头、上尾、蜂腰、鹤膝。五字之中，音韵悉异；两句之内，角徵不同，不
可增减。世呼为'永明体'。"② 永明体始于齐永明末年，流行于齐梁之
际，是以平仄谐调、声律和谐为特色。

　　南朝沈约在《宋书·谢灵运传论》中说："欲使宫羽相变，低昂互
节，若前有浮声，则后须切响。一简之内，音韵尽殊；两句之中，轻重悉
异。妙达此旨，始可言文。"③ 宫羽、低昂、浮切、轻重，指平仄，要求
一句之内或两句之间各字的声调要有符合规律的变化，这是运用四声的总
纲领。沈约还创立了"八病"说，规定了八种应当避忌的声律方面的毛
病。前四病"平头""上尾""蜂腰""鹤膝"，属于声调方面的。"八病"
是消极的避忌，克服了八病，平仄格律也就得以建立。竟陵文学集团同时
也是佛教集团，是南朝文学新变的引领者，在佛教逐渐国家化的过程中，
永明文学的新变受到佛教的影响是必然的。

　　梵文律诗对南朝的俗文学也产生了深远的影响。佛教文学包括两个方
面，一是佛教典籍带有文学色彩的部分，如本生、本缘、本事、譬喻等；
二是带有佛教色彩的小说、戏曲、散文、诗歌等文学作品。南朝时期，佛
教自身的俗文学出现了"变文"的形式，受佛教影响的俗文学出现了以
讲唱交替的形式叙述故事情节。文学创造的题材中，混合有佛教的菩萨、
罗汉、阎罗、地狱、报应等成分，如《宣验记》《冥祥记》，六朝志怪小
说《阳羡鹅笼》等。

## 二　佛教艺术

### 1. 佛教造像

　　南朝时期佛教的造像艺术十分兴盛。造像在面容、服饰、姿态上都有
了大的转变。南朝造像的主像一般为三世佛或释迦佛，其组合多为一佛二

---

①　（唐）姚思廉：《梁书》卷四十九，中华书局 1973 年版，第 690 页。
②　（唐）李延寿：《南史》卷四十八，中华书局 1975 年版，第 1195 页。
③　（梁）沈约：《宋书》卷六十七，中华书局 1974 年版，第 1779 页。

菩萨，或者是一佛二弟子。服饰由偏袒右肩式转变为汉化的褒衣博带式，佛像姿态由席地结跏趺坐变为坐于须弥座上。

　　南朝的石窟造像大多因为战乱而被损毁，不过南京栖霞山石窟却被完整地保存了下来。栖霞山寺庙建于公元 484 年，是南朝三论学派的发源地。这里共有佛龛 294 座，摩崖造像 515 尊。佛教造像的面容柔和，清癯秀劲，带有微笑，服饰上衣褶层叠稠密，衣裙垂蔽，带有浓厚的中国色彩，这说明在造像艺术上已经逐渐摆脱了印度佛教文化的影响。

　　僧人艺术家层出不穷。"释僧祐，本姓俞氏，其先彭城下邳人……并建无遮大集舍身齐等，及造立经藏，搜校卷轴，使夫寺庙开广法言无坠，咸其力也。祐为性巧思，能目准心计，及匠人依标，尺寸无爽，故光宅摄山大像、剡县石佛等，并请祐经始准画仪则。"[1] 光宅寺是梁武帝即位后舍斋为寺，由僧祐设计。摄山大像即栖霞寺石窟，由僧祐所设计监造。天监十二年（513），僧祐又奉敕监造剡县（浙江嵊县）石佛，前后雕刻四年，造成极精美的五丈坐佛和十丈立佛，并造龛台、门、阁、殿、堂，以充供养。"初，僧护所创，凿龛过浅，乃铲入五丈，更施顶髻，及身相克成，莹磨将毕……像以天监十二年春就功，至十五年春竟。坐躯高五丈，立形十丈，龛前驾三层台，又造门阁殿堂，并立众基业，以充供养。"[2]

　　南朝著名的艺术家还有顾恺之、陆探微。顾恺之开创了佛教"清赢"病态面容之风。"顾生首创维摩诘像，有清赢示病之容，隐几忘言之状，陆与张皆效之，终不及矣。"[3]

　　南朝宋元嘉十四年（437）韩谦造坐佛像，通肩衣，禅定印，举身舟形大背光等，是现存纪年较早的南朝金铜佛造像代表。

　　2. 佛教绘画

　　南朝时期的佛教绘画深受顾恺之所画维摩诘的影响，佛像以清瘦为主。陆探微继承顾恺之的风格，所画的佛教人物形象清癯神秀、服饰褒衣博带。谢赫论之为："穷理尽性，事绝言象，包前孕后，古今独立，非复激扬所能称赞，但介之极乎上。上品之外，无他寄言，故居标第一。"[4]

①　（梁）慧皎：《高僧传》卷十一，《大正藏》第 50 册，第 402 页下。

②　（梁）慧皎：《高僧传》卷十三，《大正藏》第 50 册，第 412 页中。

③　（唐）张彦远：《历代名画记》，浙江人民美术出版社 2011 年版，第 30 页。

④　（南齐）谢赫：《古画品录》，人民美术出版社 1959 年版，第 6—7 页。

张怀瓘评价陆探微的画风为清瘦而注重神韵："秀骨清像，似觉生动，令人懔懔若对神明。"①

到了梁朝时期，狮子国、扶南等东南亚诸国向梁朝进献佛像，大量天竺僧人行游于南方，"秀骨清像"的审美观念受到影响。张僧繇为梁武帝时画家，在佛画创作上，大量学习、吸收了西域的形式和技巧。他所画的佛家人物具有"面短而艳"的特点，是对顾恺之和陆探微"秀骨清像"的改革。《宣和画谱》卷一记载："僧繇画释氏为多，盖武帝时崇尚释氏，故僧繇之画，往往从一时之好。"②

3. 佛教图案

南朝时期的佛教图案包含了大量的莲花纹和忍冬纹。莲花纹是我国古代传统的装饰纹器，佛教传入中国前就有关于莲花的记载。《诗经》中关于莲花的记载有"彼泽之陂，有蒲与荷""山有扶苏，隰有荷华"等。《楚辞》中载："制芰荷以为衣兮，集芙蓉以为裳。"在佛教文化中，莲花代表"清净"。《佛说无量清净平等觉经》云："诸生无量清净佛国者，都皆于是七宝水池莲华中化生，便则自然长大。"③三国吴之康僧会译《六度集经》卷七说："心犹莲华，根茎在水，华合未发，为水所覆。三禅之行，其净犹华，去离众恶，身意俱安。"④南朝时期，大量的莲瓣纹被应用到陶瓷器上。如20世纪70年代南京出土的象山王氏家族墓的青瓷莲瓣纹盖罐，通高6.9厘米，底径4厘米。盖面满饰复线莲瓣纹14瓣，分上、下两层重叠，下层莲瓣仅露莲尖，罐身上半部分如同盖部满饰复线莲瓣纹。

忍冬是一种越冬而不死的植物，象征灵魂不死。忍冬属忍冬科植物，常绿藤本，花冠白色或淡红色，又称"金银花"。古希腊的建筑、陶器等中就已经采用了忍冬纹，从希腊后期至罗马帝国时期，传到印度河流域和恒河流域。印度佛教的忍冬图案成为印度佛教装饰品中常用的图案，后来

①　（唐）张彦远：《历代名画记》，浙江人民美术出版社2011年版，第30页。

②　（北宋）《宣和画谱》卷一。《宣和画谱》编者不详，有推断为宋徽宗（1082—1135）所作，卷首载宣和二年（1120）《御制序》中书有"今天子"，应为大臣颂词，因此并非赵佶御笔。近人余绍宋在《书画书录解题》中指出："书中称'我神考'者凡三见，……，或此三篇为徽宗御制。"其余的则是侍臣们所撰写。所以《宣和画谱》应是在宋徽宗的授意与参与下，由官方组织编写而成。

③　（东汉）支娄迦谶译：《佛说无量清净平等觉经》卷一，《大正藏》第12册，第284页上。

④　（吴）康僧会译：《六度集经》卷七，《大正藏》第3册，第39页中。

随同佛教一起传入中国。

东汉末期，中国的佛教艺术中就出现了忍冬图案，但是在南北朝时期最为流行。这个时期的忍冬纹具有清瘦特点，在模式上一般为三个叶片和一个叶片相对排列，也有单叶、双叶、双叶顺向、双叶相背的。

北京故宫博物院收藏的南朝青釉刻花忍冬纹单柄壶，高 21.3 厘米，口径 11 厘米，足径 12.4 厘米。此壶纹饰共有 3 组，肩部及腹下刻仰覆莲瓣各一周，两层莲瓣间刻忍冬纹，每层纹饰之间隔以弦纹。纹饰层次清晰，线条简洁、明快、流畅。南朝的墓砖当中也常用忍冬图案作为纹饰，表示灵魂不灭、轮回的含义。

### 4. 佛教书法

《瑜伽师地论》载："何等名五明处？谓内明处、医方明处、因明处、声明处、工巧明处。"[①] "云何工巧明处？谓于十二处，略说工巧所有妙智，名工巧明处。何等十二工巧处耶？谓营农工巧、商估工巧、事王工巧、书算计度数印工业……音乐工业。"[②] 书法在十二工业明范围之内，僧人学习书法是符合佛教精神的。南朝的篆书代表人物有齐梁时高僧释保志（418—514）。保志年少出家，在道林寺跟随僧俭修习禅业。据说在齐建元（479—482）中，言行神异，数日不食而无饥容，时或赋诗，言如谶记。保志"常为偈，大字书于版。其字皆小篆，体势完具"[③]。

南朝佛教楷书体现在僧人们所抄写的经书上，迄今发现的敦煌写经中有一些是南朝楷书作品，如梁天监五年（506）荆州竹林寺写的《大般涅槃经》（编号 S.81），天监十八年（519）建康瓦官寺慧明奉持、戴萌桐写的《出家人受菩萨戒法》（编号 P.2196）。陈太建八年（576）建康白马寺慧湛敬造的《佛说生经》（编号 P.2965）则属行楷作品。

南朝佛教草隶代表有梁陈时高僧释洪偃（504—564）。洪偃俗姓谢，会稽山阴（今浙江绍兴）人，少小出家，在建康（今南京）龙光寺跟随僧绰学习《成实论》《毗昙经》，后转徙各地讲经弘法。洪偃"又善草隶，见称时俗。纤过芝叶，媚极银钩，故貌义诗书，号为四绝。当时英杰，皆

---

① （唐）玄奘译：《瑜伽师地论》卷十三，《大正藏》第 30 册，第 345 页上。

② （唐）玄奘译：《瑜伽师地论》卷十五，《大正藏》第 30 册，第 361 页中。

③ （清）王原祁、孙岳颁、宋骏业、吴暻、王铨等纂辑：《佩文斋书画谱》卷二十四引吴淑《江淮异人录》。

推赏之"①。

南朝佛教书法名家如表 7 - 1 所示。

表 7 - 1

| 高僧 | 年代 | 出处 | 书法评价 |
|---|---|---|---|
| 法嵩 | 晋、宋间高僧，生卒年不详 | 南朝梁庾肩吾《书品》列品下之下 | 遗迹见珍，余芳可折，诚以驱驰并驾，不逮前修，而中权后殿，各尽其美 |
| 僧岳 | 晋、宋间高僧，生卒年不详。或谓岳道人，工书 | 庾肩吾《书品》列品下之下 | 遗迹见珍，余芳可折，诚以驱驰并驾，不逮前修，而中权后殿，各尽其美 |
| 僧饶 | 南朝宋高僧，建康人，出家止白马寺 | 梁《高僧传》卷十五本传 | 善尺牍及杂伎，偏以音声著称，擅名于宋武之世 |
| 道照 | 南朝宋高僧，姓翅，西平人 | 梁《高僧传》卷十五本传 | 少善尺牍，兼博经史。十八出家，止京师祇洹寺。披览群典，以宣唱为业。音吐了亮，洗悟尘心，指事适时，言不孤发，独步于宋代之初 |
| 昙迁 | 南朝齐高僧，姓支，本月支人，寓居建康 | 梁《高僧传》卷十五本传 | 笃好玄儒，游心佛义，善谈庄老，并注《十地》，又工正书。常布施题经。巧于转读，有无穷声询。梵制新奇，拔俗终古。彭城王义康、范晔、王昙首，并皆游押 |
| 法护 | 南朝齐高僧 | 《续高僧传》卷五 | 释法护，姓张，东平人。初以廉直居性，不耐贪叨。年始十三，而善于草隶。……齐竟陵王……以护为标领② |
| 保志 | 南朝梁高僧 | 清《佩文斋书画谱》卷二十四引吴淑《江淮异人录》 | 保公常为偈，大字书于版。其字皆小篆，体势完具。《新唐书·艺文志》谓保志尝撰《文字释训》三十卷。 |
| 惠生 | 南朝梁高僧 | 梁《高僧传》卷七《竺道生传》 | 近代又有释惠生者，亦止龙光寺。蔬食，善众经典，兼工车隶。时人以同寺相继，号曰大小二生也 |

---

① （唐）道宣：《续高僧传》卷七，《大正藏》第50册，第476页下。
② （唐）道宣：《续高僧传》卷五，《大正藏》第50册，第460页中。

续表

| 高僧 | 年代 | 出处 | 书法评价 |
|---|---|---|---|
| 慧生 | 南朝梁高僧 | 唐道宣《续僧传》卷八《释僧乔传》 | 生本住湘川，学明经数，频御法座。少秉高操，慕安、汰之风规，而弊夹蔬食，终身不改。美丰姿，善草隶 |
| 僧若 | 南朝梁高僧 | 梁《高僧传》卷九《释智秀传》 | 时冶城又有僧若、道乘，并当时令闻。若与兄僧璇，并善诸经及外书。若诵《法华》，工草隶。后为吴国僧正 |
| 洪偃 | 南朝陈高僧，会稽山阴人 | 唐道宣《续僧传》卷九本传称其 | 闭志闲房，高尚其道。闲以寻湘阅史，广求多见。秋水春台，清文迥出，壮思云飞，英词锦烂。又善草隶，见称时俗。纤过芒叶，媚极银钩。故貌艺诗书号为四绝。当时英杰，皆推赏之 |

### 5. 梵呗音乐

印度的器乐演奏十分发达，要觐见国王需要以歌唱的形式赞颂其功德。拜见佛陀也以歌赞的形式为最尊贵。齐梁是我国佛教音乐大发展的时期，萧子良召集善懂音乐的僧人到家中商讨佛教音乐。梁武帝亲自制定礼乐，在他主持制定的四十九首三朝之乐中，和佛教相关的有第二十七"须弥山伎"、第三十五"金轮幢伎"、第四十二"青紫鹿伎"、第四十三"白鹿伎"、第四十四"设寺子导安息孔雀"等曲。

### 三　佛教史学

南朝时期，佛教史学发展迅速，涌现出了大量的史学著作，齐释法安撰《志节僧传》、齐释僧宝撰《游方僧传》、齐释法进撰《江东名德传》、齐萧子良撰《三宝记传》、齐王巾撰《僧史》、梁释僧祐撰《出三藏记集》、梁张孝秀撰《庐山僧传》、梁陆明霞撰《沙门传》、梁释宝唱撰《名僧传》、宋王微撰《竺道生传》、宋张辩撰《僧瑜传赞》和《昙鉴传赞》（以上僧传类）。宋徐爰撰《宋书》、宋沈约撰《宋书》、宋释智猛撰《游行外国传》、宋释昙宗撰《京师寺塔记》、齐刘悛撰《益部寺记》（以上地志类）。此外，还有其他著作。如宋王延秀撰《感应传》、刘宋刘义庆撰《宣验记》和《幽明录》、齐王琰撰《冥祥记》、梁任昉撰《述异记》（以上杂记类）。

（一）《高僧传》

南朝的史学有了蓬勃的发展，其中僧传类最著名的是梁慧皎的《高僧传》①。

公元513年会稽沙门慧皎，认为宝唱所撰的《名僧传》颇多浮泛，所以著《高僧传》十四卷。"始元汉永平十年（67）终于是岁，凡四百五十三载，二百五十有七人，附见者二百余人，开其德业大略为十例，其自叙曰：'前古撰集多曰名僧，然名者实之宾也，若实行潜光，则高而不名。若寡德适时，则名而不高。兹焉用纪，高而不名，则备今录，世以为确论。'"②

梁慧皎的《高僧传》具有如下特点：

（1）体例完整、内容严谨。梁慧皎的《高僧传》在写作上，避免了前人写传记体例缺乏完整、内容不够严谨的缺点，在当时的梁朝时期确实是独树一帜。因为梁武帝是佛教的忠实信徒，许多人为了迎合当时崇佛的风气，纷纷编纂僧传，结果导致良莠不齐，而且体系松散，许多徒有虚名的僧人也被记载在内，慧皎有感于此，在写《高僧传》时，将学识、品德兼具的高僧记入其内。《高僧传》的题材为类传体，译经，三卷；义解，五卷；神异，二卷；习禅、明律，共一卷；亡身、诵经，共一卷；兴福、经师、唱导，共一卷。

（2）时间跨度长，记载九个朝代。《梁高僧传》记载了从东汉明帝永平十年（67）、三国魏、三国吴、晋、南朝宋、南朝齐、北魏、十六国后秦到南朝梁武帝天监十八年（519），共九个朝代中的高僧的历史，总计453年。

（3）史料丰富、旁征博引。梁慧皎的《高僧传》在资料的引用上，旁征博引，资料十分详实。"尝以暇日遍览群作，辄搜捡杂录数十余家，及晋、宋、齐、梁春秋书史，秦、赵、燕、凉荒朝伪历，地理杂篇，孤文

---

① 又作《梁高僧传》。《隋书》"经籍志"杂传类误题作释僧祐撰，清代姚振宗在《隋书经籍志考证》中已有辨正。

② （元）念常：《佛祖历代通载》卷九，《大正藏》第49册，第546页中。

片记；并博咨古老，广访先达，校其有无，取其同异"①。

（二）其他的史书

其他的史书还有宋释智猛所撰《游行外国传》。释智猛"以元嘉十四年（437）入蜀，十六年七月七日于钟山定林寺造传，猛以元嘉末卒。"②

还有天监九年宝唱写的《名僧传》。"天监九年（510），帝敕沙门宝唱撰《名僧传》三十一卷"③。"初，唱天监九年先疾复动，便发二愿，遍寻经论，使无遗失。搜括列代僧录，创区别之，撰为部帙，号曰《名僧传》三十一卷，至十三年始就条列，其序略云。"④《名僧传》今已佚，该传创始于天监九年，搜集前代僧录、碑志以及口述等，区别部类，到十三年（514）始编纂完成。

释宝唱等还撰有集录："《经律异相》一部，并目录五十五卷（天监十五年敕撰）……《众经护国鬼神名录》三卷（天监十五年）。"⑤

宝唱还著有《比丘尼传》，"天监十六年，梁帝……敕沙门宝唱撰《比丘尼传》四卷，又撰《众经佛名》三卷"⑥。

《比丘尼传》在时间上收录了东晋、宋、齐、梁 150 年间共 65 位比丘尼的传记，其中东晋 13 人，南朝宋人、齐 15 人、梁 14 人。65 人中有 37 人住在建康（东晋、宋、齐、梁的首都），还有 13 人在建康附近、5 人在洛阳（西晋首都）。《比丘尼传》和《名僧传》有许多相同之处，时间上，《名僧传》的材料选取是到梁天监十八年为止，《比丘尼传》是到梁天监十五年（516）；《名僧传》在取材的地域范围上为吴越魏赵，吴越最为详细，《比丘尼传》所述的地域范围没有《名僧传》广，主要记载的为南朝人物。在人物的选取上《名僧传》和《比丘尼传》都偏重有名望的僧侣。比丘尼多出身于上层阶级、士族阶层，她们具有特权，多受帝王及其后妃所供养，能够自由出入皇宫。在僧尼的分类上有禅师、神力、遗身、经师等。

隐士赵伯休于庐山遇律师弘度，得《众圣点记》，这成为破解佛教早

---

① （梁）慧皎：《高僧传》卷十四，《大正藏》第 50 册，第 418 页下。

② （梁）僧祐：《出三藏记集》卷十五，《大正藏》第 55 册，第 113 页下。

③ （元）觉岸：《释氏稽古略》卷二，《大正藏》第 49 册，第 795 页上。

④ （唐）道宣：《续高僧传》卷一，《大正藏》第 50 册，第 427 页中。

⑤ （隋）费长房：《历代三宝纪》卷十一，《大正藏》第 49 册，第 99 页中。

⑥ （元）觉岸：《释氏稽古略》卷二，《大正藏》第 49 册，第 796 页中。

期历史谜团的重要史料，我国学者吕澂即根据此书推断出佛陀的入灭时间。"隐士赵伯休，于庐山遇律师弘度，得《众圣点记》云：佛灭后，优波离结集律藏，以其年七月十五日自恣竟，于律藏子便下一点，年年如是。波离以后，师师相付。至僧伽跋陀罗，将律藏至广州。当齐永明七年庚午七月十五日自恣竟，即下一点，其年凡得九百七十五点。伯休问曰：永明七年后，云何不点？度曰：已前皆得道人，手自下点。吾徒凡夫，止可奉持耳。伯休因点记，推至大同初。凡一千二十年，与传记参合。世尊生灭之年皆不同，盖其宗承有异也。"[①] 吕澂依《众圣点记》，以释迦牟尼逝世的当年，优波离结集律藏，并在是年七月十五日，在收后记下一点，以后每年添加一点，至南朝齐永明七年（489），共计得 975 点。由此上推，释迦牟尼生于公元前 565 年，灭于公元前 486 年。

南朝的佛教史学最突出的就是对于僧传的记载，既有比丘也有比丘尼，僧传的特点是体例完整，时间跨度长，引用丰富，为我们了解当时的社会、文化、经济、宗教等提供了宝贵的数据。此外，还有地方志、寺志、人物志、杂记等多方面材料，题材广泛，新颖别致。

**四　佛教的翻译学与目录学**

中国翻译学的发展当然是和翻译佛经密不可分。鸠摩罗什之前，对于佛教的一些思想采取格义的方式进行解说，用玄学上的概念在翻译上比附佛教的概念，因此出现了六家七宗，如心无宗、即色宗、本无宗。这些宗派对于理解空都有失偏颇，很难达到佛教的真实含义。直到鸠摩罗什将龙树的《中论》翻译以后，才改变了这种局面。后秦时期的鸠摩罗什有感于"既览旧经，义多纰僻，皆由先译失旨，不与梵文相应"[②]，提出了翻译佛教的三条原则，即用天竺语言来纠正不正确的西域语言；对于汉译当中的错误，用比较合适的词语代替；对于不能用意译的术语用汉语的音译代替。东晋道安对翻译学提出了许多建议，并将其总结为"五失本，三不易"。如翻译时，文字上采用中国人的习惯作一定修饰，用中文语法将梵本的倒装句改动，对于梵本中的重复语句删除等。在佛经翻译的"文""质"特点上，鸠摩罗什代表"文"派，偏重意译，"因译传意，岂其能

---

①　（南宋）志磐：《佛祖统纪》卷三十七，《大正藏》第 49 册，第 350 页下。

②　（梁）慧皎：《高僧传》卷二，《大正藏》第 50 册，第 332 页中。

尽"，变之为意译的三原则。道安代表"质"派，偏重于直译，"案本而传，不令有损言游字；时改倒句，余尽实录也"。东晋僧人慧远主张"文""质"融合，即直译和意译相结合，指出意译和直译都有缺点，意译"文过其意"，直译"理胜其辞"，所以翻译时应该"详其大归，以裁厥中"。

南朝佛教的译经吸取了鸠摩罗什、道安的翻译优点。僧祐对于鸠摩罗什的译经予以肯定，"新文异旧者，义皆圆通"，"华严新译义理圆备"。刘勰对于译经还提出了化通的观点。刘勰《灭惑论》曰："大乘圆极，穷理尽妙故，明二谛以遣有，辩三空以标无……权教无方，不以道俗乖应。妙化无外，岂以华戎阻情？是以一音演法，殊译共解，一乘敷教，异经同归。经典由权，故孔、释教殊而道契，解同由妙，故梵、汉语隔而化通。"① 翻译的原因为"化通"，"化通"是建立在对原文的正确理解上，用最适合的语句表达出来。僧祐在《梵汉译经音义同异记》中说："夫神理无声，因言辞以写意；言辞无迹，缘文字以图音。故字为言蹄，言为理鉴，音、义合符，不可偏失。"②

随着翻译的佛教经典逐渐增多，由此就出现了记载翻译目录的经录。东晋道安在目录方面编撰成《综理众经目录》，今已不存，但是在梁代僧祐所编的《出三藏记集》中就引用了道安的《综理众经目录》。该录门类齐全，分为七部分：经论录、失译经录、凉土译经录、关中失译经录、古异经录、疑经录、注经及杂质经录。凡所录入的经典都经过道安严谨的考订。

南朝宋有佚名之《众经别录》、佚名《始兴录》、齐释弘充《经录》一卷（已失）、齐释王宗撰《众经目录》二卷、梁释僧祐《出三藏记集》、梁宝唱《梁代众经目录》、梁释正度《经录》一卷（已失）。陈代《大乘寺藏目录》四卷、《王车骑录》一卷、《庐山录》一卷、《岭号录》一卷、《南来新录》、《一乘寺藏众经目录》、《东录》等，都已失传，内容不详。

隋朝费长房《历代三宝纪》中说："《众经别录》二卷，未详作者，

---

① （梁）僧祐：《弘明集》卷八，《大正藏》第 52 册，第 51 页上。
② （梁）僧祐：《出三藏记集》卷一，《大正藏》第 55 册，第 4 页中。

似宋时述"①。《众经别录》属于南朝宋时期的著作，作者不详，原为两卷，现有敦煌写本仅存上卷一部分。《历代三宝纪》载，《众经别录》共有十录，分上、下两卷，共一千零八十九部，一千五百九十六卷费长房的《历代三宝纪》卷十五共著录了三十种经录。其中二十四种是"检传记有目，并未尝见故列之于后，使传万世"②。《众经别录》是长房亲眼所见的六种经录之一。《众经别录》是我们目前所知道的最早的全国性佛教经录。

南朝齐释王宗撰《众经目录》二卷，分为大小乘。释道慧撰《宋齐录》一卷，记有宋、齐的译经，重点为宋代。《始兴录》又称《南录》侧重于南方所录经论。

天监中（502—519）僧祐撰《出三藏记集》，现存《僧祐录》十五卷，为较古而且较为完善的经录。其中《诠名录》部分即佛经目录，根据道安的目录加以增补扩充，其著录方法创例颇多，但需和其他三部分对照参看，才能全面。此录是现存最古的三藏目录和译经文献并录的撰集，后世经录家又简称其为《僧祐录》或《祐录》。《诠名录》共四卷，记录了从汉代到梁四百多年间，译出、撰集的典籍，共为十四录。

梁武帝敕释僧绍撰《华林佛殿目录》四卷，记录宫廷所藏的佛经。僧绍即据《出三藏记集》目录部分，分为四科，加以增减。因不合梁武帝的意旨，所以天监十七年（518）又敕释宝唱重撰。《历代三宝纪》卷十一记："华林佛殿《众经目录》四卷……天监十四年，敕安乐寺沙门释僧绍撰，绍略取祐《三藏集记目录》，分为四色，余增减之。"③梁宝唱的《梁代众经目录》扩大了所录的范围，将"譬喻""佛名""神咒"等都列为一类，还以"有译""无译""一译""异译""多卷""一卷"分类。

## 第七节　南朝佛教事务管理和社会化发展

### 一　僧籍制、僧官与寺职

寺院的管理制度，涉及寺院的内部管理及政府对佛教的外部管理等。

---

① （隋）费长房：《历代三宝纪》卷十五，《大正藏》第49册，第125页中。
② 同上书，第127页下。
③ （隋）费长房：《历代三宝纪》卷十一，《大正藏》第49册，第94页中。

寺院的内部管理，如佛教对于修行者的制度、对于修行者有什么样的要求、寺院内部的寺职任命等。寺院的外部管理包括政府对僧籍的管理、寺院僧官的任命等。

南朝时期佛教得到了极大的发展，但佛教的管理制度仍有许多的不完善。当时佛教面临的情形是：一方面寺院规模庞大，僧众人数众多，层次参差不齐，僧团管理十分混乱；另一方面僧团经济发达，僧人处于特权阶层，能够享受种种优惠，不但可以免除税收徭役，而且可以经商敛财，这引起了统治者的不满。汤用彤说："南朝佛法，以执尘尾能清高者为高。其流弊所及，在乎争名，而缺乏信仰。北朝佛法，以造塔像崇福田者为多，其流弊所及，在乎好利，而堕于私欲。"[1] 梁武帝有感于此，愿意亲自担当"僧正"来管理寺院。南朝许多统治者尽管信仰佛教，但在政策和制度上还是采取了一些限制佛教的措施。尤其对寺院的数量及僧团的规模都做出了具体的限制规范，如梁武帝的御用家僧法云（467—529），天监中敕为光宅寺主，创立清规，以严僧纪。

（一）僧籍制

中国的僧籍制度始于东晋，在南北朝时期逐渐完备。东晋十六国时期佛教发展迅速、传播广泛，统治者对于佛教也不排斥，而且还利用佛教来加强自己的统治，佛教教团随着译经事业的昌盛而逐渐开展，寺院经济也伴随着佛教的兴盛逐渐形成规模，佛教僧侣上升为社会的特权阶层，拥有政治和经济特权。统治者必须要限制僧人的数量，因此便产生了僧籍制度，主要作用是明确僧尼身份，控制出家人数。

南朝对僧人的管理，刘宋之初即有显现，宋武帝登基后即下令沙汰僧徒。南朝梁郭祖深认为佛教影响了国家经济的发展，主张沙汰僧尼，整顿僧籍。"都下佛寺五百余所，穷极宏丽，僧尼十余万，资产丰沃。所在郡县，不可胜言。道人又有白徒，尼则皆畜养女，皆不贯人籍，天下户口几亡其半。"[2] 总体来说，南北朝时的僧籍制度是王权与教权相冲突而产生的，是世俗王权控制佛教的产物。

（二）寺职

印度的僧伽蓝中，有负责僧伽日常事务的三种职任，梵语称"摩摩

---

① 汤用彤：《汉魏两晋南北朝佛教史》下册，中华书局1983年版，第371页。

② （唐）李延寿：《南史》卷七十《郭祖深传》，中华书局1975年版，第1721—1722页。

帝""悉替那""揭磨那陀",汉地意译为寺主、上座、悦众。寺主是一寺的主持;上座是"先受戒及先证果"的高僧,他在寺内"居席之端,处僧之上",所以称"上座";"悦众"即"维那"。印度僧团系僧团之自治制度,并非官方所设。汉地佛寺的僧伽最初并没有明确的职责,僧官的设置,始于中国东晋十六国时期,此后各朝沿袭,历代都有变革。

东晋时期,寺庙的最高管理者称为寺主,最初寺主的产生方式是由僧众共同选举而产生的。《大宋僧史略》记载:"详其寺主起乎东汉白马也。寺既爱处,人必主之。于时虽无寺主之名,而有知寺之者。至东晋以来,此职方盛。"① 随着寺院的规模逐渐扩大,寺主需要其他的僧人进行辅助管理,因此便出现了维那和上座。在管理职责的分工上面,寺主主要管理僧团的行政和财政事务,维那和上座的作用主要是协助寺主处理日常行政事务。《广弘明集》卷十二《启齐武帝论检试僧事》云:"寺之三官,何以堪命?"同书卷二十六梁武帝《断酒肉文》之三记:"弟子萧衍敬白大德僧尼、诸义学者、一切寺官。"其中多处提到"一切寺官"。寺官主要有:寺主、维那和上座,统称"三官"。梁武帝写给"大德""义学僧""诸寺官"的《断酒肉文》,内含僧寺三官368人,尼寺三官369人,而大德仅25人。

（三）僧官

南朝的僧官分中央、地方和基层三级。中央僧官是统领全国佛教事务的最高一级僧官,由皇帝直接统辖,并不隶属于任何一种俗官机构;主官称僧主或僧正,官职前有"天下"、"国"的字样以表尊崇,并区别于地区性僧官。副职称"都维那""大僧都""悦众"等。地方性僧官有按照世俗行政区划分设州、郡僧官,还有设立跨州、郡的区域性僧官。州、郡、县僧官的主官皆称"僧正"或"僧主",副职称"维那"或"僧都"。基层僧官为寺院的僧职,包括寺主、上座、维那三种,合称为"三纲"。"僧正"为"有德",具有道德垂范的含义,其职责是"自正正人,克敷政令",以各项法度、戒律约束僧人。除了僧正和维那外,还设有"法使""吏力""局足""健步"等杂吏,这些官员的职责主要是辅助中央的僧官,处理日常的事物。县级僧官只有南陈曲阿县僧正一例。南朝时期还出现了具有独立的尼僧僧官,梁武帝时还有由世俗人士担任僧正的情

① （北宋）赞宁:《大宋僧史略》卷中,《大正藏》第54册,第244页下。

况，称为白衣僧正，与僧人担任的僧正并存。这两点是南朝僧官制度中不同于以往的革新内容，具有时代和地域特色。

梁代慧皎认为僧正始于十六国后秦。"姚苌、姚兴早挹风名素所知重，及僭有关中深相顶敬。兴既崇信三宝盛弘大化，建会、设斋，烟盖重叠。使夫慕道，舍俗者十室其半。自童寿入关，远僧复集，僧尼既多，或有愆漏。兴曰：凡未学僧未阶苦忍，安得无过。过而不刻，过遂多矣，宜立僧主以清大望。因下书曰：法东迁于今为盛，僧尼已多，应须纲领，宜授远规，以济颓绪。僧䂮法师学优早年德芳暮齿，可为国内僧主。僧迁法师禅慧兼修，即为悦众。法钦慧斌共掌僧录，给车舆吏力。……至弘始七年，敕加亲信、伏身、白从各三十人。"① 僧䂮为"国内僧主"，僧迁为"悦众"（"都维那"），法钦、慧斌"共掌僧录"。弘始七年（405），加给亲信、仗身、白从各三十人。

宋孝武帝任命中兴寺僧璩为"僧正悦众"，即都维那。"释僧璩姓来，吴国人。出家为僧业弟子，总锐众经，尤明《十诵》，兼善史籍，颇制文藻，始住吴虎丘山。宋孝武钦其风闻，敕出京师为僧正悦众，止于中兴寺。"② 宋明帝泰始年（465—471）中任命冶城寺僧瑾为"天下僧主"，给法伎一部，亲信二十人，月钱三万，并车舆、吏力，秩拟宰相。宋时道温为"都邑僧主"，"释道温，姓皇甫，安定朝那人。高士谧之后也。少好琴书事亲以孝闻。年十六入庐山依远公受学。……孝建初被敕下都止中兴寺。大明中敕为都邑僧主"③。新亭寺法颖为都邑僧正。"释法颖，姓索，敦煌人，十三出家为法香弟子。住凉州公府寺，与同学法力俱以律藏知名。……元嘉末下都止新亭寺。孝武南下改治此寺，以颖学业兼明，敕为都邑僧正，后辞任还多宝寺。……及齐高即位，复敕为僧主。"④ 瓦官寺慧璩，任"京邑都维那"。

齐初荆州竹林寺僧慧"受敕为荆州僧主"，永明四年（486）僧慧圆寂，慧敞"代慧为僧主"。"释僧慧，姓皇甫。……慧少出家，止荆州竹林寺，事昙顺为师，顺庐山慧远弟子。……齐初刺为荆州僧主。……齐永

---

① （梁）慧皎撰：《高僧传》卷六，《大正藏》第50册，第363页上、中。
② （梁）慧皎撰：《高僧传》卷十一，《大正藏》第50册，第401页上。
③ （梁）慧皎：《高僧传》卷七，《大正藏》第50册，第372页下。
④ （梁）慧皎：《高僧传》卷十一，《大正藏》第50册，第402页上。

明四年卒，春秋七十有九。后有释慧敞者，亦志素贞正，代慧为僧主。"①
齐永明时，山阴法华寺慧基，"德被三吴，声驰海内，乃救为僧主，掌任
十城，盖东土僧正之始也"②。"十城"、"东土"，是指三吴地区。慧基圆
寂后，慧谅、慧永、慧深、昙与先后接任东土僧主。齐永明（483—493）
中，定林寺法献、长干寺玄畅，"同为僧主，分任南北两岸"，扬都僧寺
分为江南、江北两地区，分别为两位僧主管理。中兴元年（501），末代
齐帝命慧球为"荆土僧主"，慧球为荆土法匠，博学多才，能与京师的义
学名僧相媲美，所以被任命为荆地僧主。

梁初南涧寺慧超授为僧正，"天子给传诏、羊车、局足、健步、衣服
等供"，实际是梁国僧主。普通六年（525），救命光宅寺法云为大僧正，
武帝开讲同泰寺，特许法云"乘舆上殿，凭几听讲"，待遇更高于宰相。
梁天监八年（509），任命虎丘东寺僧若为吴郡僧正；天监十七年（518），
任命慧基弟子、梁剡法华台寺昙斐为"十城僧主"，可惜他还没有来得及
赴任便圆寂了。"释昙斐，本姓王，会稽剡人。……以天监十七年卒于
寺，春秋七十有六。其制作文辞，亦颇见于世。初斐有誉江东，被救为十
城僧主，符旨适行未拜，便化厥土，僧尼倍怀恋德。"③ 吴郡僧正、十城
僧主，是僧正的别称。梁武帝时，天竺寺法超为"都邑僧正"，从萧齐时
期，就开始在荆楚的江陵设僧主。

陈宣帝命律学大师昙瑗为"国之僧正"，昙瑗知道陈朝将亡，婉辞不
就。"宣帝下诏国内，初受戒者，夏未满五，皆参律肆。……帝又下敕荣
慰，以瑗为国之僧正，令住光宅。苦辞以任，救特许之。"④ 陈武帝鉴于
"金陵都会，朝宗所体，刹寺如林"，任命彭城寺宝琼为"京邑大僧正"。
陈朝东安寺智琳，先后任"曲阿僧正"、"徐州僧都（维那）"，这都是重
要的地方僧官。

僧官的出现有利于寺院的管理，也便于政府控制、管理僧侣。朝廷对
于僧人的管理采取以僧管僧的策略也显示了华夏文明对于天竺传来的佛
教，这种异质文化的宽容精神。

---

① （梁）慧皎：《高僧传》卷八，《大正藏》第50册，第378页中。
② 同上书，第378页下。
③ 同上书，第382页下。
④ （唐）道宣：《续高僧传》卷二十一，《大正藏》第50册，第609页上。

## 二　寺院的经济概况

寺院经济是以寺院为基本经营单位的经济形态,既有不变财产的生产,也有可变财产的生产。寺院、山林、田地等就属于不变财产,金银钱财、布施收入就属于可变财产;寺院具有奴隶性质的附属人员白徒、养女也属于可变财产。

印度佛教戒律规定僧人不能蓄金银,也不能拥有土地。"佛言,除须发,为沙门。受道法,去世资财,乞求取足,日中一食,树下一宿。"① "佛言,沙门释子不应蓄金银。若有人言应蓄金银,是诽谤我,非实、非法、非随顺,于现法中是为逆论。"② "四方僧有五种物,不可护、不可卖、不可分。何谓五? 一住处地,二房舍,三须用物,四果树,五华果。"③ 僧人的日常生活当中离不开金银等财物,寺院经济的发展也需要生产。因此佛教经、律又作了变通,通过"说净"将"不净物""不净财"变成"净物"、"净财",僧人就可"听蓄"了。还有一种变通手段是通过净人来从事寺中的耕种、贩卖、交易等,僧人的日常生活也由净人负责。净人又从何而来呢? 一是来自世俗人士的施设,二是由寺院的奴婢转为净人。净人在寺院中并没有剃度出家,但需要持五戒、奉斋。分析南朝佛教的寺院经济,应该从寺院的人员构成及财产的来源、经营来分析。

### (一) 寺院人员的构成

曹魏时期,汉地出家第一人为朱士行。自此以后,出家僧人逐渐增多,其主体多为贫民。两晋之际,汉地出家者逐渐成为中国僧人的主体,僧尼的生活费用也随之增加。到了东晋,出现了僧团自行生产的方式,佛教也由原来的消费型经济向生产型经济转变。到了南朝时期,寺院经济发达,人数众多,规模庞大。

齐朝时期的法通有"白黑弟子七千余人",梁普通六年(525)武帝于同泰寺设"千僧会",萧衍时梁都建康有"僧尼十余万","道人又有白徒,尼则皆畜养女,皆不贯人籍,天下户口几亡其半"。"白徒"、"养女"

---

① (东汉)迦叶摩腾、竺法兰译:《四十二章经》,《大正藏》第 17 册,第 722 页中。
② (东晋)佛陀跋陀罗、法显译:《摩诃僧祇律》卷十,《大正藏》第 22 册,第 310 页下。
③ (南朝宋)罽宾三藏佛陀什、竺道生等译:《弥沙塞部和酰五分律》卷二十五,《大正藏》第 22 册,第 168 页下。

数量众多，虽非寺院的奴婢，但同样属于佛教的供养人群。他们并不是一些无关紧要的奴婢，而是信奉佛教而又耕种寺院土地的依附农民，他们耕种田地，从事生产、服务寺院僧众起居等事务。另在北朝，又有国家专门划拨部分农民即所谓"僧祇户"、"佛图户"以为寺院僧团役使。

（二）寺院的资金来源

寺院经济的一个主要来源是统治者、官员及其他阶层对寺院的捐赠。"中大通元年（529），京城大疫，帝于重云殿为百姓设救苦斋，以身为祷。复幸同泰寺，设四部无遮大会，披法衣行清净大舍，素床瓦器乘小车，亲升法座为众开《涅槃经》题，群臣以钱一亿万奉赎，皇帝设道俗大斋五万人。"① 梁武帝崇信佛教，向寺院施舍的钱财不计其数，而且四次舍身同泰寺，由臣众赎回，以此为佛寺捐资。"皇帝舍财，遍施钱、绢、银锡杖等物二百一种，值一千九十六万。皇太子……施僧钱绢直三百四十三万，六宫所舍二百七十万，……朝臣至于民庶并各随喜，又钱一千一百一十四万。"②

佛教寺院僧众也接受社会各个阶层的供养。"吴郭西台寺多富沙门，（王）僧达求须不称意，乃遣主簿顾旷率门义劫寺内沙门竺法瑶，得数百万。"③ 寺院僧众接受王公贵族和一般信众的金钱，以至个人财产丰厚。南朝齐时正胜寺法愿，收入日盈万计，他将这些钱用来修福。"感致随喜日，盈万计。愿随以修福，未尝蓄聚。或雇人礼佛，或借人持斋，或收籴米谷，散饴鱼鸟，或贸易饮食，赈给囚徒。兴功立德数不可纪。"④

（三）寺院的土地来源

寺院的土地既有接受施舍而得，也有兼并而得。晋宋时期的释法显"尝与同学数十人，于田中刈稻"⑤。这说明当时寺院已经拥有了土地。南北朝佛教寺院经济的一个重要特点就是占有大量的土地。但从这些土地的来源看，其中很大一部分是来自皇帝、贵族、地主的捐赠。

宋初范泰为僧慧义建立祇洹寺，而且受慧义之请，将果竹园六十亩施舍给寺院。"宋永初元年（420），车骑范泰立祇洹寺。以义德为物宗固请

①　（南宋）志磐：《佛祖统纪》卷三十七，《大正藏》第49册，第350页中。
②　（唐）道宣：《广弘明集》卷十九，《大正藏》第52册，第237页中、下。
③　（梁）沈约：《宋书》卷七十五《王僧达传》，中华书局1974年版，第1954页。
④　（梁）慧皎：《高僧传》卷十三，《大正藏》第50册，第417页中。
⑤　（梁）慧皎：《高僧传》卷三，《大正藏》第50册，第337页中。

经始。……因劝泰以果竹园六十亩施寺。"①

齐高帝建元二年（480）建齐隆寺敕蠲百户，赐田给寺院。"建元二年，益州刺史傅琰言：沙门玄畅建齐隆寺，感青衣神人，绕山守卫，敕蠲百户，用充资给。"② 齐武帝"遣于上立精舍，度僧给田业"③。

梁中书让徐勉拿出一部分田园施舍给宣武寺。谢举在梁武帝任太守时，将"宅内山斋舍以为寺，泉石之美，殆若自然"④。

寺院所得土地还来自兼并。梁武帝强买王骞的良田在钟山建立大爱敬寺。"时高祖于钟山造大爱敬寺，（王）骞旧墅在寺侧，有良田八十余顷，即晋丞相王导赐田也。高祖遣主书宣旨就骞求市，欲以施寺。骞答旨云：'此田不卖；若是敕取，所不敢言。'酬对又脱略。高祖怒，遂付市评田价，以直逼还之。由是忤旨，出为吴兴太守。"⑤ 梁武帝大同七年（541）下诏："又复公私传、屯、邸、冶，爰至僧尼，当其地界，止应依限守视；乃至广加封固，越界分断水陆采捕及以樵苏。"⑥

（四）寺院的自我经营

印度佛教要想适应中国社会就需要改变原来以乞食为主、不事生产的传统。"然（佛教僧尼）体无毛羽，不可袒而无衣，腹非饱瓜，不可系而不食，自未造极，要有所资。年丰则取足于百姓，时俭则肆力以自供，诚非所宜，事不得已。"⑦ 僧人需要穿衣吃饭，自我经营是不得已的。佛教为维持自身的生存与发展，必须建立自己的经济基础。

梁朝时期的士族刘孝标为我们描述了当时寺院的经济方式，其经营方式多样，经济自给自足，寺院占据山林、开垦良田，一片欣欣向荣的景象。"宅东起招提寺。……寺东南有道观亭。……寺观前，皆植修竹，檀栾萧瑟被陵缘阜。竹外则有良田，区畛通接，山泉膏液，郁润肥腴，郑白决漳，莫之能拟。致红粟流溢，凫雁充厌，春鳖、旨檀、碧鸡、冬葍、味珍、霜鸡，縠巾取于丘岭，短褐出自中园，莞蒋逼侧池湖，菅蒯骈填原

① （梁）慧皎：《高僧传》卷七，《大正藏》第50册，第368页下。
② （南宋）志磐：《佛祖统纪》卷三十六，《大正藏》第49册，第346页下。
③ （唐）道宣：《续高僧传》卷二十七，《大正藏》第50册，第678页中。
④ （唐）李延寿：《南史》卷二十《谢弘微传附传》，中华书局1975年版，第564页。
⑤ （唐）姚思廉：《梁书》卷七《太宗王皇后传》，中华书局1973年版，第159页。
⑥ （唐）姚思廉：《梁书》卷三，中华书局1973年版，第86页。
⑦ （梁）僧祐：《弘明集》卷六，《大正藏》第52册，第36页上。

隰，养给之资生生所用，无不阜实蕃篱充牣崖巘。"①

梁武帝于大同七年（541）十二月下诏："又复公私传、屯、邸、冶，爰至僧尼，当其地界，止应依限守视，乃至广加封固，越界分断水陆采捕及以樵苏，遂致细民措手无所。"②公指国家，私为豪强大族。传、屯、邸、冶为山泽物资的垄断机构。如屯经营山泽，获取制造业的原料，从事生产、矿产冶炼等。僧尼与公、私相同，越限封固山泽，越界分断水陆。南朝寺院经济的产业包括了农、林、果、牧多种门类。

南朝的寺院经济除了土地经营，还私放高利贷。宋初建康祇洹寺僧慧义，"庶归依，利养纷集"，以致"资生杂物，近盈百万"。宋文帝元嘉二十七年（450）伐魏时，还向寺院借钱以充军用。"有司又奏军用不充，扬、南徐、兖、江四州富有之民，家资满五十万，僧尼满二十万者，并四分换一，过此率计，事息即还。"③

南朝时期的借贷机构为寺库。"齐有甄彬者，有器业。尝以一束苎，于荆州长沙西库质钱。后赎苎，于束中得金五两，以手巾裹之。彬得金，送还西库。道人大惊曰：'近有人以金质钱，时忽遽，不记录。檀越乃能见归，恐古今未之有也。'"④檀越指施主，道人指僧人。南齐人甄彬品格高尚，用苎麻作抵押，后去赎苎麻时，发现里面裹有五两黄金，便将其归还。其中的西库就是寺院用来放贷的经营机构。《南齐书·褚渊传》记载，褚渊薨，其弟"澄以钱万一千，就招提寺赎太祖所赐渊白貂坐褥，坏作裘及缨，又赎渊介帻、犀导及渊常所乘黄牛"⑤。抵押品既有像苎麻这样的小宗商品，也有像白貂坐褥这样的大宗商品，放贷对象既有百姓，也有富豪。

### 三　佛教寺院文化事业的兴盛

南朝时期，佛教寺院得到上层统治者的大力支持，佛寺建造蔚然成风。南朝宋有寺 1913 所，齐有寺 2015 所，梁有寺 2846 所，陈有寺 1232

---

①　（唐）道宣：《广弘明集》卷二十四，《大正藏》第 52 册，第 276 页上、下。

②　（唐）姚思廉：《梁书》卷三，中华书局 1973 年版，第 86 页。

③　（梁）沈约：《宋书》卷九十五，中华书局 1974 年版，第 2349 页。

④　（北宋）李昉等人编纂：《太平广记》卷一百六十五，中华书局 1961 年版，第 1200 页。

⑤　（梁）萧子显：《南齐书》卷二十三《褚渊传》，中华书局 1972 年版，第 432 页。

所。① 佛寺的大量出现为佛教寺院的文化事业提供了充分的条件。

佛寺文化包括佛像、佛殿、佛塔、佛寺题咏诗、禅房、雕塑、壁画等。南朝时期的佛寺以楼塔为主，而且习惯以"塔寺"作为佛寺的称谓。唐代许嵩山的《建康实录》中提到前朝的《塔寺记》，谢尚梦其父说"汝宜修福建塔寺"，遂建庄严寺。② 塔寺就是佛寺的称谓。梁同泰寺"楼阁台殿，拟则宸宫；九级浮图，回张云表"③。简文帝萧纲描写浮图如"宝塔天飞，神龛地涌"④。《宋书》、《南齐书》、《梁书》都以"塔寺"为六朝佛寺的泛称，唐杜牧在《题宣州开元寺》中说："南朝谢朓城，东吴最深处。亡国去如鸿，遗寺藏烟坞。楼飞九十尺，廊环四百柱。高高下下中，风绕松桂树。青苔照朱阁，白鸟两相语。溪声入僧梦，月色晖粉堵。阅景无旦夕，凭栏有今古。留我酒一樽，前山看春雨。"由杜牧的这首诗，我们看出南朝寺院的格局为：塔楼在最中央，周围为僧房殿阁，寺的周围以廊墙环绕。与南朝寺院格局构成鲜明对比的是北朝寺院，北朝已经出现了佛像供养由楼塔转向佛殿的迹象。到了南北朝的末年，以佛塔为中心的寺院逐渐向以佛殿为中心，而且楼阁、殿塔共处一院的组群的格局过渡。

南朝寺院体现出园林化艺术风格。南朝建康佛寺园林基址的选择通常有两种方式："舍宅为寺"和相地选址。前者以原有宅园环境为基础，后者以得天独厚的自然环境为基础条件。建康都城内的佛寺大都是在原有的住宅园林的基址上建造的。南朝宋车骑将军范泰在其住宅之西建"祇洹精舍"，施舍果竹园六十亩地为寺。宋少帝景平元年（423 年），平陆令许桑舍宅造，名"平陆寺"。齐僧绍将他在摄山的居宅施舍为寺，即"栖霞寺"。梁武帝即位以后，舍其原有居宅为"光宅寺"。陈天嘉元年（560年），章皇后舍宅为"国胜寺"。由于"舍宅为寺"，建康城内的寺院面积虽然不大，但寺内的精彩佛画和经变图令人流连忘返。都市内的寺院环境多采用树木绿化点缀，培植花木，以创造幽静的氛围。

建康城外的钟山、摄山的寺院兼有山林意趣，景致极佳。因为这些寺

---

① 参考（唐）慧琳《辩证论》，《大藏经》第 52 册，第 503 页。
② （唐）许嵩：《建康实录》卷八，《孝宗穆皇帝·谢尚传》。
③ （唐）道宣：《续高僧传》卷一，《大正藏》第 50 册，第 427 页中。
④ （清）严可均：《全梁文》卷十，梁简文帝《答同泰寺立刹启》。

院的选址原则是靠近水源，林木茂盛，地势凉爽，背风向阳，而上述条件也往往造就了风景最为幽美的地方。佛教之所以向山川发展，一是出于宗教目的和宗教活动的需要；二是山川之地远离尘世，环境清幽，便于修持；三是山川的优美景观能满足僧人们精神上的审美需求。南朝寺院的园林化塑造了"深山藏古寺"的艺术手法，别致幽静的环境成为名士吟诗作画的场所。

南朝时期，佛寺题咏诗是当时佛寺文化的一个表现。如佛寺题咏诗的代表文人谢灵运，他与僧人有着大量的交往，曾经同僧维、慧骏、法纲、慧琳等人讨论过"渐悟"与"顿悟"，并将辩论的情形记录了下来，著有《与诸道人辨宗书》。谢灵运与慧严、慧观等修改大本《涅槃经》，还去庐山拜访过慧远。谢灵运这种经常出入佛寺的经历，使得他对于佛寺景观也感触颇深，写下了第一首佛寺题咏诗。王融也是佛寺的常客，他的佛寺题咏诗《栖玄寺听讲毕游邸园共七韵应司徒教》，是在佛寺听讲之后创作的。南朝宋、齐、梁、陈时期，佛寺题咏诗都非常兴盛。"宋齐时有二首，谢灵运、王融各一首，这是佛寺题咏诗之始。梁时二十五首，其中萧纲五首，庾肩吾三首，萧衍、刘孝先、王台卿、王褒各二首，何逊、王训、陆罩、萧统、鲍至、孔熹、王囧、庾信、陈炯各一首；陈代命祚虽短，却也有十七首，其中江总九首，阴铿二首，徐伯阳、张正见、陈后主、陈炯、姚察、释洪堰各一首。此外，北齐萧悫、卢思道各有一首，王褒、庾信入北朝后各作一首。"① 由这些数字我们可以看出僧人作者只有一人，佛寺题咏诗的创作主体为世俗文人。

南朝时期佛寺的名称也是佛寺文化的表现。寺名当中往往包含有政治理念和灵瑞吉祥的含义。建康有天安、天保、王国、安国、永安、建安、建兴、延祚、光兴、光业、梁泰、泰皇、兴皇、齐隆、绍隆、同泰、奉诚等寺院。此外，南朝也有以灵瑞吉祥的名号来命名寺院。南朝建康有龙渊、光宅、光耀、龙光、庆云，无锡有灵根，襄阳有灵泉，晋陵有显灵、显云，成都有龙光、灵建，江陵有瑶光，番禺有延祥等。寺院名称无论展现的是政治理念还是灵瑞吉祥，都折射出了中国的传统文化，是佛教与中国文化相结合的表现。

---

① 参考陈自力《南北朝佛寺题咏诗初探》，《南开学报》2003年第2期，第118—119页。

### 四　佛教慈善事业的发展

慈善事业的发展应该有它自身的形成的条件，一是战乱、天灾的出现；二是救助不利，单靠政府的能力难以完成救济。南北朝时期的天灾很多，是我国历史上自然灾害的多发期。"从晋武帝泰始九年（273）至隋文帝开皇六年（586）的 313 年中，共发生水灾 183 次，旱灾 177 次，蝗灾 54 次，瘟疫 52 次，虫灾 32 次，共计 498 次（尚不包括地震、风灾、雪雹、霜冻诸灾），平均每年遇灾 1.59 次。"①

南朝佛教慈善事业的发展是佛教慈悲观念的体现，佛教高僧以四无量心"慈悲喜舍"善待众生。佛教慈悲在具体的表现方式上为布施，布施又细分为财施、法施和无畏施。佛法的慈善事业表现为赈灾、掘井、救济、施药、修路等。慈悲的落实又和福田思想密切相关。

除了福田外，还有敬田、恩田、悲田、苦田。敬田是敬佛、法、僧三宝，恩田是对己有恩德之人，如自己的父母和师长，能知恩、感恩、报恩，则可生福德。悲田是以悲悯之心施惠于贫穷困苦的人，则得无量之福。佛教的民间组织有"邑""义""社"等，这些组织筹集资金、人力，热衷于赈灾济贫、看病行医、凿井修桥铺路等。宋施宿等所撰的《会稽志》卷十九中，对义井的解释为："义井……义者，盖以众所共汲为名。今世俗置产以给族人，曰义庄；置学以教乡曲子弟，曰义学；设浆于道，以饮行旅，曰义浆；辟地为丛冢，以藏暴骨，曰义冢。"②

佛教徒认为凿井修桥是一项福业。如四川福缘道场僧渊（519—602），"常给孤独，不逆人意，远近随助，泉布若流"③，发心培植福业，向孤独者广行布施。他看到过江溺水死很多人，生起慈悲之心，发心建造吊桥。"又以锦水江波没溺者众，便于南路欲架飞桥，则扣此机，众事咸集。昔诸葛武侯指二江内，造七星桥，造三铁镦，长八九尺，径三尺许，人号铁枪，拟打桥柱，用讫投江。顷便祈祷，方为出水，渊造新桥，将行竖柱。其镦自然浮水，来至桥津，及桥成也。"④

---

① 参见傅筑夫《中国社会经济史》第 3 卷，人民出版社 1984 年版，第 80 页。
② （宋）施宿等：《会稽志》卷十九，中华书局 1990 年版，第 7072 页。
③ （唐）道宣：《续高僧传》卷十八，《大正藏》第 50 册，第 574 页中。
④ （唐）道宣：《续高僧传》卷十八，《大正藏》第 50 册，第 574 页下。

在慈善方面，除了建路修桥，还有救死扶伤、治病等医疗的活动。佛教传入中国的同时，印度的一些医术、咒语也传入中国。佛教中的《四分律》《五分律》《十诵律》等律藏诸书，对一些疾病的原因、如何治疗、用什么药都有记载。此外，涉及医术的还有僧侣在实修的过程中，针对修禅当中存在的问题，如招惹风寒，而产生了种种对治的方法，《治禅病秘要经》记载了许多医药。竺法旷运用医术来救死扶伤。南朝齐时佛教"立六疾馆，以养穷民"①。陈朝的时候，瘟疫疾病流行，死了很多人，天台山僧人慧达（？—610）在建康大寺建"大药藏"，救治民众。"药藏"是僧人为了救死扶伤，在寺院内储藏药材。

在对生态环境的保护上，佛教也有大量的善举，如禁止杀生和种植功德林等。南朝梁时，梁武帝信佛，禁断杀生，并令各寺设放生池，又废止宗庙供献牺牲之制。

### 五　世俗佛教组织："社邑"与民营寺

南朝的世俗佛教组织，有"法社""社邑""邑义""法邑"，每一种组织所担当的功能都各不相同。从性质上来说，世俗的佛教组织是信仰共同体。"法社"主要从事的是讲经的活动，面对的主要是上层社会，即南朝贵族的门阀士族。南北朝时期，石刻、铭文当中的"社"与"邑"是区分开的。传统的社（邑）被称为邑或社邑连称。法社就是尊崇佛教的邑。"社邑""邑义""法邑"，其名称主要是借助魏晋南北朝时期九品官人"法正"的名称，如"邑中正"或"中正"的称呼。"邑中正"的职位很高，处于领导的地位，一般由世俗社会中上层人物承担。

这些团体的功能主要是建造佛教、石窟、寺院；在法事上面，有斋会、写经、诵经等；在社会公益方面，有修桥、铺路、开井、施舍等。在以造像为目的的社邑活动中，有释迦主、像主、菩萨主、金刚主等，他们是建造佛像、佛龛的捐募者；在斋会上，还有光明主、开光明主、清净主、行道主、斋主、八关斋主等；供养造像的，有香火主、灯明主等。

南朝法社注重的是讲经的活动，这和南朝的玄学传统有关，是慈善的需要。"齐竟陵文宣王募僧俗行净住法，亦净住社也。梁僧祐曾撰法社，建功德邑会文。历代以来成就僧寺，为法会社也。社之法以众轻成一重，

---

① （梁）萧子显：《南齐书》卷二十一，中华书局 1972 年版，第 401 页。

济事成功，莫近于社。今之结社，共作福因，条约严明，愈于公法，行人互相激励，勤于修证，则社有生善之功大矣。"① 南朝的时候萧子良举行布萨法会，即净住社，通过集体的力量来从事慈善事业。

但是法社也存在一些弊端，许多图谋小利的人容易混入，捞取好处。"近闻周郑之地邑社多结守庚申会，初集鸣铙钹，唱佛歌赞，众人念佛行道，或动丝竹，一夕不睡，以避三彭奏上帝，免注罪夺算也。然此实道家之法，往往有无知释子，入会图谋小利，会不寻其根本，误行邪法，深可痛哉。"②

"法社""社邑""邑义""法邑"并非真正的民间组织，都是由具有一定地位的上层贵族管理的，所以还是具有一定的局限性。南朝时期还有大量的民间寺院，数量众多，其影响远远大于"法社""社邑""邑义""法邑"等。但是民间佛教组织和民间寺院又有着非常密切的关系，民间寺院的建立就是通过法社而建立的。南朝时期的乡民营寺，以农民为主体，往往经济条件较好，但又不具有地主身份。

"历代以来，成就僧寺，为法会社也。社之法，以众轻成一重。济事成功，莫近于社。今之结社，共作福因，条约严明，愈于公法。行人互相激励，勤于修证。则社有生善之功大矣。"③ 南朝乡民营寺是通过"社邑"等合作的方式而建立的，为了互相激励，修善积德。

## 六　佛教的戒律、新规

佛教初传中国时，还没有比较完备的戒法。"二众（僧、尼）唯受三归"。三国魏嘉平、正元年间（249—256），天竺僧人昙摩迦罗与昙谛，在洛阳译出《僧祇戒心》，立大僧羯磨法，为汉地立坛授戒的开始，朱士行为汉僧受戒的第一人。西晋何充称："五戒之禁，实助王化。"西晋时期的佛教已经流行五戒，而且受到统治者的支持。东晋时期，道安说，"我之诸师，始秦受戒"，"余昔在邺，少习其事"。后秦长安、后赵邺都，为传习戒法的重心。庐山昙无兰"以戒律为意"，得戒一部"持之自随，近二十年"。

---

① （梁）萧子显：《南齐书》卷二十一，中华书局 1972 年版，第 250 页下。
② 同上书，第 250 页下、251 页上。
③ （北宋）赞宁：《大宋僧史略》卷下，《大正藏》第 54 册，第 250 页下。

竺法汰为拘夷国（龟兹）传来的《比丘尼大戒》作序："拘夷国，寺甚多。……此三寺尼，多是葱岭以东王侯妇或辄，为道远集斯寺。用法自整，大有检制。亦三月一易房；尼女易寺出行，非大尼三人不行。多持五百戒。亦无师一宿者，弹之。今所出《比丘尼大戒》，本此寺常所用者。……女人之心，弱而多放，佛达其微，妨之宜密，是故立戒每倍于男也。"这段文字描述了公元 4 世纪的龟兹尼众寺院僧尼持戒的情况，僧尼在持戒上比男僧更为严格。到了南朝宋元嘉十一年（434），狮子国（斯里兰卡）尼铁索罗在建康南林寺立戒坛，为景福寺尼慧果等僧尼授戒，是汉地尼众受戒的开始。齐永明（483—493）中，"三吴初造戒坛"说明了吴中僧尼受戒的开始。

天竺传来的律戒有一些戒条不太符合中国的习惯传统，因此引出许多争议，最有名的当是慧义与范泰在"偏食法"上的争论。南朝宋时期，祇洹寺的僧众守持《僧祇律》戒，在饮食上面遵守"偏食法"，即蹲踞而食，这与汉地传统的饮食习惯临食案正坐相冲突。当时的宋大将范泰要求祇洹寺"改偏从方"，改蹲踞为正坐。"祇洹寺释慧义等五十人，敬白诸檀越，夫沙门之法，政应谨守经律，以信顺为本。若欲违经反律，师心自是。……如来立戒，是画一之制，正可谨守而行，岂容以意专辄改作。俗儒犹尚谨守夏五，莫敢益其月者。将欲深防穿凿之徒，杜绝好新乐异之容，而况三达制戒，岂敢妄有通塞。范檀越欲令此众改偏从方，求不异之和。虽贪和之为美，然和不以道，则是求同，非求和也。祇洹自有众已来至于法集，未尝不有方偏二众，既无经律为证，而忽欲改易佛法，此非小事，实未敢高同。此寺受持僧祇律为日已久，且律有明文，说偏食法凡八议。若元无偏食之制，则无二百五十矣。云：食不得置于床上，所弃之食，置于右足边。又云：不得悬足累胫，此岂非偏食之明证哉。戒律是沙门之秘法，自非国主不得预闻。"[1] 祇洹寺住持慧义坚持偏食法，他认为"食不得制于床上"，"不得悬足累胫"；都是如来所立戒律，是沙门秘法，不能随意改动。

"戒以防非，无非何戒，故愚惑之夫，其戒随俗，变律华夏，本不偏企，则聚骨交胫之律，故可得而略。手食之戒，无用匙筯（箸）之文。

---

① （梁）僧祐：《弘明集》卷十二，《大正藏》第 52 册，第 78 页上。

何重偏坐，而轻乎手食。……益知二百五十非自然定法。"①范泰回答慧义说律戒应随华夏的风俗而变通。律戒当中有手食的规定，并"无用匙箸之文"，现在的僧众斋食不用手而用匙箸，也可以说是没有遵守戒律，所以二百五十（戒）也并不是自然定法。范泰与慧义关于"偏食"的辩论，实质是关于天竺传来戒法是否要适应中国国情的辩论。"偏食"之辩与"沙门敬王"之辩都是印度律戒在同中国的传统习俗相适应上引发的论争。

南朝宋以后，大乘方等戒法兴起。求那跋摩在蔡州立方等戒坛授戒，"此土之有戒坛，起南朝求那跋摩三藏，为刘宋国比丘，于蔡州岸受戒而为始也。自尔南北相次立坛，而无别名"②。方等戒法与小乘戒法的观念不同。北宋僧人赞宁认为："坛法本出于诸律，律即小乘教也。小乘教中，须一一如法。片有乖违，则令受者不得戒。……若大乘方等教，即不拘根缺缘差，并皆得受。但令发大心而领纳之耳。""方等"者，即"周遍"义也。在方等戒坛上，即使根缺缘差的人也可以受戒，这比小乘戒法的影响就更广泛了，受众面更广。

南朝佛教除遵守传统的佛教戒律以外，还发展出了许多新规。南朝时期的萧子良著有《净住子净行法》，在《涤除三业门》中称"忏悔之法，先当洁其心，静其虑，端其形，整其貌，恭其身，肃其容，内怀惭愧，鄙耻外发"③。萧衍信奉当时盛行的《大般涅槃经》等大乘经典，主张禁食一切肉，这是为汉地佛教所立的新规。因为小乘《十诵律戒》是允许吃肉的。此外梁武帝还制定梁皇忏等忏法，为佛教商业化之始。"梁武帝告高僧智藏曰：比见僧尼多未调习，白衣僧正，不解科律，以俗法治之，伤于过重，弟子暇日，欲自为白衣僧正，亦依律立法。此虽是师之事，然佛亦付嘱国王。"光宅寺法云立清规"雅为后则"，第十八年亲到无碍殿授佛戒，为天下的僧人做出表率，通过授佛戒的方式来约束僧人。梁武帝还任命法超为僧正，撰《出要律仪》十四卷，让全国的僧人按照律仪来行事。梁朝贵胄时兴在寺院做"八关斋戒"的法事时，梁简文帝萧纲为此而订立《八关斋制条》。

---

①　（梁）僧祐：《弘明集》卷十二，《大正藏》第 52 册，第 78 页中。

②　（北宋）赞宁：《大宋僧史略》卷三，《大正藏》第 54 册，第 250 页中。

③　（唐）道宣：《广弘明集》卷二十七，《大正藏》第 52 册，第 307 页中。

南朝的佛教戒律由小乘戒向大乘戒转变，扩大了受众的范围，即使对于那些根性不好、曾经犯过错但又想悔改的普通民众来说，也可受大乘戒，这无疑是有利于佛教传播的。但同时，萧子良、萧纲等所指定的新规对于人们的内心控制得更为严密。梁武帝的禁断肉食与忏法的提倡对于后世佛教的发展也产生了深远的影响。

# 第八章　佛教的南北交流与广泛传播

南北朝是中国历史上大分裂的时期，虽然在军事实力上呈现为北强南弱，但在相当长的一段时间内，南北双方相安无恙。南北政权出于经济、文化的需要，在一定程度上有所交往。官府层面尽管受限很多，但仍然有往来的聘使从事经济、文化的交流。民间层面，南北交往显得更为频繁，往来南北的高僧成为南北佛教交流的核心要素。南北各派的学说随着高僧的游锡而得以开展，如南方的摄论学派北上与地论北道合流；北方的三论学人南下，促进了三论学的发展。伴随着佛教学说的迅速发展，观音、弥勒、弥陀、药师佛等佛教信仰得到了普及，吸引了大量的普通民众，儒、释、道三足鼎立的态势已经形成了。

## 第一节　南北方的政治关系与文化交往

南北方的政治关系，在较长的时间内处于稳定的对峙状态，南北政权都没有实力吞并对方。刘裕（363—422）灭掉北方的南燕和后秦以后，夺取了政权，建立宋朝。南朝自公元 420 年宋朝建立至公元 589 年陈朝灭亡，历经宋、齐、梁、陈四朝。北朝自公元 438 年鲜卑拓跋部建立北魏至公元 589 年隋朝灭掉陈朝，历经北魏、东魏、西魏、北齐、北周，还有统一前的隋朝。在南北朝长达 169 年的时间里，南方与北方对峙的时间较长，而互相发动大规模战争的时间较短。尽管战争次数有上百次之多，但多为边境的攻城略地之战。

### 一　南北方的政治关系

刘裕在东晋时期为北府军刘牢的部下，不但平定了桓玄的作乱，而且镇压了孙恩、卢循的起义。此后，刘裕便有了政治资本，逐渐掌握了朝政大权，他的两次北伐都是在称帝之前完成的。东晋义熙五年（409）夏季，刘裕率军北伐南燕。南燕主慕容超听到东晋大将刘裕引兵前来攻打，召集群臣商议。公孙五楼、贺赖卢、王镇等献策，慕容超均没有采纳。

刘裕利用南燕的战略决策失误，长驱直入夺取了南燕都城广固大城，于义熙六年（410）攻入广固内城，灭掉南燕。这时正逢卢循起义，刘裕挥师南下，平定了这次起义，于义熙七年（411）被封为大将军。当时同刘裕一起起兵的刘毅不服，被刘裕除掉。其他的反对力量司马休之、鲁宗都逃到了姚兴那里。

刘裕第二次北伐矛头直指十六国后秦末主姚泓（388—417）。元兴十六年（417）刘裕攻克关中，留其十二岁的儿子刘义真镇守长安。夏朝赫连勃勃见刘裕退回南方，认为攻打关中的时机已到，"关中形胜之地，而以弱才小儿守之，非经远之规也。狼狈而还者，欲速成篡事耳，无暇有意于中原"①。尽管关中最终失守，但刘裕经过两次北伐拓宽了统治的疆域，拥有黄河以南、淮水以北、汉水上游等大片地区，为南朝各朝当中版图最大者。北魏谋臣崔浩在评价刘裕时说："刘裕奋起寒微，不阶尺土，讨灭桓玄，兴复晋室，北禽慕容超，南枭卢循，所向无前，非其才之过人，安能如是乎！"②

晋元熙二年（420）六月，刘裕称帝，建立宋朝。称帝不久，于永初三年（422）病死，太子义符继位，为宋少帝，后被傅亮、徐羡之废掉。随后刘义隆即位，为宋文帝。宋文帝即位后进行了一系列的改革，减免赋税等，形成元嘉的小康局面。

公元 439 年北魏太武帝拓跋焘统一了北方，并且占领了北方，并且占领了先前刘裕占领的关中、洛阳、虎牢等地。宋文帝于元嘉七年（430）命令到彦之带兵五万北伐。虽最初收复洛阳、虎牢等地，但随后又被北魏所占领。宋文帝此次北伐失败后，南北相安二十余年。这期间，北魏灭掉西秦、夏、北凉，平定西域后，实力大增，拥有了北方大量的领土。公元 439 年北魏太武帝拓跋焘统一了北方，并且占领了先前刘裕占领的关中、洛阳、虎牢等地。到了元嘉二十七年（450）二月，魏帝拓跋焘率兵十万

---

① （唐）房玄龄：《晋书》卷一三〇，中华书局 1974 年版，第十册，第 3308 页。

② （北宋）司马光主编：《资治通鉴》卷一一八，中华书局 1956 年版，第 3705 页。

南下，宋南顿、颍川太守不战而逃。只有玄瓠在陈宪的指挥下，以不满千人的守军，不但城池没有陷落，还杀伤敌军万人以上。宋文帝于当年七月派王玄谟、薛安北伐，王玄谟失利，魏帝拓跋焘趁机南下，但到了暨阳（江苏江阴），魏军已经无力渡江作战，遂退。宋王朝因为这次战争损失巨大。"魏人凡破南兖、徐、兖、豫、青、冀六州，杀伤不可胜计，丁壮者即加斩截，婴儿掼于槊上，盘舞以为戏。所过郡县，赤地无余，春燕归，巢于林木。……自是邑里萧条，元嘉之政衰矣。"①

元嘉之治后，宋、魏之间还发生过战争，宋明帝刘彧于泰始二年至四年（446—468），派将领张永、沈攸之北伐，被魏将尉元在吕梁之东打败，"失淮北四州（青、冀、徐、兖）及豫州淮西之地"②。北伐的失败加上刘宋皇室的内乱，导致了北魏占领淮北的徐、兖、青、冀四州及豫州和淮西的汝南、新蔡、梁、陈、南顿、汝阴等郡，南朝宋的范围缩小为淮水以南。元嘉末年，南朝宋由盛转衰，皇室内斗不断，先后经历了孝武帝、明帝、顺帝等朝代。宋文帝刘义隆以前，南北双方国力持平，自元嘉二十七年（450）拓跋焘率兵南下后，南北双方的国力则为北强南弱，一直延续到齐朝。

公元479年，萧道成夺得帝位，建立齐朝。萧齐政权同刘宋一样，皇室内部自相残杀，争夺皇位。由于典签③权力过重，造成了内乱的局面。齐东昏侯萧宝卷永元二年（500）正月，豫州刺史裴叔业（438—500）因齐帝萧宝卷不断诛杀大臣，惊惧不安，举寿阳投降北魏。同年八月，北魏彭城王元勰与汝阳太守傅永联合攻打齐将陈伯之于肥口，"勰部分将士，与永并势击伯之于肥口，大破之，斩首九千，俘获一万，伯之脱身遁还，淮南遂入于魏"④。淮南也被北魏占领。

梁武帝萧衍于天监元年（502）即位，建立梁朝。在位48年，是南朝在位最久的皇帝。天监二年（503），北魏派中山王元英进攻梁朝，

---

① （北宋）司马光主编：《资治通鉴》卷一二六，卷八，中华书局1956年版，第3966页。

② （北宋）司马光：《资治通鉴》卷一三〇，中华书局1956年版，第4130页。

③ 南朝地方长官之下典掌机要的官。又称主帅、典签帅或签帅。当时叙州部内论事，皆用签。前叙所论事，后书某官某签，府州皆置典签掌管。本为处理文书的小吏，权力不大。南朝宋中叶以后，多以幼小皇子出任方镇，君主用寒人出身的亲近左右充当典签，代替诸王批阅公事，职位虽低，权力渐重。

④ （北宋）司马光编：《资治通鉴》卷一三二，中华书局1956年版，第4470页。

占领了义阳（河南信阳）、司州、汉中。当年的十月，梁武帝命令临川王萧宏北伐，尽管这次器械精良，但因为萧宏的软弱无能错失了大好时机，导致北伐失败。天监六年（507），北魏派兵十万，攻打梁朝钟离，梁武帝派曹景宗增援，趁着淮水大涨，反败魏军，转败为胜。天监十年（511）北魏趁乱攻打梁朐山（今连云港市西南锦屏山），梁派兵增援，击败魏军。天监十三年（514）梁武帝想筑堰拦住淮水以浸灌北魏的寿阳城，但堰建成不到四个月就因淮水暴涨而崩坏。梁武帝此次攻魏遂败。这时的北魏也逐渐衰落，中大通六年（534）分裂为东魏、西魏，萧衍也忙着崇信佛教，将北伐之事耽搁下来。东魏掌握大权的为高欢，是后来北齐的建立者。侯景原为北魏人，太清元年（547）降西魏，之后又叛西魏降梁。侯景于太清二年（548）反梁，因侯景之乱，梁武帝萧衍最终饿死于台城。

侯景之乱发生后，趁着梁朝内乱之际，西魏寇安陆执司州刺史柳仲礼，尽占汉水以东之地，梁朝淮阳、山阳、淮阴等地俱降东魏。鄱阳王萧范想借东魏之军讨伐侯景，以合州降东魏，东魏于是就占领了淮南之地。

侯景攻陷广陵后，派郭元建守之。侯景兵败后，郭元建以广陵投降北齐，于是长江以北为北齐所占有。这时候梁元帝萧绎（508—554）在江陵求兵于西魏，西魏趁机夺取了汉中，梁元帝萧绎于天正元年（552）在江陵称帝，年号承圣。梁承圣元年（552）二月，萧绎率部击败侯景，三月占领建康，收复台城。其弟武陵王萧纪称帝于益州，起兵伐之，西魏派尉迟迥攻打成都以解救萧绎，萧纪被萧绎所杀，而尉迟迥也夺取了成都，于是蜀地被西魏占领。

梁朝大将陈霸先（502—559）分别于绍泰元年（555）年底和太平元年（556）六月，先后击溃北齐两支武装力量的大规模进犯。公元557年，陈霸先建立陈朝，为南朝中版图最小的。陈宣帝（528—582）乘北齐后主荒纵国乱，于太建五年（573）派大将吴明彻攻取江北，在吕梁（今江苏徐州东南）大败北齐，又在寿阳（安徽省寿县）攻杀叛将王琳，淮泗之地也被陈朝收复。这时候，北周已经灭掉了北齐，陈宣帝欲乘乱争夺淮北地区，又派吴明彻北伐至彭城，反被北周军队所打败，吴明彻被擒。北周韦孝宽重新收复了寿阳，梁士彦复拔广陵，陈朝乃划江为界。隋文帝于开皇八年（588）大举伐陈，次年陈朝灭亡，南北统一。

### 二　南北方的交通

南朝167年间，宋鼎盛时期，北部边境在黄河南岸、长安一带。以后的齐、梁、陈，北部边疆逐渐退到淮河、汉水一线，到了陈朝时，蜀地也丢了。

南北朝时期的水上交通比秦汉时期进步很多，而且有了大的发展。水路主要集中在黄淮地区，这也是南北朝政权的分界线。除了有自然水道，还有人工水道，即经过人工修建的运渠，形成了十分便利的水运交通。水路的连接基本为井字形，两横和两纵。对于南北双方的政权来说，水路交通多用于军事目的，在较长的时间内，南北双方都是划淮而治。陆路上的交通也和南北的军事分界线相关，西边是襄阳、南阳一线，东边沿着淮河而形成的重镇也连成一线，淮河以南如寿阳、钟离、泗州、淮安等。

黄河、淮河是贯穿东西的南北两条大动脉，但黄河与淮河并不相连，因此连通两横的还有两纵，即沟通黄淮的东西两条水路。

北魏迁都洛阳之后，统治者对于黄河水运十分重视，黄河水运得到了充分的利用。"高祖幸徐州，敕（成）淹与闾龙驹等主舟楫，将泛泗入河，溯流还洛。军次碻磝，淹以黄河浚急，虑有倾危，乃上疏陈谏。高祖敕淹曰：'朕以恒、代无运漕之路，故京邑民贫。今移都伊洛，欲通运四方，而黄河急浚，人皆难涉。我因有此行，必须乘流，所以开百姓之心。知卿至诚，而今者不得相纳。'"[①]北魏后分裂为东魏、东魏，但黄河漕运始终没有中断，尤其洛阳以东的水段，由于军事、经济的需要，十分兴盛。

淮河为四渎之一，水道宽阔，通向大海。南北朝时期，淮河在很长的一段时间内都是作为南北政权统治的分界线。正是基于此，水上交通在南北朝的军事战争中发挥了巨大的作用。南朝北伐时的路线是长江广陵—渎水—淮阴—淮河，或者从长江的入海口经海路北上到达淮河的入海处，然后顺淮河西溯而上。南朝宋元嘉二十八年（451），拓跋焘进攻盱眙，"焘闻彭城断其归路，京邑遣水军自海入淮，且疾疫死者甚众"[②]。"魏梁郡王嘉帅众十万围朐山，朐山戍主玄元度婴城固守，青、冀二州刺史范阳卢绍

---

① （北齐）魏收：《魏书·成淹传》卷七十九，中华书局1974年版，第1754页。

② （梁）沈约撰：《宋书》列传三十四，中华书局1974年版，第1913页。

之遗子兖将兵助之。庚寅，元度大破魏师。台遣军主崔灵建等将万余人自淮入海，夜至，各举两炬；魏师望见，遁去。"① 南齐建元二年（480）崔灵建率领士兵从淮河入海，解朐山（今山东临朐城）之围。

　　沟通黄河与淮河的西线水路最早为蒗荡渠②。它将黄河和淮河中上游的支流涡水、颍水与汝水相连。南北朝时期，沟通黄淮的西线水路最为重要的为颍水，因为连接蒗荡渠，是通向淮河距离最短的水道，能够非常迅速地到达淮南重镇寿春。连通黄淮的东线水路为淮河最大支流泗水及其北连黄河的水道。太和四年（369），桓温便利用泗水北伐前燕。义熙五年（409）刘裕也利用泗水北伐南燕，"四月，舟师发京都，溯淮入泗"。③南北朝时期，南朝对泗水的利用主要是在军事方面，双方对彭城的争夺尤为激烈。南朝宋泰始二年（466），张永等人进攻彭城，"会天大雪，泗水冰合，永等弃船步走"④，梁天监七年（508）梁武帝命令王萧憺北伐，"诏大举北伐。以护军将军始兴王憺为平北将军，率众入清（泗水）"。⑤南朝陈时期，太建七年（575）、太建九年（577），吴明曾经两次通过泗水，与北齐、北周激战。

　　南北朝时的陆路交通也是和军事密切相关，比较重要的地域当属南阳。这里地处关中、汉中、河南、湖北之间，西沿汉江到达汉中，西北经武关进关中，从襄阳下汉水到达两湖，从东面进入中原。南北朝时期，南朝宋北伐，就是从襄阳出发，经过南阳北上，攻入潼关的。另一重要地域是襄阳，南北朝对抗时期的军事线一般东到长江入海口，西到甘肃东南部，南阳和襄阳为东西军事线中的枢纽。北朝与南朝争夺的要地便是南阳和襄阳。南北朝时期其他的地理要塞也多和淮河相关。汴河、涡河、颍河、汝河等淮河支流与淮河主流的交汇处有颍口、涡口、清口等地。这些地方逐渐形成了寿阳、钟离、泗州、淮安等重镇，也成为南朝对抗北朝的据点。

　　尽管沟通南北的重要河道和重镇很多，但南北双方南下或北上都有侧

---

① （北宋）司马光主编：《资治通鉴》卷一三五，中华书局1956年版，第4240页。

② 浪荡渠（蒗荡渠）汉代称"狼汤渠"，即鸿沟，是中国古代最早沟通黄河和淮河的人工运河，涡河的源头。

③ （梁）沈约：《宋书》卷一，中华书局1973年版，第15页。

④ （北宋）司马光：《资治通鉴》卷一三二，中华书局1956年版，第4129页。

⑤ （唐）姚思廉：《梁书·武帝中》本纪第二，中华书局1973年版，第48页。

重点。北朝南下多从涡、颍二河，因为是顺流；而南朝多从淮泗，因为可以直接进入山东。南北朝时期的交通集中在东西分界线上，由于南北朝的长期对峙，这些重要河道和郡镇都成了军事要塞。

### 三 南北方的经济往来

南北方的经济和交通是密不可分的。在军事上，水路有着巨大的优势，同样在货物运输上，水路也有载重量大的特点。当时的水运在功能上主要为旅客往来、商贩贸易、粮食运输以及军事行动等。此外，在南北双方陆路的边境上，商业活动也没有停止，南北各方为了自身利益的需要，也希望有真正的经济交流，这就是通过"互市"的方式来实现。

"互市"又称"交市"，其含义从史书上来讲，多指国家之间、民族之间的贸易往来。大秦国"与安息、天竺交市于海中，利有十倍"。① 东汉与乌桓"岁时互市焉"②。东汉顺帝阳嘉四年（135）冬，"乌桓寇云中，遮截道上商贾车牛千余两"③。商贾拥有车牛的数目上千，可见互市的规模十分庞大。三国鼎立之时期，南北方之间亦有"互市"。魏晋时期，当东晋祖逖北伐到河南时，后赵石勒写信给祖逖"求通使交市。逖不报书，而听互市，收利十倍，于是公私丰赡，士马日滋"④。石勒为了笼络祖逖，希望和他"通使交市"，祖逖答应"互市"，获利十倍，受益十分丰厚。

南北朝时期，政治上分裂，军事上对峙，但商业之间的交流并没有停止。当时的商贸往来也称为互市，互市的形式很多，有南北边境官吏、将领的商贸往来，也有南北政权所派遣的使者在交聘过程中附带进行，还有南北朝双方各自设有互市的机构。此外，民间形式的互市更为频繁。官方并没有大规模推动互市，由于南北朝的政权非常不稳定，互市也是时通时禁。"虽云互市，实觇国情。"而民间经济的往来较频繁，并没有中断。不过受政治因素的影响，民间商贸往来大多和其所处的独特地理位置相关。南朝宋人对当时的互市是反对的。《宋书·索虏传》记载"世祖即

① （南朝宋）范晔：《后汉书·西域传》卷八十八，中华书局 1965 年版，第 2919 页。
② （南朝宋）范晔：《后汉书·乌桓传》卷九十，中华书局 1965 年版，第 2982 页。
③ 同上书，第 2983 页。
④ （唐）房玄龄：《晋书·祖逖传》卷六十二，中华书局 1974 年版，第 1697 页。

位，索虏求互市"，"时遂通之。大明二年，虏寇青州，为刺史颜师伯所破"，宋孝武帝孝建元年（454）与北魏互市，大明二年（458）北魏南下失败后，互市被禁止。但南北朝之间的边陲地带管理松散，容易形成民间的商品交易。梁天监十年（511），张稷担任青州刺史的时候，多以民间的形式与北魏交市。（张稷）"为安北将军、青冀二州刺史……初，郁洲接边陲，民俗多与魏人交市。及朐山叛，或与魏通……州人徐道角等夜袭州城，害稷。绚又遣司马茅荣伯讨平之。"[①] 天监十二年，青州人徐道角杀掉张稷，又被梁康绚派司马茅荣伯讨平后，交市应当被禁止。《魏书·食货志》记载延昌三年（514）"又于南垂立互市，以致南货"[②]，梁与北魏之间的边境也有互市。

　　梁与北齐的时候，互市被禁止。梁朝经过侯景之乱后，到陈朝时期（549—589），南北朝双方都禁止互市。据《北齐书》记载，"（高季式）随司徒潘乐征讨江、淮之间。为私使乐人于边境交易，还京，坐被禁止"[③]；"（崔季舒）出为齐州刺史，坐遣人渡淮互市，亦有赃贿事，为御史所劾"[④]。南北朝边界之间偶尔的互市也被禁止，陈朝也是如此。苏琼迁左丞，"行徐州事……旧制以淮禁不听商贩辄度"[⑤]。侯安都"寄以徐蕃，接邻齐境，贸迁禁货，鬻卖居民"[⑥]。

　　南北朝的经济交往除了互市的形式外，还有南北聘使来往形成的商品交易。"虏宁南将军、豫州刺史、北井侯若库辰树兰移书豫州曰：'……当今上国和通，南北好合，唯边境民庶，要约不明。自古列国，封疆有畔，各自禁断，无复相侵，如是可以保之长久，垂之永世。故上表台阁，驰书明晓，自今以后，魏、宋二境，宜使人迹不过。自非聘使行人，无得南北。边境之民，烟火相望，鸡狗之声相闻，至老死不相往来，不亦善乎！'"[⑦] 北魏宁南将军、豫州刺史、北井侯若库辰树兰致信宋右将军、豫州刺史南平王刘铄时谈到聘使，称只有聘使才具有资格在宋魏两国来往，

① （唐）姚思廉：《梁书·张稷传》卷十六，中华书局 1973 年版，第 272—273 页。

② （北齐）魏收：《魏书》卷一一〇，中华书局 1974 年版，第 2858 页。

③ （唐）李百药：《北齐书·高季式传》卷三十一，中华书局 1972 年版，第 297 页。

④ （唐）李百药：《北齐书·崔季舒传》。

⑤ （唐）李百药：《北齐书》卷四十六，中华书局 1972 年版，第 645 页。

⑥ （唐）姚思廉：《陈书》卷八，中华书局 1972 年版，第 148 页。

⑦ （梁）沈约：《宋书》卷九十五，中华书局 1974 年版，第 2343 页。

从事政治、经济的交流。南北交往始于东晋末年，刘裕攻打长安就开始了，南朝宋建立后，南北仍有往来，直到刘裕去世而中断。元嘉二年（425）开始恢复，南朝宋时期与北魏的交往有持续也有中断。"宋明帝末年，始与虏和好。元徽升明之世，虏使岁通。建元元年（479），伪太和三年也。……上未遑外略，以虏既摧破，且欲示以威怀，遣后军参军车僧朗北使。……永明元年（483）冬，遣骁骑将军刘缵、前军将军张谟使虏。明年冬，虏使李道固报聘，世祖于玄武湖水步军讲武，登龙舟引见之。自此岁使往来，疆场无事。"①

南朝齐与北魏的交往始于永明元年（483）。《南齐书·魏虏传》载永明四年（486）桓天生作乱，双方交恶，有所中断，到了永明七年（489）又复好。"至（永明）七年，遣使邢产、候令绍复通好。"在齐魏聘使的交往中，由于战事，南齐将北方使臣扣押，交往又发生中断。"（普通元年）十一月，魏遣使者刘善明来聘，始复通好。"② 到了普通元年（520），南北双方又有了聘使往来。梁初和魏的关系极不稳定，北魏分裂为东魏、西魏后，梁武帝与东魏才有了聘使的往来。侯景之乱时，双方交往中断。南朝陈与北齐、北周的聘使交往也是时有时无。从总体上来说，南北朝聘使的交往还是非常频繁的，但受政局变换的影响也非常大。

聘使在南北双方的交往中发挥了很大的作用。"国家有江南使至，多出藏内珍物，令都下富室好容服者货之，令使任情交易。"③ "魏梁通和，要贵皆遣人随聘使交易。"④《北史》载："李绘于武定初，兼散骑常侍，为聘使主。……前后行人皆通启求市，绘独守清尚，梁人重其廉洁。"⑤ 跟随李绘前往梁朝的聘使都竞相购买南方的商品，而李绘独守清尚。《北史·李孝伯传》载："齐使刘缵朝贡，安世奉诏劳之。……时每有江南使至，多出藏内珍物，令都下富室好容服者货之，令使任情交易。使至金玉肆问价，缵曰：'北方金玉大贱，当是山川所出？'安世曰：'圣朝不贵金玉，所以同于瓦砾；又皇上德通神明，山不爱宝，故川无金，山无玉。'

① （梁）萧子显：《南齐书》卷五十七《魏虏传》，中华书局 1972 年版，第 985—989 页。

② （北宋）司马光编：《资治通鉴》卷一四九，中华书局 1956 年版，第 4662 页。

③ （北齐）魏收：《魏书·李安世传》，中华书局 1974 年版，第 1175 页。

④ （唐）李百药：《北齐书·崔暹传》卷三十，中华书局 1972 年版，第 405 页。

⑤ （唐）李延寿：《北史》卷三十三，中华书局 1974 年版，第 1207 页。

绩初将大市，得安世言，渐而罢。迁主客给事中。"①"金玉肆"为当时平城买卖金银玉器的商店。魏孝文帝太和七年（483），南齐武帝萧赜派骁骑将军刘缵出使北魏朝贡，北魏将库内的珍物拿出，并下令让京都平城的富人穿着华丽与南朝的使者进行买卖交易。足见聘使在南北方经济交流中所发挥的巨大作用。

### 四　南北方的文化交往

南北朝之间的文化交往，有文学、风俗习惯、礼仪、文学艺术等各个方面。文化上的交流主要通过南北方人员的往来而促成，人员的交往以流亡人士居多，当然还有北上南返、南下北返的文人，以及往来于南北朝的聘使等。著名的人物如颜之推（531—595）、庾信（513—581）、王褒（约514—575）等。

晋、宋更替时候，统治集团内部矛盾重重，许多文人前往北魏，这里面既有自愿的也有被动的。东晋末年，司马氏集团中的刁雍、王慧龙、韩延之、袁氏、司马休之、司马楚之、司马景之、司马叔播、司马天助等是主动投奔北魏。南朝宋后废帝刘子业时期，刘昶害怕惹祸上身，逃到北魏。徐州刺史薛安都等人起兵反对宋明帝，失败后投奔北魏。南朝北齐文人王肃因父亲王奂被杀，于北魏太和十七年（493）携王秉、王诵、王翊、王衍等投奔北魏。《魏书·王肃传》载："肃弟秉，字文政。涉猎书史，微有兄风。世宗初，携兄子诵、翊、衍等入国，拜中书郎，迁司徒咨议，出为辅国将军、幽州刺史。卒，赠征虏将军、徐州刺史。"② 梁朝时期，由于南北交往比较频繁，北上的人数众多。江州刺史陈伯之、长史褚胃等在寿春投降北魏，豫章王萧综流亡北魏。到了陈朝时，北上人士减少。

宋、齐时代，因北魏较为安定，所以北上的文人居多，而当北魏分裂时，南下的文人也不在少数。李志即于北魏孝庄帝建义（528）初期南下投奔萧衍。《魏书·李彪传》载："志，字鸿道，博学有才干。年十余岁，便能属文。……建义初，叛入萧衍。"③ 徐纥因为朱尔荣入洛，南下搜奔

① （唐）李延寿：《北史》卷三十三，中华书局1974年版，第1223页。
② （北齐）魏收：《魏书·王肃》，列传第五十五，中华书局1974年版，第1412页。
③ （北齐）魏收：《魏书》卷六十二，中华书局1974年版，第1399页。

萧衍，有著述十卷。《魏书·恩幸传》载："荣将入洛，既克河梁，纥矫诏夜开殿门，取骅骝御马十匹，东走兖州。……纥虑不免，说侃请乞师于萧衍。侃信之，遂奔衍。文笔驳论数十卷，多人遗落，时或存于世焉。"投奔萧衍的还有高雍，他是北魏宁西将军高湖之子。《魏书·高湖传》载："子雍，字景云，司徒从事。后与少子思义俱奔萧衍，卒于江南。"[①]魏乱入梁的有元法僧元树、元愿达、羊侃、羊鸦仁等。

由于北方的文化较为落后，由南入北的人士待遇都十分丰厚。而由北入南的文人在待遇上就不如北方，而且由于口音上的差异，也备受冷落。"凡圣贤可讲之书，必以《周官》立义，则《周官》一书，实为群经源本。此学不传，多历年世，北人孙详、蒋显亦经听习，而音革楚、夏，故学徒不至，帷助教沈峻，特精此书。"孙详、蒋显因为口音的原因，学徒不至。

在文化的传播上，南朝的文学风格对北朝的文学产生了巨大的影响。庾信对于北方的文学发展起到了很大的促进作用。梁元帝承圣三年（554），庾信奉命前往西魏，这一去再没有返还，被西魏扣了下来，此后他一直在北方从事诗文创作。《周书·庾信传》说："朝廷之人，间阎之士，莫不忘味于遗韵，眩精于末光。犹岳陵之仰嵩岱，川流之宗溟渤。"[②]庾信的作品在北方非常受欢迎，既有北方质朴的民风，也有南方婉约清丽的技巧。王褒出身于南朝大族琅琊王氏家族，他也是当时由南入北的一位著名文人。《北史·王褒传》载他"博览史传，七岁能属文"[③]。西魏攻取了江陵后，他就流亡到了北方。《周书·王褒庾信传》载："世宗即位，笃好文学。时褒与信才名最高，特加亲待"，"世宗、高祖并雅好文学，信特蒙恩礼。至于赵、滕诸王，周旋款至，有若布衣之交。群公碑志，多相请托。唯王褒颇与信相埒，自余文人，莫有逮者"[④]。周世宗对王褒的评价很好，认为当时的文人没有人能比得上他。王褒除了为北朝的高官写了许多碑志外，在文学上也作品颇多，他的作品婉约含蓄，也为北方文人所青睐。颜之推因梁末发生侯景之乱而进入西魏，后又

①　（北齐）魏收：《魏书》卷三十二，中华书局1974年版，第756页。
②　（唐）令狐德棻：《周书》卷四十一，中华书局1971年版，第743页。
③　（唐）李延寿：《北史》卷八十三，中华书局1974年版，第2791页。
④　（唐）令狐德棻：《周书》卷四十一，中华书局1971年版，第734页。

到北齐。他的代表作有《颜氏家训》，书中有许多关于南北社会文化的讨论，体现了南北文化的交融。北方的社会风气注重事功，南方注重婉约文风，这两点都在他的作品中有所体现，是实用和审美的结合。

其他流亡北方的文人还有刘昶、王肃。《魏书·刘昶传》载："昶虽学不渊恰，略览子史，前后表启，皆其自制"，"十八年，除使持节、都督吴越楚彭城诸军事、大将军、开府，镇徐州。昶频表辞大将军，诏不许。及发，帝亲饯之，命百寮赋诗赠昶。又以其文集一部赐昶。帝因以所制文笔示之曰：'时契胜残，事钟文业。虽则不学，欲罢不能。脱思一见，故以相示，虽无足味，聊复为一笑耳'"①。由于刘昶的文学颇有造诣，所以受到魏孝文帝的重视。

南方除了在文学上对北方影响广泛外，南方的风俗习惯也随着南人北上而传播到了北朝。"北朝顿丘李构，母刘氏，夫人亡后，所住之堂，终身锁闭，弗忍开入也。夫人，宋广州刺史纂之孙女，故构犹染江南风教。"②李构受到母亲的影响，和吴郡陆氏的风俗大同小异了。南齐王肃投奔北魏，"不食羊肉及酪浆等物，常饭鲫鱼羹，渴饮茗汁。京师士子道，肃一饮一斗，号为漏卮。……时给事中刘缟慕肃之风，专习茗饮。彭城王谓缟曰：'卿不慕王侯八珍，好苍头水厄。海上有逐臭之夫，里内有学颦之妇，以卿言之，即是也。'其彭城王家有吴奴，以此言戏之。自是朝贵谦会，虽设茗饮，皆耻不复食，唯江表残民远来降者好之。"③海上有逐臭之夫是一个比喻，说明南朝的饮食习惯也传到了北方。

南朝的服饰也影响了北朝。四川茂县（今茂汉羌族自治县）出土的齐永明元年（483）无量寿、弥勒佛二世尊像穿宽博袈裟，胸前垂出内衣结带，衣裾披覆于方座上，这种服制，比北魏孝文帝太和十年（486）服制改革还早三年，说明太和年间北魏佛像服饰的新变化已经受到了南朝的影响。

南方的艺术对北方也有影响。蒋少游曾经到过江南，学习了南方宫殿建筑的特色，回到北方后，他将南朝建筑的特点应用到了北魏洛阳宫殿的

① （北齐）魏收：《魏书·刘昶传》卷五十九，中华书局1971年版，第1310页。
② （北齐）颜之推著，王利器点校：《颜氏家训集解》卷二，中华书局1993年版，第104—105页。
③ （北魏）杨衒之：《洛阳伽蓝记》卷三，《大正藏》第51册，第1011页上。

建设当中。《南齐书·魏虏传》载："（永明）九年（491），（上）遣使李道固、蒋少游报使。少游有机巧，密令观京师宫殿楷式。清河崔元祖启世祖曰：'少游，臣之外甥，特有公输之思，宋世陷虏，处以大匠之官。今为副使，必欲模范宫阙。岂可令毡乡之鄙，取象天宫？臣谓且留少游，令使主反命。'世祖以非和通意，不许。少游，安乐人。虏宫室制度，皆从其出。"①《北史》载："宣武、明帝时，豫州人柳俭、殿中将军关文备、郭安兴并机巧。洛中制永宁寺九层佛图，安兴为匠也。"② 郭安兴的曾祖父为郭珍，未具官职，是"南来客"，可见郭氏家族是由南边迁移而来。郭安兴对于洛阳永宁寺的建造功不可没。

北朝人南下所进行的学术交流中重要的人物有崔灵恩，《梁书·儒林传》载其"聚徒讲授，听者常数百人。性拙朴无风采，及解经析理，甚有精致，京师旧儒咸称重之，助教孔金尤好其学。灵恩先习《左传》服解，不为江东所行，及改说杜义，每文句常申服以难杜，遂著《左氏条义》以明之。时有助教虞僧诞又精杜学，因作《申杜难服》，以答灵恩，世并行焉。僧诞，会稽余姚人，以《左氏》教授，听者亦百人。其该通义例，当时莫及"。③ 这段文字记载了南北学者在经学上的交流，北人以服虔的注释为依据，南方以杜预的注解为主流，灵恩与虞僧诞因此不同，而产生论争。

南北朝聘使对于南北双方文化的交流也起到了重大的作用。"既南北通好，务以俊乂相矜，衔命接客，必尽一时之选，无才地者不得与焉。梁使每入，邺下为之倾动，贵胜子弟盛饰聚观，礼赠优渥，馆门成市。宴日，齐文襄使左右觇之，宾司一言制胜，文襄为之抚掌。魏使至梁，亦如梁使至魏，梁武亲与谈说，甚相爱重。"④ 北朝东魏与南朝梁之间的交往是双方文雅才俊之士的交往，有利于南北双方文化上的学习和交流。

① （梁）萧子显：《南齐书》卷五十七，中华书局 1972 年版，第 990 页。
② （唐）李延寿：《北史》卷九十，中华书局 1974 年版，第 2985 页。
③ （唐）姚思廉：《梁书》卷四十八，中华书局 1973 年版，第 677 页。
④ （唐）李延寿：《北史》卷四十三，中华书局 1974 年版，第 1604 页。

## 第二节　南北方佛教的交往与不同发展趋向

### 一　南北朝时期高僧的分布

南北朝时期僧人之间的交往对于南北的佛教交流起到了十分重要的推动作用。南北政权虽然对峙，但僧人在译经、问学、传道等方面交往频繁。南北朝时期的高僧多集中于长安、建康。由于南北的内乱不断，僧人的辗转奔波在所难免。以真谛（499—569）为例，他来到梁时为中大同元年（546），于大建元年（569）去世。在 23 年里，真谛先后经南海（今广东省南部）、建业（今南京）、富春（今浙江省富阳县）、豫章（今江西南昌）、新吴（今江西省奉新县）、始兴（今广东省曲江县）、南康（今江西省赣县西南）、晋安（今福建省晋江县）、梁安（今广东省惠阳一带）等地区。当时像真谛这样的高僧不在少数。这里我们先按照僧籍来统计僧人的分布地区。所谓僧籍，是指僧人的出生地。而对于西域或来自天竺的僧人，籍贯则按其来华的第一驻锡地统计。

东汉末至南朝梁时期，《高僧传》中所载的僧籍地出现 2 次以上的地名及其出现次数如下：长安京兆（12）、建康（8）、会稽剡（8）、凉州（7）、冀州（7）、关中（6）、高昌（5）、敦煌（5）、豫州（5）、蜀（5）、琅琊（4）、河内（4）、吴（4）、吴兴余杭（4）、余姚（3）、彭城（3）、雁门（3）、荆州（3）、扶风（3）、东莞（3）、黄龙（3）、颍川（3）、河东（2）、河北（2）、长乐（2）、安定朝那（2）、南海（2）、广州（2）、中山（2）、广陵（2）、雍州（2）、寿春（2）、鲁郡（2）、临淄（2）、于潜（2）、南阳（2）、丹阳（2）、冯翊（2）、金城（2）。[1]

天竺、西域僧人第一次到达的地点，北方多为洛阳、关中、长安、凉、敦煌。其中洛阳、长安最集中。南方多为广州、南京、广陵。北方由于北魏、北周的灭佛运动，许多僧人逃到南方。而南朝对于佛教是支持的，尤其梁朝时期，佛教上升到了国教的地位，所以南方的僧人不但人数多，而且分布相对稳定。南方以建康为中心，有会稽、剡、余杭、余姚、豫州、颍州、广陵、于潜、丹阳等。

---

[1]　陈勇：《佛教在魏晋南北朝的传播——据僧人出生地加以研究》，《南方论刊》2007 年第 2 期，第 95—96 页。

关于僧人在不同地区的具体数量。以秦岭淮河为界，分为南北两大区域。秦岭淮河以南的地区有再划分为淮南江表、江汉沅湘、岭南、巴蜀；秦岭淮河以北的地区则划分为河淮之间、河东河北、关陇河西。

根据《高僧传》和《续高僧传》以及《名僧传钞》《历代三宝纪》《广清凉传》《弘赞法华传》等文献，记载南北朝时期的僧人数量为 267 人。其中南方为 147 人，北方为 120 人，从数量上看，南方的僧人数量多于北方。如果加上南北朝时期业已出家，但主要活动在隋唐时期的僧人，则南方共有 233 人，北方共有 280 人，可见，后期北方僧人超过了南方。在北方的三个地区之中，河东河北 102 人，河淮之间 95 人，关陇河西 83 人。各地区相差不大，可见分布比较均衡。而在南方的四个地区之中，江表淮南 143 人，江汉沅湘 45 人，巴蜀 36 人，岭南 9 人，可见南方僧人分布比较集中。尤其集中于江东的丹阳、吴、会稽、吴兴四郡，其次，江汉沅湘的南郡和襄阳、益州的巴西、广汉、蜀郡也比较密集。而北方比较密集的地区只有渭水下游及其以东地区。[①]

## 二　南北朝时期高僧游锡

尽管南北朝在政治上对峙，但南北高僧的游锡仍然往来不断。南北朝时期僧人游锡的原因多种多样，大致可以归纳为如下五点。

### （一）为躲避战乱而游锡

太延五年（439）北魏灭掉北凉，有部分僧人就逃到南朝宋。"释僧朗，凉州人。魏虏攻凉，城民素少，乃逼斥道人用充军旅，队别兼之，及辀所拟，举城同陷，收登城僧三千人。……唯朗等数僧别付帐下，及魏军东还，朗与同学中路共叛，阵防严设，更无走处，东西绝壁，莫测浅深。上有大树，旁垂崖侧，遂以鼓旗竿绳系树悬下……七日达于仇池，又至梁汉出于荆州，不测其终。"[②] 僧朗是凉州人，被魏军所俘充军，趁着魏军东还，以鼓旗竿绳系树顺崖而下，侥幸逃出，到达荆州。

《高僧传》卷八提到释智林随释宝亮在宋初过江，作有《二谛论》《毗昙杂心论》等，加深了南北的交流。释慧善自幼出家，擅长《毗昙》，因为被俘虏，而去西魏。"释慧善，幼出家，善法胜《毗昙》……会有梁

---

① 张伟然：《南北朝佛教地理的初步研究》（上篇），《中国历史地理论丛》1991 年第 4 期。
② （唐）道宣：《续高僧传》卷二十五，《大正藏》第 50 册，第 646 页下。

未序，逃难江陵，承圣季年，因俘秦壤，住长安崇华寺，义学之美，为周冢宰见知，别修供养，敷导终老，以天保年卒于长安。"①

北魏太武帝灭佛后南逃的高僧释玄畅精通三论学、华严学，于元嘉二十二年（445）至建康，宋文帝赞叹玄畅学识渊博，请为太子师。"释玄畅，姓赵，河西金城人……，以元嘉二十二年八月一日达于扬州，洞晓经律，深入禅要，占记吉凶，靡不诚验。坟典子氏，多所该涉。至于世伎杂能，罕不必备。初华严大部文旨浩博。终古以来，未有宣释。畅乃竭思，研寻提章比句，传讲迄今，畅其始也。又善于三论，为学者之宗。宋文帝深加叹重，请为太子师。"②

南朝宋元嘉十五年（438）释法瑗从北方来到梁州。"经涉燕赵，去来邺洛，值胡寇纵横，关陇鼎沸，瑗冒险履危，学业无殆。元嘉十五年还梁州，因进成都，后东适建邺，依道场寺慧观为师。"③

北魏太平真君七年（446），太武帝拓跋焘下令坑杀僧人，焚毁佛经，僧导在寿春寺接纳逃难僧人有数百人之多。导"立寺寿春，即东山寺也，常讲说经论，受业千有余人。会虏俄灭佛法，沙门避难投之者数百，悉给衣食，其有死于虏者，皆设行香会，为之流涕哀痛。"④

北魏释慧芬俗姓李，自幼出家，在北魏灭法时候南下逃到建业。"释慧芬，姓李，豫州人。幼有殊操，十二出家，住谷熟县常山寺。学业优深，苦行精峻，每赴斋会，常为大众说法。梁楚之间悉奉其化。及魏虏毁灭佛法，乃南归京师。"⑤

北周武帝建德三年（574）下诏禁佛、道二教。建德六年（577）灭齐，又下诏齐境禁佛。这两次灭法，导致了许多北方僧人又不得不逃往南方。

北魏释慧意南投于梁。"释慧意，姓李，临原人。听大乘经论，专习禅定。宇文废法，南投于梁，与仙城山慧命同师，寻讨心要。"⑥

北齐末年释辩寂南适江阴。"释辩寂，徐州人，少以慧学播名，汎浪

①　（唐）道宣：《续高僧传》卷八，《大正藏》第50册，第486页下。
②　（梁）慧皎：《高僧传》卷八，《大正藏》第50册，第377页上。
③　同上书，第376页下。
④　（梁）慧皎：《高僧传》卷七，《大正藏》第50册，第371页上。
⑤　（梁）慧皎：《高僧传》卷十一，《大正藏》第50册，第416页中。
⑥　（唐）道宣：《续高僧传》卷十六，《大正藏》第50册，第560页中。

人世，游讲为业，末在齐都，专攻大论及《阿毗昙心》，会武平末岁，国破道亡，南适江阴，复师三论。"①

北周释靖嵩与释法贵、释灵侃等人投奔南朝陈。"俄属周武屏除，释门离溃，（释靖嵩）遂与同学法贵、灵侃等三百余僧，自北徂南，达于江左。陈宣帝远揖德音，承风迎引，令侍中袁宪至京口城礼接登岸。帝又使驸马蔡凝宣勅云：'至人为法以身许道，法师等善明治乱，归寄有叙，可谓怀道正士，深可嘉之。宜于都廓大寺安置，所司供给务令周至。'"②

北周释宝安南投陈国。"释宝安，兖州人，安贫习学，见者敬之。……周灭齐亡，南投陈国，大隋一统，还归乡壤。"③

北周释通幽南投于陈。"释通幽。姓赵氏。河东蒲坂人。……遇周齐凌乱，远涉江皋，业架金陵，素气悠远。及大隋开运，还归渭阴。"④

北周时期南逃高僧还有慧海、法彦，北齐有昙迁等，智颉大师亦因北周毁法南逃⑤。

（二）因与统治者意见不同或受其邀请而游锡

菩提达摩与梁武帝意见不合而北上。"菩提达摩，南天竺婆罗门种。……初达宋境南越，末又北度至魏，随其所止，诲以禅教，于时合国盛弘讲授。"⑥

北魏高僧释僧达到梁朝为梁武帝讲经授戒，梁武帝称之为"肉身菩萨"。"释僧达，俗姓李，上谷人，十五出家。……梁武皇帝拨乱弘道，衔闻欣然，遂即济江造宫，请见。勅驸马殷均，引入重云殿。自昼通夜，传所未闻，连席七宵，帝叹嘉瑞，因从受戒，誓为弟子。……帝亦深敬，常顾侍臣云：'北方鸾法师达禅师，肉身菩萨。'"⑦

（三）按照自己旨趣或为传法而游锡

因为北魏对佛教的打击，也有南朝僧人前往北方传法的。北魏太武帝

---

① （唐）道宣：《高僧传》卷二十六，《大正藏》第 50 册，第 675 页上。
② （唐）姚思廉：《陈书·武帝纪》。
③ （唐）道宣：《高僧传》卷二十六，《大正藏》第 50 册，第 674 页上。
④ （唐）道宣：《高僧传》卷二十一，《大正藏》第 50 册，第 610 页下。
⑤ 柳顾言：《天台国清寺智者禅师碑文》，收录于灌顶《国清百录》卷四，《大正藏》第 46 册，第 818 页中。
⑥ （唐）道宣：《续高僧传》卷十六，《大正藏》第 50 册，第 551 页中。
⑦ 同上书，第 552 页下、553 页上。

拓跋焘灭法后，文成帝拓跋濬又复兴佛教，因此急需僧才，南朝宋僧人释志道借此时机带领十余人在引水寺讲律明戒。"释志道，姓任，河内人，性温谨，十七出家，止灵曜寺。……先时魏虏灭佛法，后世嗣兴，而戒授多缺。道既誓志弘通，不惮艰苦，乃携同契十有余人，往至虎牢，集洛、秦、雍、淮、豫五州道士，会于引水寺，讲律明戒，更申受法。伪国僧禁获全，道之力也。后还京邑，王奂出镇湘州，携与同游。"①

法琳生于陈宣帝太建四年（257），年少出家，游历金陵、楚郢（江陵）各地，遍学内外典籍。著作除《破邪论》《辩正论》（现存）外，据同时的沙门彦悰曾加以搜集，谓共有《诗赋》、《碑志》、《赞颂》《箴诫》《记传》《启论》《三教系谱》《释老宗源》等合三十卷。又据道宣所述，另有《表》《章》《谍》《大乘教法》等名目，共有三十余卷。

陈朝时期释慧思由嵩山到南岳去传禅法。相传在他茫然于"然我佛法不久应灭，当往何方以避此难"时，空中降声启示他道："若欲修定，可往武当南岳，此入道山也。"于是他"以齐武平（576）之初，背此嵩阳，领徒南逝，高骞前贤。……寄于南岳止十年耳，年满当移，不识其旨，及还山舍。每年陈主三信参劳，供坡众积，荣盛莫加。"②

（四）因僧人之间的访道、学习而游锡

北魏僧人释昙准到齐京师太昌寺听僧宗讲《涅槃》经，学成之后回到北方讲授。"先是北土法师昙准闻宗特善《涅槃》，乃南游观听。既南北情异，思不相参。准乃别更讲说，多为北士所师。准后居湘宫寺，与同寺法身、法真并为当时匠者。"③

北周时期的僧人释慧恭和同寺庙的慧远从四川到长安，后又前往荆扬寻师访道，对于《阿毗昙论》《迦延拘舍》《地持》《成实》等非常精通，学成之后到益州讲授。"释慧恭者，益州成都人也，俗姓周氏。周末废佛法之时，与同寺慧远结契勤学。远直诣长安听采，恭（慧恭）长往荆扬访道。远于京师听得《阿毗昙论》、《迦延拘舍》、《地持》、《成实》、《毗婆沙》、《摄大乘》，并皆精熟，还益州讲授，卓尔绝群，道俗钦重，傃施盈积。恭后从江表来还，二人相遇欣欢，共叙离别三十余年。同宿数夜语

---

① （梁）慧皎：《高僧传》卷十一，《大正藏》第50册，第401页下、402页上。
② （唐）道宣撰：《续高僧传》卷十七，《大正藏》第50册，第562页下、563页上。
③ （梁）慧皎：《高僧传》卷八，《大正藏》第50册，第379页下。

说言谈，远如泉涌，恭竟无所道。"①

　　南朝僧侣到北方访道的也不少。根据《续高僧传》卷七《释慧布传》所载，释慧布广陵人，姓郝氏，21 岁出家，最初在杨都建初寺跟随琼法师学《成实》，后来到摄山止观寺从僧诠听三论讲。"释慧布，姓郝氏，广陵人也。少怀远操，性度虚梗…从建初寺琼法师学《成实论》，通假实之旨物议所归。……承摄山止观寺僧诠法师，大乘海岳声誉远闻，乃往从之听闻三论。……时号之为得意布，或云思玄布也。……所谓四句朗、领语辩、文章勇、得意布，布称得意最为高也。"② 慧布晚年游北邺，拜访慧可禅师，不过二人见解似不同，慧可认为他只"破除我见"，慧布深受刺激，努力学习佛法，写章、疏六驮返回南方。"末游北邺更涉未闻，于可禅师所，暂通名见，便以言忤其意。可曰：'法师所述可谓破我除见，莫过此也。'乃纵心诸席，备见宗领，周览文义，并具胸襟，又写章、疏六驮，负还江表。"③

　　何胤（446—531）字子季，庐江灊（今安徽庐江）人，佛教论著有注《百法论》一卷、《十二门论》一卷。"又征士庐江何胤，居吴郡虎丘，遇一神僧捉一函书云：有人来寄语，顷失之。及开函视，全不识其文词。后访魏僧云：是《大庄严论》中间两纸也。"④ 有人寄给何胤一书函，何胤不认识其中的文辞，一位魏朝僧人告诉他是《大庄严论》中的内容。这说明当时的学习除了访道，还有书信的来往。

　　（五）因南朝的佛法兴盛，慕名前往的游锡

　　由北朝到南朝的僧人更多一些，因为南朝佛法兴盛，偏重义理，有非常好的佛教氛围。僧人来到南方或研究佛理或从事行政，都有很大的发展机会，这是他们南下的动机所在。

　　南朝宋时期的释智林为高昌人，跟随宝亮过江，后来徙往蕃禺，智林也随往。宋明帝初年，智林受敕回京，听说周颙著《三宗论》，写信劝其速成。后来智林又返回高昌，逝于永明五年（487）。智林著《二谛论》及《毗昙杂心论》，并注《十二门论》和《中论》。"释智林，高昌

---

　　① （唐）道宣：《续高僧传》卷二十八，《大正藏》第 50 册，第 686 页下。
　　② （唐）道宣：《续高僧传》卷七，《大正藏》第 50 册，第 480 页下。
　　③ 同上。
　　④ （唐）道宣：《续高僧传》卷五，《大正藏》第 50 册，第 467 页中。

人。……负帙长安，振锡江豫。博采群典，特善杂心。……至宋明之初，敕在所资给发遣下京，止灵基寺。讲说相续，禀服成群。申明二谛义有三宗不同。时，汝南周颙又作三宗论，既与林意相符，深所欣迟。乃致书于颙曰：'近闻檀越叙二谛之新意。'……是以相劝，速着纸笔，比见往来者，闻作论已成。……著《二谛论》及《毗昙杂心记》，并注《十二门论》、《中论》等。"①

有的僧人到了南方，还被任命为僧官，释法瑗被宋明帝任命为法主。"释法瑗，姓辛，陇西人，辛毗之后。长兄源明，仕伪魏，为大尚书。第二兄法爱，亦为沙门……为茜芳国师……元嘉十五年（438 年）还梁州，因进成都，后东适建业……（宋文）帝勅为南平穆王五戒师，及孝武即位，勅为西阳王子尚友……及明帝造湘宫新成，……勅请瑗充当法王②。"

还有的僧人深感生命无常，年老体衰，毅然决定南下学习佛法。"贞谓建曰：大梁正朝礼义之国，又有菩萨应行风教，宣流道法，相与去乎？今年过六十，朝闻夕死，吾无恨矣。建曰：时不可失，亦先有此怀。以梁普通二年相率南迈。"③ 梁普通二年（521），释法贞、释僧建有感于南方佛法昌盛，人生短暂不能辜负光阴，于是从北方来到南方。

其他南下的僧人如下所列。

南朝宋时释法颖，敦煌人，元嘉末下都止新亭寺。宋孝武帝、齐高帝先后钦为都邑僧主。"释法颖，姓索，敦煌人。……元嘉末下都，止新亭寺。孝武南下改治此寺，以颖学业兼明，勅为都邑僧正。后辞任还多宝寺……及齐高即位，复勅为僧主。……齐建元四年卒。"④

南朝宋时释超辩，敦煌人，南下达到建业。"释超辩，姓张，敦煌人。……闻京师盛于佛法，乃越自西河，路由巴楚，达于建业。……以齐永明十年（492）终于山寺，春秋七十有三。"⑤

南朝宋时释法度，宋末到达建康。"释法度，黄龙人，少出家，游学北土，备综众经……宋末游于京师。……齐永元二年，卒于山中，春秋六

①　（梁）僧祐：《高僧传》卷八，《大正藏》第 50 册，第 376 页上、中。
②　（梁）慧皎：《高僧传》卷八，《大正藏》第 50 册，第 376 页下。
③　（唐）道宣：《续高僧传》卷六，《大正藏》第 50 册，第 474 页中。
④　（梁）僧祐：《高僧传》卷十一，《大正藏》第 50 册，第 402 页上。
⑤　（梁）僧祐：《高僧传》卷十二，《大正藏》第 50 册，第 408 页中。

十有四矣。"①

南朝宋时释弘充，凉州人，南下止多宝寺。"释弘充，凉州人……大明末过江，初止多宝寺。……宋太宰江夏文献王义恭雅重之，明帝践祚，起湘宫寺。……充以齐永明中卒，春秋七十有二。"②

南朝齐时释慧弥，弘农华阴人，南下达到建业。"释慧弥，姓杨氏，弘农华阴人。……年十六出家，及具戒之后，志修远离，乃入长安终南山。……后闻江东有法之盛，乃观化京师，止于钟山定林寺。……梁天监十七年，闰八月十五日终于山舍，春秋七十有九。"③

南朝齐时释昙准，汤阴人，南渡止湘宫寺。"释昙准，姓弘，魏郡汤阴人。……承齐竟陵王广延胜道，盛兴讲说，遂南度止湘宫寺。……以天监十四年卒，春秋七十有七。"④

南朝梁时，公元 464 年，释宝亮到建康。"释宝亮，本姓徐氏，其先东莞胄族。晋败，避地于东莱弦县，亮年十二出家。……年二十一至京师，居中兴寺……天监八年（509）卒，春秋六十有六。"⑤

南朝齐时释僧副由北魏南下至定林寺。"释僧副，姓王氏，太原祁县人……齐建武年，南游杨辇，止于钟山定林下寺。……卒于开善寺，春秋六十有一，即普通五年（524）也。"⑥

南朝陈时释法常，从北齐投陈，行化荆峡，向僧法隐禅定。"释法常，高齐时人。……齐主崇为国师……捐而至楚，后闻追之，变形革服一举千里，又达衡岳，多处林野，布衣乞食。又之荆峡，有僧法隐者。……乃归而问津……深悟寂定不思议也。"⑦

无论出于什么原因，南北高僧的游锡都促进了佛教经论的传播。十六国北凉玄始十年（421）昙无谶译出《大般涅槃经》，至南朝宋文帝元嘉中传至建康，影响很大。释慧布将在北方抄写的佛经带到了南方，周宏正将北周释昙延传授的义门，经过抄写，带到了南朝陈。南朝宋时求那跋陀

① （梁）僧祐：《高僧传》卷八，《大正藏》第 50 册，第 380 页中、下。
② 同上书，第 376 页上。
③ （梁）僧祐：《高僧传》卷十二，《大正藏》第 50 册，第 408 页下。
④ （唐）道宣：《续高僧传》卷六，《大正藏》第 50 册，第 472 页上。
⑤ （梁）僧祐：《高僧传》卷八，《大正藏》第 50 册，第 381 页下、382 页上。
⑥ （唐）道宣：《续高僧传》卷十六，《大正藏》第 50 册，第 550 页中。
⑦ 同上书，第 556 页中。

罗译所译《胜鬘经》流传北朝，广为习诵。《续高僧传》卷六《释道登传》云："释道登……闻徐州有僧药者，雅明经论，扶策从之，研综《涅槃》、《法华》、《胜鬘》，后从僧渊学究《成实》。年造知命，誉动魏都，北土宗之，累信征请。"① 真谛是南朝著名的译经家，宇文泰于承圣二年（553）攻取了益州，益州僧人很快把真谛译经传到了长安。这些极大地促进了南北双方的佛教交流。

### 三 南北方佛教的不同发展趋向

因为南北方政权的差异、文化的差异、经济的差异，佛教在南北方的发展上呈现出了很多不同的发展趋向。主要表现在如下三个方面。

#### （一）佛教义理实践发展不同

在佛教发展趋向上，北方重实践，南方重义理。汤用彤认为："北方佛教信仰与南迥异，其经学崇尚亦与南方不同，南方学术之主流为玄学，而北方经学则亦较江左为盛。……南方佛理，因与玄学契合无间，故几可视为一流。北方经学之于佛教虽少交互之影响，但经术既与佛义俱起俱弘，儒师遂不免与僧徒发生学问上之因缘。"② "北方佛教义学以罗什在长安时为最盛。其后迭经变乱，学僧星散。凉州沙门，被于平城。北朝之初，佛教与道安、罗什时代大异其趣。禅师玄高、昙曜，实执僧界之牛耳。由是盛行净土念佛，又偏重戒律，并杂以方术阴阳之神教。凡汉代佛法之残余，似多流行于北。"③ 汤用彤认为北方因为受到经学的影响，比较重视实践，而南方佛学本来就有玄学的传统，所以注重义理。

南方佛教偏重于涅槃学、成实学、毗昙学、三论学，义理的成分十分浓厚。经典的译出和义理的弘扬是密不可分的。汤用彤说："《涅槃》出后，凉土义学僧人，本已注意此经。"④ 道朗作《涅槃经序》，并有经疏。《释老志》载智嵩为译时笔受，后"以新出经论于凉土教授，辩论幽旨，著《涅槃义记》"。⑤ 然不久凉土兵乱，《涅槃》之学，流至江南，并引起巨大反响。僧伽提婆译出《阿毗昙心论》，卑摩罗叉译出《十诵律》，完

---

① （唐）道宣：《续高僧传》卷六，《大正藏》第50册，第471页下。
② 汤用彤：《汉魏两晋南北朝佛教史》，中华书局1983年版，第375页。
③ 同上书，第599—600页。
④ 同上书，第279页。
⑤ （北齐）魏收：《魏书》卷一百一十四，《释老志》。

善了南方的佛教经典。真谛三藏还广州,住制旨寺译《摄大乘论》《俱舍论》,南方的义学经典由此大增。北方流行侧重于实践方面的佛教经典,如《十地经论》《楞伽经》等。

当然,北方重实践、南方重义理也不能绝对化,在相互的交往中,可以说是互有吸收。在南北朝的前期,南方的佛学理论是由北方传入的,如罗什所翻译的大乘经典、昙无谶所翻译的北本《涅槃经》都传到了南方。而南方的理论如真谛所翻译的《摄大乘论》也被传到北方,成为摄论学派。周武灭佛时,北方僧人靖嵩南逃至建业,后跟随真谛的弟子法泰学习《摄论》《俱舍》,学成之后,又回到了北方,对于摄论宗的传播功不可没。靖嵩的著述有《三藏》《三生死》《三聚戒》《九识》等。汤用彤说:"真谛殁后十九年而陈亡。其弟子散处江南,亦未多得侍奉。至北方昙迁、靖篙南来,始见其学可补北方地论师之所未知,乃函为宣扬,真谛之学,乃得光大。"[1] 成实学是南方发展出来的学派,义理性浓厚,道登、昙度将成实学传到北魏。道登是僧渊的弟子,名气很大,北魏统治者慕其名望,邀请他到洛阳讲学。昙度跟随僧渊学习《成实论》很有成就,被北魏孝文帝邀请至平城讲法,他的著述有《成实论大义疏》八卷,在北方非常流行。魏宣武帝后,南方的成实学继续在北方传播,重要的弘法僧人有道庄、释法论等。南方的禅法发展也受到了北方的影响。北方南下的禅师有僧副、慧初、法聪、法常等。南朝陈时期,保恭禅师在栖霞寺弘扬禅法。天台宗的代表人物慧思、智颉也南下传授禅法。南方禅法比较活跃的地区有蜀、荆襄、浙江天台等。北方盛行的阿弥陀佛净土思想也传到了南方。总体上,南北朝的佛学呈相互融合的趋势。

(二) 佛教艺术发展不同

南北朝时期,南北佛教艺术也出现不同的发展趋向,尤其表现在佛教造像方面。南北朝初期,北朝造像带有明显的印度犍陀罗色彩,而南朝的造像更接近于汉人的形象,北朝后期的造像风格与南朝逐渐融合。北魏以后,敦煌、麦积山的雕塑为彩敷泥塑,大同云冈石窟、洛阳龙门石窟、巩县石窟、邯郸响堂山石窟等,都为石窟造像。麦积山的北魏泥塑形象逼真,富于情感流露。佛像服饰有袒露右肩,外披袈裟式偏衫,下身着裙;或穿通肩大衣,盖在双臂上。菩萨服饰上身袒露,首饰很多,下着羊肠大

---

① 汤用彤:《汉魏两晋南北朝佛教史》,中华书局 1983 年版,第 376 页。

裙。北朝的造像多注重形态和精神，不大追求细部。北魏孝文帝迁都洛阳以后，造像的面像瘦削，菩萨广额，小颐，秀颈，眉宇开朗，神情恬淡，飞天清丽俊秀，显然受到了南朝造像风格的影响。北齐、北周时期，佛、菩萨面相由瘦长型转向丰圆型，头发为小的螺旋形。在神态上，佛庄严，菩萨慈祥，力士狰狞，弟子和悦。佛的服饰为搭双肩的袈裟式外衣；菩萨服式更为艳丽。

南朝造像多集中在建康（今南京市）、四川等地，佛多着褒衣博带及天竺通肩衣。佛教造像面容多清癯，秀骨清像，表情柔和，嘴角向上弯起。服饰上，褒衣博带，衣褶层叠，衣裙垂蔽。南朝的佛教造像摆脱了印度佛教文化的影响，逐渐走向了世俗化、本土化。南朝的这种风格也被北朝造像所吸纳，"秀骨清像"成为南北朝统一的审美标准。

音乐方面，"自周、隋以来，管弦杂曲将数百曲，多用西凉乐，鼓舞曲多用龟兹乐，其曲度皆时俗所知也"。① 西域音乐的传入，则与战争有关。"西凉者，起苻氏之末，吕光、沮渠蒙逊等据有凉州，变龟兹声为之，号为秦汉伎……其歌曲有《永世乐》、解曲有《万世丰》、舞曲有《于阗佛曲》。"② "龟兹者，起自吕光灭龟兹，因得其声。"③ 苻坚派大将吕光西伐龟兹，为了争夺鸠摩罗什，但同时也把西域的音乐传了过来。南朝齐竟陵王萧子良及梁武帝萧衍等人在清商旧乐基础上创作佛曲，具有明显的中国特色，为佛曲的中国化奠定了基础。此外，书法方面，北朝佛教书法多以石刻为大宗，字体多为不断演变的隶楷错变字体。南朝的佛教书法多在尺牍上，书法继承了东晋的传统，行草为当时的主要字体。在书法风格上，北朝注重质朴厚重、豪健雄放，而南朝注重风流妍妙、温婉妩媚。北朝石刻佛教的产生还和法难有关，法难引发了北方佛教末法的思想，石刻佛经也是护法思想的一个表现。

（三）佛教与政治关系发展不同

北朝除了北魏太武帝、北周武帝短暂的灭佛外，其余的统治者还是护持佛教的。北朝民族性格质朴粗犷，对于佛教的信仰偏重于祈福行善。在僧官的任命上，北魏道武帝任用法果为道人统，全面主管佛教事务。法果

---

① （后晋）刘昫等：《旧唐书》卷二十九，中华书局1975年版，第1068页。
② （唐）魏徵主编：《隋书·音乐志》卷十五，中华书局1973年版，第378页。
③ 同上。

提出了"现在皇帝即当今如来"的思想，对于南朝的梁武帝影响甚深。北魏文成帝时沙门统昙曜在朝廷支持下设立僧祇户和佛图户，开佛教社会福利事业之先河，为给先帝荐福还开凿了云冈石窟。此后，龙门、麦积山石窟等相继开凿。这表明北朝统治者重视佛教事业功德。

北方先后发生了两次灭佛事件，导致北方的很多僧人逃亡南方。北魏太延四年（438），太武帝拓跋焘诏令五十岁以下沙门尽皆还俗，以从征役。太平真君五年（444），拓跋焘又下灭佛诏，规定自王公以下至于庶人，有私养沙门及师巫、金银工巧之人在家者，限于二月十五日前遣送官曹，不得藏匿。过期不送，一经查实，沙门身死，主人门诛。太平真君七年（446），拓跋焘因镇压盖吴起义到长安，发现一寺院内藏武器，及数以万计的赃贿之物和密室等。是年，拓跋焘在大臣崔浩的进言下，下诏毁佛，令"诸有佛图形象及胡经，尽皆击破焚烧，沙门无少长，悉坑之"[①]，将灭佛推向了高潮。

不同于北魏武帝的灭佛，北周武帝宇文邕的抑佛举措并没有伤害到僧侣的人身安全，而是采取辩论的方式树立起道教的地位。尽管如此，诸如破塔烧经、令僧尼还俗的诏令对佛教的破坏也是巨大的。共还俗僧人 300 万人，退寺院 4 万座。

南朝各个政权的统治者对于佛教都是非常扶植的，而且有些皇帝本身就是虔诚的佛教徒。南朝的统治者喜欢问道，并邀请僧人辅佐政权，佛教在南朝的发展十分兴盛，许多北方的僧人都前去投靠。南朝宋文帝令道猷、法瑗等弘传道生顿悟教义，并请慧琳参与国政。宋武帝曾求法于求那跋陀罗。齐竟陵王萧子良广招宾客高僧，精研佛理，开讲经义，并撰述著书。梁武帝亲自讲经说法，建寺铸像、讲经注疏、设斋供僧，推动各种法会、佛事，使佛教在梁朝发展达到鼎盛。梁武帝曾率道俗二万人舍道归佛，四次舍身同泰寺，而且提倡素食，作《断酒肉文》，敕宝唱撰辑《梁皇宝忏》。梁武帝的儿子昭明太子、简文帝、元帝受到梁武帝的影响也非常崇佛。陈统治者效法梁武帝，奉佛不辍。无论出于统治的目的也好，还是维护社会安定也好，总之佛教在南朝无论从义理还是从艺术、民间信仰上都得到了极大的发展，这一点是毋庸置疑的。

---

① （北齐）魏收：《魏书》卷一一四，中华书局 1974 年版，第 3035 页。

# 第三节　佛教义学的兴起及其传播

## 一　涅槃学派

涅槃学派以研究涅槃类经典而得名。涅槃又作泥洹、泥曰、涅槃那，意译寂灭、灭度、无生，指燃烧烦恼之火灭尽。早期的涅槃分有余涅槃与无余涅槃。有余涅槃虽断烦恼，但肉体仍然残存；无余涅槃指灰身灭智的状态，即一切归于灭无的状况。中论以实相为涅槃，实相即指因缘所生法的空性，与生死世间无有区别。

### （一）涅槃经典的传入及其佛性思想

涅槃经典中，分为小乘涅槃经典和大乘涅槃经典。前者叙述佛陀入灭前后的情形，后者阐发"法身常住""一切众生悉有佛性"、"阐提亦能成佛"等思想，一般学界将其归为"真常唯心论"（如来藏系统）。根据《祐录》等经录记载，传入汉地的大小乘涅槃经典见表8－1。

表 8－1

| 经名 | 译者 | 保存情况 |
|---|---|---|
| 《胡般泥洹经》二卷 | 东汉支娄迦谶所译 | 今已失传 |
| 《大般涅槃经》二卷 | 三国魏安法贤译 | 今已失传 |
| 《大般泥洹经》二卷 | 三国吴支谦译 | 今已失传 |
| 《方等泥洹经》二卷 | 西晋竺法护译 | 《大正藏》第 12 册 |
| 《佛般泥洹经》二卷 | 西晋白法祖译 | 《大正藏》第 1 册 |
| 《佛说大般泥洹经》六卷 | 东晋法显译 | 《大正藏》第 12 册 |
| 《大般涅槃经》三卷 | 东晋法显译 | 《大正藏》第 1 册 |
| 《般泥洹经》二卷 | 译者不详，东晋译出 | 《大正藏》第 1 册 |
| 《佛遗教经》一卷 | 十六国后秦鸠摩罗什译 | 《大正藏》第 12 册 |
| 《大般涅槃经》四十卷 | 十六国北凉昙无谶译 | 《大正藏》第 12 册 |
| 《泥洹经》二十卷 | 南朝宋智猛译 | 今已失传 |
| 《般泥洹经》一卷 | 译者不详 | 今已失传 |
| 《大悲经》五卷 | 北齐那连提耶舍、法智译 | 《大正藏》第 12 册 |
| 《四童子三昧经》三卷 | 隋阇那崛多译 | 《大正藏》第 12 册 |
| 《大般涅槃经后分》二卷 | 唐若那跋陀罗译 | 《大正藏》第 12 册 |

如表 8 - 1 所示，竺法护本与阇那崛多本为同本异译；法显本与智猛本为同经异译；白法祖本，有法显本与东晋《般泥洹经》二卷（译者不详）两种异译本。经中描述了佛陀入灭时的情况，与十六国后秦佛陀耶舍、竺佛念共译的《长阿含游行经》三卷相同。① 由上面的卷数，我们可以看出十六国北凉昙无谶《大般涅槃经》四十卷是最完整的。

公元 418 年，法显在中印度华氏城得到《大般涅槃经》初分的梵本。法显回国后，于东晋义熙十三年（417）和佛陀跋陀罗在建康共同译出《大般泥洹经》，共有六卷。昙无谶于北凉玄始三年（414），译出《大涅槃经》初分十卷；玄始十年（421）又译出在于阗寻得的中、后分，共译成四十卷十三品，世称为"北本涅槃"。

北本涅槃于南朝宋元嘉年间（424—453）传到江南，宋文帝令义学名僧慧严、慧观与文学家谢灵运等以此译本为主，并依法显等译《大般泥洹经》增加品目，修改文字，从原本寿命品分出经叙、纯陀、哀叹、长寿四品，由如来性品分出四相、四依、邪正、四谛、四倒、如来性、文字、鸟喻、月喻、菩萨十品，改为二十五品三十六卷，亦名《大般涅槃经》，世称为"南本涅槃"。

《大般涅槃经》的宗旨是肯定佛身常住，一切众生悉有佛性。该经的目的，将后世佛教对佛陀灭度后是否仍存在的问题作以解答，并因此而提出了"佛身常住""悉有佛性"两个宗旨。从真空到妙有是大乘佛教发展中的两个阶段，《大般涅槃经》是佛教发展到"妙有"阶段中具有代表性的一部经典。尽管在经中有《德王品》《师子吼品》等大谈空义，但仍然不离开佛身的妙有存在。由此主张涅槃的常乐我净，批判了小乘佛教中的无常，苦、空、无我、不净等偏执观念。

《大般涅槃经》中的佛性有两方面的含义。

一方面指佛陀的本性，菩提的本来性质，具有决定性的意义。"真解脱者即是如来，如来者即是涅槃，涅槃者即是无尽，无尽者即是佛性，佛性者即是决定，决定者即是阿耨多罗三藐三菩提。"② 真解脱、如来、涅槃、无尽、佛性、决定、菩提的含义是相通的。既然如此，《大般涅槃

---

① 参考杨惠宇《涅槃经典的传译与中国涅槃宗的形成》，香港宝莲禅寺《研究与动态》2008 年第 8 期。

② （北凉）昙无谶译：《大般涅槃经》卷八，《大正藏》第 12 册，第 395 页下。

经》中的佛性用如来、解脱解释，含义是一样的。"真解脱者，名曰远离一切系缚。若真解脱离诸系缚，则无有生，亦无和合。譬如父母和合生子，真解脱者则不如是，是故解脱名曰不生。迦叶，譬如醍醐其性清净，如来亦尔，非因父母和合而生，其性清净。"①　"如来清净无有垢秽，如来之身非胎所污，如分陀利本性清净，如来解脱亦复如是，如是解脱即是如来，是故如来清净无垢。"②　如来就是佛性，是本来清净的，不是后来而得的清净。

另一方面指成佛的可能性，成佛的因性，是如来藏的异名。南本《大般涅槃经》在《如来性品》中以"我""如来藏"来解说佛性。"我者，即是如来藏义，一切众生悉有佛性，即是我义。如是我义从本已来，常为无量烦恼所覆，是故众生不能得见。善男子，如贫女人舍内多有真金之藏，家人大小无有知者。……众生佛性亦复如是，一切众生不能得见，如彼宝藏贫人不知。善男子，我今普示一切众生所有佛性为诸烦恼之所覆蔽，如彼贫人有真金藏不能得见。……贫女人者即是一切无量众生，真金藏者即佛性也。"③　"我"即是如来藏，也就是佛性，众生都有佛性，却被无量烦恼所遮蔽，不能自知。

（二）涅槃学的思想与传播

北方从北魏中叶到隋初，以涅槃学而知名的学僧有慧静、道凭、昙准、道登、昙度、昙无最、圆通、宝象、僧妙、道安、昙延、慧藏、慧海等。当时在北地兴起的地论学者，大半兼善涅槃学，如慧光曾为《涅槃经》作注疏。慧光的弟子和涅槃学有关系的，有僧范、慧顺、道凭、灵询、法上、道慎等。北方讲习《涅槃经》与南方涅槃师不同。如地论师推崇的是《华严》，在判教系统中，将《华严》置为最高位，《涅槃经》置于《华严》之下。慧嵩、道朗曾列席昙无谶的译场，笔受《涅槃经》，并分别作义记、义疏，阐发《涅槃经》的玄旨，为中国北方最初的涅槃师。"河西道朗法师与昙无谶法师，共翻《涅槃经》，亲承三藏，作《涅槃义疏》，释佛性义，正以中道为佛性，尔后诸师皆依朗法师义疏，得讲

---

① （北凉）昙无谶译：《大般涅槃经》卷八，《大正藏》第12册，第392页上。
② 同上书，第395页下。
③ （北凉）昙无谶译：《大般涅槃经》卷七，《大正藏》第12册，第407页中。

涅槃乃至释佛性义。"①

　　东晋法显所译的六卷《大般泥洹经》最先传播，经中主要思想是除一阐提众生都能成佛；佛的法身是常，而且佛的法身的本质在于心识。道生根据此经提出了"当有成佛"的观点，"当有"是从将来的角度来看，一切众生一定能够成就佛果，所以佛性也是"当有"的。北凉昙无谶所译的涅槃经传到南方，其中提到了一切众生悉有佛性，一阐提也能成佛，印证了竺道生（355—434）的观点。

　　道生的佛学思想集中在对法身的见解及成佛的顿与渐上，其著作有《法身无色论》《佛无净土论》《佛性当有论》《善不受报义》《泥洹义疏》等，立"一切众生悉有佛性"、"善不受报"及"顿悟成佛"义。

　　南朝宋陆澄在《法论》中说："沙门竺道生执顿悟，谢康乐灵运《辨宗》述顿悟，沙门释慧观执渐悟。"② 慧观和道生并为涅槃学派中两大系。谢灵运认为道生顿悟说的理论基础在于理不可分之说。"释氏之论，圣道虽远，积学能至，累尽鉴生，方应渐悟。孔氏之论，圣道既妙，虽颜殆圣，体无鉴周，理归一极。"③ 道生的顿悟说为宋文帝所推崇。元嘉十三年（436）文帝"诏求沙门能述生法师顿悟义者，庾登之以法瑗闻，召见瑗，申辩详明。何尚之叹曰：'意谓生公之没，微言永绝。今复闻象外之谈，湘宫寺成，召师居之，帝每临幸听法'"④。道生弟子道猷以顿悟之说，所向披靡，无人能与之争论。"宋文问慧观：'顿悟之义，谁复习之'？答云：'生公弟子道猷。'即敕临川郡，发遣出京。既至，即延入宫内，大集义僧，令猷申述顿悟。时竞辩之徒，关责互起，猷既积思参玄，又宗源有本，乘机挫锐，往必摧锋，帝乃抚机称快。及孝武升位，尤相叹重，乃敕住新安，为镇寺法主。帝每称曰：'生公孤情绝照，猷公直辔独上，可谓克明师匠，无忝徽音。'"⑤ 南方的涅槃师属于道生系统的：南朝宋有宝林、法宝（宝林的弟子）、道猷（又作道攸）、道慈、僧瑾、法瑗；齐有僧宗，为法瑗的弟子，他对《涅槃经》《胜鬘经》《维摩经》等十分擅长，著有《涅槃义疏》《涅槃集解》；到了梁代，有法朗等。

---

① （隋）吉藏：《大乘玄论》卷三，《大正藏》第 45 册，第 35 页下。
② （梁）僧祐：《出三藏记集》卷十二，《大正藏》第 55 册，第 84 页中。
③ （唐）道宣：《广弘明集》卷十八，《大正藏》第 52 册，第 224 页下。
④ （南宋）志磐：《佛祖统纪》卷三十六，《大正藏》第 49 册，第 345 页中。
⑤ （梁）慧皎：《高僧传》卷七，《大正藏》第 50 册，第 374 页下。

南朝宋慧观为河北清河人，与道生同出鸠摩罗什门下。著有《辩宗论》，主要论述顿悟、渐悟义，还有《十喻序》、《赞诸经序》。南朝慧观参与南本涅槃经的译作，又制涅槃经序。其所立之二教五时教判，极为后世所重视。他反对道生的顿悟义，特倡渐悟义。"释慧观，姓崔，清河人。……晚适庐山，又咨禀慧远。闻什公入关，乃自南徂北。……时人称之曰：'通情则生，融上首。精难则观，肇第一。'……著《辩宗论》论顿悟、渐悟义及《十喻序》、《赞诸经序》等，皆传于世。"① 汤用彤认为《名僧传钞》中的《三乘渐解实相事》一文为慧观所作，或出自他的《渐悟论》中。与慧观渐悟说持相同观点的还有慧琳、法勖等。

慧观的渐悟思想主要是对于实相的证悟因为有三乘的不同，而有深浅之分。"论曰：问三乘渐解实相？曰：经云，'三乘同悟实相，而得道为实相。'理有三耶，以悟三而果三耶，实相唯空而已。……缘行者，悟空有浅深。因行者而有三。……若行人悟实相无相者，要先识其相，然后悟其无相。以何为识相，如彼生死之相，因十二缘。"② 渐悟需从十二因缘入手，识其相，最后悟其无相。三乘的区别在于，如来洞见因缘之始终，明了实相非相的道理。菩萨悟其无相，不明其始。二乘只明了十二因缘之有。"唯如来洞见因缘之始终，悟生死决定相毕竟不可得，如是识相非相，故谓之悟实相之上者。菩萨观生死十二因缘，唯见其终，而不识其始，虽悟相非相，而不识因缘之始，故谓之悟实相之中者。二乘之徒，唯总观生死之法是因缘而有。"③

慧观一派还有法瑶、昙斌等。南朝陈慧达《肇论疏》说："瑶法师云：三界诸结，七地初得无生，一时顿断，为菩萨见谛也，肇法师亦同小顿悟义。"④ 瑶法师即是法瑶，他所主张的是僧肇所说的小顿悟，"七地顿断"。昙斌，河南南阳人，跟随静林法师学习《涅槃》，后又跟随法珍学习《泥洹》、《胜鬘》，跟随法业学习《华严》、《阿毗昙杂心论》。"释昙斌，姓苏，南阳人……初下京师，仍往吴郡……后还都，从静林法师，咨受《涅槃》。又就吴兴小山法珍，研访《泥洹》、《胜鬘》。晚从南林法

① （梁）慧皎：《高僧传》卷七，《大正藏》第 50 册，第 368 页中。
② （梁）宝唱：《名僧传抄》，《卍续藏经》第 77 册，第 353 页下。
③ 同上。
④ （陈）慧达：《肇论疏》卷一，《卍续藏经》第 54 册，第 55 页中。

业，受《华严》、《杂心》。……初止新安寺讲《小品》、《十地》，并申顿悟、渐悟之旨。"①

南朝除了道生、慧观传承的涅槃学外，直接受传北方之学的涅槃师，南朝宋有慧静、法瑶、昙斌、僧镜、超进；南朝齐有僧钟、法安；南朝梁有宝亮、法云、僧迁等。此外，学系、传承不明的涅槃师，南朝宋有僧含、僧庄、昙济；南朝齐有昙纤、道盛、僧慧；南朝梁有智秀、智顺、僧旻、法会、智藏、慧皎；南朝陈有慧勇、警韶、宝琼等。当时《中论》《十二门论》《百论》和《成实论》的学者，几乎都兼善涅槃学。宝亮等所撰《大般涅槃经集解》，集宋、齐、梁间涅槃师学说的大成。

关于涅槃学的判教思想，南朝宋慧观根据《涅槃经》，立二教五时的教判，把教法作顿、渐二教，以《华严经》为顿教。对于渐教，慧观借用《涅槃经》中牛乳比喻说，佛经被分为五时，"譬如从牛出乳，从乳出酪，从酪出生酥，从生酥出熟酥，从熟酥出醍醐"②。佛教五时，即"三乘别教"，是以说三乘行因得果不同的经为第一时；"三乘通教"以《般若经》为第二时；"抑扬教"以维摩、思益等经为第三时；"同归教"以《妙法莲华经》为第四时；"常住教"以《涅槃经》为第五时。涅槃学派在判教时的显著特点，都是把《涅槃经》判为佛教的最高阶段。僧柔、智藏、法云等均承袭之。僧亮、僧宗配合"涅槃五味"来区分教法。

僧宗将佛陀一代时教分为小乘、三乘通教、思益维摩、法华、涅槃五时。宝亮将小乘、通教、维摩思益、法华、涅槃次第配以五味。天台智颛将佛教诸经典分类为华严、鹿苑、方等、般若、法华五时。刘虬综合各说把教法作顿、渐二教，于渐教中立五时七阶。此外，虎丘山籍师、宗爱法师，事迹不详，但他们的教判都以《涅槃经》阐明法身常住为渐教的究竟，因此，我们都可以把他们称为涅槃师。

## 二 毗昙学派

毗昙是阿毗昙的简称，也可以称为阿毗达磨，意为对法，即论。毗昙学是研习小乘说一切有部论书《阿毗昙》的学派，属于小乘二十个部派当中的萨婆多部，其内容不仅包含对现象界的分析，还包括对超验世界的

---

① （梁）慧皎撰：《高僧传》卷七，《大正藏》第50册，第373页上。
② （北凉）昙无谶译：《大般涅槃经》卷十四，《大正藏》第12册，第448页下。

证悟。

（一）毗昙学的渊源

印度有部的古典毗昙原有六种，即《识身》《界身》《品类》《集异门》《法蕴》《施设》六论。其后，迦多延尼子造《发智论》（全称《阿毗达磨发智论》，异译《阿毗昙八犍度论》）对有部各种学说作了总结性的组织，因此称《发智论》为"身论"，以前六论为"足论"。随着毗昙学说流传地区的扩大，逐渐产生以迦湿弥罗为中心的迦湿弥罗师（东方师），以及迦湿弥罗以外地区的外国师、犍陀罗师等派系。从此，毗昙学分为三系——《大毗婆沙论》《阿毗昙心论》《杂阿毗昙心论》，都是属于有部学说。

《大毗婆沙论》的结集得到了迦腻色迦王的支持，现存的只有汉译本。佛灭四百年，迦腻色迦王（约132—152年在位）于迦湿弥罗集五百罗汉结集三藏，形成《大毗婆沙论》（有学者称为"第四结集"）。以此为学说的一派逐渐形成了毗婆沙师，他们对于《阿毗达磨发智论》的各种不同解释进行勘定，指出正确的宗旨，著名的有"婆沙四评家"，即妙音（Ghosaka）、法救（Dharmatrata）、世友（Vasumitra）、觉天（Buddha-deva）。此论梵本十万颂，由唐代玄奘全文汉译。一般所指《大毗婆沙论》即是指唐译本。唐以前有十六国前秦僧伽跋澄译的节抄本十四卷和十六国北凉浮陀跋摩、道泰译的不完全本六十卷。

另一系为法胜的《阿毗昙心论》，其主要思想是对《阿毗达磨经》的概括，以四谛进行组织，此学说受到北印犍陀罗有部师推崇。这是迦湿弥罗以外的有部一派，他们不像毗婆沙师那样保守，而是采用其他的经论和学说，运用自有批判的形式，阐扬自己的学说。前秦僧伽提婆于建元十九年（383）译出《阿毗昙八犍度论》即《发智论》三十卷，于东晋太元十六年（391）译出《阿毗昙心论》四卷。

第三个系统《杂阿毗昙心论》，简称《杂心论》，十一卷，是由法救参考《大毗婆沙论》而成的，他作此论的主要目的是为了调和两家学说。法救的出生年代不详，根据《高僧传》卷三记载，公元394年生于中印的功德贤，因读《杂心论》而出家，由此推断该论于公元4世纪末在中印一带流传，法救最迟应为公元4世纪中的人。南朝宋僧伽跋摩于元嘉十二年（435）译出，由宝云传语，慧观笔受。之前译过两次，一次是东晋安帝义熙末（417—418），法显与迦维罗卫禅师觉贤共译，十三卷；还有一次是南朝宋文帝元嘉三年（426）西域沙门伊叶波罗先译出九品半，后至元嘉八年罽宾三藏求那跋摩补译成十一品，并加校定，共十三卷。这两种译本已散佚。

根据《出三藏记集》卷二载，关于毗昙学的经典最早传入我国的为东汉时期，当时安世高翻译的毗昙经典有《阿毗昙五法行经》《阿毗昙七法行经》《阿毗昙九十八结经》等。僧祐认为安世高精通毗昙，"安清，字世高。……出家修道，博综经藏，尤精阿毗昙学"①。到了前秦末年（公元 4 世纪末），僧伽提婆、僧伽跋澄等高僧相继从小乘萨婆多部盛行的罽宾向东而来，传入了阿毗昙诸论，这些经典为以后毗昙学的兴起奠定了理论基础。"僧伽提婆，此言众天，或云提和，音讹故也。本姓瞿昙氏，罽宾人。入道修学，远求明师。学通三藏，尤善《阿毗昙心》，洞其纤旨。常诵《三法度论》，昼夜嗟味，以为入道之府。"②僧伽提婆的译著有二十卷《阿毗昙八犍度论》和十六卷《阿毗昙心论》。僧伽跋澄的译著有十四卷《杂鞞婆沙论》及十卷《尊婆须蜜菩萨所集论》。太元十六年（391），僧伽提婆接受慧远的邀请，来到庐山重新翻译《阿毗昙心论》，改为四卷。东晋时期的释道安不但对上述诸论作序，而且还撰写了九十八结经进约通解一卷。

（二）毗昙学的传承

东晋隆安元年（397），提婆到达建康（今南京）讲阿毗昙，跟随提婆学习毗昙的人非常多，毗昙的讲习之风由此就逐渐传播开来。

北齐时期毗昙学的代表人物是慧嵩。他跟随智游学习毗昙、成实之学，熟习小乘，有"毗昙孔子"的称号。"时智游论师，世称英杰，嵩乃从之听《毗昙》、《成实》，领牒文旨，信重当时。"③"流闻西秦有高昌国慧嵩法师，统解小乘，世号'毗昙孔子'，学匡天下，众侣尘随。"④慧嵩先在邺、洛弘化，后在彭、沛一带大弘毗昙。"嵩初不读俗典，执卷开剖，挺出前闻。兄虽异之，殊不信佛法之博要也。嵩以《毗昙》一偈，化令解之，停滞两月，妄释纷纭，乃有其言，全乖理义，嵩总非所述，聊

---

①　（梁）僧祐：《出三藏记集》卷十三，《大正藏》第 55 册，第 95 页上。

②　（梁）慧皎：《高僧传》卷一，《大正藏》第 50 册，第 328 页下。

③　（唐）道宣：《续高僧传》卷七，《大正藏》第 50 册，第 482 页下。

④　（唐）道宣：《续高僧传》卷十一，《大正藏》第 50 册，第 508 页下。

为一开，泠然神悟，便大崇信佛法。"①

慧嵩弟子有志念、道猷、智洪、晃觉、散魏等。志念（535—608）"撰《迦延杂心论疏》及《广钞》各九卷，盛行于世，受学者数百人。如汲郡洪该、赵郡法懿、漳滨怀正、襄国道深、魏郡慧休、河间圆粲、俊仪善住、汝南慧凝、高城道照、洛寿明儒、海岱圆常、上谷慧藏"②。汤用彤说："《法华玄义释签》云：'江南盛弘《成实》，河北偏尚《毗昙》。'此乃就南北朝末叶之学比较言之。夫《成实》者，虽非毕竟空，而已受大乘法性学之影响。《毗昙》乃娑婆多，说一切有。北方《毗昙》，驾凌《成实》，或以此故。"③ 由此可知，北方的《毗昙》学说胜过《成实》，当时在河北弘扬毗昙学的正是慧嵩、志念一派。

北周时期，益州招提寺的慧远到长安学习《阿毗昙》《八犍度论》《毗婆沙论》，此外，还兼学《成实论》《俱舍论》等，学成之后，到益州讲授，于是毗昙之学又曾流传于西南。

有些《成实论》的学者如僧渊、智游、灵裕、智脱、明彦等，也非常精通毗昙。"释僧渊，本姓赵，颍川人，魏司空俨之后也。少好读书，进戒之后，专攻佛义。初游徐邦，止白塔寺，从僧嵩受《成实论》《毗昙》，学未三年，功逾十载，慧解之声，驰于遐迩。"④ 僧渊的弟子有昙度、慧记、道澄等，他们都是毗昙学的传播者。

（三）南朝的毗昙学

南朝宋元嘉十年（433），僧伽跋摩与宝云重新翻译《杂阿毗昙心论》后，毗昙学开始兴盛。"僧伽跋摩，此云众铠，天竺人也，少而弃俗，清峻有戒德，善解三藏，尤精《杂心》。以宋元嘉十年，出自流沙，至于京邑……即以其年九月，于长干寺，招集学士，更请出焉，宝云译语，观自笔受，考核研校，一周乃讫。"⑤ 跋摩在长干寺重新翻译《杂阿毗昙心论》，到元嘉十二年（435）译完，为毗昙学传播做出了贡献。南朝的毗昙学都以《杂阿毗昙心论》为主，宋都建康、有法业、慧定、昙斌、慧通等。慧通住在建康冶城寺，撰写了《杂心毗昙》等疏，以阐述毗昙的

---

① （唐）道宣：《续高僧传》卷十一，《大正藏》第50册，第509页上。
② 同上。
③ 汤用彤：《汉魏两晋南北朝佛教史》下册，人民出版社1999年版，第609页。
④ （梁）慧皎：《高僧传》卷八，《大正藏》第50册，第375页上、中。
⑤ （梁）慧皎：《高僧传》卷三，《大正藏》第50册，第342页中。

思想；道乘、法业、成具等对毗昙学也都有所精通；下定林寺僧镜（409—475）（又作焦镜），曾撰《毗昙玄论》及《后出杂心序》。江陵有成具、会稽有昙机等均善毗昙之学。

南朝齐时代，著名的毗昙学者有江陵僧慧、会稽慧基、建康智林、高安僧韶、东平法护。僧韶（447—504）自幼出家，性情温和，擅长《毗昙》。"释僧韶，姓王，齐国高安人，幼愿拔俗，弱年从志，敛服道俗，恭敬师宗，美姿制善举止，情性温和，韵调清雅，好弘经数，名显州壤，专以《毗昙》擅业。"① 跟随法护学习毗昙的有一百余人，齐竟陵王非常尊崇法护，以其学说作为标准。"释法护，姓张，东平人。初以廉直居性，不耐贪叨。年始十三，而善于草隶。……常以《毗昙》命家，弗尚流俗，言去浮华，不求适会，趣通文理，从其学者百有余人。齐竟陵王，总校玄释，定其虚实，仍于法云寺，建竖义斋，以护为标领。"②

南朝梁有道乘、法宠、法令、慧集、智藏、靖法师、慧开等。南朝毗昙师中成就最大者是僧伽跋摩的法孙慧（惠）集，他著有《毗昙大义疏》。他最初是在会稽乐林山从僧伽跋摩弟子慧基出家受业，后来在梁都招提寺研究《大毗婆沙》《杂心》《犍度》等，是当时研究毗昙学的领军人物。南朝讲习毗昙学都以《杂阿毗昙心论》为主，慧集还找来《八犍度论》和《大毗婆沙论》，以与《杂心论》互相参校，解释其中的疑难问题。僧旻、法云都曾经跟随惠集学习。据说每当惠集开讲的时候，听讲者有上千人之多。

南朝陈真谛译出《佛说立世阿毗昙论》十卷、《四谛论》四卷、《俱舍释论》二十二卷等，对毗昙学的发展也有很大的影响。

（四）毗昙学的主要思想

毗昙学主要继承了说一切有部的思想。说一切有部是上座部的代表，偏于说"一切有"，"三世实有"，"法体恒有"。主张无论是物质的、精神的，还是过去的、现在的、未来的都是实有，实有的是法体，即事物的本质属性，并非指现象。从本体论上来说，说一切有部主张有法体，有自性，这和中观学派所说的无自性是截然不同的，那么不因因缘而自存的法性就是"三世实有"。

---

① （唐）道宣：《续高僧传》卷五，《大正藏》第 50 册，第 460 页上。
② 同上书，第 460 页中。

从缘起论来讲，说一切有部提出了六因说，即能作因、俱有因、同类因、相应因、遍行因和异熟因，是其"三世实有说"的立论依据。

说一切有部主张"法有我无"，认为人身由"五蕴"和合而成，并不存在独立自在的我并将世界分为有为法和无为法，共为五位七十五法。有为法包括四类七十二法，色法十一种、心法一种、心所法四十六种、不相应行法是四种，无为法包括三种。"阴（蕴）非是我，名为无我；阴非我所，说之为空。"

法有指色、心一切诸法都各有自性，常恒不变。"世无别体，依法而立"，法不孤起，法由缘生，而有自性的含义，用所作、共有、自分、遍、相应、报六种因及因、次第、缘、增上四种缘来证明三世实有。其已生、正生、将生都有自己的条件。

根据道安的划分，《阿毗昙心论》在内容上主要包括三个方面，一谓显法相以明本；二谓定己性于自然；三谓心法之生必俱游而同感。"俱游必同于感，则照数会之相因。己性定于自然，则达至当之有极。法相显于真境，则知迷情之可反。心本明于三观，则睹玄路之可游。"[①]

关于法相，《阿毗昙心论》认为："法相应当知，何故应知法相者？常定知常定相。彼曰：'定智有定智相则为决定，以是故说法相应当知。……云何说法相应当知？'答：'世间不知法相。若世间知法相，一切世间亦应决定，而不决定。……是以世间不知法相，复次坚相地无常相、苦相、非我相。若不尔者，坚相应有常相、乐相、有我相。……问：'前说法相应当知此法云何？'答：'若知诸法相，正觉开慧眼，亦为他显现，是今我当说。'问：'佛知何法？'答：'有常我乐净，离诸有漏行。诸有漏行转相生故离常，不自在故离我，坏败故离乐，慧所恶故离净。'"[②] 世间不知法相，所以有无常相、苦相、非我相。觉者常我乐净，离诸有漏行，所以能知诸法相。

"定己性于自然"是讲只有认识事物的本质，才能理解法相。"云何摄法，为自性，为他性？答：自性。"[③] "诸法离他性者，谓眼离耳，如是

---

① （梁）僧祐撰：《出三藏记集》卷十，《大正藏》第 55 册，第 72 页下。

② （东晋）僧伽提婆、惠远译：《阿毗昙心论》卷一，《大正藏》第 28 册，第 809 页上、中。

③ （东晋）僧伽提婆、惠远译：《阿毗昙心论》卷一，《大正藏》第 28 册，第 810 页上。

一切法不应说，若离者是摄，以故非他性所摄。各自住己性者，眼自住眼性，如是一切法应当说，若住者是摄。故说一切法自性之所摄，已施设自性所摄。"① 自性不变，不仅是事物的本质，也决定了事物的特点。从这一点来看，《阿毗昙心论》对世界的认识是承认自性有，否认具体事物的存在，即是"空"。"自性不空"便从逻辑上推断出"法体恒有"、"三世实有"。因而，毗昙学主张"诸法离他性，各自住己性。故说一切法，自性定所摄。"

《大毗婆沙论》说："有因缘，故已生而生。谓一切法已有自性，本来各住自体相故。已有体，故说'已生'；非从因缘'已生'自体；因缘和合起故名'生'。……体虽已有而无作用，今遇因缘而生作用。"② "已生"是有自性，"生"是产生的现象事物。毗昙学不但是法性有，也是法相有。

综上所述，毗昙学的思想并没有脱离一切有部的根本思想，从法性、法相等方面论述三世实有，体现了对事物存在形态的独到认识。

（五）毗昙学的影响和发展

《杂阿毗昙心论》是《俱舍论》的前身，该论所释的《心论》，挈毗昙之要领，撷论议之精华，为北印有部中犍陀罗师所推崇，在学说上原与有部正宗的迦湿弥罗的婆沙师义有出入。法救取《婆沙》之说为补充而撰成此论，当然含有调和两方异说的用意。此论的基本精神是概括《阿毗昙经》的心要，偏于尊经轻论；依四谛组织经义，以业、惑为集谛，定、慧为道谛，都不同于毗昙旧师所说，与新兴的经部主张相近。世亲因不满于《婆沙》，取该论颂文增删改编而成《俱舍论》，有"聪明论"的盛誉。从毗昙学说发展的历史观之，《杂阿毗昙心论》具有承先启后的重要作用。毗昙学在北方和南方都有非常重要的影响。北方重视毗昙，可能和其流传的思想偏重于上座部相关，比较注重因缘，如《十地论》、《华严》、《摄大乘论》等，而毗昙学对于因缘的解说是非常详细的，有"说因部"之称。南方毗昙学的影响，从梁武帝所作《立神明成佛义记》中有"神明性不迁"可知与小乘的法性实有思想相关。后来兴起的《成实论》因受到龙树《中论》的影响，称为新的毗昙学。

---

① （东晋）僧伽提婆、惠远译：《阿毗昙心论》卷一，《大正藏》第 28 册，第 810 页中。
② （唐）玄奘译：《阿毗达磨大毗婆沙论》，《大正藏》第 27 册，第 394 页中、下。

毗昙学和成实学有明显的不同（见表 8 - 2)<sup>①</sup>：

**表 8 - 2　　　　　　　　　毗昙学与成实学的不同**

| | | |
|---|---|---|
| 定 | 毗昙说八禅定以定数为体，余心、心法与定相应，是定眷属，通名为定 | 成实论则说唯心为体，不说心外别有定数（《大乘义章》卷十三） |
| | 又毗昙说四无量以无贪、无嗔、无痴等为体 | 成实论则推本用慧为体（《四无量品》第一百五十九） |
| | 毗昙说灭尽定以非色心法为体 | 成实论则以心识尽处数灭无为为体，亦得有心（《灭尽定品》第一百七十一） |
| | 毗昙说修定有断及生二种得 | 成实论则但有断得、别无生得（《大乘义章》卷十三） |
| 智 | 毗昙以苦忍智去十五心，名为见道 | 成实论则主张总相观谛，但说无相位中名为见道（《一谛品》第一百九十） |
| | 毗昙说尽智、无生智，缘苦谛无生为境，灭尽一切烦恼 | 成实论则但用四谛现智为体，现观谛空，尽诸结故 |
| | 毗昙之分别无学果根器利钝，有得有不得者 | 成实论认为尽、无生二智体同义别 |

　　综上所述，南北朝毗昙学说依法胜《阿毗昙心论》及法救《杂阿毗昙心论》的纲领，以四谛组织一切法义，主要阐明"我空法有"和"法由缘生而有自性义"两点。"我空"即"空无我"，名为无我；阴非我所，所以为空。法有，不但指色、心一切诸法各有自性，常恒不变，而且肯定三世实有。而三世实有的关键是过去、未来二世的建立，这又必归根到因上，所以有"六因四缘"说，以此来论证三世一切法有。南北朝的毗昙学因为没有一定的宗祖，没有传统的师承，也没有自己的判教，因而只是当时流行的一种义学。

### 三　成实学派

　　成实学派以传习、弘扬《成实论》而得名。"实"是四谛中的"谛"，

---

《成实论》不同于小乘讲法有，而讲法空。小乘认为四大是实在，《成实论》认为四大是假名，对立的观点就是关于法体的有无（有假名）。从南北朝到唐初的 250 多年里，成实论的传播范围有长安、寿春、彭城、建业、洛阳、邺都、平城、荆州、广州、益州、渤海、苏州等地。

该学派所采用的文献为诃梨跋摩著、鸠摩罗什译的《成实论》二十卷。"诃梨跋摩者，宋称师子铠。……遇见梵志，导以真轨，遂抽簪革服，为萨婆多部达摩沙门究摩罗陀弟子……即训以名典，迦旃延所造《大阿毗昙》，乃有数千偈，而授之曰：'此论盖是众经之统例，三藏之要目也。若能专精寻究，则悟道不远。'于是跋摩敬承钻习，功不逾月，皆精其文义，乃慨焉而叹曰：'……如今之所禀，唯见浮繁妨情，支离害志。……采访微言，搜简幽旨，于是博引百家众流之谈，以检经奥通塞之辩，澄汰五部，商略异端，考核迦旃延斥其偏谬，除繁弃末，慕存归本，造述明论，厥号《成实》……志在会宗光隆遗轨。"①

《成实论》后经鸠摩罗什翻译传入我国。吕澂认为此论翻译于弘始八年（406），"据《长房录》（《历代三宝纪》）中引二秦（苻、姚）旧录的记载，《成实论》译于弘始八年（406），即在译完《智论》之后译出的。后来对于这一译年有不同的说法，如《论后记》说，此论出于'大秦弘始十三年'，'至来年九月十五日讫'。如果承认罗什死于弘始十一年（409），那么，这一记载就有问题，所以还是《长房录》的说法比较可信。"②

该论译出的目的是反对迦旃延《毗昙》的。成实论和毗昙学争论的焦点是心性本净还是心性本不净。吕澂指出："罗什译此书的目的，原不过以之与龙树、提婆学说对照一下，藉以说明小乘讲空，以空为终点，无所得为究竟，到《成实论》，已叹观止矣。而大乘讲空，则为利他，以空为用，不以空为止境，即所谓'以无所得为方便'义，这是《成实论》所根本想象不到的。"③该论采用了类似于大乘的教义批判说一切有部的论说。

（一）成实学派的传承

成实学派的著名人物有南朝宋时的僧导和北魏的僧嵩。僧导、僧嵩在

---

①　（梁）僧祐：《出三藏记集序》卷十一，《大正藏》第 55 册，第 78 页下、79 页上。

②　吕澂：《中国佛学源流略讲》，中华书局 1979 年版，第 123 页。

③　吕澂：《印度佛学源流略讲》，上海人民出版社 1979 年版，第 151 页。

南北朝时期建立了成实学派的南北两大系统——寿春系和彭城系。

北方讲习《成实论》的有彭城系的僧嵩及弟子僧渊等，还有僧渊的弟子昙度、慧纪、道登。彭城系的创始人僧嵩为鸠摩罗什的弟子，擅长《成实论》《毗昙》《涅槃》诸学说，他弘扬《成实论》不遗余力，对南北的影响很大。北魏孝文帝称赞僧嵩说："此寺近有名僧嵩法师，受《成实论》于罗什，在此流通。后授渊法师。渊法师授登、纪二法师。朕每玩《成实论》，可释人染情，故至此寺焉。"①

僧嵩的弟子有僧渊，再传弟子有昙度、道登和慧纪。僧渊（414—481）"本姓赵，颍川人。……从僧嵩受《成实论》《毗昙》。学未三年，功逾十载，慧解之声，驰于遐迩。渊风姿宏伟，腰带十围，神气清远，含吐洒落，隐士刘因之舍所住山给，为精舍。昙度、慧记、道登并从渊受业。慧记兼通数论，道登善《涅槃》、《法华》，并为魏主元宏所重，驰名魏国。渊以伪太和五年卒，春秋六十有八，即齐建元三年（481）也。"②

慧纪兼通数论，道登善《涅槃》、《法华》，对《成实》排斥佛性之说作了变通。僧渊的弟子慧球被任命为荆土僧主，"释慧球。……后又之彭城从僧渊受《成实论》……使西夏义僧得与京邑抗衡者，球之力也。中兴元年（501），敕为荆土僧主……遗命露骸松下。"③ 昙度撰《成实论大义疏》八卷，在北方非常盛行。"释昙度，本姓蔡，江陵人。……后游学京师，备贯众典，《涅槃》、《法华》、《维摩》、《大品》并探索微隐，思发言外……从僧渊法师更受《成实论》，遂精通此部，独步当时，魏主元宏闻风餐挹，遣使征请，既达平城大开讲席……撰《成实论大义疏》八卷，盛传北土。"④

魏末北齐时成实论师还有道纪、法贞、灵珣、道凭、慧嵩等。其中法贞深得《成实论》的要旨。"释法贞，不测氏族，渤海东光人，九岁出家。……为沙门道纪弟子，年十一通诵《法华》，意所不解，随迷造问。……及至年长，善《成实论》，深得其趣。"⑤

南朝《成实论》的兴起实际上得力于鸠摩罗什的弟子僧导，他的著

①　杜斗城辑编：《正史佛教资料类编》卷一，甘肃文化出版社2006年版，第10页。

②　（梁）慧皎：《高僧传》卷八，《大正藏》第50册，第375页上、中。

③　同上书，第381页上。

④　（梁）慧皎：《高僧传》卷八，《大正藏》第50册，第375页中。

⑤　（梁）慧皎：《高僧传》卷六，《大正藏》第50册，第474页上。

述有《成实义疏》《空有二谛论》《三论义疏》。他南下后,受到南朝宋高祖的支持,在寿春东山寺讲学,跟随的学生有上千人。僧导一系的弟子昙济、道猛、僧钟、道亮、法宠、慧开、慧勇等。

僧导门下的弟子人才济济,著名的当属道猛。"释道猛,本西凉州人,少而游历燕赵,备瞩风化。后停止寿春,力精勤学。三藏九部,大小数论,皆思入渊微,无不镜彻。而《成实》一部,最为独步。于是大化江西,学人成列。至元嘉二十六年,东游京师,止于东安寺,复续开讲席。"① 道猛的弟子道坚、惠弯等人,对成实也是非常精通。

南朝宋明帝请释慧隆于湘宫开讲《成实》。负帙问道八百余人。其后王侯贵胜屡招讲说,凡先旧诸义盘滞之处,隆更显发开张,使昭然可了。乃立实法断结义等。汝南周颙目之曰:隆公萧散森疏,若霜下之松竹。"②

南朝齐也重《成实》,僧钟、慧次、僧柔等成实论师均受到王室的特别崇敬。萧子良召集名僧五百余人,讲《成实》,集成《抄成实论》九卷。竟陵王本人也于弘济寺讲《成实》《三论》。"竟陵王于弘济寺,讲《成实》、《三论》,梦中作维摩一契,命僧辩传咏之,群鹤飞舞于阶,咏毕而去。"③

南朝齐讲习《成实论》的有弘称门下的僧柔、法迁门下的慧次。慧次频讲《成实》及《三论》等。"释慧次,姓尹,冀州人,初出家为志钦弟子,后遇徐州释法迁,解贯当世。……至年十八,解通经论,名贯徐土。迄禀具戒,业操弥深,频讲《成实》及《三论》……文慧文宣悉敬以师礼,四事供给。永明八年讲《百论》,卒,春秋五十七矣。"④

从僧柔、慧次就学《成实》的僧旻、法云、智藏成为南朝梁《成实》三大师。公元 506 年,僧旻(467—527)注《般若》,讲《胜鬘》,弘扬《观世音经》,号称"素王"。他著有《四声指归》《诗谱决疑》等。法云(467—529)于南朝齐时讲《法华》《净名》,号"作幻法师",著有《成实论义疏》42 卷;于梁朝时说《般若》,公元 525 年被敕为大僧正,解说梁武帝的《神灭论》。智藏(458—522)曾为梁武帝授菩萨戒,讲《涅

---

① (梁)慧皎:《高僧传》卷七,《大正藏》第 50 册,第 374 页上。

② (梁)慧皎:《高僧传》卷八,《大正藏》第 50 册,第 379 页下。

③ (南宋)志磐:《佛祖统纪》卷三十六,《大正藏》第 49 册,第 347 页中。

④ (梁)慧皎:《高僧传》卷八,《大正藏》第 50 册,第 379 页中、下。

槃》、《般若》，著有《成实论大义记》和《成实论义疏》。

南朝梁是成实学派发展历程中的分水岭，由于梁武帝崇奉《大品》，对《成实论》不加重视，其发展减弱，《广弘明集·智称行状》记载了梁朝佛学的情况是"《法华》、《维摩》之家，往往间出；《涅槃》、《成实》之唱，处处聚徒"①。

南朝陈成实论师有大僧正宝琼（504—584），讲《成实》九十一遍，并撰《成实玄义》二十卷、《成实文疏》十六卷。陈朝还形成了"新成实学"，代表人物如智嚼，其门下有智脱、智琰、智周、慧称、慧乘等，都是后来有名的人物。智嚼为新成实学的创始者，其学风被称为"庄严之部"。此外，还有宝梁、明上等，常州安国寺慧弼曾跟随他们听受"新成实"。由于文献资料的限制，新旧成实学说的分别已经不清楚了。我们猜测，一般成实学者多精于大乘，梁陈之间成实学与三论学辩论激烈，新成实学可能是为应对三论学而作的修正。

（二）成实学派的主要思想

《成实论》以四谛——苦、集、灭、道为中心，组织学说。"问曰：'汝先言当说《成实论》，今当说何者为实？'答曰：'实名四谛，谓苦，苦因，苦灭，苦灭道。五受阴是苦，诸业及烦恼是苦因，苦尽是苦灭，八圣道是苦灭道。为成是法，故造斯论。'"②"实"指四谛，《成实论》即为说明成立四谛的原因。"问曰：'汝言五受阴是苦谛，何谓为五？'答曰：'色阴、识阴、想、受、行阴。色阴者，谓四大及四大所因成法，亦因四大所成法，总名为色。四大者，地、水、火、风，因色、香、味、触故，成四大。因此四大成眼等五根。'"③《成实论》认为四大是诸法因缘和合而成，没有实性，所以也是假名。"问曰：'四大是假名，此义未立。有人言，四大是实有。'答曰：'四大假名故有。所以者何？佛为外道故说四大。……故知诸大是假名有。'"④

《成实论》认为四大是假名有，而不是《阿毗昙》所认为的是实法色。"问曰：'四大是实有，所以者何？'《阿毗昙》中说：坚相是地种，

---

① （唐）道宣：《广弘明集》卷二十三，《大正藏》第 52 册，第 269 页中。
② （后秦）鸠摩罗什译：《成实论》卷三，《大正藏》第 32 册，第 260 页下。
③ 同上书，第 261 页上。
④ 同上书，第 261 页中。

湿相是水种，热相是火种，动相是风种，是故四大是实有。又色等造色，从四大生，假名有，则不能生法。又以坚等，示四大。所谓坚依坚名地。……何等为眼？佛答：'因四大造清净色，是名为眼，如是十八。又汝言，有主有依，我等不然，但说法住法中。又汝言，坚等有何义，故独名大者。坚等有义，所谓坚相能持，水相能润，火相能热，风能成就，是故四大是实。'"①《阿毗昙》说四大是实有，是因为地的性质是坚，水的性质是湿，火的性质是热，风的性质是动，而且能持、能润、能热、能成就，所以说四大是实有。《成实论》认为只要依于坚的都可以称为地，但坚不是实有，只是触的一种，不能称坚为有主有依。

《成实论》对《阿毗昙》的四大实有说又做了进一步的反驳。"答曰：不然，四大是假名。汝虽言，《阿毗昙》中说坚相是地种等，是事不然。所以者何？佛自说，坚依坚是地，非但坚相，是故此非正因。又汝说，色等从四大生，是事不然。所以者何？色等从业、烦恼、饮食、淫欲等生。如经中说，眼何所因？因业故生。"② 四大是假名，是由能造四大的色香味触而成。所谓"坚依坚是地"，是说依靠坚的都称为地。色当然也并不是由四大而生，而是因业、烦恼、饮食淫欲而起的。

《成实论》认为苦的原因是业和烦恼。"集谛者，业及烦恼。业者，业品中当说。烦恼者，烦恼品中当说。诸业、烦恼是后身因缘故名集谛"③ "又因所贪着，故造诸恶，诸恶因缘，强受果报。……以业力故，生诸道中。""随假名心，名为无明，假名心者，能集诸业。……一切诸受身业，皆因烦恼生。又断烦恼者，不复受生。故知有身，皆因烦恼。"④ 业因烦恼而生，是生死流转的本原，要想解脱就要断除烦恼。

《成实论》认为灭业需要灭除假名心、实法心、空心。"灭三种心名为灭谛。谓假名心、法心、空心。问曰：'云何灭此三心？'答曰：'假名心或以多闻因缘智灭，或以思惟因缘智灭。法心在煖等法中，以空智灭。空心入灭尽定灭，若入无余泥洹，断相续时灭。'"⑤ 假名心将假名执着为实有。实法心是"有实五阴心"，五阴也是空的，以空智灭法心。空心是

① （后秦）鸠摩罗什译：《成实论》卷三，《大正藏》第 32 册，第 261 页下、262 页上。
② 同上书，第 262 页上、中。
③ （后秦）鸠摩罗什译：《成实论》卷二，《大正藏》第 32 册，第 251 页中。
④ （后秦）鸠摩罗什译：《成实论》卷十一，《大正藏》第 32 册，第 325 页上。
⑤ 同上书，第 327 页上。

执着空见，将无余泥洹视为实有空，与大乘佛教认为空、有都非实在的观点是不同的。"灭此三心，故名灭谛。"① 这三心最终都是要灭除的。

"道谛者，谓三十七助菩提法，四念处、四正勤、四如意足、五根、五力、七菩提分，八圣道分。"② 《成实论》将道谛概括为四念处，四正勤，四如意足，五根，五力，七菩提分和八圣道分。所谓八圣道，即八正道，是道谛的核心："今论道谛。道谛者谓八直圣道，正见乃至正定。是八圣道，略说有二：一名三昧及具，二名为智。"③ 八圣道中，重要的为禅定和智慧。"又佛禅定，于无量劫，次第渐成，故能具足。"④ 《成实论》重视的是小乘的禅定，其中对初禅到四禅都有详细的论述，入无心定达到无余涅槃，这与大乘的涅槃观是不同的。

在对四谛苦集灭道的理解上，成实论与旧譬喻师、婆沙师、分别论者都有所不同（见表 8 - 3)⑤

表 8 - 3　　　　　　　　　　对四谛苦、集、灭、道、的理解

| 四谛 | 成实 | 旧譬喻师 | 婆沙师 | 分别论者 |
|---|---|---|---|---|
| 苦 | 五取（受）蕴。色蕴四大是假，四尘（色香味触）是实 | 名色 | 五蕴 | 有漏八苦 |
| 集 | 烦恼与业。烦恼中，贪欲最要 | 业感 | 有漏因 | 招后有爱 |
| 灭 | 灭假名心—灭实法心—灭空心（证涅槃与入灭尽定） | 业感尽 | 择灭 | 爱尽 |
| 道 | 四念处，四正勤，四如意足，五根，五力，七菩提分和八正道 | 止观 | 学无学法 | 八正道 |

从表 8 - 3 中我们看出，尽管《成实论》与旧譬喻师、婆沙师、分别论者等有所不同，但依然属于小乘学说，如《成实论》认为涅槃为入灭尽定，显然与大乘的无住涅槃是不同的。

---

① （后秦）鸠摩罗什译：《成实论》卷二，《大正藏》第 32 册，第 251 页中。
② 同上。
③ （后秦）鸠摩罗什译：《成实论》卷十二，《大正藏》第 32 册，第 334 页中。
④ （后秦）鸠摩罗什译：《成实论》卷一，《大正藏》第 32 册，第 239 页中。
⑤ 吕澂：《印度佛学源流略讲》，上海人民出版社 1979 年版，第 148、149 页。

（三）《成实论》与三论宗的争论

成实学者主要从理、境上去理解二谛，认为名言是空，或者名言不空，但认为理境还是不空的，这受到了三论学者的批判，认为还是小乘。《成实论》尽管讲空，但是从理境上讲的，因此便出现了真谛和假谛何者为体的问题。

在《成实论》中真、俗二谛的含义如下所示。

第一，俗谛为假名，真谛为五阴色等法及涅槃。"又佛说二谛：真谛、俗谛。真谛谓色等法及泥洹；俗谛谓但假名无有自体。如色等因缘成瓶，五阴因缘成人。"① 俗谛指因缘和合事物只有假名，如瓶、人一样没有自体。真谛指色等法及泥洹。"答曰：泥洹是真法宝，以种种门入，有以五阴门入，或观界入因缘诸谛，如是等门，皆至泥洹。"②

如果从不空的意义上说，此处所说的真谛，实际上还是在俗谛的范围。所以《成实论》中此处所说的真俗二谛不是究竟意义上的。既然如此，为什么还要说呢？"又世谛者是诸佛教化根本，谓布施、持戒、报生善处。若以此法调柔其心，堪受道教，然后为说第一义谛。如是佛法初不顿深，犹如大海渐渐转深，故说世谛。又若能成就得道智慧，乃可为说实法。……又经中说：先知分别诸法，然后当知泥洹。行者先知诸法是假名有，是真实有，然后能证灭谛。又诸烦恼先粗后细，次第灭尽。如以发毛等相灭男女等相，以色等相灭发毛相，后以空相灭色等相。"③ 从修行者的修行次第来说，是从有到无的过程，我们也可以认为是对其所理解的概念不断否定的过程，直到以空相灭掉所有的色相。"问曰：'若五阴以世谛故有，何故说色等法是真谛耶？'答曰：'为众生故说。有人于五阴中生真实想，为是故说五阴以第一义，故空。……如经中说：诸法但假名字。假名字者，所谓无明因缘诸行，乃至老死诸苦集灭。以此语，故知五阴亦第一义，故无。'"④ 第一义即真谛，此中将五阴列为真谛，是因为有人于五阴中生真实想，是为了教化众生的方便之说。方便都有不违背究竟，十二因缘是假名，五阴当然也是假名，所以第一义是空的。

———————

① （后秦）鸠摩罗什译：《成实论》卷十一，《大正藏》第32册，第327页上。
② （后秦）鸠摩罗什译：《成实论》卷十六，《大正藏》第32册，第373页上。
③ （后秦）鸠摩罗什译：《成实论》卷十一，《大正藏》第32册，第327页中。
④ （后秦）鸠摩罗什译：《成实论》卷十二，《大正藏》第32册，第333页上。

第二，俗谛为苦、集、道谛、十二因缘，真谛为灭谛、空门。"问曰：'亦说知老死集、老死灭、老死灭道，故知应是苦智。'答曰：'此是因缘门，非真谛门。'"① "当知第一义故说无老死，世谛故说生缘老死。"② 相对因缘门的真谛门实际含义为空门。诃梨跋摩认为在苦、集、道谛中，行者观生死等苦，并不能达到漏尽。并且观五阴等苦攀缘的是有为法，属于散心位，而散乱心是无法获得解脱的。这样，依据苦谛等可以消除对"神我"的错误认识，也可说见到了空，但并不是究竟空观，只能称为知见未净，所以不属第一义谛的范围。"行者观色无常、空虚、离相。无常者，谓色体性无常。空虚者，如瓶中无水，名曰空瓶。如是五阴中无神我，故名为空。如是观者者亦名为空，亦名知见未净，以未能见五阴灭故。"③

"问曰：'若不以四谛得道，当以何法得道？'答曰：'以一谛得道，所谓为灭'。"《成实论》指出真正见道的真理只有灭谛。"灭"指的是什么呢？"灭名为无。当知第一义故诸行皆无，但以世谛故有诸行。"④ "灭谛者……谓假名心、法心、空心，灭此三心故名灭谛。"⑤《成实论》在卷十二中以"真谛"为灭对卷十一中所提到的"第一义为五阴"说明确进行了否定。"当知第一义，故说无老死。世谛故说生缘老死。又如过瓶相，则第一义故无瓶。如是过色等法，则第一义故无色。又经中说：若法是诳，即是虚妄。若法非诳，即名为实。诸有为法皆变异，故悉名为诳，诳故虚妄，虚妄故非真实。有如偈说：世间虚妄缚，状如决定相。实无见似有，深观则皆无。当知诸阴亦空，又见灭谛故说名得道，故知灭是第一义有，非诸阴也。"⑥ 从第一义上说有，从俗谛上说无，所以五阴并非第一义。

《成实论》评判世谛是在修行的因位上，苦谛、集谛、道谛、十二因缘都是世谛。真谛为灭谛、空门。"又要当以真谛得道，而解四谛中

① （后秦）鸠摩罗什译：《成实论》卷十六，《大正藏》第 32 册，第 373 页上。

② （后秦）鸠摩罗什译：《成实论》卷十二，《大正藏》第 32 册，第 333 页上。

③ （后秦）鸠摩罗什译：《成实论》卷十五，《大正藏》第 32 册，第 363 页中。

④ （后秦）鸠摩罗什译：《成实论》卷十二，《大正藏》第 32 册，第 333 页下。

⑤ （后秦）鸠摩罗什译：《成实论》卷二，《大正藏》第 32 册，第 251 页下。

⑥ （后秦）鸠摩罗什译：《成实论》卷十，《大正藏》第 32 册，第 333 页上、中。

说……"①"以一谛得道,所谓为灭。"②"当知第一义故说无老死,世谛故说生缘老死"③。灭谛即第一义谛是证得涅槃,究竟解脱。《成实论》中苦谛、集谛、道谛属于世谛,灭谛属于第一义谛。以真谛得道实指灭谛,与前面以色等法及泥洹不可分之法为真谛不同。

三论宗认为根本没有理境二谛(于二谛)。"谛有二种:一于谛,二教谛。于谛者,色等未曾有无,而于凡是有,名俗谛,约圣是空,名真谛。于凡是有名俗谛,故万法不失;于圣是空名真谛故,有佛无佛性相常住。教谛者,诸佛菩萨了色未曾有无,为化众生,故说有无为二谛教,欲令因此有无,悟不有无,故有无是教。而旧义明二谛是理者,此是于谛耳。于谛望教谛,非但失不二理,亦失能表之教。"④于谛是有与空的两种谛理的真实存在。三论宗认为二谛是从言教上说的,所以也不用做真假的区分。《中论·观四谛品》的颂文曰:"诸佛依二谛,为众生说法","众因缘生法,我说即是空,亦为是假名,亦是中道义"⑤,众因缘生法所形成的为假名,中道能消除真假的区别。

高丽僧道朗于齐建武中(494—497)至江南,住钟山草堂寺,又登摄山,嗣法于黄龙(今吉林境内)法度,弘扬罗什的三论之学。当时江南盛弘《成实》,名师辈出,道朗却宣扬三论,非难《成实》。梁初,僧朗继法度于摄山栖霞精舍(今南京郊区)弘扬"三论",梁武帝曾派人就学,其弟子僧诠,号称"山中师",摄山遂成为梁陈二代三论学的重镇。梁昭明太子萧统作《解二谛义令旨并问答》,可为梁代的代表作。僧诠有勇、辩、朗、布四弟子,号称"四友"或"四公",均为陈王朝所重,三论学遂成了陈王朝的官方佛学。

(四)成实论对于中道的理解

《成实论》承认法空,这成为与说一切有部的最大区别。《成实论》以中道的思想讲法空,显然受到了大乘中道思想的影响。"若第一义谛,故说无,世谛故说有。名舍二边,行于中道。又佛法,名不可净胜。若说

---

① (后秦)鸠摩罗什译:《成实论》卷十五,《大正藏》第 32 册,第 363 页上。

② 同上。

③ (后秦)鸠摩罗什译:《成实论》卷十二,《大正藏》第 32 册,第 333 页中。

④ (隋)吉藏:《大乘玄论》卷一,《大正藏》第 45 册,第 23 页上、中。

⑤ [古印度]龙树著,(后秦)鸠摩罗什译:《中论》卷四,《大正藏》第 30 册,第 33 页中。

第一义谛，故无，则智者不胜。若说世谛，故有，则凡夫不净。又佛法名清净，中道非常、非断。第一义谛无，故非常。世谛有，故非断。问曰：'若法第一义谛故无，便应是无。何为复说世谛故有？'答曰：'一切世间所有言说，谓业及业报若缚、若解等，皆从痴生。所以者何？是五阴空如幻、如炎，相续生故。欲度凡夫，故随顺说有。若不说者，凡夫迷闷，若堕断灭。……是故后说第一义谛，如初教观身，破男女相。故次以发、毛、爪等分别身相，但有五阴。后以空相灭五阴相，灭五阴相名第一义谛。又若说世谛故有，则不须复说第一义无。又经中说，若知诸法无自体性，则能入空，故知五阴亦无。又第一义空，经中说，眼等以第一义谛故无，世谛故有。《大空经》中说：若言是老死，若言是人老死。若外道言，身即是神。若言身异、神异，是事义一，而名异。若言身即是神，身异、神异是非梵行者。若遮是人老死，即说无我。若遮是老死，即破老死乃至无明。故知第一义中无老死等。言生缘老死，皆以世谛故说。是名中道。'"①《成实论》说无、说有，是从度凡夫的意义上而言的，让凡夫不要执着于常和断。所谓的中道就是非常、非断。如果说世俗谛的有用第一谛的空来破相，那么第一谛的空又如何来解释呢？"诸法无自体性"，也就是法空，所以第一义为空。

　　《成实论》尽管讲空有二谛，但没有空有圆融无碍的大乘思想。"见诸法从众缘生，则无二边。又如经说见世间集则灭无见，见世间灭则灭有见。又行中道，故则灭二边。所以者何？见诸法相续生，则灭断见，见念念灭，则灭常见。"②《成实论》第一义说只能说无我，世谛只含摄有我，这才是为中道正观。《成实论》严格区分世谛和第一义谛，凡夫在世谛中持空见，为邪见；圣者于第一义谛中持有见，非正观。

　　由上所述，《成实论》主要还是小乘的思想，尽管也谈中道和空，但并未达到空有无碍的高度，理、境都是实有的存在，但不能相即，没有大乘所讲空无所得的意思。另外在判教的思想上，《成实论》将自己判为二时通教，与般若相同，这也引起了三论师的不满。

---

① （后秦）鸠摩罗什译：《成实论》卷十，《大正藏》第 32 册，第 316 页下、317 页上。

② 同上书，第 317 页中。

### 四　俱舍学派

#### (一) 俱舍学的渊源与流传

俱舍学派因该派弘传《俱舍论》而得名。《俱舍论》全称《阿毗达磨俱舍论》，为世亲所著。世亲最初从一切有部出家，研习《大毗婆沙论》，后来学习经部，对小乘一些学说不甚满意，常以经部观点驳斥有部学说。他将《大毗婆沙》概括为《俱舍论颂》，共集六百颂。后来又进行了解释，共计八千颂，成《俱舍论》。《婆沙》学者众贤不满《俱舍论》对《大毗婆沙》的批评，而作二万五千颂的破论《俱舍雹论》，后改名为《顺正理论》。世亲的弟子安慧著有《俱舍论实义疏》（汉译残本五卷）等，这是印度最初的俱舍师。此外还有德慧、世友、称友、满增、陈那等人对《俱舍》进行解释。

俱舍学派在南朝时期形成得较晚，主要是在陈代。南朝宋齐梁主要研习的是说一切有部的毗昙学，到了陈代的时候，真谛于陈天嘉五年（564）正月在广州译出《俱舍释论》，其弟子将真谛对俱舍的讲解整理称为义疏，在当年的闰十月译成讲毕，共论文二十二卷、论偈一卷、“义疏”五十三卷。天嘉七年（566）二月，真谛又重新翻译和讲解。到了光大元年（567）十二月完毕，经其弟子慧恺记录整理，而成《阿毗达磨俱舍释论》二十二卷。

真谛弟子中弘传《俱舍》之学的，有慧恺、智敷及法泰等，而以慧恺为最。

慧恺（518—568），俗姓曹。陈天嘉四年（563）在广州制旨寺请真谛翻译《摄大乘论》及释论，亲自笔受，不久又帮助真谛翻译《俱舍论》，并作两论之疏。慧恺深受真谛的器重。光大二年（568），慧恺在智慧寺讲说《俱舍论》，未毕而寂，世寿五十一。著有《摄大乘论疏》八卷、《俱舍论疏》五十三卷。慧恺的私淑弟子道岳（568—636），初习《杂心》，后弘《俱舍》，遂由毗昙学转入俱舍学。

法泰生卒年、籍贯均不详。真谛在广州时，法泰为其笔受文义，垂二十年，所出计五十余部，并述义记。与真谛合译《明了论》，以及《疏》五卷。陈太建三年（571）返建业，讲授《摄大乘》、《俱舍》二论。智敷生卒年份不详，真谛在岭南传《摄大乘论》和《俱舍论》时，智敷与道尼等二十人"并掇拾文疏,于堂听受"[①],成为真谛的弟子。真谛和智恺相继病逝后,智敫率众僧尼返循州"共传香火,令弘摄、舍两论,誓不断绝"。[②]

（二）俱舍学的主要思想

《阿毗达磨俱舍论》中的"阿毗"即"对","达摩"即"法","对法"是无漏慧的异名。"俱舍"即"藏",为包含、所依的意思。《阿毗达磨俱舍论》译成汉文就是《对法藏论》。《俱舍论》在组织结构上,综合《阿毗昙心论》和《发智论》,只用因果论,内容更为简单。其因果形式为先说果,后说因;先说近因,后说远因。《俱舍论》首先说明宇宙的存在,界品——名、色世界,根品——有情之心身;再者说明迷、悟的因果。明迷之因果,世间品——有漏果,业品——有漏之远因,随眠品——有漏之远因。明悟之因果,贤圣品——无漏果,智品——无漏远因,定品——无漏之近因;最后说明抉择,破我品——明无我之理。在《俱舍论本颂》中没有"破我品","破我品"的内容与《发智论》的见蕴相似,可能是后来补上的。

《俱舍论》将有部思想归纳为八品。以四谛为中心,第九品是破我品。《界品》和《根品》建立有漏、无漏法,总说四谛。有漏、无漏是玄奘的译法,真谛的译法为有流、无流。"颂曰:有漏无漏法,除道余有为,于彼漏随增,故说名有漏,无漏谓道谛,及三种无为,谓虚空二灭,此中空无碍,择灭谓离系,随系事各别,毕竟碍当生,别得非择灭。"[③]无漏法是道谛和三种无为。三无为是指虚空、择灭和非择灭,有漏法远离系缚证得解脱,名为择灭。《界品》讲述五蕴、十二处、十八界。蕴是同类事物的汇聚,"色等五蕴,名有为法。色蕴者何?颂曰:'色者唯五根、五境及无表。'论曰:'言五根者,所谓眼耳鼻舌身根。言五境者,即是眼等五根境界,所谓色声香味所触,及无表者,谓无表色'"[④]。色等五蕴是有为法,色包括五根、五境及无表色。"处"是指能产生识的地方,十二处为眼耳鼻舌身意六根和色声香味触法六尘。"界"是种类,十二处加

---

① （唐）道宣:《续高僧传》卷一,《大正藏》第50册,第431页下。
② 同上。
③ （唐）玄奘译:《阿毗达磨俱舍论》卷一,《大正藏》第29册,第1页中、下。
④ 同上书,第2页中。

上六识成为十八界。法处、法界的含义比较复杂，实则二者含义相同。"受、想、行蕴、无表、无为，总名法处，亦名法界。"①

《俱舍论》不但讲"无我"，也讲"我"。"偈曰：十二界我依。释曰：何者十二？偈曰：除色等。释曰：六识、六根，此十二界名我依。色等六尘界名外。我既是无，云何说我依及我依外？我慢依止故，假说心为我。如偈言：我是我善依，异此何胜依。若我好调伏，智人得解脱。有余处佛世尊说：唯调伏心。如偈言，调伏心最胜，心调引乐故。是心世间说为我，眼等为此依止，及亲近故，是故说眼等名我，依色等为境界故称外。"② 十二界为"我依"，这个我是心，为受想行识的和合。在《俱舍论》看来"我"是假说，我慢、眼等依止于我，所以要调伏心（我），而得解脱。

佛教对于宇宙万物以三科蕴、处、界来说明，蕴是狭义的，界是广义的，处介于蕴与界之间，三科总摄一切法。《俱舍论》以"聚"解释蕴，"诸有为法和合聚义是蕴义"③。《俱舍论》以心心所法的生长门解释处义，以能生长心心所法所以叫作处。《俱舍论》以法种族义来解释界，一有情身或一相续共有十八类诸法种族，叫作十八界。

《俱舍论》将一切有为法归纳为五蕴。"何者是有为？偈曰：又诸有为法谓色等五阴。释曰：色阴、受阴、想阴、行阴、识阴。此五阴摄一切有为。"④《俱舍论》认为"蕴"作为有为法的聚合是假有，"蕴"所摄的诸色、受、想、行、识是实有。这种思想主要说明色心诸法都是因缘而生起，破除我执，通过断惑证理而脱离三界的束缚。《俱舍论》对诸法进行了分类，色、心、非色非心，为五位七十五法。诸法虽有自体，但是不能独自发生作用，必须依赖六因（能作因、俱有因、同类因、相应因、遍行因、异熟因）、四缘（因缘时空、等无间缘时间因素、所缘缘空间因素、增上缘时空）而产生五果。"我"是五蕴相续法上的假立，没有实体。"……如聚，蕴定假有，若尔，应诸有色，处亦是假有。眼等极微，要多积聚成生门故，此难非理。多积聚中一一极微，有因用故，若不而

---

① （唐）玄奘译：《阿毗达磨俱舍论》卷一，《大正藏》第 29 册，第 4 页上。

② （陈）真谛译：《阿毗达磨俱舍释论》卷二，《大正藏》第 29 册，第 169 页下。

③ （唐）玄奘译：《阿毗达磨俱舍论》卷一，《大正藏》第 29 册，第 4 页下。

④ （陈）真谛译：《阿毗达磨俱舍释论》卷一，《大正藏》第 29 册，第 162 页下。

者，根境相助共生识等，应非别处，是则应无十二处。"① "许法体恒有，而说性非常。性体复无别，此其自在说。"② 法体同于自相、自性，是事物的内在规定性，与大乘佛教的法性、自性不同。

《俱舍论》所讲的三世有，从因果上说，现在是过去之果，又是未来之因。因此，现在既是因，又是果。三世因果是和时间相关的，那么《俱舍论》所讲的三世通过法体的刹那生灭，说明法体的非永恒性。"去、来二世体实有者，我等亦说有去、来世，谓过去世曾有名有，未来当有，有果因故。依如是义，说有去来，非谓去、来如现实有。谁言彼有如现在世，非如现世彼有，云何？彼有去、来二世自性，此复应诘。若俱是有，如何可言是去、来性，故说彼有。但据曾当因果二性，非体实有。世尊为遮谤因果见，据曾当义说有去来。"③《俱舍论》通过因果来讲三世，过去世曾经有，所以名有。未来世当有，所以为有。如果说过去、未来都是有，怎么会说去来二性。据此《俱舍论》进一步指出"现在实有，过未无体"。

说一切有部传统认为"蕴"为实有，确保"五蕴"所摄诸法为实有，有部以为十二处、十八界为实有，自性无别。"能生长心、心所法，故名处，是能生长彼作用义；法种族义是界义，如一山中有多铜、铁、金、铝、等族说名多界。如是一身、或一相续有十八类诸法种族名十八界，此中种族是生本义。……"④ 有部认为三世有，"毗婆沙师定立去、来二世实有，若自谓是说一切有宗，决定应许，实有去、来世，以说三世，皆定实有故"⑤。

经部认为"蕴"为假有，"五蕴"所摄法亦为假有。经部主处是假，界是实；"有说，界表种类义，谓十八法种类自性各别不同名十八界；若言聚义是蕴者，蕴应假有，多实积集共所成故"⑥。"若依作用转变说者（经部），应言诸行亦有转变：谓法未来，未有作用；若至现在便有作用；

① （陈）真谛译：《阿毗达磨俱舍释论》卷一，《大正藏》第29册，第162页下。
② （唐）玄奘译：《阿毗达磨俱舍论》卷二十，《大正藏》第29册，第105页中。
③ （唐）玄奘译：《阿毗达磨俱舍论》卷二十，《大正藏》第29册，第105页中。
④ （唐）玄奘译：《阿毗达磨俱舍论》卷一，《大正藏》第29册，第4页下。
⑤ （唐）玄奘译：《阿毗达磨俱舍论》卷二十，《大正藏》第29册，第104页中。
⑥ （唐）玄奘译：《阿毗达磨俱舍论》卷一，《大正藏》第29册，第5页上。

若入过去，则作用息。"①

《俱舍论》"根品"首先讲二十二根，其次讲五位七十五法（宇宙的一切法），强调法不孤起，仗缘方生。色法，即物质有十一种，眼根；耳根；鼻根；舌根；身根；色境；声境；香境；味境；触境；无表色。心法一种，即六识。心所有法四十六种，都随附于心法而起。遍大地法十种：受；想；思；触；欲；慧；念；作意；胜解；三摩地。此十法通善、不善、无记之一切心王而起，故称遍大地法。大善地法十种：信；不放逸；轻安；行舍；惭；愧；无贪；无嗔；不害；勤。此十法与一切之善心相应而起，故称大善地法。大烦恼地法六种：无明；放逸；懈怠；不信；惛沈；掉举。此六法常与恶心及有覆无记心相应，故称大烦恼地法。大不善地法二种：无惭、无愧。此二法与一切之不善心相应，故称大不善地法。小烦恼地法十种：忿；覆；悭；嫉；恼；害；恨；谄；诳；憍。此十法唯为修道所断，仅与意识之无明相应，且其现行各别，而非十法俱起，故称为小烦恼地法。不定地法八种：寻；伺；睡眠；恶作；贪；嗔；慢；疑。此八法不入前五位，广通善、恶、无记三性，故称不定地法。不相应法十四种，与色、心皆不相应，既非精神，又非物质的现象，有得、非得、同分、无想果、无想定、灭尽定、命根、生、住、异、灭、文身、名身、句身等十四种。

《俱舍论》将所有的宇宙现象分为色法、心法、心所法、心不相应行法四类。这些法都称为有为法，五蕴和合而成，生灭无常。无为法三种，本身既无生灭的变化，也不因任何作用而起生灭变化，有虚空、择灭、非择灭等三种，超越时空，永恒存在。其中，虚空、非择灭是不能通过人力而达到的，而择灭无为通过佛法的信、解、行、证，能为人力所达到。

最后讲六因、四缘、五果。七十五法不能独立存在，而是在相互的联系当中，法不孤起，仗缘方生。六因是能作因、俱有因、同类因、相应因、遍行因、异熟因。四缘是因缘、等无间缘、所缘缘、增上缘。依六因、四缘所产生的结果，就是五果。五果是增上果、士用果、等流果、异熟果、离系果，离系果即涅槃。

《俱舍论》"世间品"讲苦谛，"业品""随眠品"讲集谛，三品说明有漏的生死流转因果。《俱舍论》对于苦、乐的理解："又契经言；汝应

---

① （唐）玄奘译：《阿毗达磨俱舍论》卷三十九，《大正藏》第27册，第200页中。

以苦观乐受者，应知此经意显乐受有二种性；一乐性，谓此乐受自相门是可受故；二有苦性，谓依异门亦是无常变坏法数。然观乐时能为系缚，诸有贪者此味数；若观苦时，能全解脱，如是观者得离贪故。"观苦能全解脱，从这个意义上说是乐；观乐，也可能因为贪恋所系缚而受苦。《俱舍论》认为苦、乐是相对的。

有部认为除了苦，也有乐，乐相对苦来说很少。"有一类释，由乐少故，如置绿豆、乌豆聚中，以少从多名乌豆聚……能为苦因故，能集众苦故，有苦希彼故说乐亦名苦。"经部认为乐也是苦，因此只有苦，没有乐。"有余师如见执，定无乐受，是云苦，云何知然？……如世尊言：诸所有受，无非是苦——诸所有衣服、饮食、冷暖等事、诸有情许为乐因，此苦非时、过量、受用便能生苦，复成苦因，不应而乐。"

《俱舍论》"贤圣品"讲灭谛，贤圣是无漏果。世俗阶段以四善根位修四谛十六行相，未如实现观十六行相，未断烦恼。苦法智忍生时，进入正性离生，入见道位，得圣者名。见道是从苦法智忍后无间生起苦法智，依序到第十五心道类智忍。法智、类智是见道所起的无漏智，法智是观察欲界四谛法的无漏智，类智是类似法智而观察上二界的四谛，四谛各有法智、类智故，共有十六心。前十五心是见道，见谛理。见道以前立七贤，即五停心、别相念住、总相念住、暖、顶、忍、世第一法。见道以后立四圣及七圣，四圣即须陀洹果、斯陀含果、阿那含果、阿罗汉果。七圣即随信行、随法行、信解、见至、身证、慧解脱、俱解脱。

《俱舍论》的修持思想认为有情要想从苦中解脱，就需要达到"涅槃"的境界。通过有情修行达到寂灭无为的境界。修行方法修习禅定，以戒律为起点，经五停心、四念住、四善根、四向四果等资粮道、加行道、见道、修道、究竟道等阶段，最终达到阿罗汉的涅槃境界，达到解脱。《俱舍论》在本体论上，还是从实有的角度来进行立说的，它采用经部的说法，即"现在有体，过未无体"，批判说一切有部"三世实有，法体恒有"的思想。

## 五　地论学派

### （一）概述

地论学派是以研习和弘扬《十地经论》（简称《地论》《十地论》）而得名的，《十地经论》属于印度大乘瑜伽学系的典籍，为世亲所著。世亲起先的时候学小乘，从声闻乘出家，后来听到其兄无著讲《十地经》，该学大乘，撰有《十地经论》十二卷，是对《十地经》的解释。《十地经》主要讲述菩萨修行的十个次第，相当于《华严经》的《十地品》。

《十地经论》在北魏永平元年至四年（508—511）由勒那摩提、菩提流支两人合作译成，共十二卷。崔光《十地经论序》说北魏永平元年（508），宣武帝命菩提流支和勒那摩提并译此论，佛陀扇多传译，有义学缁儒十余人参加，永平四年（512）夏，翻译周讫。"大魏皇帝，俊神天凝，玄情汉远……以永平元年，岁次玄枵，四月上日，命三藏法师北天竺菩提留支，魏云道希，中天竺勒那摩提，魏云宝意，及传译沙门北天竺伏陀扇多，并义学缁儒一十余人，在太极紫庭，译出斯论十有余卷。……四年首夏，翻译周讫。"① 唐代道宣主"分头并译"说："天竺梵僧，菩提留支初翻《十地》在紫极殿，勒那摩提在太极殿，各有禁卫不许通言，校其所译，恐有浮滥，始于永平元年至四年方讫，及勘仇之。惟云：有不二不尽。那云：定不二不尽。一字为异，通共惊美，若奉圣心。"② 菩提留支与勒那摩提所翻译的差别仅有一字之差。当时北魏宣武帝（500—515 年在位）笃好佛理，亲自讲解《维摩诘经》和《十地经》。"世宗笃好佛理，每年常于禁中，亲讲经论，广集名僧，标明义旨。"③ 崔光在宣武、孝明（516—528）二帝时讲《维摩》与《十地》，有义疏三十余卷，《地论》在北魏、东魏时期成为当时的主流学说。崔光也时常为朝廷权贵讲解《维摩》、《十地经》。"每为沙门朝贵请讲《维摩》、《十地经》，听者常数百人，即为二经义疏三十余卷。识者知其疏略。"④

关于勒那摩提、菩提流支翻译《十地经论》又有三种不同的说法。（1）勒那摩提、菩提流支因为争名，互不询访，各自翻译，二人合本为后人所编。"《十地经论》十二卷……《宝积经论》四卷（以上二论菩提流支并译，且二德争名，不相询访，其间隐没，互有不同，致缀文言，亦有异处，后人始合，见《宝唱录》载）。"⑤ （2）勒那摩提为主译，菩提流支为助译。"梁武帝世，中天竺国三藏法师勒那摩提，或云婆提，魏言

① （北魏）菩提流支等译：《十地经论》卷一，《大正藏》第 26 册，第 123 页上、中。

② （唐）道宣：《续高僧传》卷七，《大正藏》第 50 册，第 482 页中、下。

③ （北齐）魏收：《魏书》卷一一四，中华书局 1974 年版，第 3042 页。

④ （北齐）魏收：《魏书·崔光传》卷六十七，中华书局 1974 年版，第 1499 页。

⑤ （隋）费长房：《历代三宝纪》卷九，《大正藏》第 49 册，第 86 页中。

宝意，正始五年来，在洛阳殿内译，初菩提流支助传，后以相争因各别译。"[1]（3）菩提流支为主译，勒那摩提为助译。根据《李廓录》北朝认为此论以菩提流支为主译。

（二）地论学派的传播

地论师分为南、北二道。因勒那摩提与菩提流支所习并不尽同，从思想角度来说，从勒那摩提、菩提流支两人传习"地论"有所不同，从而形成南北两道。南北两道名称的由来，一般说法是因为从相州（邺都，今河南临漳）去洛阳的通道有南有北，两家学徒即沿着两道分别发展而得名。另据日本学者的看法，南北地论师在魏都洛阳时期即已分裂，而东魏的首都相州是在洛阳几十年后才有的，可能是勒那摩提与菩提流支分居在当时御道街的南北，因而成为道南道北两系。[2]

北道以道宠代表，他跟随菩提流支学习地论，弟子有上千人。道宠俗姓张，名宾，少有才艺，与李范共投国学大儒雄安生之门。三十岁左右，已领徒众一千余人。一日张宾偶过赵州元氏县，因觉口渴，入路旁堰角寺索水。沙弥持与，谓曰："必答水具几尘，方可饮之。"张宾罔然无对。沙弥乃以水浇面，张宾大惭，告诉徒众说："非为以水辱我，直显佛法难思。吾今投此道，汝等各可还散。"于是出家受具足戒，后跟随流支受学《十地经论》，历经三年，乃开讲《十地经论》，声誉闻名于邺下。"宠承斯问，便诣流支，访所深极，乃授《十地》，典教三冬。随闻出疏，即而开学；声唱高广，邺下荣推。时朝宰文雄魏收、邢子才、杨休之等。昔经宠席，官学由成，自遗世网，形名靡寄，相从来听，皆莫晓焉……遂以闻奏。以德溢时命，义在旌隆，日赐黄金三两，尽于身世，匠成学士，堪可传道，千有余人。"[3]道宠著名的弟子有牢宜、僧休、志念、法继、诞礼、儒果等。僧休传宝袭，志念传道岳。地论学北朝历经北魏、北齐、北周，到隋唐，最后与摄论派北道合流。

南道的代表人物为慧光（469—538）[4]，他对《地论》也进行过翻译。

①　（隋）费长房：《历代三宝纪》卷九，《大正藏》第49册，第86页中、下。

②　参见吕澂《中国佛学源流略讲》，中华书局1979年版，第142页。

③　（唐）道宣：《续高僧传》卷七，《大正藏》第50册，第482页下。

④　根据2002年出土于河南安阳的《魏故昭玄大统慧光法师墓志》（收录于《新出土的慧光大师墓志铭》，《中国禅学》第4卷，第233—234页，中华书局2006年版）记载慧光卒于东魏孝静帝元象元年（538），世寿七十，与僧传记载相同，推断慧光出生于公元469年。

"释慧光，姓杨氏，定州卢人也……初在京洛任国僧都，后召入邺绥缉有功，转为国统。"① 北魏末年，慧光被任命为国都，在东魏又担任国统。"年十三，随父入洛。四月八日，往佛陀禅师所，从受三归。……佛陀曰：此诚大士之行也。……会佛陀任少林寺主，勒那初译《十地》，至后合翻，事在别传。光时预沾其席，以素习方言，通其两净，取舍由悟，纲领存焉。自此《地论》流传，命章开释。《四分》一部，草创基兹，其《华严》、《涅槃》、《维摩》、《十地》、《地持》等，并疏其奥旨，而弘演导。"② 慧光及其弟子同统治者关系密切，他们的师说很有影响。慧光的弟子有法上、僧范、道凭、昙衍、道慎、昙遵、慧顺、灵询、僧达、道云、道晖等。法上（495—580）跟随慧光受具足戒，北齐文宣帝高洋命其为戒师，曾任魏、齐昭玄大统。法上的弟子有法存、慧远等。周武帝灭佛时，慧远到了净影寺，后世遂称"净影寺慧远"，他的《大乘义章》《大乘起信论义疏》很有影响。他用《大乘起信论》的观点来解释瑜伽唯识思想。南道的发展到了后来逐渐演变为华严宗。道凭传弟子灵裕，昙遵传昙迁，昙衍传灵干等。

（三）地论学派的主要思想

《十地经论》主要解释"菩萨乘十地"，即菩萨五十二位修行中的第五个十位：欢喜地、离垢地、发光地、焰慧地、极难胜地、现前地、远行地、不动地、善慧地、法云地。在此十地，成一切种智，属于圣位。①欢喜地，谓菩萨智同佛智，理齐佛理，彻见大道，尽佛境界，而得法喜，登于初地。②离垢地，谓由尽佛境界，明了诸法异性而入于同，若见有同，即非离垢；同性亦灭，斯为离垢。③发光地，谓同异情见之垢既净，则本觉之慧光明开发。④焰慧地，谓慧明既极，则佛觉圆满；觉满则慧光发焰，如大火聚烁，破一切情见。⑤难胜地，谓由前焰慧烁破一切情见，其同异之相，皆不可得，即是诸佛境界，无有能胜。⑥现前地，谓由前同异之相既不可得，则真如净性明显现前。⑦远行地，谓真如之境，广无边际。虽真如现前，分证则局，若尽其际，方为极到。分证谓菩萨于真如之理，分次第而证。⑧不动地，谓真如之理既尽其际，全得其体，则真常凝静，无能动摇。⑨善慧地，谓既得真如之体，即发妙用，凡所照了，悉是

① （唐）道宣：《续高僧传》卷二十一，《大正藏》第 50 册，第 608 页上。
② 同上书，第 607 页下。

真如。⑩法云地，谓菩萨至此第十地，修行功满，唯务化利众生，大慈如云，普能阴覆，虽施作利润，而本寂不动。

《十地经论》除了对菩萨修行的十个阶位进行说明外，还对八识、三身、三聚净戒、因分果分、总别同异六相展开阐释。其中既有瑜伽行派的思想，也有中观学派的思想。

《十地经论》认为众生的流转与解脱都源于一心，即阿黎耶识。"三界唯心"为瑜伽行派开辟了道路。"是菩萨作是念：三界虚妄，但是一心作。论曰：但是一心作者，一切三界唯心转故。……如来所说，十二因缘分，皆依一心。所以者何？随事贪欲共心生，即是识事，即是行；行诳心，故名无明；无明共心生，名名色；名色增长，名六入；六入分，名触；触共生，名受；受已无厌足，名爱；爱摄不舍，名取；此有分和合，生有；有所起，名生；生变熟，名老；老坏，名死。"① 十二因缘因一心而起，因为贪欲与心是共同生起的，又引起了无明，无明与心共生引起了名色直到老死。

"三界虚妄，但是一心作"是从宇宙论方面进行说明。三界指欲界、色界、无色界，为有情众生存在的三种环境。"十二因缘分，皆依一心"是从解脱论方面进行说明，有情众生在三界之中生死流转。《十地经》将"三界"和"十二因缘"都归于一心，尽管"十二因缘"虽然始于无明，但"染"（十二因缘）和"净"（解脱）的根据都在于"心"。《十地经论》将这个心解释为心识："云何余处求解脱？是凡人如是愚痴颠倒：常应于阿梨耶识及阿陀那识中求解脱，乃于余处我、我所中求解脱。"② "善住阿梨耶识真如法中。"③ 阿梨耶识即为真如法。"譬如二世界：一染净世界，二纯净世界。是二中间，难可得过；欲过此界，当以大神通力。"④ 从"染"转"净"需要进入"十地"不断的修行。既然"十二因缘"被归结为一心，而此心又为阿黎耶识，所以十二因缘的缘起说便成了阿黎耶识缘起说。"菩萨尽者，法身离心、意、识，唯智依止。"⑤ 心为阿黎耶识，意指阿陀那识，识为六识，解脱的方法就是转识成智。

---

① （北魏）菩提流支译：《十地经论》卷八，《大正藏》第 26 册，第 169 页上。
② （北魏）菩提流支译：《十地经论》卷八，《大正藏》第 26 册，第 170 页下。
③ （北魏）菩提流支译：《十地经论》卷十，《大正藏》第 26 册，第 180 页上。
④ （北魏）菩提流支译：《十地经论》卷九，《大正藏》第 26 册，第 176 页上。
⑤ （北魏）菩提流支译：《十地经论》卷一，《大正藏》第 26 册，第 125 页中。

　　地论师北道学说的根据是魏译十卷的《楞伽经》,该派认为阿黎耶识是本体,具有杂染性质,是众生轮回的根本所在。"一切凡夫及诸圣人,依彼阿黎耶识故有生有灭。"① 阿黎耶识从有为法上说与如来藏同,从无为法是上与如来藏不同。"言善不善法者,所谓八识。何等为八?一者阿梨耶识,二者意,三者意识,四者眼识,五者耳识,六者鼻识,七者舌识,八者身识。大慧,五识身共意识身。善不善法展转差别相续、体无差别,身随顺生法,生已还灭;不知自心见虚妄境界,即灭时,能取境界形相大小胜如之状。大慧,意识共五识身,相应生,一念时不住,是故我说彼法念时不住。大慧,言刹尼迦者(刹那),名之为空,阿梨耶识名如来藏,无共意转识熏习故,名为空。具足无漏熏习法(非刹那)故,名为不空。"② 依于如来藏的烦恼等有为法,是空的;依于如来藏,与如来藏不离不异的佛法,是不空的。③ 无漏功德是与真如不离不异的无漏习气所显的。经文又说:"大慧,阿梨耶识者,名如来藏,而与无明七识共俱,如大海波常不断绝身俱生故。"④ 阿黎耶识名如来藏,是刹那的有为法,并不具备一切功德,要通过修习离障的过程,显现真如,这说明佛性是后有的。"如来藏是如来境界。大慧,如来藏识、阿梨耶识境界,我今与汝及诸菩萨甚深智者,能了分别此二种法,诸余声闻、辟支佛及外道等执着名字者,不能了知如此二法。"⑤ "如来藏佛境,妄觉非境界。"⑥ 如来藏识与阿赖耶识从果位上说,只有佛、菩萨才能了知,这也指出了如来藏识与阿赖耶识本质上是不同的。

　　魏译《楞伽经》指出了如来藏的本质是自性清净。"世尊,如修多罗说,如来藏自性清净,具三十二相,在于一切众生身中,为贪瞋痴不实垢染,阴界入衣之所缠裹,如无价宝垢衣所缠,如来世尊复说常恒清凉不

　　① (北魏)菩提流支译:《入楞伽经》卷七,《大正藏》第 16 册,第 557 页上。

　　② 同上书,第 559 页中、下。

　　③ 魏译《楞伽经》在此处的说法来自《胜鬘经》:"世尊,有二种如来藏空智。世尊,空如来藏,若离、若脱、若异,一切烦恼藏。世尊!不空如来藏,过于恒沙,不离、不脱、不异,不思议佛法。"(南朝宋)求那跋陀罗译:《胜鬘经》,《大正藏》第 12 册,第 221 页下。

　　④ (北魏)菩提流支译:《入楞伽经》卷七,《大正藏》第 16 册,第 556 页下。

　　⑤ (北魏)菩提流支译:《入楞伽经》卷七,《大正藏》第 16 册,第 557 页上。

　　⑥ (北魏)菩提流支译:《入楞伽经》卷十,《大正藏》第 16 册,第 583 页上。

变。"①　"如来藏不受苦乐非生死因。"②　从如来藏自性清净的意义上说，如来藏不在阿黎耶识中。"大慧，如来藏识不在阿梨耶识中，是故七种识有生有灭，如来藏识不生不灭。"③　魏译《楞伽经》既有阿黎耶识名如来藏的说法，又有如来藏识不在阿黎耶识中的说明，这两种看似矛盾的说法，实则是所依据的角度不同而已。还有，如来藏与如来藏识的意义也有所不同，如来藏具有有为法与无为法两种性质，而如来藏识只具有无为法的性质。由此，我们也可以认为地论师北道所说的第九识就是如来藏识。

"初勒那三藏，教示三人，房定二士授其心法，慧光一人偏教法律，菩提三藏惟教于宠。宠在道北，教牢宜四人。光在道南，教凭范十人。故使洛下有南、北二途，当现两说自斯始也。"④　南、北二道在佛性上有当现的区别，其原因在于南北二道存在阿黎耶识缘起与如来藏缘起的区别。阿黎耶识是所有现象产生的根源，这与摄论师认为阿赖耶识是真妄合和的说法相近。众生要想成佛是当常成佛，常是佛性和涅槃的异名，需要经过后天的努力才行，功德是经过后天的新熏而得的。北道又另立第九识庵摩罗识⑤为净识。心性是杂染的，在修持上，应该消灭众生本有的心性。

地论师南道学说的根据是宋译四卷的《楞伽经》，该派也认为阿黎耶识是世界的本体，但是具有清净性质，本来就俱足所有的功德，佛性是先天而有的。这种说法的根据在"如来藏者，受苦乐与因俱"⑥。宋译《楞伽经》中的如来藏缘起思想或真如缘起思想并没有充分的说明，我们根据明代僧人宗泐、如玘对宋译《楞伽经》的批注，能够对如来藏缘起思想作一深入的了解。"如来藏是善不善因，随染净缘熏变不同。众生无始恶习所熏，唯逐染缘故。如来藏转名识藏，次第转生诸识，此全真成妄，

①　（北魏）菩提流支译：《入楞伽经》卷七，《大正藏》第16册，第529页中。

②　同上书，第559页上。

③　（北魏）菩提留支译：《入楞伽经》卷七，《大正藏》第16册，第556页下。

④　（唐）道宣：《续高僧传》卷七，《大正藏》第50册，第482页下。

⑤　庵摩罗识的说法出现在北凉所译的《金刚三昧经》中，译者不详。"诸佛如来，常以一觉而转诸识，入庵摩罗。"有学者指出庵摩罗的提法在北道中是没有的，是在真谛倡导的摄论宗兴起后，立八识梨耶妄、九识庵摩净说，才逐渐采用。而北凉先于梁陈，所以这种说法也值得商榷。

⑥　（南朝宋）求那跋陀罗译：《楞伽阿跋多罗宝经》卷四，《大正藏》第16册，第512页中。

全理成事也。若能随于净缘，了达诸识皆即真智，如来藏无复转名，则即事而理，反妄归真矣。"① 如来藏如果逐染缘，则是全真成妄，全理成事。相反如果随净缘，则了达诸识皆即真智，为即事而理，反妄归真。宋译《楞伽经》并没有提出阿黎耶识这样的称谓，而是以如来藏、识藏心说明第八识。"世尊，修多罗说，如来藏自性清净，转三十二相，人于一切众生身中，如大价宝，垢衣所缠，如来之藏常住不变，亦复如是。"② "如来藏者则无生灭。"③ 这个本体称如来藏、识藏心，而且不生不灭。"谓八识，何等为八？谓如来藏名识藏心、意、意识及五识身，非外道所说。大慧，五识身者，心、意、意识俱，善不善相展转变坏，相续流注，不坏身生，亦生亦灭，不觉自心现。"④ 宋译《楞伽经》中的如来藏识被烦恼所染，因此不净，这与魏译《楞伽经》的说法显然不同。"此如来藏识藏，一切声闻缘觉心想所见，虽自性净，客尘所覆故犹见不净，非诸如来。"⑤

慧光在《华严经义记》卷一中说："如来光明觉品者，明如来意业，教化智行无碍，犹如光明也。开晓于缘，故名为觉……就如来自体智行，随修人不同，彰位殊之异也。"⑥ 如来即真如、真性，智是智慧，为成佛的原因；行是修行，为成佛的结果。慧光的地论学与华严学同为真如缘起或称如来藏缘起思想。"问曰：'十二因缘，论主何故分两番而明者？'答曰：'初番明妄想纷竞，生死弥轮，特由无明为本生。后一番明诸惑妄想，无依不立，妄依真有，是故辩阿梨耶识共生，以为万惑之本。故经云：以如来藏，故说生死。是故如来藏是一切法本，以有二种本，故二处而明也。'"⑦ 从众生的生死流转来说，无明为本源。从万惑的本源来说，为共生的无明与阿黎耶识，也就是受染的第八识。"妄依真有"、"如来藏是一切法本"又说明如来藏是一切法的本源。法上的弟子，净影寺慧远

---

① （明）宗泐、如玘注：《楞伽阿跋多罗宝经注解》卷一，《大正藏》第 39 册，第 350 页中。

② （南朝宋）求那跋陀罗译：《楞伽阿跋多罗宝经》卷二，《大正藏》第 16 册，第 489 页上。

③ （南朝宋）求那跋陀罗译：《楞伽阿跋多罗宝经》卷四，《大正藏》第 16 册，第 510 页中。

④ 同上书，第 512 页中。

⑤ 同上书，第 510 页下。

⑥ （北魏）慧光：《华严经义记》卷一，《大正藏》第 85 册，第 234 页上。

⑦ （北周）法上：《十地论义疏》卷一，《大正藏》第 85 册，第 771 页中、下。

（523—592）以第七识阿陀那识为杂染，第八识为清净，即认为阿黎耶识为如来藏自性清净心、真如，是诸法的本原。"我有二种：相状如何？一法实我，如来藏性，是真是实，性不变异，称之为我。又此真心为妄所依，与妄为体，故说为我。故《涅槃》云：我者即是如来之藏，藏是佛性，一切众生，皆有佛性，即是我义。二者，假名集用之我，佛性缘起集成我人。"① 如来藏有真实不变之性，是众生皆有的佛性。

南道认为众生的佛性是本有的，为"现常"。众生只要去掉杂染的心，让本有的清净心逐渐显现，就能成就佛果。南道在缘起观上是真如缘起，成佛的关键在体悟真如。南道的思想后来为华严学者所吸收，清凉大师澄观著《华严疏钞》，将《十地经论》融入华严学说。

南北两道在判教思想上也有所不同。北道论师用五宗说，南道用四宗说。五宗说是南道四宗之上再加第五法界宗，推尊《华严经》。南道四宗说，佛陀扇多与慧光同，因缘宗指《大毗婆沙论》六因四缘；假名宗指《成实论》说三假；不真宗（诳相宗）指《大品般若经》、"三论"说"相皆虚妄"；真实宗指《华严经》《涅槃经》说"佛性常住"。慧光弟子大衍寺昙隐改宗名为因缘宗、假名宗、不真宗及真宗，净影寺慧远又改宗名为立性、破生、破相、显实。

### 六　摄论学派

摄论学派，因南北朝时期以研习和弘扬《摄大乘论》而得名，无著造论，世亲作释，《摄大乘论》是印度大乘佛教瑜伽行派的重要著作。《摄大乘论》共有四个译本，北魏佛陀扇多译出二卷，但释论未译。梁中大同元年（546），真谛来华，应广州刺史欧阳頠之请，在慧恺、法泰的协助下译出《摄大乘论》三卷，《世亲释论》十二卷。隋朝达摩笈多译出十卷，唐代玄奘译出三卷本。南北朝的摄论学派所用《摄大乘论》为真谛译本。

（一）摄论学派的传承

真谛被赞誉为"四大译师"之一，译出了大量的经论，如《大乘唯识论》《阿毗达磨俱舍释论》《摄大乘论》《摄大乘释》等。陈光大二年（568）八月，真谛与法准、道尼、智敫等十二人发誓弘传《摄大乘论》

---

① （隋）慧远：《大乘义章》卷三，《大正藏》第 44 册，第 526 页下、527 页上。

与《俱舍论》。真谛除了译出《摄大乘论》三卷外，还撰有《摄大乘论》义疏八卷。其弟子有慧恺、智敫、道尼、法泰、曹毗、僧宗、慧旷。

"初，谛传度《摄论》，宗、恺归心。穷括教源，铨题义旨。游心既久，敞怀相承。"① 宗、恺分别指僧宗和慧恺，深受真谛的真传。"恺素积道风，词力殷赡，乃对翻《摄论》，躬受其文。七月之中，文、疏并了，都合二十五卷。后更对翻《俱舍论》，十月便了，文、疏合数，八十三卷。谛云：'吾早值子，缀辑经、论，结是前翻，不应缺少；今译两论，词理圆备，吾无恨矣！'"② 慧恺不但对译《摄论》，也对译《俱舍论》，前后论疏合计 108 卷，真谛对慧恺的翻译非常满意，可以死而无憾。"自谛来东夏，虽广出众经，偏宗《摄论》。故讨寻教旨者，通览所译，则彼此相发，绮缋辅显。故随处翻传，亲注疏解，依心胜相。后疏并是僧宗所陈。躬对本师，重为释旨；增减或异；大义无亏。宗公别著《行状》，广行于世。"③

真谛去世后，其弟子僧宗、法准、慧旷后来在庐山弘传《摄大乘论》。"泰遂与宗、恺等，不惮艰辛，远寻三藏。于广州制旨寺，笔受文义，垂二十年。前后所出五十余部，并述义记，皆此土所无者。"④ 真谛的弟子法泰与僧宗、慧恺在广州参与译经前后约二十年。太建三年（571），真谛圆寂后二年，法泰从广州来到建业，弘扬《摄论》，不过此时的时机不好，陈代复兴"三论"，跟随法泰学习的人不多，唯有靖嵩认真钻研，后来靖嵩回到彭城弘扬摄论。智敫在循州（在今广东惠州东）道场寺宣讲《摄论》。智恺的俗侄曹毗也跟随真谛学过《摄论》，对于弘扬《摄论》不遗余力。"晚住江都，综习前业，常于白塔等寺开演诸论。冠履裙襦，服同贤士。登座谈吐，每发深致。席端学士，并是名宾；禅定僧荣、日严法侃等，皆资其学。"⑤ 曹毗开讲摄论，影响广大，听他讲学的社会名流。

道尼，九江人，跟随真谛学习《摄论》、《俱舍》，颇有成就。其依真谛宗旨，归乡（江西九江）开讲摄论。隋开皇十年（590），道尼奉敕入

---

①　（唐）道宣：《续高僧传》卷一，《大正藏》第 50 册，第 430 页中、下。

②　同上书，第 431 页中。

③　同上书，第 430 页中。

④　（唐）道宣：《续高僧传》卷一，《大正藏》第 50 册，第 431 页上。

⑤　同上书，第 431 页中、下。

京，弘扬摄论学，著名弟子有僧道岳、慧休、智光等，道岳后改学《俱舍论》。北方摄论学，除道尼和法泰之弟子靖嵩两系外，尚有昙迁一系。昙迁著有《摄论疏》，其弟子道哲、玄琬等，在北朝发展了摄论学说。自靖嵩、昙迁之后，摄论学逐渐衰微。

汤用彤对于真谛传播摄论学做了一个很精要的概括："真谛之学先布闽、越、广州，智恺之功为首。及其死后，法泰传之建业，僧宗、道尼等弘之九江，曹毗传法于江都，智敫宣讲于循广。而靖嵩之北止彭城，道尼之入居长安，《摄论》固已北被矣。但北方《摄论》大师，靖嵩而外，实为地论学者之昙迁。"① 真谛之学传播地域广泛和他颠沛流离的生活有着密切的关系。北上传播摄论学的有"道尼之入居长安""地论学者之昙迁""靖嵩之北止彭城"。

《摄大乘论》以世亲之学为主，为印度瑜伽行派唯识学的根本著作。慧恺评价《摄论》为大乘宗学。"此论乃是大乘之宗旨，正法之秘奥，妙义云兴，清词海溢。深固幽远，二乘由此迷坠；旷壮该含，十地之所宗学。"②

北魏的佛陀扇多最早翻译无著的《摄大乘论》，弘扬摄论学派的一方面是真谛所传，另一方地论的南道也是摄论学派的来源。地论学派兼学摄论的有慧光的再传弟子昙迁，法上的再传弟子靖嵩、净影，慧远的弟子辩相，这一派称为出自地论的摄论师，北朝北周至隋期代去京邺，或至金陵，或住徐州、长安。

（二）《摄大乘论》的重要思想

1. 《摄大乘论》的内容结构

《摄大乘论》在结构上分为十个部分，按境、行、果的顺序编排。①依止胜相品（内分众名、相、引证、差别四品），阐述阿黎耶识为宇宙万有的本源；②应知胜相品，着重解释三性；③应知入胜相品，强调多闻，熏习相续，增植善根，以便悟入胜相；④入因果胜相品，论述六波罗蜜；⑤入因果修差别性相品，论述十种菩萨地，即菩萨修行的十种阶位；⑥依戒学胜相品，论述三种戒；⑦依心学胜相品，论述依心学六种差别；⑧依慧学胜相品，论述无分别智差别及应离五种相；⑨学果寂来胜相品，

---

① 汤用彤：《魏晋南北朝佛教史》（下册），中华书局1983年版，第626页。

② （陈）真谛译：《摄大乘论》卷一，《大正藏》第31册，第113页上。

论述六转依；⑩智差别胜相品，论述佛的自性、受用、变化三身。

表 8 - 5　　　　　　　　　　　《摄大乘论》的内容结构

| | 序论： | 总标纲要分 | | |
|---|---|---|---|---|
| 全论组织 | 本论 | 所知依分 | | 境 |
| | | 所知相分 | | |
| | | 入所知相分 | | 行 |
| | | 彼入因果分 | | |
| | | 彼修差别分 | | |
| | | 三增上学分 | 增上戒学分 | |
| | | | 增上心学分 | |
| | | | 增上慧学分 | |
| | | 彼果断分 | | 果 |
| | | 彼果智分 | | |
| | 结论 | 《阿毗达磨大乘经》中《摄大乘品》，我阿僧祇略释究竟 | | |

2. 摄论学的心性论思想

《摄大乘论》在内容上侧重于探究"心"的性质、心生万物及众生如何修行的问题。《摄大乘论》认为第八阿梨耶识是妄识，为一切法之所依；但妄识中又有纯净识。"阿毗达磨中，复说偈云：诸法依藏住，一切种子识。故名阿黎耶，我为胜人说。云何佛说此识名阿黎耶？一切有生不净品法，于中隐藏为果故，此识于诸法中，隐藏为因故。复次，诸众性藏此识中，由取我相故，名阿黎耶识。"① 真谛所作《摄大乘论释》说："论曰：一切有生不净品法，于中隐藏为果故。论曰：此识于诸法中，隐藏为因故。论曰：复次诸众生，藏此识中。由取我相故，是故名阿黎耶识。释曰：一切谓三世，三世中取正生，能生不净品法，谓翻五种净品名不净品。诸法谓阿黎耶识果，即不净品等，阿黎耶识藏住此果中为因。藏者以执义，约阿陀那识及意识。说众生名，何以故？一切众生无无我执。我执若起，缘何境缘本识起，微细一类相续不断故。"② 真谛所说的阿黎

① （陈）真谛译：《摄大乘论》卷一，《大正藏》第 31 册，第 113 页下、114 页上。
② （陈）真谛译：《摄大乘论释》卷一，《大正藏》第 31 册，第 157 页中。

耶识，具备摄藏（能藏，所藏）、执藏等含义，继承了无著、世亲的思想。阿黎耶识既是世界、众生的本源也是解脱的根据，不仅是现在的因和果，也是未来的因和果。众生为什么会不断地生死流转呢？是因为色心种子无有断绝。"于阿梨耶识中，色心种子无有断绝。何以故？由此熏习种子，于穷生死阴，恒在不尽故，后时色心因此还生。"①

真谛所说的阿黎耶识为真妄和合说，与当时地论师北道派主张相近。八识外，阿梨耶识中纯净之识为第九阿摩罗识（无垢识），即真如佛性。这点与唯识新学所传不同，玄奘、窥基传承的唯识学所谈为八识，即至阿黎耶识为止。

修行者由于阿梨耶识中纯粹之识（净分）继续发展，对治妄识（染分），这样就可证入阿摩罗识，而成为佛。从这个意义上说，众生皆有佛性，没有永不能成佛的众生。"论曰：谓身识、身者识、受者识、应受识、正受识、世识、数识、处识、言说识。……如此九识，是应知依止。"② 阿摩罗识肯定了一切众生都有佛性，这与如来藏思想十分相似，玄奘的唯识新学中不承认九识阿摩罗识的存在。

3. 从境、行、果分析摄论学思想

关于境，摄论师认为真如有二义，一所缘境为真如，即我们常说的实际；二能缘心亦为真如，相当于第九阿摩罗识，也称为本觉。所缘境与能缘心合一，称为能所统一，理智不二。《摄论》中谈到五法，指相、名、分别、正智、如如；三自性为分别性、依他性、真实性。分别性指分别所执着之境，这是空的。依他性指分别执着之识，也是空的，最后归结为一切现象的真实性阿赖耶识。"若觉人所见尘，一切处唯有识。譬如梦尘，如人梦觉，了别梦尘，但唯有识。"③ 三性论的建立旨在说明"唯识无尘"的，要达到"唯识无尘"的认识，需要"真如智觉"，也称为如如，"如如者，谓法空所显，圣智境界。无分别智者，由此智故，一切圣人，能通达如如"④。如如为佛的境界，无分别智为佛的智慧，智如是合一的。至此也就完成了"转识成智"的过程。

---

① （陈）真谛译：《摄大乘论释》卷一，《大正藏》第 31 册，第 160 页下。

② （陈）真谛译：《摄大乘论释》卷五，《大正藏》第 31 册，第 181 页下。

③ （陈）真谛译：《摄大乘论释》卷五，《大正藏》第 31 册，第 182 页中。

④ （陈）真谛译：《三无性论》卷一，《大正藏》第 31 册，第 868 页上。

那么五法与三自性的关系如何呢？五法中也包含分别性，正智通于依他性与真实性。真实性也就是无性，"约真实性者，由真实无性故，说无性"①。三性中不但分别性是空，而且依他性也是空，三无性指相无性、生无性、胜义无性，不但遮遣分别性，而且遮遣依他性。因此所谓三重次第观便是历观三性。第八识为能变，相当于相分，其余七识为能缘，相当于见分。此即《摄大乘论》身识、身者识等十一种识平列之说。关于行，摄论学所说的三乘种性，都是由因缘所生，这就是新熏种子说。关于果，摄论学认为定性小乘入无余涅槃，也可以还生回入大乘。在道基、灵润诸人之说里，对这些主张已经有所变化了。

（三）真实性与如来藏的关系

真实性为真谛所提的"三性"之一。真谛将真实性分为自性成就和清静成就。自性成就为有垢真如，为客尘所染的如来藏。清静成就为无垢真如，为脱离客尘的如来藏。"论曰：真实性亦有二种，一自性成就。释曰：谓有垢真如。论曰：二清净成就。释曰：谓无垢真如。"②"论曰：二无垢清净，谓此法出离一切客尘障垢。释曰：是如来藏离惑智两障，由此永清净故，诸佛如来得显现。"③"即是无垢清净真如，说名无相法。由此一切法，无所有为体故，此法离有相；由自体实有故，此法离无相。于无相法，由最清净，是故自能通达，亦能令他通达故。"④"法界有两位：一有垢位，二无垢位。菩萨不见法界垢位有增，不见法界无垢位有减，又不见无垢位道生为增，有垢位道不生为减。不见一法有增减故，依此法界胜愿得成。"⑤

有垢真如相当于第八识阿黎耶识，当真如从第八识脱离出来，成为独立的第九识，就为无垢真如。第九识来自于第八识的净分，而第八识就相当于如来藏真如了。"尽是无垢清净，故名成就，一切障所不能染，一切佛法以此真如为体性故。"⑥ 在《摄大乘论章》中又有这样的说法："了别二谛名之为识。了别不同略有三种：一名梨耶识，二名陀那识，三名生

---

① （陈）真谛译：《三无性论》卷一，《大正藏》第 31 册，第 867 页下。
② （陈）真谛译：《摄大乘论释》卷五，《大正藏》第 31 册，第 188 页中、下。
③ （陈）真谛译：《摄大乘论释》卷六，《大正藏》第 31 册，第 191 页下。
④ 同上书，第 195 页下。
⑤ （陈）真谛译：《摄大乘论释》卷十，《大正藏》第 31 册，第 228 页上。
⑥ （陈）真谛译：《摄大乘论释》卷十一，《大正藏》第 31 册，第 238 页中。

起识。言梨耶识者，此方正翻名无没识，此有二义：一识生灭门，能受净熏，终能转依成应身功德，名为无没。二就识真如门，终可显了成就法身，名为无没。"① 梨耶识具有识生灭门与识真如门两重含义，这是从了别的角度说的，所以第八识的净分（真如门）和染分（生灭门）不用在第九识上立，八识本身就具有此二义。实际上第九识阿摩罗识为究竟意义上的净识，并不具备缘起的含义。"言离九者，前之三识生灭门中，分之为八，以缘境不同故，识真如门合之为一；以内照同故，以识真如通前为九。故《无相论·无相品》云：分别性永无，依他性亦不有。此二无所有，即是阿摩罗识，故究竟唯一净识也。"②

（四）唯识古学与唯识新学的区别

真谛传承的摄论学称为唯识古学，而玄奘传承的唯识学称为唯识今学。两者最大的区别就在于是否承认九识阿摩罗识的存在。真谛所说的阿摩罗识既是究竟果位之净识，也是自性清静心。"云何分判法界非净非不净？答：阿摩罗识是自性清静心，但为客尘所污，故名不净；为客尘尽故，立为净。"③

玄奘认为第九识是不存在的。《成唯识论》认为第八识"然第八识，虽诸有情皆悉成就，而随义别立种种名。谓或名心，由种种法熏习种子所积集故；或名阿陀那，执持种子及诸色根令不坏故；或名所知依，能与染净所知诸法为依止故。或名种子识，能遍任持世出世间诸种子故，此等诸名，通一切位；或名阿赖耶，摄藏一切杂染品法令不失故，我见爱等执藏以为自内我故，此名唯在异生有学，非无学位不退菩萨，有杂染法执藏义故；或名异熟识，能引生死善不善业异熟果故，此名唯在异生、二乘、诸菩萨位，非如来地犹有异熟无记法故。或名无垢识，最极清净，诸无漏法所依止故，此名唯在如来地有，菩萨二乘及异生位，持有漏种可受熏习，未得善净第八识故。"④ 第八识阿黎耶识是处于染位的，当染位转为净位时，就称为无垢识，即阿摩罗识，是进入佛位的第八识，并不是第九识。玄奘所传的唯识新学认为有漏的是第八识，转成无漏还是第八识。

① （唐）道基：《摄大乘论章》卷一，《大正藏》第85册，第1013页上、中。
② 同上书，第1016页下。
③ （陈）真谛译：《十八空论》卷一，《大正藏》第31册，第863页中。
④ （唐）玄奘译：《成唯识论》卷三，《大正藏》第31册，第13页下。

真谛生活在陈那、安慧的时代，受安慧影响比较大，安慧的学说传承于难陀，所以真谛之说接近于难陀，保存了世亲旧说。玄奘的唯识学在陈那、安慧之后，是经过护法、戒贤、亲光等发展了的瑜伽行派学说。[①]

由上述可知南北朝兴起的摄论学派所倡导的唯识学与玄奘最大的不同在于确立了第九识阿摩罗识的存在，来自第八识的净分，第九识阿摩罗识与《起信论》的本觉思想极为相似，这样摄论学与地论师北道相合就不足为奇了。第九识无垢识也影响了华严宗的"一真法界"思想。

## 七　三论学派

### （一）三论学的传承

三论学派的代表经典是《中论》、《百论》、《十二门论》，这三部论是鸠摩罗什在十六国后秦弘始年间（399—415）所翻译的。印度三论学的传承是：龙树—提婆—罗睺罗—青目—须利耶苏摩—鸠摩罗什。中国三论学的传承是：鸠摩罗什—僧肇……僧朗—僧诠—法朗—吉藏。龙树著有《中论偈》，根据《般若经》，以"八不"为中心，说明宇宙万法当体性空，无碍缘起的中道思想。他又著《十二门论》，以十二门解释一切有为无为诸法皆空之义。龙树弟子提婆著《百论》，破斥一切有所得的邪执。罗睺罗与龙树是同时期的人，用常、乐、我、净四德解释八不。青目是印度梵志，就《中论偈》作"长行"释，发展了龙树学说。须利耶苏摩原是西域沙车国王子，出家弘扬大乘，为鸠摩罗什说《阿耨达经》，阐明阴（"蕴"）、界、入（"处"）皆空无相的道理。

鸠摩罗什生于龟兹，出家初学声闻乘，后跟随须利耶苏摩学习方等经典及《中》《百》《十二门》等论。十六国后秦时到长安，罗什译有《大品般若经》三十卷、《大智度论》百卷、《中论》四卷、《十二门论》一卷。盛倡龙树、提婆之学。

罗什的弟子有僧肇、道生、僧睿、昙影、慧严、慧观、道恒、道标、道融等。僧肇作《肇论》，道生作《二谛论》，昙影作《中论疏》，道融作《三论注》。而以慧观、道生、僧睿等多弘法江南，僧肇、昙影、道融等则宣教关中，形成三论宗南北二学派。以后有昙济出，著《七宗论》。

僧肇，最初学习老庄，出家后专究"方等"，后又跟随罗什学习，帮

---

① 　参考吕澂《中国佛学源流略讲》，中华书局 1979 年版，第 149 页。

助译经，著有《般若无知论》等（后世称为《肇论》）。僧肇在罗什门下为解空第一，其所著《宗本义》及《不真空论》发挥了诸法缘生性空之理。吉藏在《百论序疏》推尊他为"玄宗之始"，又在《中论疏》中举山门义，常以什肇并称。什肇学说原在北方流行，后经僧朗传播到南方。

南朝宋末齐初时，道朗来至敦煌，从昙庆受学三论，并在中国诸方游化。道朗，辽东人，最初入关中习学罗什、僧肇的教义，后到建康，住在钟山草堂寺。这个时期江南盛弘《成实论》，名师辈出，道朗则宣扬三论，非难《成实》，名士周颙也从他受学，著有《三宗论》。道朗后来移住摄山（今南京郊区）栖霞寺，继承了法度的栖霞寺法席，开讲《华严》及三论，后人称为摄山大师。江南盛弘《成实》时，三论的思想几乎断绝，僧朗到江南，非难成实论师，破斥了视三论与《成实》一致的旧说，使三论学重新归于纯粹，所以他在佛教思想领域的重要贡献是将三论与《成实论》的思想做了区分。梁武帝很器重僧朗，天监十一年（512），遣僧怀、慧令、智寂及僧诠等十人到摄山从他学习三论的思想，僧诠学有成就。嗣后数代相传，有"摄岭相承"之说。

僧诠后来住在摄山止观寺，盛弘三论，称为新说，而以在其前者为关河旧说。僧诠门下有兴皇寺法朗、长干寺智辩、禅众寺慧勇、栖霞寺慧布四人，都长于三论，号称"诠公四友"。"时人为之语曰：诠公四友，所谓四句朗，领悟辩，文章勇，得意布。布称得意，最为高也。"① 实际上为三论学贡献最大的是法朗。僧诠从僧朗受学之后，隐居摄山，住在止观寺，因而有山中师、止观诠等称号。他只讲三论和《摩诃般若》，以为《中论》是《般若》的中心正解。著有《二谛章》，已失，只有吉藏所撰的《二谛义》（卷上）中保存了他寥寥几句，说明二谛是教。由于"诠公四友"的宣扬，摄岭三论学越发恢宏。梁武帝也因此舍《成实论》，依大乘义撰作章疏。

既传承三论学统而又将其发扬光大的是法朗。法朗，徐州沛郡人，21岁出家，初学禅、律、《成实》《毗昙》，后来继承龙树的学风，跟随僧诠受《智度》《中》《百》《十二门》等论，《华严》《大品》等经。陈永定二年（558）法朗应武帝邀请，来到建康入住兴皇寺，故被尊为"兴皇大师"。此后二十余年，继续讲四论及《华严》《大品》等。法朗继承了僧

---

① （唐）道宣：《续高僧传》卷七，《大正藏》第50册，第480页下。

诠的学说，作有《中论疏》（今不传），其说散见于吉藏的著述中。知名弟子有罗云等二十五人，分布于长江上下游、关中各地。"释法朗，俗姓周氏，徐州沛郡沛人也……以梁大通二年（528）二月二日，于青州入道。游学杨都，就大明寺宝志禅师受诸禅法，兼听此寺象律师讲律本文，又受业南涧寺仙师成论竹涧寺靖公毗昙，当时誉动京畿神高学众……摄山朗公，解玄测微世所嘉尚。人代长往嗣续犹存。乃于此山止观寺僧诠法师，餐受《智度》《中》《百》《十二门论》并《华严大品》等经，于即弥纶藏部探赜幽微，义吐精新，词含华冠，专门强学，课笃形心。可谓师逸功倍，于斯为证。"①

　　法朗弟子中以慧哲、智炬、明法师、吉藏四人最为著名。发扬摄岭相承的学说而建成一大宗派的是吉藏。吉藏（549—623）金陵人，7 岁跟随法朗，学习大、小乘思想。33 岁的时候，住在嘉祥寺，阐扬三论，著有《大品经义疏》《中观论疏》《百论疏》《十二门论疏》《大乘玄论》《二谛义》《三论玄义》《法华玄论》《法华义疏》等数十部。吉藏之后，有智凯、知命、智实、寂师、慧远等。到了唐代中叶以后，三论学派逐渐消亡。法朗门下，慧均作《四论玄义》，还有四论宗之说，即以中、百、十二门论之外，另加大智度论，合为四论。

　　（二）三论学的主要思想

　　三论学宣扬空、无相、八不中道等义理，阐扬诸法性空，又称法性宗。公元 401—480 年之间，南北方的三论学都没有得到大的发展。

　　三论学派以《大品般若经》为所依经，以《中论》《百论》《十二门论》为所依论。《般若经》在印度大乘佛教中出现最早，八千颂的《小品般若》在旃陀罗崛多王时出世，于公元前 4 世纪之末流出。后于公元 179 年（汉光和二年）由竺伊朔和支娄迦谶译为十卷《道行般若》。三国时，朱士行于公元 260 年西行，到于阗国，得到《般若经》的梵书正本，凡九十章，于公元 282 年遣弟子弗如檀（法饶）送到洛阳，后来遇竺叔兰和无罗叉，遂在公元 291 年共译为《放光般若经》三十卷（或二十卷）。竺法护曾在公元 286 年译出《光赞般若波罗蜜经》三十卷（残）。《放光般若经》和《光赞般若经》内容大同于《大品般若》。《大品般若经》全名《摩诃般若波罗蜜经》，共二十七卷（一作二十四卷，或三十卷，或四

① （唐）道宣：《续高僧传》卷七，《大正藏》第 50 册，第 477 页中。

十卷），鸠摩罗什在十六国后秦弘始五至六年（403—404）译出。据《大智度论》卷一百说《大品般若经》是二万二千颂，但印度南方另有二万颂的本子（《现观庄严论》所据本）流行，《法苑珠林》卷一百说玄奘法师所译《大般若经》第二会是二万五千颂。

《中论》（亦称《中观论》），龙树造颂本，青目所作释，罗什所译共为四卷。卷一论述"八不"思想："不生亦不灭，不常亦不断，不一亦不异，不来亦不去。"中论以"八不"阐明二谛之义。世间万物虽然有种种之别，可以总称为"一切有所得"的见解，超不出"生灭常断一异出来"等四双八计，破除此八计的邪迷，显无得正观，即是八不中道。《中论》第二十四品"观四谛品"末颂："众因缘生法，我说即是空，亦为是假名，亦是中道义。"因颂中有三个"是"字，故被称为"三是偈"。"众因缘生法"指缘起。缘起法有两层含义：①"我说即是空"是无自性，即空。这个空是以言语表现出来的，是认识中的空，所以是"我说"。法、事物、现象等无所谓空与不空。②"亦为是假名"，法虽是空，还有假名。"假"也译为"施设""假设"，指概念的表示。对缘起法，不仅要看到无自性（空），而且还要看到假设（假有）。因其无自性才是假设，因为是假设才是空。中道既不偏于空，也不偏于有，实际宣扬的是认识论的一种方式，不同于佛陀时代所说的不偏于苦也不偏于乐的中道。《中论》卷三论述了实相涅槃，人们对诸法实相的体悟，就进入了实相涅槃的境界。所采用的方法就是以般若这种特殊的智慧为指导的直观。《中论》卷四论述了二谛学说，俗谛是对世间的一般认识，表现名词概念。真谛指佛教的最高认识，是对"缘起性空"的领悟而得。"二谛"要求人们既看到有也要看到空，既不偏于有也不偏于空。青目认为龙树的目的是通过对错误认识的批判而达到世界本质"毕竟空"的真实认识。

全论二十七品，依吉藏《中论疏》的分判，初"观因缘"等二十五品，破斥大乘的迷失，阐明大乘的观行；次"观十二因缘"、"观邪见"二品，破斥小乘的迷执，分辩小乘的观行；后"观邪行品"的末段，重明大乘的观行，推功归佛。

《十二门论》颂本和释都是龙树所造。鸠摩罗什于后秦弘始十一年（409）译出。全论以观因缘等十二门构成。依吉藏《论疏》的分析，初"观因缘"等三门，明空门；次"观相"等六门，明无相门；后"观作"

等三门，明无作门。由三解脱门成立空性实相之义，为中观入门阶梯。《十二门论》载："众缘所生法，即是无自性，若无自性者，云何有是法。"缘起法无自性就是毕竟空，但是了为随顺世俗的常识，而说有缘起的事物，这样就把缘起和性空统一了起来，即为中道。不离性空而有缘生的诸法；虽有缘起的诸法，但也不碍于毕竟空的中道实相。

《百论》颂本是提婆所造，释是婆薮所造。鸠摩罗什于后秦弘始六年（404）译出。该论继承龙树"中论"说，以大乘佛教的"空""无我"等义理，破斥数论、胜论等外道的执见。依吉藏《疏》的分析，全论十品，破邪显正分为三章：①舍罪福品（第一）明舍罪舍福及能舍的空三相智，显示佛的渐舍之教，属于显正。②从破神品（第二）到破常品（第九）中前一品破我明众生空；次七品破法明法空，即正辨破邪。③破空品（第十）即破无我，归结毕竟空的境界。

三论学的思想为破邪显正、真俗二谛、八不中道等。《中》《百》《十二门》论均不出破邪显正。破除"有所得"见解，彰显"无所得"空理。三论学认为成实论学者主要是从理境上讲二谛的，这还是空得不彻底。而三论学是从言教上来讲二谛。在成实学看来，从理境上讲二谛，会导致这种情况，对执着于有的人讲真谛，而对于执着无的人讲俗谛，讲真俗、空有都是针对不同的人而说的，对于真俗二谛是体一还是体异也产生了不同的理解。三论学认为成实论还是执着于理和境空的不彻底，所以还是小乘，三论认为是即假即空。

三论学在判教方面，破除一切有所得，大小乘都是以无得正观为宗，并浅深优劣。因为众生的机根不同，所以法门有种种差别，对二乘说《阿含经》，对菩萨说《华严经》等。三论学以二藏、三轮的说法来判教。二藏指《涅槃》《智度》《中观》等经论所说声闻藏、菩萨藏，即小乘与大乘。三轮为：根本法轮，即《华严经》；枝末法轮，即从《华严》以后到《法华》之前一切大小乘经；摄末归本法轮，即《法华经》。

## 八　律学

### （一）律学的渊源及传播

佛灭后的"第一次结集"，优波离诵出"八十诵律"，但没有流传下来。"部派"佛教形成的戒律有南传《铜鍱律》，汉译有《十育律》《四分律》《摩诃僧祇律》《五分律》《根本说一切有部毗奈耶》等。

根据释圣严引《大集经》的说法，优婆崛多有五位弟子，对律藏内容取舍不同，于是律藏便分成了五部，即 1. 昙无德部：《四分律》。2. 萨婆多部：《十诵律》。3. 迦叶遗部：《解脱戒该经》。4. 弥沙塞部：《五分律》。5. 波粗富罗部：未传。"昙无德部"即法藏部"萨婆多部"，也就是说一切有部；"迦叶遗部"即饮光部；"弥沙塞部"即化地部；"波粗富罗部"即犊子部。此外尚有第六部《摩诃僧祇律》，即大众部。

部派"律藏"有"广律""戒经"和"律论"。"广律"有六类：1. 铜锞律，即南传律藏，属于上座部的分别说部。2. 十诵律，汉译最初的广律，属于"说一切有部"（萨婆多部）。3. 四分律，属于法藏部（昙无德部）。4. 摩诃僧祇律，乃大众部的广律。5. 五分律，属化地部（弥沙塞部）。6. 根有律，即根本说一切有部的广律，现存汉、藏、梵文三部，均不完整：此律的梵文断片，当代不断发现。[①]

小乘戒律的主要内容有"四波罗夷法"，淫、盗、杀、妄语为重罪，违反的僧人必须要被开除出僧团。小本的戒律将主要的戒律归纳为五条，即杀、盗、淫、妄语、酒。大乘戒的内容同小乘戒律一样也有"四波罗夷法"，主要是对受戒者的思想动机进行制约。在僧侣中流行的是小乘戒律，以《十诵律》《四分律》《摩诃僧祇律》《五分律》和《毗尼母论》《摩得勒伽论》《善见律毗婆沙》《萨婆多论》《明了论》为四律五论。

大乘菩萨戒的受戒者主要是君主贵族及居士等。经典有《梵网经》两卷、《清净毗尼方广经》一卷、《佛藏经》四卷，十六国后秦鸠摩罗什译《菩萨璎珞本业经》两卷，竺佛念译《佛说净业障经》一卷，失译者《菩萨地持经》十卷；《优婆塞戒经》七卷；《大方广三戒经》三卷，《菩萨戒本》一卷北凉昙无谶译；《受十善戒经》一卷，失译者《优婆塞五戒威仪经》一卷、《佛说菩萨内戒经》一卷、《菩萨善戒经》九卷，《菩萨善戒经》一卷南朝宋求那跋摩译；《寂调音所问经》一卷（《清净毗尼方广经》的异译）南朝宋沙门释法海译。

菩萨戒的内容为三聚净戒，即摄律仪戒（持律仪，作为禁戒以持守

① 上述内容参考劳政武《佛教戒律学》，宗教文化出版社 1999 年版，第 41—59 页。

之）、摄善法戒（修善法，涵容了大小乘的戒律、威仪）、饶益有情戒（度众生，慈悲喜舍广度一切众生）。南北朝时期，律学中国化的特色日益凸显，《全梁文》卷六十七傅弘《心王铭》云："欲得早成，戒心自律。净律净心，心即是佛。除此心王，更无别佛。欲求成佛，莫染一物，心性虽空，贪瞋体实。入此法门，端坐成佛。"戒体为心，戒行为净心，正是体现了大乘"持心戒"的特色。

（二）　南北朝时期律学的发展

自从佛教传入汉地至三国魏年间，历经一百余年，只有《僧祇戒心》戒本，其余律典尚未传译。中国汉地戒律翻译、授戒，始于三国魏嘉平（249—254）中。中印度昙柯迦罗来洛阳，译出摩诃僧祇部戒本，请印度僧立羯磨法（受戒规则）创行授戒。正元（254—256）中，安息国沙门昙谛来洛阳，译出法藏部羯磨，中国僧众受戒即依法藏部羯磨。

十六国后秦弘始六年（404），弗若多罗译出《十诵律》后，中国才有律部的弘传。"律藏稍广，始自晋末"，东晋时《摩诃僧祇律》、《十诵律》等广律译出，作为行事的依据。汤用彤认为戒律的传播，鸠摩罗什的贡献最大。"罗什来华，大出律藏，从此天下僧人仪范有所遵循。"① 庐山慧远亲自致信给昙摩流支邀请其与鸠摩罗什共同翻译《十诵律》，而得以完成，为我国第一部广律。"昙摩流支，此云法乐，西域人也。弃家入道，偏以律藏驰名。以弘始七年（405）秋，达自关中。初弗若多罗诵出《十诵》，未竟而亡。庐山慧远闻支既善毗尼，希得究竟律部，乃遣书通好曰：'……十诵之中，文始过半。多罗早丧，中途而寝，不得究竟大业。……若能为律学之徒，毕此经本开示梵行洗其耳目。'……流支既得远书及姚兴敦请，乃与什共译《十诵》都毕。"② "《十诵》一部具足无阙，晋地获本，相传至今。"东晋安帝义熙十二年（416），法显与天竺禅师佛驮跋陀共同译出《摩诃僧祇律》四十卷，即《婆粗富罗律》。"十一月，共天竺禅师佛驮跋陀于道场寺译出，至十四年二月末，乃讫。"

---

① 汤用彤：《汉魏两晋南北朝佛教史》，中华书局 1983 年版，第 154 页。

② （梁）慧皎：《高僧传》卷二，《大正藏》第 50 册，第 333 页上、中。

表 8 - 6　　　　　　　　南北朝时期较为重要的律典"四律五论"

| 名称 | 时间 | 译者 |
|---|---|---|
| 《十诵律》六十一卷 | 十六国后秦弘始年间 | 弗若多罗弘始六年诵出萨婆多部（一切有部）的《十诵律》，与鸠摩罗什共译，后昙摩流支及卑摩罗又接续，经三次译成 |
| 《四分律》六十卷 | 后秦弘始十二年（410） | 佛陀耶舍与竺佛念等，分五次译出，属昙无德部（法密部）广律。流传最广、影响最大 |
| 《摩诃僧祇律》四十卷 | 东晋安帝义熙十四年（418） | 又称《僧祇律》。法显、佛驮跋陀罗共译，属大众部广律，北朝稍有弘扬 |
| 《五分律》三十卷 | 南朝宋景平元年（423） | 罽宾佛陀什与于阗沙门智胜共译弥沙塞部的《五分律》，弘扬较少 |
| 《解脱戒经》 | 东魏武定元年（543） | 迦叶遗部的律本《解脱戒经》译出 |
| 《毗尼母论》八卷 | | "萨婆多部"，译者不详 |
| 《摩得勒伽论》十卷 | 南朝宋 | 解释萨婆多部律，僧伽跋摩译 |
| 《善见论》十八卷 | 南朝齐 | 解释《四分律》，僧伽跋陀罗译 |
| 《萨婆多论》九卷 | | 解释《十诵律》，译者不详 |
| 《明了论》一卷 | 南朝陈 | 依正量部律法所作，佛陀多罗著，真谛译 |

南北朝时期流行的律学经典，小乘戒律有《十诵律》（有部）、《四分律》（昙无德部）、《摩诃僧祇律》（大众部）、《五分律》（沙弥塞部）、《善见律毗婆沙》（上座部）、《律二十二明了论》（犊子部）等，大乘戒有《菩萨戒本》、《优婆塞经》等。

北魏孝文帝时，五台山北寺法聪为四分律师，他最初学习《原祇律》，后学习《四分律》，在平城弘扬，口授弟子云中道覆作《四分律疏》六卷，道宣评价此疏仅为提纲。"但是科文，至提举宏宗，无闻于世。"[1]

————————

① （唐）道宣：《续高僧传》卷二十一，《大正藏》第 50 册，第 607 页下。

　　道覆弟子大觉寺慧光（468—537）是北朝律学最重要的代表人物，造《四分律疏》，并删定羯磨，著有《羯磨戒本》的删定本、《四分律疏》四卷，即《光统略疏》，后世称之为"光统律师"。慧光的贡献在于开创了《四分律》疏释的风气，弘传了《四分律》，其《四分律疏》与智首《广疏》二十卷、法砺《中疏》十卷，并称为律宗"三要疏"。

　　慧光初从佛陀禅师出家，佛陀说："此沙弥非常人也，若受大戒，宜先听律，律是慧基，非智不奉。"①《四分》由道覆律师创开此部，制疏六卷，但并没有广泛传播。慧光重视学律，随道覆学《四分律》。后来慧光又从勒那摩提译研《十地》，所以又成为地论师南道系的开创者。慧光的律学影响更大，他弘传的"《四分》一部，草创基兹。……又再造《四分律疏》百二十纸，后代引之，以为义节。并《羯磨》、《戒本》咸加删定，被于法侣，今咸诵之"。②

　　慧光卒于北齐，其后北方普遍奉行《四分律》。慧光弟子众多，有道晖、道云、道凭、昙隐、道乐、洪理等。慧光的弟子道晖，"略云所制以为七卷，间以意会，捷度推焉"。慧光弟子道云戒行严洁，著有《四分律疏》九卷，"早依师禀，奉光遗令，专弘律部，造疏九卷，为众所先"。道云传道洪，著有《四分律钞》。道洪弟子智首（567—635），撰《五部区分钞》二十一卷、集成《四分律广疏》二十一卷。智首的弟子道宣，专研律学，继入终南山潜心述作，著《四分律比丘含注戒本》《四分律删补随机羯磨》《四分律删繁补阙行事钞》《四分律拾毗尼义钞》《四分比丘尼钞》。道宣在终南山创设戒坛，制定佛教受戒仪式，从而正式形成律宗，有南山律宗之称。

　　南朝宋少帝刘义符景平元年（423）有关戒律的文献就已经译出，有法显在狮子国所得梵本《弥沙塞部五分律》三十四卷，及《比丘戒本》、《羯磨》各一卷，"竺道生、释道严请罽宾律师佛驮什"③。律师释法颖于杨都长干寺依律撰出《十诵律比丘戒本》一卷（大明年出）盛行江左。"《十诵羯磨》一卷（或云《略要羯磨法十诵律》出）。宋景和中律师释

① （唐）道宣：《续高僧传》卷二十一，《大正藏》第 50 册，第 607 页下。
② 同上书，第 607 页下、608 页上。
③ （梁）僧祐：《出三藏记集》卷二，《大正藏》第 55 册，第 12 页中。

```
                                          ┌ 道世
                                          │         ┌ 智仁（新罗）
                          ┌ 道洪 ─ 智首 ─ 道宣    秀 （周）─ 道恒
                          │               │         └ 文纲 ─ 弘景 ─ 鉴真（传至日本）
                 ┌ 道云 ─ ┤               └ 慧满
                 │        │                                          ┌ 大亮 ─ 昙一
 法正 ─ 法时 ─ ─ ┤        │                                满意 ─ ┤
                 │        └ 洪遵 ─ 洪渊 ─ 法砺 ─ 道成 ─ ┤          └ 定宾
 └ 法聪 ─ 道覆 ─ 慧光 ─ ─ ─ ─ ─ ─ ─ ─ ─ ─ ─ ─ ─ │                 ┌ 如净
                 │                                   └ 怀素     义嵩
                 ┌ 洪理                                          澄楚
                 │ 昙隐                                          └ 法慎
                 └ 道晖
```

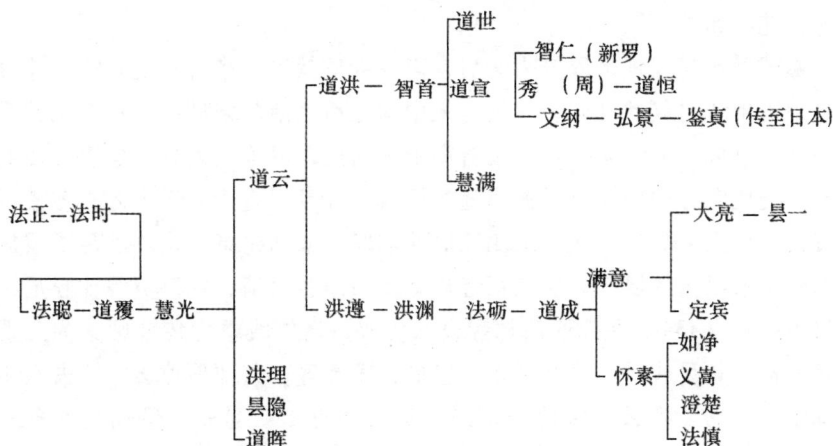

僧璩，于京都撰出。"①

　　《高僧传》卷三记佛驮什"以宋景平元年（423）七月届于扬州，先沙门法显于师子国得《弥沙塞律》梵本，未被翻译，而法显迁化。京邑诸僧闻什（佛驮什）既善此学，于是请令出焉。应道生、慧严诸僧之请，以其年冬十一月集于龙光寺，译为三十四卷，称为《五分律》。什执梵文，于阗沙门智胜为译。龙光道生、东安慧严共执笔参正，宋侍中琅琊王练为檀越。至明年四月方竟，仍于大部抄出'戒心'及'羯磨文'等。"② 至此完成了汉地流行的四部广律（《十诵》、《四分》、《僧祇》、《五分》）的传译。

　　南朝宋求那跋摩所译律学经典有《优婆塞五戒相经》、《优婆塞五戒威仪经》、《四分比丘尼羯磨法》、《沙弥威仪》、《菩萨善戒经》、《菩萨内戒经》七卷、《菩萨善戒经》九卷、《三归及优婆塞二十二戒》等。"跋摩神府自然，妙辩天绝，或时假译人，而往复悬悟。后祇洹慧义请出《菩萨善戒》，始得二十八品，后弟子代出二品，成三十品。未及缮写，失序品及戒品，故今犹有两本，或称《菩萨戒地》。初元嘉三年（426），徐州刺史王仲德于彭城请外国伊叶波罗译出《杂心》，至《择品》而缘碍遂辍，至是更请跋摩译出《后品》，足成十三卷，并先所出《四分羯磨》、《优婆塞五戒》、《略论》、《优婆塞二十二戒》等，凡二十六卷，并文义

---

①　（梁）僧祐：《出三藏记集》卷二，《大正藏》第 55 册，第 13 页上。
②　（梁）僧祐：《高僧传》卷三，《大正藏》第 50 册，第 339 页上。

详允，梵汉弗差。"①

狮子国比丘尼铁萨罗等来华后，影福寺尼慧果、净音从受具戒，才真正是中国佛教尼戒的开始。佛教传入中国之后至南朝宋期间，比丘尼并没有如律受过戒。公元 430 年，来自狮子国的比丘尼等八人到达建康。按照规定，授戒者必须要懂得受戒当地的语言，并且要有十人以上才具备授戒的资格。公元 433 年，狮子国比丘尼铁萨罗等来到建康，这才满足了授戒者达到十人以上的要求。应景福寺尼慧果与净音之请，铁萨罗等比丘尼于元嘉十一年（434）在建康南林寺设坛传戒，僧伽跋摩为传戒师，为三百余名尼僧受具足戒。"时影福寺尼慧果、净音等，共请跋摩云：'去六年有师子国八尼至京云，宋地先未经有尼，那得二众受戒，恐戒品不全。'跋摩云：'戒法本在大僧众发，设不本事无妨得戒，如爱道之缘，诸尼又恐年月不满，苦欲更受。跋摩称云：善哉，苟欲增明，甚助随喜。"②"初，晋兴平中净检尼是比丘尼之始也。初受具戒，指从大僧。影福寺惠果、净音等以谘求那跋摩。求那跋摩云：'国土无二众，但从大僧受得具戒。'惠果等后遇外国铁萨罗尼等至，以元嘉十一年从僧伽跋摩于南林寺坛，重受具戒。"③

南朝律师之最有名者为僧祐，受业于法颖，颖乃"一时名匠，为律学之宗"④。齐竟陵文宣王每次请僧祐讲律，听众常有七八百人。永明中敕入吴试简五众，并宣讲《十诵》，更申受戒之法。"齐永明十年，竟陵王请沙门僧祐三吴讲律，中途相遇，虽则年齿悬殊，情同莫逆，彻因从祐受学《十诵》，随出杨都，住建初寺。"⑤僧祐门下"并崇其戒范，尽师资之敬，凡白黑门徒一万一千余人"。梁天监十八年（519），慧约统计的受戒者有 48000 人。释明彻继承了僧祐的事业，帮助梁武帝修律，成为律学大家。

跟随僧祐学习律学的还有释昙崇、智藏。"释昙崇……逮乎受戒，志逾清厉，遂学僧祐十有余遍，依而讲解，听徒三百，京辅律要，此而为

---

① （梁）慧皎：《高僧传》卷三，《大正藏》第 50 册，第 341 页上。

② 同上书，第 341 页上、中。

③ （梁）宝唱：《比丘尼传》卷二，《大正藏》第 50 册，第 941 页上。

④ （梁）慧皎：《高僧传》卷十一，《大正藏》第 50 册，第 402 页下。

⑤ （唐）道宣：《续高僧传》卷六，《大正藏》第 50 册，第 473 页中。

宗。"① 智藏"戒德坚明,学业通奥"。② 释僧晃"升坛之后,偏攻《十诵》,数年劬劳,朗鉴精熟。……周保定后,更业长安,进学《僧祐》,讨其幽旨"③。

陈代律师有德贞、慧峰等。"大德贞律师,道蔼云阳,请任和尚,研思《十诵》,一遍能述。"④ 德贞弟子慧峰"游心正理,身范律仪……未出都,偏弘《十诵》,赞诱前修,听者如市。有问云:'今学大乘,如何讲律?峰云:'此致非汝所知。岂学正法而大小相乖乎!"⑤

据《高僧传》南北朝时期南方的律师还有慧猷、僧业、慧询、僧璩、僧隐、道房、道营、志道、法颖、智称等。据《续高僧传》南北朝时期南方的律师有法超、道禅、昙缓、智文等。

南朝戒律的特点是戒与禅相结合,《僧祇律》的译者佛陀跋陀罗"少以禅律驰名⑥。"僧导"迄受具戒,识洽愈深,禅律经论,达自心抱"。求那跋摩"深达律品,妙入禅要"。僧柔"精勤戒品,委曲禅慧"。僧业专攻《十诵》,"俊发天然,洞尽深奥","又以讲导余隙,属意禅门"。僧隐"学尽禅门,深介律要"。道营"始住灵曜寺习禅,晚依观、询二律师谘受毗尼,偏善《僧祇》一部"。尼法胜"进修禅律,该通定慧"。尼僧果"戒行坚明,禅观清白"。尼宝贤"操行精修,博通禅律"。尼昙勇"常以禅律为务"。僧智"更受禅律"。法愿"栖心禅戒,未尝云节"。还如昙摩耶舍"善诵《毗婆沙律》,人咸号为大毗婆沙。……耶舍后南游江陵,止于辛寺,大弘禅法"。

## 九 禅学

佛教的三学为戒、定、慧,定音译为"三昧""三摩地"。在印度佛教中,禅定是吸收了婆罗门教和其他外道的瑜伽修持方法,加以改造而成。后来佛法分为大小乘,禅法因此也有了大小乘的区分,大乘禅继承了小乘禅的形式,它们的区别主要在禅观上,所观义理不同。在中国"禅"

---

① (唐)僧祐:《续高僧传》卷十七,《大正藏》第50册,第568页上。
② (唐)僧祐:《续高僧传》卷五,《大正藏》第50册,第465页下。
③ (唐)僧祐:《续高僧传》卷二十九,《大正藏》第50册,第496页中。
④ (唐)道宣:《续高僧传》卷三十,《大正藏》第50册,第702页上。
⑤ (唐)道宣:《续高僧传》卷二十五,《大正藏》第50册,第651页下。
⑥ (梁)慧皎《高僧传》卷二,《大正藏》第50册,第334页中。

与"定"合称，有禅、定、三昧、正受、三摩提、奢摩他、解脱等名称。禅那译为思惟修等，欲界人思惟而修得之，所以称为思惟修。中国禅宗所说的禅，名称虽有思惟静虑的含义，但其体为涅槃妙心，与色界所属之禅不同。

（一）北朝禅学

南北朝时期的禅学，北朝更为发达，体现出北方重视实践的色彩。这与当时的统治者有着密切的关系。北朝是鲜卑族建立的王朝，社会和文化比中原落后，文化修养不深，所以他们比较重视具体的宗教实践，如修功德、开凿石像等，坐禅也是宗教实践的一个方面。《洛阳伽蓝记》记载灵太后时，崇真寺比丘惠凝死后见到阎罗王对不同类型的比丘所采取的处置方式不同，如对坐禅苦行、诵经的比丘，都送升天堂，而对讲经的比丘则送往地狱，这就表明了北魏统治者的态度。

东晋佛陀跋陀罗（359—429），意译作觉贤、佛贤，北印度迦维罗卫（今尼泊尔）人。佛陀跋陀罗 17 岁出家，修业精勤，博学群经，精通禅、律，曾与同参僧伽达多游罽宾，跟随佛大先学习禅法。后来受到智严的邀请，于后秦弘始十年（408）入长安，弘传禅学，因为不习惯长安的世俗，而且与罗什门下不合，所以和弟子慧观等四十余人离开长安，在庐山慧远处传法数年，译出《达摩多罗禅经》二卷。此后，又在建康（今南京）从事翻译。南朝宋元嘉六年示寂，世寿 71 岁。《达摩多罗禅经》记载了禅法的传承系统，其中就有佛陀跋陀罗。"佛灭度后，尊者大迦叶，尊者阿难，尊者末田地，尊者舍那婆斯，尊者优婆崛，尊者婆须密，尊者僧伽罗叉，尊者达摩多罗，乃至尊者不若蜜多罗，诸持法者，以此慧灯，次第传授。"[1] 根据北凉侯沮渠曾跟随天竺佛驮斯那即佛大先学习禅法，后南下至建康，欲宋孝建二年（455）译出《治禅病秘要经》一卷，此经记载的禅法传承为"佛—大迦叶—阿难……僧伽罗叉……达摩多罗—不若蜜多罗—佛大先—佛陀跋陀罗"[2]。

佛陀跋陀罗的弟子中北魏玄高（402—444）最为著名。他在关中的时候跟随佛陀跋陀罗修习禅法，学成之后隐居麦积山，跟随他学习的弟子有一百多人。玄高后来又跟随昙比毗禅师学习禅法，学成之后在河北传

---

① （东晋）佛陀跋陀罗译：《达摩多罗禅经》，《大正藏》第 15 册，第 301 页下。

② 杨曾文：《唐五代禅宗史》，中国社会科学出版社 1995 年版，第 9 页。

授，研习的人有三百多人。随着玄高的影响扩大，他受到了北魏王朝的重视，应邀前往平城（山西大同）弘扬禅法，后因参与朝廷内政被杀。这一系的基本禅法为"五门禅"，也称为"五停心观"，"五度观门"，禅观的内容为五阴、十二因缘和四谛，观想人生的"无常、苦、空、无我"，属于小乘禅法。

北魏禅师佛陀（跋陀）是天竺人，生卒年不详。"佛陀禅师，此云觉者，本天竺人。……因从之游历诸国，遂至魏北台之恒安焉。时值孝文敬隆诚至别设禅林，凿石为龛，结徒定念。……而性爱幽栖林谷是托。屡往嵩岳，高谢人世。有敕就少室山为之造寺，今之少林是也。帝用居处，四海息心之俦，闻风响会者，众恒数百。笃课出要，成济极焉。"① 佛陀定居少林后，少林寺遂以禅法而著名。

佛陀禅师的弟子有慧光、道房及再传弟子僧稠等。僧稠跟随佛陀弟子道房学习禅法，"跋陀曰：自葱岭已东，禅学之最，汝其人矣！乃更受深要。"② 僧稠由于禅法出众，影响广大，北魏孝明帝（515—528 年在位）曾经三次请僧稠入京，魏孝武帝（532—534 年在位）也曾召请，不过僧稠都没有前往。北齐时期，文宣帝高洋（550—559 年在位）也请僧稠出山，僧稠没有应允，后来文宣帝再次相邀，僧稠才应命至邺。佛陀一系的禅学从此便由僧稠在北齐盛传。僧稠撰《止观法》两卷，传于当世。僧稠禅法的主要特色是四念处，依照法本为《大般若涅槃经·圣行品》而修持。在禅修上观身不净，观受是苦，观心无常，观法无我，从而破除常、乐、我、净。"此身如是不净，假众因缘和合共成，而于何处生此贪欲？若被骂辱，复于何处而生嗔恚……若他来打，亦应思维：如是打者，从何而生？……因手、刀、杖及以我身，故得名打，我今何缘横嗔于他？乃是我身自招此咎，以我受是五阴身故。"③ 另一个是修"十六特胜法"，为数息观中的十六种观法，即知息入、知息出、知息长短、知息遍身、除诸身行、受喜、受乐、受诸心行、心作喜、心作摄、心作解脱、观无常、观出散、观离欲、观灭、观弃舍等十六特胜，还是在四念处，即身念处、

---

① （唐）道宣：《续高僧传》卷十六，《大正藏》第 50 册，第 551 页中。

② （唐）道宣：《续高僧传》卷十六，《大正藏》第 50 册，第 553 页下。

③ （南朝宋）慧严等依泥洹经加之：《大般涅槃经》卷十一，《大正藏》第 12 册，第 675 页下，676 页上。

受念处、心念处、法念处的范围之内。

北魏勒那摩提，又作单称勒那，为天竺人。博诵三藏教文，精通瑜伽师禅法。北魏宣武帝正始五年（508）始达洛阳，奉敕与菩提流支共于洛阳殿内，译《十地经论》十二卷、《妙法莲华经论优波提舍》一卷等。勒摩提弟子有北周的僧实（476—563）年。僧实在洛阳跟随勒摩提学习，研习颇得心要，深受勒摩提的赞扬。僧实禅法的特色为"九次调心法"，为"四禅"、"四无色定"和"灭心定"，这是小乘的禅法。僧实初受学于道原法师，魏孝文帝太和末随道原至洛阳，遇见勒那摩提。摩提即授以禅法，并说："自道流东夏，味静乃斯人乎！"僧实后到了长安，受到西魏北周上下的尊崇。西魏大统中宇文泰即以僧实为昭玄三藏，周武帝初又以僧实为国三藏。所以道宣说："高齐河北，独盛僧稠；周氏关中，尊登僧实。"①

北魏菩提达摩（？—528/532/536/）被后世尊为汉地禅宗始祖。关于菩提达摩的记载，最早的出于《洛阳伽蓝记》与《续高僧传》。《高僧传》及《魏书·释老志》没有记载。可能菩提达摩在北朝没有受到当权者的重视，故声名不显。菩提达摩是南天竺僧人，南朝宋时，经海路到达广州进入宋境。后应梁武之请引建康。梁武帝在金陵与菩提达摩回答佛法，机缘不契，于是渡江来到嵩山少林寺，面壁而坐，终日默然，时人称为壁观婆罗门。弟子有慧可（487—593），之后有僧璨（？—606），传他著有《信心铭》。达摩以《楞伽经》印心，所以慧可与僧璨都被称为楞伽师。达摩的禅法为"二入四行论"，即"理入"和"行入"，"理入"即"借教悟宗，深信含生同一真性，客尘障故。令舍伪归真，凝住壁观，无自无他，凡圣等一，坚住不移，不随他教，与道冥符，寂然无为，名理入也"②。通过参究，而彻见心性本源，又称佛心宗。僧璨后来隐于舒州的皖公山，相传他著有《信心铭》。菩提达摩虽然没有得到皇帝及权贵的重视，但在民间影响还是很大的。道宣说："有菩提达磨者，神化居宗，阐导江洛。"③

北齐慧文，籍贯和生卒年月，传记不详。"时禅师慧文聚徒数百，众

---

① （唐）道宣：《续高僧传》卷二十，《大正藏》第 50 册，第 596 页下。
② （唐）道宣：《续高僧传》卷十六，《大正藏》第 50 册，第 551 页下。
③ （唐）道宣：《续高僧传》卷二十，《大正藏》第 50 册，第 596 页下。

法清肃道俗高尚。"① 慧文在禅法中非常重视心思的集中作用，并自创了新的禅观——"一心三观"。这种新的观法实际上是将"道种智"、"一切智"和"一切种智"融在一心之中，三智又对应三谛，称为三谛一心。《大品般若经》谈到过这三种智慧："道种智"，是熟悉各种实践方法的智慧；"一切智"，是知道一切共相的智慧；"一切种智"，是能辨别一切自相的智慧。具备这三种智慧，就能灭除一切烦恼，达到佛教的境界。慧思根据"一心三观"又提出了实相观。何谓实相，即别相和共相，禅观的内容为实相。所依据的法本有《法华经》《大地经论》《大智度论》等。慧思同时也提倡四念处和安乐行。慧思南下后，智颛离开慧思，在庐山、荆州、建康一带活动，后来开创了天台宗，他创造了"一念三千"和"圆融三谛"之说。慧文禅师依论立观以授慧思禅师。"北齐慧文禅师，因阅大论，至四谛品偈云：'因缘所生法，我说即是空。亦名为假名，亦名中道义'，恍然大悟，乃远承龙树，依论立观，以授慧思禅师。"②

（二）南朝禅学

南朝禅法在宋初期最为兴盛。禅师多集中于蜀、荆州、建康等地。宋初智猛禅师在西域跟随罽宾达摩比丘习禅。学成之后，回蜀郡左军寺教授禅法。宋文帝听闻他的大名，邀请他前往建康。陇西僧隐曾跟随玄高学习禅法，玄高逝世后，先后前往蜀郡、江陵传授禅法，影响很大。蜀地知名的禅师还有法期、法续、僧副，他们对于蜀地禅法的传播起到了巨大的作用。释法期跟随智猛学禅，后随玄畅下江陵，十住观门，所得已九，得到了玄畅非常高的评价。"释法期，姓向，蜀都陴人……十四出家，从智猛咨受禅业，与灵期寺法林同共习观，猛所谙知皆已证得。后遇玄畅复从进业，及畅下江陵，期亦随从，十住观门，所得已九，有师子奋迅三昧，唯此未尽。畅叹曰：'吾自西至流沙，北履幽漠，东探禹穴，南尽衡罗，唯见此一子特有禅分。'后卒于长沙寺，春秋六十有二。"③ 从地理上看，蜀地和北凉相邻，北凉的禅师南下必先经过蜀地，所以禅风的盛行也就不足为怪了。荆州的地理位置十分重要，来此传播禅法的禅师也很多。有法常在荆州、衡山等地传播"寂定之法"；法京、智远在荆州长沙寺传法。

---

① （唐）道宣：《续高僧传》卷十七，《大正藏》第 50 册，第 562 页下。
② （南宋）志磐：《佛祖统纪》卷三十七，《大正藏》第 49 册，第 352 页上。
③ （梁）慧皎：《高僧传》卷十一，《大正藏》第 50 册，第 339 页上、中。

畺良耶舍（383—442），西域人，博通阿毗昙、律部，精通禅观。"畺良耶舍，此云时称，西域人。性刚直寡嗜欲，善诵《阿毗昙》，博涉律部，其余诸经多所该综。虽三藏兼明，而以禅门专业。每一游观，或七日不起，常以三昧，正受传化诸国。……元嘉十九年（442）西游岷蜀，处处弘道，禅学成群。后还卒于江陵，春秋六十矣。"① 南朝宋文帝元嘉元年（424）从西域赴建业，居钟山的道林精舍，译有《观无量寿佛经》《观药王药上二菩萨经》。元嘉十九年（442）西游岷蜀弘法，后于江陵圆寂。《观无量寿经》谈到了进入禅定后观想西方"阿弥陀佛极乐世界"，其中共有十六观，即日想观、水想观、地想观、宝树观、宝池观、宝楼观、华座观、像观、真身观、观音观、势至观、普观、杂想观、上辈观、中辈观、下辈观，这是以观佛为中心的大乘禅法。

昙摩蜜多（356—442），"齐言法秀，罽宾人也。……以宋元嘉元年（424），辗转至蜀，俄而出峡，停止荆州，于长沙寺造立禅观。居顷之，沿流东下，至于宗师，即住祇洹寺。"② 即于祇洹寺，译出《禅法要》、《普贤观》、《虚空藏观》三部经。"凡三部经，常以禅道教授，或千里资受，四辈远近，皆号大禅师焉……于是息心之众，万里来集。"③ 其弟子达上，承其禅法，影响也很大。

天竺沙门僧伽达多，元嘉十八年（441）夏受临川康王的邀请，于广陵结居。"天竺沙门僧伽达多、僧伽罗多等，并禅学深明，来游宋境。达多尝在山中坐禅，日时将迫，念欲虚斋，乃有群鸟衔果，飞来授之。达多思惟，猕猴奉蜜，佛亦受而食之。今飞鸟授食，何为不可，于是受而进之。元嘉十八年夏受临川康王请，于广陵结居，后终于建业。"④ 据说僧伽达多坐禅的时候，群鸟衔果，达多效仿佛祖，受而食之。

南齐释慧胜跟随达摩提婆学习禅观。"释慧胜，交趾人，住仙洲山寺，栖遁林泽，闲放物表，诵《法华》日计一遍。……从外国禅师达摩提婆，学诸观行，一入寂定，周晨乃起。……禅学者敬美，幽栖寺中，绝无食调。唯资分卫，大遵清俭。永明五年（487）移憩钟山延贤精舍，自

① （梁）慧皎：《高僧传》卷三，《大正藏》第 50 册，第 434 页下。
② （梁）僧祐：《出三藏记集》卷十四，《大正藏》第 55 册，第 105 页上。
③ （梁）僧祐：《出三藏记集》卷十四，《大正藏》第 55 册，第 105 页上。
④ （梁）慧皎：《高僧传》卷三，《大正藏》第 50 册，第 343 页下。

少及老，心贞正焉，以天鉴年中卒，春秋七十。"①

　　梁朝时期，慧初禅师住兴皇寺，好习禅念。"时净名寺有慧初禅师者，魏天水人，在孕七月而生，才有所识，好习禅念，尝闲居空宇。……晚游梁国，住兴皇寺。闲房摄静，圭璋外映，白黑咨访，有声皇邑，武帝为立禅房于净名寺。"② 梁朝还有两位极具特色的禅师，保志（？—514）和傅翕（？—569）。《景德传灯录》卷二十九记载宝志有《十二时颂》《十四科颂》《大乘赞十首》，强调"一切无非佛事，何须摄念坐禅"，主张即心即佛。《景德传灯录》卷三十载有傅大士的《心王铭》强调修持中的心性清静。他们的思想与唐代禅宗的思想都极为接近，而且都是宋代《景德传灯录》的记载，可靠性令人怀疑。浙江的天台山、四明山也是禅师的集中地，著名禅师有慧明、弘明、慧实等。慧实是颍川人，梁末时期到天台山，修头陀行。最著名的人物当属智顗，著有《小止观》《次第禅门》等，他在天台山住了有十年，陈末时到金陵，此后又到两湖、荆州、庐山，再回天台山，两年后去世。

　　陈朝时期释慧布邀引恭禅师，住摄山栖霞寺。"释慧布，姓郝氏，广陵人也。……陈至德中，邀引恭禅师，建立摄山栖霞寺。"③ 佛陀跋陀罗南下后，先在庐山，后又到建康，与慧观、宝云共在道场寺。到了陈朝，由北方过来的禅师逐渐增多，才促使了南方禅法的发展。习禅之地主要集中于蜀郡、荆州、衡阳、建康。慧思跟随北齐慧文禅师学习禅法，然后南下在湖南南岳禅修十年，他的禅法的特点是主要定慧双修。"自江东佛法，弘重义门，至于禅法，盖蔑如也。而思慨斯南服，定慧双开。昼谈理义，夜便思择，故所发言，无非致远。便验因定发慧，此旨不虚，南北禅宗罕不承绪。"④ 北方习禅偏重实践，南方习禅偏重义理，定慧双修的思想对于克服南北禅学的片面性起到了积极的作用。

　　南朝禅法的特点是将禅法与义理相融合，修习禅法与探求义理相结合。著名的三论宗门人僧朗除了对《中论》《百论》《十二门论》有研究外，还十分重视禅法，将无住、无得的中道思想应用到禅学当中。释慧因

① （唐）道宣：《续高僧传》卷十六，《大正藏》第 50 册，第 550 页下。
② 同上。
③ （唐）道宣：《续高僧传》卷七，《大正藏》第 50 册，第 480 页下、481 页上。
④ （唐）道宣：《续高僧传》卷十七，《大正藏》第 50 册，第 563 页下。

禅法、《成实》、三论兼通，而且在禅定上十分有造诣，竟能忽感幽使，在地狱中讲《大品般若》，这也表明了南朝禅法和义理是相融和的。"释慧因，俗姓于氏，吴郡海盐人也……听建初琼法师《成实》……乃诣钟山慧晓、智璀二禅师，请授调心观法……又造长干辩法师，禀学《三论》……陈太建八年（576），安居之始，忽感幽使，云王请法师。部从相谊，丝竹交响，当即气同舍寿，体如平日。时经七夕，若起深定，学徒请问，乃云：'试看箱内见有何物？'寻检有绢两束。因曰：'此为俦遗耳'。重问其故，曰：'妄想颠倒，知何不为。吾被阎罗王召，夏坐讲《大品般若》，于冥道中谓经三月。又见地狱众相，五苦次第。非夫慈该幽显，行极感通。岂能赴彼冥祈，神游异域。'"①

（三）南北朝禅学的表现形式

南北朝的禅法在形式上还是小乘禅法，但在禅观中逐渐加入了观想大乘义理的内容，而且随着如来藏思想的兴起，禅观向心性靠拢，强调直探心源、自性解脱。禅法的表现形式上有如下三种。①四念处。小乘四念处法是观身不净、观受有苦、观心生灭、观法无我。大乘四念处是观身如虚空、观受内外空、观心但名字、观法善恶俱不可得。僧稠依《涅槃经》修四念处，《涅槃经》中的四念处突出了观身不净、观心非我。②安般禅。安般禅是"二甘露门"之一；在十念法中属念入出息；在五根中为念根所摄；从色、心二法而言，和不净观同属色法所摄。安般禅与不净观、慈悲观、因缘观、念佛观合称五停心观。如玄高的禅法即为安般禅，是安世高所介绍的那一类。③楞伽禅。影响禅学深远经典是南朝宋求那跋陀罗所译四卷《楞伽经》，也是大乘瑜伽系的经典。四卷本《楞伽经》将"性空"解释为涅槃境界，"性空之理"为如来藏。达摩即以四卷《楞伽经》传慧可。达摩禅法被称为"二入四行"，传至道信时，楞伽禅逐渐得以完善。印顺将楞伽禅总结为三个特点：第一，戒与禅结合。达摩禅具有头陀行风格，主张苦修。道信把禅与菩萨戒行结合起来，更易为道俗大众共遵。第二，《楞伽》与《般若》合一。道信将《楞伽经》的"诸佛心第一"，与《文殊说般若经》的"一行三昧"融合。第三，念佛与成佛相同。道信认为"念佛心是佛，妄念是凡夫"，只要息止一切妄念而专于念佛，能够心心相续，即"念佛心是佛"了。

---

① （唐）道宣：《续高僧传》卷十三，《大正藏》第 50 册，第 552 页上、中。

南北朝时期禅学既有官禅也有民禅。官禅的禅师和统治者的交往非常密切。民间的禅学往往能形成团体，如玄高在麦积山蓄徒，达到三百人。民间修禅僧团和官禅之间并非绝对对立，如果民间僧团和统治者交往密切，那么也就具有了官禅的性质。禅学有个主要的特点是能产生神异，所以在下层老百姓中受到普遍的欢迎，容易形成团体。南北朝禅学中对后世产生重要影响的是菩提达摩和僧稠的两个僧团。僧稠在北魏、北齐时期深受统治者的青睐，为官禅的代表，他的禅法的主要思想是"四念处"，与小乘禅的"五门禅"属同一类型。达摩是以四卷《楞伽经》印心，"二入四行"，重视坐禅和教理，弟子慧可等也在北朝活动，逐渐形成"楞伽师"，在周、隋、唐之际也向南方发展，为以后唐代禅宗的形成奠定了基础。[1]

# 第四节 佛教信仰的兴起与传播

## 一 观音信仰的普及

（一）观音经典向中国的输入

南北朝时期，印度观音信仰的经典在中国被大量翻译出来，这为印度观音信仰在中国的流传和生根提供了重要的思想源泉和第一推动力。这一时期，印度大乘佛教观音信仰经典的传译可以划分为以下几个主要系统：一是净土往生系统；二是受记系统；三是华严系统；四是般若系统；五是救难系统；六是菩萨行系统；七是杂密系统。

1. 净土系观音信仰经典的输入

在这一时期输入中国的净土观音经典中，最主要的是《观无量寿佛经》和《新无量寿经》两种，其次还有《阿弥陀鼓音声王陀罗尼经》等，此外，兼弘净土观音信仰的经典还有《观世音受记经》、《悲华经》等。净土观音信仰在其他一些经典中也可看到。如《佛说佛名经》中说："汝应当归命无量寿佛国安乐世界，观世音菩萨、得大势菩萨以为上首，及无量无边菩萨。"[2] 此类零星的净土观音信仰经文对观音信仰的流传也会起

---

① 本节部分内容参考方立天《南北朝禅学》，《宗教学研究》2000 年第 2 期，第 51—59 页。

② 《佛说佛名经》卷九，《大正藏》第 14 册，第 163 页上。

到促进的作用。

2. 现世救难信仰及大悲观念的进一步传入

观音救难信仰最重要的经典就是《法华经》中的《普门品》。在竺法护首译《普门品》、光世音菩萨开始流行中国的基础上，后秦时代的鸠摩罗什于弘始八年（406）夏翻译出《妙法莲华经》。于是，《普门品》又出现了一个新的译本，名《观世音菩萨普门品》。

南北朝时期，其他一些辅助传递观音救难信仰的经典也相继传入中国。虽然这些经典弘扬的佛教思想主题并不是观音，但其中的某些章节、某些段落涉及观音的救难信仰，所以这些经典也成为中国观音救难信仰的经典来源。如北魏勒那摩提与僧朗译的古代印度世亲的著作《妙法莲华经优婆提舍》就对《普门品》中的观音信仰多有阐发。它把《法华经》划分为五种力，其中有一力就是观音救护众生诸难之力。① 接着，还对受持观音名号的功德做了阐释："又说言受持观世音菩萨名及受持六十二恒河沙诸佛名，彼福德平等者，有二种义：一者信力故；二者毕竟知故。信力者有二种：一者求我身如观世音毕竟信故；二者生恭敬心，如彼功德我亦毕竟得故。毕竟知者，决定知法界故。法界者名法性。彼法性入初地菩萨，能证入一切诸佛菩萨平等身故。平等身者，谓真如法身。是故受持六十二恒河沙佛名，受持观世音菩萨名，功德无差别。"② 这些在《普门品》中都是没有作任何解释的。

3. 般若类观音经典的传入

体现观音般若智慧的般若类经典在南北朝时期有很多译介到了中国。在南朝陈代印度入华居士月婆首那译的《胜天王般若波罗蜜经》中，观音也是深具般若妙智的般若法会的参加者，同其他大菩萨一起，被认为是"已通达甚深法性，调顺易化，善行平等，一切众生真善知识。得无碍陀罗尼，能转不退法轮已，曾供养无量诸佛。从他佛土为法来集，一生补处，护持法藏，不断三宝种，法王真子，绍佛转法轮，通达如来甚深境界，虽现世间，世法不染"③。这里更以般若为唯一标准进行评判。同观

---

① ［印度］世亲：《妙法莲华经优婆提舍》卷一，（北魏）勒那摩提、僧朗译，《大正藏》第 26 册，第 19 页中—下。

② 同上书，第 19 页下。

③ 《胜天王般若波罗蜜经》卷一，《大正藏》第 8 册，第 687 页上。

音救难类经典强调观音的救难神力不同，这些经典在传递着这样一个信念，即观音是具有般若智慧的大菩萨。

《心经》译出以后，观音开始对自己独有的般若智慧进行展示，而这种般若智慧正是对全部大乘佛教般若学说的高度总结。该经最早的一个译本取名为《摩诃般若波罗蜜大明咒经》①，现在署名的译者是鸠摩罗什，但学术界有很多人持怀疑态度，原因是梁代的《出三藏记集》卷四及隋代的《法经录》卷四中，该经都被列入失译录，但到了唐代智升撰《开元录》时，它才开始被归于罗什的译籍之内，从此相沿不改。但不管怎么说，此经至迟是在南朝梁代以前就已经译出。该经专弘观音的般若法门，对观音在般若观悟方面的成就给予了极高的评价。不过，《心经》在南北朝时期还不是很流行。

4. 受记类观音经典的传出

南北朝时期，另有一类观音信仰的经典从印度输入中国，其重点就在于说明观音过去的身世和未来的成道，这一类经典可称为观音受记经典，其中最主要的是《观世音受记经》、《悲华经》、《大乘悲分陀利经》以及其他一些经典中的个别章节。这类经典不但介绍了观音的来龙去脉，而且也把净土观音、救难观音和般若观音等不同体系的观音信仰融和了起来。

来自中印度的昙无谶大约在十六国北凉玄始十年（421）时，应河西王沮渠蒙逊之请，抵达姑臧，②在此译出《悲华经》十卷。其中第三品和第四品对观音往昔身世和未来在西方成佛做了说明。关于观音受记的部分后来从该经中抽出单独流通，名叫《观世音菩萨求十方佛各为授记经》，一卷。③与此同时，又一部介绍观音身世和未来成佛的经典在南方由昙无竭翻译出来，此即《观世音授记经》。该经主要内容是讲述观音如何得到成佛之记，涉及观音过去的修行以及未来的国土与佛号。

5. 杂密系统观音经典的传入

南朝齐武皇帝时，法献从于阗获得《观世音忏悔咒》胡本，后于齐

① 现存此经的梵本，有在尼泊尔发现的大本和日本保存的各种传写模刻的小本两类。1864年，比尔始据该经奘译本译成英文。1884年，马克斯·穆勒同日本学者南条文雄校订该经大小两类梵本，1894年，穆勒重将该经译成英文并编入其著名的《东方圣书》之中。

② 关于昙无谶来姑臧的时间，史料记载不一。此说根据协助昙无谶译经的道朗所记。见（北凉）道朗《涅槃经序》，《大正藏》第55册，第59页下。

③ 根据唐代静泰的《众经目录》卷三，《大正藏》第55册，第197页中一下。

武帝永明八年（490）十二月十五日在京都请瓦官禅房由三藏法师法意译出，名《观世音忏悔除罪咒经》一卷。[①] 根据费长房的记载，此经又名《观世音所说行法经》。[②] 后周时期，优婆国三藏法师耶舍崛多（称藏）同阇那崛多合为宇文护译《十一面观世音经》一卷。[③] 在中国最早译出的一部陀罗尼抄集经《七佛八菩萨所说大陀罗尼神咒经》卷一中，收录有观音的咒语，经文中称为《大悲观世音菩萨摩诃萨说大陀罗尼神咒》。[④] 上述四种杂咒系观音经典中《观世音忏悔除罪咒经》已佚，其他尚存。其中在东晋南北朝时期最流行的是《请观世音消除毒害陀罗尼咒经》。

南北朝时期流行的杂咒类观音经典大部分保存在《陀罗尼杂集》之中。该集所收观音类咒经至少有四十多种。

这些杂咒系统的观音经典均属于观音救难信仰中一种特殊的表现形态，其主要的特征有以下几点。①以咒语为主体，宣扬咒语具有神秘的力量，并认为这个咒语出自观音。②经文短小，大部分在几百个汉字之内。③没有理论的阐释，没有烦琐的哲学体系，只要求你如何去做，不要求你如何思辨。④修持方法简单，人人可为，没有复杂的、漫长的、严格的修行要求，既不同于一般显教修道体系的严格艰难，也不同于后期纯密系统复杂烦琐的修法要求。⑤结构简单，一般包括三部分，即首先是咒语，其次是如何受持这个咒法，最后是解决何种问题，没有过多的阐释与分析，也没有其他类型的经文中经常出现的功德较量。

（二）中国人对印度观音信仰的理解与接受

1. 对观音名义与品格的理解

南北朝时期对观音解释最全面、最完整的是梁代法云（467—529）的解释。那时，梁武帝虔信佛教，他把自己的一处住宅改为佛寺，因寺中所供观音像放光，故名光宅寺。武帝诏法云入寺住持，法云在此演讲《法华经》，声震天下。他对《法华经》的讲解后来形成《法华义记》八卷，世称"光宅疏"。该书系我国现存《法华经》之注释书中，仅次于竺道生所撰《法华经疏》之古本。关于观音之名义，法云认为："观世音

---

① 根据（梁）僧祐《出三藏记集》卷二，《大正藏》第 55 册，第 13 页中。

② （隋）费长房：《历代三宝纪》卷十一，《大正藏》第 49 册，第 95 页下。

③ （隋）费长房：《历代三宝纪》卷十一，《大正藏》第 49 册，第 100 页下；（隋）翻经沙门及学士等合撰：《众经目录》卷一，《大正藏》第 55 册，第 152 页中。

④ 《七佛八菩萨所说大陀罗尼神咒经》卷一，《大正藏》第 21 册，第 542 页上。

者，可有四名：一名观世音，正言观世间音声而度脱之也；二名观世身，即是观众生身业而度脱之；三言观世意，即是观众生意业而度脱之也；四者名观世业，此则通前三种。"①　法云以"身""口""意"三业来进行解释，同佛教把人的全部活动分为外在行为、语言、内心活动三个部分的学说完全对应起来，所以显得更加完备。而最后一个名称"观世业"则是对前面"三业"的总结。法云还解释了观音有四名而但用"观世音"一名的原因："但行口业则易，身、意两业行善则难也，且娑婆世界多以音声为佛事，是故从观世音受名也。"②　即首先，行动和心念比仅仅开口要难得多，所以以"观世音"为名显示了观音救世法门之易行；其次，佛教得修持活动中大多是以声音为外在表现，所以，"观世音"的名称体现了修持方法之常见。

2. 对救难信仰的热衷

罗什所译《普门品》何时从《法华经》中抽出作为一部单独流通的佛经，有两种不同说法，一是刚翻译出来就单独流通，一是后来才抽出单行。《法华经传记》中说："昙摩罗忏，此云法丰，中印人婆罗门种，亦称伊波勒菩萨。弘化为志，游化葱岭，来至河西。河西王沮渠蒙归命正法，兼有疾患，以语菩萨。即云：'观世音此土有缘。'乃令诵念，病苦即除，因是别传一品。"③　昙无谶所说"观音此土有缘"代表了当时观音信仰流行中国的基本背景，"因是别传一品"也就是很自然的事情。

在当时的佛教界，许多人把表现观音救难信仰的《普门品》当作佛法的代表，成为进入佛门的必经阶梯。如十六国时期长安僧人僧导（362—457）在刚刚拜师学佛时，其师让其学习的第一部佛典便是《观世音经》④，由此入门之后再学整部《法华经》，以后始得博览群经。⑤《比丘尼传》中还记载有比丘尼以《普门品》进入佛门的事例。如："感，本姓朱，高平人也。世奉大法经，为虏贼所获，欲以为妻，备加苦楚，誓不

---

① （梁）法云：《法华经义记》卷八，《大正藏》第 33 册，第 678 页上。

② 同上。

③ （唐）僧详：《法华经传记》卷一，《大正藏》第 51 册，第 52 页下。

④ 这里应该指竺法护的译本，即《光世音经》，因为其时当在罗什译出新的译本《观世音经》之前。

⑤ （梁）慧皎：《高僧传》卷七，《大正藏》第 50 册，第 371 页上。

受辱，谪使牧羊，经历十载，怀归转笃，反途莫由，常念三宝，兼愿出家，忽遇一比丘，就请五戒，仍以《观世音经》授之，因得习诵，昼夜不休。"① 另一位在中国佛教史上具有划时代地位的大师智颢同上文述及的僧导一样，也是由《普门品》而得进入佛门的。当时正值梁代佛教兴盛之际，智颢"至年七岁，喜往伽蓝。诸僧口授《普门品》，初启一遍即得"②。南朝梁代僧人僧旻（467—527）重兴道安以后久废的"讲前诵经"制度，而所诵之经乃《观世音经》。《续高僧传》本传云："又尝于讲日，谓众曰：'昔弥天释道安，每讲于定坐后，常使都讲等为含灵转经三契。此事久废，既是前修胜业，欲屈大众各诵《观世音经》一遍。'于是合坐欣然，远近相习。"③

南北朝时期，观音信仰直接渗透到了社会上层之中，并经过这些特殊人群的推行而进一步深入民众之中。南朝宋代南阳人宗炳，富有才学，性爱隐居，多次婉拒宋王朝出仕之邀。他也是一位观音救难信仰的宗奉者。在同儒家的大辩论中，他曾这样说过："一心称观世音，略无不蒙济，皆向所谓生蒙灵援、死则清升之符也。夫万乘之主，千乘之君，日昃不遑食，兆民赖之于一化内耳，何以增茂其神而王万化乎？今依周孔以养民，味佛法以养神，则生为明后，殁为明神。"④ 南朝齐竟陵王萧子良在其《统略净住子净行法门》中罗列了他认为应当敬礼的佛教神灵，其中观音被认为是"救苦大士"，反映了当时人们对观音的基本认识。萧子良还亲自抄写《观世音经》，表现出对观音的极大尊崇。到了梁武帝时代，皇上亦特别重视表现救难信仰的《普门品》。史载："上以天监十一年注释大品，自兹以来躬事讲说，重以所明三慧最为奥远，乃区出一品别立经卷，亦由观音力重，特显《普门》之章。"⑤ 梁简文所作《唱导文》则曰："今为六道四生三途八难，慈悲恳到，一心遍礼十住菩萨、三行声闻，礼

① （梁）宝唱：《比丘尼传》卷一，《大正藏》第 50 册，第 935 页下。

② （隋）灌顶：《隋天台智者大师别传》卷一，《大正藏》第 50 册，第 191 页中。《佛祖统纪》卷六亦载："七岁喜往伽蓝，蒙僧口授《普门品》，一遍成诵。"《大正藏》第 49 册，第 181 页上。

③ （唐）道宣：《续高僧传》卷五，《大正藏》第 50 册，第 463 页中。

④ （南朝宋）宗炳：《明佛论》，《弘明集》卷二，《大正藏》第 52 册，第 16 页上（《全宋文》卷二十一亦收录）

⑤ （梁）陆云：《御讲般若经序》，《广弘明集》卷十九，《大正藏》第 52 册，第 235 页中一下。《全梁文》卷五十三亦收录。

救世观音。"① 而在北方，传说《观世音经》显现于十六国西秦的皇帝面前，皇帝阅后改变了大肆杀戮的行为。这则资料最早出现于南朝齐中兴元年（501）陆杲撰著的《系观世音应验记》一书中，其云，在平原郡的聊城县，"乡里千余家并事佛，造立形象，供养众僧。此县尝有逃叛，虏主木末大怒，欲尽杀一城。城中大惧，分见诛灭。度（指城中某居士名刘度——笔者注）乃奖率众人，共归命观世音。于是，虏主忽见一物从天下，扰其屋柱。惊起视之，乃《观世音经》也。使人为读之，因大欢喜。恩省刑剭，一城无他"②。

3. 对净土系观音信仰的有限接受

东魏时代的昙鸾对净土系观音信仰做了比较详细的论述。首先，他对观音身处并接引众生往生的西方极乐世界和观音在极乐世界的品格进行了清晰明确的描述。其次，昙鸾对观音在极乐世界的地位以及在接引众生往生方面的作用给予了充分的肯定。再次，昙鸾对观音和阿弥陀佛的关系作了进一步的发挥，他把阿弥陀佛比作"明君"、"法王"，把观音比作"贤臣"、"法臣"，并将净土系的接引观音同《普门品》的救难观音联系起来。另外，昙鸾对《普门品》所宣扬的观音救世慈悲同净土信仰中的观音接引慈悲进行了综合，从而将观音接引信仰也纳入整个救世信仰之中。昙鸾根据有关经论对慈悲的划分，认为："大慈悲是佛道正因，故言正道大慈悲。慈悲有三缘：一者众生缘是小悲；二者法缘是中悲；三者无缘是大悲。大悲即出世善也。安乐净土从此大悲生故，故谓此大悲为净土之根。"③

南北朝时期净土系观音信仰在宗教实践领域主要有两种表现：一是感应，二是造像。《高僧传》卷十二中所记释昙弘的往生事迹云："释昙弘，黄龙人。少修戒行，专精律部。宋永初中，南游番禺，止台寺。晚又适交趾之仙山寺。诵《无量寿》及《观音经》，誓心安养。以孝建二年于山上

① （梁）简文：《唱导文》，《广弘明集》卷十五，《大正藏》第 52 册，第 205 页下《全梁文》卷十四亦收录。

② （南朝宋）傅亮、张演，（南朝齐）陆杲原著，孙昌武点校：《观世音应验记（三种）》，中华书局 1994 年版，第 45—46 页（后来唐代道世的《法苑珠林》和北宋李昉的《太平广记》均根据南齐王琰的《冥祥记》而了收录。见《法苑珠林》卷十七、《太平广记》卷一一〇）。

③ （北魏）昙鸾注解：《无量寿经优婆提舍愿生偈》卷上，《大正藏》第 40 册，第 828 页下。

聚薪，密往积中以火自焚。……尔日，村居民咸见弘身黄金色，乘一金鹿
西行。"① 把念《观音经》作为往生西方的法门，并最终获得往生，这是
中国化的观音净土信仰。《法华经传记》中记载了一个与观音有关的感应
故事，其云："王珠，字叔衍，大原人也。宋元嘉九年，作涪陵郡令，坐
遭贼失守，系江陵府狱，箸一具大锁，钉之极坚。珠在狱中恒持斋诵
《观世音经》。一夜忽梦已自坐高座上，有道人与其一卷经，题云《光明
安乐行品》，并诸菩萨名。珠得便开读，忘第一菩萨名，忆第二是观世
音，第三是大势至，皆有国土及名号。因是眠觉，便见后锁已解。珠知有
感应，不复忧怖，因自钉治其锁，依常著之。涉三日事非意，便散珠。元
嘉十九年，见为卫府行参军，从镇广陵，精进甚至矣。"② 观世音与大势
至并列，必然是体现观音的西方极乐世界身份，这是净土观音信仰在救难
观音信仰之中的反映。

4. 南北朝时期观音造像的特征

南北朝时期净土系观音信仰在佛教造像上的体现可划分为两种形式：
一是单个观音像，宝冠中有观音在西方极乐世界的本师阿弥陀佛像，从而
体现出净土信仰的因素；二是三尊式组像，阿弥陀佛居中，观音和大势至
菩萨胁侍两侧。第一种造像一般同救难信仰相联系，或者依附于救难信
仰；第二种造像则是净土系观音信仰的直接体现。现存最早的观音造像则
是北魏皇兴四年（470）的金铜莲花手观音像。③ 北魏时期还出现了以金
铜制作的单个观世音像，如山东博兴出土的太和二年（478）落陵委造观
世音立像。该像立于覆莲座上，下为四足方座。头部略大，袒上身，高宝
髻，披巾自双肩绕于肘部，右手上举莲蒂，左手下放执宝瓶。此像同太和
八年（484）乐陵人丁柱所造金铜莲华手观音像非常接近。④ 北齐的造像
中又出现了许多双尊观音像。⑤ 北齐武平二年（571）的一组观音像还夹

---

① （梁）慧皎：《高僧传》卷十二，载《高僧传合集》，上海古籍出版社 1991 年版，第 84
页中。

② （唐）僧详：《法华经传记》卷五，《大正藏》第 51 册，第 71 页下至 72 页上。

③ 任继愈主编：《中国佛教史》第三卷，中国社会科学出版社 1988 年版，第 686 页。又见
于丁明夷《谈山东博兴出土的铜佛造像》，《文物》1984 年第 4 期。

④ 任继愈主编：《中国佛教史》第三卷，中国社会科学出版社 1988 年版，第 685 页。

⑤ 同上书，第 690 页。

侍二立菩萨。① 上述观音造像一般在宝冠中会有化佛出现，所以也都包含着净土系观音信仰的因素。

南北朝时期，随着观音信仰的不断普及，中国民间的观音像不断增加。例如，在河北曲阳修德寺的北魏造像中，观音的造像数量仅次于弥勒，占到了第二位。到了东魏时期，弥勒像激减，观世音像大增。② 如果按照台湾学者陈清香的观点，当时的观音像基本上都是西方净土系统的观音像，所以都是同阿弥陀佛像一同体现。③ 这应当属于笔者上文所说的第二类体现净土观音信仰的观音造像。可无论从历史文献资料还是从现存实物来看，当时都依然存在着大量的非直接体现净土观音信仰的观音造像，上述单个观音造像基本上应该都属于这种类型，即在信仰内涵上以体现救难信仰为主，但在外在形象刻画上又显示出西方净土观音的特色。

（三）宗教实践中的观音信仰

1. 南北朝时期观音信仰实践之盛行

南北朝时期体现于社会实践领域中的观音信仰也非常普遍。南朝宋代宗炳就当时社会实际生活当中的观音信仰实践情况说："六极苦毒，而生者所以世无已也。所闻所见，精进而死者临尽类多。神意安定，有危迫者，一心称观世音，略无不蒙济。"④ 何尚之在《答宋文帝赞扬佛教事》中说："且观世大士所降近验，并即表身世，众目共睹。祈求之家，其事相继。"⑤ 南朝齐代陆杲则记载当时情况说："……见经中说光世音，尤生恭敬。又睹近世书牒及智识永传其言，威神诸事，盖不可数。"⑥ "无不蒙济""众目共睹""其事相继""盖不可数"反映了当时社会生活中观音信仰实践的流行以及观音信仰特殊体验的频繁。宗炳从大量出现的观音信仰实践中感到，观音不再是远在印度或者身处西方极乐世界的菩萨，而是离众生贴得很近很近的救世者，他说："益悟圣灵极近，但自感激。申人

---

① 任继愈主编：《中国佛教史》第三卷，中国社会科学出版社 1988 年版，第 688 页。

② 同上书，第 690 页。

③ 陈清香：《观音菩萨的形象研究》，《华岗佛学学报》总第 3 期，第 59 页。

④ （南朝宋）宗炳：《明佛论》，《弘明集》卷二，《大正藏》第 52 册，第 15 页上—16 页上（《全宋文》卷二十一亦收录）。

⑤ （南朝宋）何尚之：《答宋文帝赞扬佛教事》，《弘明集》卷十一，《大正藏》第 52 册，第 70 页上。

⑥ 董志翘：《〈观世音应验记三种〉译注》，江苏古籍出版社 2002 年版，第 59 页。

人心有能感之诚，圣理谓有必起之力。以能感而求必起，且何缘不如影响也。"①

　　研究东晋南北朝时期社会实践中的观音信仰所能依据的资料主要有南朝宋傅亮的《光世音应验记》、张演的《续光世音应验记》，南朝齐陆杲的《系观世音应验记》。此外，记载这一时期中国社会现实生活中之观音信仰的资料还有南朝齐之太子舍人王琰撰的佛教故事集《冥祥记》，书中收录有关观世音菩萨之灵验及轮回转生等故事期。该书后世散佚，现已无完整之全本流传，仅有部分内容散见于《法苑珠林》《太平广记》等史籍之中。民国时期，鲁迅先生收集《冥祥记》片断，录于《古小说钩沉》一书之中。此外，记载南北朝时期社会实际生活中之观音信仰的资料还有《宋书》《南史》《北史》《魏书》《南齐书》《梁书》《北齐书》《高僧传》《观音义疏》《辩正论》《续高僧传》《弘赞法华传》《法华经传记》《北山录》等。

　　上述资料中有关东晋南北朝时期中国社会实践中观音信仰事例共102 条，其中东晋十六国时期 13 件，共涉及约 125 人（数字之所以为大约，是因为其中一个信仰实例中涉及人数不准确，资料中只说是十数人），从信仰实践者的宗教身份来看，出家的僧尼即宗教职业人员共 32人，在家的俗人约 93 人，可见观音信仰在当时已经突破寺院的范围，主要在从事各种社会活动的一般民众之中流行。从观音信仰者的社会阶层来看，除过出家僧尼外，有官吏 31 人，其中在军中任职的 10 人；有普通老百姓 62 人，其中有读书人、商人、农民、屠户、士兵、道教徒等，可见观音信仰在当时已经为中国社会各阶层的人士所接受。从信仰实践者的地域来看，南方共约 65 人，北方共 53 人，地域不详者 7 人。这些信仰实践发生在中国南北各个不同地域，范围非常广泛，同三国西晋时期仅仅局限于敦煌、长安、洛阳等几个有限地区的状况相比，东晋南北朝时期的观音信仰已经遍及大江南北。在 102 件观音信仰实践中，因社会问题而起者共 66 件，因自然灾难而起者 20 件，因个人生理问题包括疾病和求生子息等而起者共 11 件，因心理、智力和信仰问题而起者共 5 件。从这一数据可以看出，东晋南北朝时期社会苦难已经远远超过各类自然灾难和生理、心理疾病对人们的压迫，社会的苦难成为当时

---

　　①　董志翘：《〈观世音应验记三种〉译注》，江苏古籍出版社 2002 年版，第 59 页。

印度观音信仰得以在中国广泛流行的主要诱因。如果再对这些社会苦难进行分类，还可以更清晰地把握观音信仰得以流行的那个时代的社会特征。例如，在这些社会灾难中，因为分裂混战而造成者共 37 件，其中因为汉胡之争特别是北方各少数民族同南方汉族政权之间战争引起者27 件，因战乱背景下统治阶级内部斗争引起者 10 件，因北方汉族人南下逃离少数民族统治区而引起者 6 件，因盗贼事件引起者 8 件。可见，分裂混战这个最突出的时代特征也正是当时观音信仰流行的主要原因，而汉族和少数民族之间的斗争更成为那个时期战乱的主线和促使观音信仰流行的主因。

从信仰实践者的宗教背景来看，在观音信仰实践之前就信仰佛教的有73 人，不信仰佛教而获得宗教体验和感应的约有 28 人，有无信仰不详者24 人。有无信仰或者信仰不详者所占比重很大，这同后世中国观音信仰强调"法雨广被，不润无根之苗""无缘之慈，有缘乃感"等思想截然不同，说明在观音信仰最初进入中国的时代里，观音信仰具有更强的开放性、易成性、时效性，显示了一种外来信仰体系在刚刚进入一个全新地域时的适应性和灵活性，这对吸引更多信徒、不断扩大其影响是很有作用的。从观音信仰者所持观音法门来看，可以划分为称观音名、诵观音经、归心观音、礼拜观音像四个类型，其中称名者 48 件，诵经者 30 件，归心者 20 件，礼拜供养或者制作观音像者 6 件，其他为所持法门不详或者未持任何法门而获得感应者。上述四种修持法门有时会两种甚至三种同时使用，如归心和称名，或者归心、称名、诵经三者同时运用。这四种观音法门均是由《法华经观·世音菩萨普门品》而来。从观音信仰实践过程中所感应的宗教神秘现象来看，可以划分为现异相、奇光、奇事三个类型。在这三个类型中，现异相者 43 件，其中现人相者 17 件，现观音相者 10件，现动物相者 6 件，现天将、物相、异声、大手等相者 10 件，现奇异之光者 12 件，现奇异之事者 47 件。这些现象并不相互排斥，所以有时会同时出现两种甚至三种现象。这种奇异现象的传说反映了中国早期观音信仰者的特殊宗教体验，这种宗教体验既有印度佛教观音信仰的经典依据，又有经过中国观音信仰者的发展和具体化、形象化之后的诸多成分。其中一个重要特征是观音显相并不多见，而且在这为数甚少的观音显相中，观音的形象是非常模糊的，不像后世中国出现的观音感应故事中，观音显相会通过各种庄严、壮丽、奇妙、神圣的形象出现，而且与净土经典所描绘的观音在西方极乐世界的形象非常接近，体现了净土系观音信仰流行之后的观音显相特征。

　　2. 观音信仰类伪经的出现

　　南北朝时期中国化的观音信仰特征还可以从当时产生的有关观音信仰的伪经显示出来。据《开元释教录》的鉴别，唐以前社会上流行的观音类伪经有：《观世音三昧经》《弥勒下生遣观世音大势至劝化众生舍恶作善寿乐经》《高王观世音经》《观世音十大愿经》（又名《大悲观世音经》或全称《大悲观世音弘猛慧海十大愿品第七百》）、《弥勒下生观世音施珠宝经》《观世音咏托生经》《新观世音经》《日藏观世音经》《观音无畏论》。① 据说这些经典“古来相传，皆云伪谬。观其文言冗杂，义理浅浮，虽偷佛说之名，终露人谋之状”②。另外，日本学者镰田茂雄认为，当时流行的观音伪经还有：《观世音忏悔除罪咒经》、《观世音菩萨救苦经》（又名《救苦观世音经》）、《观世音菩萨往生净土本缘经》等。③ 梁僧祐所列“失译杂经录”中的《观世音求十方佛各为授记经》一卷和《观世音所说行法经》一卷亦为伪经。④ 此外，还有《观世音所说说法经》《观世音成佛经》《瑞应观世音经》以及敦煌写经中的《佛说观音普贤经》《佛顶观世音菩萨救难神愿经》等。在这些伪经之中，《观世音三昧经》和《高王观世音经》流传最广。

　　《观世音三昧经》在佛教经录中最先出现于隋开皇十四年（594）编撰的《法经录》中，与《观世音十大愿经》列在一起，被视为“文理复杂，真伪未分”，所以，“事须更详，且附疑录”，即列入“疑惑”一类。⑤ 唐代天册万岁元年（695）编撰的《大周录》卷十一将此经与《观世音成佛经》等归为“大乘失译”之列。⑥ 此后的《开元释教录》等均作疑伪处理。该经大约出现于南北朝末期，为南朝梁陈之间的作品。此

---

　　① （唐）智升：《开元释教录》卷十八，《大正藏》第 55 册，第 672 页下至第 678 页上。

　　② （唐）智升：《开元释教录》卷十八，《大正藏》第 55 册，第 678 页中。

　　③ 参见日本学者镰田茂雄《中国佛教通史》第四卷，关世谦译，台北佛光出版社 1993 年版，第 267 页。

　　④ （梁）僧祐：《出三藏记集》卷四，《大正藏》第 55 册，第 22 页中。若按隋费长房的说法，《观世音所说行法经》即《观世音忏悔除罪咒经》，见其著《历代三宝纪》卷十一，《大正藏》第 49 册，第 95 页下。

　　⑤ （隋）法经：《众经目录》卷二，《大正藏》第 55 册，第 126 页下。

　　⑥ （唐）明佺等：《大周刊定众经目录》卷十一，《大正藏》第 55 册，第 437 页下。

后，隋代的智颐、吉藏等人都很重视此经，在他们的重要著作中都可以看到对此经的引用。① 该经在中土久佚，但在唐中期传入日本，时值日本奈良时期（710—784），后一直流传至今。在敦煌写经里也发现了几个抄卷。日本学者牧田谛亮的研究对该经进行了精细的研究。他认为："这部《观世音三昧经》，说明了构成六朝观音信仰实践的具体基础的理论与行法，因而具有重要的意义。"②

最早关于《高王观世音经》的记载出自《魏书》卷八十四。其云："景裕之败也，系晋阳狱，至心诵经，枷锁自脱。是时又有人负罪当死，梦沙门教讲经，觉时如所梦，默诵千遍，临刑刀折，主者以闻，赦之。此经遂行于世，号曰《高王观世音》。"③ 庐景裕，范阳涿郡人，自幼钻研经学，勤于著述。北魏前废帝时受到朝廷厚遇，出任伍国子博士。废帝死后被解职。后来又应高欢拥立的东魏孝敬帝之召入东魏之京城业都。高欢败于西魏宇文泰之后，堂兄庐仲礼拉其一起反叛高欢，为高欢所败，被囚于晋阳监狱。庐景裕在监狱中诵的到底是什么经，史籍记载不明。根据上下文来推测，应该是所谓的《高王观世音经》。但又有人分析，认为可能是另外一部有高王之名的经典。上文所记另外一位"负罪当死"者，梦见沙门教其所诵之经则是《高王观世音经》的最早起源。此人在《魏书》和《北史》中均没有具体姓名。唐代法琳在其《辩正论》中排除了此经与庐景裕的关系，但诵处此经的人依然没有具体姓名。法琳为此事件起了个名字叫"高王行刑而刀折"，其云："齐世有囚罪当极法，梦见圣僧口授其经，至心诵念数盈千遍，临刑刀折，因遂免死，今《高王观世音经》是也。"④ 这里已将梦中传授此经的"沙门"变成了"圣僧"。道宣撰写《续高僧传》时，《高王观世音经》和一位名叫孙敬德的人联系在一起。其云："又高齐定州观音瑞像及《高王经》者，昔元魏天平定州募士孙敬德于防所造观音像，及年满还，常加礼事。后为劫贼所引，禁在京狱，不

---

① 智颐：《观音玄义》卷下，《大正藏》第34册，第891页下；吉藏：《法华经义疏》卷十二，《大正藏》第34册，第628页中。

② ［日］牧田谛亮：《疑经研究》，京都大学人文科学研究所1976年版。转引自孙昌武《中国文学中的维摩与观音》，高等教育出版社1996年版，第89页。

③ （北齐）魏收：《魏书》卷八十四，中华书局1974年版，第1859页。又见（唐）李延寿：《北史》卷三十，中华书局1974年版，第1099页。

④ （唐）法琳《辩正论》卷七，《大正藏》第52册，第537页中—下。

胜拷掠，遂妄承罪，并处极刑，明旦将决。心既切至，泪如雨下，便自誓曰：'今被枉酷，当是过去曾枉他来。愿偿债毕了，又愿一切众生所有祸横，弟子代受。'言已少时，依稀如睡，梦一沙门教诵《观世音救生经》。经有佛名，令诵千遍，得免死厄。德既觉已，缘梦中经，了无谬误。比至平明，已满百遍。有司执缚向市，且行且诵。临欲加刑，诵满千遍。执刀下斫，折为三段。三换其刀，皮肉不损。怪以奏闻，承相高欢，表请免刑。仍敕传写，被之于世。今所谓《高王观世音》是也。德既放还，观在防时所造像项，有三刀迹。悲感之深恸发乡邑。"① 晚唐时期的神清对此经名称之来源还做了进一步的说明："高氏录其经，而题之曰《高王观世音经》也。"② 而梦中传授此经的沙门、圣僧已经明确为观世音菩萨。如云："昔高欢国，一人姓孙名敬德，本国称为孝子，后犯事拟斩，梦中见观音菩萨口授此经。"③

《高王经》在救难神灵、救难手段、具体修持方法三个方面都和《普门品》有很大的不同，显示了《高王观世音经》既有明显的融合印度观音信仰与其他佛菩萨信仰的特色，也有融合印度早期称名救难型观音信仰和后期密仪持咒型观音信仰的特色，还有融合观音信仰与般若信仰的特色，成为中国化特色很浓的一种救难信仰。《高王经》体现了中国人好全怕漏、善于综合的特点，不过，也可能正是因为这种兼容驳杂的特征反而使得它在后世的传播中逐渐失去了个性特色，从而逐渐失去了在信众中的影响。

综上所述，在南北朝时期，印度观音信仰全面输入中国，经过中国人的理解、选择和解释，称名救难型观音信仰得到广泛的传播，并在宗教实践当中呈现出丰富多彩的宗教体验形态。在这一背景下产生了许多中国化特色更加浓厚的观音信仰伪经。所有这一切都说明，东晋南北朝时期印度佛教的观音信仰已经开始生根于中国社会之中。

### 二　弥勒净土信仰的兴起

弥勒信仰指的是对弥勒的崇拜，以及对弥勒净土的向往。弥勒在身份

---

① （唐）道宣：《续高僧传》卷二十九，《大正藏》第 50 册，第 692 页下—693 页上。
② （唐）神清：《北山录》卷七，《大正藏》第 52 册，第 619 页下。
③ 《高王观世音经》后附录《诵经感应》，《卍续藏经》第 87 册，第 573 页。

上具有双重性，现在居兜率天宫为弥勒菩萨，未来下生世界为弥勒佛。弥勒信仰也有双重性，既有弥勒菩萨现居的兜率净土，也有未来成佛的人间净土，故可分为上生信仰和下生信仰。上生信仰是发愿往生兜率净土，北朝甚为流行。下生信仰是弥勒成佛时，闻法解脱的期待，下生经典北朝时已经译出，并开始流行。

（一）弥勒经典的译传

弥勒信仰的经典主要为"弥勒六经"，除了唐朝义净的《佛说弥勒下生成佛经》，其他五部经典都已经全部译出即西晋竺法护译《佛说弥勒下生成佛经》[①]、十六国后秦鸠摩罗什译《佛说弥勒下生经》和《佛说弥勒大成佛经》、南朝宋沮渠京声译《佛说观弥勒菩萨上生兜率天经》、东晋失译者名的《弥勒下生经》。此外还有涉及"弥勒"的佚经，即东晋福祇多蜜译《弥勒所问本愿经》、南朝齐道标译《弥勒成佛经》、南朝梁真谛译《弥勒下生经》。梁元帝承圣三年（554），真谛在豫章宝田寺译出《弥勒下生经》一卷。除了南朝宋沮渠京声《佛说观弥勒菩萨上生兜率天经》讲弥勒上生信仰外，其余五部都是弥勒下生信仰的经典。"弥勒六经"介绍了弥勒的本事因缘，弥勒上生、下生、成佛，及龙华三会等，对于"弥勒六经"的注释、经疏等，也是研究弥勒信仰重要的文献资料。

北朝以菩提流支为首的译经集团继承印度瑜伽行派的学说，也翻译了一些关于弥勒信仰的经典，如《弥勒菩萨所问经》《弥勒菩萨所问经论》《深密解脱经》等。北魏太平真君六年（445）凉州沙门慧觉、威德译有《贤愚经》，共十三卷，是叙述因缘故事的典籍。其中的《优婆离品》含有关于弥勒的本事及弥勒未来成佛的内容。这部经后来由凉州传到建业（今南京）。梁代的僧祐《出三藏记集》卷三、卷四中，关于弥勒的经典有《弥勒经》《弥勒当来生经》《弥勒菩萨本愿待时成佛经》《弥勒为女身经》《弥勒受决经》《弥勒难经》《弥勒须河经》《弥勒作佛时经》等。这些经典大多是中国人自己造的伪经，宣传弥勒下生成佛，普度众生。还有一些关于弥勒的文学作品，如支道林的《弥勒赞》、南朝宋明帝的《龙

---

　　① 关于此经的译者，学界持有不同的观点，日本学者松本文三郎认为"后世将此经归于法护所译，这是完全错误的"（参看松本文三郎《弥勒净土论》，张元林译，宗教文化出版社第18页）。关于此经非竺法护所译，学者多有指出，但目前学界对该经的引用仍是将其归于竺法护名下。

华誓愿文》等，用文学的语言赞美弥勒上生兜率净土和下生成佛。

　　根据上述的文献，弥勒上生信仰的特点可以概括为：（1）兜率天的弥勒菩萨既是现世众生的皈依处，也是未来世众生的皈依处。（2）兜率天既有神圣性，也有人间性，如他方净土无女人，但此处却可以"自然得天女侍御"。（3）修持方法简易多样，适合不同根机。（4）他力救度的色彩浓厚，称名、闻名弥勒皆可救度，并保证在菩提道上不退转。（5）上生信仰的终极目的，是要随弥勒下生阎浮提，最终还是从天宫归于人间。弥勒下生信仰的特点为：（1）信仰对象为未来佛弥勒，释迦牟尼佛是过去佛。（2）教法方面，以弥勒所代表的佛法（大乘佛法）为旨归，"慈心不杀不食肉"是弥勒教法的基本表征。（3）修持方面，突出禅观对于弥勒信仰的重要性，并在后来的发展中将"慈心三昧""慈悲观"作为弥勒信仰禅观修持的基本特点。（4）救度方式上，仍以自力为主，但已逐渐出现观像称名、他力救度的色彩。（5）以五浊恶世反衬未来人间的美好以及弥勒教法的优越性。

　　（二）弥勒信仰的流行

　　造像是佛教信仰方式的一种，比较南北朝时期所造弥勒佛像的数量变化，可以反映出当时民间弥勒信仰的状况。清代叶昌炽谓："（南北朝）所刻之像以释迦、弥勒为最多。"根据日本学者塚本善隆统计，北魏在龙门石窟共造佛像 206 尊、释迦像 43 尊、弥勒像 35 尊、观世音像 19 尊、阿弥陀佛像 10 尊。佐藤智永《北朝造像铭考》统计出云冈、龙门、巩县诸石窟及所知传世金铜像类别数字，释迦像 178 尊、弥勒像 150 尊、阿弥陀像 33 尊、观世音像 171 尊。

　　北朝时期的弥勒像在姿势上也呈现了多样性，有立姿、跏趺坐、倚坐、交脚坐等。在服饰上受到汉化的影响非常明显，着衣上改为褒衣博带，面容为"秀骨清相"。北魏分裂为东魏、西魏后，乃至后来的北周、北齐，开窟造像的风气未变，弥勒信仰仍然继续发展。弥勒信仰的表现除了造像，还有关于高僧升天见弥勒的记载："释慧览，姓成，酒泉人。少与玄高俱以寂观见称。览曾游西域顶戴佛钵，仍于罽宾从达摩比丘谘受禅要。达摩曾入定往兜率天，从弥勒受菩萨戒。后以戒法授览，览还至于填，复以戒法授彼方诸僧，后乃归。"①

------

① （梁）慧皎：《高僧传》卷十一，《大正藏》第 50 册，第 399 页上。

　　南朝的弥勒信仰没有北朝广泛，开窟造像少，保存下来的也不多，即使有也多为摩崖龛像。南朝梁时期流传下来的有交脚弥勒像，南朝齐永明八年（490），在剡县（今浙江嵊州市）释僧护修有弥勒造像。"（永明）四年（486），沙门僧护于剡县石城山，见崖间光如佛焰，乃镌石为弥勒佛。"① 南朝当中，僧人信仰弥勒的也很多，他们建庙立像，对于弥勒信仰的传播发挥了巨大的作用。南朝宋元嘉九年（432），释法祥建弥勒精舍。"释法祥精进有志节，以元嘉九年立弥勒精舍。"② 梁代宝亮《名僧传钞》载："元嘉十六年（439），龙花寺道矫，罄率衣资，造夹苎弥勒佛倚像一躯，高一丈六尺。"③ 南朝还有关于弥勒的造像碑，1921 年四川茂汶县出土永明元年（483）一通四面皆有造像的石碑，正面龛中有弥勒坐像，造像题记为："齐永明元年岁次癸亥七月十五日，西凉曹比丘释玄嵩为帝主臣王、累世师长、父母兄弟、六亲眷属及一切众生敬造'无量寿'、'当来弥勒成佛'二世尊像。愿一切众生发弘旷心，明信三宝，瞿修十善，遭遇慈氏，龙华三会，蠢豫其昌，永去尘结，法身满足，广度一切，共成佛道。"④

　　南朝的统治阶层对弥勒信仰也是不排斥的。据《出三藏记集》载，宋明帝撰《龙华誓愿文》、齐萧子良撰《龙华会记》、齐周颙撰《京师诸邑造弥勒像三会记》等，从这些篇名看，都和弥勒下生有关。齐竟陵王请释宝亮请法，其中就有《弥勒下生经》。"释宝亮，本姓徐氏，其先东莞胄族。齐竟陵文宣王躬自到居，请为法匠，亮不得已而赴。……《弥勒下生》等亦皆近十遍，黑白弟子三千余人，咨禀门徒常盈数百，亮为人神情爽岸，俊气雄逸。"⑤ 南岳慧思作立誓愿文，叙述弥勒下生之说。

　　弥勒下生信仰也引发了民间普通民众利用弥勒信仰反抗统治者的政治斗争。梁代的傅翕就自称弥勒转世，北魏的冯宜都、贺悦回等人也以弥勒下生为口号，发动起义。

---

① （南宋）志磐：《佛祖统纪》卷三十六，《大正藏》第 49 册，第 347 页上。

② （梁）宝唱：《名僧传钞·法祥传》，《续藏经》第 77 册，第 27 页中。

③ 同上书，第 26 页中。

④ 李巳生：《川密造像艺术初探》，台北中华佛学研究所，《中华佛学学报》2006 年第 19 期，第 405—443 页。

⑤ （梁）慧皎：《高僧传》卷八，《大正藏》第 50 册，第 381 页中、下。

（三）弥勒信仰的修持方式

弥勒信仰在修持方式上主要有观想、念佛、发愿建寺、造像、讲经和持咒等。

北朝前期，来自凉州、西域及印度等地的僧侣多从事以弥勒为观想对象的禅修。到了北朝后期，具有弥勒信仰的僧侣多为本土僧人，他们的修持方式主要为称念弥勒名号，或者是修弥勒造像。北齐时期的僧人昙衍（508—581）就是诵念弥勒佛号而得往生。"以开皇元年（581）三月十八日，忽告侍人：'无常至矣。'便诵念弥勒佛，声气具尽，于时正中，傍僧同观，颜色怡悦，时年七十有九。"① 北齐僧人法上因修弥勒堂，极具功德，而往生兜率。"释法上姓刘氏，朝歌人也。……山之极顶造弥勒堂，众所庄严备殚华丽，四事供养百五十僧。及齐破法湮，僧不及山寺，上私隐俗服习业如常。愿若终后觐睹慈尊，如有残年愿见隆法，更一顶礼慈氏如来，而业行精专幽明感遂。属隋运将动佛日潜离，深果宿心喜遍心府，羸瘦微笃，设舆坐之，袈裟覆头。弟子扛举往升山寺。合掌三礼右绕三周。便还山舍诵维摩胜鬘。卷讫而卒于合水故厐。春秋八十有六。"② 

南朝宋时期元嘉十四年（437），慧玉发愿见佛，即指的见弥勒。"慧玉，长安人也。……元嘉十四年十月，为苦行斋七日，乃立誓言：'若诚斋有感，舍身之后必见佛者，愿于七日之内，见佛光明。'五日中宵寺东林树灵光赫然，即以告众，众皆欣敬，加悦服焉。寺主法弘，后于光处起立禅室。初玉在长安，于薛尚书寺，见红白色光，烛曜左右十日小歇，后六重寺沙门，四月八日于光处得金弥勒像。"③ 

## 三 弥陀信仰的兴盛

（一）弥陀信仰的基本线索

弥陀信仰是对西方极乐净土的信仰。支谶与竺佛朔于公元179年译出《般舟三昧经》，这是汉译佛典中最早提到阿弥陀佛的，该经指出专念阿弥陀佛可禅定见佛。三国吴黄武年中（223—228），支谦译《大阿弥陀佛经》二卷；三国魏嘉平四年（252），康僧铠译《无量寿经》一卷；三国

① （唐）道宣：《续高僧传》卷八，《大正藏》第50册，第487页中。
② （唐）道宣：《续高僧传》卷七，《大正藏》第50册，第485页中、下。
③ （梁）宝唱：《比丘尼本传》卷二，《大正藏》第50册，第937页下、938页上。

魏甘露二年（258），白延译《无量清净平等经》二卷；西晋永嘉二年（308），竺法护译《无量寿经》。

公元 3 世纪后期，弥陀信仰主要在敦煌、长安、洛阳传播，《无量寿经》的汉译本均出于洛阳。公元 4 世纪时，阿弥陀佛信仰传到江南，名僧支遁同奉弥勒与弥陀，著有《阿弥陀佛赞序》《弥勒赞》等。

晋安帝元兴元年（402），慧远与刘遗民、周续之、毕颖之、宗炳、雷次宗、张莱民、张季硕等 123 人于庐山北而无量寿佛像前建斋立誓，共期西方。刘遗民著发愿文："维岁在摄提，秋七月戊辰朔，二十八日乙未，法师释慧远，贞感幽奥，宿怀特发，乃延命同志息心贞信之士，百有二十三人，集于庐山之阴，般若石台精舍阿弥陀像前，率以香花，敬荐而誓焉。"①

到了南北朝时期，弥勒净土和弥陀信仰并存。北朝时期，根据有年款的造像记，弥勒像共有 178 尊，阿弥陀佛像为 42 尊，无论南朝还是北朝，各家的师说都非常流行，这些僧侣当中就有信仰弥陀净土的。如地论师中的慧光愿生佛境，"（慧）光常愿生佛境，而不定方隅。及气将欲绝，大见天宫来下，遂乃投诚安养，溘从斯卒"②。

北朝时期推广弥陀净土信仰最有成效的是昙鸾。昙鸾是雁门（治今山西代县西）人，精通《中论》《百论》《十二门论》与《大智度论》。其著作今尚存者有《往生论注》、《赞阿弥陀佛偈》（当即《礼净土十二偈》)、《略论安乐净土义》（即《安乐集》）。

昙鸾因气疾，到江南去见陶弘景，被授予《仙经》十卷。返回北方途经洛阳时遇到从印度来华的菩提流支，便向其请教："佛法颇有长生不死法胜此土《仙经》者乎？流支唾地曰：'是何言欤！非相比也。此方何处有长生法？纵得长年，少时不死，终更轮回三有耳。'即以《观经》授之曰：'此大仙方，依之修行，当得解脱生死。'"③ 在洛阳，菩提流支授予昙鸾《观无量寿经》，声称此经可以解脱生死。昙鸾以《观无量寿经》来弘扬弥陀信仰，信众极广，而且受到魏朝的尊重。东魏孝静帝称昙鸾为

---

① （梁）慧皎：《高僧传》卷六，《大正藏》第 50 册，第 358 页下。
② （唐）道宣：《续高僧传》卷二十一，《大正藏》第 50 册，第 608 页上。
③ （唐）道宣：《续高僧传》卷六，《大正藏》第 50 册，第 470 页下。

神鸾，"魏主重之，号为神鸾，敕住并州大寺"①。

（二）弥陀信仰的主要修行方式

弥陀信仰在修持上，主要有观想，称念佛号、读抄讲经和造像祈福四种方式。

1. 观想

西域沙门畺良耶舍来到京师建业，以观想之法传净土信仰。"畺良耶舍，此云时称，西域人……善诵《阿毗昙》，博涉律部，其余诸经，多所该综。虽三藏兼明，而以禅门专业。每一游观或七日不起，常以三昧正受，传化诸国。以元嘉之初，远冒沙河到建康萃于京邑……初止钟山道林精舍……沙门僧舍请译《药王药上观》及《无量寿观》含即笔受。以此二经是转障之秘术，净土之洪因，故沉吟嗟味流通宋国。"② 其译出《观无量寿佛经》、《观药王药上二菩萨经》推动了净土的传播。

2. 称念佛号

"一心专念阿弥陀如来，愿生彼土。此如来名号，及彼国土名号，能止一切恶。"③ 北魏昙鸾在注重观想念佛、观相念佛的同时，强调称名念佛，主张"十念"："若念佛名字，若念佛相好，若念佛光明，若念佛神力，若念佛功德，若念佛智慧，若念佛本愿，无他心间杂，心心相次，乃至十念，名为十念相续。"④ "但当忆想，令心明见。见此事者，即见十方一切诸佛；以见诸佛故，名念佛三昧。"⑤ 念佛既有口念，也有心念，简单易行。昙鸾往生时，令弟子高唱佛号。"鸾自知时至，集众教诫曰：'劳生役役，其止无日。地狱诸苦，不可不惧。九品净业，不可不修。'因令弟子高声唱佛，西向稽颡而终。"⑥

（三）读、抄、讲经

南朝宋时，昙弘于安南交趾仙山寺"诵《无量寿》及《观经》，誓心安养"⑦。南朝齐法琳"常祈心安养，每诵《无量寿》及《观经》，辄见

---

①　（唐）道宣：《续高僧传》卷六，《大正藏》第 50 册，第 470 页下。

②　（唐）道宣：《高僧传》卷三，《大正藏》第 50 册，第 343 页下。

③　（北魏）昙鸾：《无量寿经优婆提舍愿生偈注》卷下，《大正藏》第 40 册，第 835 页下。

④　（北魏）昙鸾：《略论安乐净土义》，《大正藏》第 47 册，第 3 页下。

⑤　（南朝宋）畺良耶舍译：《佛说观无量寿佛经》卷一，《大正藏》第 12 册，第 343 页中。

⑥　（北魏）昙鸾：《净土圣贤录》，《大正藏》第 51 册，第 129 页中。

⑦　（梁）慧皎：《高僧传》卷十二，《大正藏》第 50 册，第 405 页下。

一沙门形甚姝大常在琳前"①。北齐释真玉"生来结誓，愿生安养，常令侍者读经。玉必跪坐，合掌而听"②。三论学者法度也是西方净土的信仰者，"（法）度常愿生安养，故偏讲《无量寿经》，积有遍数。齐永元二年（500）卒于山中。"③ 涅槃学者释宝亮"讲《大涅槃》凡八十四遍，《成实论》十四遍，……《无量寿》、《首楞严》、《遗教》、《弥勒下生》等亦皆近十遍"④。

### （四）造像祈福

北魏永熙二年（533）比丘惠恺抄写《宝梁经》，在题记中他说："愿因此福，使恺七世父母、师长父母、现在眷属及以知识、一切含生有识之类，弃此微福，愿托生西方无量寿佛国，长求三趣，永与苦隔海。"⑤ 北魏永平三年（510）"比丘尼惠智为七世父母、所生父母，造释迦像一躯，愿使托生西方妙乐国土，下生人间为长公主者，永离三途；又愿身平安，遇口弥勒，俱生莲花树下，三会说法；一切众生，普同斯愿"⑥。"托生西方妙乐国土"、"下生人间为长公主者"、"遇口弥勒，俱生莲花树下，三会说法"显然是将弥陀、弥勒信仰相混合。

北齐天保七年（556），"佛弟子比丘尼如静，为亡师比丘尼始靓，愿造无量寿佛圣像一区（躯）。愿令亡者托生西方妙乐佛国，与佛居，面睹诸佛，见存者受福无量，共成佛道"⑦。"又昔宋明皇帝经造丈八金像。四铸不成⑧，"（法）悦乃与白马寺沙门智靖，率合同缘欲改造丈八无量寿像以申厥志"⑨。"僧供造金无量寿像事，僧亮造丈六金像事，道静造无量寿金像高五尺事"⑩。陈太建九年（577）。

---

① （梁）慧皎：《高僧传》卷十一，《大正藏》第 50 册，第 402 页上。

② （唐）道宣：《续高僧传》卷六，《大正藏》第 50 册，第 475 页下。

③ （梁）慧皎：《高僧传》卷八，《大正藏》第 50 册，第 380 页下。

④ 同上书，第 381 页下。

⑤ 党燕妮：《从写经题记看敦煌地区的阿弥陀佛信仰》，见郑炳林、樊锦诗、杨富学主编《敦煌佛教与禅宗学术讨论会文集》，三秦出版社 2007 年版，第 90 页。

⑥ 引自陈敏龄《昙鸾的净土思想——兼论北魏金石碑铭所见的净土》，《东方宗教研究》1997 年第 7 期，第 59 页。

⑦ （清）陆增祥编：《八琼室金石补正》卷二十《尼如静造像记》，见中国东方文化研究会历史文化分会编《历代碑志丛书》第 9 册，江苏古籍出版社 1998 年版，第 352 页。

⑧ （梁）慧皎：《高僧传》卷十三，《大正藏》第 50 册，第 412 页下。

⑨ 同上。

⑩ （梁）宝唱：《名僧传抄》，《续藏经》第 77 册，第 362 页中。

### 四 因果报应信仰的传播

佛教用因果报应来解释宇宙、社会、人生的一切现象,涉及因、缘、业、果、报等相互联系的不同方面。十二因缘的缘起观奠定了因果报应说的理论基础,业力说确定了由因到果的推动力量,果报说的存在解释了众生在六道之中轮回、不得解脱的根源。"佛言:假令百千劫,所作业不亡,因缘会遇时,果报还自受。"① "善恶之报,如影随形;三世因果,循环不失。"② 这些经文所表现的都是因果报应思想。其核心思想是六道众生不是固定不变的,每一道的众生都由自己所造的善恶业来决定,也就有了来生和轮回。因果报应是佛教人生论的组成部分,也可以称为道德因果论。生命主体通过自己的行为而影响到以后生命的去向,恶因生恶果,善因生善果,行为的准则主要是佛教戒律。这种逻辑理路就从生命的改变过渡到道德行为的改变,因而也就能够改变社会的道德风气,构建和谐的社会秩序,佛教的戒律被推广到社会,就成了一种道德的标准。

东晋时期慧远对因果报应说进行了发展。慧远用中国传统的人死后变鬼、灵魂不灭等观念,说明形尽神不灭的思想。佛教的因果报应说逻辑上要求必须存在一个业报的承担者,慧远根据印度犊子部的"我"的主张,以法性不灭说说明神不灭的思想。"夫神者何耶?精极而灵者也……感物而非物,故物化而不灭;假数而非数,故数尽而不穷"③。"盖神者,可以感涉而不可以迹求。必感之有物,则幽路咫尺;苟求之无主,则渺茫何津?"④ 慧远认为报应的主宰"必由于心",承载者是主体自己,而且可以来世受报。"三业体殊,自同有定报,定则时来必受,非祈祷之所移,智力之所免也。"⑤ 因果报应显然是一个客观法则,不可避免。慧远在《三报论》中说:"世或有积善而殃集,或有凶邪而致庆,此皆现业未就,而前行始应。"⑥ 今世善人得祸、恶人得福,这和他们前世的行为有关,今世的报应也可以在来世受报。

---

① (南宋)王日休:《龙舒增广净土文》卷七,《大正藏》第 47 册,第 275 页中。

② (唐)若那跋陀罗译:《大般涅槃经后分》卷上,《大正藏》第 12 册,第 901 页上。

③ 石峻等编:《中国佛教思想资料选编》第 1 卷,中华书局 1981 年版,第 81—82 页。

④ 同上书,第 124 页。

⑤ 同上书,第 88 页。

⑥ (梁)僧祐:《弘明集》卷五,《大正藏》第 52 册,第 34 页中。

　　慧远的因果报应思想对南北朝佛教的因果报应信仰产生了重要的影响。南北朝是中国的大动荡时期，战争不断，处于上层的统治阶级由于政权的更替频繁，朝不保夕，底层的民众负担沉重，处于水深火热当中，他们都把希望投射到了来世，从而得到心灵的慰藉。因果报应为普通民众展示了两种不同的生命道路，行善得善果，行恶得恶果，由此而形成两种不同的心理——畏惧和希望，通过希望满足现世民众的心理需求，通过民众的畏惧心理引导他们的行为。伴随着因果报应思想的流行，民间佛教信仰应运而生，善行善果、恶行恶果的思想逐渐深入人心。

　　南北朝时期在民众中常见的诵经积德、崇拜观音、提倡素食、建寺造像、抄经印经、诵经闻法、布施行善等，都是因果报应信仰的具体表现。南齐僧人慧进40岁出家，诵《法华经》当中，用心过度，执卷便病。慧进发愿造经，以消业障，后用筹来的一千六百文造经百部，而得以康复。"前齐永明中，杨都高座寺释慧进者，少雄勇游侠，年四十忽癯非常，因出家。蔬食布衣，誓诵《法华》，用心劳苦，执卷便病。乃发愿造百部以悔先障，始聚得一千六百文，贼来索物，进示经钱，贼惭而退，尔后遂成百部，故病亦愈。诵经既度，情愿又满，回此诵业，愿生安养。闻空中告曰：'汝愿已足，必得往生。'无病而卒，八十余矣。"①

　　南朝时期对因果报应思想所引发的冲突表现在神灭与神不灭的争论上，宋、梁时期对此都有过争论。梁武帝持神不灭说，把心神当作佛性，立神明成佛义，蕴含着神明不灭论。"有佛之义既显，神灭之论自行。"②梁武帝肯定神不灭，本质上是坚持佛教因果论。南朝其他的统治者无疑也是支持神不灭说的。因果报应论与佛性思想相结合，理论上有了依据，现实中又有着需求，因果报应信仰自此根植于中国，影响至今。

## 五　地狱信仰的流行

　　南北朝时期的地狱观念得到了广泛的传播，在下层的普通民众当中的影响尤为广泛。

　　（一）关于天堂地狱说的相关文献

　　《弘明集》卷六载东晋末道恒之《释驳论》云："世有五横，而沙门

---

① （唐）道世：《法苑珠林》卷九十五，《大正藏》第53册，第989页上、中。
② （梁）僧祐：《弘明集》卷十，《大正藏》第52册，第60页中。

处其一焉，何以明之？乃大设方便，鼓动愚俗，一则诱喻，一则迫胁，云行恶必有累劫之殃，修善便有无穷之庆，论罪则有幽冥之伺，语福则有神明之枯，敦励引导，劝行人所不能行。"① 南朝宋初年慧琳《白黑论》亦云："（释迦）设一慈之救，群生不足胜其化，叙地狱则民惧其罪，敷天堂则物欢其福……若不示以来生之欲，何以权其当生之滞。物情不能顿至，故积渐以诱之。"② 宗炳《答何衡阳书》谓："至于启导粗近，天堂地狱皆有影响之实"，"励妙行以希天堂，谨五戒以远地狱"③。南朝梁僧祐《出三藏记集》卷四《新集续撰失译杂经部》收有《铁城泥犁经》等二十一种地狱经典。

宣扬地狱果报实例的当属《冥祥记》。书中认为，人死后都要被引入幽途，接受府君的审判，所依据的标准就是死者生前的善恶记录，如果死者生前或者前世是出家之人，就会享有福报。如果生前有杀生、不相信因果报应的普通人及犯戒律的出家人都会受到惩罚。如果有人为亡亲做功德，也可免除罪恶。《佛说盂兰盆经》中说，七月十五日以盂兰盆供养众僧，可使"现在父母、七世父母、六种亲属，得出三途之苦，应时解脱，衣食自然，若复有人父母现在者，福乐百年，若已亡七世父母生天"④。为了保证这种教说的真实性，《冥祥记》中大多描述某人死而复生，述说自己的种种经历，以达到令读者认为真实可信的目的。

善恶报应在弘扬的理路上是先通过例证来演示罪福，以震慑普通民众，权衡因果报应的轻重，深知善恶祸福的果报，从而调整自己的行为方式。对于统治者来说，天堂地狱说能够教化普通民众，南朝齐梁时萧深云："今逆悖之人，无赖之子，上罔君亲，下虚侪类，或不忌明宪，而乍惧幽司，惮阎罗之猛，畏牛头之酷，遂悔其秽恶，化而迁善，此佛之益也。"⑤ 对于大逆不道的人，能够让他们弃恶从善。因果报应与地狱信仰相结合，"行恶则有地狱长苦，修善则有天宫永乐"⑥。

---

① （梁）僧祐：《弘明集》卷六，《大正藏》第 52 册，第 36 页中。
② 杜斗城辑编：《正史佛教资料类编》卷四，甘肃文化出版社 2006 年版，第 239—240 页。
③ （梁）僧祐：《弘明集》卷三，《大正藏》第 52 册，第 18 页中。
④ （西晋）竺法护译：《佛说盂兰盆经》卷一，《大正藏》第 16 册，第 779 页中。
⑤ （梁）僧祐：《弘明集》卷九，《大正藏》第 52 册，第 57 页下。
⑥ （梁）慧皎：《高僧传》卷一，《大正藏》第 50 册，第 325 页下。

（二）　地狱信仰与中国传统思想的比较

中国传统的思想中，没有地狱这种直接的说法，最相近的就是黄泉、下里、土府等。中国传统思想中没有死而复生的思想，人生只有一世。当然在《搜神记》、《幽明记》等志怪小说当中有这样的记载，人暂死后或上天或入地，但这只是司命误算，死者余寿未尽等。东汉王充《论衡·异虚篇》"人死命终，死不复生。"① 佛教所提倡的也并非死而复活，实际上指的是六道轮回。《观佛三昧海经》卷六云："三界众生轮回六趣，如旋火轮。"② 不过佛教的因果报应轮回说又有适应中国的一面，即轮回的载体为神，即一种，精神性的存在，与印度佛教所提倡的无我说是截然不同的。此外，冥幽界的官吏也来自中国本土的说法，佛经中讲地狱中有阎罗王，而在中国增添了司命、司录、导亡者，还有府君等同于阎罗王。来自印度的地狱信仰与中国传统思想也有共同之处，如死者修功德可以免罪。《泥洹经》云："父作不善，子不代受，子作不善，父亦不受，善自获福，恶自受殃。"③ 《优婆塞戒经》云："若父丧已堕饿鬼中，子为追福，当知即得，若生天中。"④ 还有死后升天的思想，也是中印共有的。《冥祥记》史世光条述世光死后升天，云："将信持幡，俱西北飞上一青山，如琉璃色，到山顶，望见天门，世光乃自提蟠，遣信令还。"⑤ 东汉时"天之门在西北，升天之人宜从昆仑上"。

地狱信仰的传播途径主要通过唱导的方式和图像的方式。南朝宋僧人释道照通过唱导的方式为宋武帝说教，"苦乐参差，必由因召"⑥；南朝齐僧释道儒"凡所之造，皆劝人改恶修善"⑦。地狱被具体化为图像，让普通民众感到恐怖、生畏，从而达到止恶扬善的效果。其中北朝的造像中，有大量关于地狱信仰的呈现。北魏孝昌元年（525）七月廿七日尼僧口造像记云："（愿）地狱舍刑（形），离苦福存。"东魏武定六年（548）九月十二日邑主造像颂云："庶能使七世幽魂，游处天堂之中，前亡后死。

---

① 黄晖：《论衡校释》，中华书局1990年版，第214页。
② （东晋）佛陀跋陀罗译：《佛说观佛三昧海经》卷六，《大正藏》第15册。
③ 《般泥洹经》，《大正藏》第1册，第181页中。
④ （北凉）昙无谶译：《优婆塞戒经》卷五，《大正藏》第24册，第1059页下。
⑤ （唐）道世：《法苑珠林》卷五，《大正藏》第53册，第303页下。
⑥ （梁）慧皎：《高僧传》卷十三，《大正藏》第50册，第415页下。
⑦ 同上书，第416页下。

免脱八难之苦。"

## 六　神通信仰的流行

神通，梵语为 abhijnā，巴利语为 abhinnā；音译作旬；又作神通力、神力、通力、通等。即依修禅定而得的无碍自在、超人间的、不可思议之作用，共有神足、天眼、天耳、他心、宿命五神通（五通、五旬、般遮旬），加漏尽通，共为六神通（六通）。通过修习禅定可以得到神通，有助于慧学的修习。神足、天眼、天耳、他心、宿命为"世间神通"，漏尽通为"出世间神通"，得此神通可获得阿罗汉果位。佛陀的十大弟子之一目犍连就被称为"神通第一"。

### （一）南北朝时期的神通信仰个案

中国本土就有道家的神仙方术，对于佛教的神通观念并不难接受。南北朝时慧皎所编的《高僧传》、《比丘尼传》等就有许多关于神通的记载，举例如下。

竺昙盖可以通过诵咒而请雨。"时有竺昙盖、竺僧法，并苦行通感，盖能神咒请雨，为扬州刺史司马元显所敬，法亦善神咒。"① 昙超竟能呼唤群龙降雨，可谓神通广大。"释昙超，姓张，清河人……至齐太祖即位，被敕往辽东弘赞禅道……超乃南行，经五日至赤亭山，遥为龙咒愿说法，至夜群龙悉化作人，来诣超礼拜，超更说法。因乞三归，自称是龙，超请其降雨……辄不敢违命明日晡时当降雨……遂降大雨。"②

南朝宋时期的著名高僧求那跋摩能够用自己的神通降伏猛兽。"求那跋摩，此云功德铠，本刹利种。……文帝知跋摩已至南海。……自跋摩居之，昼行夜往，或时值虎，以杖按头，弄之而去，于是山旅水宾，去来无梗，感德归化者，十有七八焉"③。南朝梁高僧释宝志（418—514）具有分身术，分三处而宿。"释宝志本姓朱，金城人。少出家止京师道林寺，师事沙门僧俭为和上，修习禅业。至宋太始，初忽如僻异……时僧正法献，欲以一衣遗志，遣使于龙光、罽宾二寺求之，并云：'昨宿旦去。'又至其常所造厉侯伯家寻之，伯云：'志昨在此行道，旦眠未觉。'使还

---

① （梁）慧皎：《高僧传》卷十二，《大正藏》第 50 册，第 406 页下。
② （梁）慧皎：《高僧传》卷十一，《大正藏》第 50 册，第 400 页中。
③ （梁）慧皎：《高僧传》卷三，《大正藏》第 50 册，第 340 页下。

以告献，方知其分身三处宿焉。"①

南朝宋时期比丘尼慧玉发愿见佛而感灵光。"慧玉，长安人也。……元嘉十四年十月为苦行斋七日，乃立誓言：'若诚斋有感，舍身之后必见佛者，愿于七日之内见佛光明。'五日中宵寺东林树灵光赫然，即以告众，众皆欣敬加悦服焉，寺主法弘后于光处起立禅室。初玉在长安，于薛尚书寺见红白色光，烛曜左右十日小歇。"②

南朝宋时期释僧洪因诵《观世音经》而被豁免。"释僧洪，豫州人。……宋武于时为相国，洪坐罪系于相府，唯诵《观世音经》，一心归命佛像，夜梦所铸像来，手摩洪头问怖不？洪言：自念必死。像曰：无忧……未杀僧洪者可原，遂获免。"③

南朝齐梁时期胡僧运用神通为释道琳的弟弟治疗奇病。"释道琳，本会稽山阴人……琳弟子慧韶为屋所压，头陷入胸，琳为祈请。韶夜见两胡道人拔出其头，旦起遂平复。琳于是设圣僧斋，铺新帛于床上。斋毕，见帛上有人迹，长三尺余，众咸服其征感。富阳人始，家家立圣僧，坐以饭之。至梁初，琳出居齐熙寺。"④

南朝宋武帝刘裕借用佛教的谶语而证明自己称帝的合法性，这个方法被后来的武则天借鉴。"释慧义，姓梁，北地人。……江东有刘将军应受天命，吾以三十二璧镇金一饼为信，遂彻宋王。宋王谓义曰：'非常之瑞，亦须非常之人，然后致之。若非法师自行，恐无以获也。'义遂行，以晋义熙十三年七月往嵩高山，寻觅未得，便至心烧香行道。至七日，夜梦见一长须老公，拄杖将义往璧处指示，云：'是此石下。'义明便周行山中，见一处炳然如梦所见。即于庙所石坛下，果得璧大小三十二枚、黄金一饼，此瑞详之宋史。义后还京师，宋武加接尤重。"⑤

南朝宋时期的玄畅舒手出香。"西域沙门功德直，以大明六年（462），于荆州为沙门释玄畅译，畅刊正文义，辞旨婉密，而畅舒手出香，掌中流水，莫之测也。后适成都，止大石寺，即是阿育王塔，乃手自

---

① （梁）慧皎：《高僧传》卷十，《大正藏》第50册，第394页上、中。
② （梁）宝唱：《比丘尼本传》卷二，《大正藏》第50册，第937页下、938页上。
③ （梁）慧皎：《高僧传》卷十三，《大正藏》第50册，第410页下。
④ （明）朱棣：《神僧传》卷四，《大正藏》第50册，第971页上。
⑤ （梁）慧皎：《高僧传》卷七，《大正藏》第50册，第368页下。

作金刚密迹等十六神像，传至于今。"①

释慧因在冥道中讲经三月。"释慧因，俗姓于氏，吴郡海盐人也……听建初琼法师《成实》……乃诣钟山慧晓、智瓘二禅师，请授调心观法。……陈太建八年安居之始，忽感幽使，云：王请法师。部从相喧，丝竹交响，当即气同舍寿，体如平日。时经七夕，若起深定，学徒请问，乃云：试看箱内见有何物？寻检有绢两束。因曰：'此为嚫遗耳'。重问其故，曰：'妄想颠倒，知何不为。吾被阎罗王召，夏坐讲《大品般若》，于冥道中谓经三月。又见地狱众相，五苦次第。非夫慈该幽显，行极感通。岂能赴彼冥祈，神游异域。"②

神通可以通过禅定的方式而获得。"释慧明，姓康，康居人。祖世避地于东吴，明少出家，止章安东寺。齐建元中与沙门共登赤城山石室。……如是以禅定力服智慧药，得其力已还化众生，是以四等六通。"③

（二）神通信仰对佛教传播的作用

南北朝神通信仰的流行让佛教在中国的发展中逐渐树立了宗教权威。其实，佛教的宗教权威也是逐渐发展的过程。两晋时期，竺昙猷曾问山神"何不共住"，山神认为"人神道异"，"或相侵触"，故要移居他处，并没有完全认同佛法的权威。"竺昙猷，或云法猷，敦煌人。少苦行习禅定，后游江左止剡之石城山，乞食坐禅。……后移始丰赤城山石室坐禅，有猛虎数十蹲在猷前，猷诵经如故。一虎独睡，猷以如意扣虎头问，何不听经。俄而群虎皆去。……后一日神现形，诣猷曰，法师威德既重来止此山，弟子辄推室以相奉。猷曰，贫道寻山愿得相值，何不共住。神曰，弟子无为不尔，但部属未洽法化。卒难制语。远人来往或相侵触，人神道异，是以去耳。"④

南朝齐时期琅琊摄山山神受戒奉佛神异故事的出现，反映了当时佛教的宗教影响。《高僧传》记载，释法度南朝宋末游于京师，后居琅琊摄山栖霞精舍。释法度在琅琊摄山"住经岁许"，该山山神靳尚即现身表示"法师道德所归，谨舍以奉给，并愿受五戒，永结来缘"⑤，后在

①　（隋）费长房：《历代三宝纪》卷十，《大正藏》第 49 册，第 93 页中。

②　（唐）道宣撰：《续高僧传》卷十三，《大正藏》第 50 册，第 552 页上、中。

③　（梁）慧皎：《高僧传》卷十一，《大正藏》第 50 册，第 400 页中。

④　（梁）慧皎：《高僧传》卷十二，《大正藏》第 50 册，第 395 页中。

⑤　（梁）慧皎：《高僧传》卷八，《大正藏》第 50 册，第 380 页中。

法度设会之时又来，"礼拜行道受戒而去"①。摄山庙巫也梦到山神相告："吾已受戒于度法师，祠祀勿得杀戮。"② 山神放弃旧有的祠祀方式，素食持戒，服膺佛法，佛教权威已居山神权威之上，足见佛教对于当时的影响。

栖霞山的开山祖师法度，在《高僧传》中有着明确记载。法度是宋末黄龙人，从小就出家，修苦行。当时有名士明僧绍，隐居在琅琊摄山，"挹度清徽，待以师友之敬。及亡，舍所居山为栖霞精舍，请度居之"。③这块地方，原先有道士想在此盖道观的，但住进去后人就死去。后来盖了寺后，还是经常有不祥的事发生。但法度住在此山后"群妖皆息"。这是为什么呢？原来此山有一山神，名为靳尚，统治此山有七百多年了，一天，靳尚化为人来拜访法度，说："神道有法，物不得干。前诸栖或非真正，故死病继之，亦其命也。法师道德所归，谨舍以奉给。"④ 由此可知，法度的道德，是神、人都钦服的。

实际上，神通是代表外在的，而非内质的。一旦统治者出现更替，政权发生变化，或神通出现了失败都可能会招致麻烦甚至法难。玄高具有灵异神通，魏武帝拓跋焘因为玄高干涉朝政，将其杀害，这也成为武宗灭佛的导火索。当然，南北朝时期，神通信仰对佛教传播所起到的积极作用还是很明显的。高僧们展现神通的主要目的是希望通过这些神异来弘扬佛法，为佛教的传播创造良好的环境，因为这样更加容易被普通民众所接受。普通信众文化程度不高，对于佛教义理的高深并不关心，他们对宗教的需求往往是看佛教能否为自己解决实际的问题。如果佛教具有神异的一面，就会容易接受。对于上层统治者同样具有解决现实问题的需求，并把佛教神通看成是满足现实需求的神秘力量。例如，统治者们借用高僧的预言，为自己王权的合法性进行证明。总之，南北朝神通信仰的发展和当时的社会需求密切相关，而神通信仰的流行成为南北朝时期佛教中国化的一个表现，有助于推动佛教在中国的传播。

---

① （梁）慧皎：《高僧传》卷八，《大正藏》第 50 册，第 380 页中。
② 同上。
③ （梁）慧皎：《高僧传》卷八，《大正藏》第 50 册，第 380 页中。
④ 同上。

# 参考文献

**一　古代典籍：**

《后汉书》《三国志》《晋书》《宋书》《南齐书》《梁书》《陈书》《魏书》
　《北齐书》《周书》《南史》《北史》《隋书》《旧唐书》《新唐书》《资
　治通鉴》均为中华书局校点本。

（东汉）安世高译：《阴持入经》，《大正藏》第 15 册。

（东汉）安世高译：《佛说安般守意经》，《大正藏》第 15 册。

（东汉）迦叶摩腾、法兰译：《四十二章经》，《大正藏》第 17 册。

（东汉）支谶译：《道行般若经》，《大正藏》第 8 册。

（东汉）支谶译：《般舟三昧经》，《大正藏》第 13 册。

（东汉）支谶译：《兜沙经》，《大正藏》第 10 册。

（曹魏）康僧铠译：《无量寿经》，《大正藏》第 12 册。

（吴）康僧会译：《六度集经》，《大正藏》第 3 册。

（吴）维祇难等译：《法句经》，《大正藏》第 4 册。

（吴）支谦译：《佛说维摩诘经》，《大正藏》第 14 册。

（吴）支谦译：《大明度无极经》，《大正藏》第 8 册。

（西晋）竺法护译：《修行地道经》，《大正藏》第 15 册。

（西晋）竺法护译：《光赞般若经》，《大正藏》第 8 册。

（西晋）竺法护译：《正法华经》，《大正藏》第 9 册。

（东晋）僧伽提婆译《中阿含经》，《大正藏》第 1 册。

（东晋）僧伽提婆译：《增一阿含》，《大正藏》第 2 册。

（东晋）佛陀跋陀罗译：《大方广佛华严经》，《大正藏》第 9 册。

（东晋）佛陀跋陀罗译：《达摩多罗禅经》，《大正藏》第 15 册。

（东晋）慧远、鸠摩罗什：《大乘大义章》，《大正藏》第 45 册。

（后秦）佛陀耶舍、竺佛念译：《长阿含经》，《大正藏》第 1 册。

（后秦）鸠摩罗什译：《摩诃般若波罗蜜经》，《大正藏》第 8 册。

（后秦）鸠摩罗什译：《金刚般若波罗蜜经》，《大正藏》第 8 册。

（后秦）鸠摩罗什译：《中论》，《大正藏》第 30 册。

（后秦）鸠摩罗什译：《十二门论》，《大正藏》第 30 册。

（后秦）鸠摩罗什译：《百论》，《大正藏》第 30 册。

（后秦）鸠摩罗什译：《大智度论》，《大正藏》第 25 册。

（后秦）鸠摩罗什译：《妙法莲华经》，《大正藏》第 9 册。

（后秦）鸠摩罗什译：《成实论》，《大正藏》第 32 册。

（后秦）鸠摩罗什译：《维摩诘经》，《大正藏》第 14 册。

（后秦）鸠摩罗什、弗若多罗译：《十诵律》，《大正藏》第 23 册。

（后秦）佛陀耶舍、竺佛念译：《四分律》，《大正藏》第 22 册。

（后秦）僧肇《肇论》，张春波校释，中华书局 2010 年版。

（北凉）昙无谶译：《大般涅槃经》，《大正藏》第 12 册。

（北凉）昙无谶译：《方等大集经》，《大正藏》第 13 册。

（北凉）昙无谶译：《金光明经》，《大正藏》第 16 册。

（北凉）昙无谶译：《大方等无想经》，《大正藏》第 12 册。

（北凉）昙无谶译：《菩萨地持经》，《大正藏》第 30 册。

（北凉）昙无谶译：《十地经论》，《大正藏》第 26 册。

（东晋）法显：《法显传》，章巽校注本，上海古籍出版社 1985 年版。

（南朝宋）刘义庆：《世说新语》，余嘉锡笺疏本，中华书局 1983 年版。

（南朝宋）求那跋陀罗译：《杂阿含经》，《大正藏》第 2 册。

（梁）宝唱：《比丘尼传》，中华书局点校本 2006 年版。

（梁）宝唱：《名僧传抄》，《续藏经》第 77 册。

（梁）法云：《法华经义记》，《大正藏》第 33 册。

（梁）慧皎：《高僧传》，中华书局点校本，1992 年版。

（梁）僧祐：《弘明集》，上海古籍出版社 1991 年版。

（梁）僧祐：《出三藏记集》，中华书局点校本 1995 年版。

（梁）陶弘景：《真诰》，上海古籍出版社 1989 年版。

（陈）真谛译：《摄大乘论》，《大正藏》第 31 册。

（陈）真谛译：《十八空论》，《大正藏》第 31 册。

（陈）真谛译：《大乘唯识论》，《大正藏》第 31 册。

（陈）真谛译：《大乘起信论》，《大正藏》第 32 册。

（南朝）傅亮、张演、陆杲：《观世音应验记（三种）》，孙昌武点校本，中华书局 1994 年版。

（北魏）郦道元：《水经注》（永乐大典本），江苏广陵古籍刻印社 1998 年版。

（北魏）昙鸾：《略论安乐净土义》，《大正藏》第 47 册。

（北魏）杨衒之：《洛阳伽蓝记》，范祥雍校注本，上海古籍出版社 1978 年版。

（隋）费长房：《历代三宝纪》，《大正藏》第 49 册，

（隋）法经：《众经目录》，《大正藏》第 55 册。

（隋）慧远：《观无量寿经义疏》，《大正藏》第 37 册。

（隋）彦琮等：《众经目录》，《大正藏》第 55 册。

（隋）颜之推：《颜氏家训》，王利器集解本，中华书局 1996 年版。

（唐）道世：《法苑珠林》，周叔迦、苏晋仁校注本，中华书局 2003 年版。

（唐）道宣：《集神州三宝感通录》，《大正藏》第 52 册。

（唐）道宣：《广弘明集》，《大正藏》第 52 册。

（唐）道宣：《续高僧传》，上海书店 1989 年版。

（唐）道宣：《释迦方志》，《大正藏》第 51 册。

（唐）道宣：《大唐内典录》，《大正藏》第 55 册。

（唐）静泰：《众经目录》，《大正藏》第 55 册。

（唐）明佺等：《大周刊定众经目录》，《大正藏》第 55 册。

（唐）欧阳询：《艺文类聚》，上海古籍出版社 1982 年版。

（唐）许嵩：《建康实录》，中华书局 1986 年版。

（唐）圆照：《贞元新定释教目录》卷十四，《大正藏》第 55 册。

（唐）智升：《开元释教录》，《大正藏》第 55 册。

（后周）义楚：《释氏六帖》，浙江古籍出版社 1990 年版。

（北宋）李昉：《文苑英华》，中华书局 1966 年版。

（北宋）郭茂倩：《乐府诗集》，中华书局 1979 年版。

（北宋）张君房：《云笈七签》，中华书局点校本 2003 年版。

（南宋）志磐：《佛祖统纪》，江苏广陵古籍刻印社 1992 年版。

（元）释念常：《佛祖历代通载》，江苏广陵古籍刻印社 1993 年版。

（元）释觉岸：《释氏稽古录》，江苏广陵古籍出版社 1992 年版。

（清）《八琼室金石补正》《八琼室金石补正续编》《山左访碑录》《金石录补》，收录于《续修四库全书》《史部·金石类》901 册，上海古籍出版社编印，2002 年版。

（清）端方：《陶斋藏石记》，宣统石印本。

（清）刘世珩：《南朝寺考》，江苏广陵古籍刻印社 1996 年版。

（清）陆增祥：《八琼室金石补正》，文物出版社 1985 年版。

（清）孙文川、陈作霖：《南朝佛寺志》，江苏广陵古籍刻印本。

（清）王昶：《金石萃编》，清嘉庆刻本。

（清）胡聘之：《山右石刻丛编》，山西人民出版社 1988 年版。

## 二　现代著述：

北京鲁迅博物馆、上海鲁迅纪念馆编：《鲁迅辑校石刻手稿》，1987 年上海书画出版社上海影印手稿本。

蔡日新：《汉魏六朝佛教概观》，文津出版社 2001 年版。

曹道衡、刘跃进著：《南北朝文学编年史》，人民文学出版社 2000 年版。

陈寅恪：《金明馆丛稿》，生活·读书·新知三联书店 2001 年版。

陈垣：《释氏疑年录》，（台北）弥勒出版社 1982 年版。

陈垣：《中国佛教史籍概论》，上海书店出版社 2001 年版。

陈忠凯编：《西安碑林博物馆藏碑刻总目提要造像题记》，线装书局 2006 年版。

顾燮光：《梦碧簃石言》，辽宁教育出版社 2001 年版。

董群：《中国三论宗通史》，凤凰出版社 2008 年版。

杜斗城辑编：《正史佛教资料类编》，甘肃文化出版社 2006 年版。

杜继文主编：《佛教史》，江苏人民出版社 2008 年版。

杜继文：《汉译佛教经典哲学》，江苏人民出版社 2008 年版。

杜继文：《中国佛教的多民族性与诸宗派的个性》，中国社会科学出版社 2008 年版。

杜继文、魏道儒：《中国禅宗通史》，江苏古籍出版社 1993 年版。

方广锠：《中国写本大藏经研究》，上海古籍出版社 2006 年版。

方立天：《魏晋南北朝佛教》，中国人民大学出版社 2012 年版。

方立天：《中国佛教哲学要义》，人民大学出版社 2005 年版。

方若：《增补校碑随笔》，上海书画社 1981 年版。

高文强：《东晋南朝文人接受佛教研究》，中国社会科学出版社 2012 年
　　9 月。

国家文物局主编：《中国文物地图集》，文物出版社 1998 年版。

葛兆光：《中国思想史》，复旦大学出版社 1998 年版。

龚隽：《禅学发微——以问题为中心的禅思想史研究》，（台北）新文丰出
　　版社公司 2002 年版。

"国立"历史博物馆编辑委员会：《佛雕之美——北朝佛教石雕艺术》，
　　（台北）"国立"历史博物馆 1997 年版。

《敦煌变文》，载《现代佛学大系》第 2 册，（台北）弥勒出版社 1982
　　年版。

《敦煌录》，《大正藏》第 51 册。

国家图书馆金石组编：《北京图书馆藏中国历代石刻拓本汇编》，中州古
　　籍出版社 1989 年版。

国家图书馆善本金石组编：《先秦秦汉魏晋南北朝石刻文献全编》（一）、
　　（二），北京图书馆出版社 2003 年版。

国家图书馆善本金石组：《历代石刻史料汇编》，北京图书馆出版社 2000
　　年版。

柯昌泗：《语石异同评》，中华书局 1994 年版。

历城县志局：《续历城县志》，民国十三年刊。

侯外庐等：《中国思想史》，人民出版社 1957 年版。

胡海帆、汤燕：《北京大学图书馆藏历代金石拓本菁华》，文物出版社
　　1998 年版。

黄浚：《尊古斋造像集拓》，上海古籍出版社 1990 年版。

郭朋：《汉魏两晋南北朝佛教》，齐鲁书社 1986 年版。

何德章：《魏晋南北朝史丛稿》，商务印书馆 2010 年版。

洪修平：《禅宗思想的形成与发展》，江苏人民出版社 2011 年版。

侯旭东：《五、六世纪北方民众佛教信仰》，中国社会科学出版社 1998
　　年版。

胡文和：《中国道教石刻艺术史》，高等教育出版社 2004 年版。

季羡林、汤一介主编：《中华佛教史》，山西教育出版社 2013 年版。

贾发义：《净土信仰与中古社会》，中国社会科学出版社 2012 年版。

姜义华：《胡适学术文集·中国佛学史》，中华书局 1997 年版。

焦桂美：《南北朝经学史》，上海古籍出版社 2009 年版。

荆三林著：《中国石窟雕刻艺术史》，人民美术出版社 1988 年版。

金申：《中国历代纪年佛像图典》，文物出版社 1994 年版。

金申：《海外港台藏历代佛像珍品纪念图典》，山西人民出版社 2007 年版。

蓝吉富主编：《世界佛学名著译丛》（1—100 册），（台北）华宇出版社 1989 年

蓝吉富主编：《大藏经补编》（1—36 册），（台北）华宇出版社 1989 年版。

蓝吉富主编：《现代佛学大系》，台北：弥勒出版社 1984 年版。

赖永海：《中国佛性论》，中国青年出版社 1999 年版。

赖永海主编：《中国佛教通史》，江苏人民出版社 2010 年版。

劳政武：《佛教戒律学》，宗教文化出版社 1999 年版。

李富华、何梅：《汉文佛教大藏经研究》，宗教文化出版社 2003 年版。

李静杰：《石佛选粹》，中国世界语出版社 1995 年版。

李淞：《长安艺术与宗教文明》，中华书局 2002 年版。

李淞：《陕西古代佛教美术》，陕西人民教育出版社 2000 年版。

李中华：《中国儒学史》（魏晋南北朝卷），北京大学出版社 2011 年版。

李玉昆、刘景龙主编：《龙门石窟碑刻题记汇录》，中国大百科全书出版社 1998 年版。

梁银景：《隋代佛教窟龛研究》，文物出版社 2004 年版。

林梅村：《西域文明——考古、民族、语言和宗教新论》，东方出版社 1995 年版。

林树中：《中国美术全集·雕塑编·3·魏晋南北朝雕塑》，人民美术出版社 1988 年版。

临淄文物志编辑组：《临淄文物志》，中国友谊出版公司 1990 年版。

［日］铃木虎雄：《沈约年谱》，商务印书馆 1935 年版。

龙门文物保管所编：《龙门石窟》，文物出版社 1980 年版。

刘长东：《晋唐弥陀净土信仰研究》，巴蜀书社 2000 年版。

刘长久：《中国西南石窟艺术》，四川人民出版社 1998 年版。

刘凤君等：《黄河三角洲佛教造像研究》，山东人民出版社 2003 年版。

刘慧：《泰山宗教研究》，文物出版社 1994 年版。

刘林魁：《〈广弘明集〉研究》，中国社会科学出版社 2011 年版。

刘志远：《成都万佛寺石刻艺术》，中国古典艺术出版社 1958 年版。

卢巧琴：《东汉魏晋南北朝译经语料的鉴别》，浙江大学出版社 2011 年版。

罗宗强：《魏晋南北朝文学思想史》，中华书局 2006 年版。

吕澂：《印度佛学源流略讲》，上海人民出版社 1979 年版。

吕澂：《中国佛学源流略讲》，中华书局 1979 年版。

吕澂：《吕澂佛学论著选集》，齐鲁书社 1991 年版。

吕思勉：《两晋南北朝史》上海古籍出版社 2005 年版。

吕思勉：《秦汉史》，上海古籍出版社 1983 年版。

马长寿：《碑铭所见前秦至隋初的关中部族》，中华书局 1985 年版。

毛凤枝：《关中金石文字新编》，民国二十四年（1935）金佳石好楼石印本。

牟世金：《刘勰年谱汇考》，巴蜀书社 1988 年版。

牟宗三：《佛性与般若》，台湾学生书局 1993 年修订版。

潘桂明：《中国佛教思想史》，江苏人民出版社 2009 年版。

普慧：《南朝佛教与文学》，中华书局 2002 年版。

青州市博物馆编著：《青州龙兴寺佛教造像艺术》，山东美术出版社 1999 年版。

任继愈：《中国佛教史》（一、二、三），中国社会科学出版社 1981 年版、1985 年版、1988 年版。

陕西省博物馆：《西安碑林书法艺术》，陕西人民出版社 1983 年版。

陕西省耀县药王山博物馆、陕西省临潼县博物馆：《北朝佛道石像碑精选》，天津古籍出版社 1996 年版。

山东省文物管理处、山东省博物馆合编：《山东文物选集》，文物出版社 1959 年版。

石峻等编：《中国佛教思想资料选编》，中华书局 1981 年版。

史岩编：《中国雕塑史图录》，上海人民美术出版社 1988 年版。

孙昌武：《佛教与中国文学》，上海人民出版社 1988 年版。

台湾新文丰出版公司编辑部：《石刻史料新编》（第一辑），（台北）新文丰出版公司 1982 年版。

台湾新文丰出版公司编辑部：《石刻史料新编》（第二辑），（台北）新文丰出版公司 1979 年版。

台湾新文丰出版公司编辑部：《石刻史料新编》（第三辑），（台北）新文丰出版公司 1986 年版。

吴元真主编：《北京图书馆藏龙门石窟像造题记拓本全编》，广西师范大学出版社 2000 年版。

唐长孺：《魏晋南北朝史论丛》，生活·读书·新知三联书店 1955 年版。

汤用彤：《汉魏两晋南北朝佛教史》，中华书局 1983 年版。

汤用彤：《魏晋玄学论稿》，上海古籍出版社 2001 年版。

田余庆：《东晋门阀政治》，北京大学出版社 1989 年版。

万绳楠：《魏晋南北朝文化史》，东方出版中心 2007 年版。

王月清：《中国佛教伦理研究》，南京大学出版社 1999 年版。

王允亮：《南北朝文学交流研究》，上海古籍出版社 2010 年版。

王仲荦：《魏晋南北朝史》，上海人民出版社 1979 年版。

王子云：《中国雕塑艺术史》，人民美术出版社 1988 年版。

魏长洪：《中国西北少数民族通史（南北朝卷）》，民族出版社 2009 年版。

魏承思：《中国佛教文化论稿》，上海人民出版社 1991 年版。

魏道儒：《中国华严宗通史》，江苏古籍出版社 1998 年版。

魏道儒：《华严学与禅学》，宗教文化出版社 2011 年版。

魏道儒主编：《佛教护国思想与实践》，中国社会科学文献出版社 2012 年版。

夏德美：《南朝僧尼与佛教中国化》，台湾花木兰文化出版社 2012 年版。

谢重光、白文固：《中国僧官制度史》，青海人民出版社 1990 年版。

熊礼汇：《魏晋南北朝文学史》，武汉大学出版社 2009 年版。

许抗生等：《六朝宗教》，南京出版社 2004 年版。

严耕望：《魏晋南北朝佛教地理稿》，上海古籍出版社 2007 年版。

颜尚文：《梁武帝》，（台湾）海啸出版事业有限公司 1999 年版。

严耀中：《江南佛教史》，上海人民出版社 2000 年版。

杨维中：《中国唯识宗通史》，凤凰出版社 2008 年版。

业露华：《中国佛教伦理思想》，上海社会科学院出版社 2000 年版。

杨伯达著：《中国瘗埋石佛研究》，〔日〕松原三郎译，东京美术出版社 1985 年版。

姚振宗：《隋书经籍志考证》（二十五史补编），中华书局 1955 年版。

印顺：《中国禅宗史》，江西人民出版社 1999 年版。

俞绍初，许逸民主编：《中外学者文选学论集》，中华书局 1998 年版。

余英时：《士与中国文化》，上海人民出版社 1990 年版。

张宝玺编著：《甘肃佛教石刻造像》，甘肃人民美术出版社 2001 年版。

张曼涛主编：《现代佛教学术丛刊》，（台湾）大乘文化出版社 1978 年版。

张燕：《北朝佛道造像碑精选》，天津古籍出版社 1996 年版。

章宗源：《隋书经籍志考证》（二十五史补编），中华书局 1955 年版。

庄华峰：《魏晋南北朝社会》，安徽人民出版社 2009 年版。

周叔迦：《周叔迦学术论著集》，中华书局 1991 年版。

周一良：《魏晋南北朝史论集》，中华书局 1963 年版。

［法］谢和耐：《中国 5—10 世纪的寺院经济》，耿昇译，甘肃人民出版社 1987 年版。

［荷］许里和：《佛教征服中国》，李四龙等译，江苏人民出版社 1998 年版。

［日］大村西崖：《中国美术史雕塑篇》，东京国书刊行会，1980 年复刻。

［日］大村西崖：《支那美术史雕塑篇》，（东京）佛书刊行会图像部，大正四年六月。

［日］忽滑谷快天：《中国禅学思想史》，朱谦之译，上海：上海古籍出版社 2002 年版。

［日］镰田茂雄著：《中国佛教通史》，关世谦等译，台北佛光文化事业有限公司 1986 年版。

［日］铃木大拙：《禅思想史研究第二》，岩波书店 1951 年版。

［日］木村清孝：《中国华严思想史》，平乐寺书店 1992 年版。

［日］松原三郎：《中国佛教雕刻史论》，吉川弘文馆，平成七年十一月。

［日］水野弘元：《佛教教理研究》，释惠敏译，（台北）法鼓文化事业公司 2000 年版。

［日］塚本善隆编：《肇论研究》，日本法藏馆 1955 年版。

［日］中村元等：《中国佛教发展史》，余万居译，天花出版公司 1993 年版。

［日］佐藤智水：《北朝造像铭考》，刘俊文主编《日本中青年学者论中国史·六朝隋唐卷》，上海古籍出版社 1995 年版。

# 后　记

　　度过九年奋力挣扎的岁月，留下许多刻骨铭心的记忆，到了今天，《世界佛教通史》终于出版了！

　　在这里，我首先代表本课题组所有成员，也就是本部书所有作者，向关心、关怀、指导、帮助我们工作的领导、前辈、同事和朋友表示衷心感谢。

　　从2006年11月7日到2006年12月24日，在我筹备成立课题组，为争取立项做准备工作期间，世界宗教研究所党委书记曹中建先生最早表示全力支持，卓新平所长最早代表所领导宣布批准我申报《世界佛教通史》课题。前辈杜继文先生给了我最早的指导、鼓励和鞭策。王志远先生在成立课题组方面提出了原则性建议，并提议增加《世界佛教大事年表》。同事和好朋友尕藏加、何劲松、黄夏年、周齐、郑筱筠、华方田、纪华传、周广荣、杨健、周贵华、王颂等人从不同方面给我提出具体建议，提供诸多帮助。没有这些领导、前辈、同事和朋友最初的厚爱、最可贵的指教、最温暖的援手，成立课题组就是一句空话。时间已经过去9年了，每次我回忆那些难忘情景的时候，眼前总会出现他们当时脸上流露出的真诚和信任。

　　2007年11月，课题组筹备工作完成，正式进入研究工作阶段。我在分别征求课题组成员的意见之后，聘请中国社会科学院世界宗教研究所所长卓新平研究员、党委书记兼副所长曹中建先生、副所长金泽研究员、中国社会科学院荣誉学部委员杜继文研究员、中国社会科学院荣誉学部委员杨曾文研究员为课题组顾问。八年来，三位所领导和两位前辈关心、关怀课题的进展，从不同方面为课题的顺利进行创造条件。

　　2012年12月31日，在《世界佛教通史》课题结项时，中国社会科学院学部委员卓新平研究员、世界宗教研究所副所长金泽研究员、北京大学姚卫群教授、中国人民大学张风雷教授、北京师范大学徐文明教授应邀出席答辩会。他们在充分肯定本书学术价值和现实意义的同时，为进一步修改完善献计献策，提出了许多有价值的修改意见。

中国社会科学出版社赵剑英社长非常重视本书的编辑和出版工作，自始至终关注本书的运行情况，组织了责任心强、专业水平高的编辑和校对人员进行本书的编校工作，并为项目的落实四处奔走，出谋划策。黄燕生编审从本课题立项开始就不间断跟踪，在最后的审校稿件过程中，她让丈夫在医院照顾 96 岁高龄患病的母亲，而自己到出版社加班加点编辑加工书稿。其他编辑也是这样，如孙萍编辑经常为本书稿加班到夜晚才回家。

从本课题正式申请立项到最终完成，我们一直得到了中国社会科学院前任和现任领导的关心、关怀和支持，得到院科研局前任和现任领导的具体指导和帮助。科研局的韦莉莉研究员长期关心本课题的进展，为我们做了许多具体服务工作。

我们这个课题组是一个没有任何行政强制条件的课题组，是一个纯粹由深情厚谊凝结起来的课题组。在共同理想、共同追求的支撑下、促动下，我们终于完成了这项最初很少有人相信能完成的任务。回忆我们一起从事科研工作的八年岁月，回忆我们相互切磋、相互学习、相互鼓励、相互促进的学术活动经历，回忆我们在联合攻关、协同作战过程中品尝的酸甜苦辣，总会让人感到真诚的可贵，情义的无价。

在课题组成员中，有两位青年同事帮我做了较多的科研辅助性工作。杨健在 2007 年到 2012 年，夏德美在 2013 年到 2015 年分别帮助我整理、校对各卷稿件，查找要核对的资料，补充一些遗漏的内容，处理与课题申报、检查、汇报等有关的事宜。他们花费的时间很多，所做工作也不能体现在现行的年度工作考核表上。

八年来，本课题组成员几经调整，变动幅度比较大，既有中途因故退出者，也有临时受邀加入者。对于中途因故退出的原课题组成员，我在这里要特别为他们曾经做出的有益工作、可贵奉献表示衷心感谢。中国社会科学院学部委员史金波前辈、西北大学李利安教授等学者是在课题组遇到困难时应邀参加的，他们为了保证本课题按时结项，不惜放下手头的工作。

《世界佛教通史》是集体创造的成果，是集体智慧的结晶。作为本课题负责人，我对每一位课题组成员都充满了感谢、感激之情。由于自己学术水平所限，本部著作还存在着许多不足之处，所有已发现和以后发现的错误，都应该由我承担责任。

本课题是迄今为止我负责的规模最大的项目，我曾为她振奋过、激动过、高兴过，也曾为她沮丧过、痛苦过、无奈过。我的家人总是在我束手无策时，给我注入精神能量。我要感谢我的妻子李明瑞：三十多年来，她的操持家务，能够让我自认能力有限；她的鼎力相助，能够让我不敢言谢；她的体贴入微，能够让我心生惭愧。

魏道儒

2015 年 11 月